中国百年老店

李 沙　李若谷　主编

学苑出版社

图书在版编目（CIP）数据

中国百年老店 / 李沙，李若谷主编. —北京：学苑出版社，2020.3
ISBN 978-7-5077-5911-2

Ⅰ.①中… Ⅱ.①李…②李… Ⅲ.①老字号—介绍—中国 Ⅳ.①F279.24

中国版本图书馆CIP数据核字（2020）第034703号

丛书名题写：白美清
责任编辑：张 翔 张佳乐
出版发行：学苑出版社
社　　址：北京市丰台区南方庄2号院1号楼
邮政编码：100079
网　　址：www.book001.com
电子邮箱：xueyuanpress@163.com
联系电话：010-67601101（营销部）、010-67603091（总编室）
印 刷 厂：河北赛文印刷有限公司
开本尺寸：787×1092　1/16
印　　张：30
字　　数：538 千字
版　　次：2020年5月第1版
印　　次：2020年5月第1次印刷
定　　价：168.00元

老字号文化丛书

白庚胜题

己亥之春

编委会

总顾问：房爱卿
总策划：张　健
主　编：李　沙　李若谷
副主编：丁　红　唐　炜　张玉开　原启康　劳启肇
委　员：李积回　赵　儒　孙　凯　余　鼎

序 一

自2006年至今，经中华人民共和国商务部分两批认定的中华老字号共有1128家，其中许多老字号是百年老店，它们在文化和旅游两个领域做出了自己特殊的贡献。

百年老店的存在，有利于文化传承。

百年老店是老字号群体中的极品，不但历史悠久，而且文化底蕴深厚，特别是那些传统制作技艺被列入国家级非物质文化遗产名录的百年老店，令人十分景仰。非物质文化遗产是指各族人民世代相传并视为其文化遗产组成部分的各种传统文化表现形式，以及与传统文化表现形式相关的实物和场所。保护非物质文化遗产，有利于增强中华民族的文化认同，有利于维护国家统一和民族团结，有利于促进社会和谐和可持续发展。

如北京"全聚德挂炉烤鸭技艺"，2008年6月被国务院确定为第二批国家级非物质文化遗产。为充分表现其魅力，全聚德专门请工艺美术大师将全聚德挂炉烤鸭制作工艺流程的四大环节31道工序制作成系列泥塑艺术品，描述了全聚德的工匠精神，展现了全聚德的文化内涵，使人们可以更加了解一个色彩纷呈的烤鸭世界。既有烤鸭文化、品鸭文化、营销文化、名人文化的安排和策划，又有企业文化、品牌文化、工业文化、旅游文化的布局和设计，整合了各种元素，调动了相关资源，有效传承和弘扬了百年老店的优秀传统文化。

2011年5月，北京"吴裕泰茉莉花茶制作技艺"被国务院列入国家级非物质文化遗产代表性项目名录扩展项目名录。改革开放以来，吴裕泰在不断加强对连锁店管理的同时，积极探索茶叶深加工，形成并延伸茶产业链，努力实现茶产业的多元化发展，还将茶叶做成独特的文化制品，满足各层次消费者的不同需求，使人们在买茶、饮茶之时，目睹或了解百年老店吴裕泰传承和弘扬中华优秀茶文化的奉献与过程。

百年老店的存在，有利于旅游发展。

老字号作为商业人文景观，堪称一个城市的名片，见证了城市的历史变迁和发展脉络，而百年老店特别是设立博物馆的百年老店，更是不可多得的旅游资源，成为吸引广大旅游者到访的新型载体和旅游目标。在这样的百年老店博物馆里，人们不仅能够了解一个品牌、一个企业、一个行业和一个城市的创建与成长，而且能够体验中华民族优秀传统文化的博大精深，感知老字号历代掌门人和传承人的内心世界，从而有所收获和满足，甚至成为回头客。

同仁堂博物馆自2007年开馆以来，已接待中外宾客数万人，直接成为北京的旅游标的物。参观者中有一些是各类中医药院校的在校学生，他们十分庆幸中国北京同仁堂（集团）有限责任公司适时开办了这家老字号博物馆，使他们能够近距离了解中国中医药界著名的中华老字号，尤其是获得了一个学习中医药界的历代前辈们所秉持的高度的商业诚信和伟大的工匠精神的机会。

2007年12月，当时的北京市旅游局将北京龙徽葡萄酒博物馆景区确定为奥运期间重点向国内外游客推荐的工业旅游景区。为了保障奥运期间龙徽博物馆的接待工作顺利开展，该馆员工延长博物馆开馆时间，先后接待了中央和北京市党政机关领导、奥组委官员、澳大利亚红酒协会团队、比利时大使馆官员以及意大利、法国、德国、荷兰等国和国内的许多参观团，不但扩大了北京的旅游规模，而且使酒行业中华老字号声名远播。

综上所述，百年老店与文化和旅游密不可分，三者互建共赢。相信中国的百年老店定会成为中国文化和旅游的骄傲，而几位作者写作出版《中国百年老店》一书，也十分值得赞赏。

故乐为之序。

中国商业联合会
中华老字号工作委员会秘书长
张健
2019年6月

序 二

老字号具有十分深厚的文化底蕴，老字号文化是中华民族优秀传统文化的重要组成部分。

目前，经商务部认定的中华老字号为1128家，其中许多是百年老店，包括北京一轻控股有限责任公司旗下的北京义利食品公司和北京龙徽酿酒有限公司。这些百年老店在保护传承、创新发展的同时，普遍注重文化创意产业建设，并借助各种形式，努力传承和弘扬老字号的企业文化、经营文化、品牌文化、产品文化、商业文化和诚信文化，为老字号更加长寿做出了应有的贡献。

百年老店在传承老字号文化方面具有特殊优势。

老字号文化的一个突出特点是源远流长、历史性极强，通常为老字号经营者和生产者历代传承发展的结果。对此，百年老店利用与老字号得天独厚的渊源关系，在传承和弘扬老字号文化的过程中，必然受众面大、知名度高、影响力强。

如百年义利已有百年辉煌。1915年，义利地处上海，其"星牌"奶油巧克力参加巴拿马万国博览会荣获金奖，大长国人志气，并自20世纪20年代起成为江南著名的食品企业。1951年，义利由上海迁至北京，依靠进京后机械化程度的迅速提高，填补了北方食品工业的空白，在京城食品行业中力拔头筹，逐步发展成为中国食品工业骨干企业之一。

特别是由于义利面包进京，一举开启了京城面包普及之先河，成为京城普通大众的早餐，深受消费者喜爱。很多人幼时都吃过义利果料面包和维生素面包。义利面包虽包装朴素，但味道极佳，故收获了几代人的心，"义利面包文化"至今传承不息。另一方面，义利面包在历次国家重大庆典活动中都是首选食品，曾经为亚运会、奥运会、国庆节、阅兵式等大型活动提供服务，连续多年被指定为全国人大、全国政协会议专供产品，收获了信任和赞誉，打造了"百年义利"的诚信文化。

百年老店在传承老字号文化方面具有丰富内涵。

老字号文化的另一个突出特点是故事多、共鸣性极强，通常为老字号经营者和生产者历代整理积淀的结果。对此，百年老店依靠拥有老字号更多资源的便利条件，在传承和弘扬老字号文化的过程中，必然信息量大、可信度高、宣传力强。

如北京龙徽，百十年来事业有成、业绩斐然，奖项不断、誉满天下。1959年中华人民共和国成立10周年，龙徽的前身北京葡萄酒厂精心研制、酿造了一款国庆献礼产品"中国红",因其宝石红的色泽、协调的果香以及入口醇厚、圆润柔细、余香清晰的独特风格,赢得了各界人士的赞誉,并成为后来的国宴用酒和天安门活动指定用酒。1999年,龙徽参加香港国际葡萄酒大赛,1997年份的龙徽赤霞珠获"中国最佳红葡萄酒"称号。2005年,龙徽被全球40位顶级葡萄酒大师评为亚洲"最有价值葡萄酒厂"。

2018年1月,北京龙徽国际酒文化创意产业有限公司成立。这家百年老店以龙徽葡萄酒厂区为基础,以酒文化为核心要素,以新兴科技为支撑,以文化创意为灵魂,依托北京市海淀区科技与文化优势,秉承绿色、节能、公益的理念,努力实现深度融合与创新融合,旨在打造海淀区乃至北京市的城市生活新形态,必将为中华老字号的改革创新发展做出新贡献。

由此可见,百年老店对传承和弘扬老字号文化能够发挥重要作用。很高兴看到几位作者写作出版《中国百年老店》这本书,既有利于老字号企业的发展,又有利于老字号文化的普及。

是为序。

北京一轻控股有限责任公司
党委书记、董事长
苏志民
2019年6月

前　言

人有寿命，企业也有。人的寿命有限，但企业的寿命可以很长，成为长寿企业。

从世界范围看，存续时间超过百年以上的长寿企业日本最多，数量有25321家，美国11735家，德国7632家，英国3435家，瑞士1747家，意大利1472家，法国1319家，奥地利1086家，荷兰1060家，加拿大828家，这10个国家共计约为5.56万家。

在我国，百年老店约为1000家，占比仅为目前境内一亿家市场主体的十万分之一。然而毫不夸张地说，这些百年老店在长期的发展过程中，形成了一种独特的经济现象，产生了一种强大的品牌力量，影响了几代人、十几代人甚至几十代人。尽管其中有些已经远去，但有些依然健在，并成为支持和促进新时代中国特色社会主义不断发展的中坚力量。

有鉴于此，本书根据相关标准和条件，精选了300家境内各省、自治区和直辖市的有代表性的百年老店进行描述和展示。

其一，入选本书的百年老店，都是创立于1918年（含）以前的市场主体，且持续经营至今，即存续时间等于或超过百年。因为这样的百年老店，才更具丰富的历史价值和文化价值。所谓历史价值，是指百年老店建立时间长，经历了无数风雨和挫折，最终在激烈的市场竞争中胜出而存留下来，创造过各种辉煌，获得过各种荣誉，从而成为至今令人景仰的长寿企业。所谓文化价值，是指百年老店底蕴深、故事多，既有产品、技艺、服务、牌匾、楹联等物质文化，又有店规祖训、管理诀窍、用人之道、工匠精神等精神文化，堪称中华优秀传统文化的弘扬者。

其二，入选本书的百年老店，都是商务部认定的中华老字号，即国家级老字号，不包括省市两级老字号。2006年10月和2011年3月，商务部分两批共计认定中华老字号1128家。从历史年代上划分，这些中华老字号形成于明代以前的16家、明代36家、清代475家、民国时期408家、1949年至1956年的193家。从行业分布上划分，这些中华老字号涉及22个行业，主要分布在餐饮、食品、医药、商贸、酿造、服务、工美和文化等八个常见领域，尤其集中在人们日常生活消费领域。如餐饮业有195家，食品业239家，酒行业146家，中医药业123家，这四大类共计占比62.32%。从非物质文化传承上划分，共有112家中华老字号的传统制作技艺等被纳入国家级非物质文化遗产名录。

其三，入选本书的百年老店，都是各个行业知名度高和影响力强的市场主体。行业跨度大，地域分布广，文化特色浓，品牌信誉高，历史年代不一，社会影响相异。例如，既有医药业巨擘同仁堂、陈李济、胡庆余堂、片仔癀和马应龙，又有酿酒业翘楚茅台酒、五粮液、泸州老窖、北京龙徽和青岛啤酒；既有调料业的旗手六必居、王致和、镇江香醋和铁鸟酱油，又有饮食业的领军全聚德、狗不理、郫县鹃城豆瓣和王老吉凉茶；有人酷爱老凤祥宝玉石，喜欢内联升布鞋；有人则离不开吴良材眼镜，只用张小泉剪刀；真可谓形形色色，异彩纷呈，你红我绿，争奇斗艳。

这些百年老店分布在我国内地（除港澳台地区）31个省、自治区和直辖市，不仅在我国经济和社会发展过程中发挥过积极的历史作用，而且在当代改革开放的过程中发挥着重要的现实作用。有些百年老店虽在存续时间上已经达标，但未被商务部认定为中华老字号，故未入选本书。截至目前，我国内地尚有海南省、西藏自治区、青海省等三个区域属于这种空白状况，故本书共收录28个省区市的百年老店。

本书著述内容的要点是，以创办时间先后为序，描述百年老店的历史沿革、成长过程、经营管理、技艺传承、工匠精神、品牌建设、商业诚信、业绩成就、社会影响等，尤其突出企业被商务部认定为中华老字号的情况、传统手工技艺是否被列入国家级或省级非物质文化遗产名录、企业或产品是否曾获得国家级或省级荣誉称号、企业持有的商标是否为中国驰名商标或地方著名商标、企业是否为上市公司、是否进军文化创意产业的情况等。

为了使广大读者能够充分了解中国百年老店的来龙去脉，特别是历代为这些中华老字号的崛起、复兴和发展而艰辛创业、屡造辉煌的人们所付出的努力，创作团队在梳理材料的过程中，力求精耕细作，在语言表述过程中力求简明扼要。本书收录老店的定名，以商务部《中华老字号企业名录》和各地区老字号提供材料为基础，多为老店创办之初或老店发展过程中约定俗成的名称，旨在彰显老店的历史和文化传承，亦能贴近人们的生活。如，同仁堂创立之初称"乐家老铺"，后更名为"同仁堂药铺"，如今发展成为"同仁堂集团"，为概括这家老店的发展和传承，本书采用"同仁堂"这一名称，将老店的相关信息在正文中加以表述。此外，本书收录部分老店图片，均为创作团队在调研过程中实地拍摄，以帮助读者了解老店的前世今生。

希望通过本书的撰写，对每一个入选的百年老店都进行准确到位的展示，分析其成败缘由，评价其功过是非，使人们能够更加了解、喜欢和看好百年老店，共同成为促进中国百年老店、中华老字号继续焕发蓬勃生机、不断提升其重要影响力的正能量。

目 录

一、北京市

1. 鹤年堂 　1
2. 便宜坊 　2
3. 永安堂 　4
4. 六必居 　5
5. 柳泉居 　7
6. 大顺斋 　9
7. 王麻子 　10
8. 同仁堂 　12
9. 王致和 　14
10. 荣宝斋 　15
11. 烤肉宛 　17
12. 桂馨斋 　18
13. 都一处 　20
14. 天福号 　22
15. 白魁老号 　23
16. 砂锅居 　25
17. 月盛斋 　26
18. 壹条龙 　28
19. 通三益 　29
20. 马聚源 　31
21. 龙门 　32
22. 谦祥益 　34
23. 同和居 　35
24. 烤肉季 　37
25. 浦五房 　38
26. 内联升 　40
27. 鸿宾楼 　41
28. 步瀛斋 　43
29. 仁和 　44
30. 天兴居 　46
31. 龙顺成 　47
32. 全聚德 　48
33. 一得阁 　50
34. 白塔寺药店 　51
35. 谭家菜 　53
36. 小肠陈 　54
37. 爆肚冯 　56
38. 吴裕泰 　57
39. 曲园酒楼 　59
40. 听鹂馆 　60
41. 瑞蚨祥 　61
42. 稻香村 　63
43. 商务印书馆 　65
44. 北京饭店 　66
45. 张一元 　68
46. 同升和 　69
47. 东安市场 　71
48. 东来顺 　72
49. 西德顺 　74
50. 全素斋 　75
51. 义利 　76
52. 红螺 　78
53. 龙徽 　79

54. 盛锡福	81	
55. 元长厚	82	
56. 精益	84	
57. 来今雨轩	85	
58. 桂香村	87	
59. 稻香春	88	
60. 戴月轩	89	
61. 仙源	91	

二、天津市

62. 天立	93
63. 正兴德	94
64. 崩豆张	96
65. 果仁张	97
66. 隆顺榕	98
67. 祥德斋	100
68. 狗不理	101
69. 利顺德	103
70. 渔阳	104
71. 义聚永	105
72. 白记	107
73. 耳朵眼	108
74. 起士林	110
75. 正阳春	111
76. 老美华	112
77. 登瀛楼	114
78. 达仁堂	115

三、河北省

79. 槐茂	117
80. 真定府	118
81. 争荣	120
82. 刘美	121
83. 洛杉奇	122
84. 福盛泉	124

四、山西省

85. 益源庆	126
86. 广誉远	127
87. 清和元	129
88. 福同惠	130
89. 双合成	132
90. 汾酒	133
91. 荣欣堂	135

五、内蒙古自治区

92. 开鲁	137

六、辽宁省

93. 老龙口	139
94. 鸿兴泰	140
95. 马烧麦	142
96. 天益堂	143
97. 老边饺子	145
98. 中和福	146
99. 群英楼	147
100. 老天祥	149
101. 宝发园	150

七、吉林省

102. 福源馆	152
103. 积德泉	153
104. 大泉源	155
105. 李连贵	156

106. 鼎丰真	158	133. 沈大成	198

八、黑龙江省

		134. 钱万隆	199
107. 鼎恒升	160	135. 蔡同德堂	200
108. 世一堂	161	136. 老同盛	202
109. 花园	162	137. 德大	203
110. 福庆堂	164	138. 丽云阁	204
111. 秋林食品	165	139. 洪长兴	206
112. 大兴昌	167	140. 朵云轩	207
113. 马迭尔	168	141. 利男居	208
114. 老鼎丰	169	142. 协大祥	210
115. 江上俱乐部	171	143. 福新	211
116. 富裕老窖	172	144. 冠生园	212
		145. 鸿翔	214

九、上海市

十、江苏省

117. 曹素功	174	146. 得月楼	216
118. 周虎臣	175	147. 唐老一正斋	217
119. 吴良材	177	148. 陆稿荐	219
120. 雷允上	178	149. 汪恕有	220
121. 余天成	180	150. 三香斋	221
122. 童涵春堂	181	151. 双沟	223
123. 老凤祥	183	152. 松鹤楼	224
124. 杏花楼	185	153. 乾生元	226
125. 万有全	186	154. 稻香村	227
126. 丁义兴	188	155. 石家饭店	228
127. 邵万生	189	156. 黄天源	230
128. 老大同	191	157. 谢馥春	231
129. 老介福	192	158. 恒顺	233
130. 亨达利	193	159. 马祥兴	234
131. 上海老饭店	195	160. 三万昌	236
132. 德兴馆	196		

161. 乾泰祥	237	189. 万承志堂	277
162. 采芝斋	238	190. 丁莲芳	279
163. 叶受和	240	191. 恒泰	280
164. 王四酒家	241	192. 沈广隆	282
165. 宴春	243	193. 诸老大	283
166. 颐生	244	194. 李大同	284
167. 老庆泰	245	195. 仁昌	286
168. 刘长兴	247	196. 邵永丰	287
169. 王兴记	248	197. 西泠印社	288
170. 奇芳阁	249	198. 景阳观	290

十一、浙江省

十二、安徽省

171. 张小泉	251	199. 吴鲁衡	292
172. 方回春堂	252	200. 胡开文	293
173. 沈永和	254	201. 胡玉美	295
174. 叶同仁	255	202. 余良卿号	296
175. 王一品斋	257	203. 谢裕大	297
176. 张同泰	258	204. 聚红盛	299
177. 震远同	260	205. 张顺兴号	300
178. 丰同裕	261	206. 耿福兴	302
179. 楼外楼	263	207. 麦陇香	303
180. 三珍斋	264	208. 公合堂	304
181. 同兴	265	209. 柏兆记	306
182. 雪舫蒋	267	210. 四季春	307
183. 万隆	268	211. 老余昌	308
184. 奎元馆	270		

十三、福建省

185. 老鼎丰	271	212. 片仔癀	310
186. 胡庆余堂	273	213. 老天华	312
187. 颐香斋	274	214. 春生堂	313
188. 王星记	276	215. 黄金香	314

216. 聚春园	316
217. 同利	317
218. 成珍	319
219. 淘化大同	320
220. 源和堂	321

十四、江西省

221. 黄庆仁栈	323

十五、山东省

222. 玉堂	325
223. 济美	326
224. 生生堂	328
225. 玉兔	329
226. 又一村	330
227. 春和楼	332
228. 张裕	333
229. 通德	335
230. 青岛啤酒	336
231. 宏济堂	338
232. 灯塔酿造	339
233. 泰康	340
234. 北极星	342
235. 聚乐村	343

十六、河南省

236. 四知堂	346
237. 大有丰	347
238. 马豫兴	349
239. 世魁	350
240. 真不同	351

十七、湖北省

241. 健民	354
242. 枝江	355
243. 曹祥泰	357
244. 马应龙	358
245. 长生堂	360
246. 久康	361
247. 黄山头	362
248. 汉明喜来登	364

十八、湖南省

249. 玉和醋	366
250. 九芝堂	367
251. 三吉斋	369
252. 德茂隆	370
253. 甘长顺	372
254. 杨裕兴	373
255. 玉楼东	374
256. 亿昌	376
257. 九如斋	377

十九、广东省

258. 陈李济	379
259. 致美斋	381
260. 冯了性	382
261. 敬修堂	383
262. 大有	385
263. 王老吉	386
264. 生茂泰	388
265. 莲香楼	390
266. 潘高寿	391

267. 老山合	392	
268. 广德泰	394	

二十、广西壮族自治区
269. 铁鸟	396

二十一、重庆市
270. 桐君阁	398

二十二、四川省
271. 泸州老窖	400
272. 保宁	402
273. 鹃城	403
274. 梓橦宫	405
275. 汤长发	406
276. 全兴	407
277. 清香园	409
278. 陈麻婆	410
279. 德昌源	412
280. 全泰堂	413
281. 赖汤圆	414
282. 郎酒	416
283. 五粮液	417

二十三、贵州省
284. 廖元和堂	419
285. 茅台	420
286. 同济堂	422

二十四、云南省
287. 老拨云堂	424
288. 福林堂	425

289. 建新园	427

二十五、陕西省
290. 藻露堂	429
291. 万盛园	430
292. 大咸德	432
293. 德懋恭	433
294. 老孙家	434

二十六、甘肃省
295. 金徽	436
296. 景扬楼	437
297. 悦宾楼	439

二十七、宁夏回族自治区
298. 协力厚	441

二十八、新疆维吾尔自治区
299. 古城	443
300. 七一酱园	444

参考文献	446
附录	448
附录1 商务部关于实施"振兴老字号工程"的通知	448
附录2 关于促进老字号改革创新发展的指导意见	450
附录3 关于组织开展中华老字号集中宣传活动的通知	454
本书创作团队简介	455
后记	462

一、北京市

1. 鹤年堂

鹤年堂是目前中国已知最长寿的企业之一，迄今已有600多年的历史。2011年3月被商务部认定为第二批"中华老字号"（名单序号：北京33），注册商标"鹤年堂"。

鹤年堂诞生于明永乐三年（1405年），当时是由元末明初湖北武昌籍色目人（回民）、养生家丁鹤年在北京创建的民间医药铺，原址坐落在现西城区菜市口大街铁门胡同以西路北、骡马市大街西口处，与回民聚居的牛街相邻。丁鹤年以自己的名字作为店铺商业字号，又是70岁高龄创业，老百姓面对这样一位高寿长者，自然对"松鹤延年"的鹤年堂倍加推崇。

有资料显示，截至1956年，鹤年堂经四大家族17代人共计传承551年。其中丁鹤年家族四代120年（1405—1525年）；曹蒲飒家族七代230年（1525—1755年）；王圣一家族四代172年（1755—1927年）；刘一峰家族两代29年（1927—1956年）。

因鹤年堂以养生立店，充分发挥中医药的作用，且效果显著，故受到明清以来皇亲国戚、官宦名人及庶民百姓的普遍赞誉，其全盛时期，在北京建有东、西、南、北、中五处分号，后仅存西鹤年堂一处。该药店现悬有匾额两方：店堂内悬"鹤年堂"横匾一方，金地黑字；店门外悬"西鹤年堂"横匾一方，白地黑字。据民国文人陈宗藩在其所著《燕都丛考》中的考证：鹤年堂匾为清代盛本所书，西鹤年堂匾为清代李忠丞所书。另外，"鹤年堂"匾额两侧悬挂的"调元气""养太和"这两句鹤年堂养生理念精髓的牌匾，则是出自明代抗倭英雄戚继光之手。

数百年来，鹤年堂坚持"寿人寿世为怀"的建店宗旨、"医不三世，不服其药"的科学精神、"鹤年堂前无贵贱"的服务意识，在不断传承和弘扬中华医药精髓的过程中，形成了以"调元气，养太和"为核心的鹤年堂中医药养生文化。

在其独特养生思想指导下，鹤年堂的中药饮片炮制技术享誉京城。据《北京市志稿》描述："本市药业，鹤年堂以精制饮片著名，其炮制皆遵古法"；《北京卫生大事记》记载："早年间北京就曾流传着这样的说法：'要吃丸散膏丹请到同仁堂，要吃汤剂饮片请到鹤年堂。'"如曾是宫廷贡酒的佛手、玫瑰、金橘、茵陈养生"四宝酒""甘露饮""午时茶"等，使鹤年堂成为最具特色、具有广阔产业前景的传统中医药养生宝库。

刘一峰执掌鹤年堂时期，企业再次大规模扩张。1929年在东安市场开设分店；1935年在西单开设分店并在陶然亭建立鹿苑和药圃；1936年在西安开设分店；总店仍在菜市口。20世纪30年代刊行的《旧都文物略》曾高度评价说："同仁堂及西鹤年堂药铺，皆数百年营业，声闻全国。近虽西药林立，即同仁、鹤年两大家族，于北平四城设公肆无数，而购药者不约而同趋前门菜市口两处。"

1955年公私合营后，鹤年堂先后归属北京市药材公司、宣武区一商局、宣武区医药药材总公司。其间1958年陶然亭地区城市改造、建立陶然亭公园时，陶然亭鹿苑和药圃被关闭撤销。不久，东安市场分店和西单分店、中药生产厂也从鹤年堂资产中剥离，只剩下鹤年堂菜市口总店。1967年，鹤年堂更名为"人民药店"；1978年又更名为"宣武区菜市口中药店"；直到1981年才恢复老字号经营，定名为"北京市宣武区鹤年堂中药店"，"鹤年堂"匾额从首都历史博物馆领回。

改革开放后，鹤年堂砥砺前行。1995年，鹤年堂药店改制为"鹤年堂药品经营公司"。1997年8月，以鹤年堂药品经营公司为主，成立"北京市鹤年堂药品经营公司"，注册商标"鹤年堂"，企业知识产权得到法律保护。2002年，该公司实行现代企业制度改造，组建为"北京鹤年堂医药有限责任公司"。2008年6月，"鹤年堂中医药养生文化"被国务院确定为第二批国家级非物质文化遗产，成为鹤年堂发展史上又一座里程碑。

2. 便宜坊

便宜坊是北京历史最悠久的烤鸭店，迄今已延续600多年。2006年11月被商务部认定为第一批"中华老字号"（名单序号：北京34），注册商标"便宜坊"。

一、北京市

便宜坊创建于明永乐十四年（1416年），起初坐落在京城菜市口米市胡同（现属北京市西城区），仅为一家卖熟肉的无名小铺，后来才逐渐经营烤鸭。

作为北京焖炉烤鸭的鼻祖，便宜坊烤鸭具有明显的南方特色。相传朱元璋定都南京后，明宫御厨常用当地肥厚多肉的湖鸭制作菜肴，有时还采用炭火烘烤，成菜后鸭子吃口酥香，肥而不腻，受到人们称赞，即被宫廷取名为"烤鸭"。明永乐十九年（1421年），明成祖朱棣迁都北京之后，烤鸭技术也被带到北京，且很快传入民间。不久，米市胡同的那家小铺开始效仿，并进一步发扬光大。

由于小铺烤制的鸭子加工考究，味道鲜美，价钱便宜，故深受达官显贵和平民百姓的欢迎。明嘉靖三十三年（1553年）的一天，兵部武选司员外郎杨继盛到店用餐后，为其题写了"便宜坊"三个大字，于是老板精心制作匾额悬挂在门庭，从此便宜坊声名远播。

随着生意兴隆、口碑日佳，便宜坊的烤鸭也越做越好。据了解，便宜坊只用"南炉鸭"做食材。这种鸭祖籍南方，明永乐年间随漕运来到北京，繁殖于京东潮白河一带，后迁至京西玉泉山放养。而焖炉烤鸭技艺是凭借炉墙热力烘烤鸭子，特点是"鸭子不见明火"，炉内温度先高后低，烤出的鸭子外皮酥脆，内层丰满，肥瘦适中，肥而不腻。同时减少了明火烤制易产生致癌物的现象，属环保型烤鸭。

进入清代，便宜坊已发展成为著名饭庄，其焖炉烤鸭享誉京城。不仅皇帝爱吃，而且朝廷的一些官员每逢宴请、召开会议等，往往也要吃烤鸭。如《都门琐记》曾载："北京膳填鸭，有至八九斤者，席中心必以全鸭为主菜，著名者为'便宜坊'。"

清咸丰五年（1855年），学徒出身的山东荣成县人孙子久在前门外鲜鱼口又开设了一家便宜坊烤鸭店。该店不断改进焖鸭技艺，深得食客欢迎，就连慈禧太后也曾差人把便宜坊的烤鸭送进宫内。

由于鲜鱼口街便宜坊后来居上，不论在烤焖技术，还是在盒子菜、桶子鸡和清酱肉的制作上，都使米市胡同便宜坊竞争乏力，故后者不得不改称"老便宜坊"。不过，米市胡同店与许多历史名人还是结下不解之缘。光绪二十四年（1898年），康有为在这里宴客；1917年，新婚的胡适先生偕夫人专程到这里吃

便宜坊门店

烤鸭；第二年，李大钊请两位好友毛泽东和赵世炎到这里吃烤鸭。

1953年6月，便宜坊实行公私合营，百年老店跨进新征程。1958年6月1日，周恩来总理一行到便宜坊烤鸭店用餐。餐后他指着堂内便宜坊牌匾说："便宜坊是我们老祖宗留下的老字号，'便宜'两字当以'便利人民、宜室宜家'作为核心，服务人民、服务大众。""文革"期间，鲜鱼口便宜坊改名为"新鲁餐厅"，直到1978年才恢复"便宜坊"老字号。

改革开放后，便宜坊迎来黄金时代。2002年6月，北京便宜坊烤鸭集团有限公司成立，企业走上现代化经营管理道路。2005年1月，便宜坊招牌菜"花香酥"焖炉烤鸭获国家发明专利证书；同年8月，"蔬香酥"焖炉烤鸭获国家发明专利证书。2008年6月，"便宜坊焖炉烤鸭技艺"被国务院确定为第二批国家级非物质文化遗产，企业喜获殊荣。2011年9月，便宜坊鲜鱼口店重张开业，这家位于前门大街、历经156年风雨洗礼的便宜坊老店，将再次迎接来自国内外的广大烤鸭爱好者。

3. 永安堂

永安堂是北京著名中医药企业，迄今已有600多年的历史。2011年3月被商务部认定为第二批"中华老字号"（名单序号：北京32），注册商标"永安堂"。

永安堂始创于明永乐十四年（1416年）。对此，永安堂原主人之一于清乾隆九年（1744年）编撰的《北京永安堂参茸胶醴丸散膏丹药目序》中曾有记载。不过由于史料匮乏，永安堂前300多年的发展情况目前大多已无从可考。仅相传，明景泰朝进士、翰林院编修江朝宗曾为该店题有"济世寿民"牌匾。

永安堂早年位于北京朝阳门内大街，即原东四牌楼东南角儿，故清代以来有"内永安、外同仁"之说，指永安堂在城里，同仁堂在城外。永安堂两层楼面，门楣中央悬挂"永安堂"颜体楷书匾额，由清代文人钟少儒题写；匾额两端则分挂"采云""炼月"的金字配匾；高雅严肃，庄重气派。

据《永安堂药目序》中称，永安堂的经商宗旨是"实与名副，财以道生"。虽历经数百年风雨洗礼，永安堂始终恪守这一店规祖训，并秉承"讲究配方、精选药材、苛求质量"的优良传统，使其商业诚信位列京城乃至全国医药界前茅。

一、北京市

在几十代人的艰苦创业下，正如民国时期所刻《永安堂重刊参茸胶醴丸散丹价目表声明》中所说："久研病理，深攻药性，专运各省地道生熟药材，遵照古方暨名医秘授，虔修各种丸散膏丹，精选上品参茸胶醴，并制南北精良饮片。货真价实，驰名久远。"

清光绪三十三年（1907年），河北三河县人、1892年走进永安堂的老员工杨周臣出任永安堂总经理。他精通业务，勤于管理，或坐堂闻听，或后堂（药厂）查看，并一贯秉承自己制定的"监制者责任重大，终日督饬，唯恐疏漏，虽神疲力竭，亦弗敢稍懈"的治店原则，使永安堂进一步欣欣向荣，生意兴隆，门庭若市。在他的带领下，至20世纪30年代，永安堂的发展达到鼎盛时期，成为能够自制16个门类、约1100种中成药的大型国药店，其中名药有羚翘解毒丸、神授化痞丹、西黄清醒丸、紫雪丹、肺灵、疥药一扫光等，供不应求，备受推崇。特别是在1915年9月的北京出品展览会上，羚翘解毒丸还获得京都市政公所出品协会颁发的特等奖；另有一些产品在1935年获"北平市政府特等奖"和"全国铁路沿线出产货品展览会超等奖"。

1956年1月公私合营，中成药改由国营批发部门计划供应，从此永安堂告别了前店后厂自产自销的经营模式。"文革"期间，清代钟少儒题写的"永安堂"牌匾被摘掉（后丢失）永安堂改名为"曙光药店"。直到1988年，永安堂才恢复原名。

1994年5月，永安堂改建竣工，重新开业。其建筑风格既保留了传统的古朴典雅，又突出了亮丽的现代气息。1995年，成立"北京永安堂医药公司连锁店"，共设7家分店，开始规模经营，实行统一进货、统一配送、统一管理和统一核算。2002年6月，永安堂对下属20多家零售药店进行整合，改制成立"北京永安堂医药连锁有限责任公司"。截至2005年，该公司在北京已经是拥有38家直营药店、15家加盟药店的重磅连锁企业，知名度更加提高，影响力日益扩大。

4. 六必居

六必居是北京著名食品企业，迄今已有580多年的历史。2006年11月被商务部认定为第一批"中华老字号"（名单序号：北京14），注册商标"六必居"。

六必居创建于明正统元年（1436年）。相传这家酱菜铺由山西临汾人赵存仁、赵存义、赵存礼三兄弟在北京前门大栅栏设立，他们秉承晋商所坚持的"黍稻必齐，曲蘖必实，湛炽必洁，陶瓷必良，火候必得，水泉必香"的操作规则，成为"六必"的含义与精神，故六必居制作出的酱菜，人们公认其味道浓郁、色泽鲜亮、脆嫩馨香、咸甜适口。

作为京城酱菜翘楚，六必居历经明清两代，不但知名度和影响力与日俱增，而且产品广销各地，乃至入选宫廷御品。据史料记载，清乾隆朝以来，六必居的发展较为迅速。清乾隆六年（1741年），六必居曾装修租用的铺面房并盖酱房，用于扩大经营规模。清道光六年（1826年），六必居则将已买下多年的自有房产卖给清宫内务府官员，以图拉近关系。当时为往宫廷送货方便，朝廷曾赐给六必居一顶红缨帽和一件黄马褂，这两件衣帽一直保存到1966年。在清道光二十五年（1845年）刊印的《都门纪略》中，六必居还被列为京城制售八宝菜、包瓜等酱腌菜的名家，足见六必居在京城酱园业的霸主地位。

然而，天有不测风云。清光绪二十六年（1900年），位于前门大街的老德记药房被义和团纵火焚烧，六必居亦遭殃及，幸亏以张夺标为首的员工冒着生命危险把六必居的老匾从火中抢出，送到崇文门外打磨厂的临汾会馆存放。次年，六必居原样复建，继续经营。

民国时期，六必居更加声名远播。1935年，六必居的酱菜参加了在青岛召开的铁路沿线出产货品展览会，获得优等奖。不久又参加了在日本名古屋举办的展览会，其生产的干黄酱、铺淋酱油和罐头酱菜，均受到好评。抗战胜利后，蒋介石曾于1945年秋来到北平（今北京），在中南海设宴时，他点名要六必居的酱菜。

中华人民共和国成立后，六必居如鱼得水，快步前行。但在"文革"期间，六必居成为"破四旧"的目标之一，遭受重创。六必居牌

六必居酱菜制作技艺传承谱系（六必居博物馆）

匾曾被砍了几斧头送进北京展览馆，店名则先后被改为"北京宣武区酱菜厂门市部""北京红旗酱菜厂门市部"。直到1972年，事情才出现转机。当年中国计划向日本出口一批六必居酱菜，原定使用中国粮油食品进出口公司的商标，但在日方的坚持下，中方同意换成六必居的商标，这是"文革"后第一次以"六必居"的名义进行贸易活动。同年9月，日本首相田中角荣访

六必居博物馆

华，随同访华的日商提出参观六必居酱园。根据周恩来总理的指示，从北京展览馆取回六必居牌匾，经过修整后重新将其悬挂于店堂之中，六必居重振雄风。

1994年，六必居前门老店重新翻建，仍保持了中国式古色古香的传统木制结构建筑风格，开始迎接海内外八方宾客。2008年6月，"酱菜制作技艺·六必居酱菜制作技艺"被国务院认定为第二批国家级非物质文化遗产。2010年7月，"六必居"商标被国家工商总局商标局认定为"中国驰名商标"，企业知识产权保护迈上一个新台阶。2014年12月，中国六必居博物馆在北京前门大街举行隆重的奠基仪式，公司开始进军文化创意产业。

5. 柳泉居

柳泉居是北京著名的八大居之一，迄今已有450多年的历史。2006年11月被商务部认定为第一批"中华老字号"（名单序号：北京15），注册商标"柳泉居"。

柳泉居始建于明隆庆元年（1567年），相传由山东人出资创立，最早店址设在护国寺西口路东，以经营北京黄酒为主。因当时小店院内有一棵硕大的柳树，树下有一口清澈甘甜的泉眼井，用这口井水酿制的黄酒，味道醇厚，酒香四溢，故商品逐渐走俏。"柳泉居"牌匾上的三个字，有说是明代权臣严嵩晚年的落魄之作，但目前并无史料佐证。

柳泉居以经营鲁菜起家，亦集宫廷、山东、清真三大菜系精华为一体，精于扒、爆、炒、煨，拿手名菜有金盅鸡、荷花燕菜、云片鲍鱼、油焖大虾、凤尾银耳等，同时也提供价格亲民的大众化饭菜。因而，无论腰缠万贯的贵宾还是小门小户的食客，都可以自由步入柳泉居的店门，一样受到伙计们的热情招待，一样喝到窖香浓郁的黄酒，品尝可口而又价钱公道的饭菜。

值得关注的是，该店具有独特风格的"蟹宴"名气颇大。它以螃蟹为主料，搭配多种辅料，制作出几十道热菜、冷荤和面点。其中以冷荤食品中的大彩拼——荷塘秋蟹最为诱人，即选用优质香菇雕刻成蟹形，仿佛是一只只在水中栩栩如生的大螃蟹，外加成套的银制蟹形餐具和用黄色餐巾叠制成的蟹形装饰花，更将整个台面衬托得高雅灵秀、美不胜收。另外，柳泉居最出名的还有山东特色面食，例如烤馒头、银丝卷和豆沙包。其中，烤馒头外表焦黄酥脆，内心雪白绵软，曾号称全北京第一；而豆沙包白嫩而极富弹性，非常有嚼劲，甜甜细细的还带着豆香，更是享誉京城。

清末民初，柳泉居连同三合居、仙露居一并被称为"京城名三居"，企业发展如日中天。对此，民国夏仁虎所撰《旧京琐记》中称："柳泉居者，酒馆而兼存放。盖起于清初，数百年矣。资本厚而信誉坚……"但随着社会历史的变迁，至1935年，京城三居就仅存柳泉居一家了。

1949年，柳泉居迁入新街口南大街路西217号现址，更名为"柳泉居饭庄"。1956年实行公私合营；"文革"中曾称"平安食堂""永进食堂"；直到1978年，这家百年老店才重新恢复了"柳泉居"的商业字号，当时著名书法家贾松阳先生为其题写了三字牌匾。

柳泉居不但在餐饮界出类拔萃，而且文化底蕴也十分深厚。如著名作家老舍先生的力作《四世同堂》《正红旗下》，均以柳泉居作为素材和背景。老舍的夫人胡絜青女士也在1980年2月14日为《人民日报》撰写文章介绍"柳泉居"，她写道："万没想到，打倒'四人帮'后，看到久已湮没的'柳泉居'饭庄重新开张，实在值得我向它致喜致贺。"

1984年，柳泉居重整"门脸"，经营面积由1982年的225平方米增至450平方米。一楼经营大众食品，可同时接待180人就餐；二楼设三间雅间和一间大厅，承接聚餐宴会。遗憾的是，2005年7月，柳泉居饭庄因北京地铁4号线施工被拆除，中断经营，但柳泉居开办了若干个"柳泉居豆沙包"专卖窗口，仍然坚持为京城百姓服务，深受好评。2009年10月，"柳泉居京菜制作技艺"被北京市认定为市级非物质文化遗产，企业发展迈上一个新台阶。

一、北京市

2016年8月28日，阔别京城11年的中华老字号柳泉居在新街口重张开业，很多老顾客激动地奔走相告。此时的柳泉居饭庄共有三层，六个包间、300余位散座、饭庄外立面展现了中国传统彩绘艺术，古朴典雅、庄重大气；室内则采用新中式的装饰风格，时尚美观、引人入胜。

6. 大顺斋

大顺斋是北京著名食品企业，迄今已有380多年的历史。2011年3月被商务部认定为第二批"中华老字号"（名单序号：北京9），注册商标"大顺斋"。

大顺斋最初是一家民间烧饼铺，问世于明崇祯十年（1637年）。相传其创始人是来自南京的回民小贩刘刚（乳名大顺），早先带领全家在北京通州回民聚集区落脚谋生，专门制作糖火烧走街串巷挑担叫卖。不久有了积蓄，刘家便在街上开办烧饼铺，老婆掌柜，父子制作，店名"大顺斋"。

进入清代乾隆年间，大顺斋生意更加兴旺，遂在毗邻闹市的回民胡同买下五间门面，前店后厂，两间为店，三间作坊，经营糖火烧及南味糕点，并请京城书法家吴春鸿题写了"大顺斋南果铺"六个字，镂刻在小店门楣的青砖上。

清代末年，在刘刚第六世孙刘九爸的有效执掌下，大顺斋进入鼎盛期，并先后设立了三个分号。其中通州老铺又称大来号，专管油、面、芝麻酱等原料供应；而设在北京城内的大生号、大新号、大兴号则负责出售糖火烧，兼营油盐酱醋等生活用品。

几百年来，大顺斋专营清真糕点，其中历史最久、名气最大的当属桂花糖火烧，被誉为"通州三宝"（大顺斋的糖火烧、小楼饭店的烧鲇鱼、万通酱园的酱豆腐）之一。这种糖火烧酥绵松软，甜美可口，存放时间长，炎夏暑热一至两个月不霉、不干、不走味。据称，20世纪20年代回教阿訇张迁去中东麦加朝圣，别人所带干粮皆馊坏，但唯独他带的大顺斋糖火烧香甜依旧。

另外，由于大顺斋的顾客多为中下层群众，故商品价格低廉也成为它的一个特点。有资料显示，大顺斋常以九折价把糕点批发给小贩到车站叫卖，并在周围乡村设立代销站，允许赊账。与此同时，大顺斋的店堂服务亦十分到位。顾客进店，伙计先让座、敬茶；买不买都敬客如神，绝不怠慢；买得多，店里代送；买得少，帮助打理，再附上一张印有"大顺斋"的门票，作为广告宣传。

然而20世纪初，大顺斋面临一系列变故。1900年8月，八国联军入侵北京，大顺斋生意萧条。1912年8月，通州驻军北洋军阀姜桂题部哗变，大顺斋被焚毁，虽于当年重建，却已大伤元气。

中华人民共和国成立后，大顺斋在政府扶持下逐渐恢复好转。1954年10月，印度总理尼赫鲁访华，曾通过外事部门点名要吃通州大顺斋的糖火烧，次日还派人取走10余斤。1955年，该店实行公私合营，生产经营得到较快发展。"文革"期间，大顺斋被并入通县（今通州区）食品厂。

改革开放，大顺斋重振雄风。1980年，大顺斋恢复老字号名称。1981年，国家拨款130万元新建厂房2800平方米，职工增至200人，日产糖火烧1300斤，品种达30多种。1988年3月，大顺斋糕点厂被授予"北京市优秀食品老字号"的荣誉称号。1990年第十一届亚运会期间，大顺斋被指定为大会用糕点生产厂家。该厂生产的糖火烧、萨其马、枣泥寿桃、五字饼等10余个品种，成为亚运村专供食品，每天专车送货，颇受体育健儿和亚洲穆斯林宾客的青睐。1999年，"大顺斋"牌糕点被推荐为"北京商业知名品牌"。2003年3月，北京大顺斋食品有限责任公司成立，百年老店树起一座新的里程碑。

7. 王麻子

王麻子是中国剪刀行业的百年老店，迄今已有近370年的历史。2011年3月被商务部认定为第二批"中华老字号"（名单序号：北京34），注册商标"王麻子"。

王麻子始创于清顺治八年（1651年），起初是北京宣武门外菜市口附近一家卖火镰、剪刀的杂货铺，铺名"刀顺号"。该店铺老板姓王，因脸上有麻子，故同行人及顾客称其"王麻子"。清代的王麻子剪刀铺并不制作剪刀，主要从民间剪刀作坊进货零售。为保证质量，店铺老板亲自走访选货，坚持"三看两试"标准，即看外观、看刃口、看剪轴和试剪刃、试手感。凡经不起三看、两试的一律不收，故王麻子的剪刀以质量好而远近闻名，各地商客争相前来选购。

清嘉庆二十一年（1816年），王麻子后人在北京宣外大街135号又添两间门面，挂起"三代王麻子"招牌吸引顾客。与此同时，王麻子剪刀铺还派人走街串巷、赴庙会、下农村，加强宣传以扩大销路。这时期的王麻子改以经营剪刀为主，并在所销售的剪刀上镌刻"王麻子"三字作为标志，卖出的剪刀则都装在一个印有"王麻子"字样的纸袋里，上边印着如在一年之内发生某种损坏，包换包退字样。朴素的广告意识十分超前，有效的市场营销手段颇为到位。"南有张小泉，北有王麻子"的民谚开始广泛流行。

然而民国时期，在激烈的商品竞争中，北京很多地方出现了"汪麻子""旺麻子""老王麻子""真王麻子"等等招牌，企图用以假乱真的办法争取顾客，所幸都未能立足，王麻子剪刀铺面对各方势力的冲击，始终在商品质量上领先，令他人难望其项背。

20世纪50年代初期，北京东便门至天坛一带仍有20余家手工业刀剪作坊继续为王麻子剪刀铺加工，店铺进货也按过去的标准进行验收，口碑颇好，市场旺销。1956年，毛泽东主席在《加快手工业的社会主义改造》一文中指出："王麻子、张小泉的刀剪一万年也不要搞掉。我们民族好的东西，搞掉了的，一定都要来一个恢复，而且要搞得更好一些。"[1]1956年，北京68家刀剪作坊进行合并，统一生产、统一管理、统一销售，为王麻子的快速发展奠定了坚实基础。1959年，北京市人民政府批准成立"北京王麻子剪刀厂"，注册商标"王麻子"。1964年，北京市政府为了满足市场需求，扩大生产能力，在昌平沙河镇重新建厂，次年北京王麻子剪刀厂迁往新址，一举步入规模化生产轨道。与此同时，经过多次技术革命，王麻子在继承传统工艺的基础上，采用新型生产工艺，实现了剪刀生产机械化，使产品质量更上一层楼，故不但更加受到用户的欢迎，还远销香港、澳门地区及东南亚各国。如王麻子剪刀以头长把宽、剪头灵活、槽口耐磨、不崩不卷、经久耐用而在国内外享有盛名，被誉为"黑老虎"。

改革开放后，王麻子踏上新的征程。1979年，王麻子刀剪厂的产品被轻工部评为优质产品；1980年荣获国家银质奖；1984年，经评比，王麻子"黑老虎"剪刀名列全国第一。1999年，北京王麻子剪刀厂与其他企业共同投资设立"北京栎昌王麻子工贸有限公司"，由公司统一经营"王麻子"刀剪产品。2006年，该公司基本完成对下属生产厂的调整，砥砺前行。2008年6月，"剪刀锻制技艺（王麻子剪刀锻制技艺）"被国务院确定为第一批扩展项目国家级非物质文化遗产，企业无形资产大幅度提升。

---

[1] 毛泽东：《毛泽东选集》第五卷，北京：人民出版社，1977年，第264—266页。

8. 同仁堂

同仁堂是家喻户晓的中国百年老店，迄今已有近350年的历史。2006年11月被商务部认定为第一批"中华老字号"（名单序号：北京35），注册商标"同仁堂牌"。

相传明代永乐年间，浙江宁波府慈溪县（今宁波市江北区慈城镇）人乐良才举家迁往北京，以走街串巷、行医卖药为生，当时称为"铃医"。清代初期，乐氏来京第四代传承人乐显扬也如其曾祖父一样是个铃医，但不久乐显扬入职皇宫太医院担任吏目即医官，这使他有机会收集大量的宫廷秘方、民间验方及祖传配方等。清康熙八年（1669年），乐显扬兼职行医，并在前门西打磨厂街创办同仁堂药室，世代相传，称"乐家老铺"，从此开启了百年老字号同仁堂走向辉煌的历史大幕。

清康熙四十一年（1702年），乐氏第五代传承人、乐显扬第三子乐凤鸣接续祖业，迁址前门外大栅栏路南，更名为"同仁堂药铺"，前店后厂、自产自销，并在宫廷秘方、民间验方、祖传配方基础上总结前人制药经验，于清康熙四十五年（1706年）汇集完成《同仁堂乐氏世代祖传丸散膏丹下料配方》（简称同仁堂传统配本）和《同仁堂虔修诸门应症丸散膏丹总目》（简称同仁堂药目）两部书，为同仁堂享誉全国、药香四海做出了卓越贡献。尤其乐凤鸣在《同仁堂药目》一书序言明确提出"炮制虽繁必不敢省人工，品味虽贵必不敢减物力"的训条，成为历代同仁堂人的诚信制药原则，且作为门槛，夺人眼目。不但一般病家、客商云集赐顾，就连皇家也离不开同仁堂。清雍正元年（1723年），由皇帝钦定同仁堂供奉清宫御药房用药，此后同仁堂独办官药，服务清廷凡188年之久，历经八代皇帝。其自制的王牌名药包括牛黄清心丸、安宫牛黄丸、乌鸡白凤丸、大活络丸等，深受各界欢迎，至今行销于世。

18世纪末至19世纪初，同仁堂股权旁落，步履维艰。清道光十一年（1831年），乐氏第十代传承人乐平泉仅为同仁堂每日

同仁堂老药铺

可领取微薄"字号银"的铺东，而没有任何经营权。面对同仁堂由外姓人掌控的局面，乐平泉开设"广仁堂"药室积累资金，直至清道光二十三年（1843年），终于收回了落入他人之手的同仁堂，史称"同仁堂中兴"，乐平泉也无疑成为同仁堂继往开来的重要人物。

自清光绪三十三年（1907年）至民国时期，乐氏族人分别在上海、天津、汉口、长春、西安、长沙、福州等地开设分店共计44家，但其店名不以同仁堂称，而是只在店名前冠以"乐家老铺"四字。1948年，乐氏第十三代传承人乐松生接任同仁堂经理。1954年8月，同仁堂率先实行公私合营，并于1957年成立"同仁堂中药提炼厂"，开创了中药西制的先河。

伴随改革开放的大潮，同仁堂获得新生。1979年，同仁堂厂、店、牌号均得以恢复，百年老字号犹如插上腾飞的翅膀。1983年，北京同仁堂注册"同仁堂"商标，知识产权意识极大提升。1989年，国家工商行政管理局商标局认定"同仁堂"商标为"中国驰名商标"，受到国家特别保护，这是第一个被认定为驰名商标的国内商标。1992年8月，"中国北京同仁堂集团公司"组建成立，同仁堂开始实行现代企业制度，集团公司以北京中药为主导，集产供销、科工贸于一体。

1997年6月，由集团公司下属六家绩优企业组建成立"北京同仁堂股份有限公司"，同月，同仁堂股票在上海证券交易所上市，标志着同仁堂一举进入资本市场。2000年5月，成立了"北京同仁堂科技发展股份有限公司"，同年10月在香港联合证券交易所创业板上市，创下了国内首家A股分拆成功上市的纪录。2001年7月，由北京市政府授权的"中国北京同仁堂（集团）有限责任公司"正式揭牌，标志着同仁堂实现了规范化的公司制转变，堪称企业体制上的一次重大变革。2006年5月，"同仁堂中医药文化"被国务院确定为第一批国家级非物质文化遗产，在同仁堂发展史上又增加了一座新的里程碑。

成绩斐然、荣誉等身，北京同仁堂在中医药产业已是世界公认的领袖型企业。与此同时，同仁堂博物馆也于2006年3月开建，充分诠释了"文化是企业长寿基因"的道理。

9. 王致和

王致和是北京著名调味品企业，迄今已有近350年的历史。2006年11月被商务部认定为第一批"中华老字号"（名单序号：北京44），注册商标"王致和"。

王致和的前身是清代的"王致和南酱园"，创始人王致和是安徽宁国府太平县仙源（今黄山市黄山区仙源镇）的举人，清康熙八年（1669年）进京赶考落第，受盘缠所困及其他原因，遂逗留京城。其间，他勤工俭学，一边刻苦攻读，一边利用儿时所学技艺制作豆腐。但偶然一次阴差阳错致豆腐变质腐臭，因觉弃之可惜，王致和便亲自品尝，意外发现竟风味独特，随即邀邻里共同品尝且受到一致好评，于是他调整思路，增加品种，清康熙九年（1670年）设立了专门制作"臭豆腐"的手工作坊。

经过数年潜心研究、摸索创新，王致和制作臭豆腐的技艺日渐精进，风味口感日臻完善，口碑也日渐增长，他便于清康熙十七年（1678年）弃学经商，在北京前门延寿寺街路西创建"王致和南酱园"，雇师招徒，扩大规模，前店后厂，自产自销，以经营臭豆腐为主，兼营酱豆腐、豆腐干及各种酱菜。

产品新奇、与众不同，很快就使王致和声名鹊起、火遍京城。清代末年，王致和臭豆腐传入宫廷，列为御膳小菜，其中慈禧太后最为喜欢，但嫌其名称不雅，便按其青色方正的特点，赐名"青方"，于是其身价陡增，生意愈加红火。王致和的示范效应很快引来一众仿效者。不久，在延寿寺街、宣武门外等地，又相继开设了王政和、王芝和、致中和等以制作臭豆腐和腐乳为主的酱园，"闻着臭、吃着香"的臭豆腐产业逐渐形成。

中华人民共和国成立后，王致和等北京老字号继续运营。1956年实行公私合营，原"同义厚"酱园更名为"田村酱厂"，由手工作坊向企业过渡。至1958年3月，王致和、王政和、王芝和、致中和四家私营作坊与田村酱厂合并，成立"北京市田村化学酿造厂"，隶属北京市二商局菜蔬公司。1972年，该厂更名为"北京市腐乳厂"，企业的专业化程度开始提高。

改革开放的到来，使王致和踏上新的征程。1985年4月，北京市腐乳厂重新启用"王致和"商号经营，更名为"北京市王致和腐乳厂"，并注册登记了"王致和"商标，将企业标识和产品标志相统一，此番"王致和"三个字重新用于企业名称，受到国内外各界赞誉。2000年3月，该厂改制后更名为"北京王致和食品集团有限公司王致和食品厂"，企业体制建设出现变化。2006年10月，国家工商总局商标局认定"王致和"商标为"中国驰名商标"。2008年6月，"腐乳酿造技艺·王致和腐乳酿造技艺"被国务院确定为第二批国家级非物质文化遗产。2009年9月，王致和食品厂再次改制更名为"北京二商王致和食品有限公司"，专业生产腐乳等调味品。

王致和的产品从古至今，始终保持一流品质；企业严格遵循诚实、信用、创业的传统精神，以信誉为本，凭良心做事。另一方面，王致和食品集团有限公司在文化创意产业领域同样锐意进取，于2010年10月建成了企业博物馆，即北京市腐乳科普展馆。

10. 荣宝斋

荣宝斋是中国著名文化企业，迄今已有340多年的历史。2006年11月被商务部认定为第一批"中华老字号"（名单序号：北京50），注册商标"荣宝斋"。

荣宝斋的前身是坐落在琉璃厂的"松竹斋"，始建于清康熙十一年（1672年），为当时的京官、浙江人张氏开办的一家小型南纸店。纸店主要经营文房四宝及装裱、代客订购书画篆刻家的商业作品等。清光绪二十年（1894年），松竹斋更名为"荣宝斋"，字号取"以文会友，荣名为宝"之雅意，并请当时著名的大书法家陆润庠（清同治朝状元）题写了"荣宝斋"三字匾额。

1896年，荣宝斋在其东侧的井院胡同2号设立了帖套作，开始自刻、自印笺纸，因产品质量高，很快声名鹊起。荣宝斋所印笺纸风格新、品位高，曾被鲁迅先生誉为"诸笺肆之白眉"。1933年，鲁迅、郑振铎收集了《北平笺谱》委托荣宝斋出版，翌年又委托荣宝斋翻刻明代的《十竹斋笺谱》。这两部书成为荣宝斋制笺史上的经典之作。1945年，荣宝斋成功试印张大千的《敦煌供养人》，颇受好评。

1950年10月实行公私合营，荣宝斋更名为"荣宝斋新记"。1952年，荣宝斋成为国有企业，并悬挂郭沫若先生题写的牌匾"荣宝斋"至今。不久，荣宝斋恢复了一些传统商品，并同书画家建立了广泛的联系，在经营历代书画和文房用品之外，创造发展了木版水印，成功地复制了徐悲鸿的《奔马》和齐白石的《白茶花》，销路好、反响大，市场占有率逐渐提高。自此之后，荣宝斋便努力收集历代名画，印制成木版水印作品，满足社会各界的需要。1959年，荣宝斋组建了以装裱大师张贵桐为首的实力雄厚的装裱车间，不仅承担新古书画的日常装裱工作，还在拯救抢修损毁十分严重的古代经典书画方面创造了一个又一个奇迹。例如同年，荣宝斋承担了人民大会堂宴会厅巨幅国画《江山如此多娇》的物质保障和装裱工作。为了在物质上保障画作达到最佳效果，荣宝斋提供了珍藏的古墨和丈二匹宣纸以及最好的颜料；还特制了杆长一米多的如椽巨笔；并用名贵的明代金丝楠木制作了画框。

改革开放以来，荣宝斋在市场经济的大潮中与时俱进，一路领先，殊荣满满。1994年，由荣宝斋控股的"北京荣宝拍卖有限公司"成立，为中国内地首批取得文物拍卖许可证的公司之一。至今该公司已成功举办百余场艺术品拍卖会，拍品涉及中国书画、油画雕塑、当代艺术、古董文玩、珠宝翡翠、钟表、艺术图书等领域。2010年，"北京荣宝斋典当有限责任公司"成立，为北京市首家以典当艺术品为主的典当公司。该公司依托荣宝斋这面大旗，打开了京城乃至全国独家经营艺术品典当的大门。2006年5月，荣宝斋的"木版水印技艺"被国务院确定为第一批国家级非物质文化遗产，企业无形资产令人刮目相看。2007年，荣宝斋被评为"中国文化创意产业领军企业"，业内地位名列前茅。2008年6月，荣宝斋的"装裱修复技艺（古字画装裱修复技艺、古籍修复技艺）"被国务院确定为第二批国家级非物质文化遗产，企业无形资产获得更大提升。2009年，荣宝斋被评为"中国十大最具历史文化价值百年品牌"，百年老店再创辉煌。

目前，荣宝斋隶属于中国出版集团公司，是一家集书画经营、文房用品、木版水印、装裱修复、拍卖典当、出版印刷、展览展示、教育培训、茶文化、进出口贸易等于一体的综合性文化企业。截至2015年底，荣宝斋已在香港、天津、呼和浩特、长沙、广州、济南、洛阳、青岛、武汉、宁波、淄博开设了11家分店，在北京、上海、济南、南京、桂林成立了5家拍卖公司，经营规模空前扩大，知名度和影响力不断增强。

一、北京市

11. 烤肉宛

烤肉宛是北京著名清真饭庄，迄今已有330多年的历史。2006年11月被商务部认定为第一批"中华老字号"（名单序号：北京16），注册商标"烤肉宛"。

烤肉宛问世于清康熙二十五年（1686年），创建人是直隶省顺天府通州三河县（今河北省大厂县）一位姓宛的回民。起初他在北京宣武门内安儿胡同（现绒线胡同）西口一家酒馆前推车卖生牛肉，不久开始卖炭火烤牛肉。清雍正元年（1723年）后，宛氏第三代传承人宛玉魁财力渐强，便在安儿胡同西口路东购置一间铺面，坐店经营，取字号为"烤肉宛"，专营烤肉生意，让食客自选自烤。清咸丰年间（1851—1861年），宛氏第四代传承人出资买地盖起两间铺面房，并把字号更名为"烤肉宛记"，店堂除经营烤肉外，还添加芝麻烧饼、包子等主食。1890年，宛氏第五代传承人宛起瑞又将"烤肉宛记"改为"烤肉宛"，此时烤肉宛在京城已略有名气，许多食客慕名而来。20世纪30年代初，烤肉宛生意趋旺，于是在原址门前购置地皮，盖起铅板棚，增加营业面积，市场占有率不断提高。1946年，86岁高龄的齐白石为烤肉宛书写"清真烤肉宛"大字牌匾，并画梅花，题诗"步寒松柏同精健，知是无生热血多"。1948年，齐白石还作画"寿桃"一幅赠送烤肉宛，画中题字"仁者多寿"。

过去北京人要吃烤肉必去"南宛北季"。这里的"南宛"指烤肉宛，"北季"指烤肉季。因为早先北京以正阳门、宣武门、阜成门、西直门、德胜门、安定门、东直门、朝阳门、崇义门九门为界定，烤肉宛在绒线胡同西口临近宣武门，靠近南城，故人称"南宛"，而烤肉季位居什刹海属城北则称为"北季"。"南宛北季"是最具北京特色、最富文化底蕴的两家烤肉名店，其中烤肉宛以烤牛肉闻名，而烤肉季则以烤羊肉著称。

1955年8月，烤肉宛由北京市社会福利事业管理局管理。1956年1月，烤肉宛实行公私合营，归属北京第三福利公司下设的西城区饮食管理处，更名为"北京市公私合营清真烤肉宛饭馆"，地址在宣武门内大街50号。1958年，宛氏第六代传承人宛华福打破"手艺不外

烤肉宛简介

传"的家规，收一位外姓人为徒，向其传授切肉的刀工技术。此后烤肉宛规模不断扩大，增添清真风味炒菜，从单一烤肉店发展为能经营炒菜的清真饭庄，而且生意一直兴隆，销售额呈上升趋势。"文革"时期，烤肉宛改称"牧平烤肉店"。

改革开放后，烤肉宛老字号得以恢复。烤肉宛经营几十种清真菜肴，与又一顺、鸿宾楼、民族宫清真餐厅并称北京西城"清真四杰"。1989年9月，北京华天饮食集团公司注册"烤肉宛"商标，企业知识产权受到法律保护。1990年2月，烤肉宛实施企业体制改革，与澳门先达有限公司合资经营"烤肉宛特味饭庄"，于1992年10月10日开业。1995年7月，北京华天饮食集团公司将位于北京缸瓦市大街的又一顺分号改为缸瓦市烤肉宛，于8月18日开业，烤肉宛发展为三家门店。2004年，聚德华天控股有限公司将位于西城区南礼士路58号的厚德福饭庄改建为"烤肉宛饭庄"，烤肉宛总店恢复营业。该店建筑面积4000多平方米，可同时容纳800多人就餐，一楼主营传统烤肉、自助烤肉等；二、三楼有大中小宴会厅及散座，用于接待团体聚会、宴会包桌等。

烤肉宛的烤牛肉制作技艺独特，具有选料细，制作精，口感鲜嫩之特点。所选之牛，用西口产四龄半的阉过的公牛或只产过一胎的乳牛，部位也只选用上脑、尚头里脊等鲜纯处。刀工技法是用尺许长的特制钢刀，把肉"拉切成"柳叶形肉片，一斤约出150片。烤肉所用燃料为松枝或松塔；特制的烤肉炙子，"铁条"间距十分讲究。烤法是将腌渍好的肉片放入调好的汁液泡入味，烤时先放上葱丝，再放肉片，来回翻烤至熟。吃时佐以糖蒜、瓜条、辣椒油和芝麻烧饼。2008年6月，烤肉宛的"牛羊肉烹制技艺（北京烤肉制作技艺）"被国务院确定为第二批国家级非物质文化遗产，企业无形资产进一步提升。

12. 桂馨斋

桂馨斋是北京的老字号食品企业，迄今已有280多年的历史。2006年11月被商务部认定为第一批"中华老字号"（名单序号：北京17），注册商标"桂馨斋"。

桂馨斋的创始人为一对来京谋生的南方夫妇，起初他们在北京菜市口摆摊销售自制小菜。后于清乾隆元年（1736年）在骡马市大街铁门胡同南口租房招工，设立"桂馨斋南酱园"，采取前店后场的经营模式。不久，夫妇二人将桂馨斋转让给店内徒弟沈氏，此人掌握一手制作酱菜的技艺。他接管桂馨斋后，坚持精选原料、精工细作和薄利多销的原则，生意越做越好。相传桂馨斋的酱菜曾得到宫廷御膳房的赏识，被赐腰牌一个、白底红穗帽子一顶、黑色马褂一件，凭此可进宫送货。

长期以来，冬菜、梅干菜和佛手疙瘩是桂馨斋的明星产品。对此，由杨静亭编纂、清道光二十五年（1845年）刊行的《都门纪略》一书就有记载。佛手疙瘩原料须用南郊小红门产的二道眉芥头，经洗晒腌制后，再反复九次下料蒸煮、晾晒、装坛发酵。生产出来的产品呈酱紫色，断面有光泽，摸着软，吃着脆，酱香醇厚，甜咸适口。因其芥头尾部形似佛手果，又叫九蒸佛手。用九蒸佛手疙瘩炒肉丝，脆韧适宜，清香可口，被许多老北京人所喜爱。

从清光绪三十四年（1908年）开始，桂馨斋进入企业发展史上第一个鼎盛时期，先后开设了南桂馨斋、桂馨栈、桂馨东记三个分号，还拥有一座加工厂，员工超过百人。到1937年，桂馨斋员工更是增加到190多人，占地面积达6848平方米，年产酱菜所用芥菜达100多万斤，白菜150多万斤，其他瓜菜的用量也相当可观，成为京城规模最大的酱园。据1938年编《北平旅行指南》一书显示，桂馨斋是唯一一家以酱菜食品收录的老字号酱园，与全聚德烤鸭、桂香村糕点等名家食品同列榜首。

然而1937年后，由于连年战乱，桂馨斋江河日下，风雨飘摇，被迫关闭南桂馨斋和桂馨栈分号，只剩桂馨斋总店和桂馨东记两家门店，员工仅余14人。1956年实行公私合营，桂馨斋同兰馨斋、瑞馨斋等几十家酱园合并，以桂馨斋为主成立"北京市宣武酱菜厂"，一代酱园踏上新征程。

伴随着改革开放的大潮，桂馨斋迎来第二个鼎盛时期。1988年，北京市宣武酱菜厂更名为"北京市酱菜食品三厂"。1992年8月，该厂又更名为"北京桂馨斋酱菜门市部"，恢复"桂馨斋"老字号，员工人数发展到近300人，占地面积2.8万平方米，年产量达到7000多吨，品种增加到120多个。企业不仅生产佛手疙瘩、五香豆豉、什锦菜、甜面酱这四大产品，而且注重吸收各家酱菜之长，推陈出新，研制、开发出新的酱菜品种，如桂香丝、盒锦菜、甜辣黄瓜、桂花辣芥、香辣酥等。桂馨斋在保持传统产品的基础上，一方面朝着高档酱菜方向发展，另一方面朝着低盐、低糖、多味方向发展。2000年12月，桂馨斋完成公司改制工作，把纯国有制的管理型公司改为有12个股东参加的股份制公司，归属北京六必居，设立"北京六必居食品有限公司桂馨斋食品厂"，企业净资产达到4000多万元。

13. 都一处

都一处是北京著名烧麦馆，迄今已有280多年的历史。2006年11月被商务部认定为第一批"中华老字号"（名单序号：北京36），注册商标"都一处"。

都一处的前身是"王记酒铺"，清乾隆三年（1738年）由山西浮山县人王瑞福在北京前门大栅栏对面创办。起初只是一个普通小饭摊，但这个山西人开店早关门晚，持之以恒，雷打不动，甚至到大年三十那天也如此，故生意颇好。清乾隆七年（1742年），王氏盖了一间门面的小楼，经营煮小花生、玫瑰枣、马连肉、晾干肉等小菜。相传清乾隆十七年（1752年）除夕之夜，乾隆皇帝从郊外私行回城，见满街店都已闭户，唯独王记酒铺还没打烊，便与随从一同前往落座。乾隆饮酒用饭时得知，该饭摊并无字号，就随口说道：岁末之夜全城关店，京都大概只有你这一处还在营业，店名就叫"都一处"吧，并于几日后差人送来御题"都一处"三字牌匾。自皇帝驾临且亲题匾额后，都一处名气大增，生意更加红火。

1956年实行公私合营，都一处店址从鲜鱼口南边迁到鲜鱼口以北，营业面积扩大到200多平方米，每天可接待二三千人次。"文革"期间，都一处更名为"燕京烧麦馆"，但幸好乾隆题写的都一处牌匾被员工冒险保存下来，目前挂在店堂正中，而门楣上挂的则是1964年秋天郭沫若题写的"都一处"三个大字。

都一处经营的烧麦以皮薄馅多味道鲜美而出名。老师傅们说："烧梅（烧麦）好吃难和面，皮薄包馅打花难。"烧麦制作工艺复杂，从和面到成熟共有16道工序。都一处擀制烧麦皮、包制烧麦的过程也极具艺术水平和观赏价值。一个三寸大小的白面皮，要用

都一处烧麦馆门店

中间细、两头粗的梅花擀杖擀成24褶，代表二十四节气。面点师右手执擀杖，左手揉面团，一揉一擀，一张张整齐划一、四边皱起、形似荷叶花边的烧麦皮就如同变戏法般从手下飞出。包上馅后，手一扭一抹就成了一朵梅花。上笼蒸熟后，烧麦清莹透明，顶端泛着白霜，封口露馅不干，酷似朵朵梅花。这就是为何古时人们称此小点为"烧梅"的原因。而且都一处烧麦馅料调制考究，根据季节时令的不同，制作出四季烧麦：春季的春韭烧麦，夏季的西葫芦烧麦，秋季的蟹肉烧麦和冬季的猪肉大葱烧麦等。食之香而不腻，回味无穷，堪称一绝。

国家级非物质文化遗产——都一处烧麦制作技艺

20世纪80年代以来，都一处相继开发出山楂烧麦、一品红烧麦、枸杞烧麦等滋补类烧麦，还创新工艺，制成双色烧麦、彩色烧麦、翡翠烧麦、薄荷烧麦等特色烧麦，同时积极丰富烧麦口味，推出了酸、甜、咸、鲜、香、辣等十几个系列30多种烧麦。1989年，都一处烧麦荣获商业部颁发的餐饮最高奖项——"金鼎奖"。1990年，都一处研制创出烧麦宴，百年老店再续辉煌。2008年7月，经历前门大街改造的都一处重新开业，经营面积800余平方米，能同时容纳222余人就餐，为企业发展史上的最大规模。从2009年起，都一处研发研制了100种烧麦，呈现都一处烧麦总汇，在技艺和文化传承中将都一处烧麦不断发扬光大。2008年6月，"都一处烧麦制作技艺"被国务院确定为第二批国家级非物质文化遗产。

根据其上级北京便宜坊集团的发展战略，集团近年专门成立了一个都一处品牌事业部，旨在加快该品牌快餐连锁经营的进程。2012年，为了弘扬和宣传都一处的烧麦技艺与文化，集团推出"都一处烧麦文化节"，在12月底以前，为消费者提供实惠的团购和促销项目。同年11月，还举办"都一处烧麦特色技艺展示"活动，由都一处烧麦技艺第八代传承人吴华侠携其弟子在都一处三店进行现场巡回展示，弘扬和传承京味烧麦文化。

14. 天福号

天福号是北京著名食品企业，迄今已有280多年的历史。2006年11月被商务部认定为第一批"中华老字号"（名单序号：北京18），注册商标"天福号"。

天福号的创始人是山东掖县（今莱州市）人刘凤翔，他于清乾隆三年（1738年）与一位山西客商合伙在西单牌楼东拐角处开设"刘记酱肉铺"，经营酱肘子、酱肉和酱肚等。后山西客商撤股，便由刘家独自经营。相传清乾隆五年（1740年），刘凤翔一次到市场进货，看见旧货摊上有一块旧匾，上书"天福号"三个颜体楷书，认为有"上天赐福"之意，于是花钱买下，作为商业字号悬于自家小店门楣上，自此天福号问世。

长期以来，"酱肘子"是天福号的明星产品。其选料严格，采用生长一年半左右的仔猪前腿，每只猪三斤半至四斤半，个头大小、肉质肥瘦、肉皮薄厚要基本一样；配制老汤的辅料花椒、桂皮、生姜等要产地固定、新鲜整齐；生产工艺一丝不苟，精工细作。从而形成了酱肘子"肥而不腻，瘦而不柴，浓香醇厚"的独特风味，在京城独树一帜，经久不衰。据清代学者、咸丰朝户部文选司郎中崇彝所著《道咸以来朝野杂记》记载："西单有酱肘铺名天福斋（即天福号）者，至精。其肉既烂而味醇，其他肉食类毕备，与其他诸肆不同，历年盖百余年矣。"清光绪十七年（1891年），慈禧太后吃过这酱肘子之后，赞不绝口，于是特赐天福号进宫腰牌一块，下旨每日按量供应，从此使天福号酱肘子成为清宫御宴的一道名吃和贡品。当时，清光绪朝重臣、帝师翁同龢也对天福号的酱肘子欣赏有加，并为天福号题写店名牌匾。

1947年，天福号的生产车间迁到西单头条24号。1950年，天福号第七代传承人王守祥曾受命为中华人民共和国第一代领导人烹制酱肘子，受到好评。1953年，天福号门市迁至西单头条24号，生产车间则迁至西单头条22号，拥有员工11人，每天生产150斤左右的各种熟肉制品。"文革"期间，天福号仅能保持最基本的生产，由翁同龢所题牌匾及其他历代珍贵文物也被破坏殆尽。

改革开放后，天福号恢复正常生产，百年老店再现公众视野。1985年，"北京天福号食品厂"成立，企业开始规模化。1994年，天福号在西单复兴路22号拥有一个150平方米的门市，员工23人，日生产500斤酱肉制品。同年7月，与"北京西城区肉食加工厂"合并，次年又更名为"北京市天福号食品厂"。该厂拥有两个加工车间，分别位于西单安福胡同和西内马相西巷6号，各占地2600平方米和1600平方米。1996年，北京天福号食品有限公司设立，公司按照天福号的特定标准将四川内江、广元地区和北京顺义区选定为原料供应地。1998年，天福号被北京市工商局认定为"北京市著名商标"，企业知名度和影响力大幅提高。1999年，为了扩大发展，公司在顺义空港工业区购地20亩，兴建了一座现代化的综合型肉类加工厂，产品增至70余种。2006年，由于生产规模已经无法适应每年上亿元的销售，天福号又对现有生产车间进行改扩建，除增加2200平方米的生产车间外，公司还投入巨资购置了大量先进生产设备，成为拥有日产20吨能力的现代化企业。2008年6月，"天福号酱肘子制作技艺"被国务院确定为第二批国家级非物质文化遗产，企业无形资产获得空前提升。

2018年初，天福号在时隔30多年后，重现"前店后厂"模式，即在位于顺义后沙峪的生产厂附近，开设了首家"工厂店"，热腾腾的酱肘子、五香肚、酱肝等，刚出锅就能端上柜台售卖，很受广大消费者欢迎。

15. 白魁老号

白魁老号是北京清真饭庄，迄今已有270多年的历史。2011年3月被商务部认定为第二批"中华老字号"（名单序号：北京29），注册商标"白魁老号饭庄"。

白魁老号的前身是一家羊肉铺，清乾隆五年（1740年）由回民白魁在北京隆福寺东侧创建。他除了卖生牛羊肉外，还卖煮制的熟羊肉、羊杂碎等。有了积蓄之后，白魁的羊肉铺便改为饭馆，立字号为"东长顺"。由于他制作的烤羊肉深得顾客赞赏，故人们便习惯把东长顺直接称作"白魁"。后来，白魁因故得罪王府被充军到新疆，饭馆就转让给厨师景福。景家共经营四代又易手他人，其中景福的孙子景寿山继承和掌握了制作烧羊肉的特殊技艺和风味。

由于白魁老号对面是隆福寺，传统京城三大庙会之一的举办地点，赶庙会的人多来此吃饭，故生意十分兴隆，成为隆福寺庙会名吃之一，其中烧羊肉名气甚佳，脍炙人口。长期以来，白魁老号的烧羊肉，选料严格，制作精细，方法独特，别具特色。选料必用羊的一定部位，肥瘦相宜，不老不嫩。配料有丁香、砂仁、白芷、口蘑及上等酱、糖等数十种，按比例调制。经过吊汤、紧压、码放、煮煨、油炸数道工序，制成的烧羊肉，不膻不腥，味厚色醇，香浓鲜美。有资料显示，白魁老号的烧羊肉与东来顺的涮羊肉、烤肉季的烤羊肉、月盛斋的酱羊肉并列为北京著名的羊肉制品"四大家"。

相传清朝末期，白魁东长顺的烧羊肉被皇宫内务府认定为专门供奉御膳的贡品，清宫大内钦定从每年的二月初二这一天起，每天派人用八个朱漆彩绘手捧盒到白魁老号取烧羊肉入宫，供帝后妃子们食用，成为延续多年的惯例。正因为这个缘故，白魁老号也将过完年后的开市日定在二月初二，第一锅烧羊肉先进奉宫廷，然后才能供应王府及普通百姓。

清光绪二十六年（1900年），因经营管理不善，景家便将东长顺转让给黑泰和经营，黑家使用"白魁东长顺"的字号。民国初年，白魁东长顺在老店对面增开南号，称"白魁老号（清真）饭庄"，形成南、北两店格局。1942年，黑氏第二代传承人黑德亮将租给他人多年的饭馆收回自营。但由于北店房屋早已卖掉，故仅存南店。

中华人民共和国成立后，为了弘扬中国优秀传统饮食文化，有关部门把景寿山找回来传授技艺，从而使白魁老号几乎失传的珍馐又得到恢复与发展。1957年实行公私合营，南店更名为"清真白魁饭庄"。"文革"期间，白魁饭庄改名为"隆福寺清真饭馆"，除了卖小吃外，还卖素菜馅大包子、打卤面等。

改革开放后，白魁老号锦上添花。1989年，政府为方便居住在东四隆福寺街一带少数民族就餐，将原汉民开办的"醉仙阁饭馆"改建成清真"白魁老号饭庄"。1996年，改建后的隆福广场大楼竣工，白魁老号饭庄原址迁回，入驻大楼，环境面貌焕然一新，经营规模进一步扩大。1997年底，白魁饭庄制作的"椰蓉包"、"豆面糕"、"糖卷果"、"咸卷果"均被中国烹饪协会授予"中华名小吃"称号，受到广大消费者的普遍欢迎。其中明星产品"白魁烧羊肉"更是好评如潮，深受赞赏，每天顾客盈门，生意兴旺，曾在全国食品展评会中获"第一类第一级风味食品"称号。

2001年，白魁老号饭庄进行股份制改造，成立"北京市清真白魁老号饭庄有限公司"。该公司除大力发展中式快餐，陆续推出羊肉面、蒸饺、肉饼等系列产品外，还同时引进南北风味和京味小吃150多种。

一、北京市

16. 砂锅居

砂锅居是北京著名饭庄，迄今已有270多年的历史。2006年11月被商务部认定为第一批"中华老字号"（名单序号：北京19），注册商标"砂锅居"。

砂锅居问世于清乾隆六年（1741年），原址在西单缸瓦市义达里清代定王府的一个更房，后迁至缸瓦市路东。当时一些王府更夫与王府厨师合作，将王府祭祖用后赏赐的上好猪肉作为食材，经营砂锅煮白肉，人称"砂锅居"。后砂锅居与"和顺肉店"合并，更名为"和顺居"。但因店里使用一口深1米、直径约1.2米的特大砂锅煮肉，人们仍习惯称为"砂锅居"，久而久之，砂锅居取代和顺居成为店名。清道光二十五年（1845年），清代杨静亭在其著《都门纪略》一书中曾有"白肉片，会肝肠，烧下碎，烧下颏，和顺白肉馆在西四牌楼缸瓦市路东"的记载。

早年的砂锅居属于"中午摘幌，半日买卖"，这在北京老字号商铺史上是令人叫绝的"经营一怪"。[1]当时曾有人写诗描述道："缸瓦市中吃白肉，日头才出已去迟"，充分说明了砂锅居买卖兴隆的情景。然而，其真正的原因是砂锅居做不出来。前一天晚上宰杀一头百十斤重的京东鞭猪，拾掇干净后，连夜放在大锅中煮，次日晨正好熟透，8时营业，一上午就卖光了。由于一天只能卖一头猪，故只能过午不候了。这个惯例实行了196年，直到1937年才发生变化。"七七"事变北京沦陷后，日本人经常下午或晚间来此吃喝，为此店主被迫改变多年的经营习惯，实行全天营业，并增添晚餐。

1949年以后，砂锅居发展很快。1952年，砂锅居为适应大众口味，增添了用小砂锅炖煮的砂锅白肉、砂锅鸡块、砂锅丸子、砂锅豆腐和什锦砂锅等砂锅菜，受到顾客欢迎。1964年4月，周恩来总理、陈毅副总理曾亲自到店品尝砂锅菜肴，赞不绝口。"文革"期间，杂味炒菜冲淡了风味菜，挑剔的顾客以"砂锅居变成

砂锅居模型

---

[1] 即每天只营业半日，到中午12时，就摘幌子、卷门帘，停止营业，正如北京民间流传的一句歇后语："砂锅居的买卖——过午不候。"

炒菜居"戏之。1972年，砂锅居重新恢复老字号，并去掉"饭庄"二字。1975年，砂锅居撤掉30多个杂味炒菜，增加了一些风味菜，使其既保持原有特色，又有所创新和发展。

砂锅居百年经久不衰，是因它采用了宫廷王府烧、燎、白煮等技法而独树一帜。"烧"实为"炸"，将煮后的猪肉和内脏用油炸制成名菜，外酥里嫩、清香隽永。"燎"是将带皮的猪肉、肘等，用铁叉叉住在旺而不烈的火上翻动，待表面上"燎"起小泡后，用温水浸泡刮去糊皮，再放入砂锅中清水煮熟，切成片蘸调料食用，外皮金黄、肉质白嫩，以"糊肘"最为盛名。"白煮"是砂锅居最富特色的烹饪技法，将上等原料洗净后放入砂锅中，用旺火烧开微火慢煮，汤味浓厚，煮好的肉嫩香、酥烂，去骨去皮切片后蘸特制味汁食之。

1993年，砂锅居进行大规模翻修扩建，至1994年12月28日重张开业。新开业的砂锅居门口有一对大砂锅，直径1.20米、高0.76米、重218公斤，堪称"砂锅之最"和镇店之宝。宫廷式的三层楼结构，总建筑面积达2800多平方米，雅座中设宫灯、条形案、太师椅，古朴典雅，餐桌上使用的红黄万寿餐具，别具特色。著名书法家徐柏涛先生为其题写"砂锅居"三字牌匾；著名书法家蒋之先生挥毫重墨予以"名震京都三百载，味压华北白肉香"的赞誉。2009年10月，"砂锅居全猪席制作技艺"被北京市确定为第三批市级非物质文化遗产，企业的文化价值进一步提升。

17. 月盛斋

月盛斋是北京著名清真食品企业，迄今已有240多年的历史。2006年11月被商务部认定为第一批"中华老字号"（名单序号：北京37），注册商标"月盛斋"。

月盛斋的前身是一个路边羊肉摊，创始人是家住北京牛街的回族人马庆瑞。起初他在前门外西荷包巷卖生羊肉，后来靠卖酱羊肉有所积蓄。清乾隆四十年（1775年），马庆瑞在前门内户部街租了三间门脸房（后买下），设立"月盛斋马家老铺"开门迎客，主营酱羊肉。由于曾在礼部衙门和御膳房当过差，熟悉上层口味，马庆瑞把消费者定位在大小官员、王公贵族，甚至皇宫内院的人，故每天月盛斋的酱羊肉一出锅，浓香四溢，官民都会前来争相购买。不久，月盛斋还成功开拓了清朝宫廷市场，甚至礼部祭典用的全羊也都由月盛斋供应。

清光绪十二年十月（1886年11月），经慈禧太后恩准，发给月盛斋四道进宫腰牌，作为前往皇宫内送肉食的通行证。从此，月盛斋酱羊肉成为宫廷贡品，显赫一时。对此，清政府刊行的光绪《顺天府志》称赞"月盛斋酱羊肉极香美"，该书"食物志"中记载的食品都是使用原料和做法，唯有"五香酱羊肉"项下，指出"前门户部街有售此者"。另据民国夏仁虎撰《旧京琐记·市肆》载："月盛斋者以售酱羊肉出名，能装匣远赍，经数月而味不变。铺在户部街，左右皆官署，此斋独立于中者数十年竟不以公用征收之，当时官厅犹重民权也。"

民国以后，社会动荡，经济萧条，月盛斋负债累累，举步维艰。1950年，北京市人民政府为了扩建天安门广场，将月盛斋迁至前门大街3号（路西的原永增和银号旧址）即现址营业，建立了月盛斋门店和相应的生产车间。1956年实行公私合营，政府对月盛斋采取扶持政策，帮其还清债务。1964年7月，月盛斋的上级北京食品公司安排回族知识青年满运来拜月盛斋第五代传承人马霖、马霨为师。马霖、马霨二人抛弃"艺不外传"的保守观念，毫无保留地向青年人传授酱羊肉、烧羊肉加工制作技艺，使这一传统风味产品后继有人。

"文革"期间，月盛斋被摘掉牌匾，改名为"北京市酱牛羊肉商店"，只生产大众化食品，传统风味一度断档。1972年，美国总统尼克松访华，前门大街是重点参观街道。当时的北京市革委会财贸组认为"北京市酱牛羊肉商店"这个名字不太妥当，于是请人为月盛斋起名"京味香"。

1979年，"京味香"划归"北京市牛羊肉类加工厂"。同年，北京市第二商业局恢复月盛斋老字号名称，同时翻修粉刷房屋，让月盛斋厂容、店貌焕然一新，并请马霨担任技术指导，恢复生产了酱羊肉、烧羊肉、酱牛肉、炸松肉、炸卷果、白煮羊头等传统风味产品。1982年，月盛斋在永定门外南顶村建立了4000多平方米的生产车间，生产能力迅速提高，经营规模空前扩大。1991年，该加工厂更名为"北京市清真食品公司"，公司将月盛斋酱牛羊肉商店升格为"月盛斋熟肉制品加工厂"。1996年，为了适应市场经济和人们消费层次的改变，该公司投资对月盛斋熟肉制品加工厂实施改造工程，引进国外设备，改善卫生设施和生产条件，增加月盛斋产品的科技含量，运用现代加工手段，使其产品赋予新内容，进一步满足市内、国内以及国际市场的需求。月盛斋熟肉制品加工厂更名为"北京月盛斋清真食品有限公司"，企业进入现代经营管理通道。

2008年6月，"牛羊肉烹制技艺（月盛斋酱烧牛羊肉制作技艺）"被国务院确定为第二批国家级非物质文化遗产,企业无形资产获得殊荣。2016年9月,月盛斋第六代酱烧牛羊肉制作技艺传承人、国家级非物质文化遗产传承人满运来在古稀之年收马强、李广瑞二人为徒,开始从工艺流程到实际操作系统地传授酱烧牛羊肉技艺,使马强、李广瑞成为月盛斋第七代传承人。

18. 壹条龙

壹条龙是北京著名清真饭庄,迄今已有230多年的历史。2006年11月被商务部认定为第一批"中华老字号"(名单序号:北京38),注册商标"壹条龙"。

壹条龙的创始人是山东禹城回民韩氏。清乾隆四十四年(1779年),他来到北京,在东四牌楼旁的一家羊肉铺当学徒。几年后他辞职单干,在东四牌楼南侧摆羊肉摊,并于清乾隆五十年(1785年)立字号"南恒顺"。不久,南恒顺迁址前门大街路西,兼营生熟羊肉销售及代卖烧饼和羊肉杂面等。

清光绪初年,南恒顺盖起店房,成为南恒顺羊肉馆,扩大经营范围,除卖生熟羊肉外,还增添了涮羊肉、炒菜、杂面、抻面等食品。由于其涮羊肉、绿豆杂面、芝麻酱烧饼等食品选料精、加工细、投料足、作料全,深得广大顾客称赞,口碑颇好。相传清光绪二十三年(1897年)春末的一天,清光绪皇帝微服私访在南恒顺吃涮肉,第二天派宫里太监送钱结账,人们才知道"壹条龙"(过去把皇帝称作龙)驾临南恒顺的事。久而久之,南恒顺便被称为"壹条龙"。但在那时随便称龙有罪,所以直到辛亥革命推翻清王朝的统治后,1921年8月南恒顺才正式挂出"壹条龙"的牌匾,该牌匾由原任清朝工部正七品笔帖式(秘书)杨铎声题写。这块牌匾与当年光绪皇帝曾经用过的"宝锅"现今仍在店内珍存。

1956年实行公私合营,壹条龙羊肉馆更名为"壹条龙饭庄"。1988年,壹条龙饭庄按伊

壹条龙饭庄门店

斯兰风格进行扩建。2002年，壹条龙上级便宜坊集团以壹条龙品牌为核心，组建"北京壹条龙清真餐饮有限公司"，致力于拓展北京清真餐饮市场，发挥百年老字号的品牌优势，坚持从经营、管理和技术上不断创新，并通过发展连锁模式不断扩大经营规模，弘扬清真餐饮文化，传承优秀民族品牌。2004年12月，饭庄重新进行装修，突出清代庭院风格。现为三层楼房，一楼经营正宗北京涮肉，二楼经营清真炒菜，三楼设雅间承包宴席。2007年2月，"壹条龙清真涮肉制作技艺"被北京市崇文区政府确定为第一批区级非物质文化遗产；同年6月，该制作技艺又被北京市确认为第一批市级非物质文化遗产，企业无形资产得到连续提升。长期以来，壹条龙清真涮肉和食品，在西北地区信仰伊斯兰教的各族人民中声誉很高，尤其很多人来到北京，一定要到壹条龙品一品入口即化的涮羊肉。

壹条龙涮羊肉的与众不同在于四点：一是选肉精。使用内蒙古专供滩羊，粉肉白腰，香而不膻，肉质鲜美。二是加工细。选切羊肉时，先在一层锡箔上放好天然冰，再把羊腿放在冰上码好，肉上盖油布，油布上再压冰，这样经过一天一夜的"压肉""排酸"，切出来的肉片薄，自然打卷，形似刨花，又不失嫩香。肉切好后按黄瓜条、上脑、磨裆、小三叉、大三叉等不同部位装盘，顾客可根据喜好选择。三是作料全。除了辣椒油和醋之外，还有高级酱油、酱豆腐、小磨香油、糖蒜、米酒、酸菜等。四是主食香。五公斤面要放一公斤芝麻，做出的烧饼多达18层，烙完后再上炉烘烤，外焦里嫩，香酥适口，加上一碗又细又匀的绿豆杂面，收尽油腻。此外，壹条龙至今仍采用传统铜质火锅，用木炭火加热，具有火力旺、燃点高的特点，保证了涮肉的品味和质量。

壹条龙涮羊肉具有较高的审美文化价值和营养价值，是传统火锅饮食文化与清真文化相结合的典范，是研究火锅文化与清真文化的重要载体。

19. 通三益

通三益是北京老字号食品企业，迄今已有200多年的历史。2006年11月被商务部认定为第一批"中华老字号"（名单序号：北京40），注册商标"通三益"。

通三益的前身是一家南货庄，清嘉庆初年由山西商人李氏在北京通州开办，取名"三益贞",借助通州运河的便利条件,主营从江南运过来的干鲜品和海味产品。清嘉庆二十年(1815年),李氏买下前门大街路东的三间门面,设立"通三益干果海味店",作为通州三益贞的分号。尽管店铺地处繁华街区不愁客源,但"通三益"始终把良好的服务态度作为店规执行。通三益要求员工做到"笑、招、耐、轻"四个字。笑,就是笑脸相迎,笑脸相送;招,就是主动打招呼;耐,就是做买卖要有三分耐气;轻,就是给顾客找的钱和所拿的东西,必须轻轻交到顾客的手上。更重要的是,通三益还与清宫御膳房建立了密切的供销关系。有资料显示,至清末,御膳房采购的干果、鲜果和海味,十有八九都来自通三益。

建店60年后即1876年,通三益推出了后来成为明星产品的秋梨膏。相传通三益秋梨膏以宫廷秘方制作,得传于一位太医,具有润肺祛痰、止咳祛喘、安神生津、健脾养胃的功效,很快走俏京城,驰名全国。民国初年,通三益为参加在北京太庙举办的食品展览会,特地为秋梨膏注册"醉翁"商标,结果大获成功,好评如潮,成为展览会上的畅销货。之后,醉翁牌秋梨膏还先后在南京和山东青岛等地展出,海内外人士争相购买,通三益秋梨膏名扬海外。

1958年实行公私合营,通三益改变前店后厂的经营模式,工商分离,厂店分开。前店仍坐落于前门大街,店名为"北京市公私合营通三益食品店"。后厂(即生产厂)由崇文门大街迁到崇文区永外丁家坑(今永外定安里),厂名为"北京市公私合营通三益秋梨膏食品厂"。1965年,该厂更名为"北京市崇文区食品厂通三益分厂"。

"文革"中,通三益食品店的牌匾被摘除,更名为"秋江食品店",直到1982年才恢复老字号,更名为"北京通三益食品商店",1993年该店因店址搞市政拆迁被工商注销。而通三益分厂1979年更名为"北京市崇文食品厂",1982年又更名为"北京市益华食品厂",命运同样坎坷。

改革开放使通三益品牌如虎添翼,发展迅速。20世纪80年代初,益华食品厂曾进行过机械化实验,购置了连续真空熬糖锅进行生产,这样熬制过程中就可解放人工,无须实时看管。然而经过多次实验,结果总是不尽如人意,不管是颜色、味道还是状态,机械化生产的秋梨膏与手工相比差异很大。于是决定,传承古法技艺,恢复手工生产。1993年10月,益华食品厂被国内贸易部[1]评定为"中

---

 1 根据1993年第八届全国人民代表大会第一次会议批准的国务院机构改革方案,撤销中华人民共和国物资部与商业部,组建国内贸易部,1998年3月撤销。

华老字号"。1996年,益华食品厂生产的秋梨膏包装中由原来使用的"燕窝秋梨膏"等字样改为使用"中华老字号"、"通三益"燕窝秋梨膏等字样。

秋梨膏的制作需经过这样几道工序:首先,要选好当年出产的秋梨,个要大,质量要好,用水洗净之后,设法擦成细丝,再用纱布包好挤出梨水。然后,把梨水倒入带锡的铜锅中上火熬,随熬随掺入白糖、蜂蜜、姜等物,并用槟榔勺不停地在锅内搅拌。等熬到一定时候,把事先用纱布袋包好的茯苓、贝母等药材放入锅中,继续熬到适当的时候,秋梨膏便制成了。久咳不愈和身体虚弱的老人,可服用加燕窝的秋梨膏。

20. 马聚源

马聚源是北京著名帽业企业,迄今已有200多年的历史。2011年3月被商务部认定为第二批"中华老字号"(名单序号:北京46),注册商标"马聚源"。

马聚源的始创者是直隶马桥(今北京通州区马驹桥)人马聚源。他早年闯荡京城,先后在成衣铺和制帽作坊学徒。掌握技艺在身,他就自制帽子,去打磨厂、花市一带的旅店向客人推销,后来又设立帽摊做生意。清嘉庆二十二年(1817年),马聚源买下北京前门外鲜鱼口路南一间小铺,设立自己的帽店,字号"马聚源"。

一天,清政府一位姓张的官员在马聚源帽店买了一顶帽子,觉得质量很好,就与马聚源有了交往。不久经这位官员介绍,马聚源帽店承揽了为清政府做顶戴花翎"红缨帽"的生意,从此变成为清政府及贵族官僚服务的官帽店。清咸丰八年(1858年)马聚源去世,因其家族无人继承,张官员便买下帽店。清同治元年(1862年),他安排马聚源徒弟李建全担任掌柜,继续扩大经营。

清末民初,由于马聚源生产的帽子用料讲究、做工精细、货真价实、品种齐全、花色繁多,故颇受欢迎,销路大开,成为京城帽业之首。北京城曾流传一个顺口溜:"头戴马聚源,脚踩内联升,身穿八大祥,腰缠四大恒。"其中"头戴马聚源",即指能戴上马聚源制作的帽子,无比荣耀。另外,马聚源"工精料实",使其虽历经百年风雨却能始终保持良好的信誉和口碑。其中俗称的"马三针"也是让马聚源享誉国内的独门绝技:即工人为帽子钉"帽结"(民间称"帽疙瘩")

的时候，仅三针，既简单又牢固结实，像缺了点的"六"字。常戴马聚源帽子的人，一看见这三针就知道帽子是出自"马聚源"。

1956年实行公私合营，马聚源的经营方向发生重大改变，从过去面向贵族、官僚和富人，变为面向普通大众。1958年，马聚源从鲜鱼口迁至前门大栅栏街。"文革"期间，马聚源牌匾被砸，员工并入"东升鞋帽店"，改为以经营少数民族帽子为主。

改革开放以来，马聚源生机勃勃，阔步前行。1986年，恢复"马聚源"老字号，同时恢复传统特色和技艺，成为北京第一家少数民族帽店。其主要品种有各式男女帽子、皮帽、棉帽、童帽及汉、满、回、苗、蒙古、藏、瑶等各式民族帽、舞蹈帽80余种。马聚源生产的帽子选料精良、自料加工、道道工序环环相扣，严格把关，并在品种和式样上不断创新。既能生产各种高档皮帽，也能生产各式大众和少数民族用帽，以满足各族人民不同阶层的需求。

1997年8月，获得"马聚源"注册商标，企业知识产权得到法律保护。2007年6月，"马聚源手工制帽技艺"被北京市确认为第二批市级非物质文化遗产，企业无形资产得到极大提升。2008年11月，马聚源到香港参加一年一度的京港贸易洽谈会，在品牌运作、再包装和再利用以及管理经验等方面，收获颇丰。之后，"马聚源"商标在我国台湾和香港地区进行注册，企业知识产权保护意识空前加强并付诸实践。

21. 龙门

龙门是北京著名醋业品牌，迄今已有近200年的历史。2006年11月被商务部认定为第一批"中华老字号"（名单序号：北京56），注册商标"龙门"。

作为酿醋企业，龙门的前身是"龙门醋坊"，始建于清嘉庆二十五年（1820年）龙门县[1]。因当地山上有个牌坊，上刻"龙门"二字，颇为吉利；山下有条小河，人称"龙河"，适宜酿酒和制醋；故这些自然条件被龙门县齐氏看中，便在此开设醋坊，并取字号"龙门"，企望借水发财。

---

[1] 1914年，龙门县改为直隶龙关县，今为河北省张家口市赤城县龙关镇。

一、北京市

起初龙门醋坊以酿酒为主，兼制醋品。它以高粱为原料，自踩砖曲为糖化发酵剂，利用固态发酵工艺，先酿酒后制醋。该醋坊共计拥有小缸300口，做成的醋坯子储存一年后随淋随卖，深受广大消费者欢迎，人称"龙门醋"。1947年，时任龙门醋坊经理张松如，将醋坊从龙关县迁至北京发展，位于前门外后孙公园二号（当时的安徽会馆后院）。

1950年，龙门醋坊迁至北京前门外大街马神庙13号（今西城区培英胡同），并增资扩股，由郑尽臣担任经理，同时聘来一位制醋名师负责生产。当时厂房扩大到20余间，设备比较齐全，同时注册了"龙门"商标。1953年，该醋坊被北京市供销合作社指定为加工订货单位，产品行销全市，龙门醋香飘京城。1956年实行公私合营，龙门醋坊兼并23家作坊，成立"北京市龙门醋厂"，厂房近100间，生产经营规模空前扩大。后经国家投资，建成新厂。厂房面积扩大到4400平方米，设备、技术不断更新，机械化程度大大提高，原始的手摸、鼻闻、口尝等检验产品质量的方法，被现代化的仪表、仪器等科学检测手段所代替。醋生产原料以优质大米和高粱为主，以人工选育的优质曲霉菌、酵母菌代替自然培养的砖曲发酵剂，使传统的固体发酵工艺得到继承和发展。1972年，该厂迁至宣武区半步桥，年产量达3000吨。

改革开放后，龙门醋厂更加发展。1986年与中科院微生物所、商业部共同协作，进行了菌种筛选，培育出优良的菌种，龙门醋厂不断开发新品种，产品由原来的米醋、熏醋两种，增加到江米香醋、五香熏醋、龙门熏醋、特制米醋、龙门陈醋、特级熏醋、高级熏醋、龙门米醋、超级米醋、北京熏醋、黑米醋等10余个品种。产品不仅行销全国各地，而且有的还远销日本。经过多年努力，龙门醋在工艺、质地、色泽、口感上具有显著的地域特色，质地醇正、浓郁芳香、酸味柔和、澄清透明，形成了"清如酒，亮如油"的特点。经过近200年的精心锤炼，龙门醋采用传统工艺与现代先进技术相结合，强化科学管理，产品质量持续提升。

1980年江米香醋、1983年特级熏醋和1989年龙门米醋，先后被评为"北京市优质产品"，企业殊荣满满。1984年、1988年高级熏醋、超级米醋，1989年龙门特制米醋，被商业部评为"优质产品"，企业屡创辉煌。1990年，龙门醋厂被指定为第十一届亚运会专供产品，供应特制米醋3000瓶，受到中外各界人士的欢迎和赞许。2006年，为了酿造高品质的"龙门"醋，龙门醋厂的母公司王致和公司，投资新建了食醋生产基地，采用自动化控制技术对食醋酿造工艺进行了改进，同年利用沙棘的保健功能，在内蒙古自治区鄂尔多斯市投资兴建食醋生产基地，主要生产具有保健功能的沙棘系列"龙门"醋。2007年，"龙门"注册商标被国家工商总局认定为"中国驰名商标"，企业知识产权得到充分的法律保护。

22. 谦祥益

谦祥益是北京著名的百年绸缎庄，迄今已有近180年的历史。2011年3月被商务部认定为第二批"中华老字号"（名单序号：北京36），注册商标"谦祥益"。

谦祥益的前身是"恒祥"染坊，由山东章丘县（今济南市辖区）旧军村人孟兴泰于清嘉庆十四年（1809年）在周村（今淄博市辖区）创办。清道光元年（1821年），股东孟传珠将恒祥更名为"谦祥益"，取"满招损，谦受益"之意，秉承孟氏儒商谦虚、仁德之风范。股东孟毓溪接手后，重用原来的伙计董连元，并于清道光二十年（1840年）在北京前门外东月墙开设谦祥益布店。由于经营有方，生意颇为红火，1882年于前门外珠宝市北口设立"益和祥"分号。该分号为两层木结构建筑，一层用西洋古典式柱将立面分成三部分，各设拱券门。二层为铁栏外廊，墙上用壁柱和出檐装饰，顶作女儿墙。1900年八国联军入侵北京后，谦祥益总号被焚毁，1909年在前门外廊坊头条重建。其后谦祥益又在后门大街路东开设"谦祥益北号"，尽管规模宏大，但因经营管理不善，不久即歇业。

晚清时期，谦祥益的主要服务对象是王公贵族、八旗子弟、达官显贵。随着清王朝的没落，消费对象变为一些清末的遗老、政党要人、社会名流、新兴的民族资本家和农村的富户。著名的京剧科班社"富连成"与谦祥益交往密切，其服装大多由谦祥益提供；梅兰芳、马连良、叶盛章、余叔岩、萧长华等京剧大师，也都曾是谦祥益的常客。因此谦祥益在京城久负盛名，是北京"八大祥"[1]之一。

清末民初，堪称谦祥益的鼎盛时期。这时的谦祥益在周村、任丘、北京、上海、济南、天津、烟台、苏州、汉口、青岛等地开设分号共计24家之多，形成了一个全国性的商业网络。然而20世纪20年代，由于中国战乱加剧，政治文化

---

[1] 北京"八大祥"分别为：瑞蚨祥、瑞生祥、瑞增祥、瑞林祥、益和祥、广盛祥、祥义号、谦祥益。

中心南迁，故市场日渐萧条，谦祥益举步维艰。1931年九一八事变后，谦祥益总号一度由北京迁往上海。

1949年以后，谦祥益的经营获得很大改善，1951年在北京前门外建立了"谦祥益织布厂"，生产能力扩大。1955年9月实行公私合营，谦祥益与益和祥分号合并，使用"谦祥益"字号，店址设在前门外珠宝市北口原益和祥分号处。1968年，谦祥益更名为"人民布店"。1972年又更名为"庆丰布店"。

改革开放以来，谦祥益发展迅速。1978年，根据商业部和纺织部的提议，庆丰布店更

谦祥益门店

名为"北京丝绸商店"，作为向世界展示中国丝绸文化的一个窗口。2000年，北京丝绸商店进行股份制改造，恢复谦祥益老字号，设立"北京谦祥益丝绸有限公司"。恢复名称后的北京谦祥益成为全国规模最大、经营品种最全的丝绸专业店之一。该店经营的丝绸面料、丝绸服装工艺品上万种，高、中、低档无所不有，既有各种真丝绫、罗、绸、缎、纱、绢、绉、纺等大类品种，也有中国各少数民族喜爱的各种专用绸缎，如各种裤缎、裤锦、金边绸、龙缎、织锦缎、花素软缎等，一些外国的驻华工作人员和到北京旅游观光的外国朋友也常慕名光顾。近年来，为弘扬和传承中国丝绸文化，北京谦祥益店址被列为北京市全国重点文物保护单位。

23. 同和居

同和居是北京著名鲁菜餐馆，迄今已有近200年的历史。2006年11月被商务部认定为第一批"中华老字号"（名单序号：北京20），注册商标"同和居"。

同和居创建于清道光二年（1822年），原址在西四南大街北口[1]，主营山东福山（今烟台市福山区）帮的鲁菜。它以"同怀和悦"为意，定下"同和居"的商

---

1 西四牌楼西南角一四合院内，今西四南大街3号。

业字号，最终成为京城一代鲁菜的代表餐馆。

初建之时，同和居以经营家常菜为主，顾客多为贫民大众，企业默默无闻。民国初年，时任掌柜牟文卿慧眼识珠，聘请到清宫御膳房的袁祥福帮厨。袁祥福凭"三不沾"（不沾盘、不沾匙、不沾牙）等宫廷名菜使同和居逐渐兴旺，走俏京城。特别是在1935年，因另一家餐馆广和居停业，其大部分厨师来到同和居，使同和居生意更加红火，成为京城著名"八大居"[1]餐馆之首。其经营的菜点丰富多彩，最盛时期能做四五百种菜，令人大饱口福。

有资料显示，民国时期，一些文人墨客常来同和居聚会、吟诗、论画。据鲁迅博物馆藏资料记载，鲁迅先生也曾多次光顾同和居会见好友和同事。1912年9月1日，鲁迅先生同许寿裳、钱稻孙从什刹海归来，曾在同和居吃午饭。鲁迅日记云："午饭于西四牌楼同和居，甚于口。"他极力赞扬了同和居的菜肴。1932年鲁迅再次到北平，探母病，其间在同和居会见老同志和老朋友，原未名社成员台静农、李霁野专程从天津赶来与鲁迅先生见面。他们与鲁迅先生在同和居共饮，非常高兴。

同和居在西四南大街北口经营了160多年，那是一个标准的中国古典四合院，院内有座精致的二层木结构小楼，楼上为雅座，每间雅座内挂有李白、杜甫的诗词，还可以远眺阜成门大街。老店里一进门的前厅右手墙壁上雕嵌着"同和居"三个大字，十分精美。厨房在前厅，客人们在后院用餐，贵客上二楼雅座，普通客人则就座于大厅。1985年，该四合院进行大规模翻建，营业面积大大拓展，整个楼的外表均被茶色玻璃所嵌，颇为醒目。

但20世纪90年代因城建改造，同和居便从百年老址迁至三里河月坛南街。新店分上下两层，营业面积为600平方米，店堂由六小厅环抱着一个近400平方米大厅组成。大厅装饰古朴与现代相结合，显出典雅、别致、宽敞、明亮，小厅各具特色。各小厅匾名称与店名同和居遥相呼应，即天和厅、地和厅、人和厅、和悦厅、同和厅、同乐厅。功能多样，环境舒适，可同时接待300人就餐，并可为各类文艺表演、比赛、庆典活动提供场所。重新开张的同和居饭庄，为满足多方宾客的需要，吸取其他菜系的精华，增设了鲜活鱼、虾、蟹、蛙、蛇等原料，以供顾客随意选用。2010年，同和居进行大规模装修改造，经营面积增加至1500平方米。目前同和居悬挂的牌匾，由中国末代皇帝溥仪的胞弟溥杰所题。

---

[1] 京城"八大居"餐馆是指：同和居、砂锅居、泰丰居、万福居、阳春居、东兴居、广和居、福兴居。

一、北京市

同和居主营的山东福山帮菜，以烹制河鲜海味最为见长，精于溜、爆、扒、炒、烩等，菜肴品质突出清、鲜、嫩、脆。烤馒头、三不沾和糟溜系列一并称为同和居名震京城的"三绝"。其中的"三不沾"可称宴会中的甜菜之王，烹饪技法独特，蛋液加味后，入锅搅炒400余下才出勺，色橙黄，口感细腻，甜香利口，食不沾勺、不沾盘、入口不沾牙，称其"三不沾"。

24. 烤肉季

烤肉季是北京著名清真饭庄，迄今已有170多年的历史。2006年11月被商务部认定为第一批"中华老字号"（名单序号：北京21），注册商标"烤肉季"。

烤肉季问世于清道光二十八年（1848年），创建人是北京通州的回民季德彩，起初他在什刹海前海东沿的"荷花市场"摆摊卖烤羊肉，因其产品鲜嫩味美，故生意兴隆。每年"荷花市场"开市，季家便赶来做生意，直到七月中或九月初九重阳节后撤摊，年年如此，从不间断。除经营烤肉外，季家还卖些粉皮、卤面之类的夏令食品。1927年，季氏第三代传承人季增元病逝，由其21岁的胞弟季阁臣接任。季阁臣用砖头支起一口大铜锅，搭起一个铝板棚，摆放8张桌子、20多个凳子，从而由摊商变成了座商，继续经营烤羊肉，并立字号为"烤肉季"。1945年8月，季阁臣为求店铺更大的发展，四处筹借资金，终于在银锭桥畔买下一座坐北朝南、古朴小巧的楼房，经营规模空前扩大，与烤肉宛成为享誉京城的"南宛北季"。然而1949年之前，有段时间因生意不好，烤肉季曾停业，直到1955年才翻建老店、扩大面积，重新开业。

前文曾提道，烤肉宛以烤牛肉闻名，而烤肉季则以烤羊肉著称。烤肉季烹制的烤羊肉不膻不腻，含浆滑美，香醇味厚，深受欢迎。同时，该店还烹制和经营清真菜肴百余种，其代表菜肴有杏干羊肉、扒三白、炒龙凤丝、

烤肉季匾额

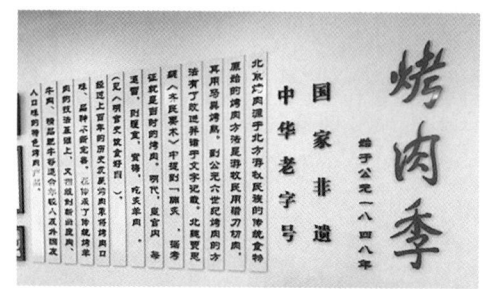

烤肉季简介

番茄虾饼、烧鸭肝等。此外，其著名的菜肴还有：鸡米海参、炸烹虾、扒羊蹄、扒驼掌、干烧黄鱼、熘枣卷果、炒麻豆腐、炸羊尾等，在保持传统风味菜肴的基础上，还增添了游水海鲜。还备有精涮各档肥牛和涮羊肉。由于烤肉季风味独特的烤羊肉十分走俏，使一些名人也常到这里就餐并留下很多文化痕迹。如近现代著名书画家溥心畲先生曾题写"烤肉季"牌匾和"莲池别墅"横幅相赠，著名作家老舍先生也为饭庄书写过匾额，然而"文革"期间均已丢失。

改革开放后，烤肉季迎来发展的黄金时代。1988年，为适应社会发展和各界人士的需求，烤肉季进行了全面装修，店堂古朴典雅，环境舒适宜人。门楣悬挂末代皇帝溥仪胞弟溥杰所题写的"烤肉季"牌匾，室内各厅则挂有名人书画，增添了餐厅的意境。2007年，烤肉季注册商标被北京市工商局认定为"北京市著名商标"，企业无形资产得到法律保护。2008年6月，烤肉季的"牛羊肉烹制技艺（北京烤肉制作技艺）"被国务院确定为第二批国家级非物质文化遗产，企业无形资产迈上一个新台阶。

有资料显示，上百年间，烤肉季生意不衰，其奥妙之处在于"三绝"。一绝是烤羊肉，烤肉季的烤羊肉选料精细，经过加味腌煨，在特制的炙子上烤熟后含浆滑美、不腥不膻，常常使人食一二斤仍不尽兴；二绝是观景，银锭桥是老北京著名的"燕京八景之一"——"银锭观山"之处，据说站在银锭桥极目远眺，可见北京西山，雨后更可观斜阳；三绝是赏荷，烤肉季坐落于北京皇家园林——三海风景区内，故夏日落座烤肉季，可见后海满池荷花，令人心旷神怡。

25. 浦五房

浦五房是北京老字号肉食品企业，迄今已有160多年的历史。2011年3月被商务部认定为第二批"中华老字号"（名单序号：北京12），注册商标"浦五房"。

一、北京市

清咸丰元年（1851年），浦五房始创于苏州渡僧桥附近，因该店掌门人浦氏有子女五人，故取字号"浦五房"。这家小店铺主营酱制鸭头、鸭翅、鸭胗肝等食品，并根据季节时令变化增添野禽、野味，且酱、卤熟食物美价廉，颇受顾客欢迎，生意越做越大。随着酱制技艺的逐渐提高，浦五房生产出一批地方特色酱味品，如酱汁猪肉、秘制酱鸭、五香兔肉、异味熏鱼、酱山鸡、卤鸽等，很快走俏苏州。

清咸丰十一年（1861年），浦五房转战外地，由苏州迁到上海英租界的山东路打钩桥设店，以经营熟肉为主，生肉和野味为辅，共有两间门面，前店后厂，自产自销。由于选料严格，加工精细，又有传统秘制诀窍，很快其酱、腊、卤制品就热销市场，不仅享誉上海，而且在南京、宁波等地也颇有名气。

浦五房肉制品的传统工艺讲究"两要、两净、一透"。两要就是原料要新鲜、辅料要齐全，两净就是原料要洗净、鬃毛要刮净，一透就是肉要煮透、煮烂但烂而不碎。浦五房肉制品的总体特点是：色泽红润、鲜嫩醇香、烂而不碎、甜中带咸、肥而不腻、瘦而不柴。该店经营的名特肉食品主要有：秘制酱鸭，色红润、鲜嫩芳香；盐水鸭，形美有清香感；南味酱肉，皮烂、肉嫩、味香；无锡大排、南味熏鱼则是浦氏研制百余次而成的佳品，南味叉烧肉、酱肉、烧鸡、假鱼肚、卤猪肚、卤大肠、香肠等均色、香、味、形俱佳。

1937年上海遭受日本侵略后，上海因军事封锁导致生肉货源日益不足，浦五房被迫停业。浦家将财产变卖一空，只带着浦五房匾额回到苏州老家。抗战胜利后，浦五房于1946春天重返上海，与陆稿荐肉食店合股经营挂匾开张。此时两店合一，珠联璧合，不仅技术力量雄厚，而且经营范围更加广泛，浦五房的生意再度兴旺起来。

中华人民共和国成立后，为了繁荣北京市场，浦五房也加入了"上海名店大迁京"的热潮，于1956年从上海迁到北京东安门大街八面槽，成立"北京市浦五房肉食厂"。浦五房酱货一入京城，就赢得了北京人的喜爱，广大消费者以在首都尝到江南味佳肴为快事。著名戏剧大师梅兰芳先生生前就曾多次光顾浦五房。为了照顾北方人的口味，浦五房在酱制过程中讲究科学配料，主动取消了一些不利健康的配料，同时注意吸收北方酱制品之所长，添加了丁香、豆蔻、砂仁、桂皮、大料等，集南北酱制技艺于一身，形成独树一帜的特色风味。1973年，浦五房加工车间进行翻建，扩大了面积，添置了设备，不但产量提高，而且保证供应，为繁荣首都市场做出了贡献。

改革开放以来，浦五房的发展更上一层楼。1984年，门市部进行扩建装修，合理调剂配备技术人员，生产经营业绩突出。2007年企业改制后，这家百年老店如沐春风，高歌猛进。

26. 内联升

内联升是北京著名传统鞋店，迄今已有160多年的历史。2006年11月被商务部认定为第一批"中华老字号"（名单序号：北京45），注册商标"内联升"。

内联升问世于清咸丰三年（1853年），由河北省武清县（今天津市武清区）人赵廷在北京东江米巷（东交民巷）创建。他早年在京城一家制鞋作坊当学徒，因悟性高，手艺渐好。不久，在京城一位人称"丁大将军"的人资助下，赵廷自立门户单干。他深入分析了当时京城制鞋业的状况，认为京城专业制作朝靴的鞋店很少，属于市场空缺，于是果断定位男式朝靴店，利用多年积累的人脉关系和一定的管理经验，为皇亲国戚、朝廷文武百官制作朝靴，将内联升的目标消费群体指向当时的"坐轿人"。久而久之，内联升的朝靴成为一种身份的象征。过去北京有民谣称："头顶马聚源，脚踩内联升，身穿八大祥，腰缠四大恒。"其中"脚踩内联升"，即指能穿上内联升做的鞋，无比荣耀。

1900年八国联军入侵北京，东交民巷被焚，内联升毁于战火。赵廷筹资重建，在灯市西口奶子府（今灯市口西街）新址开业。1911年辛亥革命推翻清王朝，内联升终止朝靴生意，开始生产经营礼服呢鞋和缎子面鞋，其服务对象仍然是社会上层。中华人民共和国成立后，内联升一改专营男靴鞋的惯例，增添女鞋（绣花鞋等）、解放鞋等产品。

1956年实行公私合营，内联升迁址前门外大栅栏34号至今。此时店厂规模扩大，鞋的品种增加，尤其内联升千层底布鞋成为北京名牌产品，并且逐渐走向全国各地。1970年，内联升建立生产车间，结束了其手工业作坊那种前店后厂的历史，并开始销售非自产鞋。1976年，内联升开始生产与经营皮鞋。

1977年，内联升恢复老字号名称，紧随改革开放的大潮前进。1986年，全新的内联升厂房竣工，占地面积约13亩。1988年，一座具有明清建筑风格、总面积3600平方米、营业面积1000平方米的新营业楼落成，销售业绩不断攀升，市场份额不断扩大。2001年，企业进行改制，更名为"北京内联升鞋业有限责任公司"，内联升进入更加发展壮大时期。2008年6月，"内联升千层底布鞋制作技艺"被国务院确定为第二批国家级非物质文化遗产，这是唯一一项来自手工布鞋行业的非物质文化遗产项目，企业无形资产获得莫大殊荣。

内联升不仅有令人注目的非物质文化遗产，而且有令人叫绝的经营管理成果。长期以来，内联升把大小官员凡是在店中做过或是买过朝靴的人的姓名、年龄、住址、靴子尺寸、式样、特殊爱好等都逐一登记在册，客人不需亲自来店就可以收到合脚的靴子。同时，此举也为下级官员晋见朝官送礼提供了方便。这就是内联升特有的数据库——《履中备载》（原本已失传）。《履中备载》是中国最早的"客户关系管理档案"，它记载了洋务大臣李鸿章、两广总督刘长佑、恭亲王奕䜣、末代皇帝溥仪等皇亲贵族的靴鞋尺码等。中华人民共和国成立后，曾在内联升定做过布鞋的中央领导人的脚码尺寸等信息也编录在内。因此《履中备载》曾被人赞为"中国应用数据库营销的典范"，并被北大光华管理学院收入MBA案例库供教学之用。

现在内联升的鞋已经涵盖了从童鞋到老年人鞋的各个年龄段。一方面做传统产品的创新，另一方面也会推出现代产品，比如手工皮鞋、女士婚鞋、时尚板鞋，来满足年轻人个性化的需求，从而不断推动百年中华老字号的改革创新发展。

27. 鸿宾楼

鸿宾楼是北京著名的具有天津风味的清真饭庄，距今已有160多年的历史。2006年11月被商务部认定为第一批"中华老字号"（名单序号：北京22），注册商标"鸿宾楼"。

清咸丰三年（1853年），鸿宾楼创建于天津南市日租界旭街（今和平路），由名厨钱树园等4人合资经营。同年清代两榜进士于泽久题写"鸿宾楼"三字牌匾，并用626克黄金制作完成。

1955年，应周恩来总理之邀，鸿宾楼迁至北京和平门外李铁拐斜街。1962年，鸿宾楼又迁至西长安街南侧。1963年，郭沫若先生用餐后即兴挥笔题写藏头诗一首"鸿雁来时风送暖，宾朋满座劝加餐，楼头赤帜红于火，好汉从来不畏

鸿宾楼门店

难"。盛赞"鸿宾楼好",并为鸿宾楼饭庄题写牌匾悬挂门楣至今。

1998年,因西单地区城建拆迁改造,鸿宾楼迁至西城区展览馆路11号,并改制成立了"北京鸿宾楼餐饮有限责任公司",开始实行现代企业制度。其营业面积2000平方米,全楼分三层,一层两个雅间:星辰、望月;二层六个雅间:红叶、古柏、翠竹、幽兰、丹桂、芙蓉;三层八个雅间:百合、银杏、棠棣、石榴、杜鹃、云杉、山茶、冬梅。每层各有一个散座大厅,可同时容纳680人同时用餐。2005年,"鸿宾楼"注册商标被北京市工商局认定为"北京市著名商标",企业知识产权得到极大提升。2008年6月,"牛羊肉烹制技艺(鸿宾楼全羊席制作技艺)"被国务院确定为第二批国家级非物质文化遗产,企业无形资产迈上一个新台阶。

鸿宾楼的菜肴有数百种之多,烹调方法以扒、熘、烩、焖、炖、爆最为见长,菜肴质地纯正、讲究营养,外形美观。特点是酥、软、脆、嫩,其"鸡茸鱼翅""芫爆散丹""砂锅羊头""白蹦鱼丁""两吃大虾""红烧蹄筋""红烧牛尾""玉米全烩"等菜肴贵为上品。

然而鸿宾楼的第一绝是全羊席,脍炙人口,独树一帜。相传鸿宾楼开业之初,门悬两块铜匾之一是全羊大菜即全羊席。早在光绪年间,鸿宾楼做全羊菜已被食界公认,烹饪技艺堪称能与宫廷御膳房相媲美。据说,慈禧太后出宫巡游时曾点名要吃鸿宾楼的全羊大菜。另清光绪二十一年(1895年)慈禧六十大寿时,宫内以鸿宾楼的108道全羊席为其祝寿。

全羊席不仅烹饪技法独到,饮食口味丰富,最过人之处是其丰厚的文化内涵。全羊席108道菜的主要原料大都是取自羊身上的每个不同部位,但在命名时却不见一个"羊"字,取而代之的是一个个寓意深刻、形象生动的别名:望风坡、龙门角、蜜肥糕、焦溜脆、灯笼鼓、鞭打绣球、夜明珠……体现出中国餐饮文化的博大精深。如"明开夜合",是用羊眼皮做原料制作的,羊眼皮白天睁开,晚上闭合,这道菜以"明开夜合"命名,用词生动传神。再如"红叶含霜",是选用上好羊肝切成薄片炸制而成,其颜色微红再撒上少许白盐花,以"红叶含霜"命名,可见其想象力之丰富。

一、北京市

全羊大菜文化品位之高深受人们的喜欢。现在，鸿宾楼的全羊席在保持传统的基础上又根据现代人们生活、饮食习惯的变化，在用料、制作手法等方面不断创新，使全羊菜发生了许多变化，如今的全羊席更富营养、更加可口、更趋完美。

28. 步瀛斋

步瀛斋是北京著名老字号鞋店，迄今已有160多年的历史。2006年11月被商务部认定为第一批"中华老字号"（名单序号：北京47），注册商标"步瀛斋"。

步瀛斋问世于清咸丰八年（1858年），由分别供职清宫内务府和御膳房的满族人李松茂与李松森兄弟共同投资创建，选址前门外西月墙。后二人故去，其遗产由李斌植继承。1900年八国联军入侵北京，该店铺被大火焚毁，不久迁址前门外大栅栏重建。

清代的步瀛斋采用前店后厂的经营模式，以制作布鞋为主，但服务对象主要是后宫里的嫔妃和一些贵族女士，故其知名度和影响力略逊于专给王公大臣做鞋的内联升。然而，步瀛斋的产品都做工精细、用料考究、工艺独特、实用耐穿。如制作布鞋的材料，从制袼褙的白布到纳底的麻绳、配帮、绷楦、烘干等道道工序，层层把关，一丝不苟。特别是传统产品"千层底"布鞋，不仅用料上乘，而且做工精细，鞋底用人工一针一针地纳，每平方寸要纳80~100针，横平竖直。纳好后还要放到80℃~100℃的热水中浸泡，用棉被包严闷透，然后再锤平、整形、晒干。这样加工出来的千层底不走样、不变形，穿着吸汗、柔软、舒适，深受广大消费者欢迎。

随着社会的发展，仅靠手工制作布鞋已跟不上市场的节奏。1937年，尽管步瀛斋仍经营手工绣花鞋等传统产品，但也逐渐开始从上海等南方城市购进皮鞋销售，以满足客户需要，拓展鞋类市场，从而成为京城最早经营皮鞋的专业鞋店之一。如此一来，南北鞋荟萃、皮便鞋齐全，步瀛斋以其领先一步的气势在京城鞋业中名声大振。

1954年实行公私合营，步瀛斋革故鼎新，发展迅速。其产品鞋逐渐贴近老百姓，店里销售的鞋价位并不高，大多几十元到百元。"文革"期间，步瀛斋陷入困境。清道光二十五年（1845年）进士毛昶熙题写的原始老牌匾被砸毁，企业更名为"工农兵"鞋店，后又更名为"东升鞋店"，直到1983年才恢复步瀛斋老字号。

改革开放以来，步瀛斋的发展十分迅速。1986年，步瀛斋进行扩建，1989年2月重新开业。扩建后的步瀛斋鞋店十分引人注目，营业面积为740多平方米，并保持了长期以来品种齐全的经营特色。无论上至千元、几千元的进口皮鞋，还是下至一元多的宝宝鞋，在步瀛斋都能买到。而且，许多大商场、鞋店不愿做的生意，步瀛斋则都做。例如为具有特殊需要的女性顾客制作"缠足鞋""放足鞋"等。更需点赞的是，步瀛斋采取开架售货方式，整个一楼大厅各种皮鞋琳琅满目，二楼则布鞋品种齐全。1990年，北京市调整商业网点布局，老字号马聚源帽店并入步瀛斋鞋店内，在步瀛斋二楼设专柜销售。1998年，"步瀛斋注册商标"被北京市工商行政管理局认定为"北京市著名商标"，企业知识产权的含金量大幅度提升。步瀛斋除了经营自己生产的布鞋、休闲鞋以外，还经营各式男女皮鞋、布鞋、胶鞋、旅游鞋、拖鞋和童鞋，品种达5000种，但主打中老年休闲鞋并兼营批发业务。2000年，步瀛斋进行企业改制与马聚源合并，设立"北京步瀛斋鞋帽有限责任公司"，开始跨入现代企业行列。

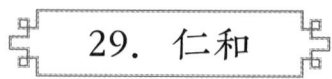

29. 仁和

仁和是北京的老字号酿酒企业，迄今已有150多年的历史。2011年3月被商务部认定为第二批"中华老字号"（名单序号：北京8），注册商标"仁和"。

仁和的前身为"仁和店"，清同治元年（1862年）由三位出宫的太监创办于北京西什库附近。该店早期专门承办清宫御酒之一"菊花白"以及香蜡纸马等。"仁和"字号便取自北京故宫养心殿之"中正仁和"匾额。

菊花白酒从民间传入宫中又从宫中传到民间，历经数代，优胜劣汰，千锤百炼。该酒秘方以菊花为主，辅以人参、枸杞、沉香等中药。其中菊花特选浙江桐乡特产"杭白菊"；枸杞特选宁夏中宁特级枸杞；人参特选吉林抚松上等园参；沉香则特选马来西亚沙捞越沉香。该酒酿制技艺细致独特，采取特殊蒸馏工

一、北京市

艺,要求达到菊香、药香、酒香和谐完美、三香合一的高雅风格。该酒酿制周期漫长,从原材料加工开始到灌装入库为止,要经历几十道加工工艺、约8个月的时间,充分体现了皇宫内室对其所需的极致要求。主要工序分为预处理、蒸馏、勾兑和陈贮,各工序中关键点必须由经验丰富的传承人来掌控。当年制酒的器具为铜锅一套三件:一个铜锅,里面一个套锅,上面冷却器是锡的;置于大灶上,蒸酒的时候严丝合缝,不跑不冒。这种铜制套锅的特点是:其一呈高筒形,沿口套接严密,十分精巧,非普通民间作坊所制;其二造价昂贵,操作工艺较复杂,需经过师傅指导、演练才能掌握,非民间酒坊简单操作;其三蒸馏器使用秘不示人。

清光绪十四年(1888年),自慈禧太后修建颐和园后,北京海淀镇随之兴盛起来,其中一个显著特征是"烧锅"走俏。不久,仁和店也迁址海淀镇西大街东路,更名为"仁和酒店",但仍主营由宫廷传入的酒品"菊花白"。后来,该酒配方及制作工艺传入一杨姓酒师手中。至清末,"菊花白"酿制技艺又传给了甄秀峰、历多年再传给其子甄富荣。

改革开放使仁和再创辉煌。1980年,甄富荣将深藏多年的配方及制作工艺贡献给"北京房山区长阳酒厂"。次年,该厂更名为"北京仁和酒厂"。经过两年攻关酿造,于1981年使菊花白酒重现于世。20世纪80年代,菊花白风靡东南亚,但不久又陷入困境。2004年,某青年企业家有志传承中国优秀传统文化精粹,毅然出资接手当时已经停产的酒厂。他一边加紧修复设备、招聘员工,一边四处寻找掌握秘方的老师傅,遭遇频频拒绝后终于成功。在掌握秘方的基础上,他对北京仁和酒厂进行改制,更名为"北京仁和酒业有限责任公司",组织仁和原有技术力量,进一步从事特色产品菊花白酒的生产,成就斐然。对此,清朝末代皇帝溥仪之弟溥杰先生,在品尝了"菊花白酒"后,称赞确有昔日宫廷御酒的口味和特色,并欣然题诗书赠北京仁和:"香媲莲花白,澄邻竹叶青。菊英夸寿世,药佐庆延龄。酿肇新风味,方传旧禁廷。长征携作伴,跃进莫须停。"

由于菊花白酒集宫廷文化、道家文化、药香文化、酒文化于一身,又因其酿制工艺独特、品质卓越,2008年6月,北京仁和的"配制酒传统酿造技艺(菊花白酒传统酿造技艺)"被国务院确定为第二批国家级非物质文化遗产,企业无形资产大放光彩。

30. 天兴居

天兴居是北京的老字号餐饮企业，著名炒肝店之一，迄今已有150多年的历史。2006年11月被商务部认定为第一批"中华老字号"（名单序号：北京39），注册商标"天兴居"。

天兴居原为小酒馆，字号"会仙居"，清同治元年（1862年）在北京前门外鲜鱼口设立，创始人刘永奎。起初它主营黄酒和花生米、松花蛋、咸鸭蛋等小菜，后增加自制的酱肉、火烧。

1900年，会仙居开始经营白水杂碎。民国时期，在北京《晨报》主持人杨曼青的倡议下进行改良，把白水杂碎中的心、肺去掉，只用猪肠和猪肝。即将鲜肥的猪肠用碱、盐浸泡揉搓，再用清水加醋洗净，去掉肠子的腥臭味后再煮，开锅后改用文火炖，锅上盖一个比锅小一圈的木锅盖，使肠子既能熟透又不跑油，保持肥美的味道。肠子烂烹之后切成半寸长的小段，俗称"顶针儿段"。随着生意兴隆，会仙居又增加炒肝，成为北京炒肝的创始者，一时声名鹊起。时有北京人对炒肝的由衷赞美："稠浓汁里煮肥肠，交易公平论块尝。谚语流传猪八戒，一声过市炒肝香。"日久天长，会仙居财富扩大，经营面积从一间平房发展到两层楼房，还在二楼增添了馄饨。

1933年，会仙居附近出现一家专营炒肝的"天兴居"。为与会仙居竞争，该店便在提高炒肝质量上狠下功夫，精心制作，努力经营。很快，天兴居也逐渐兴旺起来。

1956年实行公私合营，会仙居与天兴居合并，更名为"公私合营会仙居、天兴居饭馆"，使用天兴居的店址。经理由原天兴居经理的后代沙德亮担任，由会仙居炒肝技术最好的师傅掌灶。同时设立了专门洗肠子的车间，专人负责洗肠子。由于该饭馆博采两家优良的传统制作方法和管理方式，故使北京炒肝传承发扬光大。1958年，店面重新装修后，该饭馆更名为"天兴居饭馆"，字号中去掉了会仙居。

改革开放以来，天兴居炒肝更加走俏，业绩颇佳。1992年，天兴居炒肝

天兴居匾额

被北京市商业委员会及北京市文物事业管理局定为"北京老字号"。1997年，在北京名点名菜鉴定展示会上，天兴居炒肝荣获"北京名小吃"称号。在1997年首届全国中华名小吃认定活动中，又被认定为"中华名小吃"。

2005年，北京前门大街开始改造，隶属于便宜坊集团的天兴居炒肝店也停止营业。直到2011年春节前，鲜鱼口一带的改建工作临近尾声，天兴居才终于在鲜鱼口内重张开业。以前80平方米的小店变成了400平方米的二层小楼，塑料铁管的简易桌椅也都变成了实木，几盏宫灯挂在房顶上，显得颇为古朴。2006年，天兴居母公司便宜坊集团以"天兴居炒肝制作技艺"申请非物质文化遗产保护项目。2007年，原北京市崇文区政府批准"天兴居炒肝制作技艺"入选区级非物质文化遗产名录，企业无形资产得到发扬光大。

如今，人们在北京吃炒肝仍首选天兴居，因为这里的炒肝始终保持了"肝香肠肥，味浓不腻，稀稠适度、吃蒜不见蒜"的特色。

31. 龙顺成

龙顺成是北京著名中式家具企业，迄今已有150多年的历史。2011年3月被商务部认定为第二批"中华老字号"（名单序号：北京44），注册商标"龙顺成"。

龙顺成的前身是一家木器作坊，清同治元年（1862年）由曾供奉清宫造办处的一位王木匠创建，店址在北京城东南角的龙须沟、金鱼池附近的晓市大街（又称东大市），字号"龙顺"。他不但为宫廷继续制作、修理硬木家具，还将宫廷风格的硬木家具融于民间，特别是开榆木擦漆家具之先河。不久吸收吴、傅两家入股，更名为"龙顺成"，生意越做越大。

由于这些从清宫造办处流散出来的工匠师傅技艺高超，尤其擅做各式各样的硬木家具，主要包括八仙桌、六仙桌、二屉桌、架几案、条案、厨柜、钱柜、立柜、连三、方凳、条凳、官帽椅子、罗圈椅子、箱子等，种类繁多，质量上乘，故从清末直至1945年，龙顺成的榆木擦漆桌椅风行数十年不衰，为这一时期享誉京城的名品。有资料显示，京城一般中产人家的摆设、女儿出嫁的嫁妆、饭店用的桌椅，都以龙顺成的产品为荣。当时木器产品虽无商标，但龙顺成的产品都有自己的独特标记。即在木器白茬制成后，将"龙顺成"字样刻在家具的腿部明显之处，而将制作者的姓名或代号记在暗处，敷上漆皮，永不脱落。有这样的标记表示对自己的产品负责，以提高信誉，同时也可以在发现质量问题时查出制作者姓名。如此一来，龙顺成桌椅柜箱铺便成为清末以来京城名气最大的木器店铺，为龙顺成赢得了桌椅"百年牢"的良好声誉。

1956年实行公私合营，龙顺成与"兴隆桌椅铺""同兴和硬木家具店""义盛桌椅铺""六丰成桌椅铺""宋福禄木厂"等大小35家店坊合并，组建"公私合营龙顺成木器厂"，最终保留了"龙顺成"这一老字号。1963年，龙顺成厂址迁到永定门外大街路东，集中力量生产"京作"硬木家具，不久产品打入国际市场，深受欢迎。1966年，该厂更名为"北京市硬木家具厂"。20世纪六七十年代，北京硬木家具厂为外贸工艺品公司来料加工制作了大批"京作"硬木家具产品，特别是"三线绣墩""如意绣墩""五腿花台"等产品，而且企业每年春秋两季参加广州商品交易会，出口到北欧地区和东南亚、美国、古巴等国，成为国家出口创汇的重要产品。

改革开放后，龙顺成一路春风。1985年，与中式家具厂合并，更名为"北京市中式家具厂"。1987年，注册"龙顺成"商标，企业知识产权得到法律保护。1993年，该厂恢复老字号"龙顺成"，更名为"北京市龙顺成中式家具厂"。2010年，为适应市场经济发展的需要，该厂更名为"北京市龙顺成中式家具有限公司"，企业经营管理迈上一个新台阶。

长期以来，龙顺成在集北方明清家具各流派之大成的基础上，形成了以清宫造办处所作家具为代表的"京作"这一独特的宫廷家具特色。2007年4月，龙顺成"京作"硬木家具制作技艺被北京市认定为市级非物质文化遗产，企业无形资产大幅度提升。2008年6月，"家具制作技艺·京作硬木家具制作技艺"被国务院认定为第一批国家级非物质文化遗产扩展项目，企业殊荣锦上添花。

32. 全聚德

全聚德是国内外闻名的烤鸭店，迄今已有150多年的历史。2006年11月被商务部认定为第一批"中华老字号"（名单序号：北京48），注册商标"全聚德"。

一、北京市

全聚德创始人是河北冀县杨家寨人杨全仁,初到北京时他在前门外摆摊做生鸡鸭买卖。后来他在肉市街买下一间名叫"德聚全"的干果铺,将其三个字的商号颠倒过来称为"全聚德",于清同治三年(1864年)开张营业。杨全仁首创挂炉烤鸭,并从皇宫请来御膳房的师傅掌灶,结果色香味都不次于市面流行的焖炉烤鸭,食客大为欢迎,产品口碑渐起。

然而,当时的全聚德经营面积有限,临街仅有3间铺面,故烤鸭基本上以外卖为主,发展受到制约。1901年,已担任全聚德经理的杨庆茂(杨全仁次子),在原址将全聚德翻建成二层小楼,除了外卖,还增加了"堂吃",即在店内当堂消费。此时,全聚德推出了"鸭四吃"套餐——即鸭皮片着吃、鸭肉炒菜吃、鸭油蒸蛋羹吃、鸭骨架熬汤喝。一时间,全聚德生意红火,很快闻名京城。

1930年杨庆茂病逝后,杨家聘请二掌柜李子明主持全聚德,成为外姓第一代职业经理人。李子明改革人事,严格管理,对堂柜厨三种人才配备齐全,合理分工,择优聘用,使全聚德的发展更进一步。他明确提出了"鸭要好,人要能,话要甜"的九字经营原则,要求全聚德做生意必须产品质量第一,技术操作到位,服务优质周到,时时处处体现以客为尊、诚信为本、货真价实的企业文化。20世纪30年代中期,全聚德成为名噪北平的大饭庄,成为达官显贵、社会名流聚会的重要场所之一,人称"天下第一楼"。

中华人民共和国成立后,党和国家领导人也曾多次与全聚德亲密接触。1949年10月16日,毛泽东主席在北京中南海勤政殿用全聚德烤鸭宴请时任苏联驻中国大使罗申,这是全聚德承办的中华人民共和国第一次涉外餐饮。另外,周恩来总理一生中曾27次在全聚德宴请外宾,而且还十分关注全聚德的发展。在一次宴请外宾时,他对"全聚德"三个字进行了诠释:"全聚德三个字文意上佳,全,全而无缺;聚,聚而不散;德,仁德至上。"

1954年7月,全聚德在西长安街开设分号(即西号),影响力不断扩大。1956年12月7日,毛泽东主席在同全国工商联和民主建国会领导座谈会上明确指出,"王麻子、东来顺、全聚德要永远保存下去",充分表达了对中华老字号的保护和支持。1959年9月,全聚德又在王府井帅府园开设分号(即东号),影响力继续扩大。"文革"期间,全聚德更名为"北京烤鸭店"。

改革开放让百年老字号焕发青春。1979年4月,位于北京和平门的北京烤鸭店建成营业,该店能容纳1000多人同时就餐,成为全国餐饮业之首。1980年,北京烤鸭店恢复"全聚德"商号,中华著名老字号获得新生。1993年5月,以全聚德和平门店、前门店、王府井店为核心企业,组建"中国北京全聚德烤鸭集团公司"，为全聚德在改革开放时期的迅速发展奠定了坚实的综合经营基础。1997年3月，该集团公司按照现代企业制度改制为国有独资公司，并更名为"中国北京全聚德集团有限责任公司"。1999年1月，"全聚德"商标被国家工商局认定为国内餐饮服务业中的第一个"中国驰名商标"，企业知识产权保护日臻完善。2004年4月，全聚德集团与首旅集团、新燕莎集团实行战略重组，同年11月，全聚德集团更名为"中国全聚德（集团）股份有限公司"。2007年11月，中国全聚德（集团）股份有限公司在深圳证券交易所上市并发行A股股票，一举跨入资本市场，为企业的高速发展打下了雄厚的直接融资基础。2008年6月，"烤鸭技艺·全聚德挂炉烤鸭技艺"被国务院确定为第二批国家级非物质文化遗产，企业殊荣锦上添花。

更令人钦佩的是，中国全聚德（集团）股份有限公司很早就布局和进军文化创意产业，并于2005年5月建成一座品味高雅的全聚德展览馆，为传承和弘扬中国餐饮文化包括全聚德烤鸭文化做出了重要贡献。

33. 一得阁

一得阁是中国著名的墨业企业，迄今已有150多年的历史。2006年11月被商务部认定为第一批"中华老字号"（名单序号：北京46），注册商标"一得阁"。

一得阁问世于清同治四年（1865年），创始人是湖南湘乡人氏谢崧岱，时任清同治朝国子监典簿敕授文林郎。他因深感日常研墨不便，便自行研制出与墨锭媲美的墨汁，并在北京琉璃厂开店销售。店名以楹联"一艺足供天下用，得法多自古人书"冠首取之为"一得阁"。一得阁的墨汁制作工艺堪称中国墨业的一次革命，《中国大百科全书》曾这样评价墨汁："液体墨汁不能完全取代块墨，但取用方便，是中国传统书画用品的一次革新。"

20世纪20年代初，徐洁滨成为一得阁第二代传承人。他励精图治，改善经营，学习南方的制墨技艺，在广安门大街124号设置烟作坊，烧制油烟和松烟。他将桐油、花生油、豆油、柴油和松香燃烧后的轻烟末制成"云烟"，于1922年开创了名牌"惜如金"产品，即能使墨纯黑、透亮，写字画画能达到乌黑透亮效果、颗粒细的熏烟墨汁。与此同时，徐洁滨还申请注册了"一得阁"商标，努力提升一得阁的知名度和影响力。随着业务增长和财富积累，一得阁先后在天津、郑州开设分店，并在上海和西安开办专营代销店。抗战期间，日本商人曾多次找徐洁滨先生，提出购买一得阁的制墨配方，被徐先生断然拒绝。

1953年，一得阁墨汁店由前门琉璃厂44号迁至南新华街5号（今西城区南新华街25号）。1956年实行公私合营，一得阁与17个相关企业和投资人合并组建"北京一得阁墨汁厂"，生产经营规模得到扩大。

2000年，一得阁改制更名为"一得阁工贸中心"。企业建立健全了经营管理系统、科研检验部门，组建新产品研发部门；在北京郊区建立生产基地；同时在全国组建了强大的销售网络，产品遍布全国各地；还销往日本、新加坡、马来西亚等国家。墨汁总量及高档书画墨汁在全国市场占有率均居首位，成为中国墨业的龙头企业。2001至2004年，连续三次被评为全国轻工业质量效益型先进企业。2004年，一得阁墨汁厂更名为"北京一得阁墨业有限责任公司"，企业实行现代管理制度。

2005年4月，一得阁获得中国轻工业质量效益先进企业特别奖。一得阁牌墨汁、中华牌墨汁、特制八宝印泥被国家科委、国家保密局确定为国家秘密技术项目，同时受到广大书画家和使用者的广泛好评。著名书法家启功先生赞誉："砚池旋转万千磨，终朝腕力费几多。墨汁制从一得阁，书林谁不颂先河。"2007年5月，"一得阁墨汁制作技艺"被北京市确定为第二批市级非物质文化遗产，企业无形资产得到充分保护。2014年11月，"一得阁墨汁制作技艺"被国务院确定为第四批国家级非物质文化遗产，企业再创辉煌。

目前，企业不但经营文房四宝和工艺品，还创办了艺苑楼门市部，并在东琉璃厂起源地，恢复了"一得阁墨汁店"，以市场需求为导向，以国内市场为主体，正向国际市场大步迈进。

34. 白塔寺药店

白塔寺药店是北京著名药店，迄今已有140多年的历史。2006年11月被商务部认定为第一批"中华老字号"（名单序号：北京24），注册商标"白塔寺药店"。

白塔寺药店的前身是"琪卉堂"和"大和堂",这两家药铺均问世于清同治十一年(1872年)。清光绪七年(1881年),曾任宫廷太医的吴霭廷收购"千芝堂"药铺,聘请王子丰担任掌柜。后吴、王二人反目,吴霭廷便请吴受臣负责经营。1917年,吴受臣买下"琪卉堂"字号,王子丰买下"大和堂"字号,各自分别在阜成门大街白塔寺开办"琪卉堂"药铺和"大和堂"药铺。

1942年,琪卉堂和大和堂先后被资本家谢康夫买下,他在营业执照上增添"新记"二字,称"北京琪卉堂新记"和"北京大和堂新记"。谢家经营的这两家药铺既做零售又搞批发,以选料地道、调剂讲究、饮片精纯、药品齐全、服务优良闻名。

1953年,北京琪卉堂新记和北京大和堂新记药铺都收归国有,成为"中国医药公司北京市公司第二门市部"。1955年,该门市部转由北京市药材公司管理,更名为"北京市药材公司第二门市部"。此后的20多年间,"国营二门"的简称一直走俏。由于国家对医药结构的重视和扶持,使该门市部生意日益红火,尤其是保持了饮片为主的经营特色。在计划经济时期,药品和其他商品一样,经常发生短缺某一种成药(或饮片)的情况,而该门市部以饮片齐全闻名京城,抓草药到"国营二门"已成为北京人的共识。

20世纪70年代末,白塔寺药店在原址之上翻建为中西合璧建筑风格的五层大楼,经营面积1200平方米。翻建后的白塔寺药店于1980年重张开业,正式启用"白塔寺药店"的名称,老舍先生的夫人、著名书画家胡絜青女士为其题写"白塔寺药店"匾额。在保持名店经营特色和老字号优良传统的基础上,白塔寺药店提出了"以药品质量为生命线,创建放心药店,重塑国有企业社会形象"的奋斗目标;坚持以市场为导向,强调"信誉、特色与质量共存"。药店严把药品进货验收、检测复核、效期管理和储存养护;为保障饮片的质量,药店聘请专家对库存商品进行鉴定。药店在青海旱台乡拥有500亩绿色中药材种植基地,从源头上保证道地药材的品质,主要产品实现原料基地化生产。如黄芪、甘草,务选其内蒙古所产,川贝、黄连,必择于四川所出,突出了选料道地、加工精细、炮制适度的特色。

1995年,白塔寺药店创办京城首家中医诊所——白塔寺妙应堂中医诊所,现已形成中医内科、妇科、儿科、理疗、肿瘤、心理咨询、养生保健等多种诊疗特色,聘请享受国务院特殊津贴的名老专家、国家级市级名老中医、中医世家传承人等50位声誉颇高的中医名家坐诊,深受社会好评。1996年7月,白塔寺药店成为北京市经营企业首批"消费者满意商店"之一,知名度和影响力大幅提升。1999年,该药店设立了精制饮片专柜,并实行代客煎药、外配加工、为顾客邮寄商品、租借轮椅等多项便民服务措施。2013年4月,为配合北京市政府对"阜景文脉一条街"的改造,白塔寺药店这座存在了30多年的五层大楼,启动了降层工程——削去三层,再建一个仿古的屋顶,一改从药店南边看不到白塔的现状。

时至今日,在日趋激烈的市场竞争中,白塔寺药店充分利用现代化计算机科技管理手段,加大企业商品管理、经营管理、核算管理、信息化管理力度,努力向管理要效益。其经营范围包括汤剂饮片、中西成药、家庭常用医疗保健器械、名贵中药材、高级营养滋补品、生物制品、进口药品、计生用品等,多达8000余种。

35. 谭家菜

谭家菜是北京著名的餐饮企业,距今已有140多年的历史。2011年3月被商务部认定为第二批"中华老字号"(名单序号:北京15),注册商标"谭家菜"。

谭家菜由清末官僚谭宗浚及其家人所创。清同治十三年(1874年),广东南海县人谭宗浚殿试中一甲二名进士(榜眼),入京师翰林院为官。他酷爱珍馐美味,常于家中亲自下厨,大宴宾客。谭宗浚父子还重金礼聘京师名厨,得传其烹饪技艺,并将广东菜与北京菜相结合而自成一派。不久由家庭宴席演变成著名中国三大官府菜之一,与"孔府菜""随园菜"齐名。

清宣统元年(1909年),谭宗浚之子依谭府"谭家菜"的味极醇美和谭家的翰林地位,开始聚京师官僚饮馔,中国餐饮界的私家会馆模式从此发端,谭家菜走向社会、对外营业。到20世纪30年代,谭家菜更是名声大震,当时的政界、军界、商界、文化界的名流要人,均以用谭家菜宴客为时尚荣光,谭派私家菜市场十分火爆。故社会上一度流传"戏界无腔不学谭(即谭鑫培)、食界无口不夸谭(指谭家菜)"的说法。

1943年,谭家菜由第二代传承人谭令柔主持并靠家厨彭长海掌灶,继续经营。1949年,谭令柔退出,家厨彭长海(红案)、崔鸣鹤(冷荤)、吴秀全(白案）等搬出谭宅，在果子巷经营"谭家菜"。1954年，彭长海、崔鸣鹤、吴秀全参加公私合营，谭家菜自果子巷迁往西单"恩承居"酒楼。1957年，因西单商场扩建，"曲园酒楼"并入恩承居，自此一居两菜。1958年，谭家菜进驻北京饭店西七楼经营。从此，谭家菜成为北京饭店的川、粤、淮、谭四大名菜之一。

谭家菜选料极严，成本很高，一些大菜的原料选择甚至到了苛刻的地步。如头道大菜"黄焖鱼翅"，必须选用美国的黄肉翅和菲律宾的吕宋翅。另外在选择吊汤用的鸡鸭上，谭家菜同样有很严的标准。鸡要用三年以上的老母鸡，并且要没有下过蛋的那种鸡。谭家菜讲究用汤，一般的鸡汤要经过五六个小时以上的熬制，汤色要达到雪白，使鸡的养分全部进入汤中才能使用。谭家菜咸甜适口，南北均宜，调料讲究原汁原味，制作讲究火候足、下料狠，菜肴软烂、因而味道鲜美、质地软嫩。谭家菜自成菜系，有菜品近300种，其中以发制烹调海味菜最有名。而且谭家菜不像一般餐馆里的菜，出于经营需要，多是急火速成。作为家庭菜肴，谭家菜讲究慢火细做，采用较多的烹饪方法是烧、烩、焖、蒸、扒、煎、烤、以及羹汤等，故很少有爆炒类的菜肴，亦不讲究抖勺、翻勺等技术。

改革开放后，谭家菜继续发扬光大。1995年2月至1996年间，北京饭店申请注册了"谭府""谭家菜""谭"等商标，知识产权意识逐渐增强。2003年3月，"谭家菜"注册商标被北京市工商局认定为"北京市著名商标"，产品影响力更加提升。2005年4月，成立"北京谭家菜餐饮有限责任公司"，通过兴办企业传承和弘扬中华优秀餐饮文化。

36．小肠陈

小肠陈是北京著名风味小吃，迄今已有130多年的历史。2011年3月被商务部认定为第二批"中华老字号"（名单序号：北京24），注册商标"小肠陈"。

小肠陈主营卤煮小肠。相传卤煮小肠出自清宫廷御膳"苏造肉"（意为苏州大厨所制），是当年清乾隆帝下江南所尝的一道名菜。后人则尝试改用廉价的猪肠为主要原料代替五花肉，由此"苏造肉"演变为"卤煮小肠"，颇受老百姓喜爱。清光绪十二年（1886年），京东三河（今河北省廊坊市三河市）人陈兆恩、陈世荣父子开始摆摊售卖这一吃食。陈家卤煮作坊设在北京虎坊桥老宅，不久在虎坊桥、珠市口、前门、东单、西单牌楼等地都有陈家卤煮摊位，生意火爆。

1928年，从小学艺的年仅17岁的陈玉田子承父业，成为小肠陈的第三代传承人。他手艺精湛、诚信仁和，把卤煮小肠制作得更加地道，肠肥而不腻、肉烂而不糟、火烧透而不粘、汤浓厚而醇香，故世人誉送雅号"小肠陈"。

1956年实行公私合营，小肠陈并入北京宣武区饮食公司下属的福顺成饭馆，后陈玉田又服务于燕新饭馆直至退休。

改革开放后，小肠陈如沐春风，快速发展。1989年，陈玉田女儿、小肠陈第四代传承人陈秀芳设立"北京小肠陈卤煮店"，在南横街重新开张。1992年，陈秀芳注册"小肠陈"商标，企业知识产权得到法律保护。1996年，成立"北京小肠陈饭庄"，在永定门外开了一家面积1500平方米、可同时容纳200人就餐的卤煮店。整洁宽敞的店堂和备有空调设备的雅座单间，为宾客提供了舒适的就餐环境。经营品种也由单一化向多元化转变，把北京这一传统名吃推上能接待宾客、大摆宴席的大雅之堂。1997年12月，中国烹饪协会认定小肠陈的卤煮小肠为"中华名小吃"。

值得关注的是，小肠陈有许多菜品拓展，极大地弘扬了中华优秀传统餐饮文化。如"卤煮什锦火锅"，就是小肠陈第四代传承人陈秀芳精心独创，其雕龙刻凤，祥云朵朵，颇具宫廷气息。锅内猪心、猪肝、肺头、肚片、小肠、五花肉、豆腐、火烧等八种主料精致码放，以老汤炖制，宛如一朵盛开的菊花。观之，赏心悦目；食之，美味可口。卤煮什锦火锅分大、小两种。2000年，"小肠陈卤煮什锦火锅"被国家国内贸易局认定为"中国名菜"。

继创出卤煮火锅、砂锅之后，又相继创出独具特色的下水风味菜肴百余种，"椒盐腰花""大蒜肚条""脆皮肥肠""芝麻猪肝"等。通过挖掘传统而创新的系列下水风味菜品给公司带来了更多商机和荣誉。2006年，为适应市场经济，小肠陈饭庄更名为"北京小肠陈餐饮有限责任公司"，公司发展成为拥有多家直营店和一座加工配送中心的连锁餐饮企业。2007年至2017年，小肠陈被北京市工商局认定为"北京市著名商标"，企业知名度和影响力大幅提升。2012年6月，"小肠陈卤煮火烧制作技艺"被北京市西城区确定为区级非物质文化遗产，企业无形资产保护迈上一个新台阶。

37. 爆肚冯

　　爆肚冯是北京著名风味小吃，迄今已有130多年的历史。2011年3月被商务部认定为第二批"中华老字号"（名单序号：北京28），注册商标"爆肚冯"。

　　清光绪十二年（1886年），山东陵县人冯立山闯荡京城，在北京后门桥（今地安门以北）摆摊经营爆肚，产品地道，顾客渐多，人称"爆肚冯"。清光绪末年，冯立山之侄、第二代传承人冯金河接班。他后来居上，使爆肚味道更加鲜美，深受宫内画匠、太监以及旗人的偏爱。不久，经宫内当差人推荐，爆肚冯成为清宫御膳房专用食品的特供点。

　　1919年，冯金河将自家摊点迁至前门外廊房二条，与爆肉马、烫面饺马五家小吃摊共同组成一个小吃店，被各界誉为"小六国饭店"，影响力迅速扩大。

　　1937年，爆肚冯迁至门框胡同北段路东，开设"爆肚冯饭馆"，自立门户，稳定经营，从而与豆腐脑白、年糕杨、厨子杨、爆肚杨、豌豆黄宛、年糕王、复顺斋酱牛肉老店、奶酪魏等17家店，形成了门框胡同小吃一条街，吸引各界人士前来品尝。当时的文人墨客如鲁迅、巴金、丁玲等；影视界的韩兰根、陈燕燕、白杨等；戏曲界的金少山、裘盛戎、荀慧生、尚小云、李万春、谭富英等皆是门框胡同常客。

　　爆肚冯的第三代传承人是冯广聚，他从1942年10岁起就跟着父亲学习传统制作方法，而且对原料精选细微，佐料配制细心，技艺大胆创新，故使爆肚产品的色、香、味俱佳，广受各界好评。1956年实行公私合营，爆肚冯与爆肚杨共同合进门框胡同的"同羲馆"饭馆，冯广聚之妻刘凤文进入同羲馆，作为资方代表继续负责爆肚、涮肉等工作。

　　改革开放后，爆肚冯再续辉煌。1985年，冯广聚携子冯秋生、冯伏生、冯云亭于前门外廊房二条24号恢复"爆肚冯"老字号，弘扬和传承北京传统小吃文化。1986年，为恢复北京老厂甸市场的风貌，爆肚冯也在此开业。开张后受到国家领导人以及市领导的热情鼓励，并深受北京各界人士的欢迎，使老北京的名小吃再次与广大群众见面。后来一些名人如溥杰老先生也经常光顾爆肚冯，使经营者受到很大鞭策。

　　1995年，"爆肚冯"商标注册成功，企业知识产权获得法律保护。1996年，中央电视台东方时空栏目特为爆肚冯拍摄了包括上、中、下三部的《讲述老百姓自己的故事》的纪实片，并于1997年春节的初二、初三、初四连续三天播放，使全国人民有机会了解到爆肚冯的家史、经营史及传承史。北京电视台国际部为爆肚冯拍摄了阿拉伯语的报道,通过电视向阿拉伯国家人民介绍爆肚冯的历史和现状,让阿拉伯国家人民了解爆肚冯。

1999年8月,爆肚冯成立"北京市爆肚冯餐饮服务有限责任公司",开始实行现代企业制度,并先后在北京开了3家分店。同年9月18日和21日,在建国50周年大庆之际,爆肚冯有幸两次应邀到钓鱼台国宾馆,与羊头马、老月盛斋、豆腐脑白等共同为党和国家领导人现场制作菜点,受到一致赞扬。2000年4月,爆肚冯的"爆肚仁三品"被国家国内贸易局评为46种"中国名菜点"之一。2001年11月,北京申奥成功清真烹饪技术大赛,爆肚冯获得金奖,并且获得个人金牌。

38. 吴裕泰

吴裕泰是北京著名茶庄,迄今已有130多年的历史。2006年11月被商务部认定为第一批"中华老字号"(名单序号:北京1),注册商标"吴裕泰"。

吴裕泰原名"吴裕泰茶栈",清光绪十三年(1887年)由安徽歙县人吴锡卿创办。当时吴氏家资殷富,在北京已开设多家茶庄,有朝外大街的吴德利茶庄、广安门内大街的协利茶庄、西单北大街的吴新昌茶庄、崇文门大街的吴鼎裕茶庄、崇文门内的信大茶庄和通县城内的干泰聚、福盛茶庄等。随着生意做大,茶叶需求旺盛,为集中进储茶叶,吴锡卿便在北新桥设立了吴裕泰茶栈,以仓储、运销、批发为主,门市零售为辅。其茶叶均从安徽、浙江、福建等茶叶产地直接进货,并派专人在福州、苏州等地窨制茉莉花茶,经水陆运往京城,再拼成各种档次的茉莉花茶。

"上品饮茶,极品饮花",花茶曾是中国宫廷贡茶极品之一。据史料记载,"以花入茶"于中国明清年间即成为尊贵地位的象征。而吴裕泰花茶有其独特的制茶之道——"采之唯恐不尽,制之唯恐不精"。在此店规祖训指引下,吴裕泰茉莉花茶窨制技艺以香气鲜灵持久,滋味醇厚回甘,汤色清澈明亮的品质传承百年,吴裕泰花茶独具的香气被中国茶人亲切地称为"裕泰香"。吴裕泰的花茶源自其历经百年打磨的花茶窨制技艺。100多年来,吴裕泰在花茶加工上始终坚持

吴裕泰茶庄匾额

"自采、自窨、自拼"的原则。吴裕泰各种原茶的加工制作、鲜花窨制、各茶拼配之法，都有一套专用工具及独到的技术。

1956年实行公私合营，吴裕泰茶栈更名为"吴裕泰茶庄"，划归北京市东城区副食品公司管理。"文革"时期，吴裕泰茶庄改称"红日茶店"。

改革开放后，吴裕泰进入自身发展史上的黄金时代。1985年，恢复"吴裕泰茶庄"老字号。1994年春，茶庄进行翻扩建改造，同年9月28日重张开店。扩建后的茶庄营业面积由过去的30平方米，增加到80平方米。1995年，在茶庄旁开了一家"吴裕泰茶社"，以其独有的清幽雅致，吸引了社会各界人士。1997年，"吴裕泰茶叶公司"组建，成为奥士凯集团公司的下属公司。

2001年，吴裕泰在王府井店二层设立"吴裕泰茶文化博物馆"，大举进军文化产业创业，传承和弘扬中华优秀茶文化。该博物馆采用分类方法展示历代茶文化发展的历程，采用实物展出、详细讲解等立体方法从宏观或者微观的角度来展示茶文化。馆内展示了从辽、夏、汉、晋到唐、宋、元、明、清，直至民国时期的老茶具、老照片，每件珍品都记录着一段茶史，数千年积淀出的中国茶文化在观众眼前浓缩。

2005年，"北京吴裕泰茶业股份有限公司"成立，成为销售茶叶、茶具以及茶衍生品的专业公司。此后，吴裕泰不断加强对连锁店的管理，同时积极探索茶叶深加工，形成并延伸茶产业链，努力实现茶产业的多元化发展，将茶叶做成文化制品，满足各层次消费者的不同需求。2011年5月，吴裕泰"花茶制作技艺（吴裕泰茉莉花茶制作技艺）"被列入国家级非物质文化遗产代表性项目名录扩展项目名录，企业无形资产获得极大殊荣。2012年6月，"吴裕泰"商标被北京市工商局认定为北京市著名商标，企业知识产权保护步入一个新阶段。

39. 曲园酒楼

曲园酒楼是北京著名餐饮企业，迄今已有120多年的历史。2011年3月被商务部认定为第二批"中华老字号"（名单序号：北京21），注册商标"曲园"。

曲园酒楼于清光绪十六年（1890年）创建于湖南长沙，选址在小四方黄翰林公馆花园内，至1919年扩建成一家大酒楼。因环境幽雅，服务有方，加之秉承"以文促商"的经营理念，故常有文人墨客、雅士贤达光顾，生意兴旺。

然而1938年11月，蒋介石实行"焦土抗战"政策，曲园酒楼毁于长沙大火。自此一蹶不振而歇业，且日后在湖南始终未能恢复原貌。抗战期间，有湖南人借曲园酒楼的名义在云南昆明、四川成都、南京等地开设经营湖南风味菜肴的餐馆，但规模都很小，且因时局动荡，很快便停业了。

1949年10月，原曲园酒楼人员来到北京，在西单北大街爱林百货店二楼开设"北京曲园酒楼"，不久赢得"京城湘菜第一家"的口碑。曲园酒楼的湘菜脍炙人口，尤其居京的湖南人常相邀聚会。另外，社会各界名流也常在此办宴，如齐白石、梅兰芳、阳翰笙、周扬、吴晗等文人名士、梨园书香都曾光顾曲园酒楼，并留下墨笔。1955年9月，毛泽东主席给中国人民解放军十大元帅授衔后在曲园酒楼设宴。那天，曲园做了15桌地道的湖南菜。不仅元帅、将军们吃得赞不绝口，而且连毛主席都说是"地道的家乡菜"。1957年，曲园酒楼迁至西单商场对面，并几经改建装修，成为一座三层楼规模的酒楼，知名度和影响力显著提高。

改革开放后，曲园酒楼得到进一步发展。1988年，在北京市西城区"美食月"活动中，曲园酒楼推出的"秋菊宴"，获得北京市饮食服务总公司"优秀创新宴席奖"。1991年，曲园酒楼参加全国烹饪大赛，两人获得金牌。1998年，参加北京市烹饪大赛，一人获得金牌。不过，随着政府对西单大街的统一规划，曲园酒楼于1994年迁至西城区车公庄十字路口东南角，并于丰台花园开设分号，后由于房屋狭窄及地区因素，又于1997年秋迁至阜外北街145号。2005年9月，北京聚德华天控股

曲园酒楼匾额

有限公司以租赁方式在西城区展览馆路48号开设新的曲园酒楼，曲园酒楼呈现出勃勃生机。新酒楼营业面积1500平方米，一楼、二楼是宽敞舒适的散座大厅，不仅可以接待散客还可以接待大型婚礼及宴会。三楼则为风格迥异、静幽古朴的雅间，令消费者感到温馨。

曲园酒楼的湘菜由湘江流域、洞庭湖区和湘西山区三种地方菜所组成，以长沙菜为代表，其菜系特点是常用熏腊原料，烧、蒸、煎、炒等烹饪手段并用，讲究入味，具有酸辣、鲜香、软嫩等特色，在京城独树一帜。著名的传统品种有腊味合蒸、东安鸡、紫龙脱袍、奶汤蹄筋、发丝百叶、汤泡肚尖以及怀胎鸭子、红烧狗肉、烤全猪等，多年来一直深受人们的欢迎，成为曲园酒楼经久不衰的看家菜。如这里的东安鸡号称"千年名菜"，始创于唐玄宗年间，专选鸡腿肉，将葱、姜、辣椒等在油锅中煸炒出香味，把切好的鸡腿肉直接放入锅内，加入特制调料，炒制一两分钟使之入味，勾芡出锅即可。其成品靓汁靓芡，红绿椒丝与鸡肉的金黄色交相辉映；鸡肉软嫩适口，酸辣、微麻混合着碗汁所提升的鲜香，令人如醉如仙，回味无穷。

40. 听鹂馆

听鹂馆是北京著名的宫廷风味饭庄，迄今已有120多年的历史。2006年11月被商务部认定为第一批"中华老字号"（名单序号：北京61），注册商标"听鹂馆"。

清乾隆十五年（1750年），清乾隆帝为筹备其母寿辰下令修建皇家园林。清乾隆二十九年建成，定名"清漪园"，其中包括其母看戏的场所听鹂馆。因古人常借黄鹂鸟的叫声比喻音乐的优美动听，故名之为"听鹂馆"。清咸丰十年（1860年），清漪园遭英法联军焚毁，于清光绪十四年（1888年）起进行重建。

清光绪十八年（1892年），新的皇家园林建成，定名颐和园，其中的听鹂馆成为慈禧太后和其宠臣们娱乐和宴饮的重要场所，牌匾也由慈禧太后亲笔手书，从此开启听郦馆的餐饮历史。因慈禧太后长年居住在颐和园，故园内为她做饮食的"寿膳房"规模宏大，大小共8个院落，108间房，厨师（太监）120多名。每逢她在园中做寿，都要大设宴席，宴请王公大臣、公主命妇，使宫廷寿宴成为听鹂馆的"绝活"。

1914年，一些商人开设"听鹂馆励志社招待所"，在这里为社会民众提供餐饮、茶座服务。1924年，商人陈玉山在听鹂馆开设"万寿山食堂"，使听鹂馆的餐饮更加平民化。1949年，"听鹂馆饭庄"开业。同年4月，周恩来在听鹂馆宴请南京国民党政府的和谈代表邵力子。1962年，听鹂馆饭庄对外开放。

听鹂馆为颐和园13处重要建筑之一，占地6000余平方米，营业面积2700余平方米。坐落于万寿山南麓，前隔长廊，面临碧波荡漾的昆明湖，背靠万寿山上著名的画中游，四周翠竹掩映，景色宜人。饭庄共有"寿膳厅""福寿厅""贵寿厅""药膳厅"等大小餐厅10个，可同时接待600多人就餐。餐厅内雕梁画栋，宫灯高挂、古色古香的红木家具呈现出富丽堂皇的皇家气派。其中福寿厅位于西侧，令人瞩目的"宫廷寿宴"匾额为溥杰先生所题。金碧辉煌的龙凤阁，凤在上，龙在下，再现了慈禧时代的权欲；正中赤金寿字、两边百寿图和天花顶上的福意交织成为福寿图，堪称宴请和做寿的理想之地。听鹂馆得天独厚的经营条件给用餐客人以美的享受、身份的象征，近年承办了许多大型的重要宴请活动。如英国驻华使馆举办的中英高技术论坛、中法文化年闭幕式为国家领导人提供优质餐饮服务等。

近年来，饭庄以颐和园寿膳房的菜单和大量宫廷饮食档案资料为基础，经过挖掘整理推陈出新，形成了一整套宫廷寿膳宴席制作技艺，如集满汉经典菜肴于一席的"满汉全席"、祝福延年益寿的"万寿无疆席"、祝福吉祥如意的"福禄寿禧席"、象征太平盛世的"江山万代席"等；还有全鱼席、全鹑宴以及各种不同功能的宫廷滋补药膳等，深受各界欢迎。1998年，"听鹂馆"商标正式注册，企业知识产权保护迈上一个新台阶。2009年10月，"颐和园听鹂馆寿膳制作技艺"被北京市确定为第三批市级非物质文化遗产，企业无形资产得到进一步发扬光大。

41. 瑞蚨祥

瑞蚨祥是北京著名绸布店，迄今已有近120年的历史。2006年11月被商务部认定为第一批"中华老字号"（名单序号：北京49），注册商标"瑞蚨祥"。

瑞蚨祥创始人为山东章丘（今济南章丘区）旧军镇人孟鸿升，清道光元年（1821年），他在周村（今淄博市辖区）开办"万蚨祥"，经营土捻布。清同治元年（1862年），万蚨祥在济南院西大街（今泉城路）设立第一家分号——瑞蚨祥绸布店，经营绸布零售，兼批发业务。由于业务不断发展，不久又设立了瑞蚨祥昌记布店和瑞蚨祥鸿记绸布店。

清光绪二年（1876年），万蚨祥第二代传承人孟雒川开始进京经商。起先他派族侄孟觐侯在前门外鲜鱼口内抄手胡同租房设庄，批发大捻布。后在洋布大量涌入、土布受到冲击的情况下，他采纳孟觐侯的建议开设布店，从事零售。清光绪十九年，孟雒川出资八万两白银在大栅栏购置铺面房，成立北京"瑞蚨祥绸布店"，拉开了北京瑞蚨祥的历史大幕。

然而，清光绪二十六年（1900年），八国联军侵占北京，大栅栏遭遇火灾，瑞蚨祥店内所有账目和物品也化为灰烬。对此，瑞蚨祥掌门人一边重建店铺恢复经营，一边向社会郑重承诺：凡瑞蚨祥所欠客户的款项一律奉还；凡客户所欠瑞蚨祥的钱物一笔勾销。

随着生意日益兴隆、财富加速积累，瑞蚨祥又于1903年、1906年、1911年和1918年在大栅栏先后又开设了瑞蚨祥东鸿记茶庄、瑞蚨祥西鸿记茶庄、瑞蚨祥鸿记皮货店、瑞蚨祥西鸿记绸布店四处新店，几乎占了大栅栏半条街，形成壮观的瑞蚨祥建筑群。其中最主要的是西鸿记绸布店，西边最高大的临街建筑就是该布店的营业楼。该楼建于1923年，建筑面积3520平方米，高度约11米，钢结构和砖木结构相结合，其建筑风格以中国传统建筑形式为主，是中国早期中西合璧的商业建筑。至1927年，瑞蚨祥已是北京最大的绸布店，并且发展为集布匹、绸缎、绣品、皮货、织染、茶叶、首饰、钱庄、典当等众多经营项目的商业王国，分号遍布于北京、天津、沈阳、包头、上海等商业重镇。

1949年9月27日，五星红旗被确定为中华人民共和国国旗，国旗制作负责人要求绸缎的颜色鲜艳、质地精良、尺寸合适，最后，选定了瑞蚨祥供应国旗面料。9月30日下午，瑞蚨祥提供布料的第一面五星红旗，及时送到了毛泽东主席的面前。10月1日，毛主席在天安门城楼亲手升起了这面红旗，并宣告中华人民共和国成立。

1954年实行公私合营，瑞蚨祥五个字号合并，改成以经营绸缎、呢绒、皮货为主的布店，经营业绩良好。"文革"期间，瑞蚨祥先后更名为"红卫兵布店""红旗布店""荣昌布店"，直到1979年才恢复老字号。瑞蚨祥幸运地从故宫库房里找出了当年的匾额，重新悬挂在这家百年老店里。

一、北京市

改革开放以来，瑞蚨祥的发展更上一层楼。2001年，瑞蚨祥改制为"北京瑞蚨祥绸布店有限责任公司"，成为自负盈亏、全体员工持股的企业，完成市场化的关键一步。经过多年发展，瑞蚨祥不但清偿了800多万元债务，每年还有数千万元利润。瑞蚨祥绸布店基本保持了原来的建筑风貌，天井式的房屋结构，门面上的石雕、罩棚等仍保存完好，营业面积1000多平方米。在经营方面，瑞蚨祥成功转型：从过去的服装、面料三七开的经营方向，改变为七三开，即以服装为主，面料为辅。对于自己的品牌服装，瑞蚨祥以神话中形似蝉的一对母子"蚨"为图案，并注册为商标；很多微利商品，如"豆包布"，因为老百姓做棉衣衬布、包被套、小孩尿布时常用到，瑞蚨祥也从未断档；为了及时让顾客买到心仪的服装，瑞蚨祥还增设了24小时成衣服务项目，选料、量体、制作一气呵成。2006年，"瑞蚨祥"注册商标被国家工商总局认定为"中国驰名商标"，企业无形资产空前提升。同年，"大栅栏商业建筑——瑞蚨祥旧址门面"成为国家级重点文物保护单位，百年老店再创辉煌。

瑞蚨祥门店

42. 稻香村

稻香村是北京著名食品企业，迄今已有120多年的历史。2006年11月被商务部认定为第一批"中华老字号"（名单序号：北京2），注册商标"稻香村"。

稻香村的前身是"稻香村南货店"，清光绪二十一年（1895年）由金陵（今南京）人郭玉生在北京前门外观音寺街（今大栅栏西街）创建，铺面为二层小楼，前店后厂，自产自销。当时稻香村食品讲究"四时三节"，端午卖粽子，中秋售月饼，春节供年糕，上元有元宵。用料讲究正宗，核桃仁要山西汾阳的，因为那里的桃仁色白肉厚，香味浓郁，嚼在嘴里甜；玫瑰花要用京西妙峰山的，因为那里的玫瑰花花大瓣厚，气味芬芳，而且必须是在太阳没出来时带着露水采摘下来的；龙眼要用福建莆田的；火腿要用浙江金华的等。

作为京城生产经营南味食品的第一家店铺，稻香村给京城食客带来了不少惊喜，如做工精致考究、口感新鲜的枣麻饼、眉宫饼、黑麻椒盐等细点，令北方顾客百吃不厌，上至名人百官，下到平民百姓，无不光顾稻香村。1912年5月至1919年11月，鲁迅先生在北京时一直住在宣武门外南半截胡同的绍兴会馆。这里离观音寺稻香村仅有两三里路，故他常来稻香村买糕点。据《鲁迅日记》记载，从1913年到1915年期间，短短两年多时间，鲁迅先生有记载的到北京稻香村购物就有15次。

然而，稻香村也并非一帆风顺。1911年，稻香村因经营管理不善易手，由安徽人汪荣清接办。他深谙市场，经验丰富，十分看好南味糕点铺的前景。不久，他在观音寺街开了一家新店，取名"桂香村"；并在西单开了一家桂香村分店。1916年，长期为桂香村代销南味食品的张森隆（别号春山）也独立出来，在东安市场自立门户，使用"稻香春"字号。此后，越来越多的南味食品铺在京城遍地开花，一时间刮起糕点业的"南店北开"之风。1926年，由于市场竞争激烈，加上政局动荡、军阀混战，名震京城的稻香村南货店被迫关闭。

直到改革开放，稻香村才被激活。1983年4月，中国民主建国会和中华全国工商业联合会在北京召开关于传统食品咨询工作座谈会，王震提出"恢复发展名厂、名店、名特产品"，时任北京东城区工商联副主任的刘振英参加了此次会议。会后，在工商联和政府的支持下，刘振英积极筹划，请回了稻香村的老技师、老职工。当时北新桥街道正为解决待业青年的工作问题发愁，于是街道投资8万元，又将东直门北工匠营胡同的一间街道缝纫厂腾空后改成稻香村的厂房，成立"北京稻香村公司"，中断经营58年的稻香村终于复出，并在1984年1月22日盛大开业。复业后的北京"稻香村"继承了南味食品的传统工艺，坚持"诚信为本、顾客为先"的服务理念，以优质产品在北京迅速打开了局面。

1994年9月，组建"北京稻香村食品集团"。2005年，企业更名为"北京稻香村食品有限责任公司"，开始实行现代企业制度。

目前，稻香村有30多家直营店和100多家连锁加盟店、300多个销售网点，一个食品配送中心、一个14万平方米的中心工厂和一个4万平方米的原料加工基地的规模，生产中西糕点、熟食制品、速冻食品、休闲小食品、月饼、元宵、粽子等各种节令食品等12个系列的1000多个品种，年销售收入达40亿元。企业的管理方式逐渐从传统经验管理向制度化、现代化管理迈进，位于昌平区北七家高科技工业园的新型加工厂也已经投入使用，以原来低科技含量、劳动密集型、半

一、北京市

手工操作为主要特征的传统生产模式得到转变,食品生产的机械化、自动化、工业化程度得到极大的提升。

43. 商务印书馆

商务印书馆是我国著名出版企业,迄今已有120多年的历史。2011年3月被商务部认定为第二批"中华老字号"(名单序号:北京31),注册商标"图形"。

清光绪二十三年(1897年),商务印书馆问世于上海,由夏瑞芳、鲍咸恩、鲍咸昌、高凤池等人集资创办。1901年,清末进士张元济以"辅助教育为己任"投资商务印书馆,并主持该馆编译工作,后长期担任董事长。

1903年,商务印书馆在汉口设立第一家分馆,经营向外埠拓展。同年10月,成立"商务印书馆有限公司",吸收日资,改进印刷。1907年,公司在上海闸北宝山路建成印刷总厂和编译所新址,企业规模不断扩大。1914年,董事会收回日本股份,并设立香港分馆。1932年"一·二八"事变,日军侵犯淞沪,商务印书馆总管理处、印刷总厂及编译所、东方图书馆、尚公小学均被炸焚毁,损失巨大,被迫停业,解雇全部职工,直至同年8月才复业。其中东方图书馆的全部藏书46万册,包括善本古籍3700多种,共约3.5万册;中国最为齐备的各地方志2600多种,共2.5万册;悉数化为灰烬,堪称中国文化史上的一大劫难。有学者认为,火烧圆明园和商务印书馆被炸,是中国近代史上的最令人痛心的文明悲剧。

1941年,公司总管理处迁至重庆。沪、港货栈和印刷厂均被日军劫持。1946年,总管理处由重庆迁回上海,并于1948年设立台湾分馆。

1950年,商务印书馆与三联书店、中华书局、开明书店、联营书店联合组建"中国图书发行公司",成为新华书店以外的中国第二个发行系统。1951年,公司设总管理处驻京办事处,编审部迁至北京。1954年,公司总管理处也迁至北京,并实行公私合营,此时商务印书馆与高等教育出版社合并。1957年,商务印书馆由高等教育出版社分出,恢复商务印书馆独立建制。1958年,中国出版社业务分工,商务印书馆负责承担翻译出版国外哲学社会科学和编纂出版中外语文辞书等出版任务,逐渐形成了以"汉译世界学术名著""世界名人传记"为代表的翻译作品，和《辞源》《新华字典》《现代汉语词典》《英华大词典》等为代表的中外文语文辞书为主要支柱的出版格局。

改革开放使商务印书馆再创辉煌。2002年，中国出版集团公司成立，商务印书馆是成员单位之一。2011年，该馆改制更名为"商务印书馆有限公司"，实行现代企业制度。一个多世纪以来，商务印书馆从最初一个小小的印刷作坊，逐步发展成为现当代中国首屈一指的出版和文化机构，为普及知识、传播文化、扶助学术做出了重要的贡献，而且向海外传播中华文化知识，在中国文化史上建立了辉煌的业绩。商务印书馆始终秉承"昌明教育，开启民智"的宗旨，以品质、责任、创新、合作为核心价值观，把文化担当和文化追求放在企业核心经营理念的首位。在新时期面对新形势，该馆提倡做有良知的出版人，并庄严承诺：我们是文化建设者，而不仅仅是商人；我们提倡实事求是，而不是夸张和误导；我们提倡社会责任，而不是攫取社会财富；我们提倡首创精神，而不是盗取他人成果；我们培育名牌，而不是捕捉猎物。

目前，商务印书馆设有20个部门，包括汉语出版、学术出版、教科文出版、数字出版和全媒体制作5个中心，英语、外语两个编辑室；另在全国拥有全资子公司和控股子公司15家。

44. 北京饭店

北京饭店是我国著名酒店，迄今已有110多年的历史。2011年3月被商务部认定为第二批"中华老字号"（名单序号：北京13），注册商标"北京饭店"。

北京饭店始创于清光绪二十六年（1900年），当时是由两个法国人在东交民巷外国兵营东面（今东城区苏州胡同）开办的一家三间门脸的小酒馆。第二年迁到兵营北面，并挂上"北京饭店"的招牌。后该酒馆被一个意大利人接手，他于清光绪二十九年（1903年）在东长安街王府井南口（今北京饭店新楼地址）购置一片房产，将北京饭店迁入。清光绪三十三年（1907年），中法实业银行接管北京饭店，盖起五层大楼，设立48间客房。1917年，又在该楼西侧建起七层法式洋楼（今北京饭店中楼），设立105套客房及餐厅、酒吧等，成为北京一家远近闻名的高级饭店。

一、北京市

抗战初期，北京饭店生意衰退。1940年，日本人占据饭店，布置了一些日式客房。1945年，饭店由国民党接手，成为专门接待美军的高级招待所。然而1946年至1948年，中楼却成为海内外瞩目的地方，原因在于它是国共两党和美国三方军事停战谈判代表团和三方军调处执行代表团的驻地。

1949年北平和平解放，北京饭店隶属中央政府，成为中华人民共和国国务活动和外事接待的重要场所，具有相当高的政治地位。如1949年中华人民共和国开国大典的国庆宴会就是在中楼举办的。1954年和1974年，在周恩来总理的亲切关怀下，北京饭店相继进行了两次扩建，分别建成西楼和东楼，一度成为北京城内现代化和国际化的标志性建筑。

改革开放后，北京饭店的发展更加迅速。从1998年至2000年间，饭店进行了大规模的改扩建工程，总体改造完工后，饭店以崭新的面貌和现代化的服务设施为宾客提供客房、餐饮、会展、娱乐、购物于一体的全方位服务，经营总面积也由13.8万平方米扩充至15万平方米。2006年12月17日，北京饭店被国际奥委会和北京奥组委正式确定为北京2008奥林匹克大家庭总部饭店，即奥运会举办阶段，总部饭店是国际奥委会的总部和指挥中心。2008年，北京饭店作为"奥林匹克大家庭总部饭店"成功接待了国际奥委会主席罗格、国际奥委会终身荣誉主席萨马兰奇等国际奥委会委员和204个国家和地区的奥委会主席，北京饭店周到热情的服务赢得了贵宾们的高度赞扬。

目前，北京饭店建筑面积16万平方米、拥有700多套现代化客房，已经发展成一座成熟的商务豪华型酒店。皇帝套房以故宫为设计蓝本、再现明清皇族起居会客的尊贵气派；名人下榻客房意境幽深、思绪万千；商务套房方便快捷、故宫景房将皇邸尽收眼底、豪华标间高大宽敞、舒适温馨；每间客房均配置高速的宽带接口，缩短了与世界沟通的距离。在餐饮方面，饭店汇集了中华美食的各式佳肴，除1958年在周总理关怀下落户北京饭店的谭家菜外，川菜、淮扬菜、上海菜、粤菜等各式菜系亦在北京饭店各领风骚，精美绝伦的菜肴与优雅舒适的就餐环境可谓相得益彰。在会议服务方面，北京饭店国际会展中心位于饭店主楼北侧，总建筑面积约9000平方米，其中1750平方米无柱形多功能大厅，可容纳千人进行商务活动，也可根据需要分隔成A、B两个厅。另有16个大小不等、风格迥异的小型会议场所，能够满足不同形式、规格的会议需求。

45. 张一元

张一元是北京著名茶庄，迄今已有110多年的历史。2006年11月被商务部认定为第一批"中华老字号"（名单序号：北京51），注册商标"张一元"。

清光绪十年（1884年），安徽歙县人张文卿在崇文门外瓷器口荣泰茶庄学徒，积累了较丰富的实践经验。清光绪二十二年(1896年)，他辞职在花市大街摆茶叶摊。清光绪二十六年（1900年），张氏买下一家烟铺，创建了有3间门脸的茶叶店，取名"张玉元"，生意逐渐火爆。清光绪三十四年，张文卿在北京前门大栅栏西观音寺开办"张一元茶庄"。1912年，又在大栅栏开办"张一元文记茶庄"。1925年，他亲自到福建开办茶场，雇佣当地人工按时采摘新茶，并买花自己熏制。依据京城及北方人的口味，就地进行窨制、拼配，形成具有特色的小叶花茶，以汤清、味浓、入口芳香、回味无穷在京城百姓中得到认可，很快声名鹊起。

由于张文卿自办茶场，不仅可以熏制特味茶叶，而且比在北京从茶叶批发商手中买货价格低得多，故同等级的茶叶，张一元茶庄比其他茶庄卖得便宜。另外，张一元茶庄还经常派人到一些茶店了解售价，掌握商品行情，并且买回别人销售的茶叶，与自家同级茶叶比较，以便使自家的茶叶质量优于同行。可惜的是，1947年失火使张一元茶庄一蹶不振。

中华人民共和国成立后，张一元发扬老字号的优良经营传统，在确保茶叶质量的基础上，不断更新、改造、调整、增加茶叶品种，受到广大消费者的欢迎。

1952年，观音寺茶庄和大栅栏茶庄合并，定名为"张一元茶庄"。1956年实行公私合营，花市大街茶庄撤销，集中力量发展张一元的业务。

改革开放以来，张一元阔步前进。1991年，"张一元"商标正式注册，企业知识产权得到法律保护。1993年4月，张一元茶庄更名为"北京市张一元茶叶公司"，经营范围包括销售茶叶、包装食品等。在弘扬张一元老字号传统的同时，公司适应市场变化，多方努力，使张一元一些失传断档的传统风格的品种重新得到恢复和发展。随后公司还制定了张一元茶叶公

张一元门店

司质量标准,这在京城老字号中是第一家。1998年,当市场上花茶占据绝对主导地位的时候,张一元却独辟蹊跷举办了北京城有史以来的第一个绿茶节(春茶节),一举打破了京城花茶一统天下的旧格局。1999年,公司按照现代企业制度的要求,转制为"北京张一元茶叶有限责任公司"。2004年,张一元挖掘传统制作工艺,将消失30多年的柚子花茶推上市场。2005年,张一元顺应消费市场的变化趋势,推出"张一元建店105周年普洱纪念饼",又开辟出京城普洱消费的新局面。

2007年,"张一元"注册商标被国家工商总局认定为"中国驰名商标",企业知识产权得到法律保护。2008年6月,"花茶制作技艺(张一元茉莉花茶制作技艺)"被国务院确定为第二批国家级非物质文化遗产,企业再获殊荣。

目前,张一元既有龙井、碧螺春、君山银针等名茶,又有深受京城及北方人喜欢的各种档次的花茶、紧压茶、红茶、保健茶等;同时还相继推出张一元包装系列礼品茶。其茶叶品种多达200余种,集全国名优特茶于一店,以满足国内外广大消费者的需求。张一元的传统服务,电话订货、特需登记、送货上门、代客邮寄等得到了继承和进一步的发展。张一元茶叶公司现已在河北的承德、燕郊,山西的阳泉,以及北京的密云、通州、丰台等地开设了多家分店,使张一元这个中华老字号的传统得到发扬,使企业规模不断地发展。

46. 同升和

同升和是北京著名鞋店,迄今已有110多年的历史。2006年11月被商务部认定为第一批"中华老字号"(名单序号:北京3),注册商标"同升和"。

同升和始创于清光绪二十八年(1902年),是河北宝坻县人莫荫萱在天津估衣街(今红桥区)开办的一家制帽作坊。1912年,随着财富积累不断扩大,莫荫萱在天津估衣街买了门面房,形成前店后厂,自产自销的经营模式。经过十年的苦心经营,同升和的业务得到迅速发展,以其商品货真价实闻名于京津、华北以及东北、西北广大地区。1932年,同升和在北京王府井东安市场旁设立其第三家分店,即"北平同升和帽店"。但随着生意不断扩大,根据市场需求,当时的掌柜李溪涛决定生产高档皮鞋,引进生产设备,吸引了很多制鞋名师。他们选用上等皮革，精工细作，产品主要为当时的社会名流和在华的外国人服务。如此一来，同升和又制帽又做鞋，遂把同升和帽店更名为"同升和鞋帽店"。

同升和鞋帽店有自己独具特色的经营管理诀窍，它恪守"宁愿三年赔钱，也要保质量争名誉"的经营原则，在选材制作过程中严把质量关，不合格不能出厂。在服务中，强调一视同仁、童叟无欺、热情大方、礼貌周到，卖出的商品可以退换，定做加工按时按质完成，同升和口碑渐隆，美誉度大增。为保持良好的商业信用，同升和历来要求把好三关——自产不合格的鞋不推广、外购未验收的鞋不入库、未盖同升和戳记的鞋不上柜。服务项目中最受欢迎的是管退、管换、管修理，顾客买走的鞋帽，凡是工艺不佳或是质量有问题的，即使穿戴过也可以退换或修理。店里还销售馈赠亲友的礼券，持礼券来店购物者可任意挑选，购买后若有余额则找给现钱。

重视广告宣传也是同升和的特色之一。如1935年同升和鞋帽店印制了一份宣传册，折折叠叠共有20多页，是同升和敬赠给每位顾客的。册内一面印有介绍同升和鞋帽店的资料，包括本店小史、五大门市部地址与图像、注册商标、函购规则办法及鞋帽产品展示等。

1937年，日军侵占北平，同升和经营惨淡，步履维艰。1945年，同升和股东分家，北平同升和独立经营。由于单枪匹马，加之时局动荡，同升和日益衰落。

中华人民共和国成立后，同升和获得新生。1956年实行公私合营。根据周恩来总理"要把老字号办下去"的指示，有关部门从上海等地调来不少专业技术人员，融合京、津、沪传统工艺，提高了产品质量，并在北京市南小街建立制鞋厂，从此形成了有一定规模的"前店后厂"的专业鞋店。1953年，同升和为毛泽东主席定制外交专用鞋。1955年，为中华人民共和国首任外长周恩来定制外交专用鞋。1966年，为国家主席刘少奇定制外交专用鞋。"文革"期间，同升和先后更名为"长征鞋店""前进鞋帽店"等。

改革开放以来，同升和在保持传统工艺特色的基础上有了新的发展，产品不断更新，花型更加齐全，以名、优、特、新产品获得广大顾客的青睐。1983年，同升和在东八里庄建起一个4222平方米的生产楼，并从德国和捷克引进了先进设备，使生产和经营进入一个新时期。1990年，同升和为亚运会制作官员鞋，知名度和影响力大幅提升。1994年，鞋店进行扩建，营业面积增加到1500平方米。主要经营男女皮鞋、布鞋、旅游鞋、休闲鞋等2000余个品种。1998年，同升和恢复加工定做和手工缝制等服务项目，并在复兴商业城、西单购物中心等10余家商场开设专柜。

一、北京市

47. 东安市场

东安市场是北京著名商业场所，迄今已有110多年的历史。2006年11月被商务部认定为第一批"中华老字号"（名单序号：北京4），注册商标"东安"。

东安市场于清光绪二十九年（1903年）开业，是北京建立最早的一座综合市场，因邻近皇城东安门而得名。早年东安门外大街两旁有不少店铺和商摊儿，由于紧邻紫禁城，故许多住在附近的皇亲国戚、文武大臣都感到道路拥挤，直接影响出入宫廷。于是一些官员提出整顿市容、修建马路，并将沿街摊贩全部迁到王府井北头东南面的八旗兵神机营的练兵场，即东安市场所在地。

东安市场初建时，仅是一个摆地摊、搭布棚、早晨出摊、过午收摊的简易市场。以后生意兴隆，摊点日增，商贩们便组织起来，经当时管理市场的京师巡警厅批准，进行初步规划。从北到南建起一条长街，以经营百货、食品为主。长街两侧建起了格局大体一致，每间约10平方米，前有廊檐，后有暗楼的铺面房。东侧为东街，主要经营饮食小吃，杂技场也设在这里。西侧为西街，西门通王府井，这里开发较晚，先为马车停车场，后来陆续开设了经营古旧书籍、古玩的店铺。

清光绪三十二年（1906年），在市场北门兴建了吉祥茶园，相继又开设了丹桂茶园、中华舞台等娱乐场所。这时，东安市场已初步形成一个大型市场的规模。1909年出版的《京华百二竹枝词》曾刊有"新开各处市场宽，买物随意不费难，若论繁华首一指，请君城内赴东安"的小诗，说明东安市场当时在北京商业领域的地位。据1933年12月统计，当时东安市场共有16个经营区，包括畅观楼、青霖阁、中华商场、丹桂商场、桂铭商场、霖记商场和东庆楼等七个小商场，分布着各行各业商贩925户，其中店铺257户、摊贩658户。不仅北京人，就是远道来京的中外人士，也要到这里逛一逛。

中华人民共和国成立后，成立"东安市场管理处"。1954年实行公私合营，东安市场继续发展。"文革"期间，东安市场更名为"东风市场"，其中吉祥戏院变成了电影院，工艺店铺也都没了踪影。餐饮业倒还算红火，只是由于物资极度匮缺，买什么都要排队，还不一定能买到。1967年全场进行整修扩建，1969年竣工后重张开业成为大型商场。

改革开放后，东风市场重整河山。1988年9月，东风市场恢复"东安市场"老字号，组建"北京东安集团公司"，但北京的商业文化遗产已经被破坏得不成样子。

1993年，东安市场原址翻建，由北京东安集团和香港新鸿基地产有限公司合资进行，更名为"北京新东安市场"，1998年竣工开业，成为集购物、餐饮、娱乐和办公于一体现代化多功能的商业中心。占地2.2万平方米，建筑面积22万平方米，是一座包括地上11层和地下三层的多功能商厦。从地下一层到地上六层均为商场，经营面积为12万平方米。

抚今追昔，东安市场是北京一个有着较长历史、经历了不同历史时期、基本上保持着繁荣的大型综合商场，在国内外都享有一定声誉。近现代史上一些中外名人都到过这里，或与它有着一定的关系。比如鲁迅在这里吃过饭，胡适在这里买过书，溥仪在这里买过蜜饯，宋美龄在这里选购过首饰。中华人民共和国成立后，西门里的"佳美利"鞋店为毛主席做过鞋，周恩来总理还来过这里给店员们讲过话，苏联领导人赫鲁晓夫和布尔加宁在这里买过烟斗等。

48. 东来顺

东来顺是北京著名餐饮企业，迄今已有110多年的历史。2006年11月被商务部认定为第一批"中华老字号"（名单序号：北京67），注册商标"东来顺"。

东来顺原为一个街头清真食品摊，清光绪二十九年（1903年）由河北沧州人丁德山在北京王府井东安市场创建。清光绪三十二年（1906年），他在原地搭起棚子，挂上"东来顺粥摊"的招牌，卖些豆汁儿、扒糕、凉粉儿等大众吃食，生意逐渐红火。1912年，粥棚毁于东安市场火灾。后在一个经常光顾粥摊的宫内太监出资帮助下，丁德山盖起三间瓦房，并于1914年重新开业，取名"东来顺羊肉馆"。开始只是做一些羊汤、羊杂碎等，后来则直接经营涮羊肉。

丁德山在涉足涮羊肉的过程中发现，若要涮羊肉肉嫩、味美，必须有高手主持厨务。于是，他用重金从前门外正阳楼饭庄引进一位刀工精湛的名厨，带工传艺。此人不愧工匠级人才，对羊的产地、用肉的部位、切肉的手法都非他人能比。其切出的羊肉片，铺在青花瓷盘里，透过肉能隐约看到盘上的花纹，东来顺由此而享誉京城。很快，东来顺羊肉馆规模拓展，更名为"东来顺饭庄"。

1955年实行公私合营，东来顺在政府支持下，继续弘扬少数民族饮食文化传统。1959年，东安市场拆建后，东来顺建起一座三层楼，营业面积达到2700多

一、北京市

平方米，企业越做越大。

长期以来，东来顺人在秉承传统的同时，博采众长，精益求精，努力追求独特的色、香、味、形、器的和谐统一，形成了风味涮肉的八大特点——选料精、刀工美、调料香、火锅旺、底汤鲜、糖蒜脆、配料细、辅料全。大批中外宾客络绎不绝，门庭若市。著名作家老舍先生和夫人胡絜青、国画大师齐白石、京剧大师马连良、张君秋等前辈名人，生前经常在东来顺宴请宾朋，并为东来顺留下墨宝。党和国家领导人周恩来、邓小平、叶剑英、陈毅、万里等，生前也多次在东来顺设宴招待外国元首和政要。美国前总统尼克松、前国务卿基辛格、日本前首相田中角荣等以及伊斯兰教国家的众多政府要员和外交官员，都曾对东来顺的美味佳肴给予极高的评价。

改革开放以来，东来顺更是如鱼得水，长足发展。1986年底，东来顺在江苏省连云港市开办了第一家分店，结束了"独此一家、别无分号"的历史。1992年，"东来顺"作为文字商标正式注册，企业知识产权得到法律保护。经过10年探索，东来顺于1996年正式走上特许加盟的连锁发展之路，成立了东来顺连锁总部，并逐步建立起一套适应现代企业生产规模化与消费者需求多元化相结合的正规连锁机制。从1997年起，东来顺相继在加拿大、日本、新加坡、《马德里协定》等60多个国家和国际条约组织进行"东来顺"商标的境外注册，使其在国际上具有一定的知名度。2002年4月，国家工商总局认定"东来顺"注册商标为"中国驰名商标"，企业知识产权保护迈上一个新台阶。2008年6月，"牛羊肉烹制技艺（东来顺涮羊肉制作技艺）"被国务院确定为第二批国家级非物质文化遗产，企业知名度和影响力获得重大提升。

目前，东来顺以独具特色的清真饮食文化塑造品牌形象，积极开拓海内外市场，加快连锁经营的拓展步伐。现有餐饮连锁门店150余家，其中直营门店20余家，覆盖北京、上海、青岛、武汉；特许加盟门店130余家，覆盖全国24个省市自治区和直辖市（含港澳台地区）。通过加盟连锁的形式，以规模经营和规模发展为目标，包括羊肉、牛肉、餐具、火锅等供应基地，走出了一条良性连锁经营的新路子。近年来，东来顺的规模和声誉得到了进一步扩大，全国营业面积累计达6.5万平方米，盘活了一批国有资产，使国有资产保值、增值，解决了近万名员工的就业，成为各地市政府和不同行业新的经济增长点。

49. 西德顺

西德顺是北京老字号清真餐馆,迄今已有110多年的历史。2011年3月被商务部认定为第二批"中华老字号"(名单序号:北京23),注册商标"顺德西"。

西德顺的前身为一个街头爆肚摊,清光绪二十九年(1903年)由山东临清人王福奎在北京王府井东安市场创立。那时每日清早,他都要挑着担子去朝外北小关赶"果子市",下午就在东安市场摆摊叫卖爆肚和干鲜果,很快打开市场,声名鹊起。

1923年,王福奎之子王金良14岁的时候,继承父业,但他的产品和服务青出于蓝胜于蓝,更加受到消费者好评。他摆的爆肚摊,食物用具全都用玻璃罩,十分卫生。爆肚摊就一块案子,两边是大果盘,作料在当中,冰上码肚。当时北京爆肚业竞争激烈,如东安市场的爆肚冯、门框胡同的爆肚杨、天桥的爆肚满等等,然而头魁还属东安市场的王氏爆肚,手艺精湛,追求品位,故人称京城"爆肚王"。1934年,王金良拿出全部家当,在东安市场杂技场东路开设门脸,取字号"西德顺"。店内所用榆木擦漆的家具,均从天桥儿金钟庙的天成、广兴、龙顺几家名店购买。同时从琉璃厂买来名人书画悬挂,透着雅气,诗书味浓,吸引客流不断。当年梅兰芳、马连良、吴素秋、侯宝林等艺人,每次在附近的老吉祥戏院演出完,必到此西德顺品尝爆肚。

1956年实行公私合营,西德顺店面折价参加。1959年,王金良退出爆肚业,爆肚王从此销声匿迹。为了维持生计,王金良卖过豆腐脑、烧饼、拉过三轮车、看过大门,一晃就是20多年。

改革开放使西德顺重见天日。1984年7月,国家提出恢复老北京小吃,受东城区政府委托,东来顺饭店经理马湘雨找到王金良,请他出山,重操旧业。同年9月,"西德顺"的招牌在朝内北小街挂起。王金良提出三点:"做饭店一要卫生;二要服务态度好;三要保质保量。"话语看似简单,却是老人用了80多年心血提炼出来的。开张那天,梨园行的老主顾、老朋友纷纷前来道贺,李万春一家特意赶来捧场。之后,吴素秋、姜铁麟以及达奇、常宝华等接踵而来。

2000年底,因朝内北小街店面拆建,西德顺迁至东城区和平里中街29号(地坛北门西侧),由王金良之子、爆肚王第三代传承人王维章主持经营,字号"金福顺"。2004年4月,王维章适时扩大店堂,拓展经营规模,将金福顺更名,重新挂上"西德顺"牌匾。

作为百年老店，西德顺从选料、加工到作料配制，都按照传统手工艺去做。原料必是头天屠宰的鲜肚，不用冻货，"吃的是鲜儿"。牛百叶、羊散丹都是翻过来正过去一叶一叶地洗，以洗得水清为止，吃的是干净。刀功亦很讲究，不仅薄厚适当而且整齐不碎。最后一道关键工序是爆，其水温、火候的掌握极为合适，坚持每盘一爆，不管多忙绝不大锅烩。吃爆肚的作料亦是一绝，黄褐红白绿的天然色非常好看，颇为引人食欲。后来，经过几十年的摸索，王维章终于推出以老北京特色为主的爆肚宴，让爆肚成为宴席中的主角。此外特色老北京口味的"私房家尝"燕烧大虾、宏辣鸡翅、清水羊排、砂锅牛肉等也应有尽有。同时在西德顺，人们还可以品尝到各种地道的京味清真小吃，像特色糖卷果、秘制松肉、炸咯吱、芥末墩等。

50. 全素斋

全素斋是北京的老字号食品企业，迄今已有110多年的历史。2011年3月被商务部认定为第二批"中华老字号"（名单序号：北京10），注册商标"全素斋"。

全素斋始创于清光绪三十年（1904年），由清宫御膳房厨师刘海泉在北京王府井东安市场设立。刘氏早年在御膳房供事，掌握了宫廷素菜的烹饪技艺，能做一手好素菜。清光绪二十八年（1902年），他离开御膳房单干，两年后进入东安市场摆摊售卖素菜，人称"全素刘"。素菜本是从南方发展起来的，所用原料如腐竹、冬笋、鲜菇、玉兰片等也多产自南方，调料用糖较多，味道亦以甜为主。但刘海泉推陈出新，试着南菜北做，除用糖、盐调味外，还加用酱油，使之色重味浓、咸甜适中，同时提高鲜度，增加品种，把素菜做得色、香、味、形俱佳，深受广大消费者欢迎。如看着是鸡、鸭、鱼、肉，可品尝一下却让人大吃一惊，有浓厚的荤菜口感。这便是全素斋的功夫。

1936年，刘海泉请人写了一块长方横匾，中间是"全素刘"三个大字，两侧是"四远驰名""只此一家"八个小字。"全素刘"的鼎盛时期由此开始。当时爱吃素菜的人很多，北京各大寺庙作佛事、信佛人家在寺庙办丧事等都要置办素席。这时的全素刘除每天为东安市场照例制作约40斤素菜在货摊销售外，还应外请为寺庙做全素席、为信佛人家办丧事操厨，生意越做越大，口碑越来越好。然而1937年日军占领北平后，直至1948年前夕，"全素刘"的生意始终萧条，步履维艰。

1953年，全素刘更名为"全素斋"，买卖开始兴旺起来。全素斋的素菜继承和发扬了传统的宫廷风味，与其他素菜烹调的不同之处，在于它一般不采用四季的时令蔬菜，而是以面筋、豆制品油皮为主料，以香菇、口蘑、玉兰片、木耳、莲子、花生米等为辅料，以桂皮、花椒、大料、茴香为调料制作而成，分卤菜、卷货、炸货三大类。它既有北菜下料重，又有南菜鲜甜的口味，形成自己的独特风格。全素斋的技师还曾多次应邀为外宾制作素菜，香菇面筋、素什锦皆为特色菜。1954年10月，印度总理尼赫鲁抵达北京时，受到从机场到迎宾馆50余万人民群众的热烈欢迎。19日晚举行盛大欢迎酒会，中国国务院总理周恩来、全国人大常委会副委员长宋庆龄与印度总理尼赫鲁亲切交谈。总理在人民大会堂设100桌豪华素宴接待尼赫鲁访华团，请的就是全素斋刘海泉先生主厨。

1956年实行公私合营，全素斋并入"东城区合作商店"。全素斋从狭小的东安市场南花园货摊，迁至王府井大街营业，采用前店后厂模式，但在东直门内北小街也建起一个800平方米的生产车间，日产量由原来的几百斤增加到二三千斤，规模不断扩大。1958年核资定股，并入"春元楼饭馆"。

改革开放后，全素斋迎来快速发展时期。1980年至1985年间，全素斋进行扩建，更新生产设备，大搞技术改造，使传统的素食品得到更好的发展。自1986年起，为了扩大经营，使远离王府井大街的人也能吃上美味的素菜，全素斋除在城区设专柜外，还在通州区、石景山区设立了全素斋的素菜专柜，经营日益火爆，市场极大拓展。

51. 义利

义利是北京著名食品企业，迄今已有110多年的历史。2006年11月被商务部认定为第一批"中华老字号"（名单序号：北京53），注册商标"义利"。

义利的前身为上海的一个食品摊，清光绪三十二年（1906年）由英国商人

一、北京市

詹姆斯·尼尔在上海南京路创办。起初他在路边摆摊，自产自销苏格兰风味的西点、面包。因其原是英国海轮司厨，故制作的点心、面包味道正宗，租界里的洋人都爱吃，生意逐渐火爆。不久，腰缠万贯的尼尔先在上海四川北路租房，后又买下4500平方米的土地，建厂房、购机器，成立"义利洋行"。该行拥有糖果、饼干、西点、面包车间，前店后厂，并在南京路、静安寺路、贝当路、迈尔西爱路、兆丰公园、法国公园等处设立门市部、西餐厅，规模越做越大。1915年，义利"星牌"奶油巧克力参加巴拿马万国博览会荣获金奖。1937年，义利在上海家庭日用工业品展览会再获金奖，人称"金奖巧克力"。义利不但在租界享有盛誉，而且在上海声名远播，自20世纪20年代起已成为江南著名的食品企业。

1951年，义利由上海迁至北京宣武区，组建公私合营的"北京义利食品股份有限公司"。依赖进京后机械化程度的迅速提高，填补了北方食品工业的空白，在京城食品行业中力拔头筹，逐步发展成为中国食品工业骨干企业之一。

20世纪50年代，京城百姓的早餐就是烧饼、火烧、馒头等，面包只有东交民巷使馆区餐厅的洋人问津。因此义利面包进京，实为开启京城普及面包之先河。义利的果子面包不同于法式面包，这种面包有些发黑，是因为把核桃仁同面调和在一起出来的颜色，吃起来口感香甜，尤其是面包中的果料是经过一个一个精心挑选的，苹果脯不能有核，葡萄仁干扁的不能要，核桃仁不能有皮。由于选料精良，生产出来的面包既口感好又富含营养，产品质量堪称一流。义利进京后，成为京城普通大众的早餐，深受消费者喜爱。很多人小时都吃过义利果料面包和维生素面包，虽包装朴素，但很好吃，故收获了几代人的心。

改革开放以来，义利大步前进，再创辉煌。1984年，义利引进香港快餐设备，在北京西绒线胡同建立了第一家中西式快餐厅。1985年，义利率先与美国纳贝斯克国际公司合资成立"义利-纳贝斯克饼干食品有限公司"，并于1994年与纳贝斯克二期合资成立"北京纳贝斯克食品有限公司"，后两家公司都发展成为全国著名的饼干生产商。

2001年，义利与美国、新加坡等五家法人合资设立"中外合资北京义利面包食品有限公司"，新体制、新机制实现了义利面包的快速发展。2003年，义利在大兴区投资新建现代化的巧克力生产基地，占地三万多平方米，建筑面积1.1万平方米，为义利巧克力产业的发展奠定了坚实基础。2005年，义利又从荷兰引进先进的全自动面包生产线，并迁入现代化的面包生产基地，为面包的进一步发展创造了条件。以上这些都使其在技术、设备和产品质量上居国内同行业先进水平。

2004年和2006年，"义利面包"连续被评为北京市名牌产品。2008年，义利被评为全国食品工业优秀龙头企业。义利面包在历次国家重大庆典活动中都是首选食品，曾经为亚运会、国庆节、阅兵式、奥运会等大型活动提供服务，并连续多年被指定为"全国人大""全国政协"会议专供产品。近年来，百年义利不断实施连锁化经营战略，朝着更加开放的"你经营我服务"的保姆式加盟模式发展，力争开设更多门店，并将利用"互联网+"的电商平台，努力把优质产品推向全国市场。

52. 红 螺

红螺是北京老字号食品企业，迄今已有100多年的历史。2011年3月被商务部认定为第二批"中华老字号"（名单序号：北京5），注册商标"红螺"。

红螺的前身是"聚顺和"，清宣统元年（1909年）由山西文水人任百川在北京前门大栅栏创建。聚顺和不但经营果脯，更兼营南、北奇珍异货及南北风味糕点，很快声名鹊起。1915年2月，聚顺和果脯参加巴拿马太平洋万国博览会获得金奖，使中国果脯成为世界公认的一种珍贵食品。有资料显示，聚顺和曾在北京先后开设了三家店铺，分别是位于大栅栏街路北西口的"聚顺和南货店"；煤市街144号的"聚顺和栈"和地安门外鼓楼大街东的"聚顺和加工厂"。其中以大栅栏的聚顺和南货店为总店。在1936年出版的《北平旅行指南》中，就有聚顺和刊登的广告，详细记载了聚顺和总店以及鼓楼店的地址。

1956年实行公私合营，北京果脯业"聚顺和""聚成永"等五家果脯店合并组建"公私合营北京市果脯厂"，成为北京当时唯一的一家果脯专业生产厂，将具有悠久历史的京味加工技术、专业人才、成熟工艺、生产设备汇聚在一起，为丰富北京市场提供果脯类商品的同时，也为国家机关、外贸出口提供产品。1958年，该厂在怀柔建立分厂。"文革"期间，总厂迁址大钟寺后又迁出。

改革开放后，红螺高歌猛进，快速发展。1982年8月，建立"怀柔县果脯厂"。1989年1月，怀柔食品厂更名为"北京市果脯厂"。1996年5月，组建"北京红螺食品集团"。2006年11月，由企业员工持股改制为"北京红螺食品有限公司"。该公司以北京特殊地理、气候特征所育山货林果为主要原料；又以京城独具的历史文化、甜品食俗所造就的果脯精制方法为传承技艺，使得京味果脯生生不息。2014年,"聚顺和"商标及品牌被认定为"北京老字号",该注册商标持有人为北京红螺食品有限公司。2015年,位于煤市街144号的"聚顺和栈南货老店旧址"(旧址现在是一家烟草店),被北京市西城区文化委员会认定为"不可移动文物",企业文化传承得到充分肯定。2017年6月,"聚顺和茯苓夹饼传统制作技艺",被北京市西城区确定为区级非物质文化遗产,企业无形资产得到进一步保护。

公司主要生产果脯、羊羹、茯苓夹饼、板栗、烤鸭、老北京小吃等各类休闲食品,现已拥有六大系列、40多个大类、220余个品种、400余种包装规格的各类产品。近年来,"红螺"注册商标连续十几年被北京市工商局认定为"北京市著名商标";2012年,该注册商标被国家工商总局认定为"中国驰名商标";企业殊荣满满。公司生产的杏脯、苹果脯多次被评为"市优、部优"产品,果脯、羊羹、茯苓夹饼系列产品被评为"中国知名特产"。

53. 龙徽

龙徽是北京著名葡萄酒企业,迄今已有100多年的历史。2006年11月被商务部认定为第一批"中华老字号"(名单序号:北京62),注册商标"中华"。

龙徽原为一家教堂酒坊,清宣统二年(1910年)由在北京的法国天主教圣母会投资、委托法国人沈蕴璞修士创立。当时随着教堂的出现,教会弥撒、祭祀等宗教活动及教徒饮用酒的数量大增,地下酒窖已供不应求。于是沈蕴璞以马尾沟教堂(今北京西城区车公庄大街6号院内)的葡萄酒窖为基础酿酒,取名"上义洋酒厂",并出任厂长。该厂在马尾沟西侧不远处开辟葡萄园,聘请法国人里格拉为酿酒师,生产法国风格的红、白葡萄酒,从此开启了清末民初京城酿造葡萄酒的历史。

不久,该酒厂又在北京西郊百望山一带的黑山扈教堂附近开辟了第二座葡萄园,并于1912年生产出我国最早的起泡葡萄酒,人们习惯上称之为"香槟酒"。1928年沈蕴璞修士调离,法国人包查尔修士接任。1933年包查尔调离,法国人吉善修士接任。吉善观念新颖,善于经营,任内不但将上义洋酒厂的部分产品对教堂以外销售,而且开始扩展蒸馏酒和配置酒(相当于今天的利口酒)生产。其产品包括高年白兰地酒、金酒、外尔木特酒、干可那酒、公望酒、薄荷酒、清香罗木酒、浦提万酒等21个品种。

1946年9月,上义洋酒厂登记申领营业执照,定名为"私立上义学校农场酿造所",注册商标以黑山扈教堂和葡萄园为背景,称为"楼头",正式向外出售葡萄酒。除传统的教会渠道外,还销往北平、天津、上海、武汉、青岛、长沙等地。很快,各国在北平的使(领)馆、六国饭店、外轮公司均开始大量购买北京酿造所的酒,并经过外轮公司代理,出口到暹罗(今泰国),该所成为最早从事出口的中国葡萄酒生产商。此后,由于有教会背景做质量保证,该所生产的葡萄酒又通过各国在北平的使(领)馆和教徒的帮助,出口到捷克斯洛伐克、波兰和德国等国,销量增加,信誉良好。

1953年,经北京市人民政府工商管理局核准登记,私立上义学校农场酿造所更名为"北京上义酿酒厂",当时出品的酒还有"楼头"牌清香罗木补酒、核桃补酒、维尔补酒、强身补酒和健胃补酒等,很受消费者欢迎,市场占有率大幅度提高。1955年实行公私合营后,该酿酒厂更名为"公私合营上义果酒厂",企业股权发生变化。1956年4月,该厂将宣武区的"张蔚酒厂"并入,同年10月迁址于北京西郊八宝山路44号(今玉泉路2号),不久又更名为"北京上义葡萄酒厂"。1959年2月,经北京市人民政府批准,北京上义葡萄酒厂更名为"北京葡萄酒厂",国有体制建立。1987年3月,法国保乐利加集团入股促成中外合资的"北京龙徽酿酒有限公司"正式成立。1988年,时值中国农历龙年,由中国特选葡萄,璧合法国先进酿酒技术,诞生了第一瓶葡萄酒,取名"龙徽"。龙代表中国,徽代表高贵的品质。2001年6月,北京龙徽酿酒有限公司又由合资企业变更

北京龙徽葡萄酒博物馆

为内资企业。

几十年来，北京龙徽业绩斐然。如1959年中华人民共和国成立10周年，龙徽的前身北京葡萄酒厂精心研制、酿造了一款国庆献礼产品"中国红"，因其宝石红的色泽、协调的果香以及入口醇厚、圆润柔细、余香清晰的独特风格，赢得了各界人士的赞誉并成为后来的国宴用酒和天安门活动指定用酒。1999年参加香港国际葡萄酒大赛，97年份的龙徽赤霞珠获中国最佳红葡萄酒称号；2000年参加加拿大蒙特利尔世界葡萄酒大赛，龙徽起泡酒获银牌；2005年龙徽被全球40位顶级葡萄酒大师评为亚洲"最有价值葡萄酒厂"。2018年1月，北京龙徽国际酒文化创意产业有限公司成立，旨在打造海淀区乃至北京市的城市生活新形态，为中华老字号的改革创新发展做出新贡献。

54. 盛锡福

盛锡福是北京著名帽业企业，迄今已有100多年的历史。2006年11月被商务部认定为第一批"中华老字号"（名单序号：北京5），注册商标"盛锡福"。

盛锡福的前身为"盛聚福"帽店，清宣统三年（1911年）由山东掖县人刘锡三在天津估衣街与他人合股创建，主营草辫并加工草帽。1925年，刘锡三买下当时法租界（今和平路）一幢两层旧楼，开办自己的帽店，字号"盛锡福"，产品使用"三帽"牌商标。两年后该店毁于火灾。不久刘锡三又在原址建起一座五层楼房。

随着生意做大，盛锡福开始向外埠拓展。1936年，盛锡福在北京西单北大街路东设立分销处，主要经营礼帽、毡帽、呢子帽、马猴帽、皮帽、老太太帽、童帽、草帽等，产品多数由天津盛锡福总店监制运来，价格分高、中、低档，以满足不同层次消费者的需求。由于其各种帽子产品质量好，做工精细，故深受北京人喜爱。1946年，北京盛锡福组建了自己的制帽作坊，并且侧重于各种皮帽的研发。

1956年公私合营后，北京盛锡福独立经营。按照周恩来总理关于"要保住盛锡福的特点、组织起来办工厂"的指示，盛锡福发挥前店后厂的优势，开创了集产供销为一体的"王府井盛锡福中心总店"。盛锡福帽子以其用料考究、手工制作、品质优良而著称于世,受到海内外各界人士的广泛欢迎。党和国家领导人、外国政府首脑都曾在盛锡福订做过帽子。如20世纪60年代,周恩来总理去莫斯科访问所戴一顶水獭皮帽;刘少奇主席去莫斯科访问所戴一顶美式圆沿皮帽;朝鲜金日成首相的一顶海龙皮帽;印度尼西亚苏加诺总统的一顶三羔皮帽等。国内外各界人士慕名到王府井大街盛锡福买帽、订做帽子的,更是不计其数。

改革开放以来,盛锡福发展迅速,成就斐然。1992年,获得"盛锡福"注册商标,企业知识产权得到法律保护。不久,由于王府井大街拆迁改造,盛锡福异地经营,业务陷入低谷。1998年,盛锡福回迁王府井重张开业,经营的帽子品种有200多个,并在北京各大商场设立多个专柜。2000年,盛锡福改制更名为"北京盛锡福帽业有限责任公司",开始实行现代企业制度。与王府井大街改造前相比,盛锡福的经营场地只有原来的1/5,员工人数减少了1/3,但销售额却提高了40%以上。盛锡福在外埠六个省市开有多家分店,经营时装帽、休闲帽、裘皮帽、针织帽、儿童帽、礼士帽、棒球帽、草帽等八个系列近4000个花色品种,产品远销美国、德国、奥地利、新加坡、法国、比利时等国家。2008年6月,"盛锡福皮帽制作技艺"被国务院确定为第二批国家级非物质文化遗产,企业再现辉煌。

近年来,盛锡福大举进军文化创意产业。2010年,盛锡福公司在北京东四北大街盛锡福大楼顶层设立了"盛锡福帽文化博物馆",是国内第一家帽业专题博物馆。该馆展陈面积500多平方米,内容丰富。全馆共分为盛锡福发展历史展厅、皮帽制作技艺传承人工作室、民族帽展厅、古代冠帽展厅等。观众可以看到各式各样的帽子摆放在玻璃罩子里,陈列着历史上各个时期以及各个民族、各领导人戴的帽子的复制品。墙上挂着有关帽子的起源、演变的过程介绍,还有盛锡福帽厂生产过程的历史图片及部分工具实物。

55. 元长厚

元长厚是北京著名茶庄,迄今已有100多年的历史。2006年11月被商务部认定为第一批"中华老字号"(名单序号:北京25),注册商标"元长厚"。

元长厚的前身为"永升元茶庄",1912年由河北人孙焕文创办。1930年,永升元迁入北平宣武门内大街。孙焕文扩大经营规模，将永升元更名为"元长厚茶庄"。该茶庄实行前店后厂模式，自采、自制、自拼、自销，经营招数不断创新。其始终以品味正、外形好、清新甘醇、香气鲜浓的小叶茶为茶庄特色，深受京城饮茶人的喜爱。

中华人民共和国成立后，元长厚业务不断扩大。至1953年，元长厚已成为北京私营茶商15家大户之一。1956年实行公私合营，位于宣内大街的吴鼎和、吴恒端、吴新长三家茶庄合并到元长厚，归属"北京市茶叶分公司西城管理处"管理，元长厚的传统经营特色得到进一步发展。1958年，元长厚划归"西城区副食品管理处"。"文革"期间，元长厚茶庄曾先后改名为"宣内茶庄""首都茶庄""春岭茶庄"等。

改革开放以来，元长厚迅速发展。1983年，恢复"元长厚"老字号，由著名书法家萧劳先生题写牌匾。1987年，西城区副食品管理处成立了以元长厚茶庄为龙头的"北京元长厚茶叶有限公司"。公司下辖六家老字号茶庄[1]，形成了以老字号茶庄为群体的专业公司，使元长厚插上腾飞的翅膀。1988年，元长厚店堂进行装修改造，园林景致，古朴典雅。1993年，成立"元长厚茶叶加工厂"，开始打造元长厚品牌。1998年，元长厚被北京市工商局认定为"北京市著名商标"，企业知名度和影响力大幅提升。

1999年，元长厚从宣武门内大街迁至西单北大街98号。同年7月，经过装饰美化的元长厚茶庄重张开业。新茶庄二层楼结构，一楼为茶庄，经营全国各类名茶300余种及宜兴紫砂茶具，开设紫砂天地有百余品种，一把高1.5米、重80公斤的特大紫砂壶作为镇堂之宝，放置茶庄中央，上面篆刻着元长厚的历史年谱，令人浮想联翩。二楼是元长厚茶艺馆，采取古典与现代相结合的手法进行装饰美化，给人以清馨、淡雅、舒适的感觉。

为了适应新的市场发展，公司在南方建立了元长厚自家茶园，茶园产出的原料均为无污染、纯天然的产品。并且在当地加工、生产、制作，产品全部符合国家检测标准。为了把茶庄生意做好，在茶行中站稳脚跟，元长厚潜心研究茶叶技术，定下了一切货源必须从源头抓好的规矩，讲究做第一手生意。在茶叶生产之季，实施监制、监测、监报三级管理制度：从源头抓质检，原料在进入生产环节之前一律送国家质检部门进行卫生、农残含量检测；生产中产品进入成品再次质

---

[1] 分别为：西四隆泰茶庄、新街口宏兴茶庄、地安门吴肇祥茶庄、白塔寺福聚来茶庄、西外（今西内大街）益新茶庄、西单元长厚茶庄。

检,不符合质量标准一律不得进入零售区域;进入销售的再次抽样送当地质检站进行检测备案,保证产品生产合格率100%。

56. 精益

精益是北京著名眼镜店,迄今已有100多年的历史。2006年11月被商务部认定为第一批"中华老字号"(名单序号:北京6),注册商标"精益"。

清光绪三十年(1904年),英国人约翰·高德在上海南京路河南路口开设高德洋行,专营机磨验光眼镜。清宣统三年(1911年),曾受雇于高德洋行担任中方经理兼翻译的周云章和张士德等人共同集资,在南京路劳合路(今六合路)口创建"中国精益眼镜公司",与洋商抗衡,很快声名鹊起,生意兴隆。当时,北洋政府工商部长张謇倡导兴办实业,遂派人到上海,邀请精益于1912年在北京前门大栅栏观音寺西口路北48号设立其全国第一家分公司,从此拉开了精益在北京发展的历史大幕。

1915年,北京精益分公司首任经理严康候去美国学习配镜技术,由上海总部委派周云章任经理,后由周云章之子周文浩继任经理。1921年11月,应清末代皇帝溥仪的英文教师庄士敦邀请,周云章等两人携带设备和材料来到紫禁城,为虽已退位仍居宫内的溥仪验光。几天后,北京精益就为溥仪配好了眼镜。根据该公司11月17日开据的发票显示,溥仪此次配了两副眼镜,一副是真金如意脚架克罗克司复光近视镜,一副是真金玳瑁边如意脚架克罗克司复光近视镜。后溥仪又在11月20日配了一副真金如意脚架克罗克司复光近视镜。这几副眼镜均为当时最新流行式样,选用的都是当时先进的克罗克司圆形镜片。1940年,该店迁到西单北大街,营业面积仅五六十平方米,但仍保持了前店后厂的经营优势,以装活细、质量好而闻名京城。

1956年实行公私合营,北京精益继续发展。"文革"期间,北京精益更名为"红卫眼镜店",直到1978年才恢复精益老字号。

改革开放以来,北京精益如沐春风,一路高歌猛进。1984年,精益迁至宣武门内大街路东,盖起一幢七层大楼,营业面积2400平方米,并先后从国外引进自动电脑验光机等设备,实行验光电脑、生产自动化。而繁华热闹的西单北大街路西，则是北京市精益眼镜公司门市部所在地。

1989年1月，精益与美国爱求得公司签订了来料加工生产隐形眼镜的合同。他们一方面赴美实地考察，掌握第一手资料，另一方面筹备资金，购置更新8台设备，建立了具有20世纪80年代国际先进水平的隐形眼镜生产线。精益立足自身优势，从实际出发，经过反复试验，克服了生产环节上的技术难关，终于用进口甲基丙烯酸羟乙酯材料在国内首次研制成功具有国际水平的优质软性隐形眼镜。这种隐形眼镜的试制成功，既填补了北京地区的空白，又出口到加拿大、英国等地，拓宽了国际市场，企业知名度和影响力大幅提升。

长期以来，精益在经营中还不断采用新技术，增加服务项目，针对顾客修镜难的问题他们设立了修理专柜，对于换配螺丝、鼻托、镜架、镜腿和焊接等微利小生意也认真经营，以满足广大顾客的需要。他们还增设了超声波清洗器、齐边打眼机，大大方便了顾客，生意日益红火。与此同时，精益还建立了一套从生产、经营、进销、检验到售后服务的全方位、全过程的岗位责任制。他们始终坚持质量第一、以质量求生存的经营原则，共设四名专职质量检查员，专检镜片准确度和割边、装活成型质量，不合格产品一律不准上柜台，使顾客真正放心选购、放心佩戴。

1998年，在北京市钟表眼镜公司的指导下，将北京钟表眼镜系统内最大的四家眼镜公司——大明、晨光、精益、明明合为一体，设立新的大明眼镜公司。自此，大明眼镜"一统天下"，成为北京唯一一家国有眼镜企业。

57. 来今雨轩

来今雨轩是北京著名饭庄，距今已有100多年的历史。2006年11月被商务部认定为第一批"中华老字号"（名单序号：北京7），注册商标"来今雨轩"。

来今雨轩创办于1915年，由当时的中央公园（1928年更名为中山公园）董事会发起成立，轩名为北洋政府内务总长朱启钤所定。其原址在中央公园内坛墙东南角外，建筑面积481平方米。建成后本拟做俱乐部，后改为餐馆，由赵升承租开设"华星餐馆"和茶座。1926年，扩大经营面积，在厅前接建铅铁顶罩棚七间。1929年1月，因经营亏损，转由商人王尧年承租，开设"公记西餐馆"兼营茶座。

民国时期，两个餐馆和茶座是社会名流休闲聚会的场所。据《鲁迅日记》记载，自1917年至1929年，鲁迅先生曾27次来此就餐、饮茗、交谈、阅报、翻译小说，他翻译的小说《小约翰》便是在这里完成的。另外，陈垣、陈寅恪、老舍、林徽因、徐志摩、萧乾、巴金等人也多次来此就餐。

1950年，公记西餐馆歇业，更名为"来今雨轩饭庄"。同年10月，该饭庄中餐部和西餐部分别由王氏和陆氏承包。1952年9月，饭庄中西餐部归公园管理处直接管理经营。1958年以后，撤销西餐独营中餐，改为川贵风味菜肴。1965年4月，按行业归口管理，移交给北京市服务事业管理局。1971年，来今雨轩需要一块新匾额。周恩来总理向有关方面提出建议，邀请被称为"诗、书、画"三绝的爱国民主人士郭风惠先生题写。郭风惠反复琢磨，几易其稿，终于完成了匾额的底稿，目前保留在来今雨轩饭庄。

改革开放后，来今雨轩持续发展。1981年，为了适应市场需要，开拓饭庄新特色，来今雨轩开始对红楼菜肴进行研究。红楼菜由曹雪芹名著《红楼梦》而来，是满汉文化、南北文化相互撞击、吸收融合的典范。曹雪芹用了近1/3的篇幅，描述了众多饮食文化的活动，所涉及的食品多达186种之多。为了挖掘红楼菜，研制小组认真查阅了大量明末清初的典籍，选出22种菜肴、六种汤、五种粥、四种点心为主攻品种，从选料、配料、调料上反复研究。对此，1983年9月，著名红学家冯其庸、李希凡等及《中国烹饪》《中国食品》杂志专家对来今雨轩研制的18个品种的红楼菜进行了首次鉴定。1987年11月，北京饮食服务公司、市园林局、西城烹饪协会和多位红学家、烹饪专家又对来今雨轩饭庄研制的41个品种的红楼菜进行再次鉴定。两次鉴定，一举奠定了来今雨轩在国内餐饮界操厨红楼肴馔的专业及领先地位。

1983年初，来今雨轩请中国佛教协会会长赵朴初先生再次书写匾额，现在来今雨轩饭庄所用匾额即为赵朴初所题写。1985年1月，来今雨轩归属中山公园管理处统一管理。1990年5月，来今雨轩从原址迁到中山公园环坛西路营业，主体建筑具有浓郁的古典色彩，庭院内花草环绕、假山、小桥、喷泉、瀑布相映成趣。1991年，饭庄被北京市商业委员会评为"一级餐馆"。2003年，被全国酒家酒店评定委员会评为"国家一级酒家"。2006年，被北京市商务局评为"中国风味特色餐厅"。

一、北京市

58. 桂香村

桂香村是北京著名食品企业，迄今已有100多年的历史。2006年11月被商务部认定为第一批"中华老字号"（名单序号：北京26），注册商标"桂香村"。

桂香村原为一家南味食品店，民国初期由安徽人汪荣清创建。汪荣清1911年收购稻香村后，在北京前门外观音寺街（今大栅栏西街）开办了一家新店，设立字号"桂香村"。不久，随着生意日渐兴隆，汪荣清又在西单牌楼北白庙胡同口开了一家桂香村分店。

1916年，江苏常州人朱有清不愿再与汪荣清合股经营，于是买下桂香村产权独资经营，前店后厂，自产自销，但经营特色始终没变。他在西单建起一座三间门面、面积达200平方米的二层小楼，店中生产经营的商品有南味糕点、三角酥、杏仁酥、桃酥、枣泥麻饼、太师饼、鲜花藤萝饼、梅花蛋糕、蒸蛋糕、猪油夹沙蛋糕等，并应节生产、经营广式月饼和苏式月饼、各式元宵和各种南糖。生产经营的南味肉类有酱鸡、扒鸡、糟鸭、熏鱼、肉松、糟肉、香肠、五香火腿等。此外，还经销江南各地特产，如金华火腿、南京板鸭、兴化桂圆等。久而久之，使桂香村成为西单一带有影响的南味食品店。

桂香村不但以精美的产品吸引着南北顾客，还以其丰厚的文化底蕴引来诸多文人墨客。梨园泰斗袁世海、梅葆玖，书画界名流王遐举、陈书亮、米南阳、李滨声，诗人臧克家等，都多次光临桂香村并留下珍贵墨宝，为桂香村增色不少。

20世纪30年代初，前门桂香村倒闭，西单桂香村也步履维艰。因此，在1941年8月，朱有清之子、第三代传承人朱世杰便把西单桂香村出租给雷邵瑜等四人经营。但至北平解放前夕时，唯一的桂香村仍然濒临破产。

1949年后在政府扶持下，桂香村起死回生。1954年11月，桂香村提前参加公私合营，不久帮助海淀区副食品公司在中关村开设了一家桂香村分店，深受消费者好评。

改革开放后，桂香村迅速发展。1995年12月，成立"北京桂香村食品有限公司"，开始实行现代企业制度。公司融入现代生产理念，让产品始终保持"品质优良、食用安全"，努力做到使消费者安全食用，明白消费。

目前，桂香村产品分为糕点、肉食和小食品三大系列，数百个品种。糕点类分为南点和西点两大类别，南点多以苏式、广式为主，其制作工艺精细，选料严格，调配讲究，色香味俱佳，其风格为油大酥脆，料重甜咸，以椒盐和肉馅为多，季节产品如宁波汤圆、南味元宵、端午粽子皆各具特色。尤其中秋月饼更有其独特之处，其中分京式、苏式、广式等三大类别和传统型、改良型、营养型、水果型、无糖月饼、冰皮月饼共六大系列，共计160个品种。代表产品有银河秋月、三潭映月、麻云素月、双蝎拜月等，近年推出的白巧克力月饼、奶油玉米月饼更是受到广大消费者的认同和赞许。其他诸如牛舌饼、状元饼、葱油桃酥、徽州麻饼及时令产品南豆糕、鲜玫瑰饼也以其独特风味享誉京城，被有关部门授予"用户满意产品""质量信得过产品"等多种荣誉称号。

59. 稻香春

稻香春是北京著名食品企业，迄今已有100多年的历史。2006年11月被商务部认定为第一批"中华老字号"（名单序号：北京60），注册商标"稻香春"。

稻香春问世于1916年，创始人是江苏镇江丹徒县人张森隆（别号春山）。1913年，张森隆在北京东安市场东庆楼内摆摊经营，自制苏式点心"眉毛肉饺"和香肠。因选料精、做工细、皮薄、肉好、脂重、又现烘现卖，很快打开销路。于是，他开办"森春阳"食品店，在东安市场站稳脚跟。1916年，随着生意做大，张森隆对长期为桂香村代销南味食品失去兴趣，便在东安市场北门租赁五间铺面房，开办一家自己的食品店，使用"稻香春"字号。

为了扩大规模，占领市场，张森隆从苏州、上海等地请来多位名技师，自产自销南味糕点，当时共有店员、学徒100多人。1920年，他把东安市场的一些小商号买下来，将稻香春扩建成三层楼，从而成为市场里垄断南味食品的经营大店。与此同时，稻香春十分注重广告营销。它不仅利用东安市场北侧的大玻璃橱窗宣传产品，还在店门口挂出广告牌子扩大宣传，对顾客产生持续不断的吸引力。因发现附近东交民巷各国使馆人员和外国侨民较多，常来东安市场购买烟酒食品和圣诞节蛋糕等，稻香春便在橱窗内投放英文广告。除了店内的买卖，稻香春还与当时的北京大学、燕京大学、清华大学、辅仁大学、协和医院、铁路局、邮政局等南方人较多的单位建立联系，对大客户实行送货上门。稻香春还用发售多种面额不等的代金券扩大销售。

中华人民共和国成立后，稻香春发展进程加快。1954年实行公私合营，稻香春门市部留在东安市场经营。改建成东风市场后，仍保留稻香春食品部，原加工车间则在前外西观音寺街。不久，稻香春又在灯市口大街建新门市部，后又陆续在和平里、安定门大街、东四北大街等地开设分店。1963年，郭沫若先生为"稻香春"亲笔题写牌匾。

　　改革开放以来，稻香春一路前行，业绩连连。历经坎坷的企业恢复"稻香春"老字号，但仍以前店后厂为主要经营方式。1982年，稻香春在东直门外新源里建起五层新厂房，生产条件得到很大改善，京城老店焕发青春。稻香春讲求产品质量，注意信誉。应节食品按时上市，时令产品应有尽有。尤其是每年正月十五的元宵、端午节的粽子、中秋节的月饼，更是受到京城各界顾客的欢迎。1988年，成立"北京稻香春食品公司"，拥有直属门市部五个、加工厂两个。1992年，"稻香春"注册商标被北京市工商局认定为"北京市著名商标"，以后蝉联多次。2004年3月，稻香春进行企业改制。同年6月，更名为"北京稻香春食品有限责任公司"，开始实行现代企业制度，并迁至北京朝阳区崔各庄乡。

　　目前，公司现有自营店、专柜、加盟商糕点柜台100多家，并在易初莲花、美廉美、华堂、长安等大型超市布局设点，遍地开花。近年来，在保持传统品牌月饼的基础上，稻香春开发出一批新品种。如滋补型月饼，有金南瓜蓉、百令蓉、香辣刀豆、蛋黄南瓜、山药枸杞和栗米满天星月饼等，口味一新，清淡不腻。又如小而精的迷你月饼，每500克10块，适合老人和儿童享用。稻香春以规模化的生产、集约化的管理，集雄厚的技术力量和完善的售后服务，并坚持不懈地研发和创新，已经形成有竞争力的商品与服务，挺立北京食品业潮头。

60. 戴月轩

　　戴月轩是北京著名笔墨商店，迄今已有100多年的历史。2006年11月被商务部认定为第一批"中华老字号"（名单序号：北京54），注册商标"戴月轩"。

　　戴月轩的前身为一家民间笔墨店，1916年由浙江湖州善琏镇人戴斌（字月轩）在北京琉璃厂东侧创建，取名"戴月轩笔墨庄"。戴斌自幼在湖笔制作业学徒，经多家学徒、寻访、求问，掌握了湖笔制作的全部技艺，成为京城江南派制笔业的佼佼者。

自立门户后，戴月轩采用前店后厂的经营模式，自产自销，主营湖笔，兼营徽墨、端砚和宣纸。制作毛笔的生产工人称为"笔工"，其制笔技术靠师傅口传身教。在品种方面，戴月轩经营羊毫、狼毫、紫毫、兼毫四大类湖笔，形式有抓笔、提笔、对笔、大楷、中楷、小楷、长锋、短锋等；品名有青山挂雪、书成换白鹅、松禅遗制、墨气淋漓等。在制作方面，戴月轩每制作一支湖笔都要经过多道工序，每道工序都严格把关，故所制之笔都能达到内优外美，具有笔头"尖、齐、圆、健"之"四德"，达到"提而不散，铺下不软，笔锋尖锐，刚柔兼备"的品质特点。

1956年实行公私合营，戴月轩由戴斌徒弟王魁刚、胡芹杭接管负责笔店工作，戴月轩更名为"戴月轩湖笔徽墨店"，郭沫若先生亲笔题写牌匾。1959年，戴月轩去世，其得意弟子郑存宗传承其技艺。1962年，戴月轩吸纳新人，冯福恒带徒弟李月珍等四人；李树元带徒弟杨景华、靳宝刚等二人，培养戴月轩的第三代传承人。此时，戴月轩继续以经营湖笔为主，也兼售其他的各种名笔，同时还销售纸、墨、砚等文具，从而将这所百年老店的经营范围扩大到"文房四宝"，不仅深受书画界人士赞誉，而且更加提高戴月轩的品位。

在计划经济年代，戴月轩负责北京地区的毛笔供应，同时还担负为国务院办公厅供笔的重任，毛泽东主席、周恩来总理、彭真等党和国家领导人用笔均由戴月轩提供。戴月轩笔店按时按量及时送到中南海，并在笔杆上都刻有"定制"的字样。戴月轩的毛笔在东南亚地区特别是日本也非常受欢迎，目前日本书道家到北京来一定会到店里购买毛笔。

改革开放以来，戴月轩高歌猛进，更加发展。1995年，成立"北京戴月轩湖笔徽墨有限责任公司"，开始实行现代企业制度。在企业知识产权保护方面，戴月轩于1996年3月和1998年2月，先后在国家商标局注册了"轩月戴"和"戴月轩"商标。针对戴月轩毛笔在日本有较高知名度的情况，又于1999年4月在日本申请注册了"戴月轩"商标，使戴月轩品牌在中国、日本都受到保护。2006年，"戴月轩"注册商标被北京市工商局认定为"北京市著名商标"，企业无形资产空前提升。2007年6月，"戴月轩湖笔制作技艺"被北京市确定为第二批市级非物质文化遗产，企业知名度和影响力大幅提升。

然而，笔工后备力量不足，工资待遇偏低等因素，目前已经成为制约行业发展的问题，亟待解决。制笔行业的生存与中国优秀传统文化的保护与发展息息相关。因为制笔这门手艺在笔工心中举足轻重，拣、浸、梳、落、拨、挑、抖、绞、连、装、择、刻……一支真正的湖笔，从皮毛剥离开始，需经过七个步骤

128道工序。也就是说，你买到的无论是30元一支的湖笔，还是3000元一支的湖笔，都得走完这些流程，需要数位工人配合去完成，单独掌握部分工艺的工人是无法制作湖笔的。

61. 仙源

仙源是北京老字号食品企业，迄今已有100多年的历史。2011年3月被商务部认定为第二批"中华老字号"（名单序号：北京4），注册商标"仙源"。

仙源的前身为"万通酱园"，1918年由通州回民马兆丰在通州旧城南大街北口、回民胡同西口处独资创办。该园前店后厂，自产自销，主营各种调味品。

万通酱园的加工厂，设在回民胡同47号（今回民小学所在地），占地17.6亩，有腌制用缸400多口。主要产品有30~50个品种，共分为酱豆腐、酱油、醋、黄酱、酱菜五大类。万通酱园坚持诚信经商的原则，选料严格，工艺规范，质量稳定，信誉良好，畅销京东八县。

其最著名的产品是酱豆腐，人称"仙源腐乳"，与大顺斋的糖火烧、小楼的烧鲇鱼，并称为"通州三宝"。酱豆腐的原料，主要来自浙江绍兴的"惟和腐乳厂"。豆腐在绍兴装坛后由杭州码头运抵通州。运输过程中，豆腐不断发酵。到达通州后，立即添加红曲、黄酒等配料，并根据北京人口味加入其他作料，封坛后经暴晒入库。一年后，作料味道全部渗入豆腐中，色泽纯正，质感细腻，芳香醇厚的酱豆腐便制作完成。

1928年以后，水路来料渐难。万通酱园一度曾由天津南开和北京万康两家进坯料。1939年，大运河上游山洪暴发，大水直灌天津，大运河航运从此中断。于是，万通酱园开始自己生产坯料，探索了一整套制坯、发酵、制曲工艺和储存方法，保留并突出了万通酱园腐乳的传统特色。

1956年6月，实行公私合营。当时的河北省通州市将全市的糕点、糖果、酱园三大行业的几十家公私厂店合并，组建"通州糕点酱业总店"。1958年7月，该总店与"通州食品厂"分设。通州食品厂下设三个车间，其中酱菜车间以万通酱园为主体，传承和保留了万通酱园产品的传统风味。当时酱菜车间的产品大量供应密云水库建设工地。1960年，酱菜车间迁往通州果园，并组建腐乳车间。其后陆续组建了糖果、酱油、米醋、酱菜、黄酱等车间。1967年，通州食品厂的所有酿造类产品车间，全部迁到通州果园，开始独立生产，并组建"通县酿造厂"。

改革开放后，仙源的发展步伐加快。1978年，通县酿造厂的主要产品产量为：腐乳500万块，酱油4000吨，米醋500吨，黄酱1500吨。1992年，通州酿造厂投巨资扩建腐乳车间1000平方米、发酵室800平方米，改建并重新装备了影响腐乳生产的关键部门制菌室，对现有发酵设备进行改进，使"仙源腐乳"具备先进的专业生产能力。1998年，通县撤县改区，通县酿造厂更名为"通州酿造厂"。截至1999年，通州酿造厂的主要产品年产量为腐乳5000万块，酱油8000吨，米醋1300吨，黄酱2200吨。

2000年，为了加快通州卫星城的整体规划建设，响应区政府排污治理的号召，通州酿造厂搬迁到潞县经济开发区。与此同时，通州酿造厂进行重组改制，经营体制由原区供销总社所属集体所有制企业改为股份制企业。2001年2月，通州酿造厂更名为"北京仙源食品酿造有限公司"，企业实行现代化经营管理。公司生产的黑醋远销海外，凭借着优质的产品和服务，"仙源黑醋"风靡日本，成为日本食醋中国生产加工基地。"仙源黄酱"为公司的拳头产品，是老北京炸酱面馆的首选用料，在东北市场有"天下第一酱"的美誉，2003年起出口欧美和加拿大，口碑极佳。2003年2月，公司获得"仙源"注册商标，企业知识产权得到法律保护。

二、天津市

62. 天立

　　天立是天津著名老字号酿造企业，迄今已有350多年的历史。2006年11月被商务部认定为第一批"中华老字号"（名单序号：天津7），注册商标"天立"。

　　天立始创于清康熙四年（1665年），其前身是天津静海县独流镇王氏开办的一家酿醋作坊，字号"老山立"。日后发展为老山立酱园，进而又划分为"山立"和"天立"两个字号。独流醋采用传统特殊发酵工艺，固体发酵，两次成熟，经天然翻晒三年，故有"三伏老醋"之美誉。产品具有色泽酱红、口味纯鲜、酸而回甜、久存不霉的特点，故深受欢迎。清光绪三十一年（1905年）成书的《直隶全省商务概况》曾载："天津府静海县独流醋行销天津、河南、山东……"表明独流醋影响范围广泛，流行地域较多。

　　民国时期，独流醋同样闻名遐迩，市场火爆。1922年4月，在直隶省（今北京、天津、河北等区域）第一次工业观摩会上，独流醋荣获食品类一等奖，成为该省唯一获此殊荣的醋类制品。同年，民国总统黎元洪巡视南方途经独流时，曾亲笔题写"老山立"三字匾额，以示褒奖。

　　1952年，山立和天立与独流镇的其他手工制醋作坊合并，共同组建"独流镇酱醋联营社"，开启了中华人民共和国成立后的酿醋历程。1956年实行公私合营，该联营社并入静海县供销社，成立"独流镇食品加工厂"，下设制醋车间。

　　改革开放后，天立一派新气象，高歌猛进，成就斐然。1984年10月，从挖掘恢复当地土特产出发，经有关部门大量考证后，企业决定投资逾百万元恢复独流老醋的生产，并组建"独流老醋厂"。1986年9月，年产量1000吨的醋厂正式建成，第一批传统风味的天立独流老醋重新面世，并注册"天立"商标，企业知识产权得到更加充分的法律保护。1998年4月，独流老醋厂更名为"天津市天立独流老醋股份有限公司"，企业开始实行现代经营管理制度。自1997年起，天立老醋连续六年被天津市人民政府命名为"天津市名牌产品"。2001年，天立被认定为中国调味品著名品牌20强,企业知名度和影响力大幅提升。2002年,"独流老醋酿造技艺"被天津市确认为第二批市级非物质文化遗产,百年老店令人瞩目。2007年9月,"天立"注册商标被国家工商总局认定为"中国驰名商标",企业发展取得可喜进步。

目前,天立占地面积150亩,年生产天立独流老醋八万吨,天立酱油一万吨,是全国最大的调味品酿造企业之一。天立产品已形成老醋、保健、专用、饮料、礼品、旅游等八大系列50余个品种,公司现有销售网点约5000个,天立老醋在天津、北京、河北、东北三省、山东五大市场家喻户晓。除此之外还销往西北、南方等20多个省区市,并远销和饮誉东南亚各国,成为有效传承和弘扬中国优秀传统醋文化的友好使者。

63. 正兴德

正兴德是天津著名老字号茶庄,迄今已有280多年的历史。2011年3月被商务部认定为第二批"中华老字号"(名单序号:天津4),注册商标"成兴"。

正兴德的前身为"正兴茶铺",清乾隆三年(1738年)由天津巨贾之一、信奉伊斯兰教的穆氏家族创办,位于天津北门外竹竿巷。相传穆家最能干的三儿子穆文英,有一次到汉人开办的茶铺买茶碰壁后,便和父亲穆兴永商量开办了这家属于回民的正宗清真茶铺。茶铺售卖从天津本地人手中买来的湖南、湖北及安徽等地的素茶。

清咸丰七年(1857年),由于生意规模扩大,茶铺更名为"正兴德茶庄"。茶庄翻建了店面,增加了营业面积,壮大了员工队伍,并开设了几家分号。与此同时,茶庄进一步拓宽进货渠道,派人前往河南、安徽、浙江和福建等产茶地采购成品茶叶,运回天津销售,并开始在外地建厂,自主生产茶叶,如杭州、黄山和福州都有其工厂。

凭借前人打下的坚实基础,到了第三代传承人穆时荣掌舵时,正兴德的经营策略又把重点放在营销方面,在产品包装上使用专属商标"绿竹",并在报纸上大量投放广告,结合自身茶叶的质量优势,以一股"清新素雅"的茶叶风暴席卷天津城。正兴德最具特色的产品是茉莉花茶系列,采用闽北新鲜春茶作为原料,精细化加工，炮制出来的花茶色深味浓，香飘诱人。1894年，正兴德创新管理手段，引入职业经理人制度，聘用学徒出身的穆雅田为总店经理，全权负责一切经营事宜。穆雅田熟悉业务，心思缜密且对东家忠心不二。他善于用人，大胆开发新产品，建立完善的财务制度，为正兴德在市场中打出"高质量、低价格"的招牌，带领这家老店抵御并挫败了多家对手的恶意竞争，使正兴德的生意空前繁荣。

1926年，正兴德在法租界（今和平路、长春道口）开设第一支店，其店面别致而醒目，店中的景泰蓝茶罐是这里的"镇店之宝"。

正兴德门店

1928年，正兴德茶叶获得国货展览会上的优质奖章。1934年，赴美国参加芝加哥百年竞赛展览会的正兴德茶叶受到与会各国的一致好评，并收到大量订单。至1935年，正兴德在全国各地已设有数十家工厂，销售网络更是拓展至东北和西北地区。

1956年，正兴德实行公私合营，企业产权发生变化。1963年，成立"正兴德茶叶基层商店"，茶叶市场仍然兴旺。

改革开放后，正兴德如沐春风，全面飘红。1987年，组建"天津市正兴德茶叶公司"，百年茶庄焕发出新的生机。1997年，公司实施股份制改造，成为继续前进的动力，企业更名为"天津市正兴德茶叶有限公司"。进入21世纪以来，正兴德茶叶荣获多项地方及全国性荣誉。

作为由回族开办的清真茶庄，正兴德始终秉持着"食可养性"的伊斯兰传统文化，在五彩斑斓的中国茶文化中形成了自己的独特风格。正兴德传承百年老号经营特色，坚持筛选厂家，采选优质名茶。经销全国各地红茶、绿茶、黄茶、白茶、黑茶（普洱）、青茶（乌龙）等六大基本茶类及再加工茶，主销茉莉花茶。目前，百年老店历经数代人的传承，在现代经营管理手段的助力下，飞速发展，正兴德人始终以质量为先，为弘扬中国茶文化做出了重要贡献，也使这家老字号的未来更加光明。

64. 崩豆张

崩豆张是天津著名小吃,迄今已有240多年的历史。2006年11月被商务部认定为第一批"中华老字号"(名单序号:天津15),注册商标"崩豆张"。

崩豆张问世于清乾隆三十五年(1770年),由天津武清城关沙河屯村人张德才创办。早年他在京城御膳房干活,虽出身贫寒但肯吃苦并善于观察。他发现乾隆皇帝以及王公大臣们在饭后或闲暇时,总是喜欢吃一种颇有嚼头的炒蚕豆,于是便琢磨把这种小吃加以改良,以博得皇帝及其他权贵的赏识。张德才精心调制配方,不断试验,做出多种风味干果,尤其是将普通的炒蚕豆制成外形黑亮、膨胀有裂纹的崩豆。这一美食果真得到了皇帝喜爱并迅速风靡皇宫,朝廷上下均赞不绝口。

然而,令"崩豆张"声名大振的功臣还属其子张永泰兄弟三人。清嘉庆年间,作为第二代传承人的兄弟三人拖家带口回到天津老家,利用从父亲那里学到的技艺,在街头开设了"崩豆张"店铺,不久又于丁公祠(今南开区)和小药王庙(今西青区)先后开设了两家分号。三兄弟把崩豆这一皇宫美食真正带到了街头,使广大百姓也品尝到了鲜香酥脆、好吃不贵的美味小吃。

第三代传承人张相兄弟二人继续将祖业发扬光大,他们在南市建物大街和大罗天等处先后开设了多家店铺,同时开发出新的特色豆类干货小吃。袁世凯之女袁静雪在《我的父亲袁世凯》一文中称:已经倒台的袁世凯对崩豆张的招牌产品"糊皮正香崩豆"格外喜爱,不便外出的他总是让家人买来给他解馋。

崩豆张门店

随着社会的发展,崩豆张在天津日益走俏,顾客络绎不绝,已经发展了100多年的老店也被第四代传承人张国华接手。1940年,张国华在滨江道、教堂后建厂开了两家新店,并于1949年担任崩豆张的经理,直至1956年公私合营。"文革"时期崩豆张停业。

直到1978年,在和平区干果加工厂任厂长的张国华才恢复祖业,迎着改革开放的洪流,重新打出了"崩豆张"的旗号。百年老店的回归,让老百姓们又品尝到了鲜香酥脆的干果,还是熟悉的味道,却别有一番滋味在其中。

1985年，在市长李瑞环的特批下，崩豆张成为改革开放后第一批在南市食品街内设立门市的店铺，售卖多种特色炒干果及小食品，品牌知名度迅速扩大，风靡祖国大江南北。1990年，崩豆张系列产品被选作第十一届北京亚运会指定食品。1993年，崩豆张更名为"天津市崩豆张食品有限公司"，企业实行现代经营管理。

1996年，进入发展新纪元的崩豆张迎来了第五代传承人。张福全、张祯全、张祥全、张友全和张大全五兄弟接过父亲张国华的大旗，肩负带领这家百年老店进一步腾飞的重任。他们采取现代化经营与管理模式，在日趋激烈和复杂的竞争环境中，使公司发展稳步提升，成绩斐然。2013年10月，崩豆张"糊皮正香崩豆和七美香瓜子制作技艺"被天津市认定为第三批市级非物质文化遗产，企业发展迈上一个新台阶。

抚今追昔，崩豆张从皇宫走向百姓家中，不论是宫廷食品"去皮夹心崩豆"，还是"去皮麻辣豆"这种市井小吃，品质均保持一流，口中的香气令人流连忘返。

65. 果仁张

果仁张是天津市的著名食品企业，迄今已有180多年的历史。2006年11月被商务部认定为第一批"中华老字号"（名单序号：天津14），注册商标"果仁张"。

果仁张始创于清道光十年（1830年），创始人张明纯当时在清宫御膳房当御厨，负责做一些甜品及油炸食品。相传道光皇帝对他精心研制、使用独特秘方做出的蜜贡大加赞赏，于是赐姓本是满族人的张明纯"张"姓，并封号"蜜贡张"。从此，"果仁张"享誉京城美食界。

从小跟着父亲张明纯在御膳房帮忙的张维顺，对炸果仁的技艺耳濡目染，接班后对父亲所用配方及制作工艺进行了改良，并根据我国农历二十四节气及其所属的各种风俗习惯独创了二十四种不同样式和花色的果仁品种，青出于蓝而胜于蓝。他做出的果仁不仅得到慈禧太后的认可和喜爱，而且皇宫上下均对果仁张的小吃赞不绝口，故在随后数十年的时间里，果仁张小吃成为宫廷小吃的不二选择。

1924年11月，西北军阀冯玉祥将清末代皇帝溥仪逐出皇宫，果仁张第三代传承人张惠山便离开紫禁城，在北京东四牌楼开店售卖炸果仁。1925年2月，溥仪移居天津，张惠山也举家前往，在天津黄家花园的山西路与上海道口开一小店继续卖什锦炸货，产品有百十多种，其中虎皮花生仁、净香花生仁、玻璃核桃仁等最为出众。这些炸果仁味道香甜、口感酥脆，让人久吃不腻，欲罢不能，以至直系军阀首领孙传芳也是他家的常客。

一次，孙传芳曾因家中厨师技不如人谎称果仁张的产品使用了动物油，将张惠山抓来审问。张惠山为证明清白，当场为孙传芳及众人使用素油制作炸果仁并成功化解了危机。经此事件后，果仁张的产品特别标注了全素字样，故得到"真素斋"的别称。

中华人民共和国成立后，果仁张更加发展，1956年，在天津市饮食商业优良品种展览会上，果仁张的产品好评如潮，获得优质产品奖，被周恩来总理钦点为招待外宾的指定食品，多次参加国际食品博览会并获奖。

经历了"文革"时期断档等坎坷，果仁张在改革开放之后得到了跨越式的发展，领路人是其第四代传承人张翼峰和陈敬夫妇。1985年，夫妇二人在新建成的天津南市食品街开设了"果仁张食品部"，让这家百年老店重见天日，迅速获得顾客的认可，店铺门口人潮涌动，大家争相购买。1991年12月，中外合资的"果仁张（天津）食品有限公司"成立，企业进入现代化运营模式，建立了先进的生产基地，引入自动化生产线，将现代工业技术与传统手工技艺相结合，推出的产品既有保留传统宫廷风味的净香花生仁等，也有可可奶球这种符合当代大众口味的新式方便食品。

进入21世纪，果仁张的产品线进一步丰富，百种品类的食品远销海内外数十个国家和地区。2013年3月，"果仁张净香花生仁和琥珀核桃仁制作技艺"被天津市确定为第三批市级非物质文化遗产，百年老店熠熠生辉。

66. 隆顺榕

隆顺榕是天津著名医药企业，迄今已有180多年的历史。2006年11月被商务部认定为第一批"中华老字号"（名单序号：天津5），注册商标"隆顺榕"。

二、天津市

隆顺榕问世于清道光十三年（1833年），创立者是江苏武进县人卞树榕（字楚芳）。卞氏家族早在清康熙五十四年（1715年）就已迁居天津，最初经营棉布庄，字号"隆顺"。但因南人北居，水土不服，时常患病，卞家遂自研医理，自行医治，并制丸、散、膏、丹类药自用。后卞楚芳立志"济世寿人"，于是在天津北大关针市街（今北门外针市街）开设药铺，取名"隆顺榕药局"。

由于卞家所售药品选料真，配料细，疗效好，故很快声名鹊起。另外，隆顺榕的经营管理也值得称道。自清咸丰十年（1860年）起，隆顺榕实行每年正月十四结账，盈利只分2/3，其余1/3存储，谓之"厚成"，以利积累。清光绪九年（1883年）卞楚芳去世后，隆顺榕由其曾孙、英美两国留学生卞俶成继承。1914年，他在原来字号里加上"成记"二字，更名为"隆顺榕成记药庄"，同时将原四间门面扩建成五间的三层大楼，经营规模迅速扩大。该药庄还先后在劝业场一层、和平路、西安道、建国道、东马路、大沽路等地相继开设了6家分店。不久，隆顺榕在辽宁营口设立驻庄，专事采办东北参茸销往天津。其后又陆续在上海、香港、广州、台湾等地设立驻庄，以药材批发及进出口为主，市场范围逐渐拓宽。

20世纪40年代中期，隆顺榕将传统固定工资制改为业务提成制，即从营业额中提出30%，以其中1%给卖货人优先扣取，其余29%分给员工。此举极大地调动了员工积极性，效果良好。

中华人民共和国成立后，隆顺榕药庄经理刘华圃出任第一届天津国药商业同业公会主任委员。针对大众缺医少药之现状，他提出"发展国药，研究提炼，改革剂型，进一步发展中成药"和"成药下乡"的建议，得到周恩来总理的大力支持。1952年，隆顺榕药庄更名为"隆顺榕国药提炼部"。同年底，隆顺榕研制成功中国中药史上第一粒片剂——银翘解毒片，标志着中药制剂技术迈进一个新的历史阶段。1954年，隆顺榕又成功研制出中国中药史上第一个酊水剂——藿香正气水，令人刮目相看。1955年1月，中国药材公司天津市公司成立。同年9月，隆顺榕与其公私合营，开启一个新时代。1957年1月，隆顺榕国药提炼部与乐仁堂国药提炼部合并组建"天津中药制药厂"，老字号名称停用。1967年，该厂更名为"天津第一中药厂"，企业命运随"文革"而沉浮。

改革开放以来，隆顺榕发展迅速，日益繁荣。1979年，在全国首届国家级优质产品评选会上，天津第一中药厂的藿香正气水荣膺国家优质产品银质奖，此后又多次获得此项殊荣。同年，该厂又研制成功牛黄解毒片、桑菊感冒片、羚羊感冒片等几十个产品。1989年，天津第一中药厂更名为"天津市中药制药厂"，企业规格提高。2003年，恢复"隆顺榕"老字号，成立"天津隆顺榕制药厂"，百年药庄获得新生。2006年，组建"天津隆顺榕发展制药有限公司"，企业实行现代经营管理制度。2007年6月，"隆顺榕中药生产技艺"被天津市确认为第一批市级非物质文化遗产，企业再获殊荣。2012年12月，"隆顺榕"注册商标被国家工商总局认定为"中国驰名商标"，企业知名度和影响力进一步提升。

67. 祥德斋

祥德斋是天津著名食品企业，迄今已有170多年的历史。2011年3月被商务部认定为第二批"中华老字号"（名单序号：天津12），注册商标"祥德斋"。

祥德斋原为一家游动食品摊，清道光二十六年（1846年）由来自天津北门里的陈二创立。每天他沿街叫卖元宵等小吃，因味美价廉，生意日益兴隆。

随着财富的增加，陈二于清咸丰十年（1860年）在户部街购铺开店，立字号"祥德斋"。这条长300多米、宽3米的街道当年是天津最繁华的地点之一，故使该店占尽地利，生意火爆。陈二对这家新店倾注了大量心血，主营各式糕点，采用前店后厂模式。其"用料考究，制作精细"的经营宗旨不变，对食材的选择、制作工艺的要求仍然非常高，从而决定了祥德斋制作的糕点色香味俱全，业内领先，颇受顾客好评。

无论过去还是现在，提起祥德斋，人们自然就会想到天津的"八件儿"，即天津用山楂、玫瑰、青梅、白糖、豆沙、枣泥、椒盐、葡萄干等八种馅心做成各种各样形状的传统点心，分为"大八件儿"和"小八件儿"。相传使祥德斋真正名声大噪、风靡天津的原因就与"八件儿"有关。话说当年清道光皇帝携百官顺南运河巡查御驾临津，品尝到祥德斋的特色糕点后，觉得非常好吃，堪称人间罕见之美味，于是令人将招牌糕点"大八件儿"打包回京，并引入宫廷御膳房，经过改良后成为日后著名的"京八件"。

清光绪十六年（1890年），其子陈子善继承父业，成为祥德斋第二代传承人，且青出于蓝而胜于蓝。1894年增开一支店"祥德亨"；1913年增开二支店"祥德斋利记"；1928年增开"祥德斋三支店"；1935年增开"祥德斋四支店"；40年共计开设四家支店，市场占有率不断提高，成为天津糕点行业的代表企业。

1938年，祥德斋总店迁至现址，即今南开区北马路137号，前店经营面积200平方米，后厂制作面积500平方米，规模空前扩大。此时企业名称为"祥德斋糕点店"，请清末民初著名书法家华世奎题写了"祥德斋"三字匾额。

1955年实行公私合营，1967年因故解散。1981年4月，在天津市政府的支持下，恢复祥德斋老字号，成立"天津市祥德斋糕点厂"。随着改革开放的步伐加快，这家百年老店也乘风破浪，高歌猛进。该厂严格遵循传统又不拘泥于传统，建设了现代化的厂房，利用科技手段，打造出先进的糕点生产线；不断改进糕点制作配方与形态，既保留传统口味与包装方式，又迎合现代社会快节奏生活下人们对食品方便即食的要求，推出了多种真空包装类食品。1991年至2001年十年间，祥德斋荣获多项荣誉，如"天津市优秀食品企业""消费者放心食品"，他们旗下的明星产品"津八件"多次被评为名牌糕点、名优产品。2004年5月，组建"天津市祥德斋食品开发有限公司"，企业走上现代化经营管理之路。

如今，位于天津市老字号商业街上的祥德斋仍像当年一样红火，店铺外总是排起长队，消费者还未走进其中便已被糕点的香气所吸引，这其中有芝麻、枣泥、山楂的味道，也有百年老店的沧桑巨变带给人们的回忆与思索。

68. 狗不理

狗不理是天津著名餐饮企业，迄今已有160多年的历史。2006年11月被商务部认定为第一批"中华老字号"（名单序号：天津1），注册商标"狗不理"。

狗不理的前身为一家包子摊，由顺天府武清县（今天津武清区）人高贵友在天津侯家后运河边创立。高贵友为家中独子，父母疼爱取名"狗不理"，图个长命百岁（意思是连狗都不理，阎王爷更不会理他）。清道光二十五年（1845年）他14岁时来到天津，在侯家后中街刘家蒸食铺学徒，学做包子馅儿。3年学徒期满后，高贵友便在蒸食铺附近租了一间小门脸儿卖包子，但并无字号，人称"狗不理包子铺"。清咸丰八年（1858年），包子铺取名"德聚号"。然而人们并不知道是他的包子铺，故门庭冷落，于是更名为"狗不理包子铺"，结果日益红火。相传，直隶总督袁世凯曾将狗不理包子进贡清宫，慈禧太后品尝后赞不绝口，狗不理更加声名鹊起。

狗不理门店

1916年，高贵友之子高金铭成为第二代传承人，次年他在南市东大街设立分号。1932年，狗不理把侯家后老号迁址到北大关桥口。1937年，老号与分号合并，迁址到天祥商场后门（今辽宁路），设立新号"德聚号"。1947年，高金铭之子高焕文成为第三代传承人，经营至1952年歇业。

1956年2月，天津市将狗不理包子铺收归国有，更名为"国营天津狗不理包子铺"。同年3月，该铺迁至今和平区山东路。该店新一代包子技师坚持选料精、做工细的传统，总结出"包子八步操作法"，使传统手工技艺实行规范化，并对每一环节都制定严格的质量标准。

狗不理包子备受欢迎，关键在于用料精细，制作讲究。在用料上，狗不理包子的肉馅别具特色，选用七成瘦三成肥的新鲜猪肉，上等酱油找口，放上香油、味精、葱花姜末等作料，边加水边搅拌，打成肉丁水馅。包子皮使用半发酵"一拱肥"富强面。在做工上，狗不理包子从揉面、揪剂、擀皮、装馅、掐包、上屉、上大灶，都有明确的规格标准，掐出来的包子褶花匀称，每个包子的褶不少于十五六个。刚出屉的包子，看上去如薄雾之中的含苞秋菊，爽眼舒心，咬一口，油水汪汪，香而不腻。

改革开放后，狗不理发展迅速，一路前行。2001年，"狗不理"总店扩建，后又在南市食品街设立分店。2005年，成立"天津狗不理食品有限公司"，产品主要为速冻包子、饺子等面制品，同时在传承百年工艺的基础上不断创新，于2009年成功研发生物保鲜包子，突破了狗不理包子一贯的冷链销售模式，获批"天津市科技进步三等奖"，拥有三项技术专利。2013年，狗不理启动二期工程项目，新厂建筑面积三万平方米，四条生产线，包括速冻食品、常温保鲜包子、烘焙类糕点、酱卤肉制品；同时配有一个1000平方米的中心实验室，负责狗不理产品的研发、品控和检测工作，研发能实现中试实验，检验能力包括微生物、重金属残留、农兽药残留等。

目前，狗不理经营的包子已形成六大类、98个品种，并精心研制出以鸡、鸭、鱼、肉、海鲜及应时蔬菜、野菜、菌类为原料，采用蒸、煮、烤、烙等多种烹调技法做出了"金针包""龙凤包""鸳鸯包""香芹包""什锦包""大虾韭菜包"等。

69. 利顺德

利顺德是天津著名饭店，迄今已有150多年的历史。2011年3月被商务部认定为第二批"中华老字号"（名单序号：天津16），注册商标"利顺德"。

第二次鸦片战争后，清政府与英国签订中英《北京条约》，规定将天津增开为商埠，于是各国政府、军队及商界人员先后聚集到天津，从事各项活动。清咸丰十一年（1861年），英国传教士殷森德也来到天津，起初为英军服务，并在教堂做公益，后来从事旅馆业。清同治二年（1863年），殷森德在英租界的维多利亚道（今和平区解放北路）与咪哆士道（今泰安道）交口处建造了一处沿河建筑，作为接纳英国新移民的旅馆，这便是日后赫赫有名的利顺德大饭店，而殷森德也成为中国豪华酒店鼻祖利顺德的外国创建人。

引导利顺德发生质变，由"小旅馆"变身"大饭店"的是时任英租界董事长的德国人德璀琳。清光绪十二年（1886年），他联合几位股东买下利顺德进行扩建。为了雄踞潮头，突出特色，德璀琳力主将整栋建筑重新打造，将平房加高至三层，内外均采用维多利亚装饰风格，华丽的宴会厅和舞厅俨然一座维多利亚式花园，高大雄伟的红砖外墙与木质联通的游廊露台合力谱写出一座中西合璧建筑的华美乐章。在其带领下，利顺德成为天津乃至中国豪华酒店的标杆，令其他后来者竞相模仿。

进入20世纪，利顺德迎来新董事长英国人海维林。在他主持下，饭店继续扩大规模，并采用先进的管理模式，雇佣最专业的人才，一如既往地为顾客提供最优质的服务。1924年，一栋四层的新楼投入使用，客房数量翻倍，而且安装了当时最先进、性能最好的美国奥的斯电梯，这些电梯运行至今仍完好可用。

1941年12月太平洋战争爆发，日本全面封锁英租界。但由于利顺德的名声，直到1943年3月，日军才对利顺德进行军事管理，并将其更名为"亚细亚饭店"。1945年8月日本投降，利顺德恢复了原名。1952年，利顺德更名为"天津大饭店"，承担天津市中外贵宾的接待任务。1984年，天津市加大改革开放步伐，将利顺德同香港哥罗洋行有限公司合资经营，恢复了利顺德的中、英文名称，同年，在其主楼东侧面向海河方向兴建了一座现代化的建筑——七层钢筋混凝土结构的大楼，使利顺德饭店重新焕发青春。

利顺德于1863年创建后，又于1886年、1924年及1984年三次改扩建，目前饭店主体为三幢不同年代的建筑，均为具有珍贵历史意义的地标性建筑。它保留着英国古典建筑的风格和欧洲中世纪的田园乡间建筑的特点，是天津市租界风貌独具特色的代表性建筑。1996年，天津利顺德饭店旧址被国务院批准为全国重点文物保护单位，成为国内唯一一家获此殊荣的酒店。

更值得关注的是，利顺德还是中国第一家开办博物馆的酒店。走进博物馆，可见近千米的展厅，3000余件文物和展品向人们证实，百年来利顺德大饭店接待过全球众多领袖人物，见证了许多标志性历史事件。例如博物馆珍藏了一幅油画，上面呈现出曾下榻于这里的李鸿章、袁世凯、孙中山、周恩来、美国总统胡佛、英国国王爱德华八世等中外名人的身影。在这家博物馆中，还展示有大量当年利顺德采用的最先进的机械设备及名人下榻酒店期间使用的物品。

2010年8月，升级改造后的天津利顺德大饭店揭开面纱，同时喜达屋酒店与度假村国际集团宣布利顺德成为旗下豪华精选酒店品牌，标志着这家中国百年老店国际化战略的实施。随着2016年国际酒店巨头万豪国际集团并购喜达屋，利顺德大饭店带着跨越三个世纪的荣耀与梦想继续前行。

70. 渔阳

渔阳是天津著名酿酒企业，迄今已有150多年的历史。2011年3月被商务部认定为第二批"中华老字号"（名单序号：天津8），注册商标"渔阳牌"。

渔阳的前身是一家民间酒坊，由顺天府蓟州（今天津蓟州区）上仓镇人许有泰创立。许家祖上几代都为王府管理土地和仓库，到许有泰时仓廪丰实，于是他便想到用每年入储的高粱酿酒。清同治六年（1867年），许有泰开办烧锅，取字号"兴泰德"，前店后场，自产自销，所酿之酒称"兴泰德老酒"。不久，许有泰在京城开办酒局，销售兴泰德老酒，兴泰德烧锅在京东乃至京城声名鹊起，口碑颇好。相传，兴泰德老酒曾由吏部侍郎崇绮敬献慈禧太后品尝，获得赞许，故兴泰德老酒日后成为宫廷御酒。

长期以来，兴泰德白酒酿造技艺应用本地特产——天然麦饭石矿泉水为酿造用水，原粮采用本地出产的高粱、小麦、大米、糯米、玉米等适宜酿酒的五种精粮，结合历代累积而成的107道传统手工酿造工艺，发酵窖泥为藕坑泥和黄元帅苹果相结合的兴泰德秘制窖泥培养技艺培养，严格遵循泥池老窖酒不满100天不出池、原酒储藏不足 1000 天不调制灌装的原则，按质接酒，分类贮存，精心酿制。

1947 年，兴泰德烧锅被收归国有，更名为"河北省蓟县上仓制酒厂"，继续沿用其窖池和酿造工艺，产品享誉周边市县，供不应求。

1981 年 8 月，成立"天津渔阳酿酒厂"，其系列产品酒质清澈透明，窖香浓郁，酒体丰满协调，香气幽雅舒适，入口醇和，产品畅销京、津、冀等广大地区。1995 年，公司产品被中国绿色食品中心评定为"绿色食品"。1997 年 1 月，公司更名为"天津渔阳酿酒有限公司"。1999 年，公司产品被天津市政府评为"名牌产品"，同年，"渔阳牌"注册商标被天津市工商局认定为"天津著名商标"，企业知名度和影响力进一步提升。2004 年公司改制为国有控股企业，更名为"天津渔阳酒业有限责任公司"；同年 10 月，公司被天津市政府评定为"市级重点龙头企业"；还被天津市食品工业协会评为"天津市食品工业 50 强"企业。2013 年 10 月，"兴泰德烧锅白酒酿酒技艺"被天津市确定为第三批市级非物质文化遗产扩展项目，企业无形资产获得极大殊荣。2016 年，渔阳酒业进军文化创意产业，在厂区内兴建了兴泰德烧锅酒文化博物馆，从白酒的历史、文化等方面，全方位展示了兴泰德从古至今的演变过程，为传承和弘扬兴泰德优秀酒文化发挥了重要作用。

目前，渔阳酒业在继承原来的窖泥培养工艺和酿造工艺的基础上，运用现代化的研究分析手段和现代化的发酵理论，把老工艺加以优化、整合和提高，使原有的传统工艺更合理更科学，在窖泥培养工艺和酿造核心技术的保密和传承方面，公司也制定了一整套有效的措施，做到核心机密和有序传承相结合，最终目的是保证兴泰德传统酿造工艺能代代相传，为国家和社会造福。

71. 义聚永

义聚永是天津著名的白酒企业，迄今已有近 140 年的历史。2011 年 3 月被商务部认定为第二批"中华老字号"（名单序号：天津 11），注册商标"义聚永记"。

义聚永始创于清代末期的天津"义聚永"民间酒坊。有资料显示，天津的发祥地为1214年（南宋嘉定七年、金贞祐二年）金代设立的直沽寨，后称大直沽（今天津河东区），故流行"先有大直沽、后有天津卫"之说。因大直沽西临海河，自元代起便海运漕粮发达、出口贸易兴旺，而各地集散的粮食也为酿酒业提供了条件，于是元代已有直沽烧锅出现，大直沽成为具有700年酿酒史和200年出口史的重镇。

1860年天津开埠后，大直沽民间酒坊即直沽烧锅出产的玫瑰露、五加皮、高粱酒开始大量远销海外。1880年，一个叫刘鑫的人开办"义聚永烧锅"，利用大直沽的自然条件和直沽烧锅的传统酿造工艺，酿制出新一代玫瑰露、五加皮和高粱酒，使义聚永烧锅声名鹊起，产品逐渐走俏，成为清末民初40余家酒坊中最大且最具代表性的酒坊。刘鑫曾说，"义聚永"三个字表达了酒坊"做生意以'义'为先，靠义'聚'拢商家，使生意'永'远兴隆"的经营理念与美好愿望。

1920年，刘鑫长子刘桂森接掌义聚永后，再次对玫瑰露和五加皮酒进行了技术改造，形成了独特的风格，并将义聚永烧锅更名为"义聚永酒庄"。1927年，义聚永在南洋注册"金星牌"商标，率先打开新加坡、马来西亚、菲律宾等在内的东南亚市场。1931年，义聚永在香港注册带有英文标识的"金星牌"商标和"义聚永记"商标，并在香港设立分店。它以香港为总运输站，再把酒销往美国的檀香山、旧金山和加拿大的渥太华及英、法、德等国，推动了天津酿酒业大举进军海外，奠定了今天义聚永酒业的基本格局。1934年，义聚永作为天津唯一的酒商与国内其他知名民族企业参加了首都国货展和1933年至1934年的芝加哥世界博览会。

中华人民共和国成立后，义聚永继续发展。1953年1月，"中国食品出口公司天津分公司"创立，按有关政策接管"义聚永""同聚永""广聚永""义丰永""永丰玉"等当时天津酒业仅存的10家私营酒厂。1956年公私合营，该10家酒厂一同并入中国食品出口公司天津分公司，由于义聚永股份与名气最大，因此合营后对外仍沿用"义聚永"厂名和"金星牌"商标。

自1992年开始，天津分公司的出口重点吹响进军意大利市场的号角，重点出口玫瑰露酒。1994年8月，由中国食品出口公司天津分公司和香港华人酒业公司共同设立两地合资的"天津义聚永酒业酿造有限公司"，使百年商号义聚永得以发扬光大。同年，天津分公司在宁河经济开发区投资8000万元建设了天津义聚永酒业酿造有限公司一期工程，使金星牌系列酒的生产真正形成规模化。1996年4月，"天津食品进出口股份有限公司"成立，作为天津义聚永酒业酿造有限公司的母公司。2001年，随着该公司不断发展壮大，又在宁河经济开发区建设二、三期工程，将原来的生产车间全部搬迁到宁河。2009年1月，"义聚永记"被天津市工商局认定为天津市著名商标；同年10月，"蒸馏酒传统酿造技艺·义聚永高粱酒传统酿造技艺""配制酒传统酿造技艺·义聚永玫瑰露酒传统酿造技艺"和"配制酒传统酿造技艺·义聚永五加皮酒传统酿造技艺"同时被天津市确定为第二批市级非物质文化遗产，企业锦上添花，再创辉煌。

与此同时，天津义聚永酒业酿造有限公司在文化创意产业领域同样成就斐然，如其2007年6月正式开馆的义聚永酒文化博物馆就令人刮目相看。

72. 白记

白记是天津著名餐饮企业，迄今已有120多年的历史。2011年3月被商务部认定为第二批"中华老字号"（名单序号：天津21），注册商标"白记"。

白记的前身为一家蒸食铺，清光绪十六年（1890年）由天津回民白兴恒创立，取名"白记蒸食铺"，主营各种蒸食和素包、素饺。由于口味独特、品质上乘，卖相颇好，顾客盈门。

1926年，白兴恒次子白文华成为白记的第二代传承人。他基于天津位于九河下梢、濒临渤海的地域特征和河海两鲜、咸鲜为主的饮食特色，在传承父辈开创的素包、素饺等优秀品种的基础上，推出西葫羊肉水饺和三鲜水饺等新品种。尤其是西葫羊肉水饺口味独到，博得广大食客的称誉，形成"白记"的独家特色，于是将蒸食铺更名为"白记饺子铺"，使白记水饺在津门小吃中声名鹊起，口碑渐隆。

中华人民共和国成立后，白文华次子白成桐成为第三代传承人，他秉承儒商思想和爱国敬业精神，于1956年公私合营期间，连同白记字号和白记品种，毫无保留地奉献给政府和社会。白成桐还与员工一道精心选料，研究配方，形成工艺，博采津门众家清真饺子之长，丰富自有品种，制作出选料考究、配方独特、皮薄馅大、清香适口、久食不腻、老少皆宜新一代白记水饺。

1982年7月，在政府大力支持下，企业在和平路54号建址，定名为"天津市和平区饮食公司白记饺子馆"。1983年，白记饺子获天津群星杯大奖赛最佳食品奖，1984年、1985年连续获得天津市优质食品奖，1992年至今也多次荣获天津市、区级最佳食品和优质食品奖。1993年6月，白记饺子馆更名为"天津市白记餐饮有限责任公司"，经营范围包括制售水饺、冷荤、炒菜、速冻饺子，制售速冻面食品、小吃及零售工艺美术品。2000年，白记饺子被中国烹饪协会确认为"中华名小吃"。2001年，白记饺子在天津菜烹饪大赛上荣获金奖，在中国烹饪协会举办的第五届烹饪技术比赛中荣获了"一兰快餐"品种金奖，并被天津市商委、市烹饪协会评为天津市餐饮名店。2003年底，通过餐饮集体企业改制为股份制企业，公司更名为"天津市白记餐饮有限责任公司"，为全体员工股份制，开始实行现代企业经营管理制度。

白记饺子作为天津传统特色风味食品，上百年来始终坚持人工操作，在传统配方基础上，辅以精湛的技艺。其精选原料，精研配方，工艺考究，在津门饺子界别具一格。面团和揉充分，煮熟后没有阴阳面，不破肚，不开口，可以存放几个小时不变形。饺子制馅的程序亦非常严格，饺子馅紧实有弹性，口感清香，肥而不腻。白记饺子品种众多，有羊肉馅、牛肉馅、三鲜馅、鱼肉馅、鸡茸、素西葫、鳕鱼蛋黄、虾仁南荠、皮皮虾馅等，并且依据现代人饮食的科学性，摸索出不同季节肥与瘦、肉与菜的科学搭配，既保持了牛羊肉营养的合理搭配易吸收，也照顾到不同季节顾客的口味需求。

73. 耳朵眼

耳朵眼是天津著名餐饮企业，迄今已有110多年的历史。2006年11月被商务部认定为第一批"中华老字号"（名单序号：天津11），注册商标"耳朵眼"。

耳朵眼炸糕起源于清光绪二十六年（1900年），由回民刘万春创制。起初，他推着独轮车在天津鼓楼、北大关一带走街串巷流动售货，后改为在估衣街西口的北门外大街上摆摊现做现卖，人称"炸糕刘"。随着生意渐强，财富增加，刘万春便与外甥张魁元合伙，在北门外大街租下一间门面，开办"增盛成"炸糕店。不久，刘万春的儿子刘玉才、刘玉山、刘玉书等也陆续进店参与经营。

二、天津市

增盛成做的炸糕用糯米作皮面，红小豆、赤白砂糖炒制成馅，再以香油炸制而成。成品外形呈扁球状，淡金黄色，馅心黑红细腻，颇受大众欢迎。附近的富户、百姓过生日、办喜宴，借"糕"字谐音，取步步高之吉利，于是都购买增盛成炸糕，市场日益走俏。因炸糕店位于天津北门外窄小的耳朵眼胡同（2000年拆除）出口处，故又被食客戏称为"耳朵眼炸糕"，而刘氏也顺应民意，将增盛成更名为"耳朵眼炸糕店"。

长期以来，耳朵眼炸糕与"狗不理"包子、"十八街"麻花并称"津门三绝"食品。耳朵眼炸糕有"黄、软、筋、香"四大特点，闻起来香味扑鼻，吃到嘴里酥脆可口，香甜黏软，外层炸得酥脆，趁热吸一口，烫、甜、黏，不小心馅汁会溅出来。

日伪时期，耳朵眼炸糕店被迫加入日本人控制的商会，店名也被迫改成"增盛成"。但该名不为人们所接受，唯有"耳朵眼"的绰号流传至今。

1956年实行公私合营，耳朵眼炸糕店装修店堂，改成一座小楼，楼上加座，楼下加工，面貌焕然一新。"文革"期间，增盛成更名为"文革炸糕店"，原来按数供应的油、糖、粮食被减量许多，一时质量猛降。

改革开放后，耳朵眼炸糕获得新生。1978年，企业经天津市饮食公司定名为"耳朵眼炸糕店"。1985年，炸糕店获得"耳朵眼"注册商标，企业知识产权得到法律保护。1987年，在天津市群星杯津菜大赛上，耳朵眼炸糕被授予特别荣誉奖。1994年，在第五届亚太博览会上荣获金牌。1997年，被中国烹饪协会命名为"中华名小吃"。2002年，耳朵眼改制成立"天津耳朵眼炸糕餐饮有限公司"，在机制和体制方面的革新带来了企业发展的新动力。通过几年的发展，耳朵眼初步实现了品牌系列化、生产机械化、营销网络化、形象规范化。企业集小吃、快餐、正餐、食品工业于一体，不断发展壮大。

目前，经过几年的努力筹备，公司投入巨资、占地2.2万平方米的耳朵眼食品加工生产基地正式投产，使耳朵眼炸糕、豆馅的传统手工工艺与现代先进生产技术完美结合，将民间传统小吃成功升级打造为规范化、标准化、产业化发展的现代食品生产体系。与此同时，实力强大的产品研发团队，不断更新耳朵眼品牌的食品品类，推出了月饼、元宵、麻花、烘焙等多种产品，受到广大消费者的青睐和好评。

74. 起士林

起士林是天津著名餐饮企业，迄今已有110多年的历史。2006年11月被商务部认定为第一批"中华老字号"（名单序号：天津17），注册商标"起士林"。

起士林的前身是天津第一家西餐厅，清光绪二十七年（1901年）由德国人阿尔伯特·起士林（Kiessling）在天津法租界中街（今解放北路、哈尔滨道口）创办。19世纪末，起士林作为德皇威廉二世的御厨，曾在1896年清朝重臣李鸿章访问德国出席的国宴上提供过服务。1900年，八国联军侵占天津，起士林是德军厨师。一次，袁世凯宴请各国驻津外交人员，起士林以娴熟、精湛的厨艺为大家奉上了一系列的欧洲美食，在场各位无不称赞。不久，起士林和来到天津的妻子一起，又招募了几个出资人，开办了"起士林西餐厅"。

当时，该西餐厅面积约为100平方米。餐厅主营德、法风味菜品，售卖自制的面包、甜点。起士林发挥自身厨艺优势，为客人提供精致、可口的正宗西餐，牛排、乳鸽、红菜汤等深受各国客人的喜爱，起士林餐厅的名气逐渐提升，不仅在天津越叫越响，而且因他们承包了津浦铁路线的面包和甜点供应，从而借助列车名扬全国。

然而，20世纪20年代，起士林遭遇了一次迁址风波。起因是起士林本人与就餐的法国客人发生冲突，被法国租界当局勒令迁出法租界。新店选址在德、美租界交会处（今解放南路、徐州道口），餐厅营业面积增加到500平方米，生意非但未受影响，相反更加火爆。餐厅多次接待贵宾，如为袁世凯、黎元洪等人举办寿宴，提供制作精美的巨型生日蛋糕。至1914年，餐厅规模进一步扩大，内设咖啡厅和舞厅，建筑屋顶还有别具一格的露天式就餐区，使客人宛若置身花园中，西餐、甜品、红酒和咖啡，来到起士林品尝风味美食在那个年代绝对是极致享受。但1937年抗日战争全面爆发，日军封锁英法租界，起士林餐厅一蹶不振，生意日渐衰落。

1949年，起士林餐厅被天津政府成立的企管会接管，1953年，起士林餐厅迁至维克多利西餐厅并与之合并，使用"起士林餐厅"名称营业。"文革"期间，起士林餐厅更名为"天津餐厅""工农兵餐厅"等，受到不小冲击。1970年，在周恩来总理特别关注下，恢复"起士林"老字号。此后，起士林餐厅在多地开设分店，不断推出更多适宜百姓的菜品。

1990年7月，起士林餐厅更名为"起士林大饭店"，成为一家集餐饮、娱乐、客房于一体的综合性服务企业。2013年,"起士林"注册商标被国家工商总局认定为"中国驰名商标",企业知识产权保护达到一个新阶段。目前,起士林有生产和经营面积4800平方米,主营德、俄、英、法、意五国风味西式大菜、西点、面包、咖啡、冷食等共计七大系列千余种产品。这家百年老店从当年国内唯一的西餐厅到现在致力于传播西方饮食文化的使者,起士林始终在为人们提供富有品位、经典融合现代的美食及服务,让广大消费者光临至此,回味无穷。

75. 正阳春

正阳春是天津市的著名烤鸭店品牌,迄今已有100多年的历史。2011年3月被商务部认定为第二批"中华老字号"(名单序号:天津20),注册商标"正阳春"。

正阳春问世于清宣统元年(1909年),创立者是来自北京的烤鸭技师郑春来。他到天津谋生落户,在南市口盖起一间店铺经营烤鸭,取名"郑阳春"。

1935年11月,郑阳春易主,同年在原址建起一座占地100多平方米的二层楼房,更名为"正阳春鸭子楼"。该店由天津县(今天津市)钱粮科的张华轩出资,刘贵山、徐义三任经理。徐义三从北京邀请来几名烤鸭技师,和天津烤鸭技师张寅令一起负责烤鸭制作。烤鸭制作使用枣木和其他果木,严格遵守烤制流程,用传统的焖炉排列烘烤,烤出的鸭子味色醇厚、肥而不腻、色泽光亮,故很快走俏天津。

1956年1月实行公私合营,正阳春烤鸭店扩大了规模,在做好烤鸭和传统鲁菜的基础上,企业还聘请正宗粤菜、川菜、湘菜、江浙菜烹饪大师亲自主厨料理,正阳春业务日增,市场颇好。1958年8月13日,毛泽东主席来到已迁址辽宁路的正阳春鸭子楼视察,并在此宴请高等教育界的专家。当得知店名由来后,他连称"好字号",并嘱员工要"好好为人民服务"。临别时,毛主席还亲笔写下"毛泽东"三个字赠予该企业。

"文革"期间,正阳春鸭子楼更名为"八一三食堂"。1972年,该食堂更名为"天津烤鸭店",重新突出企业的餐饮业务范围和特点。

改革开放后,正阳春进入快速发展时期。1980年3月,天津烤鸭店更名为

"天津市和平区饮食公司天津烤鸭店"。1990年11月，天津烤鸭店获得"正阳春"注册商标，企业知识产权得到法律保护。1992年11月，成立"天津烤鸭店餐饮有限公司"，企业开始实行现代经营管理制度。1994年，天津烤鸭店在原址重建，经营面积由改造前的700平方米扩大到6000平方米，设备设施在天津市餐饮行业中都属一流。1993年和1995年，天津烤鸭店又分别在国家工商总局注册产品和服务商标"正阳春"。2005年，由于经营不善，企业面临倒闭。2007年，天津烤鸭店由纯国有改制为国有控股、职工参股形式的有限责任公司。2008年，在政府支持帮助下，整个店堂装饰一新，从此走上康庄大道。

目前，天津烤鸭店已发生巨变。日常供应的各类菜品、面点等达到300余种，还特别推出了具有一定档次的领袖宴、商务宴、喜寿宴、亲朋相聚宴、全鸭席等。使南北大菜相互得到融合辉映，特别是通过色香味形器的巧妙组合衬托，在很大程度上提升了菜品的质量、档次，无论视觉效果还是口味均受到更多消费者的欢迎。天津烤鸭店拥有自己的养鸭基地，选用纯种的北京填鸭，经科学喂养，成品鸭具有羽毛洁白无瑕有光泽、翅短背长、腿粗而短、胸部丰满、体形肥壮、肌肉细嫩、有脂肪层等特点。生鸭重约6.5斤，经过净堂、风干等13道严格的传统工艺制成鸭胚。刚出炉的烤鸭呈枣红色、皮脆肉嫩、肥而不腻，风味独特，细细品味片片烤鸭都飘溢着淡淡的果木清香。

76. 老美华

老美华是天津著名鞋店，迄今已有100多年的历史。2006年11月被商务部认定为第一批"中华老字号"（名单序号：天津16），注册商标"老美华"。

老美华始创于1911年，由天津市宜兴埠（今北辰区宜兴埠镇）人庞鹤年设立。他在当时繁华的南市（今天津和平路北段）买下一间位置极佳的三层店铺，开设了老美华鞋店，前店后厂，自产自销，商号中"美华"二字，是他姑姑庞美华的名字。

入行伊始，生性好学而又精明能干的庞鹤年，凭借其敏锐的嗅觉及周密的市场调查，决定主攻缠足小脚鞋。因为他发现，当时有经营皮鞋、布鞋、缎面鞋和胶鞋而闻名的几大老品牌，但唯独没有适合缠足妇女穿的小脚鞋，所以他把

二、天津市

经营方向定位于为缠足妇女开家专营坤鞋、缎鞋、绣花鞋及缠足鞋的鞋店,一举填补了鞋业的空白。同时,由于辛亥革命导致妇女解放,老美华也重点制卖各类放足鞋,以满足新时代妇女的需要。不久老美华还增加了男鞋品种,开始多元化发展。

老美华首先从仪容、姿态、待人接客的态度方法等各方面严格要求员工,使顾客有宾至如归的感觉。店内规定,店员要站有站相,坐有坐相,站姿要端正,前不靠货柜,后不倚货架。同时要求店员做到自身清洁卫生,有良好的精神面貌,保持一股买卖人的精气神。待客流程为:顾客到了笑语相迎接待进店;入座后为客人沏茶倒水;顾客品茶时伙计递上鞋请顾客试穿;店内客人买好鞋后要送出门外。而在销售时的语言表达上,无论什么情况都不能讲"没有"二字,应做到以有代无。如果确实没有让顾客满意的鞋,老美华可以为顾客定做,即在一层画样,三层制作,鞋做好为顾客送货上门。

其次对于产品,老美华更是一丝不苟,精益求精。鞋面采用全国著名品牌"瑞蚨祥"的上好面料,女士皮底鞋厚为三毫米,男士皮底鞋厚度为3.5~5.5毫米。随着生意蒸蒸日上,老美华的顾客群体逐步扩大,为其声名远播起到推波助澜的作用。20世纪三四十年代,老美华店铺周围有不少娱乐场所如群英戏院、大舞台、燕乐、中华曲苑等,于是老美华为娱乐界、演艺界的艺人们及社会名流富贾小姐们定期上门服务量尺寸定做绣花鞋及演出鞋,特定的需求为老美华制鞋传统手工艺的发展提供了独特的人文条件。

1956年实行公私合营,老美华鞋店更名为"公私合营老美华鞋店"。"文革"期间,老美华改称"天津长虹鞋店"。

改革开放大潮的到来,为老美华获得新生、再造辉煌打下了坚实的基础。1979年,老美华鞋店复出,开始增添面向广大中老年妇女的平跟、坡跟、方跟鞋,款式也向时尚的方口、斜口、圆口迈进,帮面亦突破传统面料,出现化纤、帆布、牛仔布、皮革等类型,并加入了编花、串条、缀花等工艺,很受中老年人的欢迎。如20世纪90年代,曾任政协第六届全国委员会主席、时年80多岁的邓颖超女士还专程派人来老美华买鞋。

老美华门店

1996年10月,经过成功的企业股

份制改造后，老美华鞋店更名为"天津老美华鞋店有限责任公司"。1999年12月，"老美华"商标被天津市工商局认定为天津市著名商标，杰出品牌魅力四射。2011年5月，"手工制鞋技艺（老美华手工制鞋技艺）"被国务院确定为第三批国家级非物质文化遗产；同年7月，"老美华"商标被国家工商总局商标局认定为"中国驰名商标"。

不仅如此，天津老美华鞋店有限责任公司在文化创意产业领域同样雄居潮头，大有作为。它于2010年5月建成的华夏鞋文化博物馆，汇聚和收藏了国内一流的鞋文化珍贵资源，通过文化营销在竞争激烈的市场中立于不败之地。

77. 登瀛楼

登瀛楼是天津著名饭庄，迄今已有100多年的历史。2006年11月被商务部认定为第一批"中华老字号"（名单序号：天津12），注册商标"登瀛楼"。

登瀛楼问世于1913年，由山东蓬莱人苏振之在天津南市建物街创立，取名"登瀛楼饭庄"，主营鲁菜。1915年，登瀛楼迁址南市东兴大街，但1920年因火灾停业，直到1924年才复业，时任经理王桂。

王桂是使登瀛楼走向辉煌的领军人物。经过深思熟虑，他决定进军租界。1931年，登瀛楼在天津法租界蓝牌电车道（今滨江道）开设"登瀛楼北号"，生意十分火爆。1932年，在北号路南对面增设"登瀛楼南号"，装修富丽堂皇，专门接待高级宾客，获利颇丰。1939年，登瀛楼又在法租界山东路开设分号，取名"悦宾楼饭庄"。至此登瀛楼已发展为四家商号，员工总数400多人，经营高、中、低档菜品多达500余种。据1944年统计，登瀛楼的营业收入约占天津餐饮业收入的40%，一度成为全国最大的饭庄之一，进入登瀛楼的全盛时期。

1955年，登瀛楼饭庄成为国有资产，集四家商号的技术力量于一处，在现今滨江道新址开业。"文革"期间，登瀛楼受到冲击，被迫更名为"井冈山食堂"，经营所谓工农兵需要的大锅菜，命运多舛，业务萧条。1973年，登瀛楼恢复老字号，风味特点逐步呈现，中外宾客和国际友人慕名而来。如美国前总统、时任驻华联络处主任布什夫妇，南开大学校长杨石先，美籍华人牛满江教授，国民党爱国将领张学良的胞弟张学铭先生等，都曾多次光临登瀛楼饭庄。

改革开放以来，登瀛楼迎来自身发展史上的黄金时代。1984年，年久失修的登瀛楼饭庄落地重建，历经三年半重新开业。新建的登瀛楼饭庄建筑面积3300多平方米，四层建筑，典雅古朴、庄重华丽，室内装饰既有民族风格，又有欧式风格，可同时接纳800人就餐，颇受广大消费者青睐。1996年，该饭庄获得"登瀛楼"注册商标，企业知识产权得到法律保护。2000年10月，成立"天津登瀛楼饭庄有限公司"，企业开始实行现代经营管理制度。

长期以来，登瀛楼饭庄形成了一批独具特色的风味菜点，如"煎烤大虾""醋椒鲤鱼""九转大肠""烩肚丝烂蒜"等。在全国和天津市烹饪技术比赛中屡获大奖，如"津门三味虾"获首届中国烹饪世界大赛金奖；"通天鱼翅""香桃满园""奔向未来"等15个菜点获第一届、第三届、第四届全国烹饪大赛金牌奖。

登瀛楼除了经营鲁菜外，其面点亦堪称一绝，尤其是登瀛楼煎饺，有肉三鲜和素三鲜两种口味。肉三鲜搭配猪肉、虾仁和海参，素三鲜选择西葫芦、海参和鸡蛋，都借鉴天津传统小吃锅贴的做法，做出了新花样。煎饺不再是一个又一个没有生气的个体，而是紧密地连在一起，形成漂亮的平面。如果使用模具，还可以做成漂亮的蝴蝶形，给人一种艺术享受。因此，登瀛楼煎饺等17个品种曾荣获"中华名小吃"称号，企业知名度和影响力大幅提升。

78. 达仁堂

达仁堂是天津著名医药企业，迄今已有100多年的历史。2011年3月被商务部认定为第二批"中华老字号"（名单序号：天津25），注册商标"达仁堂"。

达仁堂创建于1914年，由北京同仁堂乐家第十二代传承人乐达仁开办。1912年，乐达仁在北京设立"京都达仁堂乐家老药铺"，两年后又在天津估衣街设立"达仁堂"。乐达仁曾留学德国，掌握了西方一些先进的企业管理与经营方法，故其治下的达仁堂并未采取固有的传统中药店铺的经营模式，而是引入西方先进制药理念与方法。1915年，达仁堂设立专用制药工厂替代传统手工作坊，并引入机器取代石磨。乐达仁鼓励员工学习英语，时刻了解世界先进制药动态，还派出专人出国考察、学习，以西方模式管理、经营达仁堂，可谓前无古人之举。

自 1917 年起，达仁堂先后在北京、青岛、西安、长沙、福州、长春、大连、香港等全国 18 个重要商埠开设多家分店，制售药品 1000 多种。与此同时，达仁堂还从事多元化发展，市场占有率逐步提高，经营规模居同行业前列，经济效益迅速增长。达仁堂的早期发展史，突出表现了乐达仁所具有的卓越领导能力和现代化管理经验。如 1921 年开办达仁女校、1924 年开办达仁眼科诊所、1929 年开办达仁化学工业社和渤海化学工业股份有限公司等，实业救国的理念与实践堪称典范。

1934 年乐达仁病逝后，其侄子乐肇基成为达仁堂第二代传承人，出任达仁堂经理。他将乐达仁对企业的经营管理方法完全继承下来，并且加入自己独有的管理哲学。乐肇基要求员工严格执行企业规章制度，强调纪律是一切的前提，对于违规行为采取"零容忍"态度，使达仁堂的企业形象进一步提升，市场占有率达到历史新高度。

1953 年，达仁堂改组为股份有限公司。1954 年，成立"达仁堂国药提炼厂"，片剂月产 15 万片，片剂数量增至 13 个品种。1955 年实行公私合营，达仁堂调整内部结构。"文革"期间，达仁堂先后两次更名。1966 年更名为"天津工农兵药厂"；1973 年更名为"天津第二中药厂"；直至 1980 年 5 月，达仁堂才恢复老字号。

改革开放后，达仁堂进入快车道，谱写新篇章。1999 年，达仁堂并入"天津中新药业集团股份有限公司"，企业使用的"回生"注册商标被天津市工商局认定为"天津市著名商标"，企业知识产权保护达到一个新高峰。达仁堂是具有悠久历史的宫廷名药、国家中药保护品种——清宫寿桃丸的独家生产企业，2011 年 5 月，"中医传统制剂方法（达仁堂清宫寿桃丸传统制作技艺）"被国务院确定为第三批国家级非物质文化遗产扩张项目；2014 年 11 月，"中医传统制剂方法（安宫牛黄丸传统制作技艺）"被国务院确定为第四批国家级非物质文化遗产扩张项目；此两项荣誉成为达仁堂获得的最有代表性的荣誉，达仁堂成为国内不多的先后拥有两项国家级非物质文化遗产的企业。

作为百年老店，达仁堂承载着过去的荣光，也肩负未来更长远发展的重任。多年来，他们深耕国内市场，并积极布局海外，建设现代化的工厂和产业园区，大力推广中医、中药养生文化，坚守百年理想，践行作为一家老字号的历史责任与担当，为弘扬中国传统文化做出了重要贡献。

三、河北省

79. 槐茂

槐茂是河北省保定市的著名调味品企业，迄今已有340多年的历史。2006年11月被商务部认定为第一批"中华老字号"（名单序号：河北2），注册商标"槐茂"。

槐茂最初是一家民间酱园，清康熙十年（1671年）由北京迁来保定的赵氏夫妇在保定西大街创建。因店旁有一株古槐而取字号"槐茂"，寓意买卖像古槐一样枝叶茂盛，日益兴隆。帮助槐茂起家并传承至今的绝活是酱菜。槐茂酱菜的腌制方法相当独特，先选择品质好的鲜菜，然后配以花生仁、杏仁、核桃仁、姜丝、石花菜等，腌制成各种什锦酱菜，成品咸甜适度，既脆又嫩，是佐餐佳品。

1870年，李鸿章接替曾国藩任直隶总督兼北洋大臣。他在总督府驻地保定大力发展商农业，特别是为军队重点发展槐茂酒的酿造业，并在家书中力劝其表弟从事酿酒业。李鸿章写道："世人只知槐茂酱菜香，岂知槐茂酒香岁更长。"体现了李鸿章对各业均衡发展的重视，又从一个侧面表明槐茂酱菜的知名度和影响力。

史料显示，1870年至1924年即清末民初，保定酱业发展到鼎盛时期。其中，"保定府三宗宝：铁球、面酱、春不老，两宝在槐茂"则成为当地民谣佳话。如三宝中的甜面酱，承得天独厚的一亩泉优质水源，以及悠久传统的生产工艺，一般从农历三月就开始制醅发酵，温度、水分、用盐均有严格要求，采用槐茂独特工艺，产品酱香浓郁，咸甜适口。而"春不老"[1]亦为槐茂的明星产品之一，腌渍后无论存放多久仍保持绿、嫩、脆的本色，风味独特，充分体现槐茂特色。当时，保定槐茂已经与北京"六必居"、临清"济美"、济宁"玉堂"齐名，并称为"江北四大酱园"。

---

1 春不老，芥菜的一种，多作腌菜。

相传清光绪二十九年（1903年），慈禧太后挟光绪皇帝去西陵途经保定，暂住行宫（今保定二中校址）。为博取太后欢心，当地官员献上槐茂酱菜，慈禧品尝后赞不绝口，并赐名"太平菜"，希望其统治地位牢固，天下太平。同时还赐春不老为"备瓮菜"，喻为老百姓家家必不可少的常备菜。从此，槐茂酱菜身价百倍，当时，每斤酱菜的售价竟高达1.7两白银。

改革开放以来，槐茂打出一片新天地。1989年6月，设立"保定市槐茂酱菜厂"，规模成倍增长，经营范围扩大，包括调味品、豆制品、酱腌菜制造的技术咨询服务等。1998年12月，该厂更名为"河北保定槐茂有限公司"，开始实行现代企业制度。2015年，槐茂在重组改制的基础上，融入资本力量与品牌活力，确立了致力于成为"中国甜面酱第一品牌和甜面酱行业标准制定者"的发展战略，并启动定兴新厂的投建工作，目标建立全球最大的甜面酱生产基地。2017年，槐茂定兴新厂一期落成试产，占地面积300多亩，以甜面酱生产为核心，集酱菜、酱油、醋等调味品为一体，一期量产后面酱类产品年产能达到三万吨，其他调味品年产能达到一万吨。目前，槐茂酱菜已有40多个品种。其中什锦酱菜、酱包瓜、酱苤蓝丝、酱莴笋、酱三仁、酱黄瓜、糖蒜、虾油瓜等都是名产品，块形整齐、丝条均匀、色泽鲜艳、质地嫩脆、味美甜香、酱香浓郁。

2018年，槐茂研发的新品上市，全新的品牌和产品呈献给社会，产业化大发展的槐茂，正续写着老字号酱业的新传奇。

80. 真定府

真定府是河北省石家庄市的食品企业，迄今已有150多年的历史。2011年3月被商务部认定为第二批"中华老字号"（名单序号：河北2），注册商标"真定府"。

真定府原名"马家老鸡店"，清同治八年（1869年）由直隶祁州（今河北省安国市）人马洛发在直隶正定府（今石家庄正定县）创立，主营卤鸡，称"马家老鸡"。相传该卤鸡源于明末清初的直隶祁州，为当地特产，而经马氏家族精心改良和历代传承，便成为正定特产。

清光绪二十七年（1901年），因八国联军进犯北京而逃往西安的慈禧太后及

三、河北省

光绪皇帝还京途中，曾在正定逗留，期间对马家卤鸡品尝称赞，印象颇深。原因在于，马家卤鸡选料考究，一律活鸡，通常精选一年龄的散养柴鸡，以公鸡为主，从不外购加工过的半成品。因马家系回族，故检疫后的活鸡严格按照伊斯兰教规，全部由清真寺掌教操刀屠宰。马家选用的卤鸡汤已为百年老汤，汤中胶质、氨基酸、芳香类物质十分丰富。每次卤煮新鸡，都要添加20余种名贵作料，煮过之后，都将老汤沉淀过滤，去除杂质，保持汤鲜味美。另外，马家卤鸡造型独特，将白斩鸡一翅插入口腔，脖颈弯回，另一翅折叠，两腿别起，爪入膛内，呈琵琶状。煮好的卤鸡黄里透红，颜色鲜亮；油香扑鼻，清爽持久；味道纯厚，鲜嫩可口；鸡型美观，油光平展，久食不厌。

改革开放后，真定府迎来一个全新发展时代。1993年，马家老鸡店第六代传承人马学中接班，他坚持马家传承百年的店规祖训——"先做人，后经商""足斤足两，货真价实""宁多十元购好料，不省一元买次货""买多买少都是买卖，小孩老人童叟无欺"。既保持了传统工艺，又自主创新了卤鸡翅、卤鸡爪、卤鸡胗等系列产品，并采用先进的灭菌及真空多层复合保鲜工艺，开发出系列软包装产品，使之能长期保持色、香、味、型不变，方便保存、运输和外销。1997年7月，马学中注册"真定府"商标，企业知识产权得到法律保护。2007年3月，成立"石家庄马氏中发食品有限公司"，企业开始实行现代经营管理制度。同年6月，"真定府马家卤鸡"被河北省确定为第二批省级非物质文化遗产，企业知名度和影响力迅速提升。2009年，公司征地25亩，新建一座现代化食品加工厂，采用传统工艺加现代技术方式扩大生产规模，努力满足广大消费者的需求。

目前，公司已在石家庄市区开设11家连锁（直销）店，并在保定北国商场开设马家老鸡专柜。正定县城除大十字街马家老鸡店外，另有华安连锁店和瑞天大厦专柜。县内九个乡镇和部分村也已开设直销点。相邻新乐、平山、藁城、行唐、赵县等县（市）亦建有连锁店，未来连锁店还将在北京、天津、上海、南京等大城市落户。经过一番精心布局，真定府已逐渐从地方产品演变为全国产品，市场占有率逐渐提高。

81. 争荣

争荣是河北省霸州市的食品企业，迄今已有130多年的历史。2011年3月被商务部认定为第二批"中华老字号"（名单序号：河北3），注册商标"争荣"。

争荣的前身是"德泉永烧坊"，清光绪八年（1882年）创立于霸县城东济悯庄村。该烧坊采用甘者为酒、酸者为醋的工艺，以先产酒后产醋的酒醋共酿方式，前店后场，自产自销，规模虽小，味道独特，深受当地民众喜爱。

1949年8月，争荣跨入一个新时代。"德泉永"与霸县供销合作社公私合营，更名为"霸县供销合作社灰煤醋酱厂"，自产白酒、酱油醋等产品，满足全县人民的生活需求。自1965年开始，"争荣"一词便用于醋酱厂的产品名称。

改革开放后，争荣一路向前，成就斐然。1982年，醋酱厂变更为"霸县供销社食品加工厂"，企业经营范围拓宽。1983年，该加工厂注册"争荣"商标，企业知识产权获得法律保护。2000年，该厂变更为"霸州市争荣食品有限公司"，企业生产和经营规模更加扩大。2007年12月，该公司被河北省工商局认定为"河北省著名商标企业"，公司喜获殊荣。2008年6月，争荣在霸州市农产品深加工产业集聚区南孟镇东侧占地70亩建设新厂，厂房建筑面积由原来的5000平方米增加到三万平方米，产能超级提升。同年12月，霸州市争荣食品有限公司更名为"河北霸州争荣食品有限公司"，企业开始实行现代经营管理制度。2014年4月，公司在石家庄股权交易所挂牌上市，整体改制为"河北争荣生物科技股份有限公司"，为石家庄市首家登陆该股交所的企业，一举进入地方资本市场。2018年3月，公司申报"霸州熏醋"地理标识产品获得成功，成为河北省调味品行业的第一个国家地理标志，填补了霸州市地理商标零的空白，标志着霸州熏醋产业正式迈上品牌化发展的道路。

近年来，争荣不断加大自有品牌的推广力度，陆续推出以老酱油为代表的"老"产品和以什锦捞汁为代表的"新"复合调味品。通过积极展示，什锦捞汁、海鲜捞汁、老北京酱油、老北京红烧酱油、特制料酒进入了北京高端商超市场，销售增长率达30%以上，在河北省调味品行业中位居第二名。与此同时，公司组织成立产品研发中心，设立专项资金，专心于公司的专业，既保留传承传统工艺，又注重创新开发时代产品，努力使100多种各类产品源源不断走向市场。

争荣调味品主要有酱油、食醋、黄豆酱、料酒等四大系列20余个品种，有年产酱油1.5万吨、食醋1.2万吨、豆酱3000吨、料酒3000吨的生产能力，有

3500平方米的灌装车间和成品库厂房，1500平方米的内外包装车间，其中10万级无菌洁净灌装车间560平方米。有国内先进的酿造设备和瓶装、桶装流水线。争荣酱油以独特的高盐稀态发酵酿造工艺，采用优质大豆、小麦等原料，具有"色泽适中、鲜咸适口、体态澄清"等突出特点；争荣食醋以固态发酵酿造工艺，采用优质大米、高粱等原料，经六个月微生物发酵多种工序酿造而成，具有"体态澄清、酸甜适口"的特点。

82. 刘美

刘美是河北省乐亭县的食品企业，迄今已有120多年的历史。2006年11月被商务部认定为第一批"中华老字号"（名单序号：河北7），注册商标"刘美"。

刘美的前身为一家烧鸡铺。据《乐亭县志》记载：清光绪二十三年（1897年），直隶省永平府（今河北省唐山市）乐亭县人刘俊与其祖父刘崇在县南关挂起"刘记烧鸡铺"的牌匾，从事店铺经营。1905年，光绪皇帝侍卫之一刘坦回乡省亲，首次品尝到刘记烧鸡，甚感色、香、味俱佳，还用随身携带的进口照相机拍下刘记烧鸡铺的门面照片。1906年，已任慈禧太后随身侍卫的刘坦再次回乡省亲，并带回北京几十只烧鸡呈献给慈禧太后，慈禧品尝后赞不绝口，遂赐名"刘美烧鸡"。为此，同年11月，刘俊摘下经营近10年的"刘记烧鸡铺"牌匾，更名"刘美烧鸡铺"。

刘美烧鸡不仅好吃而且好看，原因在于，刘俊在白条鸡下锅前，先用刀背将两只鸡腿敲折，然后将爪子并拢塞入掏空的鸡腹，再将左翅向背部一别，将右翅从鸡脖子上的切口处穿入，从鸡嘴里穿出，然后将鸡头、鸡脖回转过来顺鸡翅的弯曲贴于鸡背的侧面，这样整形后烧鸡紧凑、饱满，看上去就像在侧卧栖息，既漂亮又好摆放。

1933年后，刘美烧鸡的第二代传承人刘金凯子承父业，将煮制烧鸡的手工技艺不断发扬光大。1956年公私合营，刘金凯成为县食品公司的一名职工，但当时该公司并不生产烧鸡，于是刘金凯只能悄悄地将祖辈流传下来煮制烧鸡的陈年老汤，用瓦罐装起来深埋在自家院子的墙角下，为防止变质，每年夏天还要偷偷地挖出来煮上两遍。

1978年刘金凯退休时,恰逢改革开放的春风吹拂,于是他便率领全家挖出深藏多年的老汤,垒起锅灶,重操刘美烧鸡旧业。

刘金凯次子刘二刚是刘美烧鸡的第三代传承人。他1982年接班,整个80年代,从独轮车到两轮车,再到四轮流动售货亭,最后到刘美烧鸡店,刘二刚事业有成,生意日益红火,烧鸡时常供不应求,市场份额越来越大。

1995年,他投资1.2万元建起了"刘美烧鸡"加工厂。1998年,刘二刚又筹集60万元购置了一套具有国内领先水平的现代化流水作业生产线及高温杀菌、真空包装设备。1999年,再投资百万元,果敢买断县内一家破产企业,建起了1800平方米生产加工车间和办公大楼,并购置了具有国内先进水平的检测化验设备,对原材料的每个加工环节和产品的质量与卫生进行严格把关,使生产工艺更趋合理,产品质量稳步提高。同年,刘美烧鸡被评为"河北省优质产品","刘美"商标被认定为"河北省著名商标"。

2000年6月,刘二刚一举组建了"河北省刘美实业有限公司",开始实行现代企业制度,成为乐亭县一个集收购、屠宰、精细加工、真空杀菌、成品包装流水式作业与产、供、销链条式衔接的现代化私营企业。2007年6月,"刘美烧鸡手工制作技艺"被河北省认定为第二批省级非物质文化遗产,中华老字号再添殊荣。2013年10月,河北省文化厅公布了河北省第一批非物质文化遗产生产性保护示范基地,河北省刘美实业有限公司榜上有名,百年老店创新发展。

83. 洛杉奇

洛杉奇是河北省石家庄市的食品企业,迄今已有110多年的历史。2006年11月被商务部认定为第一批"中华老字号"(名单序号:河北1),注册商标"金凤"。

洛杉奇的前身为一家烧鸡店,清光绪三十四年(1908年)由保定迁居石家庄的马鸿昌夫妇在大桥街创立,字号"鸿须利",主营五香烧鸡。他们采用独特的制作工艺,并配用多味中草药,使烧鸡色泽鲜亮、风味独特,很快闻名全城,人称"马家鸡"。另因大桥街位于石家庄老火车站附近,烧鸡便被旅客带到了全国各地。

三、河北省

1956年实行公私合营，石家庄市政府将全市17家加工经营禽类产品的私营商户合并，划归市食品公司管理，成立"石家庄大桥街扒鸡店"，产品定名为"石家庄回民扒鸡"。同时由相关部门组织颇具盛名的马姓、刘姓两家技术人员牵头，将各家的工艺、配方组合后进行甄别、筛选和多次试制，完成了石家庄扒鸡生产加工技艺上的第一次融合和创新。他们引进吸收德州扒鸡的优秀传统工艺，结合自身优势，采用独特的制作方法，创制石家庄扒鸡。他们用蜂蜜对鸡进行上色炸制，并用中药秘方老汤煮制，做出来的扒鸡风味独特，色泽金黄，味道纯正，香味扑鼻，闻名遐迩，市场供不应求。

改革开放后，洛杉奇如沐春风，发展迅速。1983年，因大桥街拆迁改造，市食品公司将大桥街扒鸡店和永新回民扒鸡店合并后，迁址桥西区南马路，更名为"石家庄市回民扒鸡厂"，实行前店后厂式经营，生意日益红火。1990年12月，食品公司将回民扒鸡厂迁到现址北二环西路33号，并动工兴建新厂，结束了前店后厂的作坊式生产模式，为推进扒鸡生产的规模化，发挥了必要的扶助和保障作用。新厂总面积达7090平方米，其中生产车间2740平方米、配套设施1150平方米、宿舍办公楼3200平方米，设计能力为年产优质扒鸡700吨，于1992年7月正式投产，生产规模大大超过了原前店后厂。1997年5月，隶属石家庄市食品公司美味斋商场的"金凤扒鸡厂"，随美味斋商场整体被石家庄国大集团兼并，并和当时的石家庄洛杉奇食品有限公司资源整合组建了河北味全国大食品有限公司。2002年3月，成立"石家庄洛杉奇食品有限公司"，企业开始实行现代经营管理制度。2007年6月，"金凤扒鸡手工制作技艺"被河北省确定为第二批省级非物质文化遗产，企业无形资产得到发扬光大。2014年，注册商标"金凤"被国家工商总局认定为"中国驰名商标"，企业知名度和影响力大幅度提高。

目前，公司在鹿泉市绿岛火炬开发区投资两亿元的旅游观光型工厂正式启用，年消化蛋鸡1000万只。公司从一个食品加工企业发展成集养殖、屠宰分割、深加工、冷藏物流、连锁经营为一体的农业产业化食品企业集团和国家级农业产业化龙头企业，令人刮目相看。未来公司将进行禽肉类产品屠宰及深加工项目建设，通过征购土地，建设生鸡屠宰、分割及深加工生产园区；建设熟肉制品生产加工园区；建设洛杉奇面制品生产加工园区；建设大型肉类水产综合交易市场及配套设施等。同时完善以"金凤"扒鸡为龙头，公司加农场带农户的蛋鸡产销体系；完善金凤扒鸡连锁经营体系；完善以国内市场为主、出口为辅的市场营销体系。

84. 福盛泉

福盛泉是河北省邢台市的酿酒企业，迄今已有100多年的历史。2011年3月被商务部认定为第二批"中华老字号"（名单序号：河北9），注册商标"福盛泉"。

福盛泉的前身为一家民间烧锅，1916年由宁晋县（今属邢台市）人范老成在县城西关创立，字号"福盛泉"。此酒以高粱为主料，经窖池固态发酵，精酿而成，深受欢迎。但好景不长，1917年因宁晋大水，原粮紧缺，被迫停产。三年后，范老成联合城关路其昌等人再办烧锅，取名"志诚公"。几年后，路其昌分出，自办烧锅"志诚永"。

1946年，"福盛泉"与"志诚公""志诚永"三家烧锅合并组成制酒厂。1949年，该厂更名为"河北省宁晋县制酒厂"。1961年，制酒厂迁至县城东北，占地2.97万平方米。1963年至1965年，因自然灾害致粮食奇缺，酒厂遭遇前所未有的危机，生产经营步履维艰。

改革开放以来，福盛泉如同插上腾飞的翅膀，令人刮目相看。1984年，酒厂生产实现半机械化，市场占有率逐渐提高。1987年至1991年，企业实行两轮经营承包，生产出更多好酒。自1999年起，企业连续四次被河北省工商局认定为"河北省著名商标企业"，企业知名度和影响力大幅提升。2004年2月，宁晋县制酒厂进行股份制改造后，更名为"河北泥坑酒业有限责任公司"，开始实行现代企业制度。2006年12月，公司更名为"河北凤来仪酒业有限公司"，企业进一步快速发展。2009年6月，"宁晋泥坑酒酿造技艺"被河北省确定为第三批省级非物质文化遗产，企业殊荣加身。2012年，公司整体搬迁至宁晋县天宝东街，占地260亩，拥有窖池1780个，全自动灌装线六条，年产白酒2.5万吨，企业规模空前扩大。

目前，公司主要产品为泥坑系列、凤来仪系列、福盛泉系列白酒，各项经济指标均达到国内同行业先进水平。这些系列白酒，以精选的东北优质红高粱为原料，采用纯小麦制成的中、高温大曲为糖化发酵剂。同时采用古代流传下来之特殊泥池发酵工艺，结合先进的现代白酒生产工艺，经长期发酵、精心酿制勾兑而成。发酵池采用黑龙港流域所特有的胶泥，因此种胶泥中含有大量的有效磷和腐殖质，发酵时可产生大量的香味物质成分，故所产酒品具有清澈透明、窖香浓郁、入口绵甜、醇香柔和、回味悠长之特点。公司从原材料采购入库、粉碎、配醅、清蒸、糊化、蒸馏、原酒入库，到贮存、勾调、品评、过滤、检验灌装等几十道工序上千个质量控制点，都有严格的质量标准和完善的检测手段，从而确保出厂白酒质量和风味的稳定。

公司在不断创新发展、奋力拼搏的同时，从未忘记对国家和社会的责任，曾义无反顾地投入到扶贫脱贫攻坚主战场。例如2015年，公司与县电视台联合承办了"泥坑五谷春，宁晋公益行"大型义捐活动，先后在20多个乡村进行义演、义捐，所得善款全部捐献给了当地的孤寡老人和生活困难人员，共有100余位孤寡老人和生活困难人员获得捐助。

四、山西省

85. 益源庆

益源庆是山西省太原市的醋业品牌,迄今已有640多年的历史。2006年11月被商务部认定为第一批"中华老字号"(名单序号:山西6),注册商标"益源庆"。

益源庆创立于明洪武十年(1377年),原为一家民间作坊,主营磨面、酿酒、制醋,取名"益源庆"。1410年,明太祖朱元璋之孙晋恭王朱㭎之五子朱济焕受封为宁化王后,该作坊被收归王府作坊,除为自家做醋外,还兼制烧酒、磨面等。因作坊坐落于太原市桥头街宁化府巷,故人称"宁化府醋"。清代以来,益源庆更加发展。据现存一具当年蒸料用的铸有"嘉庆二十二年七月吉日成造"字样的铁甑推测,早在清嘉庆二十二年(1817年),益源庆已具有日产醋300余斤的规模,成为山西最大的制醋作坊,产品称为"官礼陈醋"。清道光二十年(1840年)后,宁化府人陆续在西安、北京、包头、石家庄、镇江等地开设益源庆分号,将益源庆的酿造技术推向全国。民国时期,阎锡山及其许多社会名流都长期食用益源庆产品醋,该产品成为当时达官显贵馈赠亲朋之佳品。

益源庆醋是传统的固态发酵工艺,后期采用熏醅增色增香,生产出的醋香、酸、甜、绵,色泽棕红、滋味醇厚。这些特色与益源庆数百年形成的独特工艺密不可分。单从配料而言,益源庆的主料优质高粱、辅料谷壳等,都必须经过严格挑选。尽管这些原料都可以有替代品,但几百年的实践表明,传统原料配方的任何一点调整,都会使醋的风味发生变化。因此,益源庆在发展过程中,坚守传统技艺精华,蒸、酵、熏、淋、酿、勾兑,从投料至出醋经上百道工序精工细作而成。

然而1943年,益源庆几乎濒临倒闭。多亏掌柜张映瑀寻得榆次丁永义、刘世忠、王支荣三人合资将益源庆买下,才化险为夷,东山再起。该店实行自产自销,保质保量、保退换、保顾客吃完不坏。由于企业重质量、保信誉,故颇

四、山西省

受广大消费者信赖，产品行销北京、天津、上海、西安等地，知名度和影响迅速提高。

1956年3月实行公私合营，益源庆归属"新星食品酿造厂门市部"，成为该厂专门制醋的一个生产车间。酿造厂管理上设立配料用料统计、成品检验部门，开始用科学方法指导生产，并增加搅拌机，发酵过程实行三隔离，完善了生产程序，益源庆初步走上标准化、规模化道路。1958年至1962年，新星食品厂更名为"食品酿造厂"，益源庆门市部被取消，仍为该厂生产车间。1963年，益源庆移交"柳巷副食品公司"管辖。1966年，又从柳巷副食品公司移交"太原市糖业烟酒公司桥头街副食商店"管辖，称为"桥头二部"。

改革开放以来，益源庆取得长足发展，业绩骄人。1984年11月，"桥头二部"更名为"太原市益源庆调味副食品商店"，继而又更名为"太原市益源庆醋厂"。1986年，益源庆醋厂成为太原市糖业烟酒公司领导下的独立经济实体。1988年，太原市政府拨款扩建醋厂，1989年1月新厂落成开业，建筑面积2100平方米，新增全套现代化设备。1996年，益源庆成功平息了国内一家非产醋公司抢注"宁化府"商标的风波，以该商标注册人三年未使用该商标为由，向国家工商总局提出撤销宁化府商标的申请，获得支持，从而有效地维护了企业的知识产权。1997年，益源庆由国有商办工业企业改制为股份制企业，组建"太原市宁化府益源庆醋业有限公司"，开始实行现代企业制度。2011年，益源庆的"宁化府老陈醋酿制技艺"被山西省确定为省级非物质文化遗产，企业无形资产得到发扬光大。2012年4月，"益源庆"注册商标被国家工商总局认定为中国驰名商标，企业知名度和影响力更加提升。

86. 广誉远

广誉远是山西省太谷县的医药企业，迄今已有470多年的历史。2006年11月被商务部认定为第一批"中华老字号"（名单序号：山西4），注册商标"远"。

广誉远问世于明嘉靖二十年（1541年），由山西襄垣县中医石立生创建，时名"广盛号"药铺。它是中国最早的民间药店，比1669年创建的北京同仁堂和1874年开张的杭州胡庆余堂分别早128年和333年。清嘉庆十三年（1808年），广盛号进行了一次大规模的资产重组,由独资经营转为股份制合作,改商号为"广升聚",又称"广升药店聚记"。广升聚商号共计存在了70年,其间,在汉口、广州等地设立了6家分号,重点营销龟龄集和定坤丹,极大地促进了企业发展。另据太平天国史料记载,1853年3月太平天国攻克南京并定都后,洪秀全曾密令要将广升聚整体迁往南京,该店当时所享盛名由此可见一斑。清光绪四年(1878年),广升聚更名为"广升蔚"。清光绪十年(1884年),二掌柜申守常等人退出广升蔚,另行成立"广升远",又称"广升药店远记"。从此,两个"广升"药店并存且相互竞争。然而始终是广升远占上风,其在香港、广州、济南、重庆设立了9家分号,使龟龄集的销量包括出口贸易达到极盛。清代后期至民国,广升远曾与北京同仁堂、广州陈李济、杭州胡庆余堂并称为国内四大药店,知名度和影响力更加提高。1907年,广升蔚更名为"广升誉",后改称"广升誉正记"。1932年,广升誉再改称"广升裕"。

1954年实行公私合营,两个"广升"药店合并,成立"山西省公私合营太谷广誉远制药厂",企业发展迈上一个新台阶。1966年,该厂更名为"太谷红卫制药厂";1973年,又更名为"山西中药厂";直至1998年企业整体改制为"山西广誉远中药有限公司"。2003年8月,该公司由大型现代化医药企业——西安东盛集团投资控股,更名为"山西广誉远国药有限公司",企业结合现代管理运营理念,将广誉远传统老店发展成为集中成药研发、生产、销售于一体的高科技现代化制药企业。其母公司西安东盛集团,1999年收购上市公司"青海同仁铝业股份有限公司",2000年3月更名为"东盛科技股份有限公司",2013年7月又更名为"广誉远中药股份有限公司"。目前,山西广誉远国药有限公司是广誉远中药股份有限公司旗下的核心企业。

广誉远的明星产品为龟龄集、定坤丹以及龟龄集酒、安宫牛黄丸、牛黄清心丸、六味地黄丸、乌鸡白凤丸、甘露消渴胶囊等,在广大消费者心中有很高的地位。其中,"龟龄集"系中

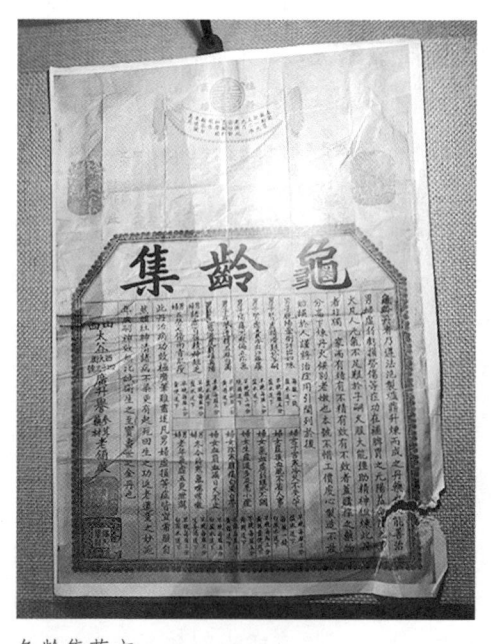

龟龄集药方

国最早的中药复方升炼剂，距今已有400多年的悠久历史。其处方严谨、配料珍奇、炮制工艺精湛，升炼技术沿袭了道家炼丹的神秘和玄妙，具有补肾壮阳、强身健脑、调整肌体、促进新陈代谢等作用，故明清两代均被宫廷誉之为"御用圣药"。1915年2月，龟龄集参加在美国旧金山举行的巴拿马太平洋万国博览会获得金奖，从此药香四海、享誉五洲，声名远播、世人皆知。2008年6月，"中医传统制剂方法·龟龄集传统制作技艺"被国务院确定为第二批国家级非物质文化遗产，古方中药获得殊荣。"定坤丹"也是广誉远传统的独特产品，系清代乾隆年间全国名医的集体创造，为我国宝贵的医药遗产，是1995年联合国第四次世界妇女大会唯一指定专用妇科中成药。2011年5月，"中医传统制剂方法（定坤丹传统制作技艺）"被国务院确定为第三批国家级非物质文化遗产，古方中药再获殊荣。更值得关注的是，2004年，龟龄集和定坤丹两药的"处方和工艺技术"被科技部和国家保密局联合审查、核准为"秘密级秘密技术"，受到国家最高行政保护。

87. 清和元

清和元是山西省太原市的清真餐馆，迄今已有410多年的历史。2011年3月被商务部认定为第二批"中华老字号"（名单序号：山西17），注册商标"清和元"。

相传清和元的前身为太原南仓巷的一个无名小吃摊点，始创于明万历二十八年（1600年），主人是阳曲县回族朵家，专卖羊肉杂割汤。一次偶然的机会，他得到明末清初书画家、医药家傅山的帮助，即傅山提供的山西地方风味名吃"头脑"的配方和技艺及傅山亲笔书写的"头脑杂割清和元"的牌匾。于是摊棚扩展成店，生意日益兴隆。

所谓"头脑"，原本是傅山为使其母亲恢复健康熬制的一种食疗浓汤，由羊肉、羊髓、酒糟、煨面、藕根、长山药、黄芪、良姜八宗物品混合煮成，又称"八珍汤"。实质上是一种用以滋补的药膳类医疗食品：如羊肉味甘性热，补虚开胃；藕根清热化痰；山药补脾除湿；黄芪味甘性温，补脾健肺；良姜味辛性热，温中下气，暖胃消食；等等。它温补而不腻，清香可口，汤鲜味美，每次喝完浑身都会觉得暖洋洋、舒坦坦的，堪称药膳之典范、美食中的上品。

及至清道光年间朵林风接手，清和元进入鼎盛时期。临街店铺已改建成二层木制小楼，雕龙画凤、古朴典雅，并配有宽敞的庭院。食材主料肥羊肉既固定了品种质量，也固定了购买地点，一个销售期（从上年的阴历白露到第二年的立春）要宰用两岁的子绵羊200只左右，并有了帽盒和稍梅等佐餐食品，从而使"头脑"消费热火朝天，店铺门前车水马龙。据载高峰时，每天五更时分就有人手提灯笼从城内街头巷尾聚拢而来，把店堂挤得满满当当。

1956年，清和元与国营清真饭店公私合营，组建新的"清和元饭店"并迁于桥头街重建，请回了失散多年的老店名师，进行了第一次恢复传统风味名吃的整顿工作，市场经营逐渐拓展。

1979年，该店又进行了第二次恢复传统风味名吃的整顿工作，重点是恢复传统特色。一是恢复传统名吃名点的配料、工艺，保证和提高质量，力争超过当年；二是恢复传统的服务方式、店规祖训，使服务质量、服务态度发生明显的变化，以便取得顾客信任。经过三年努力，果然大见成效。1982年，饭店扩大营业面积700多平方米，增设了两个经典别致的高级餐厅和三个普通餐厅，日接待顾客量达2500人次以上。不仅一些曾断档的品种像"酥盒子""夹沙饼""荷花酥""一窝酥""混糖饼""鸳鸯酥""桂花饼""龙眼馍""开花馍""九龙饺"以及一些高档的山珍海味都恢复了供应，还创新了优质名点名菜"香酥饼""双馅梅花饼""抓炒糖醋鱼""香菇鸡"等20多个品种。这一年，清和元每日销售600~800碗，全年接待美国、日本、法国等30多个国家和地区的外宾，成为省城最大、闻名三晋的老字号清真龙头饭店。2008年6月，"中医养生·药膳八珍汤"被国务院确定为第二批国家级非物质文化遗产，清和元再创辉煌。

88. 福同惠

福同惠是山西省运城市的食品企业，迄今已有220多年的历史。2011年3月被商务部认定为第二批"中华老字号"（名单序号：山西11），注册商标"福同惠"。

相传清乾隆六十年（1795年），江苏吴江人吴耕耘被派到山西省河东道任候

四、山西省

补道台，在等待上任期间，他与家人在运城开设了一个糕点铺，试做江南风味糕点出售以补贴家用。由于销路颇好，吴耕耘便弃官从商，专营糕点生意。他从苏州请来糕点名师，调整配方、改进工艺，创出既保留南方特色、又适合北方口味的"南式细点"，深受河东人们喜爱。不久，他将自己的糕点铺定名为"福同惠"。

南式细点是福同惠最重量级、名气最大的产品，尽管其从中国南方引入，但经长期发展演变，已成为运城的独特产品。细点区别于山西其他糕点的突出之处就在于"细"——加工精细、成品细腻。其选料精良，配方考究，工艺独特，以精面粉、白绵糖、植物油、蜂蜜、麻仁、青红丝、核桃仁、玫瑰酱等为主要原料。制作手法细腻，造型逼真，其关键在于手工及刀口。手工在搓剂时边揉边推，边搓边拉；刀工表现为每个品种刀数不同，刻痕深度及刀口都有很高的技艺要求。南式细点每斤四款12块，象征一年四季12个月，每块一个花色代表一个美好祝愿。最让人难以释怀的是，该糕点不仅造型逼真而且色鲜味美，闻则心旷神怡，尝则满口生香。久而久之，南式细点与闻喜煮饼、太谷饼等并称"山西八大名点"，备受广大消费者青睐。

1986年10月，企业成功注册"福同惠"商标，一直沿用至今。1994年9月，"运城市福同惠食品大楼"成立，一代名点乘上改革开放的高速列车。1995年7月，福同惠的明星食品"酥皮月饼""五仁月饼""晋式八宝月饼""吉祥如意月饼"获得"山西省最佳月饼奖"。1993年、1997年、2001年、2005年、2010年、2015年，"福同惠"注册商标曾经六次被山西省工商局认定为"山西省著名商标"，企业知识产权屡获殊荣。2007年7月，"南式细点制作工艺"被山西省确定为第一批省级非物质文化遗产，福同惠再创佳绩。

然而在2009年，福同惠总店因运城市解放南路拓宽改造时被拆除。直到2012年底，福同惠才投入巨资在原址上兴建综合办公大楼，并于2015年1月使福同惠总店重新开张营业。该店营业面积600多平方米，主要从事糕点生产、食品馅料加工和副食品销售，是运城市商贸流通企业的纳税大户。更值得关注的是，新总店摒弃了传统的手工操作方式和传统的"前店后厂"的经营模式，实行现代化、自动化的流水生产线以及现代化购物广场的企业发展思路，标志着福同惠大步跨入自身发展史上的一个新阶段。2014年11月，福同惠食品大楼更名为"运城市福同惠食品有限公司"，企业走上现代化发展之路。

89. 双合成

双合成是山西省太原市的食品企业，迄今已延续180多年。2006年11月被商务部认定为第一批"中华老字号"（名单序号：山西5），注册商标"双合成"。

双合成的创始人为直隶保定府（今河北省保定市）满城县农民李善勤和张德仁。起初他们做些推车挑担、收购鸡鸭的小生意，后于清道光十八年（1838年）在直隶真定府（今河北省石家庄市）井陉县横口镇西街开了一家食品店，定名"双合成"。清光绪二十四年（1898年），李、张两家后人李洛金、张子瑞在真定府（今石家庄市）大桥街设立了双合成分号。

1912年1月，李洛金的次子李俊生来到太原，在北司街24号创建食品店，沿用"双合成"商号。1914年，双合成迁址大剪子巷36号，主要经营水果、罐头、盒装饼干等。1929年，双合成又迁址柳巷32号，并由时任河北省民政厅长孙奂仑题写"双合成"牌匾。

此时至1937年11月日本侵占太原，双合成的经理一直为陈步云。在经营方面，他增加销售品种，如聘请名师自产自销月饼、点心，并注重产品质量，不准省工省料。每种新产品问世后，技师、经理以及所有员工都要一一品尝，大家一致认可后才批量生产；任何人提出合理建议，采纳后都给予一定奖赏。在管理方面，他从严治店。规定凡股东子弟一律不准进店干活，更不准参与柜事；股东和本人的亲朋不准在柜上白吃、白拿；发现员工有不轨行为的，一次给予警告，二次即行开除；等等。毫不夸张地说，双合成在陈步云出任职业经理人期间，达到双合成发展史上的第一个鼎盛时期。

1956年实行公私合营，采用前店后厂经营模式的双合成遭遇拆分：前店更名为"太原南城食品总店"；后厂更名为"太原南城糕点肉食加工厂"。1964年，双合成恢复前店后厂经营模式，重挂"双合成"牌匾，企业发展出现转机。然而"文革"期间，双合成再次拆分：前店更名为"太原红星食品店第一门市部"，后厂更名为"太原柳巷大商店第一门市部"，企业发展重入困境。

直到改革开放，双合成才东山再起，一路高歌猛进。1980年，"双合成"老字号恢复，全称为"太原糖业烟酒公司双合成批零商店"，营业面积增加到92平方米，生产面积增加到680平方米。1983年，山西省书法家虹川先生题写"双合成"牌匾。1990年，山西省书法家王留鳌先生也题写"双合成"牌匾。1989年至1990年，双合成拆除原有旧木楼建成新楼，于1990年9月1日在柳巷门店开业。1997年11月，双合成完成股份制改造，成为山西省食品领域内众望所归的民营企业。2005年，双合成北大街总部落成，并于同年7月23日举行北大街旗舰店隆重开业。2009年9月，双合成工业园开园，引进多条国内一流生产线，为开拓国际市场打下坚实基础。

经过多年发展，双合成已经形成了一个庞大的产品体系，即中式系列、西式系列、娘家系列、感恩月饼系列、喜庆系列、文化主题系列等六大产品类别，并在全国范围内建立起行之有效的自己的营销网络，特别是立足于上海、北京、郑州、石家庄、西安等全国主要市场，成为中国北方广大消费者信赖的、具有很大影响力的食品生产企业。

90. 汾酒

山西杏花村汾酒集团有限责任公司的前身为清代的"宝泉益"酒坊，迄今已有140多年的历史。2011年3月被商务部认定为第二批"中华老字号"（名单序号：山西4），注册商标"杏花村"。

汾酒是中国"清香型"白酒的代表酒。据考证，山西杏花村酿酒始于北魏，已有1500多年历史。此处杏花村与唐朝杜牧在《清明》诗中所指的杏花村是否为一处，至今颇有争议。

宝泉益创立于清光绪元年（1875年），由山西汾阳县南垣寨绅士王协舒在汾酒产地杏花镇东堡村卢家街独资开办。1915年其三弟王协卿接管，改名为"义泉泳"。王协卿对酒坊进行大力整顿，投资改善生产条件，聘请能人管理，使酒坊实力壮大，技术力量加强，汾酒的质量明显提高。就在同年，义泉泳生产的"老白汾酒"在美国旧金山举办的巴拿马太平洋万国博览会上一举夺魁，荣获甲等金质奖章。

1919年，义泉泳与当年成立的"晋裕汾酒有限公司"合作经营，共同开拓白酒市场。1924年，该公司率先注册了中国白酒业的第一枚商标——高粱穗汾酒商标，知识产权得到法律保护。1932年，晋裕汾酒有限公司兼并义泉泳，汾酒事业从此告别中国酒业旧的管理模式，彻底进入公司化的经营时代。

1948年6月，政府收购了杏花村仅存的两家酿造厂——晋裕公司杏花村酿造厂和德厚成酿造厂,成立山西省"地方国营杏花村汾酒厂",专营杏花村汾酒系列产品,从此该厂成为杏花村传统酿酒业的唯一继承者。首先加班生产的是"老白汾酒"和"竹叶青酒",用于当年中秋节上市。1949年9月,杏花村汾酒还被摆到全国政协第一届会议的宴席上,从而成为中华人民共和国第一种国宴用酒。

改革开放以来,汾酒的发展更加突飞猛进,事业有成。1988年11月,成立了以山西杏花村汾酒厂为主体厂,由太原、吕梁、长治等18个企业和科研单位组成的多种经济成分、多层次组织结构的经济联合体——"杏花村汾酒集团",并在全国各地建立了22个杏花村酒家,从而使以汾酒厂为核心的各种生产要素得到优化配置。1993年8月,山西杏花村汾酒厂改组为"杏花村汾酒集团公司"。同年12月,"山西杏花村汾酒厂股份有限公司"成立,该公司于1994年7月在上海证券交易所上市,成为全国酒类行业中第一家酒类上市公司。1997年4月,"杏花村"商标被国家工商局认定为"中国驰名商标",企业知识产权保护取得重大成果。2002年4月,山西省政府设立国有独资的"山西杏花村汾酒集团有限责任公司",并被列为国家520户重点企业和省12户授权经营企业之一。2006年5月,"杏花村汾酒酿制技艺"被国务院确定为第一批国家级非物质文化遗产,企业再获殊荣。

锐意进取、敢为人先是汾酒人的优良传统。事实上,早在20世纪60年代,汾酒厂就开始了酒文化和企业文化的研究工作,先后收集了书画作品3000余件,其中上品就达1000件;先后编辑、整理、出版了300余万字的诗、书、画册、连环画等文化宣传作品;兴建了一批文化设施,美化企业环境,将工厂集酒、诗、书、画于一身。这一系列具有超前意识的酒文化工作,有力地促进了企业"两个文明"建设,为日后进军文化创意产业打下了坚实基础。1988年10月,设立全国首家"酒器博物馆",馆藏以汾阳为中心的民间酒器900余件。2007年10月,在原有博物馆基础上扩建竣工汾酒博物馆,以新颖的设计、独特的视角、十分生动、形象、全面地展示了汾酒千年的发展历程,显示出汾酒在中华酒文化中的独特地位。

四、山西省

91. 荣欣堂

荣欣堂是山西省太谷县的食品企业，迄今已有120多年的历史。2006年11月被商务部认定为第一批"中华老字号"（名单序号：山西7），注册商标"荣欣堂"。

太谷县的著名特产是太谷饼，相传始于清康熙年间，最早的店铺为"天和居""文元堂"等。清光绪二十一年（1895年），曾在文元堂打工的山西襄垣县人李怀贞利用个人积蓄，在太谷东街鼓楼底（县东大街117号）创建了自己的饼面作坊——荣欣堂，前店后厂，自产自销，开启了享誉三晋大地的百年老店的历史大幕。

太谷饼是面制炉烤的实心饼，因产于山西太谷得名，当地俗称"甘饼""烧饼"。太谷饼用料考究，荣欣堂的家传祖训为：临汾麦子白又筋，北路胡麻香半城，太谷家的打锣锤（即谷子），熬成米粞灵味浓，难得广西洋冰糖，最好永济白芝麻。另一方面，荣欣堂店规严谨，在制作技艺上要求"五不准"，即：不准乱用料，不准少用料，不准多用料，不准乱了套，不准急火闹。经过前人的积累与总结，现今生产的荣欣堂太谷饼具有"酥而不碎，甜而不腻，香甜可口，久放绵软"四大特点，故享有"糕点之王"的美称。由于好吃上口，早在清代末期，太谷饼就已行销北京、天津、西安、兰州、包头、张家口等地。

清光绪二十六年闰八月（1900年10月），慈禧太后西行西安路经太谷县，品尝太谷饼后非常喜欢，遂将其定为宫廷贡品，使太谷饼身价陡增。回京途中，慈禧又驻跸太谷，除顿顿膳食要吃太谷饼外，临走时还下旨要太谷饼面点铺掌柜随驾进京，只是掌柜不愿离开故土并有人求情才作罢。

1934年蒋介石到太谷探亲，看望其大姐夫孔祥熙。孔祥熙请他品尝家乡特产太谷饼后，蒋介石连声说，想不到山西有这么好吃的东西，于是也想将太谷饼面点铺迁至南京，但被孔祥熙婉拒。

改革开放后，荣欣堂走上康庄大道，发展势头强劲。1995年，"太谷县白城荣记食品厂"应运而生。2003年8月，荣记食品厂改制更名为"山西太谷荣欣堂食品有限公司"。为将太谷饼传统技艺发扬光大，该公司定位于集科研、工贸、营销策划于一体的综合性现代化民营企业，新建国内一流烘焙生产线、微机控制全自动包装设备，参数化固定生产工艺。所生产的成饼呈圆形，直径10厘米，厚约2厘米，边与心的厚薄均匀，表皮为茶黄色，粘有脱了皮的芝麻仁，而且久贮味道不变，真正形成了荣欣堂独特的烘焙风格。

毫不夸张地说，荣欣堂迅速发展的得意之笔应属线上销售。据了解，2014年6月之前，太谷饼的线上销售几乎为零，但自太谷饼实施网购以来，荣欣堂线上销售额已占总销售额的50%。2014年荣欣堂线上销售300多万元；2015年其销售额则整整增长了10倍。这个诚信铸造的老字号品牌、在本地消费者心中的地位十分稳固的山西品牌，借力电子商务平台，逐渐走向全国各地乃至世界各国，颇受广大消费者青睐和好评。2016年，荣欣堂食品有限公司在电商销售平台的强力推动下，销售额比2014年翻了一番，总产值高达一亿元。在山西省2016年10月1日至12月1日两个月的网上销售统计中，荣欣堂一举夺魁。在当年山西品牌中华行的活动中，食品行业的电商销售总额，荣欣堂一家就占到了41%。

五、内蒙古自治区

92. 开鲁

开鲁是内蒙古自治区通辽市的酿酒品牌，迄今已有120多年的历史。2011年3月被商务部认定为第二批"中华老字号"（名单序号：内蒙古3），注册商标"开鲁"。

开鲁的前身是"万合永烧锅"，清光绪二十四年（1898年）由李梓樵创立于热河王公领地（今通辽市开鲁县）。不久，李梓樵在通辽、天山、林东等7个县市设立分号，经营本厂白酒和其他产品的推销业务。1936年，万合永烧锅生产的白酒"开鲁老白干""开鲁大曲"进入北京市场，在王府井开设专卖店，销路较好。万合永在市场竞争中，先后挤垮大德号、同合永，甚至连热河省独立骑兵第九旅长崔兴武开的烧锅——兴隆泉，也不敌万合永而被迫倒闭。从此，万合永夺得开鲁酒业之冠。

1947年2月通辽解放，在人民政府主持下成立"开鲁县制酒厂"，企业规模迅速拓展。改革开放后，开鲁品牌更加发扬光大。1980年，开鲁县制酒厂更名为"地方国营开鲁县制酒厂"。1988年，开鲁老白干酒荣获"自治区优质产品"称号，受到消费者追捧。2000年，地方国营开鲁县制酒厂更名为"内蒙古百年酒业有限责任公司"，企业开始实行现代经营管理制度。2006年9月，"开鲁"注册商标又被内蒙古工商局认定为获"内蒙古著名商标"，企业知识产权得到充分保护。2007年，该酒被评为"内蒙古名牌产品"，其他主导产品开鲁老白干酒系列、开鲁老窖、蒙古窖王、草原马王酒系列、草原马神酒系列均已销往北京、辽宁、吉林、黑龙江、山东等20多个省区市。2015年12月，开鲁老白干被国家质检总局认定为地理标志保护产品，企业知名度和影响力进一步提升。

目前，内蒙古百年酒业有限责任公司占地面积19万平方米，是集白酒、饮料、饲料生产销售于一体的综合厂家。企业白酒生产能力为年产两万吨以上，70多个品种，高、中、低档俱全。其中的明星产品开鲁老白干酒已有百余年酿造历史，产品选自科尔沁草原优质红高粱为原料，经纯小麦大曲、麸曲、产酯酵母发酵，沿用传统"老五甑"工艺，并传承"万合永"人独有的工艺酿造而成。产品具有清澈透明、酱浓协调细腻、芳香秀雅、醇厚丰柔、入口回味悠长的特点，颇受各界赞誉。

为适应不同的消费需求，切实增强市场竞争力，公司经过半年多的筹备，通过专家亲临指导、技术部反复试验，于2013年7月将芝麻香型白酒正式投产。该产品发酵周期为40天，主要的酿酒原料以高粱、小麦、大米为主，添加适量的麸皮及稻壳为辅料。糖化发酵剂集高、中温大曲、麸曲、生香酵母及强化菌曲等于一体。其生产工艺具有：清蒸续楂、泥底砖窖、大麸结合、多粮多维共酵、高温堆积、高温发酵、长期贮存的特点。由于该产品的原料及工艺特点为其提供了似浓非浓、似清非清、似酱非酱的条件，其香味组成兼具清、浓、酱三种香型特点，故成为独具风格、自成一体的白酒。

六、辽宁省

93. 老龙口

老龙口是辽宁省沈阳市的酿造企业，迄今已有360多年的历史。2011年3月被商务部认定为第二批"中华老字号"（名单序号：辽宁4），注册商标"老龙口"。

老龙口的前身为一家民间酒坊。清康熙元年（1662年）由山西太谷县酿酒商孟子敬在盛京（今沈阳）小东门外兴建，取名为带"龙"字谐音的"义隆泉"。因位于清朝故都盛京龙城之东口，故名"老龙口"。

清康熙四十五年（1706年），康熙帝第四次御驾东巡，品尝该酒后，大为赞赏，并用此酒拜祭了太祖太宗。回到京城后他颁下圣旨，钦定"义隆泉"酒为宫廷贡酒，并亲自为孟子敬题写了"义隆泉酒楼"。清乾隆十七年（1752年）义隆泉烧锅更名为"德龙泉"烧锅，清同治十年（1871年）又改称"万隆泉"烧锅。在长达两个世纪的时间里，虽曾几易其主，但老龙口一直继承发扬悠久的酿造传统，使烧锅始终畅销不衰、生意兴隆，成为"大清贡酒"，即清康熙、雍正、乾隆、嘉庆、道光五朝皇帝10次东巡盛京的御用贡酒生产地。

抗日战争期间，万隆泉屡遭不测。1944年，日本侵略者为了扩建"满洲工作机械株式会社"，曾将烧锅厂房强行拆掉2/3，烧锅被迫停烧。直到1945年8月日本投降以后，万隆泉烧锅才在原址重新修建，并于1946年6月投产。

1949年3月，沈阳特别市政府专卖局收购万隆泉烧锅全部资产，定名为"沈阳特别市专卖局老龙口制酒厂"，使其成为国有企业。同年6月，该厂更名为"老龙口制酒厂"。

20世纪50年代，老龙口重振雄风，殊荣不断。1951年，老龙口制酒厂更名为"沈阳市烧酒一厂"。1950年，老龙口酒60吨发往朝鲜支援抗美援朝。1958年，烧酒一厂依法向国家有关部门申请注册了"老龙口"商标，每10年依法续展，从未间断。1959年，老龙口酒10吨调往北京人民大会堂作为国宴招待用酒。

1960年10月沈阳市烧酒一厂更名为"沈阳市老龙口酒厂",1966年9月又改为"沈阳市太阳升酒厂"。1973年1月,该厂才恢复为沈阳市老龙口酒厂。

2000年10月,沈阳老龙口酒厂与新加坡T&C公司合资成立"沈阳天江老龙口酿造有限公司",成为全国白酒行业第一家白酒生产合资企业。2008年,老龙口青花龙酒和老龙口45度一帆风顺酒被确定为北京奥运会食品;同年6月,"蒸馏酒传统酿造技艺·老龙口白酒传统酿造技艺"被国务院确定为第二批国家级非物质文化遗产。2010年,老龙口特供15年、特供30年和特供50年陈酿系列年份白酒被确定为辽宁省市政府接待用酒;2011年,老龙口白酒被沈阳市工商局确定为"沈阳特产"。

随着老龙口的知名度和美誉度空前提高,尽管它以沈阳为重心,市场销量在沈阳市内白酒销量中稳坐"头把交椅",省内市场销售网络延伸到各市、县;省外市场辐射到哈尔滨、长春、天津、河南、山东、新疆等地;国际市场已扩展到韩国、朝鲜、日本、俄罗斯等国。

值得钦佩的是,老龙口在一路发展成为生产规模大、经济实力强、科技水平高的大型白酒酿造企业的同时,还大力投身文化创意产业,故早在2002年,沈阳天江老龙口酿造有限公司就率先同行把老龙口酒博物馆奉献给广大公众。2014年底,沈阳市政府、沈阳市文物局拨款对老龙口酒博物馆进行整体改造,改造后的博物馆布局合理,建筑面积增加到1200平方米,展陈面积999平方米,展线延长,展示酒文化内容丰富厚重,充分展示了中华民族传统酒文化,生动展现中国传统酿酒工艺流程,是东北白酒酿造最有历史价值企业发展史的缩写,集文物收藏、保护、陈列展览、科学研究于一体,充满满族文化色彩和特色。

94. 鸿兴泰

鸿兴泰是辽宁省抚顺市的茶行业百年老店,迄今已有330多年的历史。2006年11月被商务部认定为第一批"中华老字号"(名单序号:辽宁3),注册商标"鸿兴泰"。

相传清康熙年间,抚顺人张天鸿在盛京(今沈阳)开设茶楼,深受大众欢迎。清康熙二十一年(1681年),康熙帝东巡祭祖,曾到该茶楼品茗并赋诗一首:"鸿运启帝基,兴业创八旗;泰和今盛世,茶香心自怡。"从此,张天鸿便以帝诗前三句的第一个字"鸿兴泰"作为茶楼商号。

清乾隆四十八年(1783年),乾隆帝第四次东巡祭祖,并到鸿兴泰抚顺分店视察。他目睹张天鸿后人张津辅高超精深的茶道和娴熟纯正的茶艺技法,甚感心悦,亦题诗一首:"鸿运中天日斗金,兴隆生意月月新,泰和心境淡如水,茶香主雅客来勤。"鸿兴泰创下历史记录:即一家茶楼得到两位皇帝赐予的墨宝,鸿兴泰的生意也因此达到鼎盛时期。

清乾隆六十年(1795年),乾隆帝干脆将张津辅召入皇宫,官居五品,专门负责宫中茶事膳食。这使张津辅对满族及清宫廷的茶道、膳食的造诣发生质的飞跃,从而为日后鸿兴泰茶艺与膳食文化的传承打下了理论和技艺的坚实基础。

时至清光绪年间,张氏后人张朝鼎返回抚顺以茶庄形式发展鸿兴泰。由于经营有方、管理到位,鸿兴泰日益兴隆,在当地曾有"京城张一元,东北鸿兴泰"之说。

例如"熏制务精",便是鸿兴泰数百年来传承下来的祖训。制茶时,鸿兴泰用鲜花吐香、茶叶吸香这一吐一吸的变化,使茶味花香融为一体,相得益彰。选坯时,选用闽东地区高山上的春茶为茶坯。择花则采摘闽中地区伏天里的熟花,坚持下午三点钟后采摘花蕾,俗称当日蕾花。其气温高、日照强,故香气足、茉莉花品质最优。加工时,一般要在夏至到处暑之间进行。

1931年日军侵占东北后,鸿兴泰历尽坎坷。一是因日军掠夺抚顺优质矿藏逼迫鸿兴泰迁址;二是日本商人岗田仰仗日军势力强行合股经营;这些都使鸿兴泰举步维艰、每况愈下。

直到中华人民共和国成立,鸿兴泰才东山再起。然而在"文革"期间,鸿兴泰店内的康熙真迹、鸿兴泰金字招牌等珍贵历史文物毁于一旦。

改革开放让鸿兴泰重逢盛世。1996年6月,张朝鼎的外孙——蒋咏先生在鸿兴泰旧址——辽宁抚顺欢乐园开设"鸿兴泰清茶馆",同年"鸿兴泰茶庄"也开张营业。2000年9月,位于抚顺新抚区北台新村的"鸿兴泰茶楼"建成迎客。同年9月,成立"辽宁鸿兴泰茶业有限公司",企业发展规模扩大。2005年12月,"鸿兴泰"商标被辽宁省工商局认定为"辽宁省著名商标",企业知识产权保护迈上一个新台阶。2007年4月,"满族茶艺"被抚顺市确定为市级非物质文化遗产,企业无形资产得到充分保护。2012年1月,以辽宁鸿兴泰茶业有限公司为股东之一,组建"鸿兴泰抚顺饮食文化有限公司"。

目前,鸿兴泰已是抚顺地区最大的一家茶产品专业经营公司。它集代理、批发、零售、品茶、茶艺和茶文化研究于一身，与国内各生产厂家及茶叶生产基地建立了良好的业务关系，堪称抚顺地区的"茶叶之王"。

95. 马烧麦

马烧麦是辽宁省沈阳市的回民食品企业，迄今已有220多年的历史。2006年11月被商务部认定为第一批"中华老字号"（名单序号：辽宁7），注册商标"百年马烧麦"。

马烧麦原称马家烧麦，清嘉庆元年（1796年）由回民马春创制。当时他手推独轮车，在盛京（今沈阳）闹市街头边包边卖，生意十分红火。清道光八年（1828年），其子马广元继承父业，于盛京城西门外设板屋两间，建起"马烧麦"餐馆。

清光绪二年（1876年），盛京将军崇实部下、记名提督左宝贵驻守奉天（今沈阳），在小西门建造府邸时该餐馆被拆。但左宝贵体恤商艰民情，令赐一地重建门市，使马烧麦得以保留，此时已由马家第三代传承人马长永经营。1914年，马长永又将祖业传给后代马鸿芳、马铭卿兄弟俩继承。

"烧麦"是明末清初从内蒙古西部流传起来的一种风味面食品，以烫面为皮、裹馅成型、上笼蒸制为工艺特色。因烧麦其形似麦梢上绽开的白花，故在清乾隆年间，诗人柳东人曾用"梢麦馄饨列满盘"的诗句，来称赞烧麦的美味。古往今来，广大消费者之所以钟情于马烧麦，还在于其制作精良、味道鲜美。该产品用开水烫面，大米面做辅面，将面皮压成菊花形花边，选用腰窝、紫盖、三叉三个部位的牛肉剁碎制馅，加调料用清水浸煨成稀疏的"墒水馅"；拢皮捏包时留大缨，上屉蒸熟即可食用，具有皮亮、筋道、馅松、醇香等特点。

然而20世纪三四十年代，由于长期战乱，马烧麦逐渐走上下坡路。直到1956年6月，马烧麦才在人民政府关怀下，于沈阳小北门路东整修30多平方米的营业室，由马家二位兄弟主持重新开业。1961年，几经变迁的马烧麦迁到了小北门里路西即现址，马烧麦的老师傅被请出山，政府还特别增拨平价牛肉等紧俏原料用于企业发展。1963年，马烧麦第五代传承人马继庭接掌餐馆，将马烧麦的配料、制作方法、独特技巧全部发扬光大，使马烧麦进一步腾飞。

六、辽宁省

改革开放以来，马烧麦迎来难得的发展机遇，佳绩连连。1984年，马烧麦餐馆进行扩建，原来砖木结构的房屋被重新粉刷和装修一新，经营面积比原来扩大3倍，整个建筑具有浓郁的伊斯兰风格。与此同时，企业聘请马烧麦第五代传承人马继亭担任技术指导，改机械压面为传统手工擀面，从而使烧麦质量胜过从前，不但味道鲜美，而且造型美观，制成后的烧麦晶莹洁白、透剔显馅，如牡丹含苞、似兰花待放，使人赏心悦目，故备受顾客好评。近年来，许多伊斯兰教国家访沈客人，大多前去品尝。

1997年12月，马烧麦被国内贸易部、中国烹饪协会联合认定为"中华名小吃"；同月，被沈阳市人民政府评定为"沈阳市风味名品"；企业殊荣满满。2002年，马烧麦又被国内贸易部评定为"中国名点"，一时间声名鹊起，颇受欢迎。2007年6月，成立"沈阳马家烧麦餐饮连锁管理有限公司"，公司实行现代企业制度。2008年1月，"百年马烧麦"注册商标被辽宁省工商局认定为"辽宁省著名商标"，企业知识产权保护攀上一个新高峰。2011年7月，"马家烧麦制作技艺"被辽宁省确定为第四批省级非物质文化遗产，企业发展再创辉煌，令人刮目相看。

96. 天益堂

天益堂是辽宁省沈阳市的药品企业，迄今已有近200年的历史。2011年3月被商务部认定为第二批"中华老字号"（名单序号：辽宁21），注册商标"天益堂"。

天益堂的前身是原籍山东、早年落户山西省太谷县的武贵亮闯关东致富后开设的家用药铺，坐落于盛京（今沈阳）皇城后街四平街（今中街）。清道光四年（1824年），武贵亮第四子武学畴继承这家药铺，取名"天益堂"，成为其创始人。

凭借雄厚的资金实力和优越的地理位置，特别是本着"助天行益，济世福民"的经营宗旨以及货真价实、薄利多销等经营方法，天益堂迅速发展起来。清宣统年间，天益堂在盛京城内上百家大小药店中脱颖而出，与广生堂、宝和堂、万育堂并称奉天（今沈阳）四大名药店。至民国初年，天益堂则已雄踞奉天中药店之魁首，令人刮目相看。1918年，天益堂在沈阳大南关大街路东215号开设第一家分号，取名"天益堂永记药店"。1927年在千代田通（1946年更名为中华路，原中华路生生照相馆所在地）开设第二家分号，取名"天益堂久记药店"。

1937年，武步元担任天益堂监理，他大刀阔斧地对天益堂进行了全方位的改革。其一是聘用重要管理人员，采纳他们的建议。其二是树立企业形象，将木门脸改为大玻璃窗，店门上方高悬"天益堂"霓虹灯；店内布置典雅实用，安暖器，摆沙发，四壁悬挂名人题匾楹联，并展示动植物药材样品。其三是加强管理，店员统一西装制服，并明令不得剃光头；同时开展电话订药、免费煎药送药、中药包内附药效介绍等营销方式，并允许赊账、年底结账。这一系列措施使药店顾客常年络绎不绝，日均曾高达600余人次。

1956年公私合营后，天益堂不断扩大经营范围，增加了西药、医疗器械、卫生材料等，经济效益显著提高。然而"文革"期间，天益堂更名为"人民药房"，具有历史文物价值的"万金账"和"犀牛角"失踪。1975年2月，"沈阳天益堂中药厂"成立，重新启用天益堂商业字号，开始看到重振雄风的曙光。

改革开放以来，天益堂经过全面整顿，恢复了传统经营项目，名牌中成药、地道中药材陆续摆上柜台。1988年又对营业楼进行了翻新改造；1991年造型古朴典雅的五层大楼竣工并投入使用。2001年1月，沈阳天益堂中药厂转为民营企业，天益堂的母公司"沈阳医药股份有限公司"与"沈阳药材采购供应站"合资成立"沈阳天益堂药材有限公司"。2008年3月，该公司更名为"沈阳天益堂医药有限公司"，经营范围包括中成药、中药材、中药饮片、化学原料药、化学药制剂、抗生素、生化药品、生物制品（除疫苗）、体外诊断试剂、蛋白同化制剂、肽类激素批发等。同年，国大药房有限公司收购沈阳天益堂药房连锁有限公司，更名为"沈阳国大天益堂药房连锁有限公司"，上下共三层，面积在1400平方米以上。

天益堂经过跨越三个世纪广泛收集古典医术的典方、宫廷传出的秘方、民间流传的验方奇方等，已经形成独特的配方和工艺。该公司现有丸、散、片、胶囊、颗粒剂五个剂型70多个品种。其中红药片、疏风再造丸、金匮肾气丸、冠心苏合丸、羚羊清肺散等药享誉国内外，深受使用者好评。

六、辽宁省

97. 老边饺子

老边饺子是辽宁省沈阳市的食品企业，迄今已有180多年的历史。2006年11月被商务部认定为第一批"中华老字号"（名单序号：辽宁4），注册商标"老边"。

老边饺子的始创者是河间府（河北省）任丘县人边福，他于清道光九年（1829年）在盛京（今沈阳）小东门外小津桥设立了"老边饺子馆"，售卖与众不同的煸馅饺子。

清同治九年（1870年），边福的儿子边得贵经过钻研创新，将传统普通的煸馅改为汤煸馅，使之松散易嚼、味道鲜美，故形成别具一格的特色饺子。也就是说，老边饺子的独特魅力其实就在于它独特的制馅工艺上。例如，大多数饺子都是把生肉馅包在饺子皮里一起煮熟，而老边饺子则是把肉馅先煸熟然后利用高汤煨透，让肉馅充分吸收高汤的风味，从而使口感变得更加软嫩。

正因为如此，老边饺子逐渐声名鹊起，并先后在沈阳开了三家分号，分别由边氏后裔——边跃、边义、边霖弟兄三人经营。1940年，老边饺子第三代传承人之一边霖，将老边饺子馆迁到了沈阳北市场，这里集寺庙文化、饮食文化、戏曲文化于一体，类似北京天桥、南京夫子庙，故老边饺子馆扎根此处如鱼得水，生意兴隆。

1948年11月，边霖将"边家饺子馆"更名为"高等饺子馆"，并迁址沈阳北市一街北侧路西，为一幢二楼门市。1952年，高等饺子馆因故停业，边霖改行经营百货。1956年4月，"公私合营老边饺子馆"重新开业，边霖担任经理，店铺迁至北市场味里香回民饭店现址，一时间顾客盈门。1964年6月，邓小平到沈阳视察时曾品尝边霖包的饺子，饭后他鼓励说："老边饺子有独特之处，要保持下去。"1966年9月，老边饺子馆改制成为国有企业，但整个"文革"期间亦受到巨大冲击，牌匾被砸，企业被迫更名为"五七饭店"。

直到1979年，老边饺子馆才重新挂起金字牌匾，恢复昔日风采。该馆不仅请回退休在家的边霖师傅，而且在业务上也不断发展，创新了用水产、肉类、蔬菜等食材调制的26种馅，发展了圆笼上桌，增添了高档的"酒锅饺子"，使传统风味锦上添花。1981年6月，我国著名相声演员、语言艺术大师侯宝林到辽宁大学讲学，其间亲临品尝老边饺子，席间挥毫题字："边家饺子，天下第一。"

1985年2月，沈阳老边饺子馆登记注册"老边"商标，企业知识产权保护迈出了一大步。1986年3月,"沈阳市饮食公司"成立,下设"沈阳市饮食公司老边饺子馆",后该馆更名为"沈阳老边饺子馆"。沈阳市饮食公司除辖老边饺子馆外,还授权旗下新开的所有饺子馆都使用老边商标。1989年,老边饺子荣获沈阳市十大风味之首,深受广大消费者欢迎。1998年,老边饺子宴在美国加州国际博览会荣获金奖,海外一片赞誉。2000年,沈阳老边饺子馆被上海大世界基尼斯总部认定为"历史最长的饺子馆",百年老店名不虚传。2006年,"老边"注册商标被辽宁省工商局认定为"辽宁省著名商标",企业知名度和影响力进一步提升。2011年10月,"老边饺子传统制作技艺"被辽宁省确定为第四批省级非物质文化遗产,一代技艺书写了辉煌历史。

98. 中和福

中和福是辽宁省沈阳市的茶行业百年老店,迄今已有130多年的历史。2006年11月被商务部认定为第二批"中华老字号"(名单序号:辽宁1),注册商标"中和福"。

中和福建于清光绪八年(1882年),坐落在盛京四平街(今沈阳中街),创始人为直隶省冀州(今河北省冀县)人李成堂,当时称"中和福分号"。后由沈阳籍人士关树勋主办,他出资聘请外地精通茶道的赵俊吉担任经理,一时间营销火爆、门庭若市。

该茶庄与众不同之处在于,自开办之初就坚持自办茶厂,原茶均从南方诸省直接进货,然后自拼自配,焙炒加工,主要经营红、绿、花、青四大茶类几十个品种。因质量上乘、包装精致,就连20世纪20年代的张作霖大帅府也把它作为用茶首选之店,从此更加声名远扬,被誉为"东北第一茶庄",茶叶还一度远销越南、蒙古、俄罗斯等国家。

在茶叶文化传承方面,中和福同样别出心裁。其店堂讲究,茶具名贵;柜台用上等木料制作,涂朱红大漆;货架上雕琢飞禽走兽,颇为精致。尤其是1929年,中和福店面改建装修为二层各三间的形式,采用钢筋混凝土结构,茶庄正面中央处拱形墙还雕有麒麟图案,成为国内唯一以麒麟雕像为徽志的茶庄,一片大展宏图的趋势。在楼的最顶端两侧还建有两座绿盖红柱的凉亭,专供顾客凌空品茗、远眺街景。"中和福"三字茶庄牌匾由清末书画家、奉天（今沈阳）画坛三杰葛月潭以隶书题写，至今尚存；二楼的四个柱子上则是他所写的金字竖匾"西湖龙井茶、洞庭碧螺春、黄山花云雾、老竹岭大方"；茶室门楣两侧面挂着据说是仿郑板桥的手迹"一听春雨瓢儿菜，满架秋风扁豆花"的楹联。

然而1937年后，由于日伪实行的"经济统制"对茶行业造成严重冲击，故中和福茶庄也货源紧张、日渐萧条。直到中华人民共和国成立，濒临破产的中和福茶庄才开始出现生机，不仅延续了传统配方，而且经营规模迅速扩大。1956年公私合营，中和福茶庄并入"沈阳市茶叶总店"，隶属"沈阳市糖业糕点公司"。

改革开放以来，中和福阔步前行，大展风采。1984年8月，"沈阳市中和福茶庄"成立，企业发展进入快车道。近年来，由于经营有方、管理到位，中和福的名、优、特、新产品购销渠道畅通，该茶庄每年直抵闽、浙、皖、赣等省的正宗茶叶有红、绿、花、白、黄、黑、青等七大类800多个品种，无论在规模、品种方面，还是质量、信誉方面，抑或文明服务方面，都名列辽宁全省同行业之首。2008年1月，"中和福"注册商标被辽宁省工商局认定为"辽宁省著名商标"，企业知识产权保护得到重要推进。

更值得关注的是，中和福茶庄一直在文化创意产业领域有所作为。它利用反映其发展史的文字、图片和实物等，在茶庄内设立了小型展示厅，向公众展示茶庄的生产与经营，如从茶叶采摘到制作、加工过程的资料；展示精美茶具及不同材质、不同档次的包装及所经营的各类茶品。既生动再现了茶庄深厚的历史文化积淀，又使人们对中和福的产品有了更加透明的了解，增加了顾客的信任度，从而使广大消费者对中和福茶庄的茶品有了更加全面和直观的认识，便于积极主动地选择和购买。

99. 群英楼

群英楼是辽宁省大连市的餐饮企业，迄今已有120多年的历史。2006年11月被商务部认定为第二批"中华老字号"（名单序号：辽宁20），注册商标"群英楼"。

群英楼的前身是名为"王春记饭店"的小餐馆，清光绪十八年（1892年）

由登州府福山县（今山东省烟台市福山区）人王春宝在旅顺口开设。1902年，"王春记"迁址当时沙俄所称的达里尼市欧罗巴区的一条商业街（今大连市中山区天津街、修竹街一带），并从此扎下根来。1908年，"王春记"通过逐步收购邻近房屋的方式，将小店扩充为大店，以经营辽菜和鲁菜为主，不断推出新产品。其中名菜有"两吃大虾""红烧海参""四喜丸子""九转大肠""糖醋鱼""樱桃肉"等；同时对原有的风味小吃进行改进，如虾肉水饺就是该店有名的招牌小吃。

1911年，"王春记"建成二层砖瓦楼对外营业，更名为"群英楼大饭店"，开启了群英楼百年老店的历史大幕。1918年，群英楼渐成规模，与当时名噪一时的共和楼、泰华楼和登赢阁平分秋色，跻身于"三楼一阁"之中。不久该饭店又成为大连名店，人称大连"十二大名楼饭店"之一。然而20世纪三四十年代由于日本侵华战乱频仍，群英楼经营滑坡、举步维艰。

1956年实行公私合营，群英楼归属大连市饮食公司管理，原辽东饭庄的青年厨师牟传仁调入群英楼工作，他把群英楼看家名菜全部继承下来并有所创新。

改革开放后，群英楼如沐春风，再创辉煌。1983年，经全面装修改造后，群英楼恢复了老字号名称。一楼为快餐厅；二楼为中央大厅，围楼四周有碧海、宴禧、群英、迎宾、龙凤、友谊、福寿等不同格调的单间雅座，可同时容纳800人就餐。20世纪80年代末，一个很偶然的机会使得群英楼又一次挺立潮头、脱颖而出。当时一对日本老夫妇几次专程为吃水饺而来群英楼，并表示要进口群英楼的水饺至日本。在他们的推动下，群英楼开始出口速冻水饺，但那时多数国人尚不知道速冻食品为何物。与此同时，牟传仁升任群英楼经理，他潜心改进群英楼的风味饺子制作工艺后，更大批量地向日本出口，获得"天下第一饺"的荣誉，使群英楼的发展迈上一个新台阶。

1993年3月，大连群英楼食品有限公司成立。它是群英楼与日本三菱商事株式会社合资兴建的大型现代化速冻食品加工厂，建筑面积5000多平方米，设计年生产速冻食品3000吨。1995年，群英楼食品有限公司在日本国农林水产省登记注册，被日本海关誉为免检产品。公司依靠传承群英楼百年烹调技艺一流的技术力量和被日本农林水产省认可的一流卫生水平，根据客户的要求开发生产各种中式面点和菜肴。特别是"群英楼"牌系列速冻食品，以九州食文化特点的正宗口味和完全手工制作的精美造型，深受东亚尤其是日本消费者的欢迎。

毫不夸张地说，群英楼的名字长期以来都是大连百姓心中极为认可的一块金字招牌，是时光带不走的美好回忆；而群英楼的馒头、水饺也一直是老百姓逢年过节时的首选。2007年1月,"群英楼"注册商标被辽宁省工商局认定为"辽宁省著名商标",企业知名度和影响力更加大幅度地提高。

100. 老天祥

老天祥是辽宁省丹东市的医药企业,迄今已有120多年的历史。2006年11月被商务部认定为第一批"中华老字号"(名单序号:辽宁5),注册商标"老天祥"。

老天祥的前身是"天祥顺药房",清光绪十九年(1893年)由山东人荆寿山创建于莱州府烟台(今山东省烟台市),后由山东蓬莱人梁甘庭接办。1915年,梁甘庭发现奉天省安东县(今辽宁省丹东市)开埠初期商机无限、市场扩大,便与安东日生堂药店合伙设立天祥顺分号,取名"天祥福",不久又更名为"老天祥",地址设在当时最繁华的商业区财神庙和聚宝街交汇处。

尽管老天祥采取前店后厂的经营方式,但它的经营范围广泛,以中医中药为主、兼有西医西药,且药品制作讲究精细和功效,加之广告宣传到位,故药材除畅销本地外,还销往全国各地及邻国朝鲜。相传老天祥兴盛时,有坐堂先生七人,其中中医五人、西医两人,另有朝鲜语翻译两人,不仅安东地区附近几个县的患者慕名前来就医,就连朝鲜新义州的居民也过江来求医购药。以此为基础,老天祥在市区内先后开设五家分店,生意兴隆、市场火爆,企业发展堪称如日中天。

老天祥自制的中药炮制方法严格,深受广大消费者信赖和喜爱。其饮片达600多种、中成药100多种、丸散膏丹250多种,特别是自制的参茸虎骨花蛇酒等畅销全国及朝鲜,国内达官显贵、富商巨贾和朝鲜一些望族经常在老天祥批量定制高级滋补药品,故早在20世纪二三十年代,老天祥就被誉为"众商之冠"和"药界之荣"。然而日本侵华之后,战乱不断,老天祥也被迫惨淡经营、濒临破产。最低谷时,企业仅剩19人维持日常工作,切制中药材的刀房也不复存在。直到中华人民共和国成立后,老天祥才东山再起。

改革开放以来,老天祥祥云一片,再创辉煌。1996年,老天祥率先在丹东地区药品零售行业实行连锁经营,成为全国100强连锁大药房之一。1998年,老天祥投资 50 万元进行扩建、改造和装修，使营业面积达到 600 多平方米，店堂宽敞明亮，布局科学合理，设有名医坐堂、顾客休息椅、饮水机、阅报栏等；同时开展夜间售药、中药加工煎煮、电话预约购药等便民服务，为顾客营造了一个优雅温馨的购药环境。2002 年 4 月，丹东市老天祥大药房更名为"丹东市老天祥大药房连锁店"，企业发展迈上一个新台阶。2004 年 3 月，丹东市老天祥大药房连锁店又改回原名"丹东市老天祥大药房"，企业发展重新定位。2008 年 7 月，丹东市老天祥大药房经改制后，更名为"丹东市老天祥大药房有限公司"，进一步实行现代企业制度。

2010 年 3 月，"丹东市老天祥医药连锁有限公司"成立，主要经营中药饮片、中成药、化学药制剂、抗生素制剂、生物制品、生化药品，二、三类医疗器械、家用医疗器械、预包装食品（含保健食品）、卫生材料、玻璃器皿、消毒用品、日用百货、化妆品等。公司经营的中药饮片因品种齐全、货真价实而备受丹东地区人民和国内外客商的青睐，其中野山参、活性参、石柱参、野生灵芝、林蛙油、梅花鹿茸及鹿鞭等细贵药材和传统经典中成药常被作为馈赠以及销往国外的佳品。

101. 宝发园

宝发园是辽宁省沈阳市的餐饮企业，迄今已有 100 多年的历史。2006 年 11 月被商务部认定为第一批"中华老字号"（名单序号：辽宁 8），注册商标"宝发园"。

宝发园的创始人是河北省宁河县（今天津宁河区）人国锡璋和国锡瑞兄弟俩，早年他们"闯关东"来到奉天（今沈阳）落脚谋生，于清宣统元年（1909年）在奉天小东门外开了一家小饭馆，取名"宝发园"。

很快这家饭馆就顾客盈门、口碑渐隆，原因是它有四道拿手好菜，即熘腰花、熘肝尖、熘黄菜、煎丸子。国氏兄弟根据东北人的口味，用猪肝、猪腰、瘦猪肉和鸡蛋等原料，经过精细的挑选和配料，做成色、香、味俱全的佳肴，如熘腰花"脆嫩"、熘肝尖"滑嫩"、熘黄菜"软嫩"、煎丸子"焦嫩"。此外每样菜还有造型新颖、刀功精细、火候恰好、操作迅速等特点，加之价格适中，故不但受到普通消费者的欢迎，而且一些达官贵人也经常光顾宝发园。

相传1927年初春的一个早晨，少帅张学良曾到宝发园就餐，他品尝了厨师做的熘腰花、熘肝尖、熘黄菜、煎丸子四道菜后，赞叹不已，连声称之为"四绝"。从此宝发园的四绝名菜脍炙人口，一时名声大振。

1953年，宝发园因故停业。1962年，"沈阳市饮食服务公司"征得宝发园第二代传承人国栋材同意，开办了"沈阳市宝发园名菜馆"。然而"文革"期间，宝发园遭受重创，于1966年被迫停业。尽管如此，国栋材和宝发园第三代传承人国名扬均在已属国有企业的宝发园名菜馆担任过厨师，为宝发园四绝名菜的青出于蓝胜于蓝，做出了突出贡献。

改革开放以来，宝发园老树发出新芽，一路高歌猛进。1980年，沈阳市政府正式命名宝发园的熘腰花、熘肝尖、熘黄菜和煎丸子为"四绝名菜"，四绝菜还连续五届荣获沈阳市"名优风味美食"称号。1984年9月，"沈阳市大东区饮食公司宝发园名菜馆"成立，当时属于集体所有制企业。1997年，该企业申请注册"宝发园"文字商标获得批准。

1998年7月，沈阳市大东区饮食公司宝发园名菜馆改制为私营企业，后企业名称变更为"沈阳宝发园名菜馆"，邹德昌成为宝发园第四代传承人。他在不改变品质的基础上，不断更新口味、扩充店面，让老字号最大限度地迎合广大新老顾客的消费偏好。为适合现代人的口味和健康需要，宝发园选料更加苛刻，如要求都是当天的新鲜原料，熘腰花的刀法要细腻，食用起来脆嫩鲜美，无腥臊之味；熘肝尖色浅滑嫩味醇；鲜肉制作的煎丸子，大小恰似鸽卵，色红润、外焦里嫩；熘黄菜以鸡蛋为主料，其状介于鸡蛋羹与豆花儿之间，上面淋洒鲜虾仁儿、鲜豌豆、鲜胡萝卜及鲜蘑菇小丁儿的卤汁儿，入口清淡、稠厚香嫩。

目前，宝发园在小东路建起了两层楼的饭店，装饰得典雅精致、古朴大方。尽管该饭店距离闹市区较远，但仍凭借百年老店的知名度和影响力迎来八方宾客。2007年3月，传承近百年的宝发园辽菜"三熘一煎"，即"东关'四绝菜'传统烹调技艺"被沈阳市确定为第二批市级非物质文化遗产，企业无形资产得到进一步发扬光大。

七、吉林省

102. 福源馆

福源馆是吉林省吉林市的食品企业，迄今已有近390多年的历史。2006年11月被商务部认定为第一批"中华老字号"（名单序号：吉林1），注册商标"福源馆"。

福源馆的前身是"埠源馆"，始建于明崇祯元年（1628年），最早是由一位人称"茶水张"的老汉，在松花江边码头附近开办的一个卖茶水、油茶、江米条等糕点的茶食小铺。因得地利之便，加上善于经营，小铺逐渐生意兴隆，无论放排的人们、过路的客商，还是赶集的农民及城里的百姓和达官贵人们，都愿意到"埠源馆"来消费。相传清康熙二十一年（1682年），康熙皇帝东巡吉林偶然品尝埠源馆糕点时曾赞道："此糕点做工细腻，清香四溢，为宫中罕见。"故埠源馆因此声名鹊起，字号传遍关东内外。

道光三十年（1850年），一位人称"俊六大人"的京城富商，出资入股埠源馆，并将"埠源馆"更名为"福源馆"，扩大前店后厂规模，生产满、汉、京、浙等各式糕点，兼营香肠、火腿、酱菜、名茶、瓜果、山珍、参茸等。同时开创了下帖子订货，上门送果匣子、寿桃等先进经营方式，很受消费者欢迎。不久还在吉林东市场、大东门相继开设了两个分号，市场日益红火。

有资料显示，每年农历正月初卖"元宵"时，福源馆都热闹非凡。门两侧一副大红对联："福生福地福源馆，元月元宵圆岁长。"店内高朋满座，文人墨客佳句层出，妙语连珠，店外则高搭席棚，悬灯结彩。师傅们支起面案，摆出大箩筐，在众人面前摇制元宵，边做边卖。元宵刚刚摇好，就被围观等候的人们抢购一空。另外，福源馆的月饼也堪称一绝。因其技艺精湛，种类繁多，配方独特，用料考究，品质上乘，每年中秋佳节前夕，从关东内外到宫廷王府，从平民百姓到皇亲国戚，纷纷专程来到福源馆，争先恐后买月饼。

20世纪50年代实行公私合营，吉林许多食品企业都合并到国营食品厂，但

七、吉林省

福源馆因是著名老字号，故仍以"名优老店"的名义独立自主经营。

改革开放以来，福源馆迎来了自身发展史上的黄金时代。不但生产经营良好，而且经常根据需要，在现有品种的基础上，满足客人的个性化服务。1983年，一位旅居秘鲁的华侨，通过中国外交部点名要买吉林市福源馆生产的传统月饼。于是工人连夜特制了四种八市斤月饼，由有关单位派人送到北京，实现了这位华侨的愿望。

1999年企业改制，更名为"吉林市福源馆食品有限公司"。2004年收购长春鼎丰真后，组建成立"吉林福源馆食品集团有限责任公司"；同年"福源馆"商标被国家工商总局认定为"中国驰名商标"，企业美誉度和诚信度大幅提高。

目前，福源馆经营包括中式糕点、西式糕点、速冻食品、肉类熟食制品、饮料冰点制品、民航食品、保健类食品、少儿食品八大类近千种产品，公司将以现代管理和高新科技、企业品牌和文化内涵、生产基地及连锁经营的优势，形成核心竞争力，成为吉林地区最大规模的现代化食品工业集团，享誉东北、辐射全国、走向世界。

103. 积德泉

积德泉是吉林省长春市的酿酒企业，迄今已有220多年的历史。2006年11月被商务部认定为第一批"中华老字号"（名单序号：吉林5），注册商标"积德泉"。

积德泉的前身是家庭酿酒作坊"齐家烧锅"，清乾隆五十六年（1791年）由闯关东的河北人齐雨亭在宽城子（今吉林长春市）创立。清道光三十年（1850年），宽城子一带遭遇大旱，百姓流离失所，饥寒交迫。齐雨亭暂停酿酒，周济灾民，获得百姓拥戴，纷纷呼吁其将作坊改名，以此回报他的恩德。故自清咸丰元年（1851年）起，齐氏酒作坊便以"涌发合"为商业字号。自清光绪朝起，齐氏第二代传承人又将涌发合更名为"泉兴德"。

清光绪三十三年（1907年），日本人进入长春，积德泉被划进其商业街范围，发展受到日本人控制，在其恶意挤压下逐渐衰败。1922年，齐雨亭之孙齐发把泉兴德转让给河北人王玉堂经营。王氏实行股份公司制，将泉兴德更名为"积德泉",设立50间酒作坊,雇佣200多名工人,每日三班倒进行生产,使积德泉出现许多新变化。1930年,积德泉参加吉林省烟酒事务总局在长春举办的东北老酒评定大赛,夺得奖牌,知名度大幅提高。1946年,王玉堂被解放军聘为商会顾问,负责筹集大量现款、布匹、鞋袜等军需物资,并将自存的高粱约25万公斤供给解放军,为东北解放做出重要贡献。

1948年长春解放后,长春市政府接管积德泉酒厂,使其成为当地第一家国营企业,更名为"长春制酒厂",并将"积德泉"作为酒厂的注册商标。1956年实行公私合营,该厂更名为"长春市积德泉酿酒厂",政府按政策向王玉堂逐月支付资产利息。作为回报,王玉堂主动向中国人民救济总会长春分会捐赠人民币2.7万元,并将《资治通鉴》等藏书2000余册献给长春市图书馆。

改革开放以来,积德泉一路向好。1999年,吉林省东宸集团重组长春市酿酒总厂,将其改造成股份制企业,更名为"长春积德泉酿酒厂"。此后,该厂的白酒、黄酒、清酒迅速恢复生产,积德泉特酿、老窖、粮液、春泉白酒、老黄酒、清酒、红穗牌烹调料酒等名牌产品重现省内外市场。超滤机、电脑灌装机、自动洗瓶机等一批当代最先进的工装设备上马,百年老店重振雄风。

2000年,按照长春市政府要求,积德泉重新规划选址,迁至净月潭以南、长清公路东侧的山间空地。2009年6月,"积德泉烧锅酿造技艺"被吉林省政府确定为第二批省级非物质文化遗产,企业无形资产价值获得新提升。2012年11月,"积德泉"注册商标被吉林省工商局认定为"吉林省著名商标",社会影响力更加扩大。2015年,积德泉生产的黄酒、料酒系列产品均获得长春市政府授予的"长春名牌农产品"称号,受到广大消费者的欢迎。

长期以来,积德泉酿酒具有四大特点:一是天然的优质水源;二是东北的粮食原料;三是全面的传统技艺;四是古老的传统器具。正是积德泉的传奇历史、积德泉水、积德泉酿酒技艺和古老器具,以及积德泉众多的酒产品,逐渐积淀成别具特色的积德泉酒文化,打造出吉林省一道独特的风景线。近年来,积德泉还不失时机地努力进军文化创意产业,兴建了"积德泉酒文化博物馆",成为长春市工业旅游产业链上的重要环节,声名鹊起,享誉八方。

七、吉林省

104. 大泉源

大泉源是吉林省通化市的酿酒企业，迄今已有130多年的历史。2011年3月被商务部认定为第二批"中华老字号"（名单序号：吉林1），注册商标"大泉源"。

大泉源前身为明末清初女真部落的"御用烧锅"，清代四位皇帝康熙、乾隆、嘉庆、道光曾10次东巡祭祖，都征调大量该烧锅的酒御用，使其颇具皇家色彩。

清光绪十年（1884年），奉天（今沈阳市）商人傅成贤出资买下古井和周边20亩地，兼并了原御用烧锅，并扩建成酒坊，取字号"宝泉涌"，日产白酒150公斤。对此，当时奉天省所属兴京府（今辽宁省新宾县）二品都统爱新觉罗·同吉因老烧锅有过清代御用之功劳，故为傅成贤创办的酒坊题写宝泉涌匾名，兴京府下辖通化县则为其造宝泉涌黑漆金字酒坊大匾。

民国时期，宝泉涌与张作霖结下不解之缘。1918年9月，奉天督军张作霖公务巡察到通化县，十里之外就闻到宝泉涌烧锅酒香，遂决定前往品尝。酒足饭饱后作了一首打油诗："关东美酒喝个遍，好酒产在大泉源，人生奋斗几十年，大泉源酒永相伴。"同时宣布，今后通化县每年上交督军府的税金改用大泉源酒抵扣。自此，通化县每年"贡"给大帅府大泉源酒500坛（每坛200斤），一直延续到"少帅"张学良易帜，大泉源酒也因此被誉为"关东王酒"。

1945年日本投降后，人民解放军某部接管了宝泉涌烧锅。1948年改由通化县人民政府生产管理处管理，定名为"通化县兴源酒厂"，成为全县第一家国营企业。1952年更名为"通化市酿酒厂"；1956年再更名为"通化市油酒厂"；1962年又更名为"地方国营吉林省通化县大泉源酒厂"，国有体制长期未变。

在改革开放的大潮中，大泉源历经坎坷，发展迅速。1978年，大泉源酒在辽宁省营口市举办的黄河以北九省市白酒评比活动中荣获同类产品第一名，企业品牌地位得以巩固。1984年，大泉源酒厂实行第一轮承包经营，酒厂扩大规模，职工达600多人，成为全县的支柱产业。1992年9月至今，大泉源酒业一直保持"吉林省著名商标"纪录。1993年，大泉源牌白酒荣获第40届法国巴黎国际食品博览会特别金奖，产品走出国门，四海飘香。综合来看，"大泉源"牌白酒具有四个显著特点：一是有得天独厚的古井矿泉水资源；二是精选原料，纯粮酿造；三是传统工艺，固态发酵；四是酒海贮藏，原生态陈酿，因而深受广大消费者欢迎。

进入21世纪后,大泉源迎来了企业发展史上的黄金时代。2004年7月,国有大泉源酒厂转制为民营企业,组建"通化县大泉源酒业有限公司"实行股权结构改造。2006年7月,该公司更名为"吉林省大泉源酒业有限公司",企业经营范围依法扩大。从此好戏连台,殊荣满满。2007年5月,吉林省人民政府分别批准"大泉源酒酿造技艺"列入第一批省级非物质文化遗产名录和大泉源"清宝泉涌"酒坊为第六批省级文物保护单位,使大泉源酒业成为吉林省第一家获省级"双遗产"殊荣的企业,即拥有物质文化遗产和非物质文化遗产两类宝贵资源的企业。2008年6月,国务院将"蒸馏酒传统酿造技艺·大泉源酒传统酿造技艺"列入第二批国家级非物质文化遗产名录,企业发展迈上一个新台阶;2013年5月,国务院批准大泉源"清宝泉涌酒坊"为第七批国家重点文物保护单位,企业的文化历史地位得到进一步提升;至此,大泉源酒业成为全国少数几家、吉林省唯一一家拥有"双国宝荣誉"的企业。

近年来,大泉源酒业的文化创意产业搞得热火朝天,有声有色,其中最值得称赞的是大泉源酒业历史文化博物馆。

105. 李连贵

李连贵是吉林省四平市的餐饮企业,迄今已有110多年的历史。2006年11月被商务部认定为第一批"中华老字号"(名单序号:吉林4),注册商标"李连贵"。

李连贵始创于清光绪三十四年(1908年),是由河北滦县人李广忠(乳名连贵)闯关东落脚在梨树县开办的一家街边肉铺,字号"兴盛厚",主营生猪肉、兼营熟食和面点。相传他经一位老中医指点并赠予祖传的中草药熏肉秘方,对配药、选肉、切肉、养汤、和面、火候等工序进行潜心研究和不断实践,终于使李家的酱肉干净、烂乎、浓香,大饼柔软、层清、酥香,深受顾客欢迎,一时门庭若市。有人称:"大饼卷熏肉,吃起来没够",脍炙人口的特色传统风味小吃熏肉大饼从此走俏。1910年,兴盛厚更名为"李连贵熏肉大饼铺"。1940年,李连贵病逝,其养子李尧继承父业,带着老汤从梨树迁入四平,设立四平李连贵熏肉大饼铺。

1950年，李尧之子李春生成为第三代传承人，把李连贵熏肉大饼迁到沈阳，在繁华的中街西头营业。1956年1月实行公私合营，大饼铺生意兴旺，技艺公开。不但传授给本店学员，而且也传给外地同业前来学习的人。1958年邓小平视察四平，品尝熏肉大饼后赞美"经济实惠，简单好吃"；次年陈云视察食后则赞扬"别具风味"。作为吉林省四平市著名传统风味之一，李连贵熏肉大饼的熏肉用10余种中药煮肉，大饼用煮肉的汤油加面粉、加调料调成软酥，抹在饼内起层，便于夹肉而食。成品熏肉色泽棕红，皮肉剔透，肥而不腻，瘦而不柴，熏香沁脾，余味悠长；大饼色泽金黄，层次分明，外焦里软，焦而不硬，软而不黏。

改革开放后，李连贵继续前行，渐入佳境。1979年4月，恢复李连贵熏肉大饼店的老字号招牌，传统制作技艺、操作方法和特色风味更加席卷东北。1984年12月，该大饼店的上级企业"四平市饮食服务公司"，用"李连贵牌"第一个独家在国家商标局进行了商品商标注册，确定了李连贵熏肉大饼的唯一的该商标专用权。不久，企业还自筹资金在日本、俄罗斯等六个国家和地区进行国际商标注册，为"李连贵"走向世界，奠定了基础。1993年9月，商标注册人由四平市饮食服务公司更名为"四平市李连贵风味大酒楼"，企业发展迈上一个新台阶。该大酒楼又在国家商标局进行了"李连贵牌"服务商标注册，至此李连贵拥有两个商标的专用权，企业知识产权得到强有力的提升。

1996年8月，李连贵在全国范围内开展维权打假活动。取缔侵权店铺450多家，仅四平市内就打掉126家。对九家拒不接受清理的侵权店，依法提起诉讼且均已胜诉。此举充分净化了市场环境，提高了品牌信誉，维护了企业的合法权益。在此基础上，1997年李连贵提出"北店南移"的战略构想，准备布局全国。该酒楼进行了企业形象策划——设计并制作了李连贵企业形象、徽标、店旗。1998年8月，本着"以清养清（以清理过程中所收费用，用于清理工作需要）、摘立结合（摘掉假冒牌子与同时建立连锁店结合起来）、以立为主（以尽可能多的建立连锁店为主）、保证质量、合理布局、提高效益、发扬光大"的原则，大力发展连锁经营。至今，已在全国22个省区市建立连锁店150家，均依法使用"李连贵"商品商标和服务商标。

106. 鼎丰真

鼎丰真是吉林省长春市的食品企业，迄今已有近110多年的历史。2006年11月被商务部认定为第一批"中华老字号"（名单序号：吉林3），注册商标"鼎丰真"。

鼎丰真始建于清宣统三年（1911年），由浙江绍兴人王信瑞等合资创办，最初坐落在长春城区大马路，后迁到大马路与四马路交汇处。该店主营糕点，风味独特，驰名各地。其中最受欢迎的：一是满族传统食品萨其马，外形美观，色泽鲜艳，酥松绵软，有蛋香味；二是传统油炸点心冰蓼花，其特点是内部起发均匀，甜脆可口易融。

1931年，王信瑞因身体状况不佳把鼎丰真转让给同乡高锦浦。时值日本侵占东北，国难当头，生意难做，又由于继任者管理不善，员工时常罢工，企业日益衰退。直到1948年10月长春解放，鼎丰真才迎来新的发展机遇。

1956年实行公私合营，鼎丰真获得长春市人民政府8900元投资，成立了"鼎丰真食品店"。店面共三层楼，营业面积达1100平方米，生产上实现了半机械化，年产量达1130吨，是中华人民共和国成立前的10倍，品种也增至150余种，企业开始大步向前。

改革开放以来，鼎丰真高歌猛进，更加发展。20世纪80年代末营业面积增加到2400余平方米，员工近200人。各种糕点销路看好，尤其是奶油蛋糕、芙蓉蛋饼与八大件、京式月饼等魅力无穷。2001年，鼎丰真商标被吉林省工商局认定为"吉林省著名商标"，企业知识产权得到法律保护。2003年，鼎丰真进行股份制改造，成立"长春市鼎丰真食品有限公司"。2004年，该公司并入吉林市福源馆食品集团有限责任公司，使品牌产品向规模化方向发展。2007年，位于商业金街重庆路的鼎丰真旗舰店盛装开业，引来一片喝彩。2009年，鼎丰真商标被国家工商总局认定为"中国驰名商标"，企业知识产权的法律保护达到国内最高层级。

另一方面，鼎丰真始终坚持"信为先，品为本""一言九鼎，天下皆丰"的店规祖训，将其作为百年老店安身立命、创新发展的座右铭。正如鼎丰真第六代传承人所说："鼎丰真一直都在坚持做老工艺的糕点，目前每天必做的糕点在70种以上，始终走的是物美价廉、货真价实的路线。对于制作工艺，很多品类依旧沿用古法制作，比如酥皮月饼还是按照八道工序来完成；在食品安全方面，作为质量技术部，我们拥有最严格的一票否决权，从产品原料上开始把控，也就是说在源头上就已经对产品质量做了细致的监管分工，如果遇到质量问题，绝对不允许产品出厂，发现问题立刻解决。"

经营有方、管理到位，同时依靠独特技艺和商业诚信，企业发展已如日中天。目前，鼎丰真在长春拥有多家门店，并且早已摆脱了"一年靠两节，两节养一年"的传统营销模式，将南式风味产品与北方传统风格融为一体，制作的各式糕点达600余种。既有深受百姓喜爱的传统糕点、中秋月饼、传统元宵、水磨汤圆等，也开发了西式糕点、西饼和无糖、低糖等系列食品，成为名副其实的"长春特产"。更重要的是，鼎丰真已经成为一个百姓认可、家喻户晓的民族传统美食品牌，它承载了长春这座城市的历史与文化，也见证了百年老店的发展壮大。

八、黑龙江省

107. 鼎恒升

鼎恒升是黑龙江省齐齐哈尔市的医药企业，迄今已有370多年的历史。2011年3月被商务部认定为第二批"中华老字号"（名单序号：黑龙江22），注册商标"鼎恒升"。

鼎恒升始创于清顺治元年（1644年），原名"鼎恒号"，是一家由几个山西人合股开办的杂货店，兼营中草药。齐齐哈尔民间素有"先有鼎恒升，后有卜奎诚（齐齐哈尔旧称）"之说，足见鼎恒升之长寿。其现存的历史账目，最早可见于清乾隆三十三年（1768年）的"万金老账"。鼎恒升的店规祖训则包括：店员不准带家属，不准饮酒、赌博，不准去妓院，平时不开支，一年一结账，用钱限额支取，不许随身携带钱财等。

清道光元年（1821年），鼎恒号更名为"鼎恒升药店"，前店后厂，自产自销。清光绪二十六年（1900年），沙俄侵占齐齐哈尔，鼎恒升损失全部货物，企业遭遇重大挫折，几乎无法经营，直到1917年情况才有所好转。

1928年，药店扩大规模，店员增加到24人，是齐齐哈尔当时最大的企业之一。鼎恒升的得意之举在于，它采用明代史可法的遗方生产"史国公酒"，该酒具有温中散寒、健脾养胃、活血通脉之功能，常饮可延年益寿，故成为当时著名药酒，畅销东北各大城市，远销京、津等地，还出口日本。然而自1940年起，因日伪当局的限价统治，原料定价配给，产品限价出售，致使企业于次年停产。

中华人民共和国成立后，鼎恒升如沐春风。1950年12月，在齐齐哈尔市政府的扶持下，鼎恒升重新开业。1955年1月，鼎恒升更名为"公私合营齐齐哈尔市鼎恒升制药制酒厂"；同年4月，"齐齐哈尔市中药联合制药厂"并入鼎恒升，企业开始快速发展，产品有丸剂、散剂、酒剂三大类，共计45个品种。1960年，鼎恒升更名为"齐齐哈尔制药厂"，以生产中成药为主并试制投产化学药品正痛片、乳清酸等。1966年10月，该厂改制更名为"国营齐齐哈尔制药厂"，进入

"文革"衰退期,企业前进步伐明显放慢。

改革开放后,鼎恒升东山再起,重续辉煌。1985年,齐齐哈尔制药厂共有产品为17个剂型、802个品种,其中获省级优质产品称号的19种,产品销往全国各地,部分产品销往美国、加拿大及东南亚等国家。1996年8月,该制药厂实行分立改革,组建"齐齐哈尔鼎恒升制药厂",自主研发了第一个国家级四类新药——小儿解热镇痛药爱森咀嚼片。同年,三株公司加盟后组建"齐齐哈尔三株鼎恒升药业有限公司",企业资本增加,前景一片光明。2001年,黑龙集团加盟,该公司更名为"齐齐哈尔黑龙集团鼎恒升药业有限公司",企业规模扩大,市场日益红火。2006年6月,该公司更名为"黑龙江鼎恒升药业有限公司",百年老店进入了一个全新的稳定发展阶段。

2016年7月,大兴安岭林格贝集团收购鼎恒升,鼎恒升在发展史上竖起一座新的里程碑。

108. 世一堂

世一堂是黑龙江省哈尔滨市的医药企业,迄今已有近200年的历史。2006年11月被商务部认定为第一批"中华老字号"(名单序号:黑龙江4),注册商标"世一堂"。

世一堂的前身是"天一堂",相传清道光七年(1827年)创立于吉林省孤榆树屯(今榆树市),为中国东北地区最早的药铺之一。

清光绪二十九年(1903年),随着中东铁路数年来的兴建及通车,哈尔滨迅速发展,商贾林立。此时天一堂第三代传承人李星臣决定异地拓宽市场,于是责成天一堂阿城分号拨款,在哈尔滨西北部(今哈尔滨道里区十二道街头)开办了"天一堂中药店"。不久又接受他人建议,将天一堂更名为"世一堂"。

世一堂问世之初,主营人参、鹿茸加工,另外还诊病、抓药。其药品包括丸、散、膏、丹、酒、胶、露等七个剂型,近300个品种。因始终坚持"配伍医方唯道地,炮制遵古乃精良"的店规祖训,故药品质地优良、加工细腻,不但销往全国各地特别是上海和香港,而且远销东南亚。例如贴有世一堂标签的黄芪,每箱可以多卖40两白银,每年世一堂仅此一项就可获利200万两白银,经济效益十分显著。至1912年,世一堂已拥有吉林世一堂、阿城世一堂、道外世一堂和道里世一堂四家门店,企业规模迅速扩大。更引人关注的是,1915年2月,世一堂参加在美国旧金山举行的巴拿马太平洋万国博览会,其明星产品"鹿角胶"颇受好评,荣获金奖,从此声名远播、世人皆知。此外,旅居哈尔滨的30多个国家的外事官员和商人,甚至将"鹿角胶""参茸丸""虎骨酒"等中成药作为他们的首选礼品,购买后回国赠送亲友。

1956年实行公私合营,世一堂划归"哈尔滨市药材公司",成立两个门市部,保留原世一堂药店称号,恢复传统中药材的加工生产。但"文革"期间世一堂遭遇挫折,封存所谓"养尊处优"的贵细药材,生产和经营均受到严重影响。

直到改革开放,当地药材事业才逐步兴旺发达起来。1981年1月,世一堂迁址河南街重挂金字牌匾,百年老店货源充足,品种繁多,装潢美观。1989年8月,世一堂的五类中成药等商品获得"世一堂"注册商标。1991年,世一堂又成为黑龙江省最早的马德里国际注册商标的持有者,在十几个国家取得了商标专用权,是黑龙江省唯一一家国际注册商标企业。1996年1月,成立"世一堂制药厂",企业发展进入快车道。2000年,作为哈药集团分公司的世一堂制药厂更名为"哈药集团世一堂制药厂"。2006年8月,根据《中华人民共和国商标法》及最高人民法院的相关司法解释,"世一堂"注册商标被认定为中国驰名商标,企业知识产权保护提升到一个新高度。

2008年4月,根据哈药集团战略发展需要,哈药集团世一堂制药厂与哈药集团中药三厂整合为新的哈药集团世一堂制药厂,形成了一个总资产超过10亿元,集销售、生产、科研为一体,传统中药与现代中药齐备的大型中药专业生产基地,综合实力进一步增强。

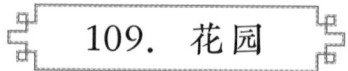

109. 花 园

花园是黑龙江省哈尔滨市的酿酒企业,迄今已有140年的历史。2006年11月被商务部认定为第一批"中华老字号"(名单序号:黑龙江8),注册商标"花园"。

花园的前身为一家民间酿酒作坊,清光绪五年(1879年)由吉林伯都讷厅

八、黑龙江省

（今吉林松原扶余市）人韩甸池在扶余以北不远的双城厅（今哈尔滨市双城区）创立，取名"增盛兴烧锅"。它以高粱为主要原料，发酵期为42天，用人工采制的大块曲为糖化发酵剂。所酿之酒，酒度高，甘洌爽口，带有粮香味。相传增盛兴所在地是拉林河畔的花园村，历史上曾是大金国太祖皇帝完颜阿骨打的女儿、大金名将完颜宗弼（金兀术）的妹妹完颜兀鲁公主的花园，故名花园村，烧锅酒也得名"花园酒"。

清末民初，花园酒产量增加，效益可观。清光绪十七年（1891年）《吉林通志》载：双城厅的"烧锅税"成为当时吉林主要财政收入之一。1915年《双城县乡土志》载：有"烧酒工2560人之多，白酒为本省制造产之大宗""按年产白酒360万斤"。

1946年，增盛兴改建为地方国营酒厂。1948年，该厂扩建为"双城县酒厂"。此时，花园酒具有广阔的发展空间，通过改进设备和改革工艺，不仅提高了出酒率，提升了酒的品位，还极大地推动了白酒市场的高速发展，使花园酒成为黑龙江和东北地区的知名品牌。

20世纪70年代，花园酒厂以高粱、小麦为主体原料，用玉米、黄豆、大麦等谷物制成大块曲，为糖化发酵剂，采用传统蒸馏，研制成香气浓郁、口味纯正、入口绵甜、酒体醇厚、尾净余长的花园大曲酒，被评为东北地区优质产品，企业也率先跨入省级优质酒生产厂家行列。有资料显示，1972年9月，日本首相田中角荣访华时，向周恩来总理提出"花园烧酒，至今提起还醇甜芳香难忘"。花园酒由此进入人民大会堂，成为国宴佳酿。

改革开放以来，花园不断开拓市场，坚持品牌创新。1985年，双城市花园酒厂创新白酒的传统包装形式，由瓶装改用玻璃杯装，人称"口杯"。"花园口杯"面世不久便畅销哈尔滨，引起白酒界的口杯热潮，但后来因被其他厂家超越，至20世纪90年代中后期被迫停产。

2004年1月，"哈尔滨金太阳集团"成功收购"哈尔滨花园酒业有限公司"，买断花园酒业包括"花园"商标在内的全部资产，重新组建为"黑龙江双城花园酒业有限公司"，并实现了当年收购、当年恢复生产，维系了市场供应不断线的局面。2007年9月，"花园"注册商标被国家工商总局认定为"中国驰名商标"，企业发展竖起一座新的里程碑。2010年9月，"花园酒传统酿造技艺"被黑龙江省确定为省级非物质文化遗产，企业无形资产获得空前提升，花园酒业也因此成为黑龙江省首家被列为非遗的制酒企业。

近年来，花园酒业挖掘传统工艺，依靠现代科学技术开发了兼香型系列白酒产品，彻底改变过去单一生产浓香型白酒的历史。目前公司生产的花园酒，分高中低档12大系列，新老品种150多个，年生产能力两万吨。

110. 福庆堂

福庆堂是黑龙江省哈尔滨市的医药企业，迄今已有120多年的历史。2011年3月被商务部认定为第二批"中华老字号"（名单序号：黑龙江23），注册商标"老王麻子"。

福庆堂最早称"京都福庆堂"，由满族正白旗人王照宇在北京创立。当时他是清光绪皇帝的带刀护卫，从宫廷药师处学得治疗跌打损伤膏药的宫廷秘方及熬制技艺后，在京城开了一家膏药店，售卖"王家膏药"。

清光绪二十三年（1897年），王照宇之子王树森背着福庆堂的牌匾，怀揣王家膏药的秘方，独自闯关东，来到黑龙江呼兰（今哈尔滨市呼兰区）制卖王家膏药，成为其第二代传承人。因王树森脸上长有少许浅白麻子，故得名"王麻子膏药"。

由于膏药灵验、品牌开始走俏，王树森便于1901年前往哈尔滨发展。他在富锦街设立"京都福庆堂"膏药店，专营王麻子膏药。王麻子膏药的治疗机制在于疏经通络、活血化瘀、扶正固本、补肾壮骨、改善机体新陈代谢，对于腰间盘突出、颈椎病、关节病、股骨头坏死等，具有独特的疗效。

1936年，王树森获得伪满政府颁发的"王麻子膏药专卖许可证"，生意更加兴隆，市场空前火爆。遂导致一些关里的亲戚纷纷投奔王家来到哈尔滨，竖起各种王麻子膏药的招牌开店谋生，使富锦街成为当年闻名全国的王麻子膏药一条街。其中有李明臣开设的"真正王麻子膏药店"、王树森开设的"真正老王麻子膏药店"、刘万谥开设的"这才是王麻子膏药店"和宋子珍开设的"真正假王麻子膏药店"，一时间颇为热闹。

在此基础上，20世纪40年代，王麻子膏药第三代传承人王殿元苦心钻研中医理论，大胆改进配方，又吸纳了针灸、推拿、正骨等中医药疗法，使王麻子膏药在治疗骨伤科疾病及运动创伤方面取得了新突破。此外，福庆堂热衷社会公益事业。1953年志愿军班师回朝，得知一些复员转业的伤残军人分到地方后没有住处。王殿元便将店铺后边的40多间私房无偿地送给他们居住，道外区北七道街"军属大院"由此得名，王殿元也被政府授予"开明绅士"称号。

改革开放以来，福庆堂发展迅速，日新月异。1987年，王殿元长子王燕铭成为福庆堂第四代传承人，其他传承人二子王燕卿、三子王燕龄、四子王燕强则均为福庆堂的坐堂医生。王氏兄弟在继承祖上秘方的同时，更加注重系统的中医学习，治疗手段也更加现代化。他们不断改良配方，使古老的膏药由过去比较单一的用途，发展到能治疗20多种疾病。

1995年，王燕铭将百年老店迁址哈尔滨的繁华地段，增加营业面积，进行现代化管理。1999年，他还为"真正老王麻子膏药"申请了域名，上了互联网的"中国在线"，堪称国内中医药行业率先走"互联网+"之路的佼佼者。

2003年9月，王燕铭斥资成立"哈尔滨福庆堂医药保健用品有限公司"，企业开始实行现代化经营管理。2009年4月，王麻子膏药在香港注册成立"中国王麻子膏药集团"，海外影响进一步扩大。2014年11月，"中医传统制剂方法·老王麻子膏药制作技艺"被国务院确定为第四批国家级非物质文化遗产，企业发展再结硕果。

111. 秋林食品

秋林食品是黑龙江省哈尔滨市的著名食品企业，迄今已有110多年的历史。2011年3月被商务部认定为第二批"中华老字号"（名单序号：黑龙江3），注册商标"新天地秋林"。

秋林始创于1867年，由俄国人伊万·雅阔洛维奇·秋林在俄国伊尔库斯克开办。清光绪二十六年（1900年），哈尔滨秋林问世，其前身是秋林公司哈尔滨分公司，时称"秋林洋行"。当时因中东铁路的修建，大批俄国人来到哈尔滨，为满足他们的基本生活需要，秋林洋行便专门生产俄国人喜爱的大列巴（大面包）、黑加仑果酒、果酱等传统食品。随着俄国侨民和本地居民的不断融合，当地人也逐渐喜爱这些食品。

抚今追昔，秋林历经坎坷。1917年，秋林公司总部迁至哈尔滨，成为落地中国的企业。1937年，秋林公司由英国汇丰银行接管经营，企业融入西欧元素。

1941年，秋林公司被日本接管，更名为"秋林株式会社"。1945年，秋林公司由苏联政府接管，企业重新易主。1953年10月，苏联政府将秋林公司正式有偿移交给中国政府，更名为"中国国营秋林公司"，企业成为中国资产。

不久，设立"国营秋林总公司"，管辖哈尔滨南岗（现秋林公司前身）、道里两个百货店和中心供应站、服装厂、食品厂等，并直接管辖沈阳、大连、长春、满洲里等地的分公司。1956年以后，受经济管理体制限制，陆续将分公司移交当地经营，该总公司更名为"国营秋林公司"。1966年，"国营秋林公司"更名为"东方红百货商店"；1972年该店又更名为"哈尔滨松花江百货商店"。

改革开放后，秋林重振雄风。1982年，哈尔滨松花江百货商店更名为"哈尔滨松花江百货大楼"。1984年10月，该百货大楼恢复"秋林公司"老字号。而秋林公司下属的食品厂，则先后更名为"东方红食品工厂""哈尔滨市松花江食品工厂""哈尔滨秋林公司食品厂。"直至1998年2月，该食品厂更名为"哈尔滨秋林食品厂"，企业独立性增强。2007年，该厂成功完成了企业自主改制，又更名为"哈尔滨秋林食品有限责任公司"，厂房面积一万多平方米，下设烘焙分公司、肉灌分公司以及新天地全资子公司三家公司，竖起秋林食品新的里程碑。同年3月，"秋林大面包（大列巴）制作技艺"被黑龙江省确定为第一批省级非物质文化遗产，企业获得来之不易的殊荣。

据了解，以秋林大列巴为代表的面包系列产品，包括俄式发酵类面包、欧式健康类面包、丹麦类面包及德式面包几个系列。其中秋林牌大面包（俗称秋林大列巴）是秋林食品公司最具俄式特色的面包类产品，经过了五代人的技艺传承，深受广大消费者喜爱，它与中国饮食文化相结合，早已成为哈尔滨地方特色产品的代表，堪称哈尔滨一绝。特别是秋林大列巴制作技艺，传承了俄罗斯传统特色生产工艺，其特点在于：一是用啤酒花自制液体酵母进行发酵，使面包具有诱人的啤酒花芳香；二是采用传统的三次发酵工艺，经过三次发酵，使面团在充分发酵的同时产生丰富的有机酸等芳香物质；三是用硬杂木桦烘烤，使面包外壳微焦而脆，内瓤松软可口。另一方面，秋林公司前店后厂的经营模式，自1900年创建以来一直没有改变，这种即做即卖的模式无疑也保证了食品的新鲜和口感，同时令消费者感觉货真价实、十分亲近。

在进军文化创意产业方面，2009年6月，秋林食品公司设立了中国第一家面包制作技艺展馆——秋林大面包制作技艺展馆，为有效弘扬和传承秋林食品文化做出突出贡献。

八、黑龙江省

112. 大兴昌

大兴昌是黑龙江省哈尔滨市的酒类企业，迄今已有110多年的历史。2011年3月被商务部认定为第二批"中华老字号"（名单序号：黑龙江14），注册商标"大兴昌"。

大兴昌原名"大兴昌烧锅"，始创于黑龙江阿城（曾名阿勒楚喀，今哈尔滨市阿城区）。阿城是中国金代开国都城，四季分明，物产丰富，得天独厚的自然条件和北方民族特有的生活习俗，孕育和产生了传统制酒技术，酿造了历代闻名的醇香美酒。

清光绪二十八年（1902年），李存阁在阿城设立大兴昌烧锅，其中有当时阿城最大的民间酒坊"永源发烧锅"参股。据《满洲工商概览》记载：民国、伪满时期"大兴昌烧锅执事人：李存阁，资本金：大洋三万元；永源发执事人：姜书名，资本金：大洋五万元"。由于经营有方、管理到位，大兴昌很快后来居上，青出于蓝而胜于蓝，与永源发、封升泰、恒隆兴、义兴泉并称民国期间阿城的五家烧锅酒坊。

当时的大兴昌烧锅，占地面积为22234平方米，厂区四周筑有高大的青色砖墙，前后院内建房舍百余间，临街门市用房七间，加工白酒的作坊20多间，加工豆油作坊占房10多间，加工豆腐的作坊占房不足10间，酒曲房10多间仓库、宿舍、食堂、更房、车棚、牛棚、猪舍等用房几十间，所有房舍都是红松到顶，青砖瓦结构，的确是一个具有相当规模的私人综合性生产企业。

据《阿城史料》记载：大兴昌时期的生产设施与生产工艺比较原始，属于纯传统型作坊式的生产过程。大兴昌烧酒的主要设施是"窖子"，它设在静房的地下，即挖一个大坑，坑内的四周用木板镶上，一般有两米左右深。每个"窖子"长五米、宽三米，呈长方形。每一排有六七个"窖子"。把烧酒用的糙子（烧酒的原料，一般是玉米、高粱，用碾子压碎后即称"糙子"）用锅蒸了以后，放在"窖子"里发酵。烧酒的锅是安在地下的，锅口和地面同平，锅口的直径有一米左右。锅沿上边用木板做成的一米半高的"锅圈子"，坐落在锅沿上边。烧酒锅的锅盖叫"排盖"，灶坑是"竖井式"的，地平面有一个四方形的"窟窿"，四周用石板镶上。大兴昌烧酒除了烧煤，多数以木柈做燃料。

1946年5月，阿城县政府派人接管大兴昌，更名为"阿城烧锅"，老酒坊获得新生。1949年5月，阿城烧锅更名为"阿城县制酒厂"，隶属阿城贸易局，仍为公私合营性质。1966年,该酒厂异地搬迁改造后,更名为"国营哈尔滨阿城酒厂",国有企业形成较大规模。

2002年7月,该酒厂改制为民营股份制企业,更名为"哈尔滨龙江龙有限公司",具有百年酿酒历史和传统酿酒工艺的老字号,再次插上了腾飞的翅膀。2006年9月30日,成立"哈尔滨大兴昌酒业有限公司",2007年,龙江龙集团正式设立"哈尔滨大兴昌酒业有限公司",专门运作大兴昌品牌。

113. 马迭尔

马迭尔是黑龙江省哈尔滨市的著名宾馆,迄今已有100多年的历史。2011年3月被商务部认定为第二批"中华老字号"(名单序号:黑龙江15),注册商标"马迭尔"。

马迭尔宾馆始建于清光绪三十二年(1906年),位于1898年问世的"中国大街"(今中央大街)中段,在哈尔滨与秋林齐名。马迭尔在俄语里为"现代时髦"之意。马迭尔的最初所有人是俄籍(后加入法籍)犹太人约瑟·开斯普。他早年为沙俄军队士兵,参加过日俄战争。战后他留在哈尔滨以修理钟表为生,后来经营珠宝致富,并建起马迭尔宾馆。

该宾馆的建筑体现了高超的艺术创造力。立面处理相当精彩,其手法主要通过窗、阳台、女儿墙及穿顶等元素体现出来,反映出较强的新艺术特征。三层的阳台呈削角多边形,圆环状装饰,凸显高贵与典雅。楼两侧的阳台纤细柔美,位置安排精心巧致,独具匠心,无不凸显西式艺术风格。女儿墙更是马迭尔建筑的一大特色,它占据着建筑四个立面的顶端,呈"鸡冠"状,美妙的细节造型,在哈尔滨没有任何一座世纪初的建筑能与之相比。

马迭尔宾馆内拥有客房150间,其中16间名人房。至今,有很多游客来哈尔滨游玩也会选择居住在马迭尔的名人房间内。1929年5月,宋庆龄到访哈尔滨,曾下榻马迭尔宾馆315房间。1946年,马迭尔宾馆曾被东北局作为招待处使用。从此马迭尔又留下了郭沫若、李济深、徐悲鸿、斯诺、沈钧儒、梅兰芳、刘白羽、茅盾、丁玲等更多著名人士的身影。

1948年,中国共产党不失时机地提出"各民主党派、各民主团体、各社会阶层迅速召开政治协商会议,讨论并实现召集人民代表大会,成立民主联合政府"的号召,得到多数民主党派、民主人士的积极响应。作为全国最先解放的大城市,哈尔滨被中央公布为召开全国政协会议筹备会议的最佳所在地。故10月至11月期间,民主人士沈钧儒、章伯钧、谭平山、蔡廷锴、王绍鏊、朱学范等陆续抵哈,并下榻马迭尔饭店。受中央委托,时任东北局领导的高岗、李富春,邀请沈钧儒、谭平山、章伯钧等,在马迭尔饭店二楼一号会议室,就《关于召开新的政治协商会议诸问题》举行了三轮会谈。

马迭尔还是哈尔滨俄式西餐的发源地。开斯普建店初期就引进了西餐和西式冷饮,一直传承至今。中华人民共和国成立初期,有很多西餐名厨都是由马迭尔输送到各个宾馆。马迭尔西餐为纯俄式大菜、犹太风味、高加索风味。马迭尔西餐有很多名菜,如俄式伴香鸡、烤奶汁桂鱼、红菜汤、罐牛、罐羊、烤乳猪等。

马迭尔冰棍则是其核心产品之一,从最早的手工制作到现在工业化生产,马迭尔冰棍凭借货真价实的原料和特殊的工艺,一直是国内市场最畅销的冷饮产品之一,并产生了"不到中央大街吃一根马迭尔冰棍,就等于没到哈尔滨"的品牌效应。2014年,马迭尔冰棍在北京找到一家合作方,约定由马迭尔输出品牌和冰棍冷饮工艺技术,对方负责建厂和开拓市场。马迭尔冰棍北京生产基地落户密云,日产冰棍36万根,年产值5亿元。目前,马迭尔冰棍的授权专卖店已在广州、上海、大连、石家庄等30多个城市落地,经营规模大,经济效益好。

114. 老鼎丰

老鼎丰是黑龙江省哈尔滨市的食品企业,迄今已有100多年的历史。2006年11月被商务部认定为第一批"中华老字号"(名单序号:黑龙江3),注册商标"老鼎丰"。

老鼎丰的历史可追溯至清乾隆年间。相传清乾隆二十二年(1757年),乾隆皇帝二下江南路过绍兴时,品尝了一家果匠铺的点心感觉良好,于是御笔赐号"老鼎丰"。从此,老鼎丰点心成为皇家贡品,全国各地都有人开办老鼎丰分号。

1911年,浙江绍兴人王阿大和许欣庭闯关东来到哈尔滨,在哈尔滨东傅家甸正阳街(今道外区靖宇街)创建了一家"老鼎丰南味货栈",前店后场,自产自销。他制作糕点不用传统吊炉，而是用南方手提炉，烤出的点心色泽颇好、质量高，深受广大消费者喜爱，一时间声名鹊起，生意火爆。但早期老鼎丰主要经营南方各地的风味名产，如金华火腿、苏州肉松、南京板鸭、四川腊肉、福建桔饼、常州瓜条、松花皮蛋及烟酒、糖、茶、罐头等，同时还自制一些南肠、小肚、熏鸡等食品，相反自制糕点的比重却很小，只是货栈的边缘产品。

20世纪20年代，老鼎丰开始由过去主营南方风味特产变为主营自产南味糕点的企业。在自制点心供不应求的情况下，先后添置了一些生产设备，从而扩大了产量，增加了产品种类，并且改进了部分产品的生产工艺。1931年日军侵占东北后，老鼎丰举步维艰，王阿大、许欣庭被迫离开，老鼎丰由王阿大的女婿张毓岩接手。后因其经营不善，转卖给商人张启滨。

中华人民共和国成立后，老鼎丰实行公私合营，先后更名为"哈尔滨第三食品厂""大众食品厂""靖宇食品厂"等，直到1979年改革开放才恢复了"老鼎丰"商业字号。

长期以来，老鼎丰糕点风靡哈尔滨。其中尤以月饼最为著名，具有酥松利口、细腻酥软、多味融合、香味独特、久放不干等特点。特别是老鼎丰第三代传承人徐玉铎亲自研制而成的川酥月饼，其主要工艺特点是提浆皮包酥，成功地克服了苏式月饼皮酥易碎的现象。川酥月饼外形似浆皮，口感似酥皮，硬中有酥，酥中有软，兼有京、广、苏式月饼的特点，让人百吃不厌。

2004年6月，老鼎丰完成了国退民进的改制转轨，更名为"哈尔滨老鼎丰食品有限公司"。2007年2月，老鼎丰第三代传承人徐玉铎在从艺60周年之际，将有200多年历史的中国饮食文化瑰宝——"老鼎丰糕点秘方"捐献给哈尔滨老鼎丰食品有限公司，老鼎丰糕点文化由此得到了进一步弘扬和发展。

2013年1月，"老鼎丰"注册商标被国家工商总局认定为"中国驰名商标"，这在黑龙江糕点类食品中尚属首件。此举是对老鼎丰经营理念和品牌战略的肯定，有利于增强企业市场竞争力，推动企业更加迅速发展，极大提升了老字号品牌的社会影响力和诚信度。

目前，老鼎丰生产和经营的糕点种类丰富，其中月饼八大系列66套217个花样。目前，糕点已发展形成50多个系列品牌，形成了配方独到、工艺独特，用料考究、制作精良、色、香、味、形俱佳，自成一派的"哈式"体系，具有很强的地域代表性，在中国食品行业乃至东北地区有较高的知名度和美誉度，百年老店再创辉煌。

八、黑龙江省

115. 江上俱乐部

江上俱乐部是黑龙江省哈尔滨市的休闲类企业，迄今已有100多年的历史。2011年3月被商务部认定为第二批"中华老字号"（名单序号：黑龙江24），注册商标"铁路江上俱乐部"。

江上俱乐部原名"游艇俱乐部"，始建于1905年，落成于1912年，后历经多次改建。该俱乐部位于哈尔滨松花江南岸，占地面积4550平方米。它由俄罗斯设计师米高扬夫斯基设计，具有典型的俄罗斯西伯利亚木结构建筑风格，坡屋顶、圆券窗和木廊柱，造型别致，古朴典雅。主建筑像一艘整装待发的巨轮停靠在岸边，一半卧于江堤，一半悬临江面。站在临江面的游廊上，人们可以从不同角度观赏松花江的景致，还可以远眺遥遥相对的太阳岛，令人心旷神怡。

作为早期的娱乐场所，江上俱乐部隶属俄国人主持的中东铁路管理局，主要目的是满足俄罗斯侨民及中东铁路官员和高级职员的文化生活。不仅设立游艇俱乐部，后来还开设帆船俱乐部。两个俱乐部每年夏季都要举办各种类型的多种比赛，平时有专职教练指导和训练队员；到冬季就沿着江堤铺设冰跑道，滑雪橇、打爬犁、玩冰帆。1935年3月，日本接管中东铁路后，江上俱乐部被日伪控制。1945年8月，苏联红军进入哈尔滨，江上俱乐部由苏联红军使用。

1949年，东北铁路总工会将俱乐部有偿收归铁路所有，成为铁路文化宫的一部分。1950年，该俱乐部更名为"哈尔滨铁路江上俱乐部"。中华人民共和国成立以来，江上俱乐部曾多次接待外宾和国家领导人。20世纪60年代，贺龙元帅在此检阅了游泳大军并观看了水上运动表演。在这里还拍摄过电影《徐秋影案件》和电视连续剧《雪城》等。著名电视制片人靳羽西在此拍摄的电视风光片，曾在中央电视台《世界各地》节目中播放。

然而，由于江上俱乐部系木质建筑，且处在江堤上，加之年代久远腐蚀，故成为江堤防汛危险地段。1994年江上俱乐部拆除重建，直到1996年竣工。新落成的江上俱乐部建筑整体提高40厘米，努力将原建筑风貌保留了下来。主体建筑由二层增高为三层，建筑承重部分采用钢筋混凝土结构，内外部装修以木质和仿木质材料为主，并且新建了水暖设备，冬季亦可开展活动。

2015年，黑龙江省政府提出"打造'江上俱乐部百年码头'旅游精品"项目，要求集中打造一批国际交融性、群众参与性、休闲娱乐性为一体的"迷人的哈尔滨之夏"城市品牌。自同年6月起，哈尔滨铁路局利用现有资源盘活闲置资产，对空置多年的铁路江上俱乐部进行保护性修缮，并委托具备文物修缮专业资质的北京市文物古建工程公司进行修缮施工。经过10个月的精心打造，重装之下的俱乐部成为集餐饮文化、历史文化、旅游文化于一身的经营性场所。这次有益的尝试让沉寂多年的百年建筑被"活化"，不再走向"负资产"，在保留其传统文明的基础上，为其注入新生命，使其创造新价值。经过此次修缮，哈尔滨江上俱乐部划分为A、B、C三个营业区域，其中B、C区采用欧式古典装修风格，经营项目以西餐、手工自酿啤酒、烤肉为主，为树立哈尔滨冰城夏都城市形象重新发挥重要作用。

目前，这座俄罗斯古典风格的船型建筑，以其独具的建筑风格，精巧的木制结构，别致的亭台特色，成为松花江畔一座标志性文物保护建筑。

116. 富裕老窖

富裕老窖是黑龙江省齐齐哈尔市的酿酒企业，迄今已有100多年的历史。2011年3月被商务部认定为第二批"中华老字号"（名单序号：黑龙江6），注册商标"桂花"。

富裕老窖的前身是一个家庭酿酒工间（即小醣），创立于1915年，由黑龙江省龙江县（今齐齐哈尔市富裕县）乡绅杨贵棠继承先人技艺在家中兴办，因酒质较好，味道纯正，受到当地人欢迎，流传越来越广。1924年小醣发展成大作坊，称"鸿源涌"烧锅，1945年更名为"同源涌"烧锅。

1946年4月，富裕县人民政府将同源涌改组为"公私合营宁年制酒厂"。1947年制酒厂归属"地方国营宁年粮米加工厂"，成为其下制酒车间。1955年制酒车间从该厂剥离成立"国营富裕县制酒厂"。

20世纪70年代是富裕县制酒厂的转折点。1972年，该厂用28个小窖开始试制以麸曲生产优质浓香型酒，1973年正式投产，使新型瓶装酒"嫩源香"上市，一炮打响。同年12月接受专家建议定名为"富裕老窖"批量生产，大获全胜。1979年，富裕老窖在国家商标局获得"桂花"注册商标，这是富裕老窖有史以来的第一件注册商标。

进入20世纪的后20年，富裕老窖发展起伏不定，酸甜苦辣皆有。1983年，

八、黑龙江省

富裕县制酒厂更名为"富裕老窖酒厂",发展成为一家中型国有企业。1988年在中国首届食品博览会上,38度桂花牌富裕老窖酒荣获金奖、54度桂花牌富裕老窖酒获银奖、桂花牌琼酒和金龟延寿酒分获铜奖,被各大媒体誉为"一榜四进士"。1990年,黑龙江省优质白酒行业评比,桂花牌高度富裕老窖酒、桂花牌低度富裕老窖酒、桂花牌高度琼酒、桂花牌低度琼酒、桂花牌富裕白酒,分别被评为同类型第一名,被同行誉为"黑龙江省五朵桂花"。1991年,富裕老窖在国家商标局获得"富裕"注册商标。而1995年却因资不抵债破产重组,更名为"黑龙江富裕酿酒有限责任公司"。

尽管破产是憾事,但重组却是好事,它使富裕老窖逐渐走出困境,踏上一片坦途。1999年,富裕酿酒有限责任公司与黑龙江大学正式建立合作关系,开创了省内高校与酿酒行业合作的先河,加速了科研成果转化。2001年,该公司实行企业改制,国有资本全部退出,成为民营股份制企业,设立"黑龙江省富裕老窖酒业有限公司"。2005年,黑龙江省富裕老窖酒业有限公司同省农科院合作,选择"龙糯1号"高粱作为酿酒原料,不仅提高了出酒率,而且带动了农民增收致富,促进了地方经济发展,实现了酿酒用粮基地化、基地建设规模化、基地管理标准化,保证了食品安全和原料供给。2009年3月,"富裕老窖酒传统酿造技艺"被黑龙江省确定为第二批省级非物质文化遗产,企业锦上添花,令人赞叹不已。2014年,公司的另一件注册商标"富裕",被国家工商总局商标局和国家工商总局商标评审委员会认定为"中国驰名商标",获得省政府100万元奖励。2015年度黑龙江省民企百强评定出炉,富裕老窖酒业再次蝉联,成为全省唯一连续蝉联此桂冠的酒企。

富裕老窖十分重视文化创意产业的开展,2009年10月建成富裕老窖白酒博物馆开馆,是目前中国东北地区规模较大的一家酒文化专题博物馆。

九、上海市

117. 曹素功

曹素功墨庄是上海市墨业企业，迄今已有350多年的历史。2011年3月被商务部认定为第二批"中华老字号"（名单序号：上海65），注册商标"曹素功"。

曹素功是安徽歙县人，清代四大制墨名家之一。清康熙六年（1667年），因仕途不顺，他便在家乡安徽歙县开设墨庄，取名"曹素功"，时有"天下之墨推歙州，歙州之墨推曹氏"的美誉。清同治三年（1864年），曹素功九世孙曹端友携带世代积累的一万余副墨模迁至上海扎根，继续制墨。1914年，在日本东京大正博览会上，曹素功十一世孙曹麟伯细选的墨庄各类精品，荣获金质奖章。1926年，参加美国费城博览会，曹素功墨庄选送的"大好山水"等11种名品，再次获奖。

中华人民共和国成立后，曹素功墨庄大力恢复生产，产量刷新近20年制墨业的最高纪录。1957年，墨庄恢复高级墨生产，几百年来一直受人们欢迎的"紫玉光""苍龙珠"等名墨，又在市场上出现。1958年，该墨庄与胡开文广户氏、曹素功敦记、屯镇胡开文笔墨庄等合并，工场迁至闸北区南山路。此举使技术力量更加集中，生产设备较前完备，为发展生产创造了十分有利的条件。

1967年，曹素功墨庄更名为"上海墨厂"。1972年中日邦交恢复正常后，上海墨厂出口量上升，主要是日本，还有新加坡、马来西亚、泰国、韩国等国家和地区。除出口外，一部分产品销市内笔墨庄、友谊商店、工艺美术品商店和各大宾馆；一部分销往外地，包括北京、辽宁、河南、河北、江苏、浙江、山东、江西、福建、广东、陕西、湖南、湖北、四川等地区。

改革开放后，曹素功一路前行，春色满园。1986年，恢复"曹素功"老字号，上海墨厂更名为"上海墨厂（徽歙曹素功）"，门市部设在金陵东路。1989年，产品荣获国家优质产品金质奖。2000年和2003年被中国文房四宝协会认定为"中国四大名墨"，荣获"国之宝"称号。1992年、1998年和2003年，"曹素功"注册商标被上海市工商局认定为"上海市著名商标",企业知名度和影响力得到进一步提升。2011年5月,"徽墨制作技艺(曹素功墨锭制作技艺)"被国务院确定为第三批国家级非物质文化遗产代表性项目扩展项目,企业发展攀上一个新高峰。

长期以来,曹素功产品坚持传统工艺,高级书画墨以桐油烟、广胶、麝香、金箔、冰片和数十味中草药为原料,其中以明清传世墨模制作的墨品,尤为造型丰繁奇巧,图案精美生动,既是佐助文房的传统书法、绘画用具,也是别具一格的工艺品。曹素功产品以上乘的质量和特定的蕴涵,成为国内外市场相关公众熟知的品牌和产品,在日本、韩国、新加坡等国家有相当的影响力。历代均有官宦、文人、书画家定版制墨,近代以来常有日本书道家、书道团体委托定制产品。如清代文学家曹雪芹的祖父曹寅及洋务派首领李鸿章等;已故国民党元老于右任曾向曹家定制"鸳鸯七志斋"墨;爱国将领冯玉祥将军每次到上海,大都要到曹氏墨庄选购一些文房四宝,还亲笔题赠"艺林至宝"之赞语。中华人民共和国成立后,曹素功产品多次被遴选为国家礼品,其中"雨中岚山"高级书画套墨在党和国家领导人出访时曾赠送外国首脑和知名人士。迄今为止,曹素功是全国唯一曾为外交部特制国家礼品墨的企业。

118. 周虎臣

周虎臣笔庄是上海市笔业企业,迄今已有320多年的历史。2011年3月被商务部认定为第二批"中华老字号"(名单序号:上海66),注册商标"虎"。

周虎臣是江西临川周坊村(今进贤县文港镇周坊村)人,从小随父母在家制笔,成年后曾为明代著名戏曲家汤显祖制笔专用,名气大增。清康熙三十三年(1694年),周虎臣后人在苏州创立"周虎臣笔庄",以生产狼毫书画笔、狼毫水笔著称。相传清乾隆三十三年(1771年)乾隆皇帝六十寿辰,周虎臣笔庄曾进贡六十支寿笔,深得乾隆赞赏并赐"周虎臣笔庄"牌匾。清同治五年(1866年),周虎臣笔庄前往上海兴圣街(今永胜路)开设分店,自产自销,主营笔、墨、纸、砚等文房四宝。由于业绩逐渐超过总店,于是将苏州总店收歇,全力发展上海笔庄。

清光绪十八年（1892年），周虎臣第五代传承人外孙傅锦云成为周虎臣第七代传承人。他将笔庄更名为"锦云氏老周虎臣笔墨庄"，采取前店后坊模式，年产毛笔近30万支，并将大型制笔作坊移至浙江湖州善琏镇。

1934年，傅锦云之子傅洪初接手老周虎臣笔墨庄，成为第八代传承人。他一方面注册"虎"字商标，注重知识产权保护，另一方面对毛笔生产工艺进行革新，开发了许多新产品，如湘江一品、乌龙水、九重春色醉仙桃、臣心如水、大京水等。傅洪初还改变以往的毛笔销售方式，针对国内书画大师采用走笔包形式，派专人为其定制毛笔，做到"一人一支笔，一支一精品"。其中有吴昌硕、赵之谦、沈尹默、张大千、吴湖帆、潘天寿、于右任、傅抱石等，每位书画家的用笔周虎臣都题刻产品别称。例如，李可染专用的两支狼毫笔分别叫"师生堂"和"落木草堂"，鲁迅用的毛笔笔号叫"金不换"，唐云画竹用的笔叫"兰竹"。

长期以来，周虎臣毛笔始终保持"尖、齐、圆、健"的特点，锋颖锐利，圆润饱满，刚劲有力，富有弹性；书写、绘画挥洒自如，得心应手，久用不损。狼毫笔选用纯正黄鼠狼尾、石獾毛、淮兔尖等，均以手工工艺，经梳洗、扎结、装套、修择等五大工序100余道操作精制而成。湘妃竹、红木、景泰蓝、象牙等多种名贵材质笔杆，更是具有独特的观赏性，成为有收藏价值的工艺品。正如清末著名书法家李瑞清所赞誉："海上制笔者，无逾周虎臣。"

1956年实行公私合营，周虎臣与杨振华笔庄、李鼎和笔庄等八家著名笔庄合并，取名"老周虎臣笔墨庄"，并迁址河南中路营业。

改革开放后，周虎臣更加发展。1987年，老周虎臣笔墨庄更名为"上海老周虎臣笔厂"，迁址乳山路。1988年，公司产品获商业部优质产品奖，令人耳目一新。自2002年以来，"虎"牌注册商标连续多年被上海市工商局认定为"上海市著名商标"，企业知识产权保护绽放光芒。2011年5月，"周虎臣毛笔制作技艺"被国务院确定为第三批国家级非物质文化遗产，企业无形资产体现出最大价值。抚今追昔，作为百年老店，周虎臣集湖笔、水笔、书画笔三大制笔技艺之大成，融会我国南方制笔技艺，创导了海派毛笔，使海派毛笔与海派书画相伴而生，是中国近代毛笔制作史上一位真正继往开来承前启后的海派制笔名家。

九、上海市

119. 吴良材

吴良材是上海市眼镜店,迄今已有300年的历史。2006年11月被商务部认定为第一批"中华老字号"(名单序号:上海40),注册商标"吴良材"。

吴良材的前身为"澄名斋珠宝玉器号",始创于清康熙五十八年(1719年),坐落在上海方滨路马姚弄,主营珠宝玉器,兼营眼镜。早年,浙江海盐县澉浦镇人吴良材供职于该店,对市场十分了解。清嘉庆十一年(1806年),澄名斋归由吴良材经营。鉴于眼镜业务日增,吴氏便舍弃珠宝专营眼镜,并将澄名斋更名为"吴良材眼镜店",但仍将"澄明斋珠宝玉器号"的小招牌悬于店堂内。该店眼镜制作工艺精良,待客服务优质。为保信誉,每副眼镜架上都刻有"吴良材制"字样,并系上红丝线,挂上价签,注明"只要标签不剪下,如不称心均可退换,不限日期",做到明码标价,包退包换,用旧还可作价收换,故深受消费者欢迎。

1929年,吴良材眼镜店在方滨路光启路口置地盖房,将原店搬至此处,只经营眼镜,不再兼营珠宝玉器。1935年,吴良材后人吴国城在今上海南京东路开设总店,扩大经营规模,继续以"选用良材"为宗旨,并首创按目验光。1940年,其后人吴贤前往外地拓展,带领上海技术人员在南京太平路(今大行宫)开设分店,即南京吴良材眼镜店,经营上继承上海老店重质量、讲信誉的传统店风,赢得南京和周边地区消费者的信赖。当时出售的眼镜,每副都因此在消费者中树立起良好信誉。

抗战胜利后,吴良材眼镜店派技术人员赴美国学习先进技术,购回新式验光仪器和自动研磨机器,成为全国首家经营隐形眼镜的专业商店。

中华人民共和国成立后,进一步发扬高质量验光配镜传统,成为上海著名的专业眼镜店。该店曾输送优秀技工支援上海照相机厂和中国科学院上海光学研究所,为试制国产照相机,填补中国光学仪器的空白做出贡献。

改革开放以来,吴良材眼镜店迎来黄金发展时期。1979年,首家进口电脑验光仪,能妥善解决高度近视、远视、高度散光、两眼不同视力等各种曲光异态的配镜问题,在全国颇有声望。每逢旺季,许多顾客一清早就从四面八方赶来排队等候验光。该店还在上海金陵东路开设分店,在泗泾路开设工场,以扩大业务经营。1988年,"吴良材"商标获准注册,企业知识产权得到法律保护。1996年,推出"吴良材"牌眼镜,其镜架具有高弹性、不变形、耐腐蚀、不易褪色的优点,每副镜架上刻有"吴良材"三个字的防伪标志。2002年,"吴良材"注册商标被上海市工商局认定为"上海市著名商标",企业知识产权的含金量得到提升。2004年,"吴良材"注册商标被国家工商总局认定为"中国驰名商标",企业再创辉煌,知名度和影响力的范围空前扩大。2006年,"吴良材"注册商标被评选为"最具特色的上海服务商标"。2012年,吴良材被上海市名牌委员会评选为"上海名牌"。2017年,吴良材眼镜店的母公司上海三联集团顺利通过了首个国家级眼镜验配服务标准化验收。

目前,吴良材连锁网点遍布全国,数百家连锁跨越七个省百余座城市,是国内眼镜业连锁规模最大的专业眼镜企业,已从单一的眼镜商店发展成为拥有自主品牌、连锁规模经营、科工贸一体的经营眼镜专业的综合性公司。吴良材持续探索创新,不断为"吴良材"品牌注入时代活力,发扬匠心精神,弘扬传统文化,誓为每一位消费者配好一副舒适、精准的眼镜。

120. 雷允上

雷允上是上海市医药企业,迄今已有280多年的历史。2006年11月被商务部认定为第一批"中华老字号"(名单序号:上海40),注册商标"雷允上"。

雷允上问世于清雍正十二年(1734年),由吴门(今苏州)名医雷大升(字允上)在苏州阊门内专诸巷创建,时名"雷允上诵芬堂药铺"。因医术高明,治病有方,"雷允上"声名鹊起,蜚声杏林。

清咸丰十年(1860年),太平军进攻苏州,雷氏家族被迫迁店至上海民国路(今人民路)兴圣街口,于当年开设"雷诵芬堂申号"(后称南号)药铺。不久太平军败退,雷氏家族重返苏州,并在原址重新开设"诵芬堂"药铺,但上海的"雷诵芬堂申号"药铺仍旧保留,由此形成以苏州为总号、上海为分号的雷允上诵芬堂药铺格局。

长期以来,雷允上始终弘扬吴门医派精神,选地道药材,遵古法炮制,博采众长,创制了一批组方精当、功效显著的名药。其中尤以"六神丸"为最,以它代表的中成药是吴门温病学派治病用药的经典体现。该药以六味名贵中药配制而成,能消肿解毒、清热止痛,服后六神皆安,故名"六神丸"。雷允上独创的六神丸被誉为中华国药的瑰宝,自清代一经问世,即传誉四方,远销日本及东南亚各地。如开设上海雷允上时,其门店上方就打出"精制六神丸""苏申两店别无分出"的招牌。这张照片的影印件,至今还能在上海雷允上药城看到。

在品质管理方面,雷允上不仅进料门槛高,而且需经数道工序把关。如第六代传承人雷盘如,一次采购珍珠购进次货,验收发现后,不但立即退货,而且本人引咎辞职。另一后人雷滋蕃,曾在上海南市小东门设"雷同均堂药铺",但由于经营不善,只好关闭。当时的雷允上负责人雷理卿为照顾族人,将余货全部盘入。然而发现其中一部分有质量问题,便将这部分药材装上船,敲锣打鼓,运到城外销毁。

1934年,雷允上在上海天后宫桥(今河南路桥)开设"雷允上诵芬堂北号"。1938年,为躲避战火,又在公共租界内的静安寺路(今南京西路)开设"雷允上诵芬堂北号支店"。由于药店规模较大,资产雄厚,影响面广,很快就与童涵春堂、蔡同德堂、胡庆余堂被国药同业公认为上海四大中药店之一。20世纪二三十年代,林森、于右任、张学良等民国政要名流都曾长期服用雷允上名药,感其疗效卓著,均专为雷允上题词赠匾,盛赞有加,故时有"北有同仁堂,南有雷允上"之说。

1956年实行公私合营,雷氏后人将祖传秘方献给国家。1958年,雷允上南号、雷允上北号和北号支店三店实行独立经营,分别划归黄埔、虹口和静安区管理。

改革开放后,雷允上踏上新征程。1998年11月,成立"上海雷允上药业有限公司",百年老店开始实行现代企业制度。2008年6月,"中医传统制剂方法(雷允上六神丸制作技艺)"被国务院确定为第一批国家级非物质文化遗产扩展项目,企业知名度和影响力空前提升。目前,公司注重对优秀中医药瑰宝的传承,1/3的产品源自中国历代名医的经典方,1/3的产品源自近代名医方,1/3的产品源自现代临床方,拥有六神丸、左归丸、乌鸡白凤丸等一大批历经岁月锤炼而长销不衰的药品。其中雷氏六神丸是国家保密配方、一级中药保护品种,享誉海内外市场。

121. 余天成

余天成是上海市医药企业，迄今已有230多年的历史。2011年3月被商务部认定为第二批"中华老字号"（名单序号：上海100），注册商标"余天成"。

余天成的前身为"余天成堂"药号，清乾隆四十七年（1782年）由浙江宁波人余游园在松江府（今上海松江区）创建。余氏原为咸菜售贩，平日腌制咸菜，装船运到松江去卖，咸菜摊摆在一家中药店门前，所有销售收入的银两也基本存放在这家药店。一日，余氏提出结清存款，但药店老板因无法偿付，便以药店抵账过户给余氏。于是，余氏成为药店新老板，他委派族内懂得药材生意的人负责管理，并取字号"余天成堂"。

清同治十三年（1874年），由于余天成堂第三代传承人余修初出类拔萃，人才出众，故被杭州胡庆余堂创始人胡雪岩以重金聘为胡庆余堂第一任经理。胡雪岩和余修初共同确立的制药规则"采办务真，修制务精"和经营宗旨"是乃仁术、真不二价"，与余天成堂创始人余游园提出的"道地药材、修制务精、货真价实、童叟无欺、名医坐堂、治病救人"的办店方针，有一脉相承之处。

清光绪二十九年（1903年），余天成堂第五代传承人余鲁珍经营管理不善，擅自作主将余天成堂转让给宁波姻亲邵佐宸。邵氏接手后，改字号为"余天成堂仁记"。清宣统二年（1910年），邵氏长子邵光裕继承经营。1931年，余天成堂校订成《丸散全集》三大本（分上、中、下三卷）及余天成堂的《丸散膏丹全集》一本，其中记载分内、妇、外、伤、儿、疯科等的中成药"丸、散、膏、丹、花露、药酒、曲、锭"等秘方488多方，并附配方和制作工艺，两书无疑凝结了百年老店余天成堂前辈们的心血。

1955年，余天成堂归属"上海松江县中药材管理站"。1956年公私合营，余天成堂归属"中国药材公司江苏省松江县公司"，所有中医从药店中剥离，组织其成立联合诊所，实行医药分开。1958年1月，原属童涵春堂、雷允上、蔡同德堂、胡庆余堂等中药店的成药工场合并成上海中药制药一、二、三厂。而余天成堂因生产设备简陋和人才匮乏等原因，中成药生产逐步减少。"文革"期间，余天成堂一度改称"群锋药店"，历尽坎坷。

改革开放以来，余天成堂进入快速发展时期。1981年，恢复"余天成"老字号。20世纪80年代初，余天成堂恢复名医坐堂门诊业务，深受患者欢迎。1985年6月，成立以余天成堂为核心的"松江余天成医药药材总店"。1994年，余天成堂将中药加工场迁址乐都路开办中药饮片厂，占地面积7800平方米，引进了现代化生产设备，生产饮片品种达516种。1996年10月余天成在原址翻建，1997年6月大楼落成启用，隆重复业。1998年，松江余天成医药药材总店更名为"上海松江医药药材总公司"，企业开始规模化发展。2002年，成立子公司"上海余天成药业连锁有限公司"，企业实行连锁化经营。2004年，总公司进行企业产权制度改革，更名为"上海余天成医药有限公司"。2009年6月，"余天成堂传统中药文化"被上海市确认为第二批市级非物质文化遗产，企业无形资产得到进一步保护。

目前，公司拥有以余天成堂药号为核心的100家连锁药店，22家医保定点药房辐射在松江城区以及所有乡镇。所售商品由配送中心实行统一配送，由计算机网络实现自动化管理，实现了经营网络化、管理规范化的规模化经营优势。

122. 童涵春堂

童涵春堂是上海市医药企业，迄今已有230多年的历史。2011年3月被商务部认定为第二批"中华老字号"（名单序号：上海69），注册商标"童涵春堂"。

童涵春堂的前身是一家民间药铺。清乾隆四十八年（1783年），身为上海"恒泰药行"老板、中药材批发商的浙江宁波庄桥镇（今宁波市江北区庄桥镇）人童善长，买下地处上海南市小东门（今方浜中路）的"竺涵春药店"后，遂更名为"童涵春堂泰记国药号"，从此开启了这家百年老店跨越四个世纪的历史大幕。

不过，为童涵春堂建立丰功伟业的当属童氏第四代传承人童祥权。清同治二年（1863年），童祥权出任药铺经理后，在上海日晖港建立码头，并出资购买了"元、亨、利、贞"四艘大型帆船，一方面从山东等地购买高粱酒，运到上海自制药酒出售；一方面把童涵春堂的精制饮片、中成药等特色产品运往汕头、厦门一带销售，取得良好业绩后又进一步销往香港地区和越南、泰国、马来西亚和印度尼西亚等国家。童祥权还在出口商品的包装上加印一个"童"字，同时把精制饮片命名为"童半夏""童胆星""童厚朴"等，以区别于其他同业产品，从而使童涵春堂品牌的知名度和影响力迅速提升，尤其是被东南亚各地的华人所看好。

清同治十三年（1874年），童祥权破费白银百两，托人邀请当年的科举状元、后曾侍从清光绪皇帝作文绘画、出任山东学政等职的陆润庠题写了"童涵春堂"四个大字，并请名工巧匠精心制作成金地黑字的匾额。至清光绪二十三年（1897年）前后，童涵春堂已经从早年的单开间门面的小药铺，发展为三开间五进深门面的大药房，与"雷允上""蔡同德堂"和"胡庆余堂"并称为上海中药业著名的四大户。其中"人参再造丸"是童涵春堂的招牌名药和拳头产品之一，在当年老上海几乎无人不知；而最能代表童涵春堂独特风格的精制饮片中的佼佼者则是"三制二淡五薄片"，颇有特色。

然而天有不测风云。童氏第六代传承人童广甫因多年经营管理不善，于1932年被迫转让童涵春堂股份，将家族独资企业童涵春堂更名为"童涵春堂兴记国药号"，改制为由包括童氏后代在内的28个股东共同投资的合作企业，大股东皆为银行董事长或参行老板，由董事会任命经理，童氏家族退出主要经营管理。

1937年淞沪会战爆发，为躲避战乱，童涵春堂于同年10月将法租界爱多亚路（今延安东路）493号的原货栈改为店堂，设立分号，形成南北总分两店。同年11月南市沦陷前夕，总号被迫停业。1945年5月，童涵春堂总号在原址复业，从此童涵春堂两家店互为呼应，声名更加显赫。

中华人民共和国成立不久，实行公私合营，童涵春堂更名为"公私合营上海童涵春堂"。1958年1月，童涵春堂总号迁至黄浦区人民路1号营业，并于同年向国家工商局注册登记了"涵春牌"商标。1960年1月，因上海市区区划调整，总号划归南市区药材公司，分号划归黄浦区药材公司，遂形成童涵春堂南号与北号平行的格局，不再有总分隶属关系。"文革"时期，南北两号又分别改名为"人民中药店"和"解放中药店"。1967年3月，由早期童涵春堂中药生产工场演变而来的"上海南市中药制药厂"更名为"上海南市中药切制厂"。

受益于改革开放大潮的风起云涌，童涵春堂终于迎来了再创辉煌的黄金时代。1979年5月，上述两家中药店均恢复童涵春堂原名，百年老字号重新屹立在上海滩。1982年3月，上海南市中药切制厂更名为"上海童涵春堂中药饮片厂"，制药企业名称也恢复使用了童涵春堂字样，企业体制发生新的变化。1988年，童涵春堂在老城隍庙内兴建庭院式国药商场——童涵春堂分店，汇集全国著名药厂中成药精品，并辟有外宾接待室，成为上海第一家中药涉外旅游定点单位。

2001年1月，"童涵春堂"商标被上海市工商局认定为上海市著名商标，深受社会各界欢迎。2007年3月，"童涵春药丸制作技艺"被上海市黄浦区确定为区级非物质文化遗产，老字号绝佳技艺得到发扬光大。2010年1月，"童涵春堂"

商标被国家工商总局认定为"中国驰名商标",企业知识产权获得更大范围的法律保护。同年7月,上海童涵春堂中药饮片厂变更为"上海童涵春堂中药饮片有限公司",开始实行现代企业制度。

为了在文化创意产业领域也迅速发展,公司于2010年11月设立童涵春堂中药博物馆,组建起传承和弘扬中医药文化包括童涵春堂选药、制药、售药文化的有效平台。

123. 老凤祥

老凤祥是上海市首饰企业,迄今已跨越3个世纪、170多年,是我国留存至今、仍在原店原址经营的历史最为悠久的银楼。2006年11月被商务部认定为第一批"中华老字号"(名单序号:上海20),注册商标"老凤祥"。

老凤祥的前身是清代问世的"凤祥银楼"。该银楼由浙江宁波十七房郑熙创建于清道光二十八年(1848年),前店后厂,主营珠宝首饰,地处上海南市大东门大街(今方浜中路)。清光绪十二年(1886年),迁址望平街(今山东中路)并改称"老凤祥银楼",商号"怡记"。清光绪三十一年(1905年),商号改为"植记",产品戳记"松鹤"。清光绪三十四年(1908年),迁址南京路盆汤街(今南京东路432号老凤祥总店所在地),商号更名为"庆记",产品戳记"吉庆"。1911年,商号更名为"裕记",全称"老凤祥裕记银楼",产品戳记改成"丹凤"。

1930年,老凤祥迈出了一大步。银楼进行全面装修改造,建造了当时少有的三层钢筋水泥楼宇。一楼正门两边分别竖立悬挂着"老凤祥银楼"牌匾,门楣正中是横着悬挂的"老凤祥"三字牌匾,正门上方是中英文结合的"老凤祥银楼"牌匾和艺术刻字,雄伟挺拔,庄重大方,堪称上海第一银楼,从此叱咤风云,声名远播。

然而抗战胜利以后,上海银楼业摇摆不定,特别是因1947年国民党政府宣布实施经济紧急措施,市场开始萧条,中央银行既不配售黄金,又加以硬性限价,故造成黑市猖獗,大批银楼包括老凤祥的两家分号均先后歇业。至1949年6月左右,老凤祥银楼自身也举步维艰,闭门谢客。

20世纪50年代，老凤祥获得新生，进入上升通道。1951年，国家出资15万元购买南京东路432号老凤祥银楼整栋大楼全部固定资产，委托中国人民银行华东区分行金融受理处筹办"国营上海金银饰品店"，吸收原老凤祥员工，于1952年6月正式挂牌营业；同年12月在静安寺（万航渡路2号）设立分店。1954年承接了中苏友好大厦钢塔、五角星、角亭的鎏金任务。1958年6月，该店更名为"上海金银制品厂"，并为外贸加工饰品和餐具，通过广交会批量出口并把零售划给市百一店。

60年代至80年代中期，老凤祥几经波折、陷入低谷，但最终借改革开放之力跨越障碍、东山再起。1962年5月，上海金银制品厂隶属上海市工艺美术工业公司领导后，出口饰品颇有起色，1966年10月，改名"上海金属工艺一厂"。1972年，国务院下达"发展民族传统工艺争取外汇的指示"，该厂重新组织技艺人员归队，加强了饰品出口以及涉外旅游部门的金银饰品、摆件的来料加工业务，产品销往中国港澳、东南亚、东欧及西欧，深受好评。1982年8月，该厂改名"上海远东金银饰品厂"，并被轻工业部指定为内销金饰品定点生产企业，12月底全厂迁至漕溪路260号；原南京东路432号只保留最底层作为门市部营业。1985年4月，上海远东金银饰品厂门市部更名为"老凤祥银楼"，设计并采用"凤祥"商标；9月15日产品采用统一编号"沪C"，当年生产黄金饰品3281.6公斤，200多个品种，完成产值3.3亿元，利税总额1936万元，这是改革开放后老凤祥再现昔日辉煌的出发点。

乘此良机，为进一步扩大"老凤祥"品牌效应，1993年10月，上海远东金银饰品厂与上海环球饰品厂合并成立"上海老凤祥首饰总厂"，并将产品戳记由"沪C"改为"老凤祥"，使厂名、注册商标及戳记融为一体；同年在广东路上开设了第一家"老凤祥银楼分号"。1994年又在浦东兰春路开设"老凤祥浦东分号"。1995年再在市区徐家汇开设"老凤祥银楼徐家汇分号"。老凤祥甩开臂膀，一路高歌猛进，迎来了难得的鼎盛时期，其生产规模和经济效益创下历史纪录。

1996年12月，上海市政府对上海老凤祥首饰总厂、上海宇宙金银饰品厂、上海工艺美术首饰研究所、上海珠宝玉器厂和上海大同行珠宝首饰汇市实行联合重组，成立"上海老凤祥有限公司"。1998年，中国第一铅笔股份有限公司涉足黄金珠宝加工业，收购了上海老凤祥有限公司50.44%的股权，公司实现战略重组。2000年9月，"老凤祥"商标被国家工商局认定为"中国驰名商标"，企业知识产权获得有力保护。2008年6月，老凤祥的"金银细工制作技艺"被国务院确定为第二批国家级非物质文化遗产，企业发展硕果累累。2009年7月，该股份有限公司更名为老凤祥股份有限公司；"第一铅笔"股票更名为"中国铅笔"，老凤祥一举进入资本市场。同年，老凤祥股份有限公司向控股股东上海黄浦区国资委定向增发不超过6000万股购买黄浦国资委所持有的上海老凤祥有限公司27.57%的权益及上海工艺美术总公司100%的权益；"中国铅笔"股票更名为"老凤祥"，其B股股票简称由"中铅B股"变更为"老凤祥B"。中国第一铅笔股份有限公司原名由其下属全资子公司"上海福斯特笔业有限公司"承接并更名为"中国第一铅笔有限公司"。

在一片大好形势下，上海老凤祥有限公司开始进军文化创意产业，并设立了老凤祥宝玉石博物馆，且于2013年10月1日正式开馆。

124. 杏花楼

杏花楼是上海市餐饮企业，迄今已有160多年的历史。2006年11月被商务部认定为第一批"中华老字号"（名单序号：上海9），注册商标"杏花楼"。

杏花楼原名"生昌号番菜馆"，清咸丰元年（1851年）由广东人胜仔在上海虹口区创建，主营广东甜点和粥类。1883年9月，该菜馆易主后迁到四马路（今福州路），新老板将菜馆更名为"杏华楼"。民国初期，杏花楼扩建成一座老式二层楼房，外貌像一座"银楼"，有浓郁的广东旺铺色彩，给人以年代悠久、根基扎实的厚重之感。

1927年，杏花楼员工推荐名厨李金海当经理，堪称杏花楼发展史上的一座里程碑。李氏招股集资成立股份制公司，并将店面扩建成七开间门面、钢筋水泥结构的四层楼房，豪放气派，富丽堂皇。门前挂有"专办中国宴席，兼营欧美大菜"的朱漆木质大字，令人垂涎欲滴，饭店车水马龙。

1928年，杏花楼开始制作广式月饼，与当时最有名的锦芳饼店和冠生园展开竞争。经过反复钻研实践，先后试制出300公斤月饼样品，分送客户品尝，最后定型生产。1929年第一次试销就抢购一空，杏花楼从此名声大震。

20世纪三四十年代是杏花楼的全盛时期，这时一楼设小吃餐厅专门供应广东特色小吃，并设外卖专柜供应广东特产；二、三楼专营酒菜筵席；四楼为"船厅"，船厅是根据当时上海市市长吴铁城的喜爱，用全套红木家具摆设布置的，装潢格局古色古香，高贵优雅，吸引了一批批的工商界、军政界人士，如李宗仁、汪精卫、孙科、陈公博、黄金荣、杜月笙等。1949年后的上海第一任市长陈毅也曾假座杏花楼设宴待客。

1956年实行公私合营，杏花楼经营体制发生变化。然而，杏花楼脚步未停，月饼制作推陈出新。如上品伍仁果料月饼，用料实、颗粒清晰，加上用山西的汾酒和玫瑰糖，分外喷香，品尝后回味无穷。杏花楼还根据上海人的喜好，不断提高豆沙月饼的质量。这些都使杏花楼月饼与众不同，特色昭著，更加广泛地流传于民间。"文革"期间，杏花楼遭遇坎坷，月饼印模具通通被毁，直到1969年才恢复月饼生产。

改革开放以来，杏花楼加快前进步伐，成就斐然。1996年，杏花楼四万盒月饼首次投放北京，在首都一炮打响，创下销量1800吨、产值8600万元的历史纪录。1998年，杏花楼改制为"上海杏花楼企业股份有限公司"，开始实行现代化企业管理。同年2月，"杏花楼"注册商标被上海市工商局认定为"上海市著名商标"，企业知识产权得到充分保护。1999年，杏花楼三万盒月饼首次空运美国，出口海外，受到好评。2002年，杏花楼股份公司更名为"杏花楼食品餐饮股份有限公司"，为进入资本市场打下基础。2006年9月，"杏花楼"注册商标被国家工商总局认定为"中国驰名商标"，企业知识产权得到特殊保护。同年9月，杏花楼生产的月饼被国家质量监督检疫总局评为"中国名牌产品"。2007年6月，"杏花楼广式月饼制作技艺"被上海市确认为第一批市级非物质文化遗产，企业知名度和影响力再次大幅提升。

目前，杏花楼是杏花楼集团旗下一个最著名的品牌，而杏花楼集团是上海乃至全国餐饮业老字号品牌集聚最多的企业。每年中秋，杏花楼月饼均占去上海月饼市场总销量的半壁江山，并出口到美国、日本、澳大利亚等国家，海外市场占有率也逐渐提高。

125. 万有全

万有全是上海市食品企业，迄今已有160多年的历史。2006年11月被商务部认定为第一批"中华老字号"（名单序号：上海18），注册商标"万有全"。

九、上海市

清咸丰元年（1851年），戴氏在上海山西路盆汤弄北首集水街开设一家小店，取名"万有全"，人称"北万有全"，主营腌腊制品并兼营水产业务。后该店转让给浙江嘉兴药业潘姓老板经营，不久又被嘉兴开钱庄的张子远买下。1900年，张氏看好南京路的商业氛围，于是出资购置物业，将万有全从山西路迁至南京路发展。当时主营火腿腌腊，并增设茶叶专柜。

考虑到上海人的口味偏好，万有全专门经营金华火腿，又称"南腿"，即浙江金华辖区内东阳等县所腌制的火腿。因为上海人一直非常喜欢吃火腿，旧时风俗是，新女婿初次见丈母娘一定要带一只火腿，产妇月子里也要吃火腿补身体，故火腿过去是上海人待客的高档菜。而万有全经营的金华火腿，长期以来在上海十分走俏，口碑颇好。因为万有全经营的火腿，历来选料严格。该店员工亲去浙江金华地区各县采购外形矮小丰满、皮薄腿细、爪弯脚直的毛猪，从中精选适合于加工南腿的胚子，精工腌制。所加工南腿，每只在5~8斤，皮色黄亮，精多肥少，腿心饱满。尤其北万有全的熟火腿，挑选皮薄膘少、精肉多、腰方长的火腿，精工烧煮，刀功精湛，每两切仅30片左右，肉薄如纸，呈半透明状，咸淡适口，鲜味特异，食之开胃。

抗战时期，万有全的产品和两个加工厂毁于战火，被迫停业。1956年实行公私合营，火腿质量不变。"文革"期间，万有全一度改称"万年红腌腊商店""金华腌腊商店"，直到1979年才恢复"万有全"老字号。

改革开放以来，万有全进入全新的发展时期。1995年6月，区副食品公司按现代企业要求，组建"上海万有全集团"和"上海万有全（集团）公司"。集团除继续承担全区副食品零售、批发、集团供应和副食品的生产加工任务外，还发展以经营副食品、南北货、烟酒食品、粮油制品、饮料和五金交电、化工、百货、服装、建材等商品为主的菜市场、零售商场、超市和便利店等多种业态；以生产豆制品、腌腊、水产食品、中西熟食、酱菜调味品及快餐等的食品加工企业；以生产电子镇流器、漆包线、工业及家用弹簧、净水器、微型电机、微型减速机、热水器等的轻工机械企业；以水产品、肉食品、禽蛋、调味品为主营业务的批发企业，此外还兼营房地产开发和宾馆、餐饮、旅游业、娱乐业及汽车修理等。

1997年5月，集团将国有独资企业改制为多元投资性质的有限公司，更名为"上海万有全（集团）有限公司"，形成核心层企业、全资企业、控股企业、关联企业等组织体系。集团利用"万有全"百年老店牌誉，实施品牌战略，陆续推出豆制品、熟食、腌腊、冷冻食品、酱菜调味品、盆菜快洁菜等六个系列500多种商品，进入上海本市和外省市1000多家商场、超市和大卖场。自1999年起，万有全连续多次被评为"上海市名牌产品"，企业知名度和影响力进一步增强。2000年，"万有全"注册商标被上海市工商局认定为"上海市著名商标"，企业知识产权得到更充分的法律保护。

126. 丁义兴

丁义兴是上海市食品企业，迄今已有160多年的历史。2011年3月被商务部认定为第二批"中华老字号"（名单序号：上海28），注册商标"丁义兴"。

丁义兴原为一家酒馆，清咸丰二年（1852年）由丁清仓两兄弟在松江府金山县（今上海市金山区）枫泾镇张家桥创立，字号"丁义兴"。该酒馆的明星产品是猪蹄，闻之味奇香无比，观之色剔透晶莹，尝之则肥而不腻，咸甜相宜，人称"枫泾丁蹄"。

枫泾丁蹄是江浙沪一带远近闻名的地方特产。选用猪后蹄为主料，佐以绍酒，冰糖，桂皮，丁香等辅料烹制而成。选料注重活、生、寸、鲜，调味擅长咸、甜、糟、酸。制作方法有蹄形整修、焯水、拔毛、原汤加佐料、三旺三文、上碗、出骨等八道工序，道道工序一丝不苟。成品冷吃喷香可口、回味无穷，热吃酥而不烂、油而不腻。对此，清末民初《清稗类钞·饮食篇》载："嘉善枫泾圣堂桥塊，有丁义兴者，百年老店也，以善制酱蹄名于时，人呼之曰丁蹄……味至佳，加载郡志，脍炙人口。"晚清"红顶商人"[1]胡雪岩将枫泾丁蹄敬献皇家，从此枫泾丁蹄成为江南贡品。

1876年，这种特色蹄髈首次销往京城，引起一片轰动。1899年，销售市场遍及沪杭一带，此后远销南洋和欧美等地，开始走出国门。清宣统二年（1910年），枫泾丁蹄获南洋劝业会褒奖银牌、浙江省巡抚加给奖凭。1915年，北洋政府选送枫泾丁蹄赴美国参加巴拿马万国博览会，获得金奖。1935年，国民政府选送枫泾丁蹄赴德国参加莱比锡国际博览会，与德国著名品牌"烤猪手"同台参

---

[1] "红顶商人"即官商，通俗来说，指政府里的官员再以商人的身份出现，兼具公务员和商人两个角色。

赛，枫泾丁蹄又以其独特的风味，客场胜出，捧回金奖。

改革开放后，丁义兴迎来重大发展机遇，生产经营规模扩大，一路向好。2001年4月，成立"上海丁义兴食品有限公司"，开始实行现代企业制度。2007年6月，"枫泾丁蹄制作技艺"被上海市确认为第一批市级非物质文化遗产，企业知名度和影响力迅速提高。2013年，"丁义兴"注册商标被上海市工商局认定为"上海市著名商标"，企业知识产权得到法律的充分保护。与此同时，公司在经营中强化"质量是企业的生命，安全是员工的生命""民以食为天，食以安为先"的宗旨。在传统技艺和原有产品的基础上进行不断发展和丰富。2015年11月，丁义兴改制引进民营资本，更名为"上海丁义兴食品股份有限公司"，并于2016年4月22日在新三板成功挂牌，企业进入资本市场。

目前，公司已经形成酱卤肉制品及非发酵性豆制品两大类、以"枫泾丁蹄""酱牛肉""丁义兴野鸭""枫泾豆腐干"等为核心的18种系列产品，大大提高市场占有率。公司收入来源于五类产品，分别是丁蹄、咸蹄、牛肉、禽类食品、烟酒及其他食品。作为上海老字号食品品牌，丁义兴不仅仅是食品更是一种文化，需要在保证食品质量和安全的基础上，进一步提升品牌美誉度及市场占有率，从而规划好发展路径，坚持一业为主、多种经营，发展下游产品，拉长产业链，扩大产品品种，用品牌和质量吸引更多的社会投资者，共同推动丁义兴品牌的发展。

127. 邵 万 生

邵万生是上海市食品企业，迄今已有160多年的历史。2011年3月被商务部认定为第二批"中华老字号"（名单序号：上海17），注册商标"邵万生"。

邵万生的前身为一家食品摊，位于上海虹口黄浦江沿江码头一带，清咸丰二年（1852年）由宁波三北人邵万生创立，主营醉糟食品和南北特产。后邵氏财富积累，便在吴淞路开设南货店，字号"邵万兴"。清同治九年（1870年），邵万兴迁至南京路，更名为"邵万生"，经营"两洋海味、闽广洋糖、浙宁茶食、南北杂货"。

为了扩大经营，持续发展，邵万生另辟生产场地加工腌制糟醉食品，诸如鱼干、糟鳗鲞、醉蟹、醉泥螺、醉虾、醉蟹糊、醉银蚶、醉蛏子、虾籽鲞鱼等海鲜河鲜类食品以及虾籽酱油、糟卤、虾油卤等调味调料。因其坚持特色经营并诚信待客，生意逐渐红火，市场占有率高，成为实力雄厚的南北货号，获得"春意盎然尝银蚶，夏日炎炎食糟鱼，秋风萧瑟持醉蟹，冬云漫天品醉鸡"之美誉。

  长期以来，邵万生的糟醉食品，从选料到加工制作都有严格的规定。它的醉蟹选用的是重2~3两的活蟹，这些蟹由专人每天送货到邵万生店门口，伙计当众拣蟹，分量过轻或过重的、死样怪气的都不要。这样经过严格挑选的蟹制成的邵万生醉蟹口碑颇好。另外如邵万生黄泥螺，原料采用浙江舟山沈家门认母渡的泥螺，每年4月上中旬，当泥螺旺产、粒大无沙时，邵万生便大量采购，运回上海后，经过暴腌、洗净滤清，再用陈年黄酒醉制，使黄泥螺肉质细嫩、鲜美可口，堪称夏令开胃佳品。

  改革开放后，邵万生积极实施品牌战略，坚持走可持续发展之路，充分发挥老字号品牌效应，坚持"打造经典邵万生，做糟醉行业的引领者"。1999年，南京路步行街开通后，邵万生一炮打响，实现了历史性、跨越式发展。年销售额由步行街开通之初的1650万元、利润16万元增至2008年销售额8300万元、利润390万元，企业经济效益、员工人均年收入均连续多年实现两位数增长。邵万生以糟醉食品为其特色，该店的四季应市糟醉食品广为人赞，脍炙人口。祖籍宁波、绍兴的港澳台同胞、海外侨胞和在外地工作的游客，对邵万生的糟醉食品皆情有独钟。当年，造船大王包玉刚年年派人来邵万生选购适时的黄泥螺、醉蟹，更被传为一段佳话。甚至一些初次尝到糟醉美味的食客，也因此而喜欢上了邵万生。

  目前，邵万生食品公司坐落在南京东路，营业面积300多平方米。公司主营食品有糟醉、腌腊、南北货、烟酒、糖奶、饮料、糕点、蜜饯、休闲食品等，其中糟醉知名品种包括糟鸡、醉香鸡、黄泥螺、糟青鱼、醉香螺、醉螃蟹、糟蛋、醉蟹、虾子鲞鱼、蟹糊、虾油露、虾子佐料等，是上海食品行业中知名度较高的中华老字号，是闻名遐迩的一家主营糟醉食品的综合性商店，在港澳台地区及东南亚各国享有盛誉。公司坚持既好又快、效益和质量相统一的发展原则，紧紧围绕企业经营结构调整，努力转变和创新经营管理模式，着力提升核心竞争力，诚信经营，规范管理，使企业经济运行速度、质量和效益始终处于良性互动，努力实现企业的更大发展。

九、上海市

128. 老大同

老大同是上海市调味品企业，迄今已有160多年的历史。2006年11月被商务部认定为第一批"中华老字号"（名单序号：上海2），注册商标"老大同"。

老大同的前身为"大同酒店"，清咸丰四年（1854年）由苏州人徐增德夫妇在东正丰街（今广东路）创立。酒店初期以堂吃为主，兼零外卖，并从苏州批购香糟在店中试销。不久，糟味卤菜就流行于刚刚开埠的上海，深受欢迎。"糟"是指用酒或糟腌制食物的一种制作方法。

1930年，大同酒店被"元和酱园"兼并，更名为"老大同酱园"，开始精心研制各类"糟"产品，如香糟、糟泥、糟油等。1936年，浙江人王肇瑞出任老大同酱园经理，更是出重拳把"糟"这一特色做到极致。他精心优化配方、增强与酒厂合作，努力扩大生产，为本帮菜中的香糟风味菜肴提供很大助力。20世纪30年代，该酱园还安装了"老大同香糟、五香糟油"的霓虹灯广告，企业知名度和影响力迅速提高。

1956年实行公私合营，老大同酱园迁到附近的广东路233号，并更名为"上海老大同油酱店"。历经几十年的发展，此时的老大同香糟早已成为本帮菜的一种必备武器了。而它捧红的最著名的一家餐馆，就是本帮菜四大名店之一的"同泰祥"酒楼（另三家是"荣顺馆""德兴馆""老正兴"）。

改革开放后，老大同持续发展。1993年，老大同搬迁至青浦县（今青浦区）赵巷镇，更名为"上海老大同调味品厂"。此时上海的餐饮市场已然发生了一系列新变化：房租水电等固定成本节节攀升，但本帮菜的生产效率和菜肴利润却上不去；厨师的手艺越来越速成化，敬业精神和创新意识越来越弱，但脾气和工资却上去了；由于城区黄金地段价位不断攀升，城市化改造实际上演变成了现代工商业对传统服务业的格式化改造。

2006年3月，成立"上海老大同食品有限公司"，开始实行现代企业制度。2012年，该公司承接上海新世界粮油发展有限公司（原上海市黄浦区粮食局）全部业务及管理职能；主要从事食品、粮油及制品、调味品、烟（零售）、酒（零兼批）、餐饮及日用百货等经营业务。公司所属单位有：企业管理分公司、粮油食品分公司、酒类分公司、营销分公司、诚顺餐馆等五家企业，拥有老大同直营店十户以及商业网点数十户，主要遍布黄浦区地域、毗邻市中心商业街。以后又成立"上海老大同调味品有限公司"。

近年来，老大同调味品有限公司始终以"糟"为传统经营特色，相继开发了"香糟卤""糟鱼头汤料""糟钵头汤料"等明星产品。优质的原料、精准的配方、较高的工艺要求和鲜明的上海地域特色，使老大同香糟虽历经上百年，但仍历久弥新，越陈越香，以至无论是当时的十里洋场旧上海，还是今日充满生机的新上海，市面上号称本帮菜、上海菜的酒家、饭馆均以老大同香糟作为其厨房的必备调味品。2004年，投入数百万元新建厂房、设备，使之符合现代化生产的需要，在企业发展的同时注重提高企业的硬件建设。2005年，公司通过ISO9001质量管理体系，HACCP食品安全体系认证，为提高企业的管理档次和综合竞争力打下了坚实基础。

129. 老介福

　　老介福是上海市著名商厦，迄今已有150多年的历史。2011年3月被商务部认定为第二批"中华老字号"（名单序号：上海2），注册商标"老介福"。

　　老介福的前身为"介福绸缎局"，清咸丰十年（1860年）由福建人祝氏兄弟合资开设，位于河南路（今河南中路）九江路口。后转让给苏州商人程氏，更名为"老介福绸缎局"。

　　1929年9月，上海英资沙逊大厦建成。大厦老板娘提出，沙逊大厦的所有窗帘、沙发套、床单与装饰品都由老介福提供，用料一律选高档丝绸织品。老介福立即让设计师画出别具一格的各式绣花图案，经沙逊拍板同意后，发往苏州精心制作，历时半年交货。这单生意使老介福一炮打响，声名鹊起。1936年3月，世界喜剧电影大师卓别林来到上海，下榻在南京路著名的华懋饭店。当时饭店的全部窗帘、床单与沙发套，均是在老介福定做的绣花丝绸织品。卓别林看到后非常喜欢，于是慕名向老介福定制60打真丝格子碧绉衬衫。他不仅成全了"老介福"一大笔生意，而且起到了"义务广告员"的作用，使老介福流芳海外。

　　1936年冬天，老介福迁至南京路257号哈同大楼（今南京大楼）底层，店面扩大为六开间，增资扩股，拓展市场，更名为"老介福绸缎局股份有限公司"，从而成为上海规模最大、资本最雄厚的绸缎商店。它主营丝绸、贡缎、丝绣织品、丝绸被面等高档商品，并在上海和杭州设有丝织、印染厂，还不断收集世界各国精美花型图案,自行设计花色,直接向沪、杭、苏、兴(嘉兴)等地丝织厂定织、定染、特别加工。花样多、色彩艳、品种全,被誉为"丝绸总汇"。一些高层次消费者诸如电影界明星、戏剧界名演员制作时装或行头用料,都到这家商店挑选。

上海解放后,企业添加棉布呢绒业务,并更名为"上海老介福绸布呢绒商店"。该店除继续发展真丝织品外,还充实了人造丝、尼龙丝等化纤丝织品,同时扩大呢绒经营,先后与章华、协新、元丰、寅丰等毛纺厂实行厂店挂钩,向一些大厂、名厂加工或收购呢绒。经营的丝绸、呢绒常备品种有1300余种,并发展有代客成衣,设立成衣柜,形成卖料、加工、成衣一条龙。

1964年,为了适应经济发展的形势,更好地发扬老介福的经营特色,经有关领导方面的安排,老介福在原址上扩充,使营业面积增加了2/5,接近600平方米。"文革"时期,老介福历尽坎坷,被迫更名为"东方红布店"和"江南绸布店"。

改革开放以来,老介福稳定发展,前景广阔。1979年,企业退出棉布经营,更名为"上海老介福呢绒绸缎商店",专营呢绒绸缎,与工厂挂钩直接进货,还组织进口原料,保持品种多、花色新、质量优的特色。其所经营的呢绒、丝绸花色品种,最多时达1500余种。恢复成衣部和接料加工,形成卖料、加工、成衣一条龙,大大方便了顾客。1993年6月,上海老介福呢绒绸缎商店变更登记为"上海老介福商厦"。原商店翻修改建为三层楼,底层继续保持绸缎、呢绒的专业经营,二三楼则经营综合百货,一举跻身于南京路上大型商厦的行列。同年12月,老介福商厦更名为"老介福公司"。然而1996年12月,又成立"上海老介福商厦",经营范围包括针纺织品、服装、百货、五金交电、工艺美术品、文化用品、殡葬用品的销售等。

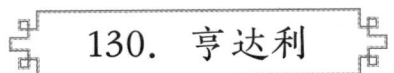

130. 亨达利

亨达利是上海市著名钟表商店,迄今已有150多年的历史。2011年3月被商务部认定为第二批"中华老字号"(名单序号:上海107),注册商标"亨达利"。

亨达利问世于清同治三年(1864年),由法国商人霍普在上海洋泾浜三茅阁桥（今延安东路江西路口）开设，中文直译"霍普兄弟公司"，中文招牌"亨达利"，主营欧美侨民的生活必需品及钟表。19世纪末，霍普将亨达利转卖给德商礼和洋行，后者把亨达利迁至英租界南京路抛球场（今南京东路河南路口）经营。

1914年，亨达利转让给礼和洋行买办虞乡山等经营，更名为"亨达利钟表总公司"。1917年，虞氏再将亨达利转让给中资"美华利钟表行"老板、浙江鄞县人孙梅堂。孙买进后将业务并入美华利，但对外仍沿用"亨达利"字号，并取消洋酒杂货等生活必需品，专营高级钟表。由于亨达利与洋商关系密切，故货源十分充足，生意日益兴隆，号称远东第一。1918年第一次世界大战结束时，德国马克和法国法郎贬值，亨达利趁机低价购进手表数十万只在上海销售，获利数倍，资本实力更加雄厚。不久，亨达利先后在全国开设了25家分店。另外，亨达利当时就与著名的浪琴厂挂钩，特约经销并定制以亨达利为牌名的表供应市场，还在沪宁、沪杭两条铁路沿线做了不少广告牌，号称远东第一。商品则以中高档为主，不销售廉价表，以适应当时中上层顾客的心理。售出商品凭保单负责保修，给顾客以良好的印象，成为全国首屈一指的"钟表大王"。1922年，中国末代皇帝溥仪结婚用的镜台，也是通过亨达利向国外定制的。

中华人民共和国成立后，亨达利获得新生，业务稳步发展。1953年，抽调部分资金创办亨达利钟厂（今合并为上海钟厂）。1956年实行公私合营，由于受到政策的限制，亨达利的一些特色诸如国外订货、加工配件等有所改变。1964年，亨达利更名为"长城"，直到1984年才恢复"亨达利"老字号。

改革开放以来，亨达利如鱼得水，获得长足发展。进入20世纪80年代，以领导钟表新潮流而誉满全球的日本西铁城石英钟表在上海全市最先上柜供应。1992年，亨达利率先恢复世界名表劳力士的销售，仅三个月时间就销售出三只，顿时受到同行瞩目。在此基础上，亨达利进一步出击，引进康斯坦丁（江诗丹顿）、派克菲力蒲（百达菲丽）、AP、积家、伯爵等一系列世界名表，成为上海乃至全国第一家与世界钟表销售接轨的企业。不久，又以售出一只价值132万元的康斯坦丁（江诗丹顿）再创销售历史上的新高峰。

2004年，亨达利向长三角地区拓展市场，无锡百盛亨达利钟表公司在众人殷切期盼下隆重开张，成为当地钟表形象最高档的旗舰店。同年12月，成立"上海三联集团亨达利钟表有限公司"，经营范围包括钟表、眼镜、照相器材、电池、钟表修理、咨询、检测、附设分店等。

目前，公司销售各类世界顶级名表，如AP、积家、宝齐莱等，并设有劳力士、帝舵表专卖厅,专售各种款式的经瑞士天文台认证,带有精密计时标志的劳力士手表。还与欧米茄、雷达表、浪琴、天梭、西马、豪华、梅花、英纳格、精工、西铁城、奥尔马等瑞士、日本厂商建立了特约经销业务。公司以经营和修理进口钟表的特色而闻名全国,是我国目前最大规模的钟表零售企业,享有"钟表大亨"之美称。

131. 上海老饭店

上海老饭店是上海市著名餐饮企业,迄今已有140多年的历史。2011年3月被商务部认定为第二批"中华老字号"(名单序号:上海16),注册商标"上海老饭店"。

上海老饭店原为一家小饭馆,清光绪元年(1875年)由上海浦东川沙厨师张焕英创建,取名"荣顺馆",坐落在南市新北门内城隍庙西首旧校场路。作为"夫妻店",张焕英自己掌勺烧菜,老板娘收账,两个亲戚负责端盘子。荣顺馆主营肉丝黄豆汤、酱肉豆腐等上海家常菜,因味道鲜美、价格低廉,很快受到大众欢迎。但开业之初,店堂狭小,无法摆开三张八仙桌,其中一张只能靠壁而摆,于是人称"两张半台子"。

20世纪30年代,张焕英之子张晓亭成为第二代传承人。他研发出一批新的看家菜,并将荣顺馆更名为"老荣顺馆",以示史远品位。然而,不少常客嫌老荣顺馆称呼麻烦,于是叫作"老饭店"。

1965年老饭店扩建,迁至福佑路即老城隍庙西侧,三开间门面,上下两层,正式更名为"上海老饭店",从而翻开新的历史篇章。

改革开放后,上海老饭店迎来发展的黄金时代,成就斐然。1978年,上海老饭店迁至旧校场路和福佑路口一座三层楼,扩建使用其中两层,营业面积1700平方米。1983年3月,老饭店的名师李伯荣应邀前往北京,为叶剑英元帅制作寿宴。1993年,上海老饭店首次改建,由国家级技师李伯荣担任主厨。改建后的老饭店,外观富丽堂皇,古朴典雅,成为上海豫园旅游区内的大型涉外饭店。2000年,上海豫园旅游商城股份有限公司重修上海老饭店,恢复百年前的原貌,并对客房进行改造,成为上海唯一的中国庭院式酒店,凸显浓郁的上海味道。

作为上海菜的发源地,该饭店供应的本帮特色菜肴,在新老同业中名列前茅。该店十分讲究菜肴特色,进料强调鲜活,取料注重精细。非鲜不取,非活不用,特别是鱼虾,一定要活蹦乱跳的。在长年研制实践中,老饭店将不同的原料、不同的部位施以不同的烹制方法,吸取了苏、浙、皖的烹调特色,改浓油赤酱为重原味、重烹调、保持香、脆、鲜、嫩而不失营养成分,从而发展并丰富了本帮菜,形成了独特的上海风味。该饭店明星产品有虾籽大乌参、红烧河鳗、扣三丝、油爆虾、糟钵头、八宝鸭、八宝辣酱等。不仅为来自各地的旅客送上美味佳肴,而且提供优质服务,令人赞叹不已,长期享有"品味源头上海菜,驻足百年老饭店"的美誉。

2007年3月,上海老饭店走出国门,东渡扶桑,在日本名古屋开门迎客,成为上海首家以连锁方式开拓国外市场的著名老字号正餐饭店。该店坐落在当地最高档写字楼——丰田大楼的四层,整个楼面共13家餐馆,上海老饭店是唯一一家中国餐馆。新店由日方投资,上海老饭店出售商誉等无形资产并输出技术。店内厨师全部中方派出,菜肴的技术配方对外保密。2014年11月,上海老饭店的"上海本帮菜肴传统烹饪技艺"被国务院认定为第四批国家级非物质文化遗产,企业知名度和影响力再攀高峰。

132. 德兴馆

德兴馆是上海市餐饮企业,迄今已有140多年的历史。2011年3月被商务部认定为第二批"中华老字号"(名单序号:上海54),注册商标"德兴"。

德兴馆的前身是一家饭铺,创办于清光绪四年(1878年),店主名阿生,坐落于上海十六铺洋行街(今阳朔路)。当时两小间门面,主营咸肉豆腐汤、红烧肉、血汤等大众菜。不久,该店易主万云生。万氏在原址翻造了三层楼,正式取名"德兴馆"。然而因经营不善,又转手吴金泉。

吴氏经营有方,管理到位。一楼供应大众饭菜,楼上设立雅座,供应精细菜肴;同时制定严格的选料标准,鸡鸭鱼肉务求鲜活肥嫩,蔬菜、豆制品、配料、调料都要精选上等货。为创饭店特色,他专门聘请有经验的掌勺厨师,逐渐形成"味浓而不油腻、清鲜而不淡薄、酥烂脱骨而不失原形、滑嫩爽脆而不失其味"

的本帮菜特色。

德兴馆最有名的特色菜是"虾籽大乌参",源于20世纪20年代。当时洋行街已是最热闹的商业中心之一,但一些海味行的商家连乌参都不熟悉。乌参身价不菲,却因其参皮坚硬,人们不知如何食用,故而销路不佳。一家海味行的老板便与德兴馆商量,愿意无偿向饭店提供乌参,请厨师试制菜肴。经德兴馆的两位厨师反复试验,终于摸索出它的烹饪方法,食者无不拍案称绝。于是德兴馆更加声名鹊起,客流如潮,人称"本帮菜元祖"。民国时期,国民党要人蒋经国、孙科、陈诚、杜聿明等,常在此设宴摆席;著名演员谭富英、俞振飞、童芷苓等也都曾慕名而来。中华人民共和国成立后,朱德、邓小平、宋庆龄、陈毅、陈云、罗瑞卿等党和国家领导人亦曾到德兴馆品尝过本帮特色菜。

1956年实行公私合营,德兴馆参与其中,但产品用料与手工技艺百年不变。这里的焖蹄、焖肉、爆鱼、爆鳝在浓油赤酱中煨熟了人心,滋养了弄堂,变成沪上文化的一部分,是上海人难以割舍的一种情怀。"文革"期间,德兴馆受到冲击,不再销售本帮菜品,并被迫更名为"工农兵饭店"。

改革开放后,德兴馆如沐春风,一路前行。1990年4月,德兴馆被认定为"上海名特商店";同年11月,其明星产品"焖蹄"被商业部审定授予"部优产品金鼎奖"。1999年,"焖蹄"又被国内贸易部授予"中华名点"称号。相传,德兴馆最著名的焖制秘方来自宫廷御厨。一次,乾隆皇帝下江南,发现了乡间的焖蹄香气怡人,入室品尝,赞不绝口,便指令御厨将此烹制技艺搬进清宫内廷,要求御厨们再进行研究。后御厨将焖肉技艺复传民间,德兴馆觅得此方,在保持原汁原味的基础上来拓展传统口味。

德兴馆的本帮菜肴在几代烹饪大师的潜心研制下,品种、质量均有长足进步,尤其以烧、炖、炒、烩、炸见长,原汁原味,入口醇香。其中虾籽大乌参有天下第一参之美誉,红烧鮰鱼、油炸河虾、糟香砂锅鱼头、草头圈子等名菜享誉沪上,经久不衰。目前,德兴馆主营本帮桌菜和大众小吃等各项菜点,从传统特色汤面、冷面、鲜肉月饼、粽子、菜肉大馄饨、虾肉小馄饨、上海春卷、上海烧麦、酒酿圆子等,到午档红烧鮰鱼、八宝辣酱、草头圈子、响油鳝丝、油爆河虾等一应俱全,深受消费者欢迎。

133. 沈大成

沈大成是上海市餐饮企业，迄今已有130多年的历史。2011年3月被商务部认定为第二批"中华老字号"（名单序号：上海50），注册商标"沈大成"。

沈大成原为一家小吃铺，清光绪六年（1880年）由无锡人沈阿金开办，取名"沈大成鸡粥店"，坐落在湖北路福州路口（今青莲阁处）。因其食品制作精细，故一举成名。不久，粥店迁至南京路，后因火灾又迁至广西路九江路，更名为"沈大成糕团店"。

1924年，沈大成之子、第二代传承人沈子芳接手。他调整经营思路，首先将沈大成糕团店迁至南京路浙江路口，三开间底商门面，立足闹市做生意，客流如潮，市场占有率迅速扩大。与此同时，他重金聘请一流点心技师，制作出一批既有食用性又有观赏性的产品，获得各界一致好评。1937年抗日战争全面爆发后，地处二层的南国酒家因经营不善而歇业，转让给沈大成后使其面积大增，后经过多年发展，沈大成的产品品种与经营场地逐渐拓展。

沈大成凭借糕团技艺起家，其明星产品包括青团、桂花条头糕、双酿团、寿糕、寿桃等，长期以来声名远播，口碑日隆。另外如粽子、月饼以及各种熟食糕点等，也都秉承其严谨的制作工艺，皆是具有浓厚上海特色的地标性美食。还有蟹粉小笼、馄饨、各式二面黄及宴席点心，同样特色昭著。因而，沈大成早在20世纪30年代就享誉海内外。

改革开放后，沈大成的发展进入快车道。1987年11月，沈大成停业拆建，经过一年多的建造，于1989年4月重新对外营业，新店建筑面积为750平方米。1995年，成立"沈大成食品有限公司"，生产各类速冻食品和即食糕团和时令品种，并很快建立近千家销售网点。同年10月，继1985年获得"SDC"字母注册商标后，公司又获得"沈大成"文字注册商标；企业知识产权保护措施逐渐升级。2003年，沈大成在松江九亭高科技园区投资新建了7200平方米的现代化新厂，用更先进的生产工艺生产出确保符合国家食品卫生标准的更多更好的食品。2005年，沈大成的产品太白拉糕、双色糖年糕、细沙条头糕、蟹粉小笼、虾肉馄饨被商务部命名为部优产品，获得"金鼎奖"。2006年，经上海市商业联合会、上海市烹饪协会、上海商情信息中心、《新民晚报》评审通过，沈大成的八宝饭、松糕、馄饨、烧麦，被认定为"点心大王"。2007年12月，"沈大成糕团、小吃制作技艺"被上海市黄浦区认定为第一批区级非物质文化遗产，企业知名度和影响力获得提升。

目前,沈大成地处繁华的南京东路步行街,一楼快餐厅供应各式面条、小笼、馄饨为主;二楼餐厅供应风味小吃、炒菜与特色点心。根据季节特点,沈大成还供应时令品种,如春节供应糖年糕、八宝饭、松糕等;清明时节供应青团,端午节供应各式粽子;重阳节期间供应重阳糕等。近年来,沈大成研发出带有浓郁上海风味的醉虾、醉蟹和香糟系列,深受广大消费者欢迎,已成为沈大成的特色菜之一。

134. 钱万隆

钱万隆是上海市酿造企业,迄今已有130多年的历史。2011年3月被商务部认定为第二批"中华老字号"(名单序号:上海30),注册商标"钱万隆"。

钱万隆的前身为"钱万隆酱园",清光绪六年(1880年)由上海南汇县张江栅(今浦东张江镇)绅士钱锦南与人合伙,在上海洋泾浜南三茅阁桥东(延安东路河南南路东)创建,后迁至南市磨坊弄。该酱园前店后坊,自产自销。因经营有方,商誉良好,清光绪二十三年被清政府户部盐漕部院授予"官酱园"称号,一时声名显赫。

清光绪二十四年,钱万隆之子、酱园第二代传承人钱子荫接掌酱园,迁址张江栅进行经营。民国时期,酱园第三代传承人钱东伯将酱园发展推至巅峰,打造"晒街油"精品。这种酱油酿造之前先晒酱,通常三伏天放在大缸内暴晒,日晒夜露,翻滚起沫,生产周期长达两年之久才能酿成。1935年,为满足需求,酱园缩短日晒周期,采取晒煮结合的创新酿造方法,取名"晒卫油"。新产品投放市场后,销量大增,口碑渐隆。上海民俗称:"一口香酥高桥松饼,妙不可言钱万隆酱油。"

中华人民共和国成立之初,因酱园第四代传承人钱显平转移资金去台湾,钱万隆只剩下几十间破房子,200余只酱缸,生产条件极为简陋,生产陷于停顿。

1954年实行公私合营,钱万隆酱园更名为"地方国营张江酿造厂",以后有六家酱园并入该厂,生产规模扩大。20世纪70年代中期,该厂进行技术改造,组织老技师、科技人员进行恢复传统工艺科研攻关,创制出具有江南特色、上海特点的"特晒酱油"。特晒酱油色泽红褐，酱香浓郁，体态醇厚，久贮不变，投放市场后深受顾客欢迎。

改革开放以来，钱万隆高歌猛进。1983年3月，张江酿造厂的特晒酱油首次出口国外，开创了上海酱油出口的先河。曾先后出口丹麦、挪威等10多个国家，产品多次荣获"上海市优质产品"。1984年，恢复"钱万隆"老字号，张江酿造厂更名为"上海钱万隆酿造厂"，迎接黄金发展时代的到来。2008年6月，"钱万隆酱油酿造技艺"被国务院确定为第二批国家级非物质文化遗产，促进了企业知名度和影响力的大幅提升。

钱万隆酱油酿造技艺的生产流程相当复杂，分为棒敲制曲、土灶蒸料等关键步骤，但传统生产设施仅有竹匾、箩、缸、木榨床等简单工具。酿造技艺的精髓是"料好、曲优、艺精、晒制"，手法关键是"眼看、心记、手研、鼻嗅、口试"。十二道传统工艺为：搬料、（大）豆浸豆、蒸豆、拌料、制曲、制酱醅、晒酱、榨油、炒酱色、配酱色、晒油、酿成出缸。由于生产周期长，产量稀少，故产品仅供出口。

浦东开发开放以来，钱万隆厂通过吸纳外资、内部兼并、工贸一体，使企业规模进一步扩大，成为沪上中型酿造企业。该企业又相继开发出酿红、原汁红、特酿、佳酿等16种系列产品，其中"特晒酱油"的出口量占上海口岸酱油出口量的一半以上，远销欧盟地区和日本、美国等国家。

135. 蔡同德堂

蔡同德堂是上海市医药企业，迄今已有130多年的历史。2006年11月被商务部认定为第一批"中华老字号"（名单序号：上海4），注册商标"蔡同德堂"。

蔡同德堂原为浙江宁波人蔡鸿仪（字眉青）在湖北汉口设立的一家药铺。因生意较差，他便于清光绪八年（1882年）迁址上海，坐落在英租界抛球场北侧（今河南中路近南京路口），石库门结构房屋，前店后场。当年，上海《申报》在"大清光绪八年九月初八日申报附张"（申报第3401号）曾刊登蔡同德堂开业的广告。与此同时，蔡同德堂还将一份份铜版雕制印成的"鹿鹤寿星"书面小广告发给市民，上面刻有梅花鹿、白仙鹤、鹤发童颜的老寿星、药葫芦和预示长寿的蟠桃，组成一幅令人遐想的图案。

更值得关注的是，蔡鸿仪根据大城市的医药需求，精研医药理论，收集古方、良方，总结前人经验，博取中药传统加工工艺，编写了《蔡同德堂丸散膏丹》一书，书中列补益气血门、脾胃泄泻门、妇科门、儿科门、香油药酒门等15门，列方482张，强调以"治病在前，救人是本"为宗旨，以"真诚"为本、"信义"为根的中医药经营理念。

蔡同德堂门店

长期以来，蔡同德堂门面店堂出售人参鹿茸、丸散膏丹、胶露药酒、饮片配方，后场切制饮片、炮制药酒、煎膏炒药。店内分工细巧，设有饮片、丸散、细货、刀房、料房等16个部门，严格把关，精心制药，以道地药材、精制饮片、参茸银耳、丸散膏丹、胶露药酒饮誉海内外，尤素以补膏补酒见长，历史上的虎骨木瓜酒、洞天长春膏皆中外闻名。

1932年10月，蔡氏传承人蔡和霄以这张"鹿鹤寿星"图，向民国政府商标局申请注册商标获准，至今仍是蔡同德堂的注册商标之一。随着商标注册成功，蔡同德堂更加声名鹊起。更由于蔡同德堂选料精良、加工精细、用量准足，又恪守"货真价实，童叟无欺"的店规祖训，故后来居上，业务不断发展壮大，很快便跻身上海中药四大户阵营，即"童涵春、雷允上、胡庆余、蔡同德"。

1956年公私合营，蔡同德堂并入"上海市黄浦区药材公司"。"文革期间"，蔡同德堂受到冲击，更名为"东方中药店"。1975年，蔡同德堂走出石库门，迁至南京东路320号，开始新的征程。

改革开放后，蔡同德堂全面发展，业绩凸显。1979年，恢复"蔡同德堂"老字号，百年老店焕发青春，停产多年的"洞天长春膏""双龙补膏""虎骨木瓜酒"等珍贵药品重现市场。1998年，蔡同德堂迁址至南京东路450号。同年5月，黄浦区药材公司改制更名为"上海蔡同德药业有限公司"，下辖蔡同德连锁公司、批发部、保健品批发部、中药制药厂、中药饮片厂等子公司，原属黄浦区的胡庆余堂也顺其自然地归属蔡同德药业有限公司。目前，蔡同德堂全店经营面积共四层楼面2500平方米，其中一至三楼按GSP要求设置中、西药和参茸保健补品的零售、来料加工、预约定制及中药配方部、中医门诊部，经营品种近5000种。四楼为企业管理层，设全面质量管理办公室、GSP全程管理参茸库房、成药库房、电脑管理网络及函购。2002年,"蔡同德堂"注册商标被上海市工商局认定为"上海市著名商标",企业知名度和影响力大幅提升。

136. 老同盛

老同盛是上海市食品企业,迄今已有130多年的历史。2011年3月被商务部认定为第二批"中华老字号"(名单序号:上海72),注册商标"老同盛"。

老同盛原名"同昌南货店",清光绪十三年(1887年)创立于上海老西门肇嘉浜河边(今复兴东路中华路交界处),由多人入股集资,主营南北货、食糖及小杂货等。因生意较好,故该店于清光绪十八年在方斜路97号开设分店,取号"同盛南货店(南号)"。当时这两家店互相照应,均以品种多、花色全著称,尤其常年供应天津红枣、河北核桃、龙口粉丝、莆田桂圆、宁波长面、金华火腿等各地土特产品,深受广大消费者欢迎。

抗战胜利后,老板接受部分员工建议,将商号名称冠以"老"字,即两店分别更名为"老同昌"和"老同盛",沿用至今未变。

中华人民共和国成立后,两店合并,更名为"老同盛南货店",扩大营业面积,增加经营品种。20世纪50年代,老同盛成为上海南货行业的翘楚,规模最大、生意最好、实力最强。老同盛继承发扬百年老店的传统特色,保留宁波长面等特色商品;坚持加工整理、分档定价的供应方法;恢复方包、虎头包等礼品包装和南北货果盘制作。冬令季节,还设立代客敲核桃、聘请老中医坐堂咨询等服务项目,令顾客感到十分温馨。

改革开放以来,老同盛稳定发展,1991年,商店投资80万元装修店堂,扩大营业面积,美化购物环境,彻底改变了以往房屋陈旧、店堂昏暗、顾客稀少的局面,使百年老店重新焕发青春。1994年6月,企业更名为"上海老同盛南北货食品公司",主营南北货、水果、调味品、肉制品、罐头、糖果、糕点、乳制品、冷饮、饮料、蜜饯、炒货、日用百货、粮油零售。1995年4月,公司获得"老同盛"注册商标,企业知识产权得到法律保护。1998年3月,以上海市南市区糖业烟酒公司和上海南市果品杂货总公司为主体实行资产重组,合并组建"上海老同盛有限公司",企业开始实行现代经营管理制度,共计拥有22个连锁经营网点。

2003年4月，老同盛有限公司整体转制改造，成为一个多元化投资的民营企业。当时有关机构对该公司商誉采用收益法进行评估，在分析近四年的经营情况和对后五年的经营预测基础上，认定上海老同盛有限公司的商誉在2003年4月30日评估值为人民币248万元整，给予百年老店一个合理说法。

目前，公司连锁商场20余家，以市场为导向、品牌为龙头，调整结构，开拓业务，发展经营，年销售位居上海市食品行业前十位，上海零售商业销售额百强。除继续注重经营各类南北货外，还特约经销水产公司的水产品、干海味等海鲜品，并自设工场，生产腐乳、花生酱等糟醉小食品供应市场，拉动大众消费。

137. 德大

德大是上海市著名西餐厅，迄今已有130多年的历史。2011年3月被商务部认定为第二批"中华老字号"（名单序号：上海53），注册商标"DEDA"。

德大原名"德大牛肉庄"，清光绪十三年（1887年）由德国人康司莫抛立顿（Cosmopolitan）在上海塘沽路175—177号创立，楼上楼下两开间门面，专营牛羊肉生意且以进口德国牛排为主。清光绪二十三年（1897年），德国老板回国前将德大牛肉庄卖给川沙人陈安生。陈氏主营牛羊肉批发，兼营各种火腿、培根、西餐原料和蔬菜，取名"德大牛羊肉庄"。随着业务发展，财富积累，陈氏增设餐厅，主营大众化的德式西菜，除有外商轮船包伙食外，还对附近的外国侨民、工商界人士服务，并将肉庄更名为"德大饭店"。

1946年7月，"德大饭店南京路支店"开张，位于四川中路359号（近南京东路口），更名为"德大公记伙食公司"，又称"德大饭店"。该店五开间门面，上下两层，共设150余个座位。经营方面除保留牛羊肉及西餐原料外，还兼营法式、俄式、意大利式、日式等菜肴，逐渐成为上海规模较大和信誉卓著的西餐厅。由于定位准确且特色明显，新店门庭若市，客流如潮，达官显贵频频光顾，新老顾客络绎不绝，许多情侣也常在德大喝咖啡、品西菜，谈情说爱。可以说，上海人的西餐礼仪、对西餐的了解，最早都源自德大。

20世纪50年代，起源塘沽路的德大饭店总店关闭。70年代，德大饭店更名为"德大西菜社"，推出欧美西菜和日式火锅。一楼门市供应自产自销的蛋糕西点、小壶咖啡，咖啡师因人而异，调制出符合不同人口味的"个性化咖啡"；二楼分设大小餐厅，开辟烛光厅、壁炉厅，供应西式小吃、欧美菜系。不仅国内消费者口碑渐隆，推崇备至，而且美国、德国、法国、日本等多个国家和地区的旅游观光者及海外侨胞也慕名而来。

改革开放后，德大发展迅速，不断向前。1986年7月，德大西菜社更名为"上海德大西餐有限公司"，企业开始实行现代经营管理制度。2008年，由于市政建设需要，德大从四川中路359号迁至南京西路473号。新社环境更优雅，菜肴更美味，品种更丰富，服务更贴心，而价格基本不变，尤其是对钟情德大的老客户还有一定的优惠。2009年初，德大在云南南路2号开设德大咖啡餐厅。2014年12月，上海德大西餐有限公司被中国饭店协会授予"2014中国西餐十大品牌"金爵奖，企业知名度和影响力获得更大幅度的提升。

目前，作为百年老字号的德大不仅传承、发扬了西餐文化的精髓，还锐意改革创新，融传统时尚于一炉，餐点独特，用餐环境富有情趣，形成了新的适合现代生活方式的西餐文化。它保持了昔日的德国风格：老式的欧陆家具，充满异国情调的台布、餐具；欧洲复古风格的建筑，古铜色的灯柱，大理石铺设的楼梯，墙上悬挂着的精美油画，都在向人们诉说洋溢欧美风情的德大悠久的历史。尤其是德大西餐选料讲究，由定点基地提供菜品原料。餐点制作精细，工艺独到，其味香嫩鲜美。铁排鸡、柠檬白脱蛋煎桂鱼、匈牙利鸡腿、烟熏鲳鱼、汉堡牛排、德大猪排都是德大的传统名菜。西点纯白脱牛油蛋糕、三道台等还曾被商业部授予"优质产品金鼎奖"，深受广大消费者欢迎。

138. 丽云阁

丽云阁是上海市著名扇庄，迄今已有130多年的历史。2011年3月被商务部认定为第二批"中华老字号"（名单序号：上海5），注册商标"丽云阁"。

丽云阁原为一家茶楼，约在清光绪六年（1880年）开业，坐落在上海城隍庙西首（今豫园新路）。因商业字号颇雅，文人墨客较多。其中有人建议老板经营扇子，故该茶楼于清光绪十四年（1888年）更名为"丽云阁笺扇庄"，放弃茶楼生意，改为经营名人书画、苏杭雅扇、锦绫裱对、红木镜框、围屏寿幛、丝织风景等。

当时城隍庙商业氛围和文化气息均十分浓厚,故丽云阁采用前店后场模式,一方面为文人墨客提供笺纸、笔墨、作品裱装甚至作品代销等服务,如上海书画界的重要人物玖琦、王秋言、吴庆云、胡公寿、杨伯润、任熊、任董、任伯年、吴昌硕等都与丽云阁交往密切。另一方面也会雇佣一些书画家绘制作品对外经营,作品深受华侨商人青睐。丽云阁产品在20世纪20年代已出口日本、印尼、东南亚等国家和地区,利润丰厚。有资料显示,1928年时,城隍庙市场内有丽云阁、青莲室和笔花楼等书画笺扇商店共22家。其中,丽云阁力拔头筹,市场占有率最高,与租界内的朵云轩笺扇店齐名,享有"北朵云轩,南丽云阁"的美誉。

1956年实行公私合营,丽云阁开始把"丽云阁"商号和商标,混合使用在包装纸上。1972年豫园商场建立,丽云阁归属豫园百货二中心管理(属集体商业企业)。丽云阁请上海书法家蒋凤仪先生题字,作为商号牌匾和商标标记,从此扇子经营出现明显进步,销路看好。

改革开放后,丽云阁宝刀不老,更上一层楼。20世纪80年代,由于扇子销售进入黄金时期,故丽云阁优势凸显,成就斐然。1988年,丽云阁被认定为"上海市名特商店",企业知名度和影响力大幅提升。1994年8月,丽云阁笺扇庄更名为"上海丽云阁笺扇镜架商店",经营范围包括镜架、剪纸、贝雕、旗帜礼品、扇子、工艺美术品、字画、软木画、文房四宝、竹丝绣制品、陶瓷紫砂等。不久,随着市场经济的发展,该店又新增景泰蓝男女对笔、花瓶、动物、手镯、项链、胸针等系列旅游商品,受到社会各界欢迎。1994年,丽云阁归属"上海豫园商城小商品有限公司"直属管辖。1996年,由该公司完成"丽云阁"商标注册,企业知识产权得到法律保护。

目前,作为百年老店,丽云阁在原有的传统特色的基础上,发展成为专营各色明扇、剪纸、工艺画和旅游商品的特色商店。其中以经营中国传统书画扇为主,兼营各类扇骨、扇面、扇架等,在传承古老技艺的同时,不断在传统扇文化的内涵上加以挖掘,还将扇子与书画艺术高度结合,进一步提高扇子的鉴赏性、收藏性、知识性和装饰性。在剪纸手工艺品方面,除常见的双喜剪纸外,丽云阁还不断推出各色花卉、风景、仕女、戏曲、神话故事产品,有飞禽走兽、吉祥物等百余种。丽云阁经营的工艺画陈设品也别具一格,有软木画、贝雕画、麦秆画、竹丝画等多种。软木画系采用进口软毛,经精工浮雕而成,画面峰峦起伏、郁郁葱葱、有小桥流水、曲径回廊、亭台楼阁,中国园林的美景,尽显眼前。这种工艺画历史上是出口工艺品，贝雕画是以天然贝壳为材料，经加工拼贴成各种画面，具有独特的光彩和较强的立体感。

139. 洪长兴

洪长兴是上海市清真餐饮企业，迄今已有120多年的历史。2011年3月被商务部认定为第二批"中华老字号"（名单序号：上海49），注册商标"洪长兴"。

洪长兴原为"马家班伙房"，是上海最早的清真羊肉火锅店，清光绪十七年（1891年）由著名京剧表演艺术家马连良（回族）的二伯父马春桥在吕宋路（今连云路，近延安路口）租房创立。当时马家班在上海演出，唱班回族演员居多，但上海没有清真饭馆，于是厨师出身的马春桥便自办伙房。主营品种为麻酱烧饼、羊肉馅饼、炸酱面及羊肉饺子，后增添羊肉火锅。

1918年，因马春桥随马连良返京，故将伙房送给一位回族朋友洪海泉。洪氏将伙房更名为"洪长兴羊肉馆"，并从北京请来一批清真名厨，重点经营涮羊肉火锅，一时声名鹊起。洪长兴涮羊肉之所以口碑日隆，主要在于其选料精细、调料讲究。通常用湖州、嘉兴、平湖等地湖羊，羊龄一般在7~8个月、体重15公斤左右阉过的公羊，肉嫩、膘足、没有腥膻味，切成20厘米长、5厘米宽、薄如纸页般的羊肉片，放在沸水中涮；再以优质花生酱、卤虾油、绍酒、酱油、醋、乳腐卤、韭菜花、香菜等配料的调料蘸着吃，味道鲜嫩无比。

1945年抗战胜利后，洪长兴涮羊肉更为走俏。不仅受到国内顾客的青睐，也成为驻沪外国人的美味佳肴。然而"文革"期间，洪长兴历经坎坷，店招被砸，店堂改成旅馆。

改革开放以来，洪长兴发展迅速，业绩突出。1993年10月洪长兴，成立"上海清真洪长兴餐饮食品有限公司"，企业迈上正规化道路。1995年1月，公司获得"洪长兴"图形注册商标，以后又申请获准使用"洪长兴"文字注册商标，企业知识产权得到法律保护。1996年，洪长兴因市政工程建设搬迁至位于南京东路广西北路口的宝大祥商厦，建筑面积1300平方米，开始增加京帮菜的炒菜和冷菜。2008年，在云南南路开设分店，建筑面积约1800平方米，装修具有浓郁的伊斯兰风情。

近年来，作为上海市清真餐饮业的"老大"，洪长兴餐饮已经占据上海市清真餐饮市场80%的份额。在洪长兴的菜单中，不但融入了本帮和流行的川菜菜式，还将店内品牌"涮羊肉"由单一品种拓展成涮锅系列，炒菜点心除了"葱油饼""肴牛肉""盐水鸭"之外，还引进研发了如"蒜香羊肋排""黑椒牛仔骨"等特色清真菜点，从而融会成自成一体的清真特色风味系列。此外，洪长兴成立清真食品加工厂，在保证食品安全的前提下，研制开发了各类小包装食品、中西式糕点、各式月饼等系列产品，以独特的清真风味赢得广大消费者的喜爱。以往洪长兴使用的是"共和锅"，即一张圆台面，中间镶嵌直径一米的圆锅，锅里是沸腾的涮汤，数名食客围桌坐下。吃的时候，大家把各自点的肉和菜放在共同锅里涮食。而目前这种共和锅早已改进成更卫生、更方便的一桌一锅了，成为洪长兴绿色火锅涮羊肉的标配。

140. 朵云轩

朵云轩是上海市文化企业，迄今已有110多年的历史。2006年11月被商务部认定为第一批"中华老字号"（名单序号：上海26），注册商标"朵云轩"。

朵云轩原为一家笺扇店，清光绪二十六年（1900年）在上海英租界抛球场南首三马路口朝南（今河南路）洋房创立。据现存1900年7月3日至14日上海《申报》刊登的朵云轩开业广告显示，该店初营苏杭雅扇、诗笺信纸、文房四宝、书画装裱等，后又发展木版水印、书画中介等业务。当时上海已有几十家笺扇店，但书画界一些文人雅士却与朵云轩交往较深。如赵子云、王一亭、倪墨耕等沪上著名书画家常来朵云轩聚会，吟诗作画，吹拉弹唱，使朵云轩影响日甚，声名鹊起。

凭借优质的产品和诚信服务，朵云轩很快跻身上海主流文化艺术圈。张大千初来上海，朵云轩为其牵线投在名家曾熙门下；沈尹默鲜为人知时，朵云轩慧眼识才助其逐渐走红；1943年张爱玲在小说《金锁记》开篇中，把记忆中的月亮比作"朵云轩信笺上落了一滴泪珠……"民国鼎盛之时，朵云轩代理书画家达数百人，与北京荣宝斋并称"南朵北荣"。

20世纪50年代，政府将上海荣宝斋、九华堂、九福堂、清秘阁等比较重要的画店并入朵云轩，使朵云轩地位提升，实力大增。于是，朵云轩自行设立了以传统的木版水印复制中国历代名画的工场，门市部也迁至繁华的南京路，市场占有率不断提高。与此同时，朵云轩还坚持文化企业的社会责任，努力开展书画收购业务，抢救、收藏了大量民间流散珍贵文物。1960年，朵云轩更名为"上海书画社"，历史翻开新的一页。

"文革"期间，朵云轩更名为"东方红书画社"。这其间，出版刻印了《共产党宣言》、《毛主席诗词三十七首》、《楚辞集注》（1979年刻印）、《稼轩长短句》等四种雕版线装书。这四种雕版书堪称中国当代雕版艺术的里程碑。其中《共产党宣言》的雕版刻印是具有开创性的——诞生于特殊历史背景的木板雕刻的《共产党宣言》，颠覆了中国历来以繁体字刻印古籍的传统，首次使用简化字，并加以现代标点；以中国古籍装订方式展现了马克思、恩格斯的伟大著作的文献价值和艺术魅力。

改革开放以来，朵云轩迎来了文化艺术发展的黄金时代。1978年，在朵云轩基础上成立上海书画出版社，开始进入与书画出版业务"一体两翼"的发展时期。20世纪80年代，朵云轩已成为上海艺术品行业公认的龙头企业。1992年，朵云轩成立艺术品拍卖公司，并于1993年举办艺术品拍卖会。2007年6月，"朵云轩木版水印技艺"被上海市确定为第一批市级非物质文化遗产，企业知名度和影响力迈上一个新台阶。2008年6月，朵云轩传承的"木版水印技艺"被国务院确定为第二批国家级非物质文化遗产，企业再创辉煌，令人赞叹。

2009年9月，朵云轩与上海书画出版社剥离分立，成为独立的市场主体，并改制组建"上海朵云轩（集团）"，从传统业态向现代艺术品经营企业转型。2011年12月，朵云轩自筹资金数亿元打造"朵云轩艺术中心"，建筑面积三万平方米，成为以海派书画为旗帜，聚合高端艺术商务、艺术金融、艺术地产等多业态的综合性艺术空间和上海高雅文化新地标。

141. 利男居

利男居是上海市食品企业，迄今已有110多年的历史。2011年3月被商务部认定为第二批"中华老字号"（名单序号：上海20），注册商标"利男居"。

九、上海市

利男居的前身是一家糕点铺,清光绪二十八年(1902年)由广东中山人钟安樵在上海南京路盆汤弄创立,取名"利男"。当时上海的广东同乡婚嫁所需的礼饼糕点,大多向利男购买。

20世纪20年代,该店迁往日租界的天潼路,后又迁往四川北路邢家桥营业,并更名为"利男居"。此时其生产品种不断增加,共有300多种,明星产品包括全蛋萨其马、鸡仔饼、小凤饼、椰芸杏仁饼、奶油椰芸酥等。利男居从1920年起开始生产广式萨其马,因技艺独特为人称道。广式萨其马面条较短,质地酥松,利男居便在广式基础上加以改进。用鸡蛋代替调制面团,色泽鹅黄,酥、松而微软;在成型上注意粘合、压实,不使其松散、空馅、破裂;故该店的萨其马早在20世纪30年代就极为畅销。

1937年淞沪会战爆发,日军进入日租界,利男居被迫迁往英租界的浙江路宁波路口营业。当时,利男居很注重遵循茶食糕点消费的特点,做到一年四季随时令变化上市产品,从麻球到油炸春卷,从端午粽子到重阳糕,从中秋月饼到香肠大包,应有尽有,服务周到。因此,在上海广式茶食业中,利男居与"同芳居""怡珍居""群芳居"齐名,号称广式茶点"四大居"。自20世纪40年代起,利男居除保持礼饼糕点生产外,又增加著名的挂炉烤鸭、叉烧、香肠等广式烧腊和中外的西关馄饨等多种食品,深受广大消费者欢迎。

改革开放以后,利男居屡创佳绩,更加出类拔萃。其明星产品"全蛋萨其马",分别于1983年和1988年两度被商业部评为优质产品,企业信誉大增。1984年10月,成立"上海利男居食品总厂",企业开始走向正规化和规模化。1992年,企业一方面引进外资充实资本力量,一方面引进日本先进的现代化流水线生产设备和技术力量,同时将内地(大陆)传统的月饼文化和港台新潮月饼文化合二为一,走出一条改革创新之路。1998年12月,该总厂改制更名为"上海利男居食品有限公司",企业实行现代经营管理制度。2000年,企业荣获月饼比赛制作金奖。2001年9月,"利男居"文字商标和图形商标均获得国家商标局审核注册,企业知识产权保护达到一个新阶段。2002年,"利男居豆沙月饼"荣获中国月饼节优质月饼称号。2003年,"广式月饼"荣获上海名优月饼金奖。2006年,利男居荣获"全国月饼生产优秀企业"称号。

目前,上海利男居食品总厂有限公司是一家集生产、销售为一体的企业,拥有月饼、糕点等类别的产品多达百余种。公司销售网络遍布全国,尤其上海各大超市及传统店都有销售利男居的产品。利男居秉承"质量是生命,管理出效益"的经营理念,将"安全卫生放第一、注重质量讲诚信、满足顾客所需求、不断开拓搞创新"作为企业的服务宗旨,以"求真务实、开拓进取"为企业精神,在积极努力不断进取。

142. 协大祥

协大祥是上海著名纺织品机构,迄今已有100多年的历史。2011年3月被商务部认定为第二批"中华老字号"(名单序号:上海6),注册商标"协大祥"。

协大祥的前身是上海"四大正"洋布店,位于南市小东门外大街(今方浜东路),1912年2月被"协祥"洋布店老板整体收购,委托上海川沙人孙琢璋任经理。因该门市部比协祥布店面积大,故更名为"协大祥绸布商店"。开张伊始,协大祥就挂出"真不二价"的金字招牌,每样商品均实行明码标价,同时实行开架供应,使商家对顾客零距离售货,在上海滩引起巨大反响。1923年,由于股东不和,协大祥签订拆股合约,在字号上加"同记"两字,规定孙琢璋为协大祥的大股东,并使用原店基加同记牌号经营。自1927年起,协大祥兼营批发,对象多系江、浙、皖的中小型棉布零售店。

1930年孙琢璋去世,其子孙照明成为第二代传承人,担任协大祥经理。尽管经验不足,但他继承协大祥的科学管理办法,严明店规,奖勤罚懒,并鼓励员工入股。特别是带领协大祥率先在上海棉布行业实行"足尺加一"的营销策略,好评如潮,争相效仿。所谓足尺,是指使用十足的海尺。所谓加一,是指一足尺以外还加放一寸。由于当时棉布零售店都是按尺论价,同样商品的每尺单价大致相同,但因使用的是虚尺,各店标准不一,顾客买布回家一量,往往不足原先尺寸。而协大祥针对这一弊端,一开始就用定尺,并且每尺加放一寸,而售价却与同业的虚价相同,实际上等于比同业便宜1/10以上,自然使广大消费者十分满意。后来发展到"足尺加二""足尺加三",协大祥更是鹤立鸡群,无人能比。

抗战全面爆发后,日军侵占南市,协大祥营业受损。孙照明便于1937年9月在金陵东路八仙桥开设临时支店(次年4月,临时支店迁至金陵中路,定为第一支店),同年11月在西藏南路大世界开设第二支店,应对事变,拓展经营。1943年以后,协大祥开始利用广播电台及戏院幕布、霓虹灯做广告,逐渐扩大影响。1949年7月,在南京东路开设第三支店,市场占有率进一步扩大。截至20世纪

40年代末，协大祥四家门店均装潢考究，宽敞明亮，以门市零售为主，销售额占上海全市400多家零售绸布商店的18%。

1956年实行公私合营后，协大祥各分支店相对独立，如称"公私合营协大祥（西藏南路）绸布商店"等，孙照明先后被任命为上海市纺织品公司零售业务部经理、上海市纺织品公司副经理。

改革开放后，协大祥犹如插上腾飞的翅膀，发展迅速。1982年2月，恢复"协大祥"老字号，成立"上海大世界协大祥绸布商店"。企业以丝绸产品为特色，不断拓展丝绸品种，特别是在真丝服装、围巾、领带、绣品上，提升产品的质量档次，并且推出代客加工、送货上门等服务项目，逐步形成协大祥品牌的专有风格。目前，"上海协大祥纺织品公司"共设立六家连锁商店和一个批发市场，在面料批发上已建立起30多家全国经销商，协大祥品牌在市场的占有率逐年提高，企业在传承和弘扬中国优秀传统纺织品文化方面做出了重大贡献。

143. 福新

福新是上海市粮食行业百年老店，迄今已有100多年的历史。2011年3月被商务部认定为第二批"中华老字号"（名单序号：上海41），注册商标"福新"。

福新问世于1912年，主要创办人是江苏无锡荣宗敬、荣德生兄弟。他们集资四万元设立"上海福新面粉厂"，其组织形式为合资公司，由荣宗敬任总经理，王尧臣任经理，浦文渭任协理，1913年7月正式开业。

1914年11月，福新二厂开业。时值第一次世界大战爆发，中国面粉工业的国外市场迅速扩大，面粉进出口贸易由入超变为出超。福新抓住大战机遇，加快资本积累，以"造厂力求其快，设备力求其新，开工力求其足，扩展力求其多"以及"人弃我取，将旧变新，以一文钱做三文钱的事"为经营宗旨，通过"滚雪球"的办法不断拓展，在1915年至1921年中从两家工厂发展为七家工厂，经营规模迅速扩大。1933年，成立"福新面粉总公司"，福新品牌更加响亮。

1937年淞沪会战爆发后，福新一、三、六厂均被日军强占，并由日商经营，地处租界的福新二、七、八厂亦受影响。这一年，福新各厂仅生产面粉781.42万包，比1936年的1209.46万包减少35.4%，单福新二、七、八厂就亏损35.56万元（折合黄金3100市两）。1945年抗战胜利后，在租界内的福新二、七厂和八厂于11月复工，开始代磨"联合国善后救济总署"运华的"救济麦"。与此同时，管理层对福新一、三、六进行修整，其中福新一厂于1946年2月恢复生产，福新三厂至1947年重新开机，但福新六厂因破坏严重，不堪修整，无法恢复生产。

1950年2月，福新各厂均召开股东会，一致议决聘请荣德生之子、福新第二代传承人荣毅仁为福新面粉总公司副总经理，兼代总经理。1951年6月，上海面粉工业在上海市面粉专业小组的指导下，以福新、阜丰为主的8大厂组成"上海面粉工业联营处"，并成立"上海小麦联购处"，共筹集资金100万元，其中福新占27.84%。1955年4月，福新各厂分别向上海市工商局申请登记合并改组为"上海福新面粉厂股份有限公司"。4月16日，福新面粉总公司撤销，福新一、三厂与二、八厂合并为"福新面粉厂"。1956年11月，"公私合营福新面粉厂"与毗邻的"公私合营阜丰面粉厂"合并，更名为"公私合营阜丰福新面粉厂"，翻开了上海面粉行业新的一页。

改革开放后，福新抓住黄金机遇，步入发展的快车道。1999年12月，成立"上海福新面粉有限公司"，后该公司经改制隶属于上海良友（集团）有限公司。主要从事小麦粉（通用、专用）、小麦饲料的生产加工及销售。形成了高、中、低筋三大系列，以"福新""雪雀"为主品牌的产品线。其中"福新"高筋系列面粉，适用于制作各种优质面包、高档中式点心及高级日式拉面等。"玉如意"中筋系列面粉，适用于制作面条、包子馒头及冷冻食品等。"鹿桃"低筋系列面粉适用于制作各种高档西点、各类饼干及各种休闲膨化食品等。"雪雀"小包装系列产品则近年来，能够充分满足居民的各类日常需要。公司立足华东市场，辐射周边区域，延伸海外市场，是国内外各大知名食品集团长期稳定的合作伙伴。

144. 冠生园

冠生园是上海市食品企业，迄今已有100多年的历史。2006年11月被商务部认定为第一批"中华老字号"（名单序号：上海45），注册商标"冠生园"。

冠生园的前身是一家食品店，1915年由广东人冼炳成（后改为冼冠生）在上海南市九亩地露香园路（今大境路）创立，取名"冠生园"。起初主营牛肉干、陈皮梅，兼营糖果、饼干、糕点等，批发零售都做。1918年，为适应发展需要，冼氏集资10万元，将食品店改组为"冠生园股份有限公司"，在南市局门路租地建厂，购置机器，聘请技师，生产新式糖果、饼干、面包和点心。不但在上海自产自销，而且面向外地推广产品。

1928年，冠生园进军南京路，利用八开间三层楼面设立总公司；同时沿长江而上，陆续在南京、武昌、汉口等地创设分店或分公司。1932年，冠生园在上海漕河泾设立农场和新厂房，扩大生产，增加品种。1934年，为出奇招推广自家月饼，冠生园在大世界游乐场隆重举办"月饼展览会"，特邀著名电影明星胡蝶到场剪彩，并特制一只宝塔形大月饼让胡蝶依偎拍照。其中一张照片被制作成精美的宣传海报，上书"唯中国有此明星，唯冠生园有此月饼"字样，冠生园月饼从此在上海家喻户晓，表现出冠生园炉火纯青的营销策略和广告技巧。1937年以后，冠生园又先后在重庆、昆明、贵阳、成都等地开设分店，经营发展进入黄金时期。

1943年，上海"ABC糖果厂"经过精心研发，创制出自家品牌的国产奶糖，包装使用红色米老鼠图案，定名为"ABC米老鼠糖"。1956年公私合营，该糖果厂被收归国有，更名为"爱民糖果厂"，后并入冠生园，其主要产品更名为"米老鼠奶糖"。因米老鼠给人以崇洋媚外的感觉，故由爱民糖果厂的美术设计师王纯言负责设计改进产品包装，最终推出冠生园全新的"大白兔奶糖"。1959年，大白兔奶糖作为自力更生的成果向国庆十周年献礼，接着组织产品出口，受到国外消费者的一致好评。当时在国外有一种说法："把两块大白兔奶糖放到水中就可以泡成一杯牛奶"，可见"大白兔"质量之高，信誉之佳。

改革开放以来，冠生园更加大步前进。1996年7月，成立"冠生园（集团）有限公司"，企业规模得到进一步拓展。2000年，"冠生园"注册商标被国家工商总局认定为"中国驰名商标"，企业知名度和影响力大幅提升。

目前，公司主要生产和经营大白兔糖果、冠生园蜂制品、保健品、面制品、华佗十全酒、佛手调味品等五大类上千个品种的产品。其中明星产品包括：大白兔奶糖为中国名牌产品、国家免检产品和国家原产地标记注册产品，畅销40多个国家和地区，国内销售市场占有率第一位；冠生园蜂蜜为上海市名牌产品，上海市场占有率达到70%，瓶装蜂蜜是全球销量最大的品牌，全国市场占有率第一位；华佗十全酒有着50多年历史，家喻户晓，享誉东南亚；佛手牌味精有着80多年历史，深受广大消费者喜爱。冠生园已在全国各大省市建立了20多个销售中心，形成 2000 余个销售网点，与 100 多家国外经销商建立了长期的业务往来关系，并在 50 多个国家和地区注册了商标，全球市场营销态势良好。

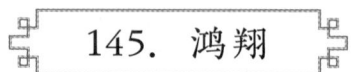

145. 鸿翔

鸿翔是上海市著名制衣企业，迄今已有 100 多年的历史。2011 年 3 月被商务部认定为第二批"中华老字号"（名单序号：上海 82），注册商标"鸿翔"。

鸿翔原为一家裁缝店，1917 年由上海川沙人金鸿翔（又名金宝珍、金毛囡）在静安寺路（今南京西路）创立。金氏早年在中式成衣铺当学徒，不久又接触西式裁缝。1914 年，他远赴俄国海参崴打工，后回到上海做"拎包裁缝"，有了财富积累便开设中国第一家西式女子时装店，取名"鸿翔"。金鸿翔从旗袍改良入手，借鉴英美等国服装杂志，取其精华，将西服的装袖、开叉、打褶、收省、吸腰等工艺，运用到传统的连袖直筒旗袍上去，故获得"女服之王"的美称。

1927 年，鸿翔已发展成为一家有 200 多位员工的中型公司。同年，金鸿翔倡议成立"上海市时装业同业公会"，并由其担任理事长。1928 年，鸿翔把原平层铺面翻建成六开间两层楼，铺面作商场，二楼设工场，企业形象得到改变。1932 年，在西藏路开设鸿翔支店，后迁至南京路（今南京东路），即今日"鸿翔时装公司（东号）"，企业规模空前扩大。1931 年，在美国芝加哥国际博览会上，"鸿翔"大衣和礼服获银质奖，企业扬名海外。1934 年，宋庆龄亲笔为鸿翔题写"推陈出新，妙手天成；国货精华，经济干城"的条幅，盛赞其开革新之先河，迎妇女解放新潮流的时尚精神。1936 年，国内抵制日货运动高涨，蔡元培在鸿翔公司制衣，亲笔题赠"国货津梁"匾额。同年，鸿翔获悉英国伊丽莎白公主即将举行婚礼，特精制大红缎料中华披风一袭，满刺金线，极尽描鸾绣凤之巧相赠，事后接到由公主亲笔签名印有"白金汉宫"字样的谢帖。

20 世纪三四十年代，鸿翔堪称上海滩海派服饰的主流代表。作为我国创始最早的女式时装品牌，鸿翔素以制作毛呢大衣、西装夹克、晚礼服而著称。其西装、大衣讲究形体吻合，曲线优美，挺柔相济，久不走样；丝绸礼服、旗袍、连衣裙则雍容飘逸，追求"一丝不苟""天衣无缝"。在工艺特色方面，其服装裁剪注重"精准"合体，量体裁衣，尤以能按顾客体型特征、衣料性能和服装样式进行立体裁剪这一祖传的看家绝活而闻名；其服装结构造型注重体位吻合，舒适美观，以"挺、刹、玲、巧"见长；其服装制作注重面料、衬料高温起水定型，严格按质量标准手工精制，工艺处理以"推、归、拔"恰到好处为特色，具有很高的民族品牌价值。

改革开放后，鸿翔以崭新的面貌呈现在世人面前。1993年2月，成立"上海鸿翔制衣有限公司"，主营设计、生产（限分支机构经营）、销售各类高档时装、羊毛衫、针织内衣及相关饰品等。2001年10月15日至21日，亚太经合组织（APEC）第九次领导人非正式会议在上海举行，与会的20个经济体领导人身着的红、绿、蓝、咖啡、酒红五色锦缎中式对襟唐装，就是在鸿翔定制、出自鸿翔匠人之手，企业知名度和影响力大幅提升。2007年6月，"鸿翔女装制作技艺"被上海市确定为第一批市级非物质文化遗产，其裁剪讲究"精准"合体，尤其擅长按顾客要求和体形特征定制。

目前，公司有一支精良的设计团队，坚持"传承为本、创新为魂"的理念，努力传承前辈创立的品牌底蕴和个性定制的原则，更加突出"独特裁剪，精到板型，完美工艺"之所长，把现代化的缝制技术与传统手工技艺相结合，把"镶、嵌、滚、绣"的中式元素渗透到西式服装上，精心打造出一批专属于沪上个性女性的时装。公司一贯以高级定制女服为特色，尤其擅长女士羊绒大衣、女士套装，以及各类礼服、旗袍的量体、选料、设计、裁制，满足不同体型特征女性的着装需求，赢得了社会各界名流和个性、时髦女士的青睐。

十、江苏省

146. 得月楼

得月楼是江苏省苏州市的餐饮企业,迄今至少已有450多年的历史。2006年11月被商务部认定为第一批"中华老字号"(名单序号:江苏7),注册商标"得月楼"。

得月楼原为一家菜馆,明嘉靖年间(1522—1566年)由苏州吴县人、苹州(今浙江湖州长兴县)县丞盛忠烈创建,位于苏州虎丘半塘野芳浜口。由于经营有方,管理到位,得月楼声名鹊起,生意红火。对此,明代戏曲作家、万历四十一年(1613年)进士张凤翼曾赠诗得月楼云:"七里长堤列画屏,楼台隐约柳条青,山公入座参差见,水调行歌断续听,隔岸飞花游骑拥,到门沽酒客船停,我来常作山公醉,一卧垆头未肯醒。"

相传,当年清乾隆皇帝下江南在得月楼用膳后,因其饭菜味道极为鲜美,曾赐名"天下第一食府"。然而,名闻遐迩的明代得月楼在清同治(1862—1874年)以后,却莫名其妙地中断经营一个多世纪,原因不详。

改革开放后,得月楼重见天日,大胆创新,进入快速发展期。1982年4月,得月楼复出,移址观前街太监弄,仿古建筑,秀气典雅,上下两层,营业面积800平方米,大小餐厅12个,令社会各界耳目一新。1983年,得月楼在苏州市首创到饭店吃年夜饭,很快使"上饭店吃年夜饭"之举,成为席卷全国的餐饮潮流,更是引来一片赞叹。1994年,公司注册"得月楼"文字商标,企业知识产权得到充分的法律保护,为得月楼的声名鹊起打下了坚实的基础。1995年,得月楼开设苏州小吃园,专营苏州风味小吃,让消费者大开眼界。

得月楼门店

1999年，公司开设得月楼新大楼，以豪华的宴会大厅、风貌各异的包厢和精致的苏州船菜船点、吴中第一宴等为中外顾客服务，获得空前好评。2000年，得月楼率先同行开始挖掘、使用传统苏式月饼工艺，其制作的"得月楼苏式月饼"深受广大消费者欢迎，成为苏州中秋市场的又一热点。2003年6月，经深化企业改制，成立"苏州市得月楼餐饮有限公司"，企业开始实行现代经营管理制度。2006年6月，公司对得月楼老大楼进行改建，增加营业面积2000平方米，至2007年末，竣工重张的得月楼以精致的苏州古典园林风貌再现姑苏餐饮一绝。

走进2010上海世博会，是得月楼的得意之笔。2009年12月，得月楼从12家江苏名店中胜出，作为江苏菜的唯一代表组成中国"八大菜系"[1]，与来自世界各地的美食一起，亮相上海世博园。

长期以来，得月楼名师荟萃，技术力量雄厚，传承苏帮菜点，注重精益求精，讲究色、香、味、形，保持原汁原味，常年供应品种达300多种，并配有春夏秋冬四季时令菜点飨客。名菜名点有：松鼠桂鱼、得月童鸡、西施玩月、蜜汁火方、虫草甫里鸭、碧螺虾仁、枣泥拉糕、苏式船点等。特别是擅长制作明代流传下来的船菜船点、吴中第一宴。为保证产品质量，得月楼还自建水产品加工基地，同时，食品深加工及包装食品生产厂也已列入企业发展规划之中。

147. 唐老一正斋

唐老一正斋是江苏省镇江市的医药企业，迄今已有350多年的历史。2011年3月被商务部认定为第二批"中华老字号"（名单序号：江苏56），注册商标"唐萼楼"。

唐老一正斋的前身是一家膏药店，清康熙元年（1662年）由河南逃荒人唐守义在镇江创设，取名"唐一正斋"，制作主治跌打损伤等病症的"奕正膏"。据现在店堂里的石碑记载，店铺创自清康熙初年，清康熙五十四年，该店更名为

---

1 上海世博会期间，入选代表"八大菜系"的餐饮企业分别为：粤菜（潮府酒家），闽菜（南新雅大酒店），鲁菜（齐鲁万怡），川菜（巴国布衣），浙菜（知味观），苏菜（得月楼），湘菜（湖南华天），徽菜（同庆楼）。

"奕争斋"，药名改为"益症膏"，又称"万应灵膏"。清雍正元年（1723年），该店更名为"一正斋"，药名改为"一正膏"。

一正膏由名贵的麝香、木香、乳香等近80味中草药按君、臣、佐、使配伍精制而成，具有舒筋活血、祛风止痛、化痞除瘀、消散顺气之功效。主治跌打损伤、骨裂、骨折（不错位）、筋骨疼痛（椎间盘突出、骨质增生、骨刺）、腰肌劳损、神经痛等症，应用面广，使用方便，流芳百年，颇受欢迎。相传，北方当时就有嫁女将一正膏做嫁妆的传统，影响力曾到达全国及东南亚地区。由于其巨大的影响，为防止假冒产品出现，清同治八年（1869年），清政府特立石碑《奉宪勒石永禁》，该碑被誉为中国打假第一碑，现仍在店中存放。

1922年，唐守义第八代传承人唐棣（字萼楼）在民国政府农商部注册"唐老一正斋"商号和"秘制万应灵膏"品牌，从此将唐一正斋更名为"唐老一正斋"，以示百年老店之历史悠久。1930年，唐守义第九代传承人唐瑞芝将其父唐棣的头像注册为"一正膏"膏药的商标，此以肖像为商标在我国为首创，亦为"镇江第一商标"。抗战时期，该店停业。1945年，唐守义第十代传承人唐均主持恢复旧业。

1956年实行公私合营，"唐老一正斋"并入"镇江制药厂"，继续生产一正膏。1964年中西药分家，从镇江制药厂分出"镇江中成药厂"，所有中成药全部移交中成药厂，唯有拳头产品一正膏不交，一直拖延到1965年底，才把唐守义第十代传承人、唐均之弟唐坚从镇江制药厂调入镇江中成药厂，建成膏药车间。唐坚一直是一正膏药的领军人物，当时膏药年销量达1000万张，膏药的生产与传承离不开他。1966年，一正膏被迫更名为"镇江膏药"，真正的有着包括名贵药材在内的一正膏销声匿迹。然而，海外患者买膏药皆认唐萼楼肖像商标。例如，1979年镇江中药厂出口新加坡的五万张膏药，因改用"金山牌"商标，没用唐萼楼肖像商标而被退货。

改革开放后，唐老一正斋高歌猛进，发展迅速。1992年11月，唐守义第十一代传承人唐镇北恢复"唐老一正斋"老字号，投资设立"镇江唐老一正斋药业有限公司"，经营范围包括研究恢复唐老一正斋膏药系列产品、宣传唐老一正斋膏药文化等，主要生产销售"一正膏"牌膏药。1994年8月，该公司注册"唐萼楼肖像"和"唐老一正斋"文字和图形组合商标并被核准；1996年8月，"唐老一正斋"加"唐萼楼肖像"图形和文字组合商标获得镇江市首届"知名商标"称号；企业知识产权保护达到一个新阶段。2007年3月，"唐老一正斋膏药制作技艺"被江苏省确定为第一批省级非物质文化遗产，企业知名度和影响力大幅提升。

十、江苏省

148. 陆稿荐

陆稿荐是江苏省苏州市的食品企业,迄今已有350多年的历史。2011年3月被商务部认定为第二批"中华老字号"(名单序号:江苏24),注册商标"大房/陆稿荐"。

陆稿荐原为一家肉铺,清康熙二年(1663年)由陆氏在苏州城内东中市崇真宫桥旁创立,取名"陆稿荐",主营生、熟肉。因经营有方,管理到位,陆稿荐生意兴隆,久负盛名。然而清咸丰十年(1860年)遭战乱兵火,损失殆尽。直到清同治五年(1866年),陆稿荐才在崇真宫桥原址东山再起,重振雄风。

清光绪二十七年(1901年),因经营亏损,步履维艰,陆氏后代陆伟、陆念椿等,便将陆稿荐字号租押给吴县西津桥人倪松坡,月租金3800文。同时,陆伟等还将其经营的阊门外吊桥旁"杜家老三珍斋肉铺"卖给倪松坡。倪氏租得陆稿荐字号后,将自己开设在观东醋坊桥旁的肉店定名为"陆稿荐",而将老三珍斋肉铺更名为"老陆稿荐"。

民国年间,苏州熟肉市场竞争激烈,观东陆稿荐为防他人假冒,特地以麦穗为底座加添"大房"两字并注明"只此一家,并无分出"的标记,向民国政府登记为注册商标获得核准,人称"大房陆稿荐",前店后场,生熟兼营。1929年,随着观前街改造拓宽,交通便利,各地来苏的客商游人可直达观前,陆稿荐的熟肉生意更为火爆,声誉日益扩大。据成稿于1934年的《醇华馆饮食脞志》载:"苏州从前有陆蹄、赵鸭、方羊肉之称。陆蹄谓陆稿荐之酱蹄。熟肉店以陆稿荐、三珍斋两家最为驰名。其出品以酱鸭、莲蓬蹄为上,酱蹄筋、酱肉次之。熟肉之最佳者,莫如观东之者陆稿荐。"

1930年,倪松坡将大房陆稿荐分给二子倪矩香经营,同时把老陆稿荐分给三子倪慎庵经营。但倪矩香夫妇平时只顾烧香拜佛并吸食鸦片,店中业务一度衰落。后由其子倪肇鸿接手,经营有所起色。1935年倪肇鸿病逝后,大房陆稿荐由倪矩香的外甥陈士贤主持。

1956年实行公私合营,大房陆稿荐获得新生。1958年,其后方工场改为"平江区食品厂"。"文革"期间,陆稿荐受到冲击,更名为"苏州熟肉店"。

改革开放以来,陆稿荐如同插上腾飞的翅膀,发展日新月异。1981年,经江苏省商业厅批准,陆稿荐在观前街东扩建了三层生产和营业大楼,面积为1800多平方米。1985年春节,门楣上悬挂"陆稿荐康熙二年创建"字样的新大楼建成，陆稿荐开始以新的姿态供应传统苏式卤菜，满足广大消费者的需要。1987年8月，成立"苏州陆稿荐食品有限公司"，企业开始走向正规化。2007年6月，"陆稿荐苏式卤菜制作技艺"被苏州市认定为第一批市级非物质文化遗产，百年老店再创辉煌。2009年6月，"陆稿荐苏式卤菜制作技艺"被江苏省认定为第二批省级非物质文化遗产，企业发展攀上一个新高峰。

目前，陆稿荐根据市场变化和现代人的口味，由单一酱肉类10多个品种逐步扩大为烧烤、糟制、熏制及酱卤四个大类近100多个品种。大房牌五香酱肉、秘制酱鸭、酱猪头肉、酱汁肉、苏式拆烧等，深受广大消费者欢迎。

149. 汪恕有

汪恕有是江苏省连云港市的酿造企业，迄今已有340多年的历史。2011年3月被商务部认定为第二批"中华老字号"（名单序号：江苏15），注册商标"汪"。

汪恕有的前身是一家制糖作坊，清代初期由徽州（今安徽歙县）人汪一愉在板浦（今连云港市海州区板浦镇）大寺巷创设，简单生产"老糖"，后改为用高粱生产食醋。清康熙十四年（1675年），取字号"汪恕有"，正式挂牌经营醋坊。由于汪氏醋酸度适中，且每次食用只需几滴就醇香弥足，故人称"滴醋"，从此"汪恕有滴醋"便流传下来。

相传，清代海州（今连云港市海州区）历任知府都好食用汪醋，经常派人到板浦汪恕有醋坊采购。清乾隆十六年（1757年）春，乾隆皇帝二次下江南船过运河时，海州知府方鲁前往觐见，在所贡献的地方名特产品中就有汪恕有滴醋。乾隆皇帝品尝后顿感酸醇爽口、回味悠长，连赞"美哉！美哉！"，于是汪恕有滴醋名气大增，一度成为清宫贡品。对此，清代乾嘉时期诗人、美食家袁枚也亲自品尝，在其刊印的烹饪名著《随园食单》中对该醋大加赞许："镇江醋颜色虽佳，味不甚酸，失醋之本旨矣；以板浦醋为第一，浦口醋次之。"

1931年5月，国民党中央实业部在南京国货陈列馆举办"江苏省特产展览会"，时任实业部长孔祥熙为参展的汪恕有滴醋等名特产品颁发了优质奖状。1938年，日寇飞机轰炸板浦，汪恕有被迫停产。其后，汪恕有虽继续维持生产，但发展缓慢。1948年，随着板浦解放，汪恕有第十代传承人汪亮祖仍以私人作坊生产滴醋。

1956年实行公私合营，汪恕有加入"板浦供销社"。1958年，汪恕有转隶新创建的"板浦副食品厂"，为其制醋车间，此时汪亮祖担任车间生产总技师。并将汪恕有滴醋祖传配方和独特工艺奉献国家。

改革开放后，汪恕有迎来黄金发展时期。1979年，日本东京岩波书店将袁枚的《随园食单》译成日文出版，遂使板浦的汪恕有滴醋在日本、东南亚各国及香港地区声名鹊起，许多港澳台同胞和海外侨胞回乡探亲时，必定带上几瓶滴醋回家食用或珍藏。同年10月，"汪"牌注册商标开始使用，企业知识产权得到法律保护。1992年7月，在原"灌云县板浦副食品厂"的基础上，成立"连云港板浦汪恕有滴醋有限公司"，企业开始实行正规化、规模化经营，实现了产品品牌与公司名称的统一。1998年，"汪"牌注册商标被江苏省工商局认定为"江苏省著名商标"，企业知识产权保护达到一个新阶段。2009年6月，"汪恕有滴醋酿制技艺"被江苏省确定为第一批省级非物质文化遗产扩展项目，企业发展大放光彩。2013年12月，"板浦汪恕有滴醋"被国家质检总局认定为国家地理标志保护产品，企业知名度和影响力进一步提高。

目前，汪恕有已形成调味、保健、风味三大系列产品。其中滴醋酿制技艺传承基地年产量为6000吨，拥有三条传统手工酿醋技艺生产线和1300平方米的醋文化展示馆。尽管企业进行过多次技改和扩建，但其核心技艺制曲、酒精发酵、醋酸发酵、淋醋、陈酿等工艺仍采用传统的酿制技艺，从而保证了传统非遗产品的本真性和完整性。

150. 三香斋

三香斋是江苏省如皋市的食品企业，迄今已有320多年的历史。2011年3月被商务部认定为第二批"中华老字号"（名单序号：江苏61），注册商标"三香斋"。

三香斋始创于清康熙三十五年（1696年），是广东潮州人屠氏在如皋县（今如皋市）白蒲北街开设的一家豆腐干店，店号"三香斋"，又名"屠三香"。白蒲北街商业繁盛，茶馆林立，饮茶者常用屠氏的豆腐干佐茶。因其近似茶色，故名茶干。由于该茶干制作精良，进嘴细软劲韧，美味可口，堪称色、香、味俱佳。其特色还在于，茶干上模压店号，类似现代商标。如刚刚制好的茶干坯干就像一张字帖，每一块茶干都带有标明自己身份的"三香斋"烙印，故被誉为白蒲一绝。

相传，当年清代乾隆皇帝下江南时，地方官员曾特别选择"三香斋"茶干请皇上品尝。乾隆尝后甚悦，便御笔题写"只此一家"四字予以褒扬。屠氏便将"只此一家"制成金字匾额，悬于店堂，从此三香斋茶干声名鹊起，市场更加火爆。

作为江苏南通地区颇负盛名的著名传统风味小吃，三香斋茶干能持续数百年经久不衰，秘诀之一在于选料考究，同时秉承传统加工工艺，精工细作。一块小小的茶干，其制作工艺包括拣豆、浸豆、糙皮、磨豆、扯浆、套浆、煮浆、点卤、制坯、包坯、压榨、剥坯、煮制、包装等21道工序。每道工序的技术要求、卫生要求又都非常高。特别是点卤，技术性很强，一般由老师傅亲自掌勺，一边用持壶倒卤，一边轻轻地用勺划来划去仔细观看豆脑凝固的花纹，点的豆脑既不能嫩，又不能老，这是决定茶干质地的关键。又如煮浆，烧火要旺，煮得越快越好，如慢火烧，则易潮浆，对质量、产量都有不利影响。煮好的浆出灶入缸时，要坚持"过筛"这一道工序，将扯浆或套浆时从布眼中漏出的反渣去尽，提高豆浆的纯度。白蒲茶干传统的加工，不仅工序多，而且每道工序的技术性都比较强，与产品的质量有直接关系。

三香斋茶干呈方块状，小巧玲珑，十个为一串，两串为一捆，均用草绳捆扎。其颜色如淡黄色的清茶，模样特别"俊秀"。三香斋茶干不但外形独特，而且味道鲜美。拿上一块在手，便有一股淡淡的茶香萦绕在你的周围，这时如果咬上一口，那清冽的香气则会慢慢在你口中翻滚沸腾，轻轻地沿着你的喉咙一路洋溢周身。

改革开放后，三香斋如沐春风，发展迅速。1985年，成立"如皋市白蒲三香斋茶干厂"，恢复"三香斋"老字号。后该厂经三次搬迁，于2007年落户于白蒲镇松杨社区。该厂占地面积4000平方米，厂房面积1700平方米，绿化面积530平方米。在保留传统生产工艺的同时，结合使用先进的生产设备和技术，并投资新建了高标准、现代化的豆制品厂房，投资了废水处理设施，产品首批在南通地区通过食品生产许可认证。2009年4月，如皋市白蒲三香斋茶干厂经国家专利局核准，获得"一种豆腐干的制造工艺及其模板"的发明专利。即豆腐干的制造工艺配合模板，可以在豆腐干的表面制作成不同的文字图案，使豆腐干不仅仅是一种食品,还成为食品文化的一种传播载体。同年12月,该厂还获得一项豆腐干的外观专利。2011年6月,"豆腐制品制作技艺(白蒲茶干制作技艺)"被江苏省确定为第三批省级非物质文化遗产扩展项目,企业知名度和影响力大幅提升。

151. 双沟

双沟是江苏省宿迁市的酿酒企业,迄今已有280多年的历史。2011年3月被商务部认定为第二批"中华老字号"(名单序号:江苏6),注册商标"双沟"。

双沟原名"全德槽坊",清雍正十年(1732年)由山西太谷县酿酒师贺全德在泗州(今宿迁市泗洪县)双沟镇创立。贺氏凭借丰富经验,因地制宜,把山西与双沟的酿酒工艺相结合,改原始的小曲发酵为大曲发酵,并采用传统的老五甑蒸煮工艺,酿造出上等美酒,很快声名鹊起,生意逐渐兴隆。当时流传着一首民谣:"淮上行舟望双溪(即双沟),但闻酒香十里堤。未饮先觉三分醉,不知何日是归期。"相传清道光年间,道光皇帝曾品尝道光朝状元戴兰芬奉献的双沟大曲酒,并将其列为贡品,遂使双沟大曲名扬天下。

1901年,全德槽坊更名为"贺全德槽坊"。清宣统二年(1910年),贺全德槽坊的全德大曲参加南洋劝业会展评,被评为名酒第一,荣获金质奖章。由于"全德槽坊"的兴旺,带动了整个双沟地区产业链的繁荣和发展。清末民初,双沟镇商贾云集,镇上有大小酒店、酒楼数十处;另有粮行、鱼行、牛行、饭店、旅社、烟草、日杂、京广百货、绸缎布匹、印染作坊等200余家。街道两旁,店铺排列数里,物品琳琅满目;淮河上下,大小船只络绎不绝,运进各种货物,运出双沟大曲。

然而抗战期间,全德槽坊历经坎坷,损失惨重。1938年5月,蒋介石企图"以水代兵",炸开河南中牟县花园口黄河大堤,造成淮河两岸水患连年,全德槽坊被迫关闭。1940年9月,日寇和伪军数百人扫荡双沟镇,制造了骇人听闻的"双沟惨案",全德槽坊被焚停业。

1949年9月,以贺全德槽坊为首的几家酒坊合并为"宿县专署泗洪县酿酒公司"。1950年6月,成立"宿县专署泗洪县酒厂"。1955年,该厂更名为"地方国营泗洪县双沟酒厂",1958年秋,双沟大曲酒参加印度新德里世界农业博览会，并先后出口欧美、日本、加拿大、澳大利亚等20多个国家和地区，受到广泛好评。

改革开放后，双沟发展迅速，开始谱写新篇章。1980年，成立"江苏省宿迁市泗洪双沟酒厂"。1987年，该厂更名为"江苏宿迁市双沟酒厂"。1988年12月，在中国食品博览会上，双沟名酒系列产品荣获六枚金牌，企业成就斐然。1989年1月，在合肥举行的第五届全国评酒会上，双沟53度、46度大曲酒、39度特液均被评为中国名酒，企业知名度和影响力大幅提升。1996年，双沟开发了"牡丹"牌系列白酒，分高、中、低三个档次。高档以黑牡丹为代表，中档以红牡丹为代表，低档以小牡丹为代表，均获得良好的经济效益。1997年5月，成立"江苏省宿迁市双沟酒业集团"，企业开始实行现代经营管理制度。1999年，在"牡丹"牌系列酒成功开发的基础上，公司又成功开发了"苏"牌苏酒，该酒采用现代先进的白酒勾兑技术，精心勾兑而成，实属浓香型白酒之精华。中国"苏"酒的出现，标志着江苏白酒冲向高端的开始。2002年12月，双沟酒业集团更名为"江苏双沟酒业股份有限公司"。2005年，"双沟"注册商标被国家工商总局认定为"中国驰名商标"，企业知识产权的含金量大幅度提升。2011年6月，双沟大曲被国家质检总局授予"国家地理标志保护产品"称号，企业再获殊荣。

152. 松鹤楼

松鹤楼是江苏省苏州市的餐饮企业，迄今已有280多年的历史。2006年11月被商务部认定为第一批"中华老字号"（名单序号：江苏9），注册商标"松鹤楼"。

松鹤楼始创于清乾隆二年（1737年），原为一家面馆，曾加入苏州面业公所（清乾隆二十二年设立）。该面馆坐落在苏州玄妙观，经营面点及饭菜。清同治年间（1862—1874年），面馆老板已经是徐金源。

清光绪二十八年（1902年），松鹤楼增项经营，将面馆扩大为菜面馆，并资助面业公所从宫巷原址迁至东美巷新址。清宣统二年（1910年），徐金源病故后由其子徐培根继承。但徐培根不善经营，且常年住在上海，故菜面馆逐渐衰落，濒临倒闭。

十、江苏省

1916年，由"天和祥"菜馆老板张文炳牵头，以合股形式租赁该店（租约自1918年生效），更名为"和记松鹤楼"，主营苏帮正宗名菜。张文炳接手担任经理时，松鹤楼经营的菜品很少，于是他先后从天和祥、天锡、大新楼等菜馆聘请苏菜名厨。既看重苏菜炖、焖、煨、焙等传统技法，又讲究选料、刀工、火候。不久，松鹤楼陆续创制研发了数十种新名菜，如原汁扒翅、白汁元菜、松鼠鳜鱼、荷叶粉蒸肉、西瓜鸡、巴肺汤和暖锅等应时佳肴，显示出苏式菜肴原汁原味的特有风格。由于张文炳为松鹤楼带来店史上的一次重大转折，至1920年，松鹤楼已成为苏州名流聚宴的场所。不但以经营苏帮传统特色菜肴为主，提高高档菜比例，而且多方承办衙门官厅、望族富户的宴会筵席，市场日益火爆，利润迅速上升。

1929年，随着观前街改造拓宽，松鹤楼在原址（今观前街141号）翻扩建为600多平方米，楼上隔为大小九间，可设30桌；餐厅墙上书有"各色大菜，驰名京沪；只此一家，并无分出"字样。然而，松鹤楼在承办一流宴席的同时，仍坚持经营部分低档菜肴，并接洽向附近旅馆、酒店及居民家中外卖小菜，以薄利多销取信于民。1956年实行公私合营，松鹤楼获得新生，充分继承和发展苏帮传统菜肴，品种有182种之多。但好景不长，"文革"期间，松鹤楼更名为"东方饭店"，只供应大众化菜肴。

直到改革开放以后，松鹤楼才真正扬眉吐气，一路向前。20世纪80年代，松鹤楼面积扩至3600多平方米，新建三层大楼，能同时接待2000余人就餐。内设蟹泉、松鹤、友谊、乾隆、凤凰、鸳鸯、和合、迎宾八个大餐厅。其中，"友谊"为外宾接待厅，辟有寒山、虎丘、沧浪、太湖、九龙五间雅室，全部采用苏州传统工艺品装饰，融书法、绘画、雕刻艺术于一体，具有江南古典庭厅风格。1990年，松鹤楼菜馆的首席名菜"松鼠鳜鱼"荣获全国金鼎奖。1997年，松鹤楼菜馆被国内贸易部首批命名为"国家特级菜馆"。2009年，"松鹤楼"注册商标被苏州市工商局认定为"苏州市知名商标"，企业知识产权保护达到一个新阶段。2010年，"松鹤楼"注册商标被江苏省工商局认定为"江苏省著名商标"，企业无形资产空前提升。

153. 乾生元

乾生元是江苏省苏州市的食品企业，迄今已有230多年的历史。2006年11月被商务部认定为第一批"中华老字号"（名单序号：江苏18），注册商标"乾"。

乾生元原名"费萃泰"，清乾隆四十六年（1781年）由费萃泰创办于苏州木渎镇（今属苏州市吴中区）西街，主营松子枣泥麻饼。该麻饼制作精良，耐吃可口，故当时在木渎有"乔酒、石饭、费麻饼"之民谚；又有"虹茶石饭唐点心，冷烟乔酒费麻饼"之说。相传，因该麻饼受到过乾隆皇帝赞赏，故曾被列为宫廷御膳点心。

清光绪七年（1881年），费萃泰麻饼店转让给吴县（今苏州市吴中区）商人蒋富堂，遂更名为"乾生元"，迁址木渎斜桥旁，前店后坊，自产自销。麻饼也随之更名为"乾生元松子枣泥麻饼"。"乾"作乾坤解释，意指天下；"元"即第一，意指乾生元生产的麻饼天下第一。清光绪二十五年（1899年），乾生元又被当地商人金世福收购。1923年，乾生元改由沈新三等10人合股经营，更名为"乾生元益记"。尽管乾生元几易其主，但历代技师之原料配方和制作工艺被完整传承下来，并不断加以改进和完善，以更适合消费者的口味。

抗日战争期间，侵华日军曾纵火焚毁位于木渎中街的乾生元麻饼店，导致乾生元中断经营。

1956年实行公私合营，乾生元与春乾元、康乐、采芝村、合兴等麻饼、茶食、炒货店合并为"乾生元糕饼工场"，保留老字号"乾生元"，隶属"国营商业吴县木渎办事处"。20世纪60年代初，该糕饼工场更名为"乾生元食品厂"。"文革"期间，乾生元受到冲击，被迫更名为"木渎副食品第三门市部"，麻饼停产。

直到改革开放，乾生元才迎来新生。1980年，木渎副食品第三门市部更名为"乾生元茶食糖果店"，恢复"乾生元"老字号。1981年1月，重新成立"乾生元食品厂"，并建立麻饼专业生产小组，改进工艺，提高质量，生产麻饼、酥糖等70多个品种的产品，深受广大消费者欢迎。1983年，乾生元麻饼被评为"苏州市优良产品"，企业树立起良好形象。2000年9月，乾生元食品厂改制为民营企业，更名为"苏州乾生元食品有限公司"，并迁址到现在的木渎东街。2011年6月，"糕点制作技艺（乾生元枣泥麻饼制作技艺）"被江苏省确定为第三批省级非物质文化遗产扩展项目，百年老店又绽放一朵灿烂的新花。

长期以来，乾生元麻饼馅心都以上等乌枣、白砂糖、胡桃肉、松子仁、玫瑰花、芝麻、精制油制成。整个加工过程共有十几道工序，基本上是按照传统加工工艺以确保产品风味的独特一格，由于乾生元的松子枣泥麻饼有悠久的历史，又有很高的知名度，故外地游客和海外华侨到苏州后，都会购买苏州乾生元食品有限公司的"乾"牌产品。目前，乾生元公司占地面积3000平方米，建筑面积2500平方米，古色古香的厂房营造了清洁卫生的生产加工环境。现产品品种已从原先单一的麻饼发展到各种苏式糕点、糖果、肉类休闲食品苏式蜜饯和茶叶，数量达百余种之多。

154. 稻香村

稻香村是江苏省苏州市的食品企业，迄今已有240多年的历史。2006年11月被商务部认定为第一批"中华老字号"（名单序号：江苏21），注册商标"禾"。

稻香村始创于清乾隆三十八年（1773年），坐落在苏州观前街，时名"苏州稻香村茶食店"。相传，当年清代乾隆皇帝下江南时，在苏州品尝稻香村糕点后，赞许其"食中隽品，美味不可多得"，并御题匾额，使稻香村名扬天下。

1958年公私合营，苏州稻香村并入"平江区糖果糕点厂"（苏州糕点厂前身）。1962年，稻香村又划出该厂独立，恢复其前店后厂生产。"文革"时期，稻香村更名为"红太阳"，再次撤并成立"苏州糕点厂"。

改革开放大潮的汹涌澎湃，使稻香村迎来了千载难逢的发展机遇，犹如插上腾飞的翅膀。1978年3月，恢复"稻香村"老字号，苏州糕点厂更名为"苏州稻香村食品厂"。其众多产品在继承传统工艺的基础上进行改进，月饼、云片糕、枣泥麻饼、玫瑰酥饼、香草蛋糕等几十个产品曾多次被评为省部优产品。

1988年，稻香村参加在香港举办的"苏州传统食品展销会"，引起轰动，香港《文汇报》专门做了一期名为《苏州之名店与名食》的特刊。与此同时，该报还刊登了《四季茶食风味清雅——稻乡村糕点如稻香》一文，重点介绍了作为苏式糕点的代表店铺稻香村的悠久历史和传统产品，评价稻香村的糕点不但具有一般糕点的清雅甜糯的特色，而且"应时新鲜、味形并重"。文中写道："稻香村始创于清乾隆三十八年（1773年），取以《红楼梦》中的'稻香村'为名，是目前苏州生产、经营苏式糕点历史悠久、著名的老字号。该店主要生产苏式糕点，有130多个传统产品，常年供应品种有70多个，时令品种60多个，时令品种随季节变化变换，所以称为四季茶食。"

2004年3月，为了扩大百年基业，引进并整合外部资源，稻香村在苏州新加坡工业园区斥资新建一座现代化工厂，即成立"苏州稻香村食品工业有限公司"。2006年8月，该公司落成投产，观前街老门店仍保持运营。2009年6月，"糕点制作技艺（稻香村苏式月饼制作技艺）"被江苏省确定为第二批省级非物质文化遗产，企业知名度和影响力攀上一个新高峰。

经过一番努力，苏州稻香村公司集研发、生产、销售为一体，引进国外先进生产线，实施全方位透明化无菌生产，公司产品本着"健康、美味、精制、放心、正宗"的宗旨，与中国发酵科学研究院、中国食品质量监督检验中心共同携手，成立"中国糕点食品技术研发中心"，进行中式糕点食品的研发改良和推广工作。在挖掘传统食品技术的同时，开发改良了包括传统糕点、面包、月饼、粽子、蛋糕、糖果、肉食、炒货、蜜饯等近100余种新产品，充分体现了其深厚的文化底蕴、精湛的制作技艺、卓越的品牌信誉，堪称国内"糕点泰斗"。苏州稻香村食品有限公司现已申请注册各类食品商标107项，其中境外三项、国内37项已注册成功，对于百年品牌稻香村的持续发展起到了有力的推动与保护作用。

2014年，苏州稻香村为了适应现代化发展成立了"稻香村集团"，从前店后厂的单一门店发展成为目前在全国拥有九家分公司、七家现代化生产加工中心的大型食品集团。稻香村集团逐步拓宽商域，不仅覆盖全国还将中式传统糕点销售到全球30多个国家及地区。

155. 石家饭店

石家饭店是江苏省苏州市的餐饮企业，迄今已有220多年的历史。2006年11月被商务部认定为第一批"中华老字号"（名单序号：江苏30），注册商标"石家饭店"。

十、江苏省

石家饭店原为"叙顺楼菜馆",清乾隆五十五年(1790年)由苏州吴县(今吴中区)人石汉在苏州古镇木渎中市街创立,小本经营,世代相传。

20世纪20年代,叙顺楼第四代传承人、石汉重孙石仁安接手经营,将菜馆扩大为二层两开间木结构房屋,并把店堂与厨房隔街分设。因该店善用太湖淡水鱼鲜烹调,且历经数代,逐渐形成了以十大名菜为主的独特的菜肴体系,颇受各界青睐。1929年,李根源邀请于右任泛舟太湖赏桂,并在叙顺楼为于右任接风洗尘。乘此之际,石仁安便请李根源为菜馆题匾。李根源嫌"叙顺楼"之名太俗,于是题写了隶书"石家饭店"牌匾。于右任品尝菜馆鲃肺汤后也赞不绝口,即兴赋诗:"老桂花开天下香,看花走遍太湖旁,归舟木渎犹堪记,多谢石家鲃肺汤。"第二天,该诗刊于上海《新闻报》头版,石家鲃肺汤由此名声大振,石家饭店日益走红。

民国年间,来店品尝石家名菜的社会名流很多,如李宗仁、李济深、沈钧儒、张治中、邵力子、叶楚伧、沙千里、史良等都曾到石家饭店进餐。20世纪30年代,石家饭店厨师杨根泉用塘鳢鱼头部两颊腮的肉做成一道"豆瓣汤",脍炙人口。1934年秋,于右任再次来店就餐,为其题写"名满江南"四字。从此,东山塘鳢鱼引来无数名流权贵、游人食客。1948年,李宗仁还为该店书写"平等博爱、与民同乐"的题词。著名京剧表演艺术家盖叫天、周信芳,评剧艺术家金声伯,著名画家张大千等也都曾来店进餐。

1956年实行公私合营,石家饭店参与其中。1959年,邓小平视察苏州,也品尝过石家菜肴。"文革"期间,石家饭店受到冲击,一度被迫更名为"木渎人民饭店"。

改革开放后,石家饭店获得新生,恢复老字号。1980年,著名书法家费新我为该店书写"石家饭店"牌匾。1990年9月,费孝通品尝鲃肺汤,欣然写下"肺腑之味"条幅,并撰写《肺腑之味——苏州木渎鲃肺汤品尝记》一文。几个世纪以来,石家饭店始终坚持的著名菜式有鲃肺汤、三虾豆腐、石家酱方、松鼠鳜鱼、鸡油菜心、清炒虾仁、活炝虾、油泼童鸡、母油整鸭和白汤鲫鱼等十大名菜,谓之"石菜"。其中前三道菜于1999年被评为"江苏名菜",当年于右任盛赞的鲃肺汤则被收入《中华名菜谱》。

2003年,石家饭店改制为民营企业。2010年,石家饭店新店在木渎金山路诞生,占地面积1800平方米。2011年,一座欧式风格的"新石家饭店",在苏州工业园区李公堤投资建造完成。新石家饭店开张以来,由于店堂环境优越,服务质量提升、停车方便等原因,生意越做越好,人气越来越旺。每逢双休日,许多上海人都会赶来消费。2012年，新店迁至灵岩山南麓，投资近亿元，打造了一座现代化的石家饭店旗舰店，面积达两万平方米，可同时容纳3600人就餐。

156. 黄天源

黄天源是江苏省苏州市的食品企业，迄今已有近200年的历史。2011年3月被商务部认定为第二批"中华老字号"（名单序号：江苏10），注册商标"黄天源"。

黄天源的前身为一家粽子摊，清道光元年（1821年）由浙江慈溪人黄启庭在苏州东中市都亭桥旁开设。因粽子质量好，生意日益红火。几年后，黄氏父子便租赁小屋，办起一家"黄天源糕团铺"。该店供应品种也增加为五色汤团、挂粉汤团、咸味猪油糕、黄松糕、灰汤粽、糖油山芋等。黄氏父子相继去世后，黄天源糕团铺由寡媳黄陈氏主持。清同治十三年（1874年），因经营管理不善，该店转让给本店师傅顾桂林，从此黄天源成为顾氏店铺。

顾氏不但具备传统糕团制作技能，而且擅长经营，故使黄天源声名鹊起，逐渐欣欣向荣。1931年，该店由顾桂林之子顾紫封经营。他除经营都亭桥旁西黄天源糕团铺外，又在观前街241号租屋开设"东黄天源"，经营规模迅速扩大。1947年顾紫封病故，黄天源由其领养的孙子顾念椿接手。他于1948年斥资购进观前街241号一楼一底的店面房屋，尽管只能放六张半桌子，但因观前街市井繁华，故每每高朋满座。

1956年实行公私合营，黄天源、天源利和冯秉记三家糕团店合并，使用"黄天源"字号，人员、资金和技术力量颇为充实。当时，黄天源已可按时令节气的变化供应各种产品。如正月初一供应糖年糕、猪油年糕、糕汤圆子；正月十五供应糖汤圆子；二月初二供应油煎年糕；三月清明节供应青团子；四月十四供应神仙糕；五月初五供应各色粽子；六月供应绿豆糕、薄荷糕、米枫糕；七月十五供应豇豆糕；八月十五供应糖芋艿、糖油山芋、焐熟藕；九月初九供应重阳糕；十月供应南瓜团子；十一月冬至节供应冬至团子；十二月供应各式年糕，深受广大消费者欢迎。

改革开放后，黄天源更加发展，屡创佳绩。1982年，企业进行扩建，将原有二开间门面增加为四开间，生产场地相应扩大，总面积为1400多平方米，其中堂口经营面积为400多平方米。1994年，组建"黄天源糕团公司"，企业开始实行正规化发展。1995年4月，黄天源参加在香港举办的"苏州食品节"，以百年老字号采芝斋、黄天源两店的产品为主，其他传统食品为辅，突出了苏州传统、风味、特色三大特点。主要食品有糕点、糖果、蜜饯、炒货四大类73个品种，供不应求，大受江、浙、沪籍香港同胞的欢迎。1998年1月，公司改制为股份合作制企业，逐渐走上现代经营管理之路。2003年6月，企业进一步深化改制，更名为"苏州市黄天源食品有限公司"。2009年6月，"糕团制作技艺（黄天源苏式糕团制作技艺）"被江苏省确定为第二批省级非物质文化遗产，企业无形资产传承有序，获得莫大殊荣。

近年来，在原有基础上，黄天源又创新和发展了其他礼品糕团，并从蛋糕裱花得到借鉴，设计制作出松鹤同春、龙凤呈祥、凤穿牡丹、嫦娥奔月等口味美、造型美、装潢美的新型糕团。目前，公司已开设30多家连锁店，建立了黄天源粮食基地、建造了近万平方米的现代化食品加工厂，并通过国家"原产地标记"、2008质量安全体系和ISO22000食品安全体系的认证。

157. 谢馥春

谢馥春是江苏省扬州市的化妆品公司，迄今已有180多年的历史。2006年11月被商务部认定为第一批"中华老字号"（名单序号：江苏32），注册商标"谢馥春"。

谢馥春是中国有记载的第一家化妆品企业，清道光十年（1830年）由谢宏业创建，时名"谢馥春香粉店"。该店原址在扬州城南下铺街上，数年后迁至徐凝门街，主要经营香粉、藏香、棒香、香袋等产品。其香粉以形似鸭蛋而闻名于世，采取天然原料，经鲜花熏染，冰麝定香工艺精制而成；具有轻、红、白、香之特点，为清廷贡粉，故百姓通称"宫粉"。

清同治三年（1864年），谢馥春迁址辕门桥（今国庆路51号），生产作坊则在瓦匠营（今东关街）谢家巷。清代末期，扬州另外两家香粉名店戴春林、薛天锡因后继无人相继倒闭，于是谢馥春一枝独秀。它聘请原戴春林的技术工人，集众家之长，对传统工艺不断创新和发展，香、粉、油产品广为畅销，谢馥春更加声名鹊起。1915年2月，谢馥春参加在美国旧金山举行的巴拿马太平洋万国博览会，获得银质奖章和奖状，从此香飘四海，成为当时国际化妆品著名品牌和中国化妆品第一品牌。

然而清末民初，扬州市面上出现了一些山寨"谢馥春"的产品，严重影响了"谢馥春"的品牌声誉。为防止假冒行为，谢氏传承人便用五只竹筒作为商标，称"五桶为记"。但假冒仍无法遏制，于是谢家人便告状维权，甚至告到当时的北洋政府。1915年，北洋政府做出裁决：责成冒牌商家具结悔过，不得冒用"谢馥春"牌号。"谢馥春"的"五桶"商标维权成为我国最早的商标维权案件之一。

1956年实行公私合营，谢馥春更名为"公私合营谢馥春香粉厂"，主要产品有鸭蛋香粉、冰麝头油、雪花膏、蛤蜊油等。1958年，该厂更名为"公私合营谢馥春日用化工厂"。1966年，该厂更名为"地方国营扬州日用化工厂"，开发了卫生丸、清凉油等产品。

改革开放以来，谢馥春高歌猛进，成就斐然。1980年，地方国营扬州日用化工厂更名为"扬州谢馥春日用化工厂"。1987年，实行厂长负责制，当年扬州市化妆品行业总产值为1028万元，谢馥春所占份额82.6%。1991年，谢馥春化妆品作为礼品赠送给朝鲜劳动党中央总书记金日成，受到好评。1992年至2000年，"谢馥春"注册商标被江苏省工商局认定为"江苏省著名商标"，企业知识产权保护达到一个新阶段。然而自2001年起，由于种种原因，企业生产经营开始逐步萎缩，并于2003年歇业清算。直到2005年10月，成立"扬州谢馥春化妆品有限公司"，百年老字号才重获新生，东山再起。

谢馥春基于东方人生理特征，抛弃遮掩式的西方化学美，秉承现代产品技术路线：一是对传统经典工艺进行挖掘创新生产经典特色产品；二是与权威科研机构合作开发现代生物化妆品，从根本上和在生命科学意义上解决肌肤美容问题；努力实现东方化、功效化、天然化和人性化，旨在成为打造东方化妆品的本土领军企业。2011年6月，"谢馥春'香、粉、油'制作技艺"被江苏省认定为第三批省级非物质文化遗产，企业知名度和影响力空前提升。2015年7月，谢馥春有限公司整体变更为股份有限公司，更名为"江苏谢馥春国妆股份有限公司"，主营业务为从事古典类和现代护肤类化妆品的研发、生产和销售。同年12月，谢馥春在全国中小企业股份转让系统即"新三板"挂牌上市，一举进入资本市场。

十、江苏省

158. 恒顺

恒顺是江苏省镇江市的酿造企业，迄今已有近170年的历史。2006年11月被商务部认定为第一批"中华老字号"（名单序号：江苏4），注册商标"恒顺"。

恒顺的前身是清代一家酿酒作坊——朱恒顺糟房。该糟房由丹徒人朱兆怀在清道光二十年（1840年）创立，初期仅生产百花酒，曾作为朝廷贡品备受尊崇。清道光三十年（1850年），恒顺增加以酒糟酿制香醋项目，并将该糟房改称"朱恒顺糟淋房"，朱氏也因酒醋产业发达而成为镇江地方名商。清咸丰八年（1858年）镇江开埠后，促使恒顺扩大酒和醋的生产规模，尤其是香醋令人颇具好感，逐渐成为镇江特产，生意如日中天。据清光绪十五年（1889年）《丹徒县志》载："……京口（镇江旧称）黑醋，味极香美，四方争来货之。"在这种情况下，清光绪十九年（1893年），朱恒顺糟淋房更名为"朱恒顺酱醋糟房"。

香醋的日益走红使恒顺酱醋糟房更加声名鹊起。清宣统二年（1910年），恒顺香醋在清政府于江宁（今南京）举办的国际博览会——南洋劝业会上荣获金牌，产品开始行销全国，出口东南亚。然而好景不长，因朱氏后人经营管理不善，故于1926年5月将恒顺酱醋糟房转让给浙商李皋宇。后者将朱恒顺酱醋糟房更名为"恒顺源记酱醋糟房"，并做了几件大事促进新恒顺长足发展。其一是1928年，恒顺依照镇江金山寺外景绘制彩色图案，正式注册"金山"商标；其二是1933年，手工作坊改为"镇江恒顺酱醋厂"，从此当地有了制醋企业；其三是1935年，成立"镇江恒顺酱醋厂股份有限公司"，使企业股权得到进一步优化。

中华人民共和国成立后，恒顺迈上了新台阶。1955年12月，成立"公私合营镇江恒顺酱醋厂"，并于1958年7月将市内47家酱园并入恒顺。1959年恒顺参加广交会，使镇江香醋在中华人民共和国成立后第一次打入国际市场。1966年11月，该酱醋厂更名为"国营镇江恒顺酱醋厂"，其后一度改名"东方红酱醋厂"，直到1976年才恢复原名。之后为提高产量、增强市场竞争力，恒顺在10年内兴建了三幢生产大楼：1979年获商业部拨款兴建2000吨制醋生产大楼，这是恒顺130年来兴建的第一幢生产大楼；1986年和1988年又先后建

镇江中国醋文化博物馆

成了两栋制醋大楼,使恒顺年食醋生产能力首次突破了万吨大关。

20世纪90年代,恒顺挥笔添彩,一路高歌猛进。1993年2月,镇江恒顺酱醋厂与美国环球资源公司共同投资设立"镇江恒顺酱醋有限公司",即以生产香醋、酱菜、酱油及其他调味品为主营业务的中外合资企业。之后,1995年9月镇江恒顺酱醋厂改制更名为"江苏恒顺集团公司",1998年12月美资退出,恒顺又成为内资企业。1999年8月,镇江恒顺酱醋有限公司进行股份制改造,更名为江苏恒顺集团公司控股的"江苏恒顺醋业股份有限公司",企业开始实行现代化管理体制。同年12月,江苏恒顺集团公司更名为江苏恒顺集团有限公司,"恒顺"商标被国家工商局认定为"中国驰名商标",成为中国食醋行业群体中第一家获此殊荣的企业。

2001年2月,"恒顺醋业"股票在上海证券交易所挂牌上市,成为国内酱醋行业第一家上市公司,从此迎来了恒顺发展史上的黄金时代。2006年5月,"镇江恒顺香醋酿制技艺"被国务院确定为第一批国家级非物质文化遗产,企业发展更上一层楼。2010年,恒顺产品获得上海世博会食醋行业唯一的产品质量奖,深受广大消费者欢迎。

如此骄人业绩,为恒顺进军文化创意产业打下了坚实的基础,其中最值得关注的是,中国镇江醋文化博物馆建立并于2010年正式开馆。

159. 马祥兴

马祥兴是江苏省南京市的清真餐饮企业,迄今已有170多年的历史。2006年11月被商务部认定为第一批"中华老字号"(名单序号:江苏6),注册商标"马祥兴"。

马祥兴的前身为一家街边饭摊,清道光二十年(1840年)由河南孟县农民马思发逃荒至南京在中华门外花神庙附近创立,因其是回民,故人称"马回回饭摊"。清道光二十五年(1845年),马思发之子马盛祥接手该饭摊,并迁址雨花台左侧一回民聚居地"回回营"租房经营,正式取字号"马祥兴"。

民国时期,马祥兴开始发迹,此时由马氏第三代传承人、马盛祥次子马德铭主持。1927年,马祥兴迁址中华门外的米行大街(今雨花路)后,马德铭决定改由做熟食、炒菜之类为经营整桌筵席，这是马祥兴发展史上的重要转折。因为筵席不再是追求吃饱而是求好、求味，于是马祥兴开始注意菜肴质量，讲究用料鲜活，强调原汁原味。其应市品种的食材原料也由原来的牛羊肉转向本地风味的鸡、鸭、鱼、虾、蛋，形成了日后马祥兴菜清淡适口、雅静鲜美的特色。作为南京菜清真风味的正宗代表，马祥兴融北方清真风味之典藏秘籍与江南食材佳肴为一体，恬淡清雅、口齿留香，堪称清真回食南方派之翘楚。其中尤以"美人肝""凤尾虾""蛋烧卖""松鼠鱼"四大镇店名菜为最。

当时在作为首都的南京，马祥兴拥有一批在政界、商界、文化界都享有盛名的"粉丝"。谭延闿、于右任、孙科、张群、王世杰、李宗仁、冯玉祥、张治中、邵力子等人都是马祥兴的常客，当时马祥兴的名厨马定松更是备受追捧。中央大学教授胡小石尤爱马祥兴，甚至在马祥兴"发明"了一道名菜——胡先生豆腐。国民党元老、书法大家于右任曾为其题写"马祥兴"三字匾额，并写下"百壶美酒人三醉，一塔秋灯映六朝"的雅句。

1937年日寇侵占南京，马祥兴毁于战火，直到1939年才在废墟上重建。1945年日本投降后，马祥兴翻盖楼房，增设八个包间，生意十分红火。1946年国共和谈期间，周恩来也曾应张治中之邀，到马祥兴品尝佳肴。

1958年2月，马祥兴从中华门外雨花路迁至中山北路（鼓楼广场西侧），扩大经营规模，名列南京八大菜馆之一。然而"文革"期间，马祥兴受到冲击，传统特色破坏殆尽，四大名菜亦被大众饭菜所代替。

改革开放以来，马祥兴发展迅速，一路前行。1978年12月，恢复"马祥兴"老字号，百年老店东山再起。1982年6月，日本太阳杂志专门组织了一个食品考察团来该店考查，摄制录像，拍下彩照，向日本及东南亚各国介绍该店的古老历史和精美佳肴。2003年6月，马祥兴因市政建设拆迁。2006年4月，由南京古南都投资发展有限公司投资2000多万元、建筑面积达3000多平方米的全新马祥兴在云南北路重新开业。新的马祥兴既有鲜明的民族个性，又有雅致的江南风韵；既有厚重的历史渊源，又有强烈的时代气息；既有深邃的文化内涵，又有极高的艺术品位，堪称全国一流清真餐馆。2009年6月，"清真菜烹制技艺（马祥兴清真菜烹制技艺）"被江苏省确定为第二批省级非物质文化遗产，企业知名度和影响力大幅提升。2016年12月，"马祥兴"注册商标被国家工商总局认定为"中国驰名商标"，企业知识产权保护树立起一个新的里程碑。

160. 三万昌

三万昌是江苏省苏州市的茶叶公司，迄今已有160多年的历史。2011年3月被商务部认定为第二批"中华老字号"（名单序号：江苏51），注册商标"三万昌"。

三万昌原为"三万昌茶馆"，清咸丰五年（1855年）由苏州人盛尧明在苏州玄妙观观音殿右侧创立，三开间门面。茶馆内设近百张茶桌，兼作书场，可同时供数百人饮茶、听书。清同治年间（1862—1874年），一批米贩子常在该茶馆进行交易，各有固定座位，形成苏州特有的"米市茶会"。交易时，各出示包有米麦样品的长方形小纸包，包上标有品名、供需数量，按货论价，成交后即以此样包为验货标准。受此启发，苏州的油坊、酱油行等也在三万昌边喝茶边交易，一时颇为壮观。

民国期间，盛尧明将三万昌转让给邻近的漆盘店老板缪成福。抗战期间，缪成福之子缪知义接手三万昌，更加推行边茶边市的贸易方式，使该茶馆进入鼎盛时期，成为苏州商品交易的大本营：上午米粮面粉，下午食油酱醋，还有"五洋"商品即洋油、洋火、洋烟、洋烛、洋皂，甚至黄金也在此大量买卖。当时的三万昌，在苏州具有很高的知名度和影响力，人称"沪宁线上的信息中心"和"苏州经济脉搏跳动中心"。

改革开放后，三万昌脱胎换骨，更加兴旺。1999年8月，成立"苏州三万昌茶叶有限公司"，主营茶叶批发、零售、冷热饮料、茶室、小吃、中餐制售等，实现了传统茶馆向现代综合企业的转型。近年来，公司本着质量第一、服务第一、信誉第一、客户至上的宗旨，以狠抓质量为基础，继承前人的宝贵经验，在太湖洞庭东、西山开辟了2500多亩绿色无公害基地茶园，自产、自制、自销碧螺春、碧螺毛尖、碧螺香茶、万昌绿、万昌生态茶等一系列优质产品。如苏州古城区观前街闹市中心的三万昌门店，汇集了全国各地名茶：康熙御赐的洞庭碧螺春、冠绝全国的西湖龙井、蜚声海外的黄山毛峰及高级铁观音、陈年普洱茶等数百个品种。

有资料显示，洞庭碧螺春产区是中国著名的茶、果间作区，茶树和桃、李、杏、梅、柿、橘、石榴、泉城红、泉城绿等果木交错种植。茶树、果树枝桠相连，根脉相通，茶吸果香，花窨茶味，陶冶着碧螺春花香果味的天然品质。碧螺春茶已有1000多年历史，当地民间最早叫洞庭茶，又叫"吓煞人香"。因其色泽碧绿、卷曲如螺、春季采制、又采自碧螺峰这些特点，因而命名为碧螺春。此茶历史悠久，自清康熙年间就已成为贡茶。

三万昌已在观前街拥有观中、观东、观西、干将四个专业连锁门店和三万昌茶楼。该茶楼地处玄妙观对面，营业面积200多平方米，备有各种红茶、绿茶、花茶以及各类美容保健茶、各种特色茶点。茶楼古色古香，幽静典雅，既有传统气息，又融入现代生活。2003年，三万昌在省会南京市新街口闹市黄金地段设立了一个专业连锁门店。2004年，三万昌苏州十全街店、南园店也相继开业；同年，"三万昌"注册商标被苏州市工商局认定为"苏州市知名商标"，企业知识产权得到充分的法律保护。2006年2月，三万昌咖啡西餐厅在苏州高新技术区全新登场。经过数年努力，三万昌规模逐渐扩大，市场占有率进一步提高，为弘扬中国茶文化做出了贡献。

161. 乾泰祥

乾泰祥是江苏省苏州市的绸布店，迄今已有150多年的历史。2006年11月被商务部认定为第一批"中华老字号"（名单序号：江苏20），注册商标"乾泰祥"。

乾泰祥原为"乾泰祥绵绸店"，创建于清同治二年（1863年），创建人不详。据清光绪三十一年（1905年）成立的苏州商务总会会员登记名册载："乾泰祥，店址观前街，业主华荣庭，江苏金匮（今无锡市）人"，即当时老板已是华氏。

1920年前后，乾泰祥绵绸店被宝成记银楼店主周以谟收购。因隔行如隔山，他便外聘经理负责一切业务。但不久发现所聘经理治店松弛，周氏便决定转让乾泰祥。

1922年，悬桥巷协记布店业主姚君玉、西中市介纶绸缎店职员何颖生及友人王梅村等三人，分别以70%、10%和20%的股份，出资接盘乾泰祥，何颖生精通业务兼任经理。绵绸店更名为"绸缎顾绣局"，随后又改称"乾泰祥绸缎顾绣呢绒哔叽局"，经营范围由丝绸扩大到刺绣（顾绣）、精粗呢绒及华洋布匹。1924年，大股东姚氏出资将原乾泰祥店面房产买下，并进行第一次翻建。从此乾泰祥跻身于同仁和、老人和、大纶、天丰长等苏城名绸缎店之列，"吃在松鹤楼，穿在乾泰祥"的俗谚也开始流行于苏州。1929年，苏州大兴市政建设，观前街等街道拓宽，乾泰祥乘机进行第二次翻建。新店为中西式八开间三层楼房，北临观前街，西朝宫巷，隔界玄妙观正山门相对，占尽地利人和，生意日益火爆。

1937年日军入侵苏州，乾泰祥惨遭洗劫，从此一蹶不振。直到1954年成为"国营苏州花纱布公司"代销点之后，乾泰祥才有所转机。1956年实行公私合营，乾泰祥先后兼并了大丰、大新两家绸布店以及大丰丝绵店和瑞和祥皮货店，终于又成为苏州纺织品行业的"三泰"（乾泰祥、久泰、荣泰）之一。"文革"期间，乾泰祥更名为"苏州第二绸布店"，1967年又改称"解放绸布店"，1975年再改名为"春光绸布店"。

改革开放以来，乾泰祥稳定发展。1979年，成立"乾泰祥绸布商店"，恢复老字号。自1980年起，该店先后投入200多万元进行内外装修，改造店堂，并将底楼库房移至三楼，扩大了营业面积。1985年，乾泰祥开始与江、浙、沪等多家生产厂建立"厂店挂钩"经销关系，尤其是成为上海章华毛纺厂特约经销点后，效益颇好。1991年，乾泰祥率先将个体裁缝引进店堂，店门口最多时设有近10个缝纫摊，实行选购面料与量体裁衣一条龙服务，缓解了当时人们"做衣难"的问题。一时苏城大小绸布店纷纷效仿，布店门口设裁缝摊，被喻为苏城特景。1998年7月，乾泰祥改制为股份合作制企业，国有股占30%。1999年，因观前街市政改造，乾泰祥迁址大成坊口，仍为三层楼，一楼二楼营业面积750平方米左右，比老店的200平方米翻了近两番。

自2000年始，乾泰祥依靠经营苏州丝绸的优势，开始实行"走出观前街，走出苏州城"战略，将自己的品牌丝绸服饰推入市区几家有影响的大商场。同时，乾泰祥先后在无锡市、南京新街口和夫子庙等处设立了丝绸特约经销点，取得了良好效果，扩大了企业的知名度与影响力。2004年10月，该店实行转制，更名为"苏州乾泰祥丝绸有限公司"，企业建立现代经营管理制度。

162. 采芝斋

采芝斋是江苏省苏州市的食品企业，迄今已有140多年的历史。2011年3月被商务部认定为第二批"中华老字号"，（名单序号：江苏9），注册商标"采芝斋"。

采芝斋的前身为一个糖果摊，始创于清同治九年（1870年），由河南人金荫芝在苏州观前街一家茶叶店门口设立，主营粽子糖（糖块形似粽子），现做现卖。

清光绪十年（1884年），随着个人财富的积累，金荫芝在其子金忆萱协助下，于观前街72号（今生春阳一部分）开店经营，提升形象。其前店后坊，自产自销，产品范围扩大至苏式糖果、炒货、蜜饯等，受到消费者欢迎。因观前街72号原为"采芝斋"古董店，故在该店主告老还乡后，尚无字号的金荫芝便把自己的糖果店定名为"采芝斋"。

在金氏父子努力下，采芝斋不仅增加糖果品种，而且力争每样产品都独具特色。相传，采芝斋的明星产品贝母糖，曾因慈禧太后大加赞赏而成为"贡糖"，不久苏式糖果也因此身价百倍。面对千载难逢的大好商机，金荫芝还加强宣传攻势，专门请画家绘制"采芝图"作为商标，使采芝斋逐渐享誉全国，成为富有民族和地方特色的苏式糖果的代表企业。

至中华人民共和国成立时，采芝斋共传承四代，已有特产糖果、蜜饯、糕点、炒货、咸味小食品70多种，生意十分兴隆，市场日益走俏。1954年4月至7月，周恩来总理率团出席日内瓦会议期间，曾以采芝斋脆松糖、轻松糖、软松糖等糖果招待外国友人，使采芝斋名扬四海。"文革"期间，采芝斋更名为"红旗商店"。直到1979年，该店才重新恢复采芝斋老字号和前店后坊的经营模式。

改革开放以来，采芝斋如沐春风，成就斐然。1984年，采芝斋扩建了1020平方米面积的营业大楼；1986年，后坊也建成1229平方米的楼房；企业经营规模迅速扩大。但1986年和1987年，采芝斋按上级要求接纳处于亏损状态的苏州糕点三厂和苏州食品饮料厂之后，却陷入多年困境。1997年5月，"苏州采芝斋苏式糖果厂"调整负责人，采芝斋东山再起，重现辉煌。

在产品方面，结合传统工艺和人们新的需求，采芝斋首先推出新产品"松子喜糖"，并且在包装盒上印出四句吉祥话："松子万年代代传，芝麻开花节节高，花生落地长生果，核桃和合百年好。"之后，采芝斋不断恢复传统优势产品，例如苏式酥糖、麻饼、松仁枣泥、鲜山楂糕、乌梅饼、清水杨梅干、清水陈皮等。结果仅用一年时间，采芝斋就扭亏为盈。

在文化方面，采芝斋店面装修古朴典雅，外观突出黛瓦粉墙的江南特色。店名"采芝斋"是清代光绪朝进士费念慈的手书，店名两边写着"同治始创，百年老店"八个大字，门口一副对联："采万物灵芝，溶百年珍味。"商品包装则极其注重苏州文化特色，如相继推出的礼品系列，就分别命名为"姑苏行""姑苏繁华图""枫桥夜泊""采芝图"等。

2001年，成立苏州采芝斋食品有限公司，企业向集约化、规模化、现代化道路迈进。2007年，随着网络技术的发展，公司与时俱进，又专门成立网络经营部，通过网购平台为全国各地的顾客提供良好服务，深受广大消费者好评。

163. 叶受和

叶受和是江苏省苏州市的食品企业，迄今已有130多年的历史。2011年3月被商务部认定为第二批"中华老字号"（名单序号：江苏13），注册商标"和合"。

叶受和原为"叶受和茶食糖果号"，清光绪十一年（1885年）由浙江慈溪人叶鸿年在苏州观前街东段创立，聘请一位同乡任经理。据成稿于1931年的《醇华馆饮食脞志》记载，茶食叶受和的创立与稻香村有密切关系。当年叶鸿年游历至苏州，素闻稻香村甜食有名，于是前往购买。但稻香村生意实在太好，伙计狗眼看人低，只先为购买量大的客户服务，故叶鸿年在一旁等了很长时间不得结果，便忍不住骂了店员。店员则回他一句说："要快，自己去开一家店啊。"为赌这口气，叶鸿年就在热闹的观前街上开了一家茶食店，取字号"叶受和"。因为叶鸿年是受气开店，所以一定要让顾客感受到和气的服务。

开店初期，叶受和主要生产苏式糕点、炒货、野味、糖果等。但自清光绪二十一年（1895年）后，因叶受和的第二任、第三任经理均为宁波人，故他们把宁波糕点特色融合进苏式糕点，使叶受和糕点成为苏式中夹有宁式，总体上以苏式为主的产品。叶受和的名牌产品有小方糕、云片糕、四色片糕（玫瑰、杏仁、松花、苔菜）、婴儿代乳糕等，深受大众欢迎，生意日渐兴隆。

对此，1925年4月25日的《苏州明报》刊文说：从来同行开新店，习惯最喜欢仿用名牌店的牌号……这个姓叶的不题什么香字、村字，别开生面用"受和"两字，加上一个姓，就见他有独立志气，所以后来竟然成功。1929年，乘苏州观前街拓宽之际，叶受和翻造三层店面，进入全盛时期，主要生产苏式月饼、糕点、片糕、鲞鱼、野鸭等五个大类几十种产品，是观前商业街区的苏式特色产品的主要销售品牌。20世纪30年代，叶受和共有三家门市，其声誉已与稻香村并驾齐驱,产品还增加了豆酥糖、芙蓉酥等,同样获得好评。1934年,《珊瑚》杂志刊登《苏州小食志》一文中赞道:"苏州茶食店,稻香村最为著名,其次为叶受和,若东禄、悦采芳,又其次。余店虽多,皆卑卑不足道矣。"

1958年"大跃进"时期,叶受和前店后坊的传统经营模式被取消,后坊生产部门并入"平江糕点厂"。"文革"期间,叶受和更名为"东方红茶食糖果店",店后的作坊也被撤销,并入"苏州糕点厂",实行大批量生产。

改革开放以来,叶受和如沐春风,发展迅速。1978年,叶受和恢复后坊生产,店内过去各种富有传统特色的糕点茶食得以上市销售,1986年12月,恢复"叶受和"老字号,成立"苏州叶受和食品商店",并根据市场需求,扩大后坊生产范围,将后坊更名为"叶受和糕点厂",企业走向正规化。1991年9月,叶受和经国家商标局核准,获得"和合"注册商标,企业知识产权得到法律保护。1997年,叶受和加盟苏州长发食品有限公司,成为其全资子公司。2007年3月,成立"苏州叶受和食品有限公司",企业开始实行现代经营管理制度。2009年6月,"糕点制作技艺(叶受和苏式糕点制作技艺)"被江苏省确定为第二批省级非物质文化遗产。2015年,叶受和再一次拓店装修,以崭新的面貌迎接众多慕名远道而来的宾客。

164. 王四酒家

王四酒家是江苏省常熟市的餐饮企业,迄今已有130多年的历史。2006年11月被商务部认定为第一批"中华老字号"(名单序号:江苏15),注册商标"王四酒家"。

王四酒家原为"王万兴酒店",清光绪十三年(1887年)由王祖康在常熟县(今常熟市)虞山北麓兴福街北段创立,三间门面,服务当地乡民。

1920年,王祖康去世,第二代传承人、其子王渭漳接手酒店。此时张鸿(清末进士、曾任清朝驻日本长崎、神户领事和驻朝鲜仁川领事)等一些老顾客提出,变更酒店字号纪念王祖康。因王祖康在兄弟间排行第四,人称王四,所以拟改店名为"王四酒家",并于1926年正式挂匾。

1928年,王四酒家在兴福街中段扩建新楼,次年落成,三上三下两层楼房,经营规模扩大。1935年8月，锡沪路全线通车后，王四酒家更加火爆。本地散客被外来团客取代，特别是与银行业、纱布业等旅行团体挂钩，加之上海的中国旅行社、友声旅行社、两江汽车出租公司等，组团时还以"午膳在常熟王四酒家"为号召，招徕大批游客，形成客人到常熟不到王四酒家即为遗憾理念，极大地促进了餐饮业务的发展。

1933年，诗人易君左来此店用餐，品尝后大加赞赏，即兴赋诗："名山最爱是才人，心未能空尚有亭。王四酒家风味好，黄鸡白酒嫩菠青。"诗经流传，店名大著。1947年10月19日，宋庆龄、宋美龄等一行专程由无锡来常熟至兴福游览，午餐由王四酒家承办。多家报纸报道这个消息后，酒店名声更遍及全国，游人食客纷至沓来。

改革开放后，王四酒家一路高歌猛进，长期以来引领常熟餐饮业。如王四叫花鸡是常熟十大美食之一，一上桌即香味扑鼻，油光水色，鸡肉酥香，味透而嫩，上筷骨肉分离，食不嵌齿，荷香四溢。民间有一说法：吃王四叫花鸡时先要敲裹在外面的泥巴，敲一下身体健康，敲两下家庭和睦，敲三下财运亨通。再如桂花血糯八宝饭，取当地桂花，地产血糯，制成可口甜点，不仅色香味俱佳，而且有补血滋阴之功效，1999年被成功列入"江苏名小吃"，2004年被推选为"常熟十大传统美食"。

2007年，王四酒家荣获苏州餐饮业著名品牌称号。2008年，"王四酒家"注册商标被江苏省工商局认定为"江苏著名商标"，更加有力地保护了企业的知识产权。2010年，成立"常熟市王四食品公司"，企业开始实行现代经营管理制度。

目前，王四酒家百年老店坐落于常熟兴福街358号，是常熟首家园林式酒楼。酒家占地约21亩，营业面积近万平方米，酒家总体布局分为主楼、北附楼和三栋别墅楼，拥有一个古色古香的大型宴会厅和风格典雅的包厢。酒店以"油鸡白酒、山肴野蔌"的传统特色菜肴为主，引入粤、川、鲁等多个菜肴，深受广大消费者欢迎。王四酒家定位为文化园林式餐饮酒家，引入现代经营模式，用历史文化丰富老字号活力与魅力。它打出"江南多美食，醉美在王四"的口号，细分不同文化，设置不同主题宴会，为王四的人气带来了飞跃式增长。如今还在策划把当地的民俗文化融入酒家中，让顾客来王四就能感受到江南的民俗风情。

十、江苏省

165. 宴春

宴春是江苏省镇江市的餐饮企业，迄今已有120多年的历史。2006年11月被商务部认定为第一批"中华老字号"（名单序号：江苏8），注册商标"宴春"。

宴春酒楼始创于清光绪十六年（1890年），由镇江人、大达内河轮船公司镇江站经理蒋铭山在镇江西门大街（今大西路）开设。相传酒楼落成之日，蒋铭山曾邀请镇江城内文人雅士及社会名流聚会，并声称："本人已给酒楼起名宴春，谁人能用宴春二字作副嵌字联？"席上，镇江名儒吴季衡咏出一联曰："宴开桃李园中，亦觞亦咏；春在金焦山畔，宜雨宜晴。"由点到面，有情有景，对仗工稳，十分雅致，受到席间众人赞举。事后，蒋铭山请著名书法家题写，并将此联悬挂于店堂两侧。从此，宴春酒楼声名鹊起，加上酒楼厨师厨艺不凡，店里的明星产品水晶肴蹄、蟹黄汤包、白汤大面在镇江城更是首屈一指。

其中"水晶肴蹄"，又称肴肉，为镇江"三怪"之一。自古有民谚称镇江"三怪"——"香醋摆不坏、肴肉不当菜、面锅里面煮锅盖"，可见水晶肴蹄属于镇江地方特色产品，是叫响省内外的镇江名片。镇江水晶肴肉有三百多年历史，中华人民共和国成立后，相对集中到了宴春酒楼，故宴春酒楼的水晶肴蹄公认最为正宗。宴春水晶肴蹄选用猪前蹄为原料，经硝、盐腌制后，配以葱、姜、黄酒等多种作料，以祖传秘制配方，数道工艺精制而成。肴肉不仅形态美观，而且肉红皮白，光滑晶莹，卤冻透明，犹如水晶，香味浓郁，食味醇厚，深受广大消费者的喜爱。虽然是凉菜，但凉而酥嫩易化，食不塞牙；肥肉去脂，食之不腻；胶冻透明晶亮，柔韧不拗口。另外，宴春酒楼生产的水晶肴蹄，厨师根据肴蹄本身不同的部位，在盆中叠压成不同形状，而后再切成多种品相的肴肉装盘，其中有"眼镜肴""玉带钩肴""三角棱肴""添灯棒肴"。水晶肴蹄制作工序有十八道之多，其工艺流程也十分讲究。

改革开放以来，宴春酒楼不断开拓发展，经济效益和社会效益迅速提高。1989年，宴春酒楼的水晶肴蹄获得商业部颁发的"全国饮食业金鼎奖"，企业令人刮目相看。1999年1月，宴春酒楼迁址东进，坐落于镇江市中心，重张经营一炮打响。2003年7月，宴春酒楼实行体制改革，更名为"镇江宴春酒楼有限公司"，开始实行现代经营管理制度。2009年，"宴春"注册商标被江苏省工商局认定为"江苏省著名商标"，企业知识产权得到充分保护。2009年6月，"镇江肴肉制作技艺"被江苏省确定为第二批非物质文化遗产，企业殊荣锦上添花。

目前，公司拥有宴春酒楼大市口店、宴春酒楼金山店、宴春酒楼东吴路店、宴春食品销售公司、水晶肴蹄工业生产厂等连锁企业，经营面积约 3.5 万平方米，统称"新宴春"，而宴春原店则称"老宴春"。当年宴春酒楼是在厨房生产加工肴肉，又称"水晶肴蹄"。但经数十年发展，现在已拥有 1.5 万平方米工业厂房，肴肉生产从原料组织、加工生产到成品出厂，都走上了规范化、标准化道路，产品销售从本市推广到周边城市，如今正借助互联网快递销往全国各地，受到广大消费者欢迎。

166. 颐生

颐生是江苏省南通市的酿酒企业，迄今已有 120 多年的历史。2011 年 3 月被商务部认定为第二批"中华老字号"（名单序号：江苏 30），注册商标"颐生"。

颐生的前身为"颐生酿造公司"，清光绪二十年（1894 年）由中国近代实业家、晚清状元、南通海门（今南通海门市）人张謇在家乡常乐镇状元街西侧创办，主要酿造颐生茵陈大曲酒。该酒以黏籽红高粱酿造的优质大曲酒为酒基，加入茵陈、佛手、红花、陈皮等十多种药草汁液经半年以上贮存而成，其色青黄透明，其味醇和爽净，清香绵柔。1906 年，颐生茵陈酒获得意大利米兰世博会金质奖，这是中国酒业在世博会上获得的第一个金质奖，比国内其他酒类如茅台酒、汾酒等在 1915 年巴拿马太平洋万国博览会上获奖早了整整九年，为中国酒走向世界开了一个好头。

1938 年，日军侵占海门，颐生成为日寇的据点，生产受到影响。1942 年，中国共产党建立苏中根据地，酒厂逐渐正常。抗战结束后，海门政府决定恢复酿酒生产，颐生酒厂进入全面振兴时期。中华人民共和国成立初期，苏北行署派专员来到常乐镇，筹备恢复生产事宜，与张謇后人张绪武协商达成协议，租赁接管颐生酒厂，隶属"苏北酒业专卖公司"，更名为"国营海门颐生酒厂"。

1951 年，该酒厂由苏北行署移交给南通管辖，成立酒厂委员会，任命新厂长，企业发展迅速，规模逐渐扩大。1953 年 6 月，苏南松江酒厂合并于颐生酒厂，企业迎来迅速发展的新时期。1964 年，海门食品厂、余东食品厂的米酒工厂划归颐生酒厂。1972年，日本首相田中角荣访华，周恩来总理在人民大会堂主持宴会欢迎，席间田中首相提及知晓张謇以及想喝张謇创办的颐生酒，这和张謇在清光绪二十九年（1903年）东游日本70天并在此期间参加大阪劝业博览会有着重要关系，后来外交部特地将这一信息通报酒厂。

改革开放后，颐生犹如久旱逢甘霖，进入自身发展史上的黄金时代。1980年，颐生茵陈酒被南通地方行政公署授予"优质产品"的称号，令人刮目相看。1984年，颐生酒厂新建茅台酱香型大曲酒车间，企业从事多元化发展。1985年，颐生茵陈酒被评为"江苏省优质食品"，企业诚信经营获得政府认可。1994年酒厂迎来百年厂庆，同年6月更名为"南通颐生酿造酒厂"，经营范围有所扩大。1995年，颐生酒被指定为"上海国际电影节影星特别选用酒"，企业知名度和影响力大幅提升。2003年11月，企业彻底改制，颐生引进民资，酒厂展现出新的风貌。2004年1月，该厂更名为"南通颐生酒业有限公司"，企业开始实行现代经营管理制度。2011年，"酿造酒酿造技艺（海门颐生酒酿造技艺）"被江苏省确定为第三批省级非物质文化遗产扩展项目，企业殊荣加身。

目前，公司占地面积五万多平方米，建筑面积三万多平方米，其中张氏宅园古建筑1000多平方米，拥有百年以上窖龄作坊式发酵池300多个，年产基酒3000多吨；年生产各类颐生酒1000多吨，酱香型白酒100多吨；拥有万吨米黄酒生产车间，年产优质黄酒20000吨，深受广大消费者欢迎。

167. 老庆泰

老庆泰是江苏省苏州市的餐饮企业，迄今已有120多年的历史。2011年3月被商务部认定为第二批"中华老字号"（名单序号：江苏37），注册商标"老庆泰"。

老庆泰原为一家羊肉作坊，清光绪二十四年（1898年）由苏州胥门外善人桥（今藏书镇）南竹坞人傅云祥在苏州万年桥旁创立，字号"老庆泰"。该作坊前店后场，自产自销，主营白烧、红烧、羊糕及冷盆件头，使食客品尝全羊的原汁原味，生意十分兴隆。

有资料显示，"藏书羊肉"始于明清时期，历经数百年长盛不衰，名扬江、浙、沪等地。以其独特的烧煮技艺，烹调成各式羊肉菜肴，因其肉香汤鲜、味美可口、营养丰富而深受人们喜爱，是冬令进补佳品，成为传统的苏州地方风味小吃而风靡江南。每逢秋冬，遍布街头巷尾的大小羊肉店（馆）羊肉飘香，食客络绎不绝。对此，老庆泰心知肚明，长期以来不遗余力发展藏书羊肉。

1933年，傅云祥去世后，由老庆泰第二代传承人、傅云祥之子傅牢根与其胞兄许仁泉、姐夫罗全福等家族成员共同经营。不久，老庆泰从一间店增至三间店，经营规模不断扩大。

1967年，老庆泰第四代传承人傅德仁进店学徒。他不但很快掌握了杀羊、烧羊肉的绝活，亦学会买羊的生意经。一只羊经他"一看、二掂、三摸"就能知道羊的毛重、出肉率、肉质优劣、羊皮等级。傅德仁承前启后，善于创新，博采众长，吸取东山自烧绵羊肉、吴江桃园红烧羊肉、江阴青阳自切连皮羊肉等烹饪方法之精华，融于一体，使老庆泰的羊肉色香味俱佳，口感愈加鲜美。

改革开放后，老庆泰翻开了新的一页，发展迅速。20世纪90年代初，傅德仁父子三人在苏州南环苏苑街经营老字号。老庆泰第五代传承人、傅德仁长子晓明精明能干跑业务，先后联系上南林、南园、松鹤楼、苏苑宾馆、义昌福等宾馆饭店，并适时送货上门，致使老庆泰闻名遐迩。20世纪90年代后期，藏书镇政府结合街景改造，新建近万平方米"藏书羊肉美食城"。傅晓明抓住机遇，买楼设店，把老庆泰羊肉馆开在发源地，营业面积800多平方米。在继承老庆泰传统烹饪品种外，还增加了"全羊宴"，并亲自首创"庆泰羊蹄""莲花羊肉""羊肉小霸王"等特色品种，原料坚持活杀山羊，确保原汁原味，以其独特的品位驰名江南。许多苏州甚至上海、浙江等远方贵客慕名而至，为各地美食家所称赞。

2003年1月，"老庆泰"注册商标经国家商标局核准使用，企业知识产权得到法律保护。2008年12月，"老庆泰"注册商标被苏州市工商局认定为"苏州市知名商标"，企业知识产权受到国家特别保护。2011年6月，"羊肉制作技艺（藏书羊肉制作技艺）"被苏州市确定为第二批市级非物质文化遗产，企业知名度和影响力进一步提升。

目前，老庆泰不仅拥有藏书羊肉制作技艺，烹饪的全羊宴风味独特；而且还充分利用位于苏州城西丘陵山地和与太湖相邻的优势，以山野珍味、湖荡风味赢得市场，实现各地来宾的美食愿望。同时随着四季变化，供应时令菜肴，满足社会各界"喜食时新"的饮食习俗。老庆泰历经五代人的传承，以勇于创新的精神，寻求传统与现代、经济与文化的融合发展之路。

十、江苏省

168. 刘长兴

刘长兴是江苏省南京市的餐饮企业，迄今已有120年的历史。2011年3月被商务部认定为第二批"中华老字号"（名单序号：江苏33），注册商标"刘长兴"。

刘长兴原为一家流动馄饨摊，清光绪二十七年（1901年）由江宁上坊（今南京市江宁区）人刘国发创立。1926年，刘国发扔掉馄饨担子，在南京府西街马巷口买下一间门面，专门制售馄饨、包子、饺子和面条等面食品，取名"刘长兴饺面店"。

在经营方面，刘国发坚持"不求广而求精"的经营宗旨，为保证采购肉馅的质量，他总是亲自站在屠夫边监督宰杀，刀手刚切出肉条，就立即带回店里做馅。为保证食品良好口感，一屉包子仅蒸四只，所用面皮也只能是一两四钱重。在管理方面，刘长兴实行客人先吃后付、堂倌儿喊堂的经营模式。堂倌儿要保证堂口干干净净，客人用餐完毕后要递上热乎乎的毛巾，客人离桌时还要送上几句客气话。堂倌儿要有好记性，客人吃什么一口算出，并及时喊堂。老板娘坐在后堂与前堂交接处收账，堂倌儿喊出来的数目就是收账依据。每日下来，表现好的堂倌儿可全数取得客人给的小费，表现差的则要交出客人给的小费，这是刘国发制定的奖惩制度。由于经营有方，管理到位，至1935年，刘长兴已发展成为全市最大的面馆，拥有店房建筑面积2000多平方米，摆台50张，规模可观，生意兴隆，堪称南京餐饮"巨头"。

刘长兴的面点主要包括薄皮蟹黄小笼包子、五仁馒头、大肉面、鳝鱼面和熏鱼面等。其中最为著名的是蟹黄小笼包，其特点在于：选用黄多肥鲜的河蟹，不用黄少瘦而欠鲜的江蟹；选用体重七八十斤现宰的猪肉，三成肥七成瘦，放就蟹黄，用手工斩成肉糜，加入适量佐料，调制成馅；选用上等面粉加入适量清水，拌和搓揉透彻，手工擀制成皮，皮薄均匀有劲，四张皮仅有一两四钱重；包馅时同时均匀地包上一份蟹肉，捏出的花纹均在24个左右；入锅蒸熟后，花纹清晰，提起透明放下发亮，鲜美至极，被人誉为"刘长兴一绝"，实际上是南京一绝。故此，1947年蒋介石在介寿堂（今南京市工人文化宫）举办六十寿宴时，派专车去刘长兴面馆，请高手姚庆林、赵伯良等四人，去做薄皮蟹黄小笼包子。自此，刘长兴面馆在南京声名鹊起，海内外均有知名度。

改革开放后，刘长兴的发展步伐加快。1979年4月，成立"南京刘长兴面馆",恢复老字号,经营范围包括中餐、西餐、畜肉制品、禽肉制品、冷冻饮品、糕点、烟、酒、冷饮零售等。1989年,刘长兴的特色产品薄皮小笼包以其"薄皮色白,卤多味美"荣获商业部"名特小吃金鼎奖"。1995年,在南京拍片的著名影星秦汉推一双儿女,冒着风雪慕名从江东门拍摄基地赶到三山街的刘长兴,品尝后赞不绝口,留下"贵店香菇蒸饺特好吃"的赠言。1996年,刘长兴的薄皮小笼包又被国内贸易部认证为"中华名小吃"。1998年,刘长兴兼并中山南路的一家民国老店"小上海",将其更名为"刘长兴小上海分店"。该店上下两层,还有包间,经营十分火爆。2000年10月,刘长兴面馆更名为"南京刘长兴餐饮有限责任公司",企业开始实行现代经营管理制度。2009年6月,"刘长兴面点制作技艺"被江苏省认定为第二批省级非物质文化遗产。

169. 王兴记

王兴记是江苏省无锡市的餐饮企业,迄今已有100多年的历史。2011年3月被商务部认定为第二批"中华老字号"(名单序号:江苏34),注册商标"王兴记"。

王兴记原为一家馄饨摊,1913年1月由江苏无锡北门外塘头人王庭安创立。尽管该馄饨摊十分简陋,但因设在崇安寺盛巷口,故客流很大,常有人光顾,生意日益火爆。1922年,随着财富增加,王氏在公园南面买下一个门面开设馄饨店,取字号"王兴记"。初开业时只有四张桌子,除了卖馄饨外还兼卖小笼包子。1930年1月,王兴记增至两间半门面,经营规模扩大,市场颇好。

1948年3月,王兴记第二代传承人、王庭安次子王祖华接手店铺,企业继续发展。1965年10月,王兴记迁址中山路391号的复兴路口,店面扩大到五开间,面积为600平方米,推出"蟹粉小笼""翡翠烧卖"等高档点心,为无锡市规模最大,营业收入最高的点心企业。"文革"期间,王兴记受到冲击,被迫更名为"无锡馄饨店",夏令增设冷饮专柜,供应上海冷饮和资质冰冻酸梅汤、绿豆汤等。

改革开放以来,王兴记更加发展,踏上新的征程。1979年12月,恢复"王兴记"老字号,客人爆满。1996年4月,由王兴记馄饨店、醉月楼菜馆、二泉酒家三家法人企业合并成立"王兴记总店",王兴记实力大大增强。1997年2月,企业更名为"无锡市王兴记有限公司",成为融中餐、点心、旅馆、娱乐于一体的综合性股份公司,其中国有股占72.5%,职工股占27.5%。2002年1月,"王兴记"注册商标被江苏省工商局认定为"江苏省著名商标",企业知识产权保护达到一个新阶段。同年3月,公司实现股份制改造,成为民营企业,并迁址中山路223号经营。

2005年,王兴记在二楼开设中餐厅,有风格不同的大小餐厅12个,可一次性容纳600多人就餐。餐厅推出锡帮特色菜肴,使名店既有名点又有名菜。其传统名菜"全家福"作为压桌菜,成为无锡传统喜庆宴席上不可或缺的一道佳肴。2011年4月,公司在无锡新区梅村自购土地13亩,创立"王兴记生产配供分公司",建设无锡第一家中央厨房,实行统一采购和配送。同年9月,王兴记在日本设立第一家直营店,位于日本神奈川县海老名市。这既是王兴记主动走向世界的第一步,也是无锡和日本相模原市开展多年友好城市活动结出的第一颗果实。2012年6月,王兴记生产配供分公司投入试生产,产品方向主要涉及自有门店半成品配送、速冻米面制品(生、熟)生产、销售、烘焙产品糕点制作和销售,蟹粉、蟹油的生产及销售、糕点礼盒销售等。工厂引进了台湾阳政精机公司的全自动小笼皮子生产线,全自动真空和面机等全亚洲最先进的现代化生产技术及设备。

目前,王兴记建筑面积共计8000多平方米,下辖六家直营店和10家加盟店,并在美国、日本开设了分店。其中中山店堂口面积共2500平方米,拥有雅座包厢10个,餐厅8个,年均接待顾客250多万人,其中港、澳、台同胞及国外宾客约有5万人。其"中华名小吃"系列包括无锡小笼、王兴记馄饨、花式面点、糕团等传统点心,工艺独特、用料讲究、久负盛名。

170. 奇芳阁

奇芳阁是江苏省南京市的餐饮企业,迄今已有100多年的历史。2011年3月被商务部认定为第二批"中华老字号"(名单序号:江苏32),注册商标"奇芳斋"。

奇芳阁始创于清代末年,原名"奇芳阁清真茶社",由当时的社会名流和商界要人李仰超、朱寿仁、刘海如、禹子宽等人合股集资设立,坐落在南京奇望街

（今秦淮区建康路）上承思寺附近。1911年辛亥革命后，因股东不和而停业。

　　1917年，原奇芳阁股东朱寿仁、刘海如等买下夫子庙贡院街口一块土地，另筹新店，定名为"新奇芳阁清真茶社"，于1920年4月开业。新奇芳阁为二层楼，营业面积500多平方米，古朴典雅，环境宜人。楼上置有紫檀木、红木大方桌100张，楼下设有大方桌70张，厅堂周围悬有岳飞行草体的《出师表》、郑板桥的兰竹条幅，均为红木吊屏，文化气息厚重。此时，新奇芳阁品种也相当丰富，例如煮干丝包括素干丝、什锦干丝、虾仁干丝、三鲜干丝、鸡丝干丝、开洋干丝、五味干丝等，深受广大消费者欢迎。什锦蔬菜包根据不同季节分为嫩菠菜、荠菜、菱儿菜、小青菜等数十个品种。"草鞋烧饼"分甜、咸、素三大类近20个品种，有豆沙、枣泥、萝卜丝、松子、五仁、糖油、葱油、黄桥等。

　　为了扩大经营，增加效益，新奇芳阁开业不久，就引进了一批曲艺界女演员前来清唱京剧，如梨花大鼓魁首董连枝、著名京韵大鼓表演艺术家骆玉笙等。她们为新奇芳阁增光添彩，新奇芳阁使她们走红业界。然而，1937年12月南京沦陷，新奇芳阁被日军炸成废墟，厨艺人才四散流失。1939年，新奇芳阁在废墟上重建，于1940年2月复业，但因当时汪伪政府通货膨胀，物价飞涨，迫使股东另谋生计，茶社生意很不景气。

　　1956年实行公私合营，大量茶馆合并重组为饭店，仅有少量茶馆保留下来。新奇芳阁是其中之一，不仅被保留，而且得到发展，其鸭油酥烧饼、麻油素干丝、什锦菜包和烫面饺被政府指定为省、市外事部门的特供产品。

　　改革开放后，奇芳阁重整旗鼓，发展迅速。1982年，奇芳阁翻新改造，经营规模扩大。1984年，新奇芳阁茶社更名为"清真奇芳阁酒楼"。1987年，秦淮区政府专门成立"秦淮风味小吃研究会"，在挖掘整理和菜肴创新上做了大量工作。该研究会经过广泛论证、试制、鉴定，优选了具有秦淮风味特色的八种套点命名为"秦淮八绝"小吃，其中奇芳阁的麻油干丝与鸭油酥烧饼、什锦菜包与鸡丝面位列其中。时任第七届全国人大常委会副委员长荣毅仁曾光顾奇芳阁，并题写"奇芳阁小吃好"六个大字。

　　自20世纪80年代末起，奇芳阁由专营清真小吃的单一茶社发展成为既可供应风味小吃、又可供应中高档宴会的综合酒楼，先后研制出菊花鸭心、凤冠鸡翅、豆瓣鳜鱼、雪花鲜贝、孔雀菜心、鱿鱼锅巴、宫灯虾仁、烩鸭四宝、清真虾球、生片火锅等40多款名肴。不过，1993年8月，奇芳阁一楼租给中外合资博士汉堡公司经营洋快餐，二楼大厅则经营早茶、小吃，包间经营清真大菜。直到2015年合同期满，博士汉堡退出，奇芳阁一楼才恢复经营小吃至今。

十一、浙江省

171. 张小泉

杭州张小泉的历史渊源可追溯至明代"张小泉"剪刀铺。作为我国民族手工业的骄傲和拥有自主知识产权的著名品牌，张小泉迄今已有430多年的历史。2006年11月被商务部认定为第一批"中华老字号"（名单序号：浙江2），注册商标"张小泉"。

明万历八年（1580年），徽州黟县（今属安徽黄山市）人张思佳在外学成精制剪刀技艺回到家乡开设"张大隆"剪刀铺。后其子张小泉继承父业，于明崇祯元年（1628年）来到浙江杭州继续经营。为了应付日渐增多的假冒伪劣行为，张小泉便在清康熙二年（1663年）将商号"张大隆"更名为"张小泉"，从而揭开了百年名企的发展大幕。

不久张小泉之子张近高接办店铺，为维护自身权益，便在张小泉三字之下，又加上"近记"两字以示识别，称"张小泉近记剪号"。清乾隆四十六年（1781年），乾隆帝钦定"张小泉"为宫廷用剪，并御笔亲题"张小泉"三字，遂使张小泉剪刀身价提升，名气大增。

进入20世纪，张小泉的发展更是祥云一片，屡创佳绩。清光绪三十年（1904年），我国第一部商标法颁行，"张小泉"商标经清政府农工商部注册登记并使用。清宣统二年（1910年），其产品在清政府于江宁（今南京）举办的国际博览会——第一次南洋劝业会上获得银奖，从此走出国门。1915年，其产品参加在美国旧金山举行的巴拿马太平洋万国博览会获得铜奖，开始名扬四海。

然而在杭州解放前，张小泉濒临倒闭。1950年后，随着社会日趋安定，手工业作坊纷纷复业。为了让张小泉这个传统的民族品牌保存下来并发扬光大，从1953年开始，政府相继将杭州数十家剪刀作坊合并成五个"张小泉制剪生产合作社"，生产不同商品。1954年，五个合作社一起迁至杭州海月桥集中生产。1955年，五社正式合并为"杭州张小泉制剪合作社"，为张小泉这个传统品牌的重新崛起打下基础。

1956年，合作社实行公私合营，更名为"张小泉近记剪刀总厂"。同年10月，在国家财政拨款40万元支持下，另加地方自筹20万元，新企业破土动工。1958年6月，该总厂在新址更名为"地方国营杭州张小泉剪刀厂"。

20世纪60年代以来，张小泉的生产条件不断进步，手工锻打被机械弹簧锤取代，并于1964年8月登记注册"张小泉"商标。1966年，我国杰出的剧作家、国歌词作者田汉考察张小泉剪刀厂时，曾写下一首脍炙人口的赞美诗："快似风走润如油，钢铁分明品种稠，裁剪江山成锦绣，杭州何止如并州。"进一步表明张小泉剪刀，向以嵌钢均匀、钢铁分明、磨工精细、刃口锋利、锁轴牢固、镀层光亮、开合和顺、刻花精巧、式样美观，经久耐用而闻名中外。至80年代，"张小泉"剪刀90%以上的工序实现了机械化和自动化，小作坊时代一去不复返，"嵌钢"工艺也被新的复合钢工艺所取代。1997年4月，"张小泉"商标被国家工商局认定为"中国著名商标"，企业在知识产权保护方面喜获佳绩。

纵观历史，尽管张小泉坎坷不断，命运多变，但其一直十分重视和发展文化创意产业，早在1993年10月就兴建了张小泉剪刀博物馆。2001年1月，张小泉经整体改制，转变为投资主体多元化的企业，组建成立"杭州张小泉集团有限公司"，向现代企业制度迈出了决定性的一步。2006年5月，"张小泉剪刀锻制技艺"被国务院确定为第一批国家级非物质文化遗产，为企业的持续发展增光添彩。

172. 方回春堂

方回春堂是浙江省杭州市的著名医药企业，迄今已有370年的历史。2006年11月被商务部认定为第一批"中华老字号"（名单序号：浙江17），注册商标"方回春堂"。

方回春堂的前身为一家民间药铺，清顺治六年（1649年）由浙江钱塘（今杭州）人方清怡在杭州望江门码头附近创办，取名"回春堂"。方清怡出身中医世家，归纳总结出一套独特的治疗小儿患病的检查与用药方法，将儿科作为方回春堂的行医特色。他常以家传秘方研制丸药，其中最拿手的是"小儿回春丸"，受到无数患儿家长的欢迎。

尤其值得关注的是，方回春堂在经营中严格遵守"许可赚钱，不可卖假"的店规祖训，坚持采购上等优质的药材，使用最精细的工艺制作出各类丸散膏丹与补胶。在清代杭州，各类药馆与药铺层出不穷，竞争激烈，然而方回春堂在众多对手中找准定位，在制药与经营两方面均以严格的标准要求自己，诚信制药。该店还广纳贤才，注重对员工业务及服务水平的培养，设立人性化的奖惩制度，同时赋予员工一定的自由裁量权。如此一来，软硬件上的优势使得方回春堂在清代的杭州中医药界占有极为重要的位置，收获经济回报与社会赞誉无数。

民国初期，在方清怡主持下，方回春堂注重医德医风的建设，一切以患者为先，认真对待每一名前来就诊的人。对于病情通盘考虑，综合治疗，全面解决问题，经方回春堂诊治的患者无不满意而归。经过多年的积累，方回春堂的口碑与人气愈发高涨，成为远近闻名的药堂，生意越来越好也促使其扩大经营规模，并于安徽、福建等地开设分号。当时，方回春堂与胡庆余堂、叶重德堂、万承志堂、张同泰国药号、泰山堂并称为杭州药业"六大家"，声名鹊起，消费者众。

民国后期，面对西方列强的欺压，国内战事不断，再加上西药的竞争，方回春堂逐渐陷入困境，失去往日风采。20世纪30年代初，其营业额和利润均下跌到历史低谷，远低于其竞争对手。1937年抗战全面爆发后，药馆已濒临倒闭，至1949年，方回春堂虽恢复营业，却再也没有能力重现往日荣光。1955年，方回春堂并入胡庆余堂制药厂。1956年实行公私合营，方回春堂又并入杭州医药站。

改革开放后，方回春堂重获新生，2001年9月，方回春堂在杭州清河坊历史街区改造与保护工程中，对原址老店古迹进行修缮与恢复后，更名为"杭州方回春堂国医馆有限公司"并正式营业。企业由国药馆、国医馆、参号三部分组成，国医馆是浙江省、杭州市定点医疗机构，内部构造结合古典与现代，数十名国家级名老中医坐诊，为广大患者提供优质的服务。重生后的方回春堂经过不懈努力收获了大量荣誉，2014年11月，中医传统制剂方法（方回春堂传统膏方制作技艺）被国务院确定为第四批国家级非物质文化遗产扩展项目，企业知名度和影响力大幅提升。2015年1月，"方回春堂"注册商标被浙江省工商局认定为"浙江省著名商标"，企业知识产权保护达到一个新阶段。

173. 沈永和

沈永和是浙江省绍兴市的著名黄酒品牌，迄今已有350多年的历史。2006年11月被商务部认定为第一批"中华老字号"（名单序号：浙江16），注册商标"沈永和"。

绍兴生产黄酒历史悠久，战国时期发端，两千多年生生不息。相传明崇祯十七年（1644年），浙江吴兴（今湖州）人沈良衡只身闯荡绍兴，先做酿坊帮工，后在他人酿坊搭做酒、酱沿街挑担叫卖。清康熙三年（1664年），小有实力的沈良衡在绍兴城内妙明寺开办了一家酿坊，酒酱皆做，并取"永远和气生财"之意，定名为"沈永和酿坊"。

清光绪十八年（1892年），沈氏第五代传承人沈酉山对祖传母子酱油的酿造方法进行创新、试制，成功以精白糯米为原料、以元红酒代水的独特酿制方法，酿出甘醇芳香的上乘美酒，并取名"善酿酒"，使绍兴酒又增加了一个品牌。

清光绪二十八年（1902年），沈氏第六代传承人沈墨臣接掌酿坊，将沈永和酿坊更名为"沈永和墨记酒坊"，继续改进其父独创的善酿酒配方工艺，并在绍兴城内分别开设"沈永和墨记北号"和"沈永和墨记南号"两家酒店，产品不但走俏杭州、上海、北京、天津、哈尔滨、广州、泉州、福州等地，而且远销日本、新加坡、马来西亚等国家。更为引人注目的是，清宣统二年（1910年），沈永和善酿酒在南洋劝业会上获得特别金奖，为绍兴黄酒争得首项荣誉。1915年2月，绍兴黄酒参加在美国旧金山举行的巴拿马太平洋万国博览会并获得金奖，从此更加香飘四海，声名远播。

中华人民共和国成立后，绍兴黄酒的发展进入快车道。1951年10月，"地方国营绍兴酒厂"正式创办，年产黄酒163.4吨。1952年，鉴湖绍兴酒在全国第一次评酒会上被评为"国家名酒"，为黄酒类唯一上榜品牌，与贵州茅台酒、山西汾酒、陕西西凤酒、四川泸州老窖特曲、张裕金奖白兰地、红葡萄酒和味美思并称全国八大名酒，酒厂前程似锦。1955年底，绍兴酿酒业实行公私合营后共有21家酒厂，其中国营酒厂二家、公私合营酒厂五家、私营酿坊14家。1957年7月，地方国营绍兴酒厂与其他一家国营酒厂、三家公私合营酒厂联合组建"地方国营绍兴鉴湖长春酒厂"，国有企业规模扩大。1959年，该厂更名为"绍兴鉴湖长春酿酒公司"，企业体制发生变化，下辖绍兴、云集、沈永和、柯桥、谦予萃、青甸湖六个酒厂。1965年，撤销柯桥、谦予萃、青甸湖三厂，保留绍兴、云集、沈永和三厂。1973年10月，绍兴酒厂、东风酒厂（原云集酒厂）、东方红酒厂（原沈永和酒厂）三厂合并组建"绍兴酿酒厂"，下设直属车间、东风分厂和东方红分厂。为适应外贸出口和国际交往的需要，该厂成立花雕坛酒生产组，批量生产10升装花雕坛酒，年产400多坛。

沐浴着改革开放的春风，绍兴黄酒开始树立一个个新的里程碑。1980年，绍兴酿酒厂更名为"绍兴酿酒总厂"。1984年7月，该厂更名为"绍兴市酿酒总公司"，下辖绍兴酿酒总厂、东风酒厂和沈永和酒厂，企业由单纯的生产型转变为生产经营型。1990年，绍兴黄酒共有各类注册商标54件，其中著名的是绍兴市酿酒总公司持有的"古越龙山"牌、沈永和酒厂的"沈永和"牌、东风酒厂的"会稽山"牌、市糖业烟酒公司"鉴湖"牌和用于外贸出口的"塔牌"等。自1993年起，东风酒厂脱离绍兴酿酒总公司独立经营。1994年6月，绍兴酿酒总厂与百年老字号沈永和酒厂强强联合，组建成立"中国绍兴黄酒集团公司"，企业发展迎来黄金时代。1997年5月，该公司更名为"中国绍兴黄酒集团有限公司"，并成立子公司"浙江古越龙山绍兴酒股份有限公司"，使"古越龙山"股票成功在上海证券交易所上市，成为中国黄酒第一股，开创了黄酒行业跨入资本市场的先河。1999年1月，"古越龙山"注册商标被国家工商局认定为"中国驰名商标"，登上中国黄酒第一品牌宝座。2006年5月，"绍兴黄酒酿制技艺"被国务院确定为第一批国家级非物质文化遗产，企业发展再创佳绩。

目前，中国绍兴黄酒集团有限公司是我国最大的黄酒生产、经营、出口企业，拥有国内一流的黄酒生产工艺设备和全国唯一的省级黄酒技术中心，聚集多名国家级评酒大师，并拥有唯一黄酒国家级酿酒师，黄酒年生产能力13万吨，成为国内传统黄酒生产的龙头企业。凭借在物质文化领域取得的成就和经验，中国绍兴黄酒集团有限公司开始大力实施进军文化创意产业的战略，并投入巨资兴建了中国黄酒博物馆，为传承和弘扬中国绍兴黄酒文化打造了一个特殊的平台和新型载体。

174. 叶同仁

温州叶同仁的渊源可追溯到清代初期的"叶同仁堂"药铺，迄今已有近350年的历史。2011年3月被商务部认定为第二批"中华老字号"（名单序号：浙江

42），注册商标"叶同仁"。

叶同仁堂由清代的叶心培创建，他是浙江宁波府慈溪县（今宁波市江北区慈城镇）鸣鹤乡人，早年卖药行医，清康熙初年来到温州。清康熙九年（1670年），叶心培买下同乡王同仁在温州城西门外的中草药铺，更名为"叶同仁堂"药铺，从此吹响了百年老字号跨越五个世纪辉煌历史的号角。不久又在温州大新街（今公安路）设"叶同仁堂药栈"，精制丸散膏丹，行销浙南闽北16县，声名鹊起。至清雍正二年（1724年），叶同仁堂已成为温州规模最大的一家药铺。

1956年，温州药业实行公私合营，三余堂、叶三宝、乾宁斋等著名国药号制剂部分并入大新街的叶同仁堂药栈，以该药栈为基础成立"温州国药联合制药厂"，主要生产传统的丸、散、膏、丹、酒、胶、露、曲等中成药，一举改变手工操作的落后生产状态，走上了专业化生产道路。1965年7月，联合制药厂更名为"国营温州中药制药厂"，成为浙南地区唯一的中药制剂专业生产厂商。

改革开放以来，叶同仁堂的发展既突飞猛进又苦乐交织，甚至颇具戏剧性。1995年11月，温州中药制药厂改制为国有独资公司，组建"温州海鹤集团有限公司"，其中中药制药部分成立子公司"温州海鹤集团有限公司制药厂"，为集团核心型企业。2000年国有企业改制，原海鹤集团所属第二药品零售门市部变更为"温州海鹤集团叶同仁堂大药房"，百年老字号复出亮相。2001年3月，温州海鹤集团有限公司制药厂整体改制为"温州海鹤药业有限公司"，实行现代企业制度。同年8月，温州海鹤集团叶同仁堂大药房更名为"温州叶同仁堂大药房有限公司"，公司经营规模化。2002年，温州海鹤药业有限公司向国家工商总局商标局注册"叶同仁"商标，知识产权保护意识极大增强。同年创办"叶同仁堂药城"，营业面积2000多平方米，成为温州全市规模最大、最具中医药文化特色的药店。2004年2月，温州叶同仁大药房有限公司又变更为"温州叶同仁堂药品零售有限公司"，企业发展迈上一个新台阶。

然而，2004年8月，北京同仁堂（集团）有限公司（简称北京同仁堂）状告温州叶同仁堂药品零售连锁有限公司（简称温州叶同仁堂）商标侵权，索赔数额高达5000万元，8月26日，浙江省高级人民法院公开开庭审理此案。经调解双方最终达成协议，温州叶同仁堂的商业字号去掉"堂"字。2005年4月，温州叶同仁堂完成系列变更手续，温州叶同仁堂药品零售有限公司更名为"温州叶同仁医药连锁有限公司"，在温州存在了300多年的"叶同仁堂"从此正式成为"叶同仁"。同年，为了加快企业发展步伐，"温州东信集团有限公司"全资收购叶同仁进行重组，使其成为东信集团的子公司和温州地区规模最大的医药连锁企业。

不过叶同仁很快就踏平坎坷，一举摆脱诉讼不利的阴影。2008年1月，"叶同仁"商标被浙江省工商局认定为浙江省著名商标，知识产权保护范围得到扩大。2012年5月，叶同仁正式启动"大健康产业战略"，成立"温州叶同仁控股有限公司"，由其接替东信集团作为温州叶同仁医药连锁有限公司的母公司，并将"叶同仁"的品牌影响力向健康产业创新延伸。2016年12月，"叶同仁中药炮制技艺"被浙江省确定为第五批省级非物质文化遗产，企业再获殊荣。

作为中华老字号，从设立时间看，叶同仁比北京同仁堂晚一年，比杭州胡庆余堂早209年，是温州仅存的六个百年老字号之一。对此，叶同仁深知自己肩上传承和弘扬中医药文化的那份重要责任和历史担当，故公司在从事中医药产业的同时，始终也在文化创意产业领域精耕细作，率先同行业于2012年5月兴建了叶同仁中医药博物馆。

175. 王一品斋

王一品斋是浙江省湖州市的笔业企业，迄今已有近280年的历史。2006年11月被商务部认定为第一批"中华老字号"（名单序号：浙江5），注册商标"天官牌"。

王一品斋原名"王一品笔店"，由一位姓王的老笔工在湖州创立。相传开店之前，王氏每年都要携带一批自制毛笔，随大批考生进京，到考场或书生寓舍兜售。清乾隆六年（1741年），一位考生买了他一支羊毫笔参加会试，得中头名状元引起轰动，于是人们便把王氏卖的笔叫"一品笔"，而王氏则回到湖州设立笔店，取字号"王一品"。

自古以来，中国所称的文房四宝为笔、墨、纸、砚，其中毛笔居首。元代以前宣笔（产于安徽宣城）流行，元代以后湖笔（产于浙江湖州）渐兴。湖笔品种繁多，按其用料分，有羊毫、狼毫、鼠须等。羊毫笔是选用上等山羊毛，经浸、拔、并、梳、连、合等上百道工序，精制而成。唐白居易有诗云，"千万毛中检一毫"，可见其精细程度。

改革开放后，王一品继续发展，再创辉煌。1993年，在启功先生力邀下，为了拯救传统产品，王一品的老笔工朱亚琴承担了攻关任务，经过近三个月的反复研制终于获得成功。当启功先生收到"王一品研制开发的富有弹性、"软硬兼施"的麻毛笔时,欣然挥毫题诗以示纪念:"湖州自古笔之乡,妙制群推一品王。驰誉年经二百载,书林武库最堂堂。"1994年6月,王一品制作的精心"元白锋"麻毛笔荣获第五届亚太国际贸易博览会金奖,企业知名度和影响力大幅提升。"元白锋"笔是启功先生的至爱,这一取名自启功先生表字"元白"的王一品笔,通过精心设计将笔的特性依据启功先生的书写习惯而调试,至今是王一品的当家名笔。

2002年12月,王一品斋笔庄更名为"湖州王一品斋笔庄有限责任公司",企业走上正规化、规模化的道路,开始实行现代经营管理制度。2006年5月,"湖笔制作技艺"被国务院认定为第一批国家级非物质文化遗产,其中就包括王一品多年来的重要贡献。2007年2月,"天官牌"注册商标被浙江省工商局认定为"浙江省著名商标",企业发展竖起一座新的里程碑。

2013年11月,王一品迁居新址,集商品经营、湖笔文物陈列、书画展示、湖笔文化学术交流、参观游览等多功能于一体。该公司在其新址还投资设立了"王一品斋笔庄湖笔博物馆",进军文化创意产业,大力弘扬湖笔文化。博物馆占地面积780平方米,总体面积2400多平方米,主要分成湖笔销售厅、湖笔制作工场和展示厅三个部分,展示厅则涵盖了管城称王、锋颖如一、丹青神品和生花妙笔四个单元。

目前,公司在保持传统品种的基础上,开发了大量新品种,形成了四大类(羊毫、狼毫、兼毫、紫毫)18个分类,500余种系列,笔庄以自产"天官牌"商标的湖笔而驰名中外,最著名的品种有"玉兰蕊""玉兰""湖颖""缶庐妙颖""鼎堂遗爱""元白锋""博古策笔""桃李满天下""狼毫兰竹""纯狼毫书画笔""福禄寿喜庆""特制长锋狼毫""龙凤呈祥""精选京楂"及"胎发笔"等,深受国内外书画家的喜爱。公司销售网点遍及全国各大、中城市,还自营出口英国、美国、日本、东南亚等地,成为对外开放、扩大国际交往的窗口之一。

176. 张同泰

张同泰是浙江省杭州市的医药企业,迄今已有210多年的历史。2006年11月被商务部认定为第一批"中华老字号"(名单序号:浙江24),注册商标"张同泰"。

张同泰的前身是"沈同泰药号",清嘉庆十年(1805年)因经营不善,被浙江慈溪人、杭州"茂昌药号"老板张梅收购,更名为"张同泰药号"。张梅曾立下"悉遵古法务尽其良,货真价实存心利济"的店规祖训,坚持"择药尤精、选料尤佳、选工尽善"的用药原则,诚信经商,口碑颇好。

清道光年间,张同泰第二代传承人张耐仙子继父业。清咸丰元年(1851年),张耐仙购地四亩余,扩大经营规模,内店拆兑(批发)香料药材,外店精选道地法制饮片,虔修丸散膏丹,自制各种成药12门、385种,成为杭州知名国药号。清同治元年(1862年),张同泰还在河坊街附近靴儿河下增开了"益元参店",市场占有率更加提高。

清光绪七年(1881年)端午节,张同泰第三代传承人张舜伯与坐堂名医几番探讨,按最适宜老人、幼儿、妇女的三种配方,制作了不同香包,并绣上了张同泰三字,在张同泰店址孩儿巷口无偿发放。因特制的香包能治病,故登门求索香包的人络绎不绝。自此,每年的端午节前后,杭州百姓都有佩戴香包的习惯,而张同泰也免费赠送香包。

清宣统二年(1910年),张同泰第五代传承人为张鲁庵接手张同泰。他对药号进行大规模翻建,石库门的门楣上是"张同泰"三个金字,金字上方则刻着"万象"商标,两旁悬挂着"张同泰道地药材"铜牌。药号共有三进院落,前店后场,自产自销。同时聘请王幼庭、王子久、张硕甫等名医坐堂,深受广大患者好评。民国年间,由于经营有方,管理到位,张同泰与胡庆余堂、叶重德堂、万承志堂、方回春堂、泰山堂并称为杭州药业"六大家",声名鹊起,影响日增。

1937年抗日战争全面爆发后,杭州医药业受到很大影响,张同泰被迫停业。为了掠夺资源,控制医药业,日军成立所谓的药店同业公会,强令各大药店加入。但面对日军的威逼利诱,张鲁庵一边严词拒绝担任会长,一边偷偷遣散员工,自己也秘密迁离至浙西乡下。直到抗战后期,张同泰才开始复业。为了支持抗日,张鲁庵曾几次运送药材,支援前线抗日部队。

1956年实行公私合营,张同泰与同益堂、大生祥、孙泰和、美华四家店先后合并,公方经理由上面委派,从此结束家族传承。1958年,成立"张同泰药厂",生产心宁咳、鹅根、羊胆丸等中西成药。1965年,张同泰更名为"春光药店"。

改革开放以来,张同泰的发展更上一层楼。1980年,杭州市中草药服务部与张同泰合并,企业规模扩大。1988年,张同泰复出,恢复老字号原名。2005年,中山北路改造,张同泰也对营业店按原貌进行大规模装修,原店面石库门向内移六米；同年该店原址被杭州市列入市级文物保护单位，历史文化价值得到应有的尊重。2006年3月，张同泰重新开业，包括国药馆、国医馆和养生馆。2007年6月，"张同泰道地药材"被浙江省确定为第二批省级非物质文化遗产，企业及其产品喜获佳绩。2008年12月，"张同泰"注册商标被杭州市工商局认定为"杭州市著名商标"，企业知识产权保护达到全新高度。

177. 震远同

震远同是浙江省湖州市的食品企业，迄今已有170多年的历史。2011年3月被商务部认定为第二批"中华老字号"（名单序号：浙江7），注册商标"震远同"。

震远同原为一家茶食店，清道光二十年（1840年）由浙江湖州人沈震远在菱湖镇（今属湖州市南浔区）设立，取字号"沈震远"。

我国江南自古有喝茶的喜好，人们在饮茶时总是配以糕饼点心等茶食，震远茶食店的开业便为当地茶客们又提供了一个品茶会友的好去处。沈震远在经营中善于钻研，勤于奋斗并勇于创新，通过积累经验，改进工艺开发出属于本店的茶食三珍：玫瑰酥糖、椒盐桃片和牛皮糖。这些特色茶食均采用优质原料，实行最严格的制作标准，当精致可口的各式糕点呈现在食客面前，人们细细品味后无不赞叹，故茶食店的良好口碑也迅速建立起来，成为湖州颇受欢迎的店铺。

清同治九年（1870年），沈震远的徒弟方幼时接手店铺，成为茶食店的第二代传承人。不久，他将店铺迁至湖州城中心的骆驼桥地区，在更加繁华的商业地带寻找更多商机。方幼时为了向师傅致敬，并加强商号及产品的同一属性及历史传承性，将店铺更名为"震远同"。在方幼时带领下，震远同进入新的发展阶段，不断扩大经营规模，生意日益火爆。

清光绪十五年（1889年），方幼时吸引富有经验的茶食制作者入股，并广纳人才，在当时国内通商开埠的大环境下积极学习西方先进管理模式，使得震远同逐步由传统手工作坊转变为具有一定市场竞争力的企业。此时的震远同，除保留并改进传统三珍外，又开发出多种新式糕点，如薄脆饼、寸金糖、苏式月饼等。在丰富产品线的同时，进一步扩大市场占有率，逐渐成为湖州茶食领域力拔头筹的商家，并进军杭州、嘉兴等城市。1927年，震远同携玫瑰酥糖参加西湖博览会，获得各界人士及媒体好评。1932年，震远同为金牌产品三珍申请注册了"金钟牌"商标，显示出一家现代化企业敏锐的商业洞察力和知识产权保护意识。

1956年实行公私合营，以其震远同为主体并联合十几家小型业主，组成"湖州震远同食品商店"，后更名为"湖州震远同食品厂"。1963年，该厂首次引入现代化机械生产设备，建立效率更高的车间，生产各类糕点、饼干、糖果等食品，品类丰富。

改革开放以来，震远同挥笔添彩，一路高歌猛进。1980年后，震远同对传统明星产品茶食三珍，采用更加先进的制作工艺及富有营养价值的原料，使三珍成为震远同最受欢迎的产品。2001年，"湖州震远同食品有限公司"成立，标志着这家百年老店迈入现代化、规模化和多元化发展的新纪元。2003年开始，公司兴建现代化厂区，注重新产品研发，以现代科技手段开发出合桃糕，它具有南枣、桂圆、阿胶等多种风味，与传统三珍合并成为新的震远同"四珍"，风靡大江南北。新时期的震远同，既保留传统又不拘泥于传统，其不断开拓创新，以消费者的需求为企业导向，攻坚克难，稳步前行，为老字号企业的发展注入新的活力与动力。2011年12月，经浙江省文化厅核准，震远同成为"浙江省非物质文化遗产生产性保护基地"，企业知名度和影响力更加大幅提升。

178. 丰同裕

丰同裕是浙江嘉兴桐乡市的印染企业，迄今已有170多年的历史。2011年3月被商务部认定为第二批"中华老字号"（名单序号：浙江44），注册商标"丰同裕"。

丰同裕原为一家染坊，清道光二十六年（1846年）由桐乡市石门镇人、著名画家丰子恺的祖父丰小康在石门镇设立，取字号"丰同裕"。该染坊坐落于石门湾后河西岸，经营规模不大，采用前店后厂模式，自产自销。

作为古老蓝印布艺染坊，丰同裕染布采用传统的蓝印花布技法，将乡邻们拿来的织布进行染制。它采用自天然植物蓝草中提取的靛蓝作为染料，将雕刻好的各式花板铺在白布上，再注入防染浆剂至花纹空隙并漏印在布面上，晾干后将布放入染缸，并经过氧化、风干等过程，反复染色数次后刮去防染浆剂，此时便呈现出蓝白花纹。经此全手工染制出来的布料，蓝白色泽自然明快，图案清新雅致，特别是图案染浆表面的冰裂纹体现出这种古老技艺的独特魅力。

1906年，丰同裕第二代传承人、丰子恺的父亲丰鐄病逝。生前他对于经营丰同裕兴趣不大，染坊生意一直由丰子恺母亲打理。在江南染坊异常激烈的竞争中，丰子恺母亲带领几名伙计辛勤劳作，努力将丰同裕延续下来。1937年抗战全面爆发，丰同裕遭遇挫折，步履维艰。中华人民共和国成立后，丰家后代在困难局面下继续维持着家族染坊，历经坎坷。

改革开放后，丰同裕迎来转机，发展提速。2003年，成立"桐乡市丰同裕蓝印布艺有限公司"，企业开始实行现代经营管理制度，开启了属于这家百年老店的崭新发展之路。丰同裕重视品牌建设，深知品牌对老字号长远发展的重要性，其于2004年注册了"丰同裕"商标，使企业与产品联系更加紧密，品牌形象与知名度逐渐提升，同时唤起人们对老字号的美好回忆。

丰同裕在企业现代化建设方面不遗余力。它摆脱原来简单的经营模式，全方位采用先进管理模式、更富科技性的生产设备，结合当今市场需求研发、生产出更具时代特色的各类产品。丰同裕的蓝印花布制作技术汲取了国内各地染坊的优秀经验，博取众家之长，融会贯通后形成属于丰同裕的独家风格，其产品自2003年以来多次荣获国际民间手工艺品展览金奖、中国工艺美术精品奖优秀作品奖等荣誉。2014年11月，"蓝印花布印染技艺"被国务院确定为第四批国家级非物质文化遗产扩展项目，其中就包括丰同裕百年来所做的重要贡献。

近年来，丰同裕主要从事蓝印花布、草木染色和手工染色。公司持续扩大经营规模，在全国各地开设直营店及加盟店，不断增加产品品类，并涉足其他领域。公司在继承传统的同时，吸收国画、版画、民间剪纸等多种艺术形式，推陈出新，不断研究，开发新图案，所制蓝印花布图案秀丽，具有浓郁的江南地方特色，充满着江南水乡的无限韵味，为中外人士交口赞誉。公司以蓝印布艺为依托，结合工艺美术、观光游览等业态打造出一条文化产业链，把百年老店悠久的制作技艺与文化创意产业紧密结合，使丰同裕在新时代始终保持极强的竞争力及持续发展的活力。

十一、浙江省

179. 楼外楼

楼外楼是浙江省杭州市的餐饮企业，迄今已有170多年的历史。2006年11月被商务部认定为第一批"中华老字号"（名单序号：浙江20），注册商标"楼外楼"。

楼外楼原为一家小饭馆，清道光二十八年（1848年）由浙江绍兴人洪瑞堂在西湖的西泠桥畔开办。因其爱好文学，又参加过科举考试，故取南宋诗人林升《题临安邸》诗中"山外青山楼外楼"一句的"楼外楼"三个字作为饭馆字号，以浓郁的文化气息装点这雅俗共赏之地，为今后走过百年长路打下了坚实的基础。

洪瑞堂发挥自己擅长烹饪的优势，精心烹制鱼虾等杭州地方特色菜肴，不断钻研菜式，很快就使西湖醋鱼、龙井虾仁与东坡焖肉成为楼外楼的代表菜肴。这几道杭州传统美食经由楼外楼打造，超越传统，别有一番独特风味，鱼肉滑嫩、色泽鲜亮、带有蟹肉滋味；虾仁如翡翠白玉，口味清新香醇；五花皮薄汁又浓，酥烂而不腻。与此同时，洪瑞堂还广邀各路文人墨客来楼外楼做客，与他们品尝美食，共赋风雅。经过不懈努力，楼外楼成为杭州最有名气的酒楼之一，店面也由最初的平房扩建成二层楼。

1926年，楼外楼第三代传承人洪顺森接手经营。他对酒楼进行扩建装修，加盖到三层并在顶层设立天台，并对整个建筑进行现代化改造，内部安装电话，电扇等先进设备。如此硬件设施，使光临楼外楼的顾客有宾至如归的感觉，口碑颇好。有资料显示，民国时期的许多名人都是楼外楼的座上宾，包括宋庆龄、鲁迅、郁达夫、章太炎、梁实秋、丰子恺等，他们对楼外楼的菜品及环境赞不绝口，在日记或诗赋中均提及这家宁静、古朴、优雅的酒楼给自己带来的美好感受或回忆。

1949年5月杭州解放，楼外楼继续经营。但至1952年，其被责令停业并转让，标志这家私人性质的百年老店进入一个新的时代。1955年实行公私合营，楼外楼得到政府大力支持，经营状况有所改善。1956年，楼外楼携西湖醋鱼等10道名菜参加杭州名菜评定活动，并推陈出新创制出许多新式菜肴。

改革开放后，楼外楼的发展进入快车道。1993年8月，经国家商标局核准，楼外楼获得"楼外楼"注册商标，企业发展竖起一座新的里程碑。1999年9月，成立"杭州楼外楼实业有限公司"，产权性质为国有法人和企业职工共同持股的多元投资主体。体制创新给百年老店带来新的发展活力,使其从传统酒楼向现代化餐饮企业转变。2009年,"楼外楼传统菜肴烹饪技艺"被浙江省确定为第三批省级非物质文化遗产,企业喜获殊荣,反映出政府对这家百年老店为传统餐饮文化推广所做出的积极努力与突出贡献的鼎力支持。

近几年,楼外楼又烹制出200多种创新菜,如元鱼煨乳鸽、鲍鱼扣肥鸭等。在有关专家指导下,还开发出"乾隆宴",使古代宴肴重现光彩。另外,楼外楼的点心小吃同样走俏市场,其中吴山酥油饼、虎跑素火腿、桂花糯米藕曾被中国烹饪协会评为"中华名小吃"。在营销方面,楼外楼建立了食品厂与贸易公司,开发出楼外楼特色菜的真空包装系列产品,使具有江南特色的美味佳肴销至海内外。

180. 三珍斋

三珍斋是浙江嘉兴桐乡市的食品企业,迄今已有170多年的历史。2006年11月被商务部认定为第一批"中华老字号"(名单序号:浙江13),注册商标"三珍斋"。

三珍斋原为一家酱鸡店,清道光二十八年(1848年)由王氏在嘉兴桐乡乌镇应家桥堍创立,取字号"三珍斋"。乌镇自古盛产酱鸡,行业竞争十分激烈,故王氏发奋努力,千方百计使三珍斋后来居上。

一次,他加倍使用精心配制的调味料腌制鸡肉,受到众多食客欢迎,鸡肉很快售罄。这使王店主受到启发,又认真钻研出更合适的酱料来打造酱鸡。即使用桂皮、丁香、黄酒及冰糖,计量是惯常的两倍,制成的酱鸡色泽红艳,味道鲜美,令人垂涎。与此同时,他在包装上也下了一番功夫,使用精致的包装纸印上店名,满足人们送礼的需求。从此,三珍斋的酱鸡在乌镇声名大振,市场日益火爆。

清末时期,三珍斋的规模已经比创立之初扩大几倍,其出品的酱卤肉类在当地已成为百姓的首选,品牌知名度也位居第一。随着经营改善,三珍斋进一步改进扩大品类,包括酱鸡、烧鸡、醉鸡、叫花鸡、盐水鸡、酱鸭、腊鸭、八宝鸭、盐水鸭等。

1930年,三珍斋的营业额创历史新高,企业发展进入鼎盛时期。于是三珍斋进军上海，在上海的大陆商场（今汉口路上）特设"三珍斋"专柜，利用当时便利的水路交通条件，由每天傍晚的客轮将当天加工生产的酱卤禽制品运沪，在第一时间摆上柜台供人们选购。据说当年茅盾寓居上海时，便常以购买三珍斋老店每天乘快班轮船送往上海销售的新鲜三珍斋牌产品自食或作为家乡的土特产，馈赠亲朋好友。对此，1936年刊印的《乌青镇志》记载："酱鸡，乌程县志云，乌镇著名，骨亦有味。桐乡县志云，酱鸡名许鸡，出青镇，以其姓得名也，今著名者为三珍斋，许姓已无。"

然而抗战爆发后，三珍斋的经营陷入困境，随市场一起沉沦。1949年以后，这家百年老店才逐步恢复营业。1956年实行公私合营，三珍斋并入"乌镇酱鸡合作商店"，老字号被取消。

20世纪80年代，在改革开放大潮的推动下，三珍斋迎来发展新机遇。1987年8月，由乌镇食品站牵头，成立"三珍斋酱鸡厂"。1993年4月，三珍斋酱鸡厂扩大规模与外商合资成立"嘉兴三珍斋食品有限公司"，使"三珍斋"的传统技艺得以传承光大，传统配方及加工手法结合现代企业管理与先进科学技术，推动三珍斋的发展快速平稳进行。1995年起，三珍斋的营销网点逐步增多，覆盖江、浙、沪地区各主要城市，销售额与利润逐年递增，企业知名度和影响力日益扩大。

目前，三珍斋的产品在上海、杭州、宁波、温州、南京、无锡等大中城市的400多家大卖场和连锁超市都有销售，在广大消费者中形成了良好口碑和商业信誉。与此同时，三珍斋还积极拓展国内其他区域和国际两个市场，已经在国内的20多个省、市、自治区，三珍斋设有500余个销售网点，部分产品出口美国、韩国、日本和中东等地。在此期间，三珍斋产品也从单一的酱卤禽类制品发展为肉类制品罐头、粮食制品、腌腊制品、休闲制品、再制蛋制品、果蔬罐头制品等六大系列，80多个产品，成长为本地区名列前茅的综合性食品加工企业。

181. 同兴

同兴是浙江绍兴新昌县的食品企业，迄今已有160多年的历史。2006年11月被商务部认定为第一批"中华老字号"（名单序号：浙江36），注册商标

"同兴"。

同兴原名"同泰茶食店",清道光三十年(1850年)由浙江新昌县人吕瑞占在城关镇鹅行街(今人民中路)创办,前店后场,主营南北果品和四季茶食,如大王饼、玉带糕、椒盐月饼等十几个品种,颇受消费者青睐。

清光绪二十八年(1902年),同泰由第二代传承人吕炽昌接手经营。他除了保持传统特色外,还聘请绍兴的元桂、阿增两位茶食名师主持,引进外来技术,提高产品质量,增加花色品种。当时新增有白芝麻片、麻枣、桂花球等30多个品种,在同行竞争中远远胜出。

1941年,日军轰炸新昌,同泰被毁。1942年,同泰由第三代传承人吕福广接手经营,在原址重建复业。至1944年,同泰已成为新昌县主要茶食店,吕福广出任新昌县茶食业理事会理事长,同泰的知名度和影响力更加提高。

1956年实行公私合营,以同泰为基础,合并同裕和、俞治和等茶食店,组建成立"新昌茶食合作商店",翻开了历史的新篇章。

改革开放以来,同泰生机勃勃,阔步前进。1980年,为纪念同泰老店成立130周年,企业更名为"新昌同兴茶食商店"(同兴即同泰兴旺发达之意)。1988年,为了发展商办工业,茶食商店更名为"新昌同兴食品厂",生产和经营规模扩大。1993年,食品厂转制为"浙江新昌同兴食品实业有限公司",企业开始实行现代经营管理制度。2007年12月,"同兴"注册商标被绍兴市工商局认定为"绍兴市著名商标",企业知识产权的含金量大幅度提升。

2012年,作为茶食专业企业,同兴与杭州茶叶研究院、新昌县科技局、新昌县茶叶总站联合开展了"茶及功能性成分在食品加工中的产业化应用技术"项目研究,旨在深入研究茶烘焙食品生产技术集成与开发,建立茶在烘焙食品中的应用产业化生产线,进行茶多元化产品研发,开发和推广茶保健食品,使茶成为传统食品的质构改良剂、功能营养助剂和天然抗氧化剂及天然色素,有效延长茶产业的产业链,促使农业增效农民增收。经过多次研发试制,现已开发绿茶酥、绿茶麻糍、绿茶夹心糕、绿茶橘红糕、绿茶月饼等产品投放市场,效果十分理想。

实践表明,同兴茶食以米粉、小麦粉、芝麻粉、白砂糖、食用油等为原材料,经蒸、炒、烤、炸等全手工制作方式,制成熟粉类、烘烤类、油炸类等各种不同风味的酥、糕、饼、糖等四季休闲食品。其制作技艺较为复杂,每一道流程都有严格要求,从而才能保证产品口味酥香,味道纯正,符合广大消费者的需求。长期以来,同兴根据现代健康理念推陈出新,研发了花生酥、椒盐酥、绿茶酥、金薯脆片、冬瓜月饼、芝麻月饼等一系列新产品并对芝麻酥糖、重阳糕等传统产品进行改革创新发展，取得了明显的经济效益和社会效益。目前，公司主要生产传统芝麻酥糖、小麻饼、月饼、酥京枣、桃酥等江南传统糕点，及金薯脆片、小京生花生、香榧、小核桃等炒货食品，成为满足社会各界需要并值得信赖的百年老店。

182. 雪舫蒋

雪舫蒋是浙江金华东阳市的火腿品牌，迄今已有150多年的历史。2006年11月被商务部认定为第一批"中华老字号"（名单序号：浙江7），注册商标"雪舫蒋"。

雪舫蒋原为一家火腿作坊，清咸丰十年（1860年）由东阳上蒋村人蒋雪舫在村内创立，产品以"雪舫蒋"为记，类似商标。蒋雪舫在继承祖传技艺的基础上，博采众长，勇于创新，逐渐形成自己独特的腌制配方和制作工艺，在同行业中力拔头筹，大放光彩。雪舫蒋火腿以皮薄骨细、精多肥少、肉质细嫩的金华"两头乌"（即头和尾为黑色）优良猪种的后腿为原料，制品形如琵琶、腿心丰满、精肉细嫩、红似玫瑰、肥肉透明、亮若水晶、不咸不淡、香味清醇，堪称色、香、味、形"四绝"，是金华火腿中的珍品，被清宫列为贡品。对此，我国民间曾流传："中华火腿出金华，金华火腿出东阳，东阳火腿出上蒋，上蒋珍品雪舫蒋。"

关于上蒋村的火腿，梁实秋在其散文集《雅舍谈吃》中曾说："火腿制作方法亦不必细究，总之手续及材料必定很有考究。东阳上蒋村蒋氏一族大部分以制火腿为业，故'蒋腿'特为著名。金华本地不能吃到好的火腿，上品均已行销各地。"

1905年，雪舫蒋火腿参加德国莱比锡国际食品博览会获得金奖。1915年，该火腿又获得巴拿马太平洋万国博览会金奖。为保护知识产权，防止假冒伪劣，1920年，蒋雪舫以"上蒋雪舫"图案，向民国政府商标局申请注册商标。1921年，又分别使用"上蒋雪舫厚记"、"上蒋雪舫升记"、"上蒋雪舫正记"和"上蒋雪舫慎记"四件商标申请注册并获核准。有资料显示，至20世纪30年代，全国仅有七件火腿类商标，而雪舫蒋火腿就独占四件，产品知识产权保护意识十分超前。

另一方面,雪舫蒋始终依靠诚信经营巩固自主品牌。相传,一次蒋雪舫自杭州腿行结账归来,核对货款发现多出千元。在查明系该腿行错算后,便如数退还。杭州腿行经理甚为感动,乃登报颂谢。自此蒋雪舫商德高尚一事在业内广为流传,雪舫蒋生意更好、市场更大。1937年全面抗战爆发,上蒋村的火腿作坊被迫停业。抗战胜利后虽然复业,但至1949年前又进入衰退状态。

改革开放后,雪舫蒋不断开拓市场,坚持品牌创新。20世纪80年代初,蒋氏第四代传承人蒋友忠兴办"东阳市上蒋火腿厂",属东阳歌山镇上蒋村委会村办集体企业。1987年,该厂取得"雪舫蒋"商标专用权,企业知名度和影响力大幅提升。2001年5月,上蒋火腿厂和银鹰实业有限公司联合组建"浙江雪舫工贸有限公司",企业开始实行现代经营管理制度,为雪舫蒋火腿产品提供了更广阔的发展空间。2002年,雪舫蒋火腿被评为"浙江名牌产品"、首批绿色农产品,公司一跃成为省级农业龙头企业。2004年7月,"雪舫蒋"商标被转到雪舫工贸公司。同年,"雪舫蒋"注册商标被浙江省工商局认定为"浙江省著名商标",企业发展竖起一座新的里程碑。2006年7月,雪舫蒋被浙江省工商局评选为十大地理标志区域品牌和浙江省十大特色农产品品牌,企业发展再创辉煌。2007年10月,"雪舫蒋"注册商标被国家工商总局认定为"中国驰名商标",企业知识产权保护体现出最大价值。

183. 万 隆

万隆是浙江省杭州市的食品加工企业,迄今已有150多年的历史。2006年11月被商务部认定为第一批"中华老字号"(名单序号:浙江25),注册商标"万隆"。

万隆原名"万隆腿栈",清同治三年(1864年)由浙江宁波陈氏和张氏二人合资在杭州清河坊(今河坊街)创立。该店以生产销售火腿、家乡南肉、酱鸭、香肚等腌腊食品最为著名,经营几十年下来,在杭州家喻户晓,有"腌腊上品推万隆"的美誉。

作为杭州火腿名店,万隆始终注重产品质量,精益求精。万隆所采购之金华火腿限于东阳、永康两县，因该两县系"金华两头乌"猪的主产区。用金华两头乌猪加工的火腿，精肉饱满，肥膘薄，脚爪细，为火腿之上品。其次是这两县的技师工艺精，火腿形状好，质量高。

1926年，因邻家失火殃及木结构的店铺，万隆腿栈损失惨重。直至1928年，经重建三层楼洋房后才得以复业。此时，万隆主营金华火腿，并在附近设有加工厂，自制法兰西火腿和酱鸭。1929年，在第一届西湖博览会上，"万隆西式火腿"荣获"西湖博览会金奖"。1937年，抗日战争全面爆发，万隆遣散员工停业。1938年，万隆重新开业，但因日军封锁，经营异常困难。

1956年实行公私合营，万隆腿栈更名为"万隆火腿庄"。1962年，万隆划归"杭州市食品公司"管理，主营肉、禽、蛋等腌制品。"文革"期间，万隆火腿庄更名为"杭州腌腊商店"。

改革开放以来，万隆不断开拓市场，坚持品牌创新。1989年，杭州腌腊商店更名为"万隆火腿庄"，恢复"万隆"老字号。1992年，在万隆火腿庄的基础上组建"杭州万隆实业有限公司"，旨在将"万隆"的品牌做大做强，万隆火腿庄成为其子公司。

1995年，公司进行产业结构调整，恢复前店后场的经营模式，首先推出"万隆"品牌香肠和酱鸭。其产品定位为：质量比同类产品好一点，价格比同类产品高一点。结果，产品一经投放市场，"万隆"效应出人意料，香肠和酱鸭迅速占到杭州市场份额的30%以上，居然供不应求。1998年，公司在余杭勾庄买下八亩地、4000多平方米的旧厂房，将其改建为初具规模的肉制品加工厂，产品销路逐渐向外发展。2002年，万隆生产的香肠、酱鸭等肉制品通过大型连锁超市销往全国各地，产销平衡再次打破，旺季时产品无法满足市场的需求。于是，万隆再次投资3000余万元，在城北的勾运路购地36亩，建设了一座两万多平方米的现代化厂房并配备一流的现代化设施设备，2004年10月竣工投产，专业生产万隆酱鸭、万隆香肠及万隆卤味肉制品。

目前，万隆是一家集资本经营、食品贸易、食品加工为一体的大型股份制企业，拥有5000平方米的生产厂房，年生产能力1000余吨，"万隆"系列产品现有香肠、枣肠、水晶肠、腊肠、即食香肠、万隆酱鸭等产品系列。其中三大系列产品：万隆火（风）腿、万隆酱鸭、万隆香肠，多次被评为"最受市场欢迎""消费者满意"产品，并多次获得农业博览会金奖。公司现有腌腊制品的批发、零售业务，已分布全国各地及东南亚等地区。

184. 奎元馆

奎元馆是浙江省杭州市的餐饮企业，迄今已有150多年的历史。2011年3月被商务部认定为第二批"中华老字号"（名单序号：浙江29），注册商标"奎元馆"。

奎元馆原为一家民间面馆，清同治六年（1867年）由安徽人（姓名无考）在杭州望仙桥旁创立，取名"奎和馆"。相传，曾有一位秀才吃过奎和馆的面条高中进士后，题写"魁元馆"三字牌匾赠予老板致谢，于是面馆更名为"魁元馆"。但后任有一位老板认为，"魁"字偏旁是鬼不吉利，故将面馆更名为"奎元馆"。

1911年，宁波人李山林接手经营该面馆，并迁址中山中路三元坊。他把徽式风格的面馆改为宁式面馆，经营以软滑鲜嫩、原味见长为特点的宁式大面，颇受消费者欢迎。

1926年，李山林将奎元馆转让给伙计章顺宝。1934年，章年事渐高又将店面交其女婿陈秀桃经营。陈秀桃为了迎合顾客需要，经常向客人征求意见，不断改进产品。最后他研制出以"面条柔韧、汤浓味长、面光汤干"为特色的"扣汤面"。面条盛具也改为：沃面、阳春面用粗瓷大碗，中档料儿面用红花细碗，高级料儿面用金边瓷碗，面点和盛具相得益彰，很快受到顾客青睐，一时声名鹊起，享誉杭城。

奎元馆门店

1942年，陈桂芳成为奎元馆第六代传承人，他根据四时季节的变化创新品种。如开春时节步鱼（塘鳢鱼）量大，供应时令步鱼面；立秋过后河蟹上市，供应蟹粉和蟹黄鱼面等。与此同时，奎元馆还增加了各式料儿面"过桥"，即将烹制的浇头分别装盆，连同面食一起配套上桌。因面点按不同内容分装两盆，随食客的需要，分别取食，似从桥的一端过渡到另一端，故谓过桥。

然而古往今来，奎元馆的明星产品还是"虾爆鳝面"和"片儿川面"。如虾爆鳝面，烹调时采用"三油"爆炒，即先用菜油爆，次用猪油炒，再用麻油烧。这样虾嫩鳝脆，香气袭人，味道美不胜言。再如片儿川面，选用新鲜瘦猪肉、鲜竹笋、嫩雪里蕻作主料，经厨师烹制，只见肉红、笋白、菜绿，色泽分明，引人食欲。

自20世纪40年代起，奎元馆的名气越来越大，许多社会名流都成为其座上客。如蔡廷锴、蒋经国、李济深、陈叔通、梅兰芳、竺可桢、盖叫天等人都光顾过奎元馆，品尝过虾爆鳝面或其他品种的面食。1945年抗战胜利后，原国民党第十九路军军长蔡廷锴将军同李济深先生来到杭州，一起到奎元馆吃黄鱼面，兴致所至，蔡将军当场挥毫题写"东南独创"四个大字，予以褒扬。

1956年实行公私合营，奎元馆继续发展。1959年，奎元馆迁址解放路经营，"文革"期间，奎元馆受到冲击，被迫更名"工农面馆"，传统特色消失。

改革开放以来，奎元馆大步前进，再创辉煌。2004年，奎元馆对老店进行装修，店面以浅咖啡色为主色调，餐厅选用青砖装饰护墙，体现了仿古与现代相统一的装修风格，儒新典雅。店门上方：悬挂著名书法家沙孟海题写的"奎元馆"金字牌匾；两旁则有：朱德源老人书写的"三碗二碗碗碗如意、万条千条条条顺心"对联，充分展现了百年老字号深厚的文化底蕴。

近年来，许多国际友人慕名来品尝"虾爆鳝面"，一位日本名厨品尝之后，伸出大拇指称赞是"天下第一面"。国内许多游人到杭州，把在奎元馆吃面看得比游"西湖十景"还重要。坊间曾流行："到杭州不吃奎元馆的面，等于没有到过杭州。"

185. 老鼎丰

老鼎丰是浙江嘉兴平湖市的调味品企业，迄今已有140多年的历史。2011年3月被商务部认定为第二批"中华老字号"（名单序号：浙江22），注册商标"群欢"。

老鼎丰原名"老鼎丰酱园"，清同治十年（1871年）由浙江海盐县武原镇望族徐氏在平湖县（今平湖市）城关苗园弄创办。因经理也姓徐，故又称"老（徐）鼎丰酱园"。该酱园主营酱油，因产品质量好，生意日益兴隆，经营规模逐渐扩大。清光绪十一年（1885年），老鼎丰在东门外横街设立东号，称"东鼎丰"。清光绪十二年（1886年），又在西大街设立西号，称"西鼎丰"。清光绪二十年（1894年），除在西门外设分坊外，还在上海永康路46—48号设分店。此后，徐氏还先后在奉贤、天津、青岛等地开设酱园，老鼎丰的知名度和影响力大幅提升，酱油生产几乎成为海盐徐氏的专利品。

尽管老鼎丰在全国布局，但其始终对产品质量十分重视。老鼎丰酱油精选原料，选用最好的黄豆——安徽西府黄豆。采用传统方法生产，经过长时间暴晒、天然发酵，制成酱油。该园所产"红晒""白晒"酱油色纯味香，汁厚味鲜，而且久存不腐，曾经多次获奖。清宣统二年（1910年），在南洋劝业会上荣获"褒奖"金牌奖章一枚。1915年，参加巴拿马太平洋万国博览会，获得"美合味素"匾额一块。1929年，在第一届西湖博览会上获得优等奖状及五彩银盾一座。

1952年，政府成立工人消费合作社制酱经营组，生产酱油，兼营酱菜业务，不久更名为"制酱厂"。1957年5月实行公私合营，制酱厂为公方，老鼎丰酱园与东鼎丰、西鼎丰、黄祥和、鼎新泰酱园等为私方，共同组建"平湖县酿造厂"，厂部设在酱园弄4号原老鼎丰酱园内，隶属县供销合作社领导。同年11月，新仓何恒泰酱园并入该厂。1958年，糕点工场并入，但一个季度后又分开。1959年4月至9月，该厂又并进蔬果制品厂和生物化学厂的部分人员和设备。当年采用比较先进的固态无盐发酵制酱、保温浸出法，生产周期仅为七天。1961年2月，该厂经核准获得"群欢"注册商标，为"群众欢喜"的缩写，图案为一架宫灯，含有喜庆吉祥之意，企业知识产权保护达到一个新阶段。至20世纪70年代中期，该厂成为全民所有制县属企业。

改革开放以来，老鼎丰如鱼得水，长足发展。1981年9月，南门大桥西塊的酱油车间建成且试运转成功，从而结束了在圣阳弄旧房生产酱油长达29年的历史。1983年，供销社进行体制改革，酿造厂又转为集体所有制。1986年，"群欢"牌玫瑰腐乳荣获浙江省新优名特产品"金鹰奖"。1987年，天然晒油出口日本33.44吨。1988年，小瓶装酱油出口芬兰4.3吨。1993年10月，老鼎丰与上海市金山酿造厂达成联营协议，成立"平湖市金鼎酿造厂"（同时保留原厂名），变竞争对手为合作伙伴，优势互补，联手发展两年有余，经济效益明显。1996年，平湖酿造厂申请注册"老鼎牌"商标，企业知识产权保护达到更高阶段。2000年7月，平湖酿造厂更名为"平湖市老鼎丰酿造食品有限公司"，恢复"老鼎丰"这一老字号，企业开始走上现代经营管理之路。2005年8月，建于平湖市平湖经济开发区的新工厂投入生产。目前，公司年生产规模为酱油五万吨、食醋3000吨，是浙江省调味品行业的大型生产企业，2006年公司跻身浙江省食品企业百强之列。

十一、浙江省

186. 胡庆余堂

"胡庆余堂"是清代末期建立的商办药店,迄今已有140多年的历史,其传承者为杭州胡庆余堂国药号有限公司。2006年11月被商务部认定为第一批"中华老字号"(名单序号:浙江1),注册商标"胡庆余堂"。

清同治十三年(1874年),清末著名商人与政治家胡雪岩筹设"胡庆余堂雪记国药号",并于清光绪二年(1876年)在杭州涌金门外购地10余亩建成胶厂,清光绪四年(1878年),胡庆余堂在大井巷落成开业。

创办初期,胡雪岩重金聘请名医,研究古方,创新制法,很快配出丸散膏丹及胶露油酒的验方400余个,精制成药14类,便于携带和服用。胡庆余堂还将"避瘟丹""行军散""八宝丹"等药品分发给军队士兵及受灾百姓,广受欢迎和好评。这种做法再加上一定规模的商业广告宣传,使得成立不久的药店就形成市场规模,利润大幅增长。至清光绪六年,胡庆余堂资本已达280万两白银,声名响彻江南,人称"江南药王",与北京同仁堂分庭抗礼,故"北有同仁堂,南有庆余堂"一时传为佳话。

然而清光绪九年起,随着胡雪岩名下各商号包括丝厂、钱庄的倒闭,其家产被变卖,胡庆余堂药店也于清光绪十年被"债转股"抵押给其钱庄的客户之一即光绪皇帝的叔父、刑部尚书文煜。文煜认可胡氏的"雪记招牌股"股权和"无形资产"价值,这不但为双方谈判的顺利增加筹码,更为胡庆余堂品牌的延续做了铺垫。

1911年10月辛亥革命爆发,文煜后人持有的胡庆余堂作为满人财产被没收标卖。1912年,胡庆余堂由独资经营变为合股经营,其中"雪记招牌股"共18股归属胡氏后人。后几经股东和经理变更,但胡庆余堂雪记的金字招牌仍久誉天下。

中华人民共和国成立后,胡庆余堂大步前进。1955年9月,胡庆余堂在杭州全市商业中第一家实行公私合营,更名为"胡庆余堂制药厂"。1958年,杭州叶种德堂并入胡庆余堂制药厂,该厂更名为"公私合营胡庆余堂制剂厂"。1959年,为做大胡庆余堂,又有部分生产设备、厂房并入,制剂厂更名为"公私合营胡庆余堂制药厂",随后划为浙江省属企业。1963年,该厂更名为"杭州胡庆余堂制药厂",1966年又改为"杭州中药厂"。1972年5月,杭州中药厂一分为二,原厂部改称"杭州第一中药厂",其郊外制胶车间则升格为"杭州第二中药厂"。

随着改革开放大潮的到来,胡庆余堂发生了巨大变化。1979年,杭州第一中药厂更名为"杭州胡庆余堂制药厂",为浙江省最大的中药生产企业。1980年,该厂恢复胡庆余堂旧址的门市经营,百年老字号东山再起,至1988年1月,胡庆余堂被国务院确定为第二批全国重点文物保护单位。与此同时,杭州第二中药厂自20世纪80年代发展成为国内著名的中药行业样板企业,并于1992年创建"中国青春宝集团公司"。同年11月,集团所属骨干企业杭州第二中药厂与泰国正大集团成立中外合资企业"正大青春宝药业有限公司"。而传承胡庆余堂的杭州第一中药厂后更名的杭州胡庆余堂制药厂,却在市场经济的舞台上逐渐衰落,举步维艰。

1996年底,杭州胡庆余堂制药厂被青春宝集团兼并,成为其全资子公司,从此获得新生。1999年1月,胡庆余堂顺利完成国企改革,更名为"杭州胡庆余堂药业有限公司"。2001年6月,企业经改制后又更名为"杭州胡庆余堂国药号有限公司",为获得更大的市场空间打下了牢固基础。2002年3月,"胡庆余堂"商标被国家工商总局认定为"中国驰名商标",企业的知识产权保护锦上添花。2003年3月,"杭州胡庆余堂集团有限公司"成立,是杭州胡庆余堂国药号有限公司的上级公司。2006年5月,"胡庆余堂中药文化"被国务院确定为第一批国家级非物质文化遗产,为胡庆余堂百年发展基业又竖起了一座新的里程碑。2015年4月,胡庆余堂将整合旗下"医药制造、医疗服务、药品流通、中医药原材料种植"等17家企业的优质医药产业资源,一举成立了"杭州胡庆余堂医药控股有限公司",旨在通过这个新平台走向资本市场,以得到更好的发展。

鉴于胡庆余堂历史悠久、家喻户晓,1991年胡庆余堂中药博物馆正式开馆,为传承和弘扬中药文化搭建了一个有益的平台。

187. 颐香斋

颐香斋是浙江省杭州市的食品企业,迄今已有140多年的历史。2011年3月被商务部认定为第二批"中华老字号"(名单序号:浙江13),注册商标"颐香"。

十一、浙江省

颐香斋原为街头一个糕点摊,清光绪元年(1875年)由苏州人葛景山在杭州清泰街创立。他利用自己年少时在南货食品店当学徒掌握的食品制作及经营方面的技巧与经验,每日摆摊售卖苏式糕点。因其制作的糕点松软香甜,颇受百姓欢迎,有熟客还将自己的门脸房让其使用。于是"颐香斋"糕点铺便一朝问世,挂牌营业,前店后场,自产自销。

葛景山雇用几个专业糕点师,主要产品包括香糕、方糕、绿豆糕、麻酥糕、椒桃片、苏式月饼及西湖藕粉等风味特产。其糕点配方注重"三重":重色,色深不焦,香味浓郁;重油,油而不腻,入品酥松;重糖,甜味适品,绵软柔糯,其中潮糕和月饼最负盛名。颐香斋的各式糕点经过精心选材与制作,新鲜出炉后吸引了大批顾客上门购买,店铺知名度不断增长,销量持续攀升,规模日益扩大。为了进一步提高市场占有率,颐香斋不断开发新品种,花样翻新,各种风味满足不同人群的需要。

1912年葛景山去世,颐香斋第二代传承人、葛景山之子葛叔安接手颐香斋。他迅速拓展业务,不但将糕点产品集苏、宁、徽三式之精华自成一派,而且添加炒货、咸货、酱货、卤味及桂花糖等新品种。颐香斋的加工厂也增加为三家,并随着出货量的增大,同时开展零售与批发业务,使颐香斋的产品线更加完整,经营渠道逐渐铺开,完胜竞争对手。

然而,1937年抗战全面爆发,颐香斋损失惨重,被迫停业。

1956年实行公私合营,成立"杭州颐香斋食品厂",原颐香斋后场扩建为生产楼房,主要生产糕点及中式小糖。1958年,"孟大茂香糕工场"并入颐香斋,企业规模有所扩大。"文革"期间,颐香斋遭遇挫折,被迫更名为"向群食品厂"。

改革开放后,颐香斋踏上新征程,快速前行。1985年,恢复"颐香斋"老字号,"杭州颐香斋食品厂"复出。1993年,颐香斋与"杭州东风食品厂"(其前身为采芝斋食品工场)合并,企业名称仍为杭州颐香斋食品厂,企业实力大增。1995年,颐香斋兼并"杭州慎大食品厂",企业生产与经营规模得到更大拓展。2001年6月,颐香斋成功改制,企业更名为"杭州颐香斋食品有限公司",开始实行现代经营管理制度。

近年来,颐香斋以承接传统理念"独创配方、独到工艺、独特风味"为己任,坚持"开拓创新、产品优质、诚实经营、优良服务"的企业宗旨,已逐步成长为集传统与现代加工于一体的专业食品企业。颐香斋坚持走创新发展道路,在深挖传统糕点潜力的同时大力开发新式糕点,如榨菜、肉松馅的烤月饼。更值得关注的是,在创新中保持传统是颐香斋恒久不变的经营策略,这家百年老店在重获新生的几十年间获得许多荣誉,这与企业坚持严把产品质量,加快创新步伐,诚信经商密不可分。取得荣誉的同时,颐香斋深知自身肩负的责任,其始终抱着振兴老字号、传播中国传统糕点文化的信念,支撑着企业取得更好的成绩,迈向更辉煌的未来。

188. 王星记

王星记是浙江省杭州市的制扇企业,迄今已有140多年的历史。2006年11月被商务部认定为第一批"中华老字号"(名单序号:浙江19),注册商标"王星记"。

王星记原为一家制扇作坊,清光绪元年(1875年)由杭州人王星斋在杭州创立,前店后场,自产自销。王星斋出身三代制扇工匠世家,他与妻子陈英一起,利用家传手艺制作各式传统折扇,经营得有声有色。该作坊出品的扇子种类繁多,造型雅致,花色丰富,具有典型的杭扇特色。特别是其中的黑纸扇颇为出名,王氏夫妇创制出泥金、洒金、贴花等工艺的黑纸扇,以精美绝伦的艺术表现力,巧夺天工的技术创新性获得各界好评。当时,王星斋纸扇已成为具有很高观赏价值的艺术品,获得名人雅士的青睐,泥金黑纸扇更成为宫廷贡品并得到"贡扇"美称。

清光绪十九年(1893年),名气大增的王星斋在上海城隍庙开了一间季节性的小扇店,引起行家关注。清光绪二十七年,王星斋于北京杨梅斜街设立"王星记扇庄",杭扇北进产生影响。以后,随着他们分别在天津、沈阳等地设立分销机构,王星记扇庄的知名度迅速扩大,全国各地区的百姓均有幸一睹"贡扇"风采。

清宣统元年(1909年),王星斋病逝,扇庄生意由其妻陈英掌管,王星斋之子王子清也协助母亲参与店铺经营。1929年,王子清在杭州太平坊大街设立门市部,并为旗下扇子正式注册"三星"商标,提高产品知名度、统一性及保护力。同年,王星记黑纸扇在首届西湖博览会上荣获金奖,更加获得各界青睐,经营规模与市场占有率均达到杭扇最佳,使王星记成为杭扇的代表,与茶叶、丝绸并称为"杭州三绝"。

1937年抗战全面爆发后,王星记迁至绍兴柯桥勉强维系经营,抗战胜利后迁回原址。1949年前夕,王子清之子王雄飞接管扇庄,成为王星记第三代传承人,但此后王星记经营状况一直不佳。

1956年实行公私合营,体制改变为这家老字号带来新的发展机遇。1958年,杭州市政府全面恢复王星记扇厂,重新启用"三星"商标,许多特色产品复产,产品线进一步扩大。"文革"期间,王星记受到冲击,被迫更名为"杭州东风扇厂",生产经营受到很大阻碍,企业又一次进入低潮。直到1977年,才恢复"王星记"老字号,成立"王星记扇厂"。

改革开放以来,王星记春风得意,发展迅速。企业各方面均转入正轨,产量、销量与利润均有大幅增长。1980年起,王星记不断创新研发,推出式样新颖、工艺精湛、功能实用的各类扇子,数百品种,数千花色,产品包括黑纸扇、白纸扇、檀香扇、绢扇等。

近年来,王星记成就斐然,在全国各类工艺美术竞赛中均获得重要奖项。2008年6月,"制扇技艺(王星记扇)"被国务院确定为第一批国家级非物质文化遗产扩展项目,企业知名度和影响力更加提升。2014年1月,杭州王星记扇业有限公司被浙江省工商局认定为"浙江省知名商号",百年老店再创辉煌。一路走来,这家百年老店始终怀揣梦想,将功能性与艺术性融入方寸之间,制作出实用且精致的扇子,为老字号的创新发展、传统文化与现代潮流的结合做出自己应有的贡献。

189. 万承志堂

万承志堂是浙江省杭州市的医药企业,迄今已有140多年的历史。2011年3月被商务部认定为第二批"中华老字号"(名单序号:浙江43),注册商标"承志堂"。

万承志堂原为一家民间药馆,清光绪元年(1875年)由杭州城一位名叫万嗣轩的富商为完成父亲遗愿在清泰街附近开设,取字号"承志堂"。因业主姓万,故人称"万承志堂"。创馆之际,万氏就立下店规祖训:"做药务真,不得欺客;

行医务正,不得欺世",要求该馆所售药材务求道地纯真,誓不以假取利;所请医家务求品正医精,誓不以虚名误人。

作为一家药业新秀,万承志堂一方面建规立章,严格诚信经营;另一方面注意总结实践经验,特别是丸散膏丹的制作技艺。1885年,《万承志堂古方秘籍》刊印问世,其中系统详尽记载了15大类600多种丸散膏丹的配方、秘方及验方,据考证为自南宋以来江南最为完整的中药古籍,颇得好评,流传至今。

万承志堂注重药材质量,对原材料的选用十分苛刻,以最高标准制作药材、药酒等。开业时间不长,便以高品质药材迅速在杭州药馆中占据一席之地,成为知名度不亚于京城的浙江南药代表之一。例如,万承志堂的雄黄、麦冬、川黄连、鹿角胶是其代表药材,其中颇为特别的是鹿角胶,在药馆后院设有专门的养鹿场,自养自产的鹿角胶成为万承志堂最著名的药材。另外一个特色品种是自制药酒,坊间曾流传一句佳话"家有承志酒,长幼保康寿"。1929年,在首届西湖博览会上,这些高品质、药效佳的特色药材与药酒荣获金奖,为万承志堂走出杭州进军全国打下了良好基础。

然而,1937年万承志堂就因故停业,其与"胡庆余堂""叶种德堂"被称为杭州药业三大门市的历史也暂时画上了句号。

伴随改革开放大潮的到来,万承志堂终于获得新生。2004年,经省、市相关政府部门批准,由浙江鑫和实业集团着手恢复百年名馆万承志堂。2005年2月,国医大师何任先生与夫人偶然间发现消失了近60多年的"万承志堂界碑",为百年老店增光添彩。同年5月,万承志堂开始委托各大媒体寻找万家的后人。经过半个多月时间,找到了万家的第四代后人代表、原浙江大学退休教授万零先生。2005年6月,万承志堂复馆开业,当年为广大杭州市民带去福音,祛除病痛的万承志堂又回到人们身边。2009年9月,为弘扬中医文化,万承志堂走出杭州进入上海,"万承志堂上海馆"正式开业。2011年2月,经多方寻找,136年前悬挂药馆的"承志堂"老牌匾,重归万承志堂,百年老店再获佳音。

近年来,万承志堂由国医馆、国药号、参茸馆三部分组成,并有门诊部及分店数家,为浙江省省、市医保定点医疗机构。国医馆内设中医内科、中医妇科、中医肿瘤科、中医儿科、中医风湿科等科室,每天有30余位专家在万承志堂坐诊。经过一番努力,万承志堂的营业额与复馆之初相比翻了数倍,经营的药品涵盖中药、西药、滋补保健药、各类药材器械等,对所有药品与材料均采取最为严格的检测手段,保证所售药品的绝对良好质量。万承志堂还热心公益事业,以一家中华老字号企业的广阔胸怀担负起造福社会,回馈百姓的重大责任,积极参与医疗教育相关活动，推广传统中医养生文化，为重塑创新活力的百年老店做出不懈的努力。

190. 丁莲芳

丁莲芳是浙江省湖州市的餐饮企业，迄今已有140多年的历史。2006年11月被商务部认定为第一批"中华老字号"（名单序号：浙江14），注册商标"丁莲芳"。

丁莲芳原为一家路边包子摊，清光绪四年（1878年）由当地菜贩丁莲芳（男）在湖州创立。丁莲芳在卖菜过程中感到，此业连维系生计都难，日子始终过得穷困潦倒。为改变现状，他进行市场调研，发现餐饮业中的小吃门槛低、入门快，只要找准经营品类就不难取得成功。于是，丁莲芳自创千张包子和粉丝汤投放市场，白天备货，晚间在湖州闹市区骆驼桥堍摆摊售卖。"千张"指压缩后超薄的豆制品，用于包子皮，馅料则用猪肉、笋衣、芝麻屑等。由于食材新鲜，味道鲜美，他的包子摊生意渐火，消费者众。

清光绪八年，丁莲芳乘势改摊为店，并以自己的姓名"丁莲芳"作为商业字号，店址选在湖州黄沙路（今红旗路）爱山街口。他采纳一些老顾客提出对千张包子的意见，开始摸索进一步创新自己产品的方法。不久，丁莲芳把包子形状由原来的长或方形改为三角形见方的立体结构，这种独特的造型市面上绝无仅有。在馅料上则加入开洋（腌制后的虾仁）、干贝等，并使用粗绿豆丝粉搭配，再配上米醋、辣油、小葱、白胡椒粉。一时间，全新改良后的丁莲芳千张包子惊艳湖州城，各路食客无不竞相前来品尝。

自1928年起，丁莲芳带着儿子丁焦生一起经营店铺，直至1931年病逝。之后，在丁氏第二代传承人丁焦生主持下，丁莲芳店铺规模进一步扩大，营业面积及雇员人数均有上涨。抗战时期丁莲芳继续坚持经营，面对竞争对手，丁焦生加大投入。在产品质量上执行极高的标准，全部使用精选食材，馅料只选用纯精腿肉，配上朝鲜开洋、日本干贝、孝丰蝴蝶片笋衣等，制作的千张包子比之前又提高了品质，味道更上一层楼。同时，丁莲芳采取薄利多销的经营方针，让更多的人都能品尝到湖州最为著名的小吃。

1956年实行公私合营,丁莲芳得到政府支持,资金技术均有保障,产量逐步平稳上升。1958年,店铺补充新员工,包子制作技艺由丁焦生夫妇亲自传授,使丁氏绝招后继有人。千张包子日生产量也从合营前的五六百只猛增至一千多只。"文革"期间,丁莲芳受到冲击,经营中断。

改革开放后,丁莲芳快马加鞭,向前迈进。多年来,新体制新面貌下的丁莲芳取得佳绩不断。1989年,丁莲芳荣获商业部优质产品"金鼎奖",企业知名度和影响力不断提升。1997年,丁莲芳包子被有关部门认证为首届全国"中华名小吃",企业再获殊荣。2001年,在"湖州市丁莲芳千张包子食品开发有限公司"的基础上,成立中外合资企业"湖州丁莲芳食品有限公司",企业规模逐渐扩大,效益颇好。2002年,丁莲芳千张包子被认定为"湖州名牌"产品,企业发展迈上一个新台阶。2010年,丁莲芳入选上海世博会公共区域餐饮服务供应商,芳名享誉世界。

抚今追昔,从当年的湖州街头小吃逐步发展为浙江具有代表性的地方传统美食,数代丁莲芳经营者与劳动者陪伴这家老店走过百年历程,奉献自己的青春与汗水。丁莲芳既保留传统又注重创新,以顾客和社会的喜爱与信任为自己的发展动力,不断取得新的成绩,创造辉煌未来。

191. 恒泰

恒泰是浙江省杭州市的调味品企业,迄今已有130多年的历史。2011年3月被商务部认定为第二批"中华老字号"(名单序号:浙江15),注册商标"湖羊"。

恒泰原为一家酱油作坊,清光绪七年(1881年)由戴彤轩在杭州庆春街创立,取名"恒泰酱园",又称"恒泰官酱园"。由于清代食盐为官商合营,凡经营酱园者,必须向官方领取酱缸执照,方能购进官盐,故制酱业都称"官酱园"。

作为官酱园,恒泰始终十分注意产品质量,精选优质黄豆制成黄豆酱入缸,黄豆酱经阳光炙烤、雨露滋润,发酵成熟,再经压榨、复晒、沉淀三道工序,最后酿成顶级的太油、顶油(均为古法酱油)。

与此同时,恒泰早年已有连锁经营意识,凭借雄厚的经济实力不断开设分店。如清光绪十一年（1885年）开设恒泰分号酱园，清光绪三十年（1904年）开设恒泰东号酱园，1913年恒泰北号酱园，1918年恒泰西号，1928年恒泰支号，企业规模逐渐扩大，知名度和影响力迅速提高。因其所有门店均统一涂以绿色，故人们看到墨绿的墙门，便知是卖好酱油的地方，杭州人称之为"绿墙门"。又因其是先后沿庆春街开出多家分号，遂使庆春街俨然成为恒泰酱园一条街。

随着门店的增加，产品开发速度亦加快。豆酱、甜面酱、豆豉、黄酒等不断加入恒泰，其产品线在宽度、长度和深度诸方面都得到拓展。清宣统二年（1910年），恒泰以"杭州戴恒泰官酱园"名义参加第一届南洋劝业会，获得好评。1929年，在第一届西湖博览会上，恒泰酱园的甜面酱、豆豉、甜瓜等产品获得优等奖，恒泰酱园更加声名鹊起，市场日益走俏。

抗日战争期间杭州沦陷，酒作坊、酱园等纷纷关门停业。恒泰酱园虽未停产，但进出只走后门，生意举步维艰。1949年5月杭州解放，酱油行业纳入政府管理。1950年，恒泰酱园重新办理工商登记，更名为"恒泰酱园酿造工厂"，随后改组为"恒泰酱园有限公司"，生产与经营规模均有所扩大。1956年实行公私合营，恒泰酱园有限公司更名为"恒泰酿造厂"。1958年，酿造业由杭州市商业局管理，恒泰、大同、惟和等酿造厂改组合并，成立"杭州酿造厂"。"文革"期间，恒泰遭遇挫折，被迫更名为"杭州工农酿造厂"，企业历经坎坷。

改革开放以来，恒泰迈上康庄大道，一路前行。1980年，工农酿造厂注册"湖羊"商标，企业知识产权保护意识大为提高。1983年，工农酿造厂搬迁至机场路构桔弄61号，成为浙江省最大的调味品生产企业。1985年，该厂与工农、东风、西湖等五家酿造企业，利民、颐香斋、翠沁斋等七家糕点企业，杭豆、红光、朝晖等11家豆制品企业合并，成立"杭州市食品工业公司"。2001年4月，杭州市食品工业公司整体转制为"杭州市食品酿造有限公司"，成为集酱油、食醋、黄酒、调味料和糕点生产经营于一体的大型食品企业。2012年，杭州市食品酿造有限公司以全资2.4亿元投建"浙江五味和食品有限公司"，并在面积108亩的新厂区内，复建了"恒泰酱园"，百年老店得以传承和延续。

192. 沈广隆

沈广隆是浙江丽水龙泉市的铸剑企业，迄今已有130多年的历史。2011年3月被商务部认定为第二批"中华老字号"（名单序号：浙江39），注册商标"沈广隆"。

沈广隆原为一家铁匠铺，清光绪十一年（1885年）由当地人沈朝庆在龙泉西街创立，专业制造龙泉宝剑。

清光绪二十年，沈朝庆之子沈庭璋成为第二代传承人，并开设"沈广隆剑铺壬字号"，着力改良传统铸剑技艺，使打造出来的宝剑具有区别于其他剑铺产品的独特气质、造型与功能。其特点为，采用新式淬炼方法，造出的宝剑刚柔并济、富于弹性、伸屈自如；使用独创的抛光技术，使宝剑表面散发更明显的青色光泽，可谓寒光阵阵，视觉效果极佳；改造传统剑身造型，将其打造成菖蒲叶形状，剑面改为五角形，并在外观上创作出"龙凤呈祥""八仙云游""钟馗神判"等图案形象；剑身剑柄及整体造型浑然天成，修长优雅中带着刚劲威武之气。沈广隆采取创新技术制作的宝剑一经推出，迅速获得市场认可及好评。

1914年，经过20年发展的沈广隆铸剑技艺炉火纯青，得到长足的发展与进步。在参加当地政府组织的龙泉剑质量大赛中，沈广隆出品的宝剑在劈刺道具及与别家宝剑互相比试的环节均取得了出色成绩，最终夺得头名，在铸剑之乡龙泉彻底打响品牌，被誉为"天下第一剑"。对此，龙泉县知事特题"沈广隆剑铺"横匾予以褒奖。1915年，在巴拿马万国博览会上，沈庭璋铸造的龙泉剑获得金奖，被世界各国认可，蜚声海外。

1925年，沈庭璋之子沈焕周成为第三代传承人，执掌剑铺。1929年，浙江省国术馆馆长张人杰向沈广隆订制了12把宝剑，收到实物后发现宝剑设计巧妙、做工精致、质量过硬，随后又续订70把。1930年，全国国术大赛在南京举办，各地著名剑铺在此聚集争夺锦标。沈广隆凭借宝剑在设计、美感、功能、实用性等各方面的优秀表现获得最高评价，参加比赛的30把剑均被评为"最佳宝剑"，享誉全场。1935年，时任浙江省主席的黄绍竑为蒋介石五十岁寿辰送上沈广隆出品的特制长寿剑。

1956年实行公私合营，沈广隆并入农具厂，当年沈家铸剑大师为毛主席铸剑，被誉为"铸剑艺人"。1963年，龙泉县集各家铸剑名师，在沈广隆剑铺内成立以沈焕周为首，沈焕武、沈新培、沈武荣等人为核心的"龙泉铁器生产合作社",走上了合作化道路。"文革"期间,沈广隆受到冲击停业。1972年,沈焕周及其子沈新培仍共同打造四把特别宝剑赠与当年访华的美国总统尼克松。

改革开放后,沈广隆获得新生。1978年,生产合作社改制为"龙泉宝剑厂"。1983年,成立"龙泉市沈广隆剑铺",恢复"沈广隆"老字号,沈广隆重新回到人们视野。2006年5月,"龙泉宝剑锻制技艺"被国务院认定为第一批国家级非物质文化遗产,企业知名度和影响力获得重大提升。

2007年6月,沈广隆第四代传承人沈新培,被评为铸剑行业第一个中国工艺美术大师及国家级非物质文化遗产项目"龙泉宝剑锻制技艺"的代表性传承人。而沈广隆也多次获得行业比武优胜,在各项国内外铸剑及工艺美术类评奖中取得佳绩,被选为赠与各国外宾的国礼。

193. 诸老大

诸老大是浙江省湖州市的食品企业,迄今已有130多年的历史。2011年3月被商务部认定为第二批"中华老字号"(名单序号:浙江11),注册商标"诸老大"。

诸老大的前身是一家游动小吃摊,清光绪十三年(1887年)由绍兴人诸光潮在湖州创立。起初,他利用自己在茶食店学到的手艺,制作橘红糕、甜酥油饺等走街串巷、挑担叫卖。因其身材高大,人称"诸老大"。后来,他发现销售赤豆粽、红枣粽、咸粽等传统江南食品,更有市场,生意渐火。于是他专门挑担卖粽,并且努力钻研制粽技术,对传统粽子进行改良。一是改变民间粽形,把"三角尖包形"粽子改成"四角长包形"粽子,不但外形别致美观,而且能多煮多装多卖;二是翻新花色品种,把咸粽改进成"肉粽",并发明"猪油洗沙甜粽",使品种更新换代,改变民间仅有赤豆粽、红枣粽、咸粽等的局面。

1906年,随着财富的增加,诸老大变游商为定点设摊,选址在彩凤坊瑞源珠宝商店门前(今人民路五金交电商店处),重点推销"火腿肉粽"和"猪油洗沙甜粽"两大特色产品,并且按不同季节制作鸡肉粽、排骨粽、蚕豆粽、豌豆粽等投放市场,深受广大消费者欢迎。与此同时,他在包装上采用糙纸包和簧篮,并印"诸老大"三字的红底黑字标记,使生产经营者及其产品的知名度和影响力逐渐提升。

1910年，在茶食市场打拼20多年的诸老大，开设了一家以卖粽为主、兼营茶食的"诸老大粽子店"，坐落于湖州府庙前。所有食品全由他自己及家人制作，不雇请师傅或伙计。此时的茶食店，炉火纯青，生意兴隆。在竞争对手们还在为产品开发苦恼时，诸老大已经着力打造新的品牌形象，他们深知江南各地食用粽子的习俗，将自己的粽子刻画成精致的茶食，植入典雅的茶文化之中，并形成独特的粽文化。

1927年诸老大病世，其四个儿子继承家业。1929年，在第一届西湖博览会上，诸老大的粽子获得"优质土产奖"，首次惊艳全国。同年冬季，上海利利土产公司就派人来湖州洽谈粽子代销业务，诸老大享誉沪上。1931年，该店进入全盛时期。因老店面积太小，于是在太和坊瑞泰南货店对面（今人民路向阳布店处）开设分店，取名"诸老大粽子茶食店"，前店后坊，自产自销。上海生生土产公司也与诸老大挂钩代销业务，使诸粽源源运往上海，声名鹊起。1946年，民国元老、湖州名人陈果夫曾点评诸老大的粽子为"粽子状元"，进一步在当地掀起诸老大粽子热潮。

改革开放后，诸老大迎来新的发展机遇。1978年8月，成立"湖州诸老大食品有限公司"，恢复"诸老大"老字号。1986年5月，公司申请"诸老大"注册商标，企业知识产权保护意识极大增强。2003年，诸老大在湖州市南浔区菱湖镇竹墩工业园建设新厂，占地面积60亩，经营规模扩大。2011年，浙江青莲食品股份有限公司入股诸老大，使诸老大以现代化的面貌进入快速发展阶段。同年3月，诸老大食品公司更名为"湖州诸老大实业股份有限公司"。目前，诸老大销售地区覆盖长三角（江、浙、沪）并向北京、广东、湖北、湖南、四川、云南等21个省市地区延伸，年产值已达5000万元。

194. 李大同

李大同是浙江温州瑞安市的食品企业，迄今已有130年的历史。2006年11月被商务部认定为第一批"中华老字号"（名单序号：浙江3），注册商标"李大同"。

十一、浙江省

李大同的前身是一家茶食店,清光绪十五年(1889年)由清末浙南一带糕点名师李瑞庆创立,店名全称为"李大同南北海味茶食糖果店"。后因其仰慕孙中山先生"世界大同"精神,故更店名为"李大同"。经其与儿子李锦淮两代人苦心经营,至20世纪30年代,李大同声名鹊起,已成为浙南闽北一带首屈一指的大商号。

1946年,李大同第二代传承人李锦淮病故,由其三子李定波继承,成为李大同第三代传人。然而至1952年,李大同由鼎盛走向衰落,随后总店、分号的销售、生产全部下马,李大同遣散几十名员工,清理寥寥无几的资产,整体停业。家族各房也都各奔东西,自食其力。

伴随着改革开放大潮的到来,李大同东山再起,复出新生。1980年,经瑞安工商部门批准,李定波在当时的瑞安县新饭店前重新开设"李大同"。妻子当营业员,他与子女当糕点师制作糕点,并于1984年换发了新的营业执照。因"李大同"的品牌效应及糕点制作的确名不虚传,故生意日益兴旺。

不久,李定波之弟李观成,以妻子韩爱华的名义申办"瑞安市城关镇李大同茶食店"获得批准。1989年3月,李观成以"瑞安市城关镇李大同(老五房)茶食品店"的名义申报"李大同"注册商标,并于1990年经国家商标局核准,依法使用环球标志"李大同"注册商标,企业知识产权得到法律的充分保护。1995年,"李大同"注册商标被瑞安市工商局认定为"瑞安市名牌商标",企业在知识产权保护方面成绩显著。1999年9月,该茶食品店更名为"瑞安市李大同(老五房)食品有限公司",企业走向正规化。2000年,"李大同"注册商标又被温州市工商局认定为"温州市知名商标",企业发展竖起一座新的里程碑。

作为茶食名店,李大同主营白糖双软糕、面茶糕、芙蓉糖、空心月饼、芝麻巧等茶食糕点,以甜、酥、软、韧、香为主要特色,堪称浙南特产,深受广大消费者欢迎。其中"空心月饼"是一种用独特工艺烤制出来的圆形中空的糕点,吃起来又香又脆,还有大小月饼相叠悬挂的式样,谓之"套月",在全国极为罕见。现瑞安茶食店所做的"空心月饼"销往浙南各地,以百年老店李大同最为著名。"空心月饼"不仅仅是一种糕点,而且反映了历代瑞安人的风俗民情,是带有明显地方传统特色的饮食文化遗产。为使这一传统饮食文化遗产得到传承,每年中秋节时分,李大同(老五房)都专门邀请"空心月饼"烤制传承人王品东一家烤制"空心月饼"。王品东的六兄弟都会烤制祖辈秘传的"空心月饼",其父王宝千和祖父王庆涵是烤制"空心月饼"名人,已有百年的祖传历史。20世纪80年代以来，每逢中秋，瑞安市政协等单位便邀请华侨、侨眷及港澳台同胞召开座谈会，品尝"空心月饼"，以慰游子思亲之情。

195. 仁昌

仁昌是浙江省绍兴市的调味品企业，迄今已有120多年的历史。2011年3月被商务部认定为第二批"中华老字号"（名单序号：浙江26），注册商标"仁昌记"。

仁昌原名"仁昌酱园"，清光绪十八年（1892年）由绍兴人徐仁昌在绍兴安昌古镇东市水阁桥南创立。该酱园初期投入不大，酱缸不足百只，前店后场，自产自销，经营十几年一直不温不火。然而，"仁心、昌荣"这四个字始终是店规祖训，传承至今。即只有做到仁义和诚信，才能得到昌荣。

清光绪三十一年（1905年），徐仁昌病重无力经营，仁昌酱园转让给第二代传承人章申甫。章氏扩建店铺，但仍保留"仁昌"字号，更名为"章仁昌"，酱缸数量增至近150只，采购官盐酿制酱菜与腐乳，在绍兴酱园业中的地位进一步巩固。

长期以来，仁昌酱园一直坚持使用质量上乘的黄豆、麦粉等制作各类酿造原料，酿制传统工艺为棒敲制曲，土灶蒸料，木架机压渣，目测酱油色，嘴品咸淡味，采用酱缸发酵、晒油及存放，肩挑出油及送油。根据不同原料组合，不同酿制方式，仁昌推出两种特色酱油产品"双缸酱油"和"母子酱油"。此外，红酱、酱油、酱菜、乳腐等产品也组成了仁昌丰富的产品线，腐乳种类多样，包括太方、行方、红方、醉方、棋方、白方等，远销香港地区及东南亚等国家，每年规模达到2000坛以上。1915年，在巴拿马太平洋万国博览会上获得金奖，产品走出国门。

1935年，仁昌酱园在绍兴多地开设门市，销售额及利润均创历史最佳。1948年，仁昌酱园又加入几位新的合伙人，资金充裕后继续扩大规模，酱缸数量大幅增加至500只，厂区占地1.8万平方米，厂房建筑面积6000多平方米，已经成为绍兴本地的大商号之一。

1949年以后，仁昌酱园收归国有，但仍保持传统纯手工制作技艺，厂区也充分展示历史原貌。在2000多只酱缸中,许多带有"仁昌记"字样,弥足珍贵。斑驳的使用痕迹是它们所承载历史的真实写照。

改革开放后,在新时代的发展洪流下,仁昌顺应新机遇,迎接新挑战。在企业运营、品牌建设上不断加大力度,坚持传统配方及工艺不变,在此基础上推出更多以新材料、创新方法制作的传统酱品,开发出红烧酱油、母子酱油、海鲜米醋等产品。2000年4月,成立"绍兴仁昌酱园有限公司",企业改制为民营性质。2002年,"仁昌"被国家内贸局评为"中国放心食品信誉品牌",企业信誉达到全新高度。2009年6月,"酱油传统酿造技艺"被浙江省确定为第三批省级非物质文化遗产,其中就有仁昌做出的重要贡献。

近年来,公司大举进军文化创意产业,将原来只有50平方米左右的门市部,改造成400多平方米包含酱文化展示和酱制品销售的主题博物馆,同时对外开放天然传统晒场。与此同时,作为老字号的仁昌积极推动转型升级,恢复生产多种传统产品,注重在产品中附加老字号特有的历史文化属性。向消费者讲述百年老店独特的传统与底蕴,以文化带动产品消费,仁昌酱园历经一百多年的发展,环境、体制、人员不断更替,唯一不变的是那记忆里独特美妙的酱香味道,属于这家百年老店的辉煌才刚刚开始。

196. 邵永丰

邵永丰是浙江省衢州市的食品企业,迄今已有120多年的历史。2006年11月被商务部认定为第一批"中华老字号"(名单序号:浙江8),注册商标"邵永丰"。

邵永丰的前身是一家麻饼店,清光绪二十二年(1896年)由当地人邵芳恭在衢州创立,取字号"邵永丰"。他采用自创的独特工艺,将饼胚双面沾上芝麻,用白炭炉烘烤制作出香气扑鼻的麻饼,一经推出在衢州就获得广泛认可,常常营业至深夜,店铺外的顾客仍络绎不绝。为此,邵芳恭更加深入研究衢州麻饼悠久的历史,对古法制作技艺认真学习并加以改进。久而久之,独特的"邵氏"烘烤技法做到了取其精华,去其糟粕,在融会贯通之中找到了属于自己的正确发展之路。

1929年,在首届西湖博览会上,邵永丰的招牌麻饼获得"名点佳品"称号。

民国时期，邵永丰的销售额与市场占有率已在面点行业位居前列，并在周围省市开设门市、产品销往全国各地。与此同时，邵永丰还在麻饼之外扩充产品线，制作各类面点，如大饼、面条、油炸食品等，邵永丰成为衢州面点食品的代名词，受到各界人士欢迎。

抗战全面爆发以后，邵永丰的生意受到极大影响，前进步伐变得迟缓。1949年以后，企业经历公私合营改造，昔日门庭若市的场面早已不在。"文革"期间，邵永丰受到冲击，被迫更名为"向农面饼店"，持续了近百年的招牌被停用。

改革开放以来，邵永丰东山再起，发展迅速。1978年，成立"邵永丰面饼店"，老字号得以恢复，后更名为"邵永丰饮料食品店"。2000年，邵永丰改制，19岁就进入邵永丰学艺的老员工徐成正买下这家百年老店的全部资产，更名为"衢州市邵永丰成正食品厂"。邵永丰推进现代企业经营管理制度，把科学生产及高效加工技术相结合，不断打造出更营养、更卫生、口味更佳的麻饼及其他面点。企业也从单一的食品加工售卖转变为集研发、种植、加工、原料及成品销售、文创旅游基地经营为一体的综合性企业。2006年，邵永丰改制为独资公司，继续投入大量资金研发新产品及进行品牌建设。企业进行了商标、专利的注册以及30类产品的保护。在核心产品麻饼上，邵永丰既保留传统经典口味的产品，同时增加新的花色品种，除了传统含糖的甜麻饼、甜月饼，也有符合当今健康需求的低糖、无糖麻饼、月饼及各类面点。2007年6月，"邵永丰麻饼制作技艺"被浙江省确定为第二批省级非物质文化遗产，企业发展站在了新的起点。随着中华老字号文化传承培训基地和非物质文化遗产邵永丰手工技艺博物馆的建成，公司进军文化创意产业的势头十分强劲。

目前，衢州邵永丰成正食品厂（有限公司）已经成为一个文化型、科学创新型、创业发展型和奉献型的大企业，是一个集研发、农业种植、培训、原材料加工、成品加工、旅游基地和连锁经营为一体的企业。

197. 西泠印社

西泠印社问世于清代末年，是中国成立最早的著名全国性印学社团，迄今已有110多年的历史，其传承者为杭州西泠印社有限公司。2006年11月被商务部认定为第一批"中华老字号"(名单序号:浙江26),注册商标"西泠印社"。

清光绪三十年(1904年),著名篆刻家丁仁、王禔、叶铭和吴隐等四人共同发起创建西泠印社,社址定在杭州西湖景区孤山西南侧,他们通过集资买山开始兴建多处园林建筑,使印社规模得以扩大。1913年,印社举办10周年庆典,正式定名"西泠印社",同时修启(西泠印社成立启)立约(西泠印社社约),发展社员,入社者均为擅长书画、篆刻、鉴赏、文史之大家,并推举著名书画家、篆刻家吴昌硕为第一任社长,印社进一步正规化。然而,自1937年全面抗日战争爆发后,印社活动基本停顿。直到1947年,印社才补办了40周年社庆活动,让经历风雨考验的西泠印社再现生机。

中华人民共和国成立后,印社活动暂时中止,全部资产由人民政府接管。1957年,为推动中国印学发展,在浙江省政府支持下成立"西泠印社筹备委员会",开辟金石书画门市部,设立吴昌硕纪念室。1962年底,西泠印社召开了中华人民共和国成立后的第一次社员座谈会,会上成立了西泠印社社庆60周年筹委会,并于次年举行了印社成立60周年纪念大会,通过了《西泠印社章程》,选举产生了首届理事会,接纳了一大批新入社会员,均为书画及篆刻名家。从此印社各项活动频繁,诸如举办书画篆刻作品展、集会研究讨论印学、鉴赏藏品、组织大家进行篆刻书画创作并进行展览展示、编辑出版等活动。

改革开放以来,西泠印社迎来了天翻地覆的变化。1979年,因"文革"而暂停的印社活动全面恢复,各项工作步入正轨,学术研究、对外交流、组织建设、人才培养等各方面都取得了长足进步,文化影响扩大,印社空前繁荣。

2001年6月,西泠印社作为近现代重要史迹及代表性建筑,被国务院确认为第五批全国重点文物保护单位。2003年12月,西泠印社由事业单位转企改制,更名为"杭州西泠印社有限公司",制定了"企业化定位、品牌化经营、市场化运作、产业化发展、国际化合作"的产业发展战略,积极寻求西泠印社社团事业和文化产业的良性互动。2006年5月,西泠印社的"金石篆刻"艺术被国务院确定为第一批国家级非物质文化遗产,印社成就再结硕果。2008年

中国印学博物馆

1月,"西泠印社集团有限公司"成立,是以西泠印社社务委员会为出资人的国有独资的有限责任公司。作为国有资产营运机构,集团公司负责整体运作西泠印社社委会管理的经营性国有资产;作为西泠印社经营性产业的主体和杭州西泠印社有限公司的母公司,集团公司总体定位于艺术品业,完善产业链、创新经营业态;集团公司坚持"组织集团化、产业高度化、经营集约化、市场国际化"的方针,以"西泠印社"品牌为核心,吸引社会力量共同投资艺术品原创、展览、出版、广告、鉴赏、画廊、拍卖等领域,形成比较完整的艺术品业产业链和涵盖社团、事业、产业的立体化品牌体系。2009年4月,"西泠印社"商标被国家工商总局认定为"中国驰名商标",成为国内屈指可数的文化产业品牌驰名商标之一。

西泠印社不愧为百年老字号文化先锋,在文化创意产业领域跨越了两个世纪,故早在1999年8月就开始兴建中国印学博物馆,建立起一个印学研究的平台。

198. 景阳观

景阳观是浙江省杭州市的调味品企业,迄今已有110多年的历史。2011年3月被商务部认定为第二批"中华老字号"(名单序号:浙江20),注册商标"景阳观"。

景阳观问世于清光绪三十三年(1907年),由浙江诸暨人寿达清在杭州荐桥街(今清泰街)佑圣观路创立。作为一家酱菜店老板,寿达清利用自己年少时在老家酿造厂做学徒学到的酿造技艺,以销售自制酱菜、腐乳为主,经营采取前店后坊模式。寿达清亲自采购原料,精心调制配方,精心腌制各类酱菜与腐乳,特别是双插瓜这一景阳观的招牌产品受到当地许多官员、名流的喜爱。双插瓜采用特别的酱料腌制,具有嫩脆爽滑的口感和咸甜相宜的味道,着实令人垂涎。相传,当年许多浙江籍官员都会购买一些景阳观的双插瓜带到京城,当作贡品或馈赠礼物,由此这一酱菜迅速在京城王公贵族里流传开来,上至皇帝太后,下至嫔妃宫女均喜爱食用这一美味佐菜。

由于经营有方,管理到位,开业短短数年时间,景阳观的业绩就逐年增长,知名度也走出杭州走向全省,在江南地区成为最受欢迎的酱菜店。其聘用专业技师制作各类越式酱菜与腐乳,其中代表性的产品有双插瓜、乳黄瓜、开洋腐乳、桂花腐乳、蜜枣萝卜、八宝什锦菜等,品种多样,口味覆盖广泛,远超竞争对手。此后,景阳观扩大经营范围,引入醉蟹、泥螺、虾子、酱鸭、酱猪、酱油、桂花梅酱、各种露酒等风味酱料酱菜、调味品、酒水。在这一时期,景阳观已在杭州调味届独占鳌头。

景阳观门店

然而,1937年全面抗战爆发,景阳观生意一落千丈。随着店铺被洗劫,寿达清便把景阳观转手他人。至中华人民共和国成立前,景阳观始终举步维艰。直到1956年实行公私合营,政府投入资金与物力扶持,才使景阳观业绩保持平稳。

改革开放后,景阳观迎来快速发展的春天。2002年,景阳观企业改制,重新恢复创立之初的老字号招牌,迎回往日荣光的象征,重新焕发生机,再创辉煌。2003年11月,景阳观整体迁入改造后的杭州清河坊古街,在这一老字号聚集的历史街区可以为这家百年老店提供更适合自己的发展平台,以政府扶持加企业创新结合方式打造新式老字号。

近年来,景阳观秉持老字号创新的理念,在引入先进生产设备,保留传统工艺的同时,积极采取现代化生产方式,执行最严格的安全卫生标准,使消费者食用的景阳观产品既有浓厚历史风味又具备现代食品安全特性。作为一家百年老店,景阳观肩负着传承历史开拓未来的责任;作为一家食品企业,他们既提供美味产品,又为消费者的营养健康着想,将老字号的商业价值与社会责任结合,取得出色的成绩并发扬光大。目前,景阳观所经营的商品达八大类120余种,始终保持景阳观在酱菜市场独树一帜的地位。而其自身所生产制作的品种更达到40余种,同时保持每年创造新品,每年有新特色,使中华老字号的百年传承得以继承和发扬。

十二、安徽省

199. 吴鲁衡

吴鲁衡是安徽省休宁县的罗盘制造公司,迄今已有近300年的历史。2011年3月被商务部认定为第二批"中华老字号"(名单序号:安徽13),注册商标"吴鲁衡"。

罗盘又称罗盘针和罗经,古代广泛用于航海、航空、勘察、探险、旅行、军事等测定方位,民间多用于测定宅基朝向等。日规亦名日晷,是根据日影(月影),测定时间的计时器,两者皆为我国古代杰出的科研成果,其核心定向的指南针属我国古代四大发明之一。

清雍正元年(1723年),千年徽州杰出历史人物、曾经享誉世界的罗经大师吴国柱(字鲁衡)在休宁万安镇创办"吴鲁衡罗经店"。他精通罗盘制作的全部流程及环节,故成为当年能独立生产罗盘的著名工匠。其所制日规、罗经、指南针等,既秉承古法、一丝不苟,又刻意创新、精益求精,以其精湛缜密的工艺,切实提高了产品质量,深受广大消费者欢迎。

长期以来,吴鲁衡罗盘选用徽州稀有虎骨木材料,采用祖传工艺经选料、车盘、分格、清盘、写盘、油货、安针等七道工序手工制作而成。尤其是罗盘指针采用独有的天然磁石磁化,具有灵敏度高,永不退磁等性能。其产品还灵巧地将书法、美术、徽雕等艺术融为一体,赋予产品浓郁的文化气息,别具一格,独具匠心。1915年,吴鲁衡产品获民国政府北京农商部"二等奖",并与"方秀水""胡茹易"的产品同时被选送在美国旧金山举办的巴拿马万国博览会展出,获金质奖章,享誉海内外。

改革开放后,吴鲁衡迎来科技发展的黄金时代。2005年,吴鲁衡受托为国家自然博物馆承担制作传统罗盘的任务,科技水平之高令人瞩目。2006年6月,"万安罗盘制作技艺"被国务院确定为第一批国家级非物质文化遗产,企业知名度和影响力空前提高。2009年12月,"吴鲁衡"注册商标被安徽省工商局认定为

"安徽省著名商标",企业知识产权保护达到新阶段。

古往今来,吴氏祖孙世代传承与呵护"吴鲁衡"品牌。特别是吴氏第七代传承人吴水森,近年来,既能秉承家传又擅于创新,他制作的吴鲁衡罗盘系列产品以质量上乘、精密度高而畅销国内外,包括新加坡、日本、美国等地区。2007年6月,吴水森被命名为安徽省第一批非物质文化遗产项目(罗盘制作)代表性传承人。

2011年5月,成立"休宁县万安吴鲁衡罗经老店有限公司",吴鲁衡开始实行现代企业制度。目前,公司有徽盘中比较全面的三合盘、三元盘和综合盘罗盘系列,规格一寸至两尺各种规格,圈层从两层到46层的几十个品种,日规有地平式、赤道式相关全套的日、月规(晷)的十几个品种规格,新型装饰工艺的产品有莲花八卦、双龙戏珠等20多个系列品种,是现代旅游中使用、考古、收藏、居家摆设、赠送友人的绝伦工艺艺术品。

与此同时,该公司还努力发展文化创意产业。2012年11月,其倾心打造的"万安罗经文化博物馆"正式开馆,总面积1600平方米,集中展示了古罗盘、古日晷、风水尺、风水古籍、古图谱、老罗盘制作工具、万安罗盘历代获奖证书原件等千余件文物。

200. 胡开文

胡开文是安徽省黄山市的墨业企业,清代四大制墨名家之一,迄今已有250多年的历史。2006年11月被商务部认定为第一批"中华老字号"(名单序号:安徽3),注册商标"胡开文"。

徽墨是我国制墨技艺中的瑰宝,具有悠久且灿烂的历史,发展至清代,各路门派竞争越发激烈,徽墨进入空前盛世。18世纪中期,来自徽州绩溪县的胡天注开始在休宁县"汪启茂墨店"打工,他从做零活开始,到后来外出跑业务搞推销,踏实肯干的行事风格深得店主汪启茂的欣赏。从此,胡天注便接触到制墨业的核心领域,夜以继日地研究制墨配方及工艺,并租用他人墨店学习经营。

清乾隆三十年(1765年),立志成就一番事业的胡天注盘下了汪启茂墨店,并更名为"胡开文",从此开始了属于自己的制墨事业。他想尽一切办法寻找资源与渠道，把店里仅有的资金全部用于采购优质原材料，聘请高级工匠，精心调制配方，制作墨模。清乾隆四十年（1775年），胡开文屯溪县新店开张，此时其制墨技艺日益精进，已经完全摆脱对原汪启茂制墨技术及模具上的依赖。胡氏采用易水法，对选材及操作工艺要求极高。特别是使用多种珍贵中草药调配出的八宝五胆药墨使胡开文名声大噪，将熊胆、蛇胆等五种动物胆及牛黄、麝香等八种药材加水煎煮，经过合并煎液、滤过、研粉、过筛等工序，加入药材以及桐油烟，胶合定型，阴干，用金箔包衣制成。八宝五胆药墨作为书画用墨，在色泽、黏性、防腐上有了质的飞跃，作为药品，消炎解毒、活血止痛，可以治疗痈疽疮疡等难解之症。

清嘉庆十三年（1808年），墨店第二代传承人胡余德接手。他继承父亲的生意经，坚持只在休宁老店制墨以确保品质，严格控制原料进货渠道和生产工艺流程，培养和雇用大量技术过硬的专业人才。而在开拓市场方面，胡余德比父亲更胜一筹，他涉足多种行业以更好地支持其主业的发展，甚至在咸丰、同治年间出现太平天国的战乱纷飞中都未曾受到影响。

清末民初，胡开文墨业达到前所未有的辉煌，几乎垄断了徽墨市场，影响力巨大。而在时任店主胡洪椿的带领下，胡开文走向世界，把中国文房四宝的独特魅力传播到了海外。清宣统二年（1910年），胡洪椿带领团队设计出了以当时世界版图所绘制的地图及地球仪为蓝本的"地球墨"，并于1915年请能工巧匠们制作出成品，形态中部凸，两端薄，油烟墨通体漱金，表面洲际大洋轮廓清晰，纹路精美，并于同年在巴拿马万国博览会展出并获金质奖章。

20世纪三四十年代，受到战争影响及西方书写工具竞争的双重打击，胡开文的经营陷入困境。直至中华人民共和国成立，胡开文才迎来新的发展机遇，1956年实行公私合营，成立"屯溪胡开文墨厂"，采用更先进的生产技术和环保材料，建立功能完备的工厂及检测中心，既保留传统点烟、制墨技术，又善于运用现代科技手段，生产效率及产品质量得到很大提高。

改革开放后，胡开文进入新纪元，全面改制为民营企业。2006年5月，"徽墨制作技艺"被国务院确定为第一批国家级非物质文化遗产，企业利润逐年递增，获得多项国家级荣誉。中华文明源远流长，文房四宝在其中扮演重要角色，而作为徽墨中坚力量的胡开文是集书画工具与鉴赏品制作于一身的文化传播大使，见证中国近现代沧桑巨变的这家百年老店，属于他们的精彩还在继续。

十二、安徽省

201. 胡玉美

胡玉美是安徽省安庆市的调味品企业，迄今已有近 200 年的历史。2006 年 11 月被商务部认定为第一批"中华老字号"（名单序号：安徽 5），注册商标"胡玉美"。

胡玉美的前身为家庭制酱小作坊，清道光五年（1825 年）由徽州婺源（今属江西）人胡兆祥创立。起初他走街串巷，肩挑贩卖酱货，继而开设"四美"酱园、"玉成"酱园，最后于清道光十年（1830 年）在安庆商业中心四牌楼开办"胡玉美"酱园，一举摆脱游商身份，开始经营起正规的酱园产业。

为出奇制胜、后来居上，胡兆祥首先从产品的改进做起。他仔细考察了安庆本地的酱料市场，了解到所有的商家都是采用大豆作为制酱原料，而没有使用色香味更佳的蚕豆，于是他决定尝试一下。通过不懈的努力，胡兆祥学习并掌握了复杂的制酱配方与技术，从此安庆市场上便诞生了胡氏蚕豆酱。

然而，安庆的百姓对于新口味需要一个适应的过程，人们大都选择观望，所以酱园开业之后的几年里经营情况不甚理想。胡兆祥苦思冥想，采取各种方式将蚕豆酱的口味优势介绍给顾客，并在经营模式上进行创新，雇佣有能力的职业经营者取代家族成员管理店面，再加上他耐心、踏实又稳健的经营风格，使酱园逐步走入正轨。掌握独特的原料配方，采取先进的经营手段，具有优秀的人才储备，胡玉美想不成功都难。依靠以前积累起来的客户群，加上大力的宣传推广，生意日益红火，迅速在安庆酱料市场占有重要位置。

胡玉美的经营哲学中非常注重人才建设，对家族成员的教育提供最好的条件，送往省城、京城乃至海外求学。对外则广纳人才，开出比竞争对手高得多的薪酬，吸引大批有才干的人士加盟。依靠这些软实力，胡玉美在清末时期，已经成为安庆各酱园的领导者。清光绪二十六年（1900 年），胡玉美借鉴西方先进企业的运作模式，实行股份制经营，除了在大的框架上全面实行现代化，在许多具体环节上也处处体现与时俱进的创新精神。他通过考察西方国家同类行业企业，学习了大量有益经验，率先设计并申报注册产品商标，建立食材原料培育基地，利用生物学手段改进传统配方，赋予职业经理人更多的权力，这些富有成效的举措使得胡玉美在 20 世纪 30 年代达到顶峰。在此期间，胡玉美获得如巴拿马万国博览会等重要国际国内奖项，积极扩大生产及销售网点，成为全国知名企业。

随着抗战爆发，胡玉美的经营陷入困境，店铺被洗劫，人员大量流失，百年基业摇摇欲坠。中华人民共和国成立后，历经磨难的胡玉美迎来新的发展契机。1954年实行公私合营，企业引入了机械化生产线取代人工，这让生产效率得到极大提升，产量在20世纪60年代达到了历史新高度。

改革开放后，胡玉美再次获得新生。1982年，企业翻建了厂房，引入了全套现代化生产线，发展出酱料、罐头、糖果、冷冻食品等几大类多元化品种，建立全国性销售网络。2002年，胡玉美经改制成为民营企业。

近年来，胡玉美既注重产品研发，狠抓产品质量，同时又大力建设企业文化，热心关注社会公益事业，努力营造良好的社会影响力，展现出这家百年老店深厚的文化积淀与底蕴，为今后的发展打下了坚实的基础。

202. 余良卿号

余良卿号是安徽省安庆市的医药企业，迄今已有160多年的历史。2006年11月被商务部认定为第一批"中华老字号"（名单序号：安徽8），注册商标"余良卿号"。

早期的余良卿号是一家中医膏药店，清咸丰五年（1855年）由安徽桐城人余性庭在安庆城内创办，取名"余良卿号"。余氏出身中医世家，自幼受家庭影响，平时为乡里百姓诊治小疾小病，并利用祖传偏方研制了几种外用的膏药，药效不错，得到大家认可。药店成立后，余氏如虎添翼。他潜心研究、改良配方，适时推出了一种黑膏药。此种膏药具有收敛、提脓、生肌之功效，可用于疮疡阳证各期，这便是赫赫有名的"鲫鱼膏药"。

鲫鱼膏药问世后，余良卿号声名鹊起，迅速在安庆城内流传开来。与很多标榜宫廷御药高高在上的身价不同，余良卿号制作的膏药价格便宜，药效却很好，深得百姓们的欢迎。从清咸丰十年开始，余良卿号摆脱家庭小作坊式的经营，逐渐向正规企业发展，他们建立了工厂，雇用专门人员进行生产经营等各项活动，企业规模逐步扩大。

清光绪十年（1884年），余良卿号迎来历史上最为重要的一名掌门人、第二代传承人余鹤笙。余鹤笙跟随父亲余性庭学习制作膏药多年，掌握了大量中医知识，并在多家药铺当学徒丰富自己的阅历。执掌药店后，余鹤笙针对鲫鱼膏药进行配方改良。他经过多次试验,细心比对,终于找到铅粉这一材料与麻油进行搭配,从而使熬制出的膏药更易吸附在患处表皮,不刺激,保护性与愈合性更佳。这一革命性的成就使得鲫鱼膏药销量迅速攀升,也带动了余良卿号其他药品如狗皮膏、冻疮膏、麝香膏等的销售。余鹤笙上任10年后,余良卿号已在安庆地区中药膏市场占据头把交椅。药店不但注重药品质量,而且在店铺管理上也做得颇有章法。平日里,除了保留各岗位的固定工人外,还根据生产情况雇佣一部分临时工,这样节省了成本也提高了效率。

1918年后,因余鹤笙去世,余良卿号逐步减慢了发展步伐。后继领导人能力有限加之国内局势日益紧张,造成药店举步维艰。余永年及余达谟两任店主相继出让店面,弃店出走。由于1937年抗战全面爆发,余良卿号陷入停业境地。直至解放战争时期才恢复营业,经营状况只能是勉强维持。

中华人民共和国成立后,余良卿号柳暗花明。1953年,明星产品鲫鱼膏药更名为"余良卿膏药",以突出老字号品牌的影响力。1955年实行公私合营,成立"余良卿膏药厂"。在此后的数十年时间里,这家百年老店历经沉浮。

改革开放以来,余良卿号再创辉煌。企业建立了现代化厂房、车间与生产线,研发出活血止痛膏与麝香镇痛膏等国家级优质药品。1995年,企业完成了股份制改造,开始轻装上阵。2001年,安徽安科生物工程股份有限公司与余良卿号实行资产重组,成立"余良卿药业有限公司"。近年来,公司大力推行科技兴企战略,针对生产设备进行全面升级改造,实现智能化、网络化,并大力研发新产品,获得多项国家专利,以科技创新实现可持续发展。

203. 谢裕大

谢裕大是安徽省黄山市的茶企业,迄今已有140多年的历史。2011年3月被商务部认定为第二批"中华老字号"(名单序号:安徽3),注册商标"谢正安"。

谢裕大的前身是"谢裕大茶行"。该茶行于清光绪元年(1875年)在上海问世,由清代制茶专家、古徽州歙县富溪乡漕溪村(今安徽省黄山市徽州区富溪乡富溪村)人谢正安创建。为了拓展茶叶经营,畅通销售渠道,他亲自带领家人到漕溪村几公里外的深山"充头源"茶园选采肥壮芽茶,再经过多道工序精心

谢裕大茶行

制作,最后形成别具风格的新茶。因其"白毫披身,芽尖似峰",故称"毛峰";又因毛峰产地邻近黄山,谢正安遂将其命名为"黄山毛峰"。

有资料显示,黄山毛峰通过谢裕大茶行在上海一炮打响,很快就成为沪上达官贵人饮用和馈赠的珍品,英俄等国茶商也纷纷争先订货,从此该茶声名鹊起,一物难求。谢正安不但成为谢裕大茶行的开创者,还是黄山毛峰的创始人。清光绪十八年,谢裕大黄山毛峰被清政府作为高贵的礼品送给英国皇室。然而,自清宣统二年(1910年)谢正安逝世后,谢裕大茶行逐渐衰落,一蹶不振,唯有谢正安独创的黄山毛峰作为畅销商品在市场上仍有强劲的生命力。

1955年,中国茶叶公司对全国优质茶进行鉴定,黄山毛峰被评为全国十大名茶之一,初步奠定了黄山毛峰在中国茶产业领域的品牌地位。

改革开放以来,黄山毛峰更是屡获佳绩,再创辉煌。1982年,黄山毛峰茶获商业部名茶称号,一代名牌重新崭露头角。1983年,黄山毛峰茶获国家对外经济贸易部"荣誉证书",为其批量出口打下了良好基础。1984年,黄山毛峰原产地充头源恢复特级黄山毛峰茶生产,当年出口联邦德国等国家。1986年,黄山毛峰被外交部定为招待外宾用茶和礼品茶,并定点在富溪乡生产。随着黄山毛峰日益走红,一代茶王谢正安第五代嫡系玄孙谢一平再也坐不住了。他于1993年3月在黄山毛峰核心产地——徽州区富溪乡开设"黄山市徽州漕溪茶厂",继承徽商传统,不断开拓创新,积极运用先进科技手段加工传统名茶,使黄山毛峰在保持原有风格的基础上又有提高,目标就是发扬光大"谢裕大"这个富含传奇性的百年品牌。1994年,特级黄山毛峰茶在原产地徽州区漕溪充头源恢复生产,并出口联邦德国。1996年,黄山毛峰茶被外交部指定为国家礼品茶,为国家赢得了新的荣誉。1997年,黄山市徽州漕溪茶厂在国家商标局正式注册"漕溪"商标,在创建和维护知识产权方面迈出了一大步。

黄山毛峰发展史上的黄金时代,是在进入21世纪之后。

在业绩成就方面,2000年,黄山毛峰茶荣获中国(芜湖)国际茶博会"茶王"称号,著名品牌地位十分牢固;同年,黄山毛峰茶还荣获第四届国际(韩国)名茶评比金奖以及安徽省著名商标称号,知名度和影响力双提升。2002年,

"漕溪"牌黄山毛峰被列入国家原产地域产品保护范围；同时，还荣获黄山毛峰原产地标记注册认证。2004年1月，漕溪茶厂成功注册"谢正安"商标并成功投放市场，使传承百年的老字号大放光彩。2007年3月，国家主席胡锦涛在出席俄罗斯举办的"中国年"活动中，将黄山毛峰茶作为国礼赠送给俄罗斯总统普京。2008年6月，"绿茶制作技艺·黄山毛峰"被国务院确定为第二批国家级非物质文化遗产，公司发展攀上一个新高峰。2012年6月，"谢正安"商标被国家工商总局认定为"中国驰名商标"，企业知识产权保护范围得到进一步扩大。

在企业体制方面，2006年10月，漕溪茶厂与上海可华投资管理有限公司合资，成立"黄山谢裕大茶业股份有限公司"，之后扩大投资，独立研发改良，新建现代化的茶叶生产加工工厂，从而迅速提高茶叶产能满足市场需求。2010年8月，更名为"谢裕大茶叶股份有限公司"，为进入中国资本市场打下坚实基础。2014年1月，谢裕大茶叶股份有限公司在全国中小企业股份转让系统（即新三板）正式挂牌上市，股票名称谢裕大，成为国内茶企第一家上市公司。

204. 聚红盛

聚红盛是安徽省寿县的餐饮企业，迄今已有140多年的历史。2011年3月被商务部认定为第二批"中华老字号"（名单序号：安徽11），注册商标"聚红盛"。

聚红盛的前身为一家酒馆，清光绪元年（1875年）由寿州（今寿县）城关孙氏在古城闹市创办，取名"聚红园"。清光绪六年（1880年），该酒馆转让给桑雨苍经营，更名为"聚红盛"。相传清光绪二十五年（1899年），清咸丰朝状元、吏部尚书、协办大学士兼京师大学堂（今北京大学）首任管理学务大臣孙家鼐省亲，乡里宴请其在聚红盛小聚，席间曾题诗一首于白壁，盛赞聚红盛的菜点精美。返京后，他还把奶汁淮王鱼、安丰塘胖头鱼献给光绪皇帝，被皇室列为贡品。从此聚红盛声名鹊起，日益红火。

中华人民共和国成立后，聚红盛由第四代传承人袁同珍女士经营，后传承于其媳朱林。1956年实行公私合营，聚红盛在经营和服务上取得了不断发展和改进。

改革开放以来,聚红盛历经坎坷,在困境中前行。20世纪90年代,随着市场激烈竞争的加剧,聚红盛的经营业绩及市场地位持续下降,濒临破产及品牌失传。2007年,"寿县宏盛大酒店有限责任公司"收购聚红盛,同年申报注册商标,此举使百年老店迎来一个黄金时代。经重新选址,聚红盛摆脱了老城区发展的空间限制,董事长邸道阳继承并振兴了这一民族餐饮瑰宝,成为聚红盛的第六代传承人。

2009年,经中国贸促会和上海世博局推选,聚红盛作为中华八大菜系之徽菜代表企业,参加"迎世博国际美食大赛"并获得金奖。聚红盛还多次接待中央电视台《舌尖上的中国》、香港凤凰卫视、安徽卫视《美食来了》等中央、省、市媒体的采访,赢得社会各界广泛赞誉。

2009年5月,邸道阳成立"安徽聚红盛农庄餐饮有限公司",经营范围包括餐饮、住宿、会议室租赁、旅游产品开发等。公司是寿县重点招商引资企业,2010年12月被安徽省旅游局评为"五星级农家乐"。开业以来,公司成功接待了德国汉诺威孔子学院文化交流团、合肥六安农超对接会、合肥寿县旅游直通车对接会、寿县城市建设调度会等大型活动,取得了一定的经济效益和社会效益。其中聚红盛农庄代表豆腐发祥地寿县,参加中央电视台"欢乐中国行"八公山豆腐宴的制作,提高了中国历史文化名城寿县的知名度。

作为迄今为止安徽省最早的餐饮品牌,聚红盛已横跨历史长河三个世纪,竖立起一座不倒的丰碑。经过多年发展,聚红盛现已是享誉省内外的知名餐饮企业,对安徽省餐饮业的发展、振兴百年老店发挥积极的推动作用。聚红盛在不断发展的道路上,运用"传统+现代+特色"的经营模式,全方位继承和振兴"聚红盛"餐饮文化,使其成为一个具有传统特色又融入现代气息的新型餐饮企业。既满足和丰富了大众的饮食选择,引领更健康的餐饮潮流,又为百年老店注入新的血液,带来源源不断的创新动力。

205. 张顺兴号

张顺兴号是安徽省合肥市的食品企业,迄今已有130多年的历史。2011年3月被商务部认定为第二批"中华老字号"(名单序号:安徽10),注册商标"张顺兴号"。

张顺兴号最早是一家小黄烟（烟丝的一种）店，清光绪八年（1882年）由张文绍在合肥三孝口创立。1906年，该店正式取名"张顺兴号"，张文绍叔父、清光绪朝举人张子开亲笔题写牌匾。此后张顺兴号扩大经营范围，主营糕饼、点心、炒货和酒。1912年，张顺兴号迁至前大街（今长江路）经营，逐渐发展成为合肥糕点行业的名店。该店生产的大麻饼、烘糕、方片糕等是当时合肥婚嫁、寿诞、节日喜庆的必备馈赠礼品，深受社会各界欢迎。相传，当年张顺兴号生产大麻饼时，合肥城已有20多家糕点作坊，也有几家名气不亚于张顺兴号。但张顺兴号博取各家之长，在选料、配料、制作、烘烤、保管、销售等环节，摸索总结出一套自己的独特经验，后坊生产，前店出售，终使顾客盈门，口碑渐隆。

1932年，张顺兴号遭遇火灾，大伤元气。1937年，日军入侵，店主被迫停业避难。1945年，张顺兴号濒临破产边缘。抗战胜利后，国民党当局以"经济汉奸罪"，对张顺兴号罚款50万元法币，导致张顺兴号一蹶不振。

中华人民共和国成立后，张顺兴号东山再起，继续发展。1956年实行公私合营，张顺兴号更名为"合肥市糕点公司长江路第一门市部"，体制发生变化。1962年，恢复张顺兴号老字号，企业生产和经营进入快车道。然而"文革"期间，张顺兴号遭受冲击，被迫更名为"立新门市部"，作坊迁往合肥市长丰县。直到1979年1月，张顺兴号才重新在合肥市原址挂牌复业。

改革开放后，张顺兴号突飞猛进，成就斐然。20世纪80年代，张顺兴号拥有员工100多人，经营品种2000多个，年销售额突破400万元大关，在巢湖路上兴建了800平方米的生产厂房，更新增添设备，主要生产合肥四大传统名点。即麻饼、烘糕、寸金和白切，均经独特工艺加工而成，被合肥人称为"四大名旦"，其酥、香、脆、甜，纯美无比，声名昭著。除经营四大名点之外，张顺兴号也制作时令性月饼，其中包括徽式重油月饼。这种月饼的特色是，月饼面皮用菜籽油和面，烤熟后，月饼皮会慢慢渗出油光，咬起来有些酥，老年人很爱吃。

1982年，三孝口改造工程启动，拓宽长江路，新建筑一律后退让道数米，但政府特许张顺兴号在原址改建成新式二层仿古楼房，还向人行道多伸出几米，成为长江路上一道独特风景，百年老店再现雄风。1991年4月，企业获得"张顺兴号"注册商标，知识产权得到法律保护。2000年4月，成立"张顺兴食品厂"，企业规模扩大，市场占有率逐渐增加。近年来，企业认识到，老字号要发展，必须传承和创新，一是品牌和产品要传承老字号的味道，发扬老字号的商业理念；二是不断创新，根据消费者需求变化，加大产品营销创新，不仅对传统糕点加以改良，使之更加营养健康，还要大力发展电子商务，重新建立和消费者的亲密连接。

206. 耿福兴

耿福兴是安徽省芜湖市的餐饮企业，迄今已有130多年的历史。2006年11月被商务部认定为第一批"中华老字号"（名单序号：安徽6），注册商标"耿福兴"。

耿福兴原为芜湖三街口的一家无名小食摊，清光绪十四年（1888年）由江苏江都县人耿长宏随父创办，后其弟耿长福也加入，主营稀饭、油条。后耿氏聘请专打小刀面（即竹棍压面、刀切而成）的韩光远，把食摊改为"耿福兴饺面馆"，专营光面、虾籽面。清宣统二年（1910年），耿氏兄弟吸收芜湖烧饼大师严开银合伙，主营小笼汤包、虾籽面和酥烧饼，生意颇有起色，口碑渐隆。

1956年实行公私合营，耿福兴归属"芜湖市饮食服务公司"，人员稳定，继续发展。严师傅手艺高超，用料考究，制作精细，烘烤出炉的烧饼，金黄酥脆，特别爽口；加上面馆手工制作的虾籽面，二者匹配，相得益彰。1959年，为满足市场需求，耿福兴迁址芜湖中二街发展。一方面扩大营业面积，搞好硬件建设；另一方面在坚持饺面、汤包等特色产品的基础上，引进厨艺大师，增加了大众化的饭菜供应。

改革开放后，耿福兴加快前进步伐，享受餐饮黄金时代的到来。1984年，耿福兴扩建装修，将前楼改建为"同乐厅"，专以早点为主，增加煮干丝、汤面皮和各色盖浇面等，使早市营业额上升到全店营业额的70%。同年更名为"耿福兴菜馆"，拓展经营规模，加强技术力量，使百年老店再创辉煌。"童叟无欺，货真价实"是耿福兴百年店训，"发扬传统，与时俱进"是耿福兴发展理念。1986年，安徽省委宣传部副部长、省文联主席赖少其亲笔题写"耿福兴"三字牌匾，以示鼓励。

2002年，原耿福兴经理郭春林、白案第二代传承人刘扣锁大师担任顾问，返聘了众多原耿福兴大师和员工，坚持走大众化与传统、创新相结合的路子，不断扩大新品种，丰富和满足广大顾客的需求，受到社会广泛认可。2003年，耿福兴菜馆更名为"耿福兴酒楼"，百年老字号以崭新的面貌出现在芜湖街头。2008年"耿福兴"注册商标被安徽省工商局认定为"安徽省著名商标"，企业知识产权保护达到一个新阶段。2010年9月，"耿福兴传统小吃制作技艺"被安徽省确认为第三批省级非物质文化遗产，企业获得更大殊荣。2011年，省城合肥市庐阳区政府招商，耿福兴走进合肥淮河路步行街安营扎寨。耿福兴合肥店一楼可同时容纳200余人就餐，二楼设有包厢21间，主营江南名小吃、长江鱼、小笼汤包、虾籽面等百年传统菜肴。2013年3月，成立"安徽耿福兴餐饮管理有限公司"，企业开始实行现代经营管理制度。

目前，耿福兴酒楼坐落于芜湖市凤凰美食街中心广场，营业面积近3000平方米，可同时接纳1000余人就餐。除传统核心特色美食小笼蟹黄汤包、虾籽面和酥烧饼外，还推出了翡翠烧卖、虾皮馄饨、周氏虾丝、芜湖盐水鸭、芜湖烤鸭、生煎鱼丝饼、蝴蝶海参、凤胎鱼翅、肴肉等特色产品，并有丰富的淮扬菜系和徽菜菜系，招徕四海名流、八方来客。

207. 麦陇香

麦陇香是安徽省安庆市的食品企业，迄今已有120多年的历史。2011年3月被商务部认定为第二批"中华老字号"（名单序号：安徽6），注册商标"麦陇香"。

麦陇香原为一家糕点铺，清光绪十八年（1892年）由安庆胡玉美酱园创立。当时有位浙江商人在该酱园附近开了一家"稻香村"糕点铺，胡玉美在其旁边便开了一家"宴海珍茶食店"与之竞争。胡玉美采取两个办法：一是让麦陇香精选当地原料，保证食材的质量；二是重金从广州、苏州、上海聘请名师高手，提高技艺，增加品种。最后挤垮竞争对手，成为安庆著名糕点铺。

清宣统二年（1910年），宴海珍茶食店更名为"麦陇香"，字号取自苏东坡"春畴雨过罗纨腻，麦陇风来饼饵香"的诗句，体现了深厚的历史饮食文化底蕴。1915年，麦陇香制作的香蕉饼干曾荣获巴拿马万国博览会糕点金质奖章，走出国门，闻名四海。

麦陇香糕点以取料严谨、工艺精细、质量考究，色、香、味、形俱全而闻名遐迩，产品深受广大消费者的喜爱。其中最具地方特色的墨子酥、白切、元宝糖、龙糖、酥糖、鸡蛋糕、方片糕、寸金糖、绿豆糕、麦香酥、香蕉饼干等名优产品享誉盛名。例如"墨子酥"是麦陇香的明星产品，采用祖传秘方，选用优质纯黑芝麻、绵白糖、小磨麻油、五香粉等七种原料，经过九道工序，精致加工而成。其成品色泽乌黑，油润细腻，香甜浓郁，形如古墨，具有滋补润肺、止咳平喘等作用。

抗战时期，安庆糕点业萧条，麦陇香等较大商号迁往武汉重庆等地，直到1945年12月才迁回。1956年实行公私合营，麦陇香并入安庆市南货业总店。1963年，归属安庆市烟酒公司。"文革"期间，麦陇香更名为"东风糕点门市部"，糕点名师外流，传统名点逐渐失传。

改革开放后，麦陇香更加发展，佳绩不断。1979年，麦陇香恢复百年老字号，成立"安庆市麦陇香食品厂"，迎接食品行业春天的到来。1984年，麦陇香已开设四家门店，生产经营规模空前扩大，添置了饼干生产线、饴糖生产线和远红外烤炉。其核心产品墨子酥、鸡蛋糕曾连续两次被国家商业部评为优质产品，并在1989年全国食品博览会上双双荣获银奖。墨子酥曾被定为1990年在北京举办的第十一届亚运会指定产品，并曾多次作为国家礼品赠送给日本、美国、新加坡等国家的友人。2006年10月，麦陇香食品厂被安庆市工商局认定为"食品安全信用AA级"企业，企业知名度和影响力进一步提升。2007年12月，"麦陇香"注册商标被安徽省工商局认定为"安徽省著名商标"，企业知识产权保护攀上一个新高峰。

目前，麦陇香食品厂坚持"精品出自精心""宁肯销量第二，追求质量第一"的管理理念，不断进行技术改造，更新生产设备，注重包装，严把质量关，使产品质量不断提高和创新，生产的八宝绿豆糕、苏式迷你系列月饼、黑麻酥糖、芝麻薄脆、片糕等20多种产品深受广大消费者欢迎。

208. 公合堂

公合堂是安徽省合肥市的食品企业，迄今已有110多年的历史。2011年3月被商务部认定为第二批"中华老字号"（名单序号：安徽7），注册商标"公合堂"。

公合堂的前身为一家酒楼,清光绪二十六年(1900年)由肥东县撮镇人李国诚创立,字号"公和堂"。相传清末光绪年间,晚清重臣李鸿章回合肥省亲。一天漫步街头,被早年的熟人李国诚认出,邀其入酒楼,主人奉上自制狮子头茶点,李鸿章品尝后赞不绝口,并欣然题词:"公则悦四海风从,和为贵万商云集。""公和堂狮子头"因此而得名,轰动一时。

公和堂狮子头不是普通饭桌上的肉丸子,而是一种由红麦面粉、植物油、白砂糖、姜末、黑芝麻等槌揉制成的合肥点心。其制作过程共有八道工序,包括和粉、发酵、擀制、拉捏、蒸、炸、冷却和包装。既要严把火候,保持狮子头皱褶呈披散头毛状,又要酥、松、脆、香一气呵成,手工技艺要求十分精当。

20世纪五六十年代,由于历史原因,公和堂风光不再。李氏后人从合肥回到故乡肥东县撮镇,公和堂及其狮子头也随之销声匿迹,但狮子头的制作配方却一直被李氏家族保存并传承下来。

改革开放以来,公合堂一路前行,屡创辉煌。2000年,公和堂第五代传承人李昌信为了弘扬传统美食,在肥东撮镇成立"合肥公和堂食品厂",利用祖传手艺,做出包装一新的公和堂狮子头,成为撮镇的一大特产。此外,该厂其他产品还有公和堂特色小菜、公和堂米虾酱、肉丁酱等系列产品。2002年,该厂在撮镇工业园区购置土地10亩,建筑标准车间、仓库及办公用房等配套设施3000多平方米,拓展企业规模。2003年,公和堂的狮子头参加了在上海举办的农博会,两吨产品,三天内被参展的上海市民抢购一空。其后上海、长春、沈阳等地超市纷纷要求订货,公和堂狮子头销售火爆。2004年4月,安徽省技术进出口公司曾主动要求代理公和堂狮子头产品出口韩国。2005年,食品厂更名为"合肥公和堂食品有限公司",企业开始实行现代经营管理制度。

2006年,"公和堂"注册商标被合肥市工商局认定为"合肥著名商标",企业知识产权得到更充分的法律保护。2010年7月,"公和堂狮子头制作技艺"被安徽省确定为第三批省级非物质文化遗产,具有浓郁地方特色的食品文化的历史传承大放光彩。

目前,公司位于肥东县撮镇工业聚集区,占地10余亩,建筑面积1800平方米,主要从事农副产品的加工生产,是安徽农副产品加工的重点骨干企业。公司在挫折中不断创新,走上了一条现代化的生产经营道路上。公司致力于农业产业化,以市场为导向,依托农业基地,突出精深加工,建立了标准化农业生产体系,选用优质的原材料红麦面粉、菜籽油、芝麻等,并确保原料品质。基地扩大同农户、种养专业户的合同式协作关系带动当地农业大的规模种植，形成"公司＋基地＋农户"的经营模式，实现科学管理、科学用人，严把质量关，坚持"质量第一，顾客至上"的经营理念。

209. 柏兆记

柏兆记是安徽省安庆市的食品企业，迄今已有110多年的历史。2011年3月被商务部认定为第二批"中华老字号"（名单序号：安徽16），注册商标"柏兆记"。

柏兆记的前身是一位货郎，货郎主人为安庆回民柏兆和。清光绪三十年（1904年），他从一根扁担起家，一炉饼、一壶浆在安庆胭脂巷挑担叫卖。后设立专营清真名糕细点的糕点坊，取名"柏兆记"。中秋月饼历来是柏兆记的明星产品，皮薄馅靓、口感滋润柔软、品味高尚、质量上乘，博得百姓好评。

然而，初创时期的柏兆记店面很小，前店后坊，生产规模十分有限，故断断续续维持了七八年后，便负债歇业。1939年，柏兆和之子柏绍卿重开柏兆记糕点坊，坐落在培德巷中段南街，使柏兆记走上复兴之路。当时除柏氏父子外，店里还雇了一位糕点师傅。1939年至1949年是柏兆记的兴盛时期，柏绍卿购买房屋一幢，共10间，生产经营双丰收。但1948年至1949年，柏兆记又陷入衰退，濒临倒闭。1956年实行公私合营，柏兆记改为"安庆市糖业糕点总店公司柏兆记门市部"，店址迁至四牌楼的南端与大南门街的接头处。

改革开放后，柏兆记如沐春风，快速发展。1990年，建成"安庆市清真柏兆记食品厂"，企业经营规模扩大。2003年5月，原安庆市清真柏兆记食品厂因企业整体改制，对社会公开拍卖。食品界企业家于忠经过深思熟虑，一举中标，为百年品牌柏兆记再次腾飞起到了至关重要的标志性作用。同年8月，该食品厂重组，成立"安庆市柏兆记工贸实业发展有限公司"。公司主要经营糕点生产、销售及糖酒、服装等。食品糕点做工考究，原料优良，品种繁多，尤以月饼、八宝绿豆糕、墨子酥、贡糕、广细点等为著名。其中作为安庆特产的"柏兆记清真墨子酥"还深受北京及海内外人士的喜爱，该产品营养丰富、乌须黑发、香浓味甜、滋润肺嗓，是茶余饭后及馈赠亲友的最佳佐餐滋补品。

2013年7月，柏兆记总部迁至省会合肥市，以欧式烘焙为特色成立"安徽柏兆记食品有限公司",企业开始实行现代经营管理制度。2014年1月,"柏兆记"注册商标被国家工商总局认定为"中国驰名商标",企业知识产权保护迈上一个新台阶。2015年12月,公司完成股改,有限公司整体变更为"安徽柏兆记食品股份有限公司"。2017年2月,公司在全国中小企业股份转让系统正式挂牌,成功上市新三板,一举进入资本市场。

目前,柏兆记是一家专业生产加工清真食品的百年中华老字号,以传统手工生产工艺和现代设备相结合,专注于现代休闲食品的生产加工,经过多年发展,已形成以绿豆糕、月饼为主,以蛋糕、点心等特色食品为辅的多个品种的产品体系并成为节日食品和休闲食品制造商,产品主要应用于国内终端消费者的食品消费。公司产品种类丰富多达700余种,销售网络已拓展到长江中下游地区以及陕西、江苏、浙江、上海等省市及甘肃、云南、宁夏等少数民族地区。

210. 四季春

四季春是安徽省芜湖市的餐饮企业,迄今已有100多年的历史。2011年3月被商务部认定为第二批"中华老字号"(名单序号:安徽12),注册商标"四季春"。

四季春的前身是一家小面馆,清宣统二年(1910年)由芜湖人张仁和在自家门口创立,主营汤包、面条之类堂食,取名"张仁和面馆"。因为店堂小,故经营规模不大,但生意挺好。店中有一学徒王义恺,学厨八年,红白案均是一把好手,深得张老夫妇的喜爱,于是择为女婿,成为该面馆第二代传承人。

当时,位于长江之畔的芜湖为水运交通枢纽和商贸运输的中转站,餐饮业特别兴旺,对此王义恺十分看好。1948年2月,他便在原有的基础上扩大营业面积至100多平方米,并将张仁和面馆更名为"四季春饭馆",很快声名鹊起,受到广大消费者的喜爱。

1953年,因王义恺身体不适,由鲁芝印与七位工友共同设立"芜湖工友四季春馆",主营菜饭面点,特别提出"全心全意为人民服务"的口号。当时四季春最畅销的面点是汤包、重油烧麦和面条等,依靠货真价实、质量诚信获得大众好评。1956年实行公私合营,工友四季春馆更名为"四季春菜馆",归属"芜湖市饮食服务公司"管辖。企业扩大经营规模，不仅保持传统面食，还开始经营各种炒菜、米饭等，成为一家综合性饭馆。

20世纪70年代后期，四季春迎来黄金时代，成为芜湖市"五大菜馆"之一。四季春的煮干丝、荷叶烧麦、菊花火锅、相思秘制桂鱼、状元蹄、脆皮烤鸭等菜肴，名扬大江南北，口碑甚佳。当时四季春还接待了大批国外友人和国家领导人，大家对小笼汤包和虾籽面更是赞不绝口，日本人称其"天下之绝品"，欧洲人写文章把汤包翻译成"蒸好了有汤的馒头"。

改革开放后，四季春发展迅速，变化明显。2001年，厨师出身的张东昌收购四季春，学得四季春的传统制菜技艺，并逐渐将其发扬光大。他提出"宁愿一人吃千次，不愿千人吃一次"的经营理念，使四季春脱胎换骨，全新示人。同年，四季春大酒店在芜湖著名的凤凰美食一条街开业，经营面积1200平方米，可同时容纳千余人就餐。酒店建筑风格以古朴与现代相结合，一楼大厅透视性强，主营早点小吃；二楼、三楼为大中小型晚宴厅，主营喜宴、寿宴、拜师宴。丰富的新品菜肴，加上传统小吃的魅力，很快吸引大批消费者光顾。尤其是发掘、推出了四季春传统系列小吃，包括荷香烧麦、松针蟹黄汤包和方糕等，四季春传承和弘扬了中华优秀美食文化悠久的食疗理念，选用本土天然保健食材、辅材，采用独特的传统手工制作技艺，制作成具有细腻口感、独特美味与丰富营养产品。

2007年7月，成立"芜湖市四季春餐饮有限公司"，企业开始实行现代经营管理制度。2012年，"四季春"注册商标被安徽省工商局认定为"安徽省著名商标"，企业知识产权保护日臻完善。2017年11月，"四季春传统系列小吃"被安徽省确定为第五批省级非物质文化遗产，企业知名度和影响力大幅提升。

211. 老余昌

老余昌是安徽省芜湖市的钟表眼镜公司，迄今已有100多年的历史。2011年3月被商务部认定为第二批"中华老字号"（名单序号：安徽17），注册商标"老余昌"。

老余昌的前身是一家杂货摊，清宣统三年（1911年）由浙江宁波人王开生在芜湖马路边创立，取名"一角店"，即只卖一角钱以下的钥匙圈、橡皮筋、松紧带之类便宜货。后看到钟表生意赚钱，王开生便从上海、南京的钟表批发行购进一些钟表和零件自行经营，并设立"老余昌钟表店"，很快声名鹊起，生意火爆。

20世纪50年代，老余昌并入"芜湖市钟表眼镜业总店"，扩大了经营和修理业务，主要经营进口钟和国产"上海"牌、"天津"牌手表等，品种多达1000多种，在芜湖市钟表行业名列前茅。1956年实行公私合营，老余昌归属"芜湖市百货公司"管理。"文革"期间，老余昌更名为"光明钟表眼镜商店"。

改革开放以来，老余昌加快发展步伐，发生巨大变化。20世纪80年代，恢复"老余昌"老字号，企业扬眉吐气。1993年，浙江温州洪氏家族接手老余昌。当时店内没有品牌眼镜，洪氏第二代传承人洪海光就坐大巴车去成都、北京、上海订货，再带回芜湖销售。使一家拥有悠久历史的老字号眼镜企业柜台摆满PRADA、杰尼亚、汤姆·福特这些奢侈品品牌，让历史的积淀与时代的追赶相结合。2002年6月，成立"芜湖市老余昌钟表眼镜有限责任公司"，企业开始实行现代经营管理制度，经营范围包括眼镜验配、隐形眼镜、护理用液、钟表、表带批零、修理服务等。

2005年9月，老余昌在安徽省率先获得眼镜行业生产许可证。与很多依靠营销推广，动辄销售额数千万元甚至数亿元的眼镜企业不同，老余昌在芜湖的几间门店，每年的营业额只有数百万元。除了中山路步行街，老余昌在黄山西路还有2家分店。2015年，老余昌钟表眼镜有限责任公司的注册商标"老餘昌及图"，被安徽省工商局认定为"安徽省著名商标"，企业知识产权保护攀上一个新高峰，令人刮目相看。

长期以来，老余昌始终坚持的经营理念、企业宗旨和历史使命，就是倾尽全力，一如既往地为大众提供优质的视力保健服务。公司不断提高与完善企业管理水平，不断吸引与培养出色的人才，不断运用与革新各种先进的生产技术，不断引进与开发更适合大众的需求产品。老余昌人正是靠着精益求精的工匠精神，紧跟时代，锐意创新，以过硬娴熟的技艺，赢得市场的青睐。

目前，老余昌已从当年一个仅为20平方米的小眼镜铺发展成为营业面积千余平方米的现代眼镜零售企业。公司共有三家连锁店，企业所使用"老余昌"商标的商品近三年销售额、纳税额和市场占有率等主要经济指标在省内或者省外同行业位居前列，并具有较高知名度和良好的市场信誉，市场影响力不断提升。

十三、福建省

212. 片仔癀

片仔癀是福建省漳州市的药业公司，迄今已有460多年的历史。2006年11月被商务部认定为第一批"中华老字号"（名单序号：福建1），注册商标"片仔癀"。

片仔癀与明代"璞山岩寺"僧人的中医秘方有关。相传明嘉靖三十四年（1555年），奸相严嵩专权、嚣张倭寇作乱，国运处于中衰期。于是有位闽南籍的御医因不满暴政便挂冠出走，前往福建漳州东门外的璞山岩寺剃发为僧。他一边修行，一边依据宫廷秘方，用田七、蛇胆、牛黄、麝香等多味名贵中药材研制出一种特效消肿止痛、退黄保肝的良药——片仔癀，为人治病，颇受好评。片仔癀中的"片"字，即一片的意思；"仔"为闽南方言中的语气词，很小的意思；"癀"是闽南语，意为热、毒、肿、痛等症状。由于使用一片即能退"癀"，故民间称之为"片仔癀"。

斗转星移，历尽沧桑，片仔癀始终具有活血通络、清热解毒、消肿化瘀、抗炎止痛的奇效，于是成为璞山岩寺的传世良药。片仔癀以其独特的疗效被称为国宝名药、中华特效抗生素而名扬海内外，同时成为漳州之珍贵特产，与八宝印泥、水仙花构成"漳州三宝"；与寿山石、乌龙茶并称为"福建三宝"，且"北有同仁堂，南有片仔癀"的说法更是长期流传。

清末民初，福建龙溪县人黄拢（1891—1940年），法名延侯，进寺修行，学习和继承了片仔癀秘方及制作技术。后因璞山岩寺香火冷落，房屋倒塌，他便随师还俗，在漳州东门开设"馨苑茶庄"，生产"僧帽"牌片仔癀应市，使一代良药从佛门传到民间。为扩展业务，争取外销，他还在厦门开元路开设了馨苑分店，利用厦门优越的地理位置，使片仔癀远销东南亚并很快享有盛誉。1938年，随着厦门沦陷，馨苑分店被迫撤销。

1956年，馨苑茶庄与同善堂、天益寿等老字号药店共九户组建"公私合营同善堂联合制药厂",开启了新的发展历程。1957年12月,同善堂联合制药厂与公私合营存恒联合神曲厂合并,更名为"公私合营漳州制药厂"。当时,片仔癀处方和制作工艺仍掌握在私方人员即黄拢妻子李珠手中,秘而不宣。由于生产工艺落后,片仔癀年产量仅7.6公斤。为使片仔癀生产获得发展,更好地造福人民,经厂领导和同行业者间的教育帮助,激发了李珠的爱国爱乡思想,她最终摒弃了"传家宝"的旧观念,自愿把片仔癀处方和制作工艺献给国家,为漳州制药厂的发展做出了重大贡献。

1963年,片仔癀年产量增至57.03公斤,其中外销占96.4%,产销形势一派大好。1965年,片仔癀被国家中医药管理局和国家保密局列为绝密的国家重点保护中药制剂,使其再添神秘色彩。1966年,漳州制药厂由公私合营改制为地方国营,更名为"地方国营漳州制药厂",并注册登记具有漳州特色的"荔枝"牌新商标取代"僧帽"牌旧商标,使片仔癀进入自身发展史上的重要时期。

改革开放以来,片仔癀吉星高照,亮丽辉煌。1979年荣获国家银质奖,产品远销美国、法国、加拿大、日本及东南亚各地,产品香飘四海,闻名遐迩。1984年又荣获国家质量金质奖,当年创外汇1400万美元。1993年,以漳州市制药厂为核心企业成立"漳州片仔癀集团公司",为企业扩大规模适应市场打下了坚实基础。1999年1月,"片仔癀"商标被国家工商行政管理局评为"中国驰名商标",企业知识产权保护获得空前加强。同年12月,以漳州片仔癀集团公司为主要发起人,联合其他法人单位共同设立"漳州片仔癀药业股份有限公司",为进入资本市场吹响了冲锋号。

2003年6月,漳州片仔癀药业股份有限公司股票在上海证券交易所上市,简称"片仔癀",从而一举成为漳州市支柱企业,令人刮目相看,预示片仔癀从此创出一片新天地。2011年5月,"漳州片仔癀制作技艺"被国务院确定为第三批国家级非物质文化遗产,企业获得令人羡慕的一项殊荣。2015年末,公司股票市值277亿元,同比2014年增加137亿元;2016年2月19日,在国内213家上市药企中,片仔癀股票市值排名第36位。

213. 老天华

老天华是福建省福州市的乐器行,迄今已有210多年的历史。2011年3月被商务部认定为第二批"中华老字号"(名单序号：福建17),注册商标"老天华"。

老天华始创于清嘉庆六年(1801年),原名"天华斋乐铺",由福州望族王仕全在福州台江洋头口设立。王氏酷爱民间乐器,起初仿制乐器,最后自制乐器并开店经营。

清末民初,在第三代传承人王石孙经营下,乐器工艺达到新水平,逐渐名扬四海。1910年,天华斋产品参加清政府举办的南洋劝业会文庙乐器展览,被农工商部评为优等奖。1911年,在柏林万国卫生博览会和国际工业展览会中,天华斋产品分获特加优等奖和中国乐器奖。1915年,天华斋选送礼、乐、舞三类乐器参加美国巴拿马万国博览会,获得二等奖。1920年,礼、乐、舞三器参加台湾劝业共进会展览,又获银牌。20世纪20年代,天华斋乐铺更名为"老天华",以示与同行相区别,并彰显历史悠久、经验丰富之特点。

老天华生产的乐器种类繁多,包括月琴、南胡、京胡、椰胡、三弦、七弦琴、筝、瑟、箫、笛、笙、逗管等系列产品。这些乐器发音悠扬悦耳、音色柔美、音准正确,能完美地应用于各类演出场合,又因为是纯手工制作,故具备三大特色。第一是乐器选料精,主要原材料有暹罗木、印度黑木,或本省的黄杨木、梧桐木,木料需存放多年做到自然干燥,按乐器不同部择优量材取用。第二是加工细,保证有准确音色、音域和音谐。木质部分坚持量纹取杆,蛇皮加工以张大、纹理以菱格或方格为佳,做弓的竹子要用一个"节"的,头尾均匀。用木棍在琴桶上反复滚磨,直至清除微量杂音。第三是发音好,音色柔美,发音准确,富有表现力,适用于伴奏、合奏或独奏。

1955年实行公私合营,老天华并入由第四代传承人王子燊主持成立的"台江乐器生产合作社"。1956年,王子燊制作的南胡参加福州市地方工业展出,被评为"手工业名牌货"等,好评如潮。"文革"期间,老天华受到冲击。20多箱全套乐器标本和奖状、奖牌均被抄没;长期保存的祖传古筝、古瑟也被毁;台江乐器生产合作社也随之解体。

改革开放以来,老天华久旱逢甘霖,一路向前。在沿袭传统制作技艺的基础上,老天华乐器特别注重不断创新,把老手艺与现在改良过的新工艺相结合,根据客人的要求制作，一对一接洽，让客人把自己想要的乐器满意地拿走。乐器很讲究地域特色，每个地区都有不同。因此在制作上，有些技术必须求同存异，例如"蒙皮"等工艺，就是老天华独家祖传。尽管时代变迁，但老天华在乐器制作过程中，仍然以手工为主。第五代传承人王道辉，曾对福州十番音乐乐器如笛子、椰胡等进行改良，使其音色、音准、音量等提升到最高水平，更改进了父亲王子燊创出的低音管，加了两个低音，克服了民族乐器过于高亢、尖锐的缺点。

2009年5月，"福州老天华乐器制作技艺"被福建省确定为第三批省级非物质文化遗产，企业知名度和影响力更加提高。2010年5月上海世博会，老天华乐器选送了第六代传承人王增鑫制作的微缩版越胡、南胡、二胡、古陶埙等作品，在福建馆展出。其精湛的工艺、精美的作品，让"老天华"这家百年老店再现辉煌。

214. 春生堂

春生堂是享誉福建省泉州市的酒类企业，迄今已有近200年的历史。2006年11月被商务部认定为第一批"中华老字号"（名单序号：福建3），注册商标"春生堂"。

春生堂于清道光元年（1820年）创立于泉州，其前身是永春郭厝村人郭信春在村里开办的药铺"回春堂"。他利用自己掌握的中医药知识，为前来的百姓推拿正骨，开方治病，造福乡里，同时作为白鹤拳的传承人，郭信春还向众人传授拳法，助乡亲们强身健体，抵御外毒。相传，郭信春因救治一位宫中侍卫，作为回报得到一份颇为神奇的制酒秘方，此方制成的药酒喝后全身经络通畅，气血充溢，疗伤与养生效果甚佳。

于是郭信春便取"春生堂"为药铺字号，开始制售药酒。他将药理知识与自己所练拳法精髓相结合，既包含防病治病的作用，又兼顾舒筋健骨、疗伤解乏之功效。他采用优质的米酒与高粱酒调制后作为药酒基础，将数十种精挑细选的中草药加入其中，经过混合、静置、过滤、陈酿及反复再加工等各项步骤，制作出春生堂的独门药酒。此酒一经推出，迅速获得大众的好评，销量急速攀升，令春生堂声名大噪，郭信春本人也成为远近闻名的制酒大师。

史料显示，1940年，春生堂益寿酒和春生堂秘制酒、伤风补酒在福建省工商品展览会展出后，春生堂品牌系列很快打开了销路，产品在沿海地区十分盛行。因沿海地区属海洋性气候潮气、湿气影响身体健康，容易引起风湿病，而春生堂药品具有防风湿、祛风湿、舒筋活络、增强免疫力、滋养健身等明显效果，故深受消费者青睐。尤其春生堂主打的治疗风湿药酒在福建及东南沿海一带受到广泛认可，其治疗效果达到业内领先水平。

1953年实行公私合营，郭氏传承人带着春生堂的秘制工艺和配方合营于"泉州市酒厂"。在当地政府支持下，建设先进生产线，保持传统配方与制作工艺，结合现代生产经营模式，使产品质量不断提高，春生堂的发展阔步前行。

改革开放后，春生堂借助良好的发展契机，于1979年获得注册商标，依法保护知识产权，建立起现代企业运营模式，着力培养优秀人才，除了保障产品质量与研发，还更加注重品牌建设。1993年，"国营泉州酒厂"引进外资，更名为"福建泉州中策啤酒公司"。2000年，该公司又更名为"福建泉州清源啤酒朝日有限公司"。2003年，这家公司将其配方工艺和设备转让给"泉州市嘉太中外名酒有限公司"。随后企业完成改制，设立"福建泉州春生堂酒厂有限公司"，百年老店真正成为一家集专业性与技术性，同时具有独特文化属性的现代化企业，走上全面专业化、标准化、规范化运营之路。2009年5月，"泉州春生堂酿酒技艺"被福建省确定为第三批省级非物质文化遗产，企业再创辉煌。2014年11月，"春生堂"注册商标被福建省工商局认定为"福建省著名商标"，企业知识产权保护迈上一个新台阶。

长期以来，春生堂在我国浩瀚的酒企大军中独树一帜，作为闽南药酒的代表之一，坚持自己的制酒原则，秉持健康饮酒的理念，为我国的酒文化建设做出了突出的贡献。

215. 黄金香

黄金香是福建省厦门市的食品企业，迄今已有170多年的历史。2011年3月被商务部认定为第二批"中华老字号"（名单序号：福建7），注册商标"黄金香"。

十三、福建省

黄金香原为一家肉松店,清道光二十二年(1842年)由福建漳州东山人黄知江在厦门创立。当年他携带自制的肉松肉干,乘船辗转龙海石码镇沿途叫卖,后留居厦门开店,字号"黄金香"。该店生产肉松、肉干,因选料精良,配料独特,加之精工细作,所产肉松色泽金黄,味道香鲜,故好评如潮,市场火爆。随着生意日渐兴旺,其家族成员纷纷参与经营,并先后开办若干分号。

黄知江之孙黄天送继承祖业后,将黄金香店更名为"黄金香送记",以示与其堂弟黄天佑经营的"黄金香佑记"相区别。1903年,黄氏后人黄景参与发展家族产业,主要从事黄金香产品的销售,并于1915年创立"黄金香胜记"分号单干。

1938年,为躲避日军轰炸,送记、佑记和胜记三家黄金香店铺均搬迁至"万国租界"鼓浪屿经营。抗战胜利后,送记迁回厦门,佑记和胜记仍留在鼓浪屿。

1956年实行公私合营,黄金香旗下黄金香送记、黄金香佑记等并入"厦门市食品公司"。公司产品加工仍继承黄金香的传统制作工艺,并保留"黄金香"字号。"文革"时期,黄金香受到冲击,历经坎坷。

改革开放后,黄金香继续发展,屡创辉煌。1984年,厦门市食品公司注册了"黄金香"商标,企业知识产权得到法律保护。1985年,公司恢复黄金香肉制品商店,从而满足广大消费者的需要,特别是一些海外华侨、港澳同胞的惦念。2004年12月,食品公司实行股份制改造,组建"厦门黄金香食品有限公司"。2010年1月,该公司更名为"厦门夏商黄金香食品有限公司",开始实行现代企业制度。长期以来,公司积极开发新产品,仅肉松类产品就有:儿童保健肉松、活性钙肉松、老年保健肉松等数种,市场占有率较高,企业知名度和影响力逐渐增强。对此消费者普遍评价:黄金香肉松绝对算得上是厦门的知名特产。老人和幼儿因牙齿不齐,用肉松下稀饭是再好不过了。厂家如何制作,顾客不得而知,但肉松的特点是明摆着的:金黄色,香喷喷,条条肉丝,团团簇簇,送到嘴里,无须多咀嚼,立马柔软散化,满口香甜。

目前,厦门夏商黄金香食品有限公司作为集肉制品优秀供应商、集畜禽养殖、牲畜定点屠宰、肉品加工、生鲜流通等为一体的农业产业化企业,是厦门市唯一一家全国食品安全信用体系建设试点单位,并在国内首家推行"黄金香肉品信用(质量)公示查询系统",同时还是国家、省、市三级农业产业化龙头企业,厦门市"菜篮子"工程和"放心食品工程"主要成员单位。公司综合实力居全省肉类行业第一,并跻身全国肉类食品行业50强,排名29位;全国生猪屠宰量前20强,排名11位。公司现拥有四个现代化自繁自养猪场,年出栏瘦肉型生猪七万头；五个肉类联合加工厂（有限公司），年屠宰加工生猪90万头、牛1.5万头、羊六万头；三个大型批发市场。

216. 聚春园

聚春园是福建省福州市的餐饮服务企业，中国闽菜发祥地，迄今已有近150多年的历史。2011年3月被商务部认定为第二批"中华老字号"（名单序号：福建12），注册商标"聚春园"。

聚春园创立于清同治四年（1865年），由福清人郑春发接手后更名而来。郑春发出身贫寒，从小便跟随师傅到处学习厨艺，学成归来后去到福州，经人引荐进入一家官衙门伙房帮厨。在此他又跟随主厨学习了不少外地菜系的做法，进一步掌握了各菜系的烹饪技巧。不久，他凭借自身努力当上主厨，利用官办伙房主厨的便利条件，接触了许多达官贵人，将自己结合了各地风味的福州菜推上这些官员的宴席，迅速获得好评。他所烹饪的极富创造性的福州菜的流行，为日后闽菜成为独立菜系做出不可磨灭的贡献。

清光绪十年（1884年），郑春发与另外两人共同投资经营1865年创办的餐馆，取名"三友斋菜馆"。那两人欣赏在福州餐饮界声名显赫的郑春发，便盛情相邀，郑春发与二人一拍即合。入股后他也将以前的老关系带到新开的餐馆，得益于官场人士的支持，餐馆经营情况持续向好，口碑日益提升。1905年那两人退股后，郑春发接管餐馆独立经营，并正式将其更名为"聚春园"。

聚春园由起步到兴盛，离不开郑春发在菜品研发上的努力，再加上他与先后任福建按察使与布政使的周莲有着良好的私人关系，得到了很多的关照和机会。聚春园的招牌菜品、驰名中外的"佛跳墙"，就是郑春发多次在官员面前献技下不断改良做法，最终形成的闽菜著名代表菜，可谓享誉五湖四海，被许多外国名人如英国伊丽莎白女王、美国里根总统与柬埔寨西哈努克亲王所享用并赞叹。佛跳墙菜的原料有18种之多：海参、鲍鱼、鱼翅、干贝、鱼唇、花胶、蛏子、火腿、猪肚、羊肘、蹄尖、蹄筋、鸡脯、鸭脯、鸡肫、鸭肫、冬菇、冬笋等。

1925年，郑春发独立经营20年的聚春园已是福州最具影响力的餐馆。在这20年时间里，郑春发在菜品上推陈出新，将各大菜系的特色加入闽菜之中融会贯通，建立属于自己的独特菜品风格。在餐馆装点与经营上，郑春发同样重视，颇具匠心与文化气息的厅堂布置，在就餐同时安排艺术鉴赏与表演吸引文人雅士，提高餐馆品味。对内严格管理，各岗位分工明确，财务制度健全透明，对外服务人员礼仪接待周到热情，提供送餐与餐饮外包服务。这种在当时超前的经营服务理念，助力聚春园迅速扩张，取得不俗的业绩。

1950年，聚春园划归国有。1956年3月，隶属新成立的"福州饮食公司"管理。1990年，聚春园烹制的佛跳墙荣获全国优质产品"金鼎奖"。1994年，聚春园由单一的餐馆发展成为集餐饮、住宿、商务接待、购物娱乐为一体的集团企业。这标志这家百年老店进入发展新纪元，在保留百年传统闽菜烹制的餐饮主业基础上，大力开展新兴文化产业。将多种业态叠加与融合，以聚春园这一百年老字号品牌为核心，将整个集团打造成福建乃至全国的著名餐饮服务企业，并为闽菜的推广与福建传统文化的发展添砖加瓦，竭尽所能，取得了辉煌成果。2002年，聚春园"佛跳墙席"在第12届全国厨师节上被认定为"中华名宴"。2007年8月，"福州聚春园佛跳墙制作技艺（福州）"被福建省确定为第二批省级非物质文化遗产，企业无形资产的含金量得到大幅度提升。

217. 同利

同利是福建省福州市的食品企业，迄今已有近140多年的历史。2011年3月被商务部认定为第二批"中华老字号"（名单序号：福建13），注册商标"同利"。

清光绪二年（1876年），一家制作肉燕的店铺出现在福州老街三坊七巷，创始人为陈官然。他以"同德利后"为寓意取得字号，称"同利肉燕老铺"，从此该铺家喻户晓。

肉燕是指用燕皮（即肉茸和甘薯粉制成的薄片，又称肉燕皮）包肉馅，尾形如春燕的馄饨，或以燕皮为主料，烹制其他款美食。肉燕是福州一道特色风味小吃，当地人每逢佳节喜事便要饱尝有着"太平燕"美称的肉燕。同利以精选的猪后腿纯瘦肉为主料，配上一定比例的当地特产，经仔细研磨过的甘薯粉，搅拌均匀后，以木槌反复敲打，制成精细肉泥，再经过多道复杂而细致的手工工序后，得以制作出薄、透、滑、嫩、韧的肉燕皮及以此打造的味美太平燕，令广大食客赞不绝口，回味无穷。如此一来，同利的招牌很快就在福州迅速打响，无论达官显贵还是平头百姓都以吃到同利肉燕为追求目标。

在陈官然的辛勤创业与苦心经营下，同利店铺规模逐渐扩大，肉燕品质逐步提升。第二代传承人陈心齐在前人基础上，扩大生产规模，在保留原来纯手工制作的传统下，改良配方，提高制作肉燕皮的效率，出货量极大增加，很好地保证了旺盛的市场需求。同利审时度势，除了向官吏、名门等传统客户供货，还开发出知名餐馆、酒楼这一新的销售渠道。借助当地著名闽菜老店的平台，同利肉燕皮知名度进一步扩大，福州餐饮业也有了做上等肉燕必用同利肉燕皮的传统。同利在制作肉燕皮与太平燕以及各类衍生产品方面均达到业内领先水平，市场占有率达到历史高峰。

1958年，这家个体老店实行公私合营，更名为"福州食品公司台江肉燕社"，由第三代传承人陈存谈出任社长，企业进入了一段时间的蛰伏期。1966年，第四代传承人陈君凡走马上任。自幼跟随家族学习制作肉燕的他深谙此道，在其带领下，同利迅速恢复往日生机。该企业十分重视诚信，始终坚持百年来手工制作的方法，保持传统肉燕的精细品质，在食品行业多数采取机器制作的大环境下，同利确实遇到一些困难，也遇到了发展瓶颈，但企业上下仍怀有饱满的信心与斗志，他们积极培养具有工匠精神的肉燕制作手艺人，狠抓产品质量，同时在企业经营策略上有所改变，将同利肉燕打造成平民化的产品，改变以往主攻上层的形象，让普通百姓也能很轻松地吃到同利的产品，这种低价走量的方式使得企业进一步扩大了知名度和影响力。

进入21世纪后，同利大力开拓海外市场，并且加大对产品文化属性的宣传与推广。他们深知，作为老字号企业肩负着弘扬中国传统文化的重任，以产品带动饮食文化走进千家万户，使百姓更多地了解产品背后的故事，对百年老店兴衰荣辱的历史产生浓厚的兴趣，打造产品与推广文化并举的策略使得同利成为经久不衰的百年老字号。2007年8月，"福州同利肉燕制作技艺（福州）"被福建省确定为第二批省级非物质文化遗产，企业知名度和影响力大幅提升。

218. 成珍

成珍是福建省安溪县的食品企业，迄今至少已有110多年的历史。2011年3月被商务部认定为第二批"中华老字号"（名单序号：福建5），注册商标"成珍"。

成珍的前身是一家民间糕点铺，清光绪年间（1875—1908年）由安溪官桥镇赤岭村林维扁创立，字号"成珍"。相传林氏糕点是安溪民间食品，起源于清雍正年间，而林维扁祖上林光武最擅长制作。一次，钦差陈万策奉旨到安溪赈灾，将此糕点带回京城呈献雍正帝品尝，并获皇帝赐名"桔红糕"。林维扁开店前后，已对祖传桔红糕技艺精心改进，形成一套独特的手工制作技艺，桔红糕声名鹊起，逐渐走俏。成珍桔红糕第二代传承人是林文传，他将成珍糕点铺做得更大，桔红糕成为安溪一绝。

长期以来，成珍桔红糕都是用传统手工技艺制作的一种伴茶糕点。其传统手工制作技艺的具体流程，包括研磨、配制、切块三个部分。研磨工艺包括有精选、浸泡、洗净、研磨、滤水五个环节；配制工艺有配料与调匀、蒸熟、煮糖、揉拌四个环节；切块工艺有筛粉、切块、撒粉、包装四个环节。成珍桔红糕选用上等糯米、花生油、白糖、鸡蛋、熟米粉等配料，经精心加工而成，技艺独特，纯手工制作。成品颜色润泽如玉，柔软细嫩，冰甜爽口，营养丰富，且保质期长，风味独到，老少咸宜。成珍桔红糕传统手工技艺，有灵巧、精致、独到的特征，因而深受大众喜爱，传遍东南亚各地，成为港、澳、台同胞及旅外侨胞回乡时的必购品。

改革开放后，成珍发展强劲。1978年，成珍第三代传承人林炳火为恢复老字号不断努力。以后，成珍第四代传承人林国基更加发奋。他从小就对桔红糕制作耳濡目染，深感传承责任重大，大学毕业毅然回家，跟着父亲学习桔红糕制作工艺。林国基继承传统工艺，结合现代科技，精选原辅材料，使成珍桔红糕质量进一步提高，销量进一步扩大。

1996年3月，林氏父子成立"安溪成珍食品有限公司"，除生产成珍桔红糕外，还开发生产珍珠酪（芝麻酪、花生酪）、蜜金桔、蜜姜片、寸枣等系列产品。所有产品质量上乘，包装精美，十分畅销。1997年，安溪成珍食品有限公司获得"成珍"注册商标，企业知识产权得到法律保护。2000年9月，成珍桔红糕及系列产品获"首届泉州国际互联网络名优特新产品博览会金奖"，并被安溪县人民政府指定为 2000 年中国茶都（安溪）茶文化旅游节暨首届中国安溪铁观音乌龙茶节、2001 年海峡两岸茶文化交流会和 2002 年中华茶产业国际合作高峰会唯一配茶糕点，赢得了海内外各界人士的喜爱。

2007 年 3 月，成珍被福建省经济贸易委员会认定为第一批"福建老字号"，百年老店喜获殊荣。2009 年 1 月，"成珍"注册商标被福建省泉州市工商局认定为"泉州市知名商标"；同年 6 月，"成珍桔红糕传统手工技艺"被福建省确定为第三批省级非物质文化遗产；企业发展一路高歌猛进，令人刮目相看。

近年来，成珍公司以诚信为宗旨，以质量求发展，不但在安溪重大茶文化交流会、铁观音神州行等大型茶事活动中，桔红糕及系列食品均被指定为唯一的品茗好伴侣，还多次伴随安溪铁观音进入北京人民大会堂作为佐茶佳品。

219. 淘化大同

淘化大同是福建省厦门市的调味品企业，迄今已有 110 多年的历史。2011 年 3 月被商务部认定为第二批"中华老字号"（名单序号：福建 9），注册商标"海堤"。

淘化大同的前身是"淘化罐头食品有限公司"，清光绪三十四年（1908 年）由华侨杨格非与菲律宾归侨陈天恩等在厦门鼓浪屿创立，主营水果罐头，兼营酱油和酱豆腐。1911 年，公司内部发生变故，经理杨格非因与董事长陈天恩不合离开公司。1913 年，杨格非与著名华侨陈嘉庚等在厦门虎头山（今民族路）成立"大同罐头食品股份有限公司"。从此，厦门形成淘化、大同两家罐头公司分庭抗礼的局面。

然而，淘化公司始终力拔头筹。1911 年，其酱油产品参加德国柏林国际博览会展出获得优秀奖状。1913 年，淘化公司购买全套自动化制罐机器，自办白铁皮进口，制成铁罐；原材料则就地选购优质品，所制之菜类、瓜类、肉类、豆类罐头，远销南洋及欧美各国。1915 年，其宝塔牌酱油在巴拿马万国博览会上获得金质奖章。1922 年，淘化公司在浙江温州设立分厂，将内销市场向浙江、上海一带拓展。

1927 年，面对激烈竞争的市场形势，淘化和大同两家公司达成合并协议，重组为"淘化大同实业股份有限公司",使用"白鹤"和"宝塔"两个注册商标。合并后的淘化大同资金雄厚,实力增强,从美国引进切铁机、自动冲床机和六头封口机等设备,进口马口铁,生产富有乡土风味的小菜、水果、水产、肉禽等近20种罐头,成为福建省规模最大的罐头制造商。1929年10月,淘化大同董事会决定在香港设厂。1938年5月,董事会决定将总公司迁往香港,并于同年7月在香港注册淘化大同有限公司,原在厦门的淘化大同成为分公司。

1956年实行公私合营,淘化大同与厦门市食杂行业22家酱油厂合并成立"公私合营厦门酱油厂",并与香港方面终止了业务联系,各自独立经营。

改革开放以来,淘化大同发展迅速,势头良好。1994年5月,厦门酱油厂恢复"淘化大同"老字号,成立"厦门淘化大同实业公司",百年老店重新崛起。

目前,公司拥有10万平方米的生产基地,厂房面积1.55万平方米,拥有年产6000吨酱油生产线、年产1000吨白米醋生产线、年产400吨调味汁生产线和年产500吨的辣酱生产线,初步实现生产工序的流程化、自动化。公司致力于调味料、酱料的生产、开发和销售,产品有酱油、食醋、酱料、复合调味料四大类百余个品种,其中酱油、食醋等是国家质量监督检验检疫总局确定的免检产品。公司是福建省首家通过ISO9001质量管理体系认证的酱油、食醋酿造企业,厦门市首家通过CIQ出口生产注册的调味品企业,产品畅销全国20多个省、市、自治区,出口远销东南亚、中东、欧盟、南美等地区。2008年12月,"海堤"牌酱油被评为"福建名牌产品";2009年1月,"海堤"酱油荣获"厦门优质品牌"称号;企业各方面成就斐然。

220. 源和堂

源和堂是福建省泉州市的食品企业,迄今已有100多年的历史。2011年3月被商务部认定为第二批"中华老字号"(名单序号:福建19),注册商标"源和堂"。

源和堂的前身为制售蜜饯的小铺,1916年由晋江人两兄弟庄杰赶、庄杰茂在晋江青阳镇创建。此前两人做贩卖水果的生意,每天收摊后,为避免浪费,便把剩下的水果腌制成果干出售。这一无心插柳的做法使副业变成主业。

特别是听说蜜饯制作在1915年举办的巴拿马万国博览会上获得金质奖章后,

兄弟二人乘着这股东风，决心大干一场。随着制作蜜饯时间的增长，两人的手艺逐渐精进。他们采用当地常见的特色水果为原材料，如橄榄、青梅、李子和枣等，加上糖、蜂蜜和盐浸泡，腌制后制成大福果、十香果、加应子和咸金枣等蜜饯。源和堂打造蜜饯坚持古法，经选果、洗净、浸泡、熬制等工序制成，色味俱佳。所推出的一系列蜜饯迅速获得民众的好评，在青阳当地流行开来。

自1932年起，源和堂走出泉州，于福建其他地区设立工厂及销售点。此时，源和堂声名鹊起，生意与口碑俱佳，他们坚持选用最优质、新鲜的水果做原料，以严格而精细的制作手法炮制出香甜可口又卫生健康的蜜饯，人们食用源和堂的蜜饯，不但可以一饱口福，还可以达到生津止渴，助消化健脾胃的功效。在不断扩展产品种类、改进生产工艺与配方的过程中，源和堂总结出属于自己的一套完整的蜜饯经营之道。

然而，1937年抗日战争全面爆发后，南洋交通中断，侨汇断绝，源和堂外销业务停滞，直到抗战胜利才重新兴旺起来，并迎来了1949年之前的全盛时期。1945年，源和堂在漳州石码建分厂，并在厦门设分行，在石狮、安海等地也设立了代销店，企业经营一派生机。源和堂蜜饯已成为蜜饯食品的代表之一，凭借优秀的品质，精美的包装与成功的营销走出福建，走向全国乃至海外。如在东南亚一带已颇有名气，产品受到区域内各国消费者的广泛欢迎。

1954年9月实行公私合营，源和堂翻开新篇章。1955年6月，源和堂更名为"福建省华侨投资公司泉州源和堂蜜饯厂"，企业性质由公私合营变为国营，隶属福建省轻工业厅，随后又分别并入14家中小厂、店，更名为"福建泉州源和堂蜜饯厂"，从此企业获得较大发展。该厂不仅规模扩大，设备更新，而且革新制作技术、增加花色品种，提高产品质量，使用纯粹天然的原材料与辅料，绝不掺杂任何化学添加剂，并在有些食品系列中加入对人体有益的多种中药成分，成为全市食品行业中具有较高生产能力的中型骨干和创汇企业。源和堂产品以独特的风味饮誉海内外，远销日本、加拿大、东南亚、欧美等国家和地区。

随着改革开放的深入进行，源和堂采取"走出去"战略，与外商合作拓展海外市场。1992年9月，源和堂蜜饯厂更名为"泉州中侨（集团）股份有限公司源和堂公司"，产品远销至十几个国家和地区。进入21世纪，源和堂的经营一度面临困境，但作为负责任的老字号企业，其选择了坚持，一如既往地保证产品质量，同时拓宽销路，与更多其他行业的经销商合作，并在产品中植入文化烙印，唤起人们对老字号传统文化的记忆与认同。2007年2月，收回中侨集团外资股权，源和堂再次成为国有独资企业，百年老字号进入一个新的转折点。

十四、江西省

221. 黄庆仁栈

黄庆仁栈是江西省南昌市的老字号药店，迄今已有180多年的历史。2011年3月被商务部认定为第二批"中华老字号"（名单序号：江西13），注册商标"黄庆仁栈"。

清道光十三年（1833年），江西临江府清江县（今宜春樟树市）行医郎中黄金槐在街头摆摊卖药的基础上，于南昌中大街（今胜利路）创建"黄庆仁栈"药店。不久小店做大，他便迁址南昌府学前（今南昌市中山路181号）继续经营。

由于该店诚信经商、技艺独特，故口碑甚好、远近闻名，人称"豫章药业第一家"。尤其中药饮片特别注重质量，讲究实效，从不弄虚作假；且加工讲究形态美观，如槟榔花形、川芎蝴蝶片、黄芪甘草柳叶片、桑枝瓜子型等。丸、散、膏、丹则注重原材料的选取和制作上的精细，该用朝鲜"高丽参"的绝不使用国产"石柱参"，该用关鹿茸（中国东北和俄罗斯远东产）的绝不使用西鹿茸（新疆产），黄芪要蒙古产的，陈皮则产自广东新会等。

黄金槐去世后，其子黄长生作为第二代传承人不断扩大经营规模，在洗马池（今中山路附近）设立了"济春堂"分店；不久黄长生积劳成疾去世，其岳母便将黄庆仁栈业务全权委托他人打理，很快又在洪恩桥（今百花洲附近）设立了"合善堂"分店；上门求医买药者络绎不绝，各店生意日益兴隆，成为南昌中药界的翘楚。

在经营管理方面，黄庆仁栈逐渐形成了一套较完整的店规店风。进店学徒必须有担保人；店员吃住在店，每天晚饭后须坐在一起搓做50多斤散药；每到年终，老板便召集全体店员一起聚餐"谈生意"，做得好的留下第二年再干，做得差的予以辞退。在社会责任方面，每逢农历初一、十五，黄庆仁栈都在南昌著名寺庙佑民寺内设立义诊台，免费为穷人看病，医生所开处方可去黄庆仁栈免费抓药，企业的慈善活动和勇于担当广受赞誉。

中华人民共和国成立初期，黄庆仁栈继续保持和突出以往的经营特色，开展名医坐堂、接方送药、代客煎药等服务项目，深受群众欢迎。黄庆仁栈的经营额占到南昌市中药业市场的70%，位居江西省药店之首。

1955年下半年，黄庆仁栈实行公私合营，成为南昌市医药公司的下属药店。"文革"期间，该店受到冲击，先后更名为"灭资药店"、"井冈山药店"和"长春药店"，企业一蹶不振。

直到改革开放，黄庆仁栈才迎来重新崛起的曙光。1982年，企业恢复黄庆仁栈这一老字号，令人刮目相看。1986年，黄庆仁栈在原址翻建起一座为七层框架结构的新店房，建筑面积3000平方米，营业面积1700平方米，成为南昌市20世纪80年代"十佳建筑"之一。1998年，"黄庆仁栈连锁店"成立，企业走向重大拓展阶段。2002年1月，黄庆仁栈的母公司江西省医药集团公司与上海医药股份有限公司合作，以黄庆仁栈知名品牌为主体，与上海华氏大药房强强联合，组建"江西黄庆仁栈华氏大药房有限公司"，黄庆仁栈药店成为该公司最大的旗舰店。据江西省商务厅统计，截至2012年4月，黄庆仁栈共有358家连锁药店，年销售额4亿多元，百年老店再创辉煌。

十五、山东省

222. 玉堂

玉堂酱园是山东省济宁市的食品企业,迄今已有300多年的历史。2006年11月被商务部认定为第一批"中华老字号"(名单序号:山东6),注册商标"玉堂"。

清康熙五十三年(1714年),原籍苏州的戴阿大在济宁府(今山东济宁市)南门口开设了一家酱菜铺,取名"姑苏戴玉堂"。当时只有三间门面、几个伙计,除独立加工一点黄酱、酱油、香醋之外,多数酱菜都从苏州潘万成酱园进货。然而,这些小菜虽有特色,但少盐微甜的南方口味并不适合济宁人。久而久之,加上其他原因,姑苏戴玉堂一度濒临破产,便于清嘉庆二十一年(1816年)被迫转让。

消息传出,济宁的药材商冷长连联合时任清两江总督、济宁人孙玉庭,将姑苏戴玉堂以千两白银买下。由于戴家卖店不卖字号,故孙冷官商合营后更名为"姑苏玉堂"。冷长连培养该店得力伙计梁圣铭担任总经理,后者经过多方努力,研制出既有江南风味,又有济宁特点的什锦、八宝、香干、冬菜、黑酱、黄酱等小菜及金波、状元红、葡萄绿等露酒,使玉堂酱菜味压江南、南北皆宜,其酒类也成为大家喜欢的消费品,清代著名文学家李汝珍在小说《镜花缘》第九十六回中曾夸赞,金波酒为天下55种名酒之一。

清光绪十二年(1886年),慈禧太后让人选送玉堂酱园小菜御用,品尝后发现光泽鲜艳、甜而不腻、咸而不浊、脆硬适口,便连连夸道:"果然味压江南,名驰京省。"从此玉堂酱菜更加声名鹊起,市场火爆。

1906年,冷家抽退股份,酱园由孙家独自经营,并更名为"玉堂酱园",孙氏后人孙静峰担任总经理,得力助手是其长子孙笠樵,他们为玉堂酱园做出了重要贡献。1910年6月,在南洋劝业会上,玉堂酱园的酱油和酱菜获优等奖。1914年6月,在山东第一次物品展览会上,玉堂酱园又获30多项金奖。1915年2月,玉堂酱园的产品参加在美国旧金山举行的巴拿马太平洋万国博览会，其中金波酒、玉芙蓉酒、满庭芳酒、醉仙桃酒、菡苕香酒、酱油、酱菜获得金牌奖，开始走俏海外，风靡五洲。

天有不测风云。1920年孙笠樵担任玉堂酱园总经理后，玉堂酱园业绩逐渐下滑。1927年孙氏五子正式分家后，玉堂酱园更是一蹶不振。直到1954年6月，玉堂酱园实行公私合营，成为山东省第一家实现公私合营的企业，生产和经营规模才得以逐步扩大。

改革开放以来，玉堂酱园迎来自身发展史上的黄金时代。1997年12月，"玉堂"注册商标被山东省工商局认定为"山东省著名商标"，企业知识产权保护喜结硕果。2002年，玉堂实施易地改造并进行产权制度改革，成立"济宁玉堂酱园有限责任公司"，新厂区占地300余亩，建筑面积5万余平方米。公司生产酱菜、调味品、豆制品等200多个品种，其中数十种产品历年曾出口捷克、新加坡、日本、韩国等国家和地区。2008年10月，济宁玉堂酱园有限责任公司更名为"山东玉堂酱园有限责任公司"，企业发展的舞台进一步扩大。2009年9月，"玉堂酱菜制作技艺"被山东省确定为第二批省级非物质文化遗产，企业珍贵的文化资源得到进一步利用。

2015年9月16日上午，2015年意大利米兰世博会中国馆山东活动周开幕。开幕式上，玉堂被授予米兰"世博百年品牌企业"。时隔百年，玉堂再次踏出国门向世界展示富有运河、儒家文化的百年老字号的风采；所不同的是，玉堂已由当年的一家手工作坊，成长为一家令人刮目相看的现代化企业。

223. 济美

济美是山东省临清市的酿造企业，迄今已有220多年的历史。2011年3月被商务部认定为第二批"中华老字号"（名单序号：山东13），注册商标"济美"。

清乾隆五十七年（1792年），安徽举人汪永春在临清城里购房，创办了一家南味酱园，取《左传》"世济其美，不损其名"之句中"济美"二字作为商业字号。济美酱园采用前店后厂的经营模式，品种丰富，味正精细，且又赶上当时京杭大运河漕运勃兴，故其产品口碑渐隆，吸引四方客商光顾。济美不仅制作酱菜用料精良，技艺独特，产品质量超过同行，而且还实行"悬牌标价"的方法，将酱油、醋、腌菜按不同等级标出不同价码，任人选购，这在当时堪称一种创新，济美生意更加火爆。清嘉庆十五年（1810年），聊城东昌府兴建山陕会馆内的春秋阁，汪永春借山西、陕西两地商人发达之意，为济美的未来发展壮大祈福，特捐银四两九钱（见春秋阁内碑文记载）。清道光二年（1822年），济美小菜、豆腐乳被清廷列为御用食品，由此享誉"贡品小菜""进京腐乳"之名而畅销京城。至清代末期，济美已有1000多口大缸，年产酱菜35万公斤，豆腐乳和臭豆腐所用黄豆一万多公斤。经营规模十分可观。其产品有干渍、咸渍、酱渍、酱油、味醋、腐乳制品六大类47个品种，尤以甜酱瓜、小菜、豆腐乳最受青睐。

民国初期，由于经营有方，管理到位，酿造工艺独特，产品质量上乘，济美酱园已经与北京"六必居"、保定"槐茂"、济宁"玉堂"齐名，并称为"江北四大酱园"。1915年2月，济美小菜、豆腐乳参加在美国旧金山举行的巴拿马太平洋万国博览会获奖。1920年，济美甜酱瓜首次出口日本。1935年，济美牌产品在南京国货陈列馆春季展览会上获奖。其中，甜酱瓜色泽金黄，透明如碧，质地嫩脆，增人食欲；豆腐乳色鲜味香，质地细腻，咸淡可口，营养丰富。

中华人民共和国成立后，济美发展迈上新台阶。1949年，济美提供4000公斤甜酱瓜进京，供全国第一次政治协商会议使用。1951年，济美牵头联合14家酱园捐助酱菜四万公斤，支援抗美援朝。1953年，济美率先实现公私合营，至1956年，临清八家较有规模的酱菜副食店"东茂盛""西茂盛""远香斋""溢香斋""瑞香斋""周兴斋""利民""茂盛"并入济美。1958年，济美在临清旧城广积门内获地200余亩建立新厂区，扩大生产规模。1959年，济美提供酱菜5000公斤赴京供国庆十周年庆典之用，其职工代表沈德旭还受到毛泽东主席亲切接见。

改革开放以来，济美不断开拓市场，坚持品牌创新。1995年，济美牌酱菜被山东省经委命名为"山东省传统名特食品"；同年济美酱园代表临清被国家评为"中国酱菜之乡"。2000年，济美酱园被中国食品工业协会评为质量达标企业。2001年，济美牌甜面酱被中国农业食品博览会评为名牌产品。

目前，公司占地面积10.6万平方米，建筑面积2.6万平方米，员工400多人。其经营产品有甜面酱、酱油、食醋、酱咸菜、腐乳制品五大系列150多个花色品种，产品销售网络南到广东、西至西宁、北至哈尔滨，遍布全国大江南北30多个大中城市500多家超市，年销售额9000多万元，为临清市龙头骨干企业。

224. 生生堂

生生堂是山东省烟台市的医药老店,迄今已有150多年的历史。2011年3月被商务部认定为第二批"中华老字号"(名单序号:山东19),注册商标"生生堂"。

生生堂的创建者是烟台黄务人邹巨川。清同治二年(1863年),他与王氏等人合资在烟台北大西街一幢二进院落的两层小楼里开设了一家药铺,商业字号定为"生生堂"。该药铺环境优美、氛围宜人,明清庭院呈现哥特式建筑风格,中西合璧、古朴典雅,店堂前高悬"生生堂"横匾,大门两侧则石刻竖匾"生者大乾坤并寿"和"生则明日月常昭",寄托着生生堂济世救生的良好愿望。

开业初期,生生堂势单力薄,店员只有七八人,但不久就扩大规模,建成前店后厂的格局,店员增加到20多人,逐渐成为烟台医药行业的领跑者。生生堂主要经营中药材,炮制加工丸散膏丹、饮片、花露、药酒等,并兼营医疗器材,经营模式逐渐由单一的零售发展为零售与批发相结合。当年胶东曾广泛流传"买布瑞蚨祥,吃药生生堂"的说法,充分显示生生堂药房在人们心目中不可替代的重要地位。

至1915年,生生堂药房还在威海东门里大街、青岛大沽路等地开设分号,经营中成药800多种,整合市场、享誉胶东。相传最鼎盛时期,生生堂共计开分号12家,其中烟台10家,威海一家、青岛一家,房产100余间,员工80余人,成为当时烟台本地最大的药房,其资金及规模超过其他同业竞争者的总和。

长久以来,生生堂秉承的店规祖训是:修合无人见、存心有天知。即在无人监管的情况下,做事不要违背良心,不要见利忘义,因为你所做的一切,上天是知道的。故药房一直坚持代客加工煎煮、全天候营业,店内药师、医生常驻,可送药上门、可上门看病;顾客进店,不论男女老幼,穿着华丽还是衣衫褴褛,生生堂的伙计都会笑脸相迎,真诚相待。与此同时,生生堂还特别注重药品质量,购进的原药材既要原产地,又要高标准。对于那些采购进货不符合标准的药材,哪怕是再贵重也会丢弃。有些药材上乘,价格昂贵,生生堂则采取灵活的付款方式,允许顾客赊账,极大地方便了广大消费者。

另外,生生堂药房店规极严,包括对店员的业务培训。如学徒进店必须先学碾药、装斗、配方、送货,然后才有上柜台的资格,这前后需要八年左右的时间。因此生生堂的临柜员工个个精通药理、药性,技术精湛,有问必答,深得顾客赞誉。

1956年实行公私合营,生生堂店厂分开,并取消批发业务,专营零售,企业发展迈上一个新台阶。

改革开放以来,生生堂更加跃马扬鞭、高速前进。1981年3月,"烟台生生堂药店"成立,1999年5月,经山东省医药监督管理局批准成立"烟台生生堂药房有限公司",组建为国有控股医药零售企业。目前公司主要经营中药、中成药、西药等共2000多个品种,兼营医疗器械,经营品种3000多个,并设有坐堂大夫为病人诊病,是烟台经营品种最全,服务质量最好的零售药店之一。2000年,公司被山东省医药监督管理局授予"山东省最佳零售药店"称号,并荣获山东省饮片评比质量第一名,企业发展锦上添花。

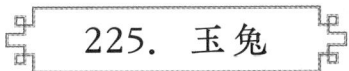

225. 玉兔

玉兔是山东省淄博市的食品企业,迄今已有140多年的历史。2011年3月被商务部认定为第二批"中华老字号"(名单序号:山东3),注册商标"玉兔"。

玉兔的前身是一家民间酱园,字号"信芳园",清同治十二年(1873年)创建于淄博周村(今淄博市辖区)。史料显示,清光绪二十年(1894年)该酱园生产的酱油曾随中国瓷器远销英国,涉足海外,声名鹊起。1904年,清政府批准周村开埠,信芳园一鼓作气设立九处分号,经营规模空前扩大。然而好景不长,自1937年日军侵占周村后,周村酿造业遭受重创,信芳园也未能幸免。

1956年实行公私合营,信芳园与万通酱园、华万酱园、玉盛园、久丰酱园等酱园合并组成"周村酱菜商店"。次年,信芳园的酱包瓜在全省酱菜评比中名列第一。1958年,周村酱菜商店与周村蔬菜公司合并设立"周村蔬菜商店",原酱菜商店更名为其下辖的"周村蔬菜商店酱油加工厂"。1965年,该厂派人到北京等地学习先进生产工艺,使企业产量和质量均大幅提高,并于1967年建成一座年产1500吨的酱油车间。

改革开放以来,周村蔬菜商店酱油加工厂进入快速发展通道。1977年,该厂更名为"周村味精厂",开始尝试多种经营。1979年,味精车间停产,新建年产3500吨的酱油车间,重点生产酱油。1980年,酱油加工厂更名为"周村酿造厂"，从此跃马扬鞭，高歌猛进。1982年，"玉兔"商标注册成功，企业知识产权获得法律保护。

2003年，该厂更名为"山东玉兔食品有限责任公司"，开始实行现代企业制度。从2004年开始，该公司在国家农业综合开发政策的连续扶持下，从一个名不见经传的手工作坊发展成为山东省调味品行业标杆企业，生产规模和技术水平居全省同行业领先水平。玉兔公司实施的六个农业综合开发产业化经营项目，将酱油、食醋、黄豆酱三大系列主要产品的产能从最初的两万吨扩大到八万吨，产品市场也从以淄博为中心，拓展到河南、河北、江苏、安徽、内蒙古及东北三省。与此同时，作为涉农企业，该公司不断利用高新技术改造提升传统产业，目前拥有国家发明专利四项，实用新型专利八项。2008年8月，"玉兔"注册商标被山东省工商局认定为"山东省著名商标"，企业知识产权获得大幅提升。

值得关注的是，2009年该公司自主研发的"高效清洁液态酿醋新工艺"获山东省中小企业科技进步一等奖，达到国际领先水平，获得国家发明专利。以该工艺酿制的"玉兔牌"第一道原汁米醋，被中国调味品协会、国家疾控中心等领导誉为"中国北派米醋代表"。

目前，玉兔公司已发展成为以酱油、食醋等调味品生产为主，涵盖一、二、三产业的集团化公司，旗下现有山东玉兔淄博公司、山东玉兔菏泽公司、山东天下第一村烧饼有限公司、淄博茂源物流有限公司、淄博康泉食品文化传播有限公司、玉兔超市等分公司。2017年2月，经更名后的"山东玉兔食品股份有限公司"在齐鲁股权交易中心挂牌。其股权简称"玉兔食品"，股权代码"100351"，公司主营业务为酱油、食醋生产和销售，是山东省农业产业化重点龙头企业、国家高新技术企业。此举堪称玉兔进军主板资本市场迈出的重要一步。

226. 又一村

又一村是山东省德州市的餐饮企业，迄今已有120多年的历史。2006年11月被商务部认定为第一批"中华老字号"（名单序号：山东15），注册商标"又一村"。

又一村创建于清光绪十六年（1890年），是德州一顾姓人氏开办的包子铺，取商业字号"有益村"。有益村的包子与著名的天津狗不理包子很有渊源。1934年,包子铺经理、原天津狗不理包子铺学徒王凤祥、任万祥等人,在吸取天津狗不理包子制作技术的基础上,对有益村包子的制作工艺进行改良,做出的灌汤包好吃地道,颇受市场青睐。不久,该包子铺更名为"又一村"。相传是原清末县令唐叶凤取古诗"柳暗花明又一村"之意,谐"有益村"之音,为包子铺题匾"又一村"所致。1937年日军侵占德州后,为避战祸,又一村被迫停业,人员出城逃难,直到1947年才重新开张营业。

又一村蒸包的主要特色是:洁白优雅,形如白菊,嫩面汤馅,齿留馨香。其在选料、配料、调料、和面、蒸制等方法,都有严格的要求,调馅中加入作料数十种,按传统的制作方法,经过和面、醒面、调馅、制作、蒸制、出笼六道工序精制而成。与此同时,又一村做生意始终坚持三个原则:一是保证质量。其包子、锅贴、油旋、酱肉等食品,都体现高质量的工艺,其中以三鲜包子最优。包子皮嚼起来有麦香味,馅则有海鲜味,没有肥腻感。二是薄利多销。其产品利润不超过10%,这在当时饮食业中是盈利最少的。另外还准备了多种物美价廉的份饭,供不同的顾客选择。三是服务热情。服务员都经过培训上岗,对顾客和气耐心,为顾客介绍原料来源、特点、价格,而且及时添酒、送菜、送饭。吃完饭后及时送上热毛巾、漱口水、牙签、茶水。同时还有"外送"服务,根据所送的饭菜带去醋、酱油、蒜和胡椒粉,使顾客感到宾至如归。

1954年,梨园四大名旦之一尚小云先生到德州演出期间,每餐必用又一村的包子。行前,他挥毫泼墨,以书画相赠。此后,各界知名人士来德州也多次到又一村品尝包子,享受美味。

改革开放使又一村如虎添翼,迅速发展。1985年,又一村包子铺翻建成营业面积2600平方米的四层大楼,就餐环境大为改善,消费群体逐渐扩大,包子铺便更名为"德州市又一村饭店"。现在的又一村包子挖掘和继承了传统做法,用半发面、半酵面,肉馅内调进香油、酱油、葱、姜、高汤等十余种作料精制而成。1990年,又一村获得山东省饮食业优质产品称号。2004年5月,又一村饭店制作的又一村蒸包被山东省贸易办公室、山东名小吃认定组委会授予"山东名小吃"称号,企业知名度和影响力进一步提高。

2017年8月,又一村饭店继续扩大经营,新增自家鲜鱼锅。其向广大消费者推出的"正宗鲁菜,百年包子,接待大型宴席"的广告,更是体现了企业市场营销的功力所在。

227. 春和楼

春和楼是山东省青岛市的餐饮企业，迄今已有120多年的历史。2011年3月被商务部认定为第二批"中华老字号"（名单序号：山东19），注册商标"春和楼"。

春和楼的前身是"胡家菜馆"，创始人为北京人胡氏夫妇。清光绪十七年（1891年）4月18日在青岛口子（今大学路一带）开业，其历史比1891年6月14日建置的青岛还早两个月，堪称是与青岛城市同龄的百年老字号。

开业不久，适逢直隶总督兼北洋大臣李鸿章来青岛沿海视察防务，山东巡抚张耀便陪同其光顾了胡家菜馆，李鸿章在品尝了油爆海螺这道菜后赞不绝口，使该菜馆名气大增。1892年，胡家菜馆在北京路开设了锅贴铺，生意越做越火。1897年，胡家菜馆在天津路开设二层楼新店，取名"春和饭庄"，建筑面积600平方米，经营规模明显扩大。

相传"春和楼"三字牌匾为中国近代史上戊戌变法领袖康有为所题。这位走遍世界的美食家在1923年至1927年间，经常在春和楼举办家宴，对正宗鲁菜青睐有加，其中"清蒸加吉鱼"是康有为的最爱。

1933年，时任经理田文魁与副经理、主厨、堂倌等五人合伙投资买下了天津路与山东路（今中山路）拐角的三家店铺，并将春和楼迁址，面积扩建到800多平方米，使春和楼成为岛城最大、菜品最上档次的餐馆，位居青岛"鲁菜三大名楼"（春和楼、顺兴楼、聚福楼）之首。1939年2月，该餐馆在青岛市政府办理工商登记，更名为"春和楼利记"。

1956年实行公私合营，春和楼继续发展。1957年，时任中央人民政府委员、中共八届中央委员的徐特立来到青岛，并携家人慕名到春和楼饭店用餐。当他与家人食用色泽棕红、外酥里嫩的香酥鸡后称赞说：在北京就听说过这道菜的鼎鼎大名，今天品尝后果然名不虚传。1966年6月春和楼改名为"人民饭店"，直到1978年才重新恢复百年老字号"春和楼"，从此借助改革开放的东风再创辉煌。

在诚信经营方面，春和楼重点打造中国名菜"油爆海螺"。海螺的选用标准必须是位于胶州湾北部红岛的大海螺，皮薄肉厚，每个重量在半斤以上。而这种海螺采购价格平时每斤二十七八元，遇到节假日需求旺季则会涨至四五十元一斤。但只要春和楼的菜谱价格定了，无论季节价格如何，食材质量绝不打折扣。另外山东名菜"爆炒腰花"里面需要一种竹笋，这种笋在冬春季节销售价格可能在10元左右一斤，有的商家为了节省成本就把笋用黄瓜、辣椒来代替。但春和楼每一道菜都是标准化配菜，种类绝不随意改变。

在市场营销方面，春和楼与香港、北京、上海、天津、山东等全国各大旅行社合作，密切商旅联姻，扩大老字号效应，努力使春和楼广为人知，成为来青岛旅游攻略必吃必游之地。近几年，又因不断推出春和楼香酥鸡、春和楼蒸饺等系列小吃而扬名海内外，大幅度提升了企业良好形象。

在制度管理方面，2002年9月，春和楼股权改制全面完成，组建"青岛春和楼饭店有限责任公司"，企业发展攀上一个新高峰。2016年3月，"肉食传统制作技艺·香酥鸡烹饪技艺"被山东省确定为第四批省级非物质文化遗产，企业发展获得更大殊荣。

228. 张裕

烟台张裕的前身是始创于清代末期的"张裕酿酒公司"，迄今已有120多年的历史，跨越三个世纪。2006年11月被商务部认定为第一批"中华老字号"（名单序号：山东5），注册商标"张裕"。

清光绪十八年（1892年），祖籍广东的荷属东印度（今印度尼西亚）华侨张弼士先生崇尚实业，投资300万两白银在烟台创办张裕酿酒公司。相传清光绪二十一年，时任清光绪朝军机大臣、户部尚书兼做光绪皇帝老师的翁同龢为其题写牌匾"张裕酿酒公司"。清光绪二十二年，张裕从欧洲引进大批优质葡萄苗木，采用欧洲先进葡萄栽培技术，酿制出中国第一批葡萄酒。1912年8月21日，中国民主革命的先行者孙中山先生由上海水路北行，途经烟台短暂停留，参观了张裕公司，并为张裕题写了"品重醴泉"四字，以示嘉勉。"品"字既指酒品更重人品，好人品酿造好酒品。

1915年2月，张裕携产品参加在美国旧金山举行的巴拿马太平洋万国博览会，其中可雅白兰地、红玫瑰葡萄酒、琼瑶浆和雷司令白葡萄酒等四种酒分别获得金奖和最优等奖状，誉满华夏，名扬四海。张裕的发展和成就，也引起康有为的关注，他曾经两次为张裕葡萄酒题诗。1917年为"深倾张裕葡萄酒，移植丰台芍药花。且避蟹螯写新句，已忘蒙难征莲华"；1927年为"浅倾张裕葡萄酒，移

张裕酒文化博物馆内景

植丰台芍药花。更读法华写新句,欣于所遇即为家"。

然而,20世纪三四十年代,张裕历经坎坷、风雨飘摇。1934年,张裕因经营管理不善,抵押给民国政府主办的中国银行烟台支行,由该支行经理徐望之出任总经理,进入中国银行接管时期。1941年12月,侵华日军将张裕资产全部查封军管,委派日本人出任经理,产品除为侵华日军服务外还向北平(今北京)、天津、上海、青岛等日占区大量销售,直到1945年8月,日本战败投降后才交还公司管理权。1948年12月烟台解放,人民政府接管了濒临破产的张裕,使其获得重生。

1952年,张裕金奖白兰地、红葡萄酒和味美思三款产品在全国第一次评酒会上被评为"国家名酒",为葡萄酒类唯一上榜品牌,与贵州茅台酒、山西汾酒、陕西西凤酒、四川泸州老窖特曲、鉴湖绍兴酒并称全国八大名酒。1956年3月,张裕向毛泽东主席呈递《烟台张裕葡萄酿酒公司生产情况报告》。1963年,全国第二次评酒会上评出18种"国家名酒",张裕的味美思、红葡萄酒和金奖白兰地依次名列其中,占6种上榜葡萄酒的50%,令人刮目相看。"文革"期间,张裕酿酒公司更名为"烟台葡萄酿酒公司"。

随着改革开放大潮的兴起,张裕迎来了中国葡萄酒发展史上的黄金机遇。1979年,全国第三次评酒会上又评出18种"国家名酒",张裕的红葡萄酒、味美思和金奖白兰地依次名列其中,仍占六种上榜葡萄酒的一半,风采不减当年。1980年6月,企业恢复"张裕"名号,定名为"烟台张裕葡萄酿酒公司"。1993年11月,"张裕"商标被国家工商局认定为"中国驰名商标",开始积极实施国际化品牌战略,现已发展成为亚洲葡萄酒第一品牌。1994年9月,张裕公司依法进行规范化公司制改造,更名为"烟台张裕集团有限公司",即改制为国有独资有限责任公司。1997年4月,张裕集团作为独家发起人,将集团下属的白兰地、葡萄酒、香槟酒、保健酒四个酒业公司及五个辅助配套公司的资产重组,向境外投资者发行境内上市外资股(B股),募集资金约2.9亿元。同年9月,设立"烟台张裕葡萄酿酒股份有限公司",募集成为中国葡萄酒行业第一家股票上市公司;2000年10月,张裕股份作为第一家纯B股的葡萄酒企业成功发行A股,并在深圳证券交易所正式上市,募集资金6.2亿元;成为国内同行业唯一拥有A、B股的葡萄酒企业，为张裕公司今后的发展提供了资金保障。2005年5月，张裕完成股权多元化改革，烟台张裕集团有限公司由国有控股的有限责任公司变更为中外合资经营企业。

与此同时，张裕还在文化创意产业领域也扮演着十分重要的角色，于1992年9月在张裕公司百年庆典前夕建成张裕酒文化博物馆，将中华老字号的文化传承、品牌建设、工匠精神、商业诚信等功能和作用融入其中、发挥到极致。

229. 通德

通德是山东省德州市的酿造企业，迄今已有110多年的历史。2006年11月被商务部认定为第一批"中华老字号"（名单序号：山东13），注册商标"通德"。

通德的前身为"通德号"民间酒醋作坊，清光绪二十七年（1901年）由创始人任金栋在平原县兴办。他酿制小米酒、黑米枸杞醋，坚持"三不卖"的诚信经营原则，即器不洁不卖（买者容器须无杂质），缸底不卖（因底部沉淀物较多），欠期不卖（储存时间短则味不浓郁）。故此，通德号声名鹊起，口碑颇好。1931年，通德第二代传承人任善文接手，增设酱油酱菜作坊，并逐步改进老醋制作工艺，采用两级增香酯化技术，使醋液风味醇厚，入口酸而不刺喉。1936年，任善文增设白酒酿造业务，在济南市保华街附近办了一个有101间厂房的大曲厂，取名"通德号济南分号"，生产白酒麦曲，销往济南市区、近郊及天津、河北等地。

1956年实行公私合营，通德号当地六家同行合并，组建"公私合营平原县酿造制酒厂"。多年后，该厂更名为"国营山东平原县酿造制酒厂"。

改革开放以来，通德加速发展，重新焕发青春。1992年3月，通德第三代传承人任继祥与其子任万平在原籍平原县北任村自建厂房，起名通德酒厂。他们从本县副食加工厂（原通德旧址）买回早年"通德号"用过的大缸100余口，又筹款10万多元购买原材料，经过40多天酿造，制出白酒，行销县内外。1997年秋，设立"德州通德酿造有限公司"，成为进入平原县龙门经济技术开发区的第一家私营企业。目前通德拥有现代化检测设备十几台套生产专用设备20台套，主要生产销售小米原浆酒、老酒坊白酒系列、黑米枸杞醋、葚果养生醋系列、黄豆酱油、黑豆酱油系列，风味酱菜等四个系列共60多个品种，营销网点300多个，遍布本县及邻近武城、夏津、陵县、德城等8个县及河北、济南、天津、潍坊、泰安等地，企业规模空前扩大。2009年8月，"通德醋传统酿造技艺"被山东省确定为第二批省级非物质文化遗产，企业无形资产保护迈上一个新台阶。更值得关注的是，通德是德州百年以来仅有的一家五代传承同一行业的中华老字号私营企业，百年老店熠熠生辉，光彩夺目。

在从事生产经营的过程中，通德还不失时机地大力进军文化创意产业，深入挖掘通德深厚的历史文化底蕴和相关资源，经过一年多时间的筹备，于通德老店设立了通德历史文化展馆，搭建起弘扬通德历史文化的平台。通德老店位于风景秀丽的琵琶湾南畔、民俗文化街中心。该店为二层仿古建筑，一楼为产品展销区，营业面积210平方米，分为精品展销区和普通产品展销区。二楼为通德历史文化展馆。该展馆十分注重突出老字号工业旅游特色，开发旅游产品，让游客进行酿造现场、灌装封存现场观摩体验，品尝黑米枸杞醋、小米酒等，成为以酿造技艺过程、工厂风貌、历史文化展馆、特色产品为主要旅游吸引物的旅游点。因此，2011年12月，通德公司被山东省旅游局命名为"山东省工业旅游示范点"，使通德的知名度和影响力得到进一步提升。

230. 青岛啤酒

青岛啤酒公司的前身可追溯至20世纪初期的英德合资啤酒公司，迄今已有110多年的历史。2006年11月被商务部认定为第一批"中华老字号"（名单序号：山东30），注册商标"青岛啤酒"。

清光绪二十三年（1897年），德国以"巨野教案"为借口侵占青岛，青岛沦为殖民地。清光绪二十九年（1903年），为适应占领军和侨民的需要，英德两国商人便合资在青岛开办啤酒厂，时名"日耳曼啤酒公司青岛股份公司"，生产设备、原材料均从德国进口，年产量约2000吨。清光绪三十二年（1906年），该公司生产的"青岛"牌啤酒在慕尼黑国际博览会上获得金牌奖，使青岛啤酒初露峥嵘，向国际化品牌迈出了第一步。

1914年11月第一次世界大战爆发后，日本取代德国侵占青岛。1916年9月，日本东京都的"大日本麦酒株式会社"收购青岛啤酒厂,更名为"大日本麦酒株式会社青岛工场",不久对企业进行了较大规模的改造和扩建。抗日战争胜利后,国民党政府军政部于1945年10月查封青岛工场,旋即由青岛市政府派员接管,并更名为"青岛啤酒公司"。1947年6月,该公司被"齐鲁企业股份有限公司"收购,改称"青岛啤酒厂"。

中华人民共和国成立后,青岛啤酒厂更名为"国营青岛啤酒厂",开始以国有企业的面貌出现在人们面前。1963年,在第二届全国评酒会上,青岛啤酒被评为国家级名酒,而且是18种名酒(即白酒八种、黄酒两种、葡萄酒四种、果露酒三种和啤酒一种)中唯一获此殊荣的啤酒。

改革开放以来,青岛啤酒更是迅猛发展,犹如展开腾飞的翅膀。

其一是产品出口旺盛。1978年,青岛啤酒首次进入美国市场,当年销量为两万箱。此后,在有几十种国外啤酒激烈竞争的美国市场上,青岛啤酒以其较高的品质、独特的风味加之美国代理商的大力促销宣传,很快巩固了在美国的销售市场,并在美国50个州建立了强大的销售网络,如进入中餐馆和连锁饭店及超级市场。

其二是资本运作成功。1993年6月,青岛啤酒厂与另外三家企业联合组建"青岛啤酒股份有限公司"。同年7月,青岛啤酒股票在香港联交所上市,是中国内地第一家在海外上市的企业,以强大的实力进军国际资本市场。同年8月,青岛啤酒股票在上海证券交易所上市,成为中国首家在两地同时上市的公司,资本运作获得了空前丰收。

作为国家名片之一,青岛啤酒早已家喻户晓、世人皆知。1991年1月,"青岛啤酒"被国家工商局认定为"中国驰名商标",亦是中国啤酒行业第一个驰名商标。截至2015年底,青岛啤酒在全国20个省、直辖市、自治区拥有60多家啤酒生产企业,公司规模和市场份额居国内啤酒行业领先地位。目前,青岛啤酒远销美国、加拿大、英国、法国、德国、意大利、澳大利亚、韩国、日本、丹麦、俄罗斯等90多个国家和地区。全球啤酒行业权威报告Barth Report依据产量排名,将青岛啤酒列为世界第五大啤酒厂商。

相比之下,青岛啤酒股份有限公司在文化创意产业领域同样成就斐然,令人瞩目,2003年8月,青岛啤酒博物馆正式对外开放。

青岛啤酒博物馆

231. 宏济堂

宏济堂是山东省济南市的医药企业，迄今已有110多年的历史。2006年11月被商务部认定为第一批"中华老字号"（名单序号：山东3），注册商标"宏济堂"。

宏济堂的创始人是祖籍浙江的乐达聪，号镜宇，其先祖于清康熙年间移居北京开设同仁堂药店，驰名全国。清光绪二十八年（1902年），乐镜宇捐官山东候补道来到济南。1904年，山东巡抚杨士骧拨官银2000两委托乐镜宇举办官药局并担任总办。1907年，乐镜宇筹措巨资如数偿还官银取得药局所有权后，将其更名为"乐家老铺济南宏济堂"（北京同仁堂则对外称乐家老铺北京同仁堂），店址在济南院西大街（今泉城路），经营方式全仿北京同仁堂，前店后厂，工商一体。

利用同仁堂的物质基础和影响力，乐镜宇把宏济堂做得风生水起，很快就后来居上，成为济南规模最大、最有名的一个商号，并与北京同仁堂、天津达仁堂齐名，号称"江北三大名堂"。1909年，在济南东流水街开办"宏济堂阿胶厂"，独创"九昼夜炼制阿胶法"，生产出独具特色的12种阿胶，行销上海、广州、浙江、福建等地区及日本、东南亚各国，国内阿胶市场几乎为宏济堂所独占。1911年，在舜庙街设立"宏济堂栈房"，生产丸散膏丹。1914年，宏济堂获山东省物产博览会"最优等金牌奖"，知名度继续扩大。1915年2月，宏济堂参加在美国旧金山举行的巴拿马太平洋万国博览会，一举获得"金质奖章"和"一等银质奖章"，成为国际品牌。同年宏济堂总店迁至济南院东大街（今泉城路）23号。1920年，宏济堂在经二路纬五路开设第一分店（西号），尝试连锁经营。至1934年，宏济堂的销售额已占北京同仁堂的2/3，业绩斐然，实力大增。1935年，宏济堂在经二路纬一路开设第二分店（东号），截至当年底，宏济堂已拥有三店一栈一厂，总部设于宏济堂栈房，从而形成零售连锁、批发仓储、生产加工的经营模式。

中华人民共和国成立后，宏济堂更加发展。1952年，宏济堂下属栈房改称"宏济制药厂"。1955年7月，宏济堂进行公私合营后，更名为"公私合营济南宏济堂"。1958年9月，宏济堂改称"济南宏济堂制药厂"。1960年3月，该厂与永昌药厂、艮一堂药厂、济南阿胶厂等五家企业合并为"公私合营济南宏济制药厂"。至20世纪60年代中期，宏济制药厂已有职工400人，产值达到400多万元，成为当时济南唯一的中药厂。1966年9月，宏济制药厂更名为"济南人民制药厂"。

随着改革开放的深入进行,宏济堂步入快车道,气贯长虹,光彩夺目。1980年4月,济南人民制药厂更名为"山东济南中药厂"。1998年3月,该厂进行股份制改造,更名为"济南神方中药有限责任公司",成为一家国有控股公司。1999年7月,该公司更名为"济南宏济堂制药有限责任公司",重新恢复"宏济堂"商号。2002年10月,宏济堂正式纳入由力诺集团绝对控股的"济南药业集团"。2006年,济南药业集团成立"山东宏济堂医药有限公司"。

2009年9月,"宏济堂中医药文化"被山东省确定为第二批省级非物质文化遗产,企业发展大放光彩。2010年11月,宏济堂博物馆正式开馆,标志着百年老店跻身文化创意产业。

232. 灯塔酿造

灯塔酿造是山东省青岛市的酿造企业,迄今已有110多年的历史。2006年11月被商务部认定为第一批"中华老字号"(名单序号:山东20),注册商标"灯塔"。

灯塔酿造的前身是青岛"裕长酱园",清光绪三十年(1904年),由山东章丘人沙裕福在芝罘路购地兴建。当时因德国强占青岛不久,大批民夫从事筑港建埠工作,日常生活对咸菜佐食需求很大,故酱菜作坊十分走俏。由于沙裕福是济南瑞蚨祥绸缎庄经理,本身并不懂酱菜技艺和业务,于是他特从北京聘请一位行家、宁姓章丘人出任掌柜。这使裕长酱园成为青岛第一家酱园且独家经营达八年之久,直到1912年,青岛才有"同和福""和兴"两家酱园问世与其形成三足鼎立态势。1936年,青岛的酱园发展到60多家,酱园业迎来了鼎盛时期,但裕长酱园始终处于行业的龙头地位。日占时期,尽管日本人开了几家酱园,但因其口味原因,对中国酱菜并无多大冲击,故令裕长酱园的兴旺一直持续到1947年。

裕长酱园经营成功的秘诀之一是用人之道。企业很早就着手罗致人才,制定晋升唯功的用人标准。如规定:一般学徒三年才能当伙计,伙计干得好才能当大伙,大伙有功绩可升为副掌柜。同时企业还建立了滚动的用人机制。对人员每年进行一次调整,把精于酱园生产的人放到后厂去搞生产,把善于搞经营的人调到前柜上搞经营，把善于搞交际的派去采购原料和推销，做到人尽其才。

1956年实行公私合营，当时青岛共有酱园104家，其中17家包括裕长酱园划归商业局经营，在奉天路合并成立"公私合营青岛酿造厂"，后更名为"青岛酿造总公司"；余下的87家则由轻工业局管理。中华人民共和国成立后的40多年里，青岛酿造业得到了长足的发展，尤其青岛酿造总公司陆续推出的特级酱油、灯塔酱油、青岛米醋、万通米醋及部分酱菜等多次获得国家、省、市各级的肯定，成为山东省调味品行业的龙头企业。

改革开放使青岛市酿造总公司如沐春风，更加高歌猛进。2002年9月，民营企业青岛金北洋工程有限公司全资收购青岛市酿造总公司，国有企业重回私营企业模式。2004年，该总公司更名为"青岛灯塔酿造有限公司"，标志百年老店竖起一座新的里程碑。至2006年，灯塔酿造开始扭亏为盈，走上良性发展道路。目前，该公司共拥有三个生产基地、六大类100多个品种的产品，主要从事灯塔牌酱油、食醋、酱类、酱菜、福塔牌料酒、香油、调味油等系列产品的科研生产和国内外销售。企业先后荣获国家颁发的产品质量免检证书、中国调味品行业食醋十强品牌企业、全国质量信得过食品、山东省食品行业百强企业、青岛市质量工作先进单位、青岛市消费者放心满意产品、省级标准化良好行为企业等多项质量信誉称号和认证，百年老店屡创辉煌。

2014年，位于胶州杜村的灯塔工业园新厂一期正式投产。一期投资2.8亿元，占地220亩，生产厂房10万平方米，年产量达12万吨，配备了全自动化的智能设备，进行了设备升级和技术改良，实现了信息化控制和自动化生产。新厂还保留了传统的生产工艺，使之与现代化的设备完美结合，彻底实现了现代化、规模化生产。

233. 泰康

泰康是山东省济南市的食品企业，迄今已有100多年的历史。2011年3月被商务部认定为第二批"中华老字号"（名单序号：山东12），注册商标"泰康"。

泰康创建于1914年，原名"泰康罐头食品公司"。1914年第一次世界大战爆发，日本乘机入侵青岛。为躲避战火，青岛"华德泰百货食物号"店主徐泳春和"万康南北货号"店主庄宝康逃到济南,并结识了浙江杂货商乐汝成。于是三人共同集资成立泰康罐头食品公司,选址济南市经二纬四路口,采取前店后厂的经营方式,自产各类中西式糕点、罐头、熟食卤味等并经营南北杂货。其中油茶、桃酥、月饼和五香熏鱼是泰康的四大招牌,颇受广大消费者欢迎。

1916年,泰康与人合作从国外引进饼干生产线在济南设厂,生产罐装饼干,将产品种类逐渐扩大到糖果、饼干、蜜饯等领域。该公司特别注重听装饼干的包装,请人在听装饼干箱上设计了一只金黄色的大公鸡,足足占去饼干箱4/5的面积,再配以各种泰康出品字样。这就是风靡一时的罐装"金鸡饼干",畅销济南、青岛和上海数十年,堪称中国饼干产业的鼻祖。

1918年,一次意外事件让泰康大出风头。那年泰康员工参加了反日游行,而当晚店铺就被借机报复的日本人砸得遍地狼藉。对此,上海《申报》、天津《大公报》等都在头条予以报道,一时引起轰动,获得市民支持,令泰康顾客日增,门庭若市。

然而,真正让泰康迅速崛起的是罐头食品。它是泰康的明星产品,堪称一种舶来的奢侈品,当时在上层社会十分流行。有鉴于此,泰康努力与外商建立直接联系,逐步成为进口罐头的国内代理商龙头,产品覆盖京沪铁路沿线及各大中城市,泰康罐头声名鹊起。由于罐头食品销路看好、市场兴旺,泰康便一方面坚持进口策略,另一方面开始在山东、上海等地设厂,自主研发制作罐头食品。1922年,泰康在上海南市制造局路建立食品制造厂,生产凤尾鱼、番茄沙司、油焖笋等罐头。尤其是把制作番茄沙司作为突破口,采用江浙地区种植的红色素较高的优等番茄为原料,使生产的番茄沙司色泽鲜艳红润、香味浓郁,并对味道加以改良,使之更适合国人的口味。

1927年,泰康将总部从山东济南迁到上海南京路,即现在南京东路的泰康食品商店所在地,以上海为总公司,济南为分公司。至1930年前后,泰康已在青岛、上海等地设立了10家分公司,经营规模逐渐扩大。1932年3月,"泰康罐头食品有限总公司"新楼落成开业,公司事业进入鼎盛时期。

改革开放后,泰康发展较快,更加兴旺。1991年5月,设立"济南泰康食物公司"。但令人遗憾的是,2011年12月,就在泰康即将走完企业百年发展历程的时候,因资不抵债决定向房地产开发商转让济南泰康食物公司100%国有产权,进行资产重组。经2011年12月22日至2012年1月19日公开挂牌20个工作日后,因公告期间仅征集到一家意向受让方(邵东县建伟房地产开发有限责任公司),故采用协议转让方式实施转让。2012年2月21日,持有泰康食物100%股权的出让方济南百货大观集团有限公司与受让方邵东县建伟房地产开发有限责任公司签订《产权交易合同》。2012年3月7日,山东产权交易中心为此出具《产权交易凭证》。同年5月,济南泰康食物公司变更为"济南泰康食物有限公司",百年老店开始了一个新的历史时期。

234. 北极星

北极星是山东省烟台市的钟表企业,迄今已有100多年的历史。2011年3月被商务部认定为第二批"中华老字号"(名单序号:山东20),注册商标"POLARIS北极星"。

北极星的前身是"烟台宝时造钟工厂",为我国第一家机械制钟工厂。1915年7月由民族实业家李东山在烟台开办,并注册"寶"字商标。1918年,宝时钟厂生产出第一批机械摆钟,在国内引起很大反响。

1956年实行公私合营,宝时与"永康""盛利""永业""慈业"等钟厂合并组成"公私合营烟台造钟厂",开始了企业发展的新纪元。1960年1月,为了适应产品出口的需要,该钟厂启用"北极星"注册商标。1962年,该钟厂改制更名为"国营烟台钟表厂",走上国有化道路。从20世纪60年代中期到70年代中期,尽管经历了"文革"冲击,但北极星人仍以不断创新的精神不停顿地开发新产品,填补了中华人民共和国钟表业发展史上的一个个空白。其中天文石英钟的研制,原为国家地震局用于地震监控,但实际上成为我国第一批自行研发并投产的石英钟;舰船钟的研制成功则改变了我国军用和民用舰船用钟依靠进口的历史。

1975年1月,烟台钟表业进行调整和扩张,组建了木钟、闹钟、手表等专业化生产厂。之后又新建了钟表元器件、钟表材料生产厂和研究所,形成了完整的钟表生产体系,把北极星打造成为中国钟表工业主要生产基地之一。

改革开放以来,北极星迅速发展,灵活经营,严格管理,成就斐然。为满足日趋繁荣的市场需求,在扩大企业自身生产规模同时,北极星将部分零件生产扩散到胶东农村30多个乡镇企业,腾出力量积极研发和投产新产品新花色,开展技术革新,改进生产工艺,推行全面质量管理,促使一批具有国内首创和领先水平的新产品相继问世。1979年，在国家产品质量奖评比中，北极星机械钟获得钟表类最高奖银质奖。1980年，"北极星"注册商标被国家工商局认定为"国家著名商标"，企业知名度和影响力大幅提高。1991年9月，"北极星"注册商标又被国家工商局认定为"中国驰名商标"，企业知识产权受到国家法律的充分保护。同年，北极星商标进行马德里商标国际注册，并进行了包括30个产品类和八个服务类的全方位商标注册，国际商标保护意识进一步加强。

2001年，面对日益激烈的市场竞争，北极星组建"烟台北极星国有控股有限公司"，采取"关闭破产一批、重组整合一批、做强做大一批"的三步走战略，推动北极星逐步由重点解决历史遗留问题转向加快企业发展上来。2009年，为充分发挥北极星制钟优势，打造百年品牌，北极星对生产钟类产品包括机械钟、石英钟、技术用钟等资源进行重组整合，并设立"烟台北极星股份有限公司"，进一步优化北极星组织结构，为提高企业经济效益、推动北极星向高新技术企业转型创造了有利条件。

与此同时，北极星还大力进军文化产业创业，其设立的北极星钟表文化博物馆于2009年10月在烟台市开馆。该馆是中国第一家钟表文化博物馆，建筑面积3000平方米，馆内设有我国计时仪器沿革、中国近现代钟表工业发展和世界钟表珍品三个陈列区，共展出古代和近现代钟表原件（复原）作品500余件。

目前，北极星已经成为我国唯一一家具有钟和表综合生产能力且配套完整、品种齐全的加工制造企业，拥有机械钟、手表、石英钟、技术用钟四个产品板块，以及宝石和弹性元件两个配套产品。其中，机械钟已经形成八大系列上百个花色品种，堪称中国的"钟王"。长期以来，北极星精湛的制造工艺在国内同行业中始终处于领先地位，是迄今为止国内规模最大、世界品种最全的机械钟生产基地。

235. 聚乐村

聚乐村是山东省淄博市的食品企业，迄今已有百年的历史。2006年11月被商务部认定为第一批"中华老字号"（名单序号：山东16），注册商标"聚乐村"。

聚乐村早期是单一餐馆，始创于1919年夏，位于博山叠道街轿杆胡同与陈家胡同的拐角处,立字号"聚乐村",并采取股份制产权结构,股东包括原清廷官员、当地名厨及民间绅士等。其中股东之一、清末进士张新曾模仿清内阁大学士刘墉书体,题写了"聚乐村"牌匾。

经营10多年后,聚乐村积累起雄厚资金,便迁址西冶街中段新建四合院,盖起两座东西二层楼,成为鲁中地区第一家以宴席形式为经营特色的"会馆式"高档餐馆。直至1949年,在长期的烹饪实践中,聚乐村创造出一大批具有博山特色的饭菜品种,形成了以"聚乐村四四席"为主体的博山菜餐饮文化体系,确立了博山菜成为鲁菜分支菜系的历史地位,成为鲁中地区主体餐饮文化。其编纂的《聚乐村菜谱》更是发挥了博山地区餐饮业教科书式的重要作用。书中分为一般荤菜、细荤菜、一般素菜、海干甜菜与菜杂项五部分,荟萃了大批有特色的菜肴,深受各界欢迎。

所谓"四四席",是指四拼盘、四行件、四大件、四饭菜计16道菜,供八人食用,人均二品。除四拼盘外,其余者兼有炒、炸、熘、氽、蒸、琉璃、炝、烩等形式组合。四四席注重体现"五味调和、以味为本"的自然本源,努力强化"医食同源、疗养并重"的科学养生餐饮文化观念,从而达到"和节范适,平衡膳食,修身养性,陶冶情趣"的统一完美。

1956年实行公私合营,聚乐村并入"淄博市博山区饮食服务公司",开始进入新征程。

改革开放以来,聚乐村一路前行,再创佳绩。1992年,饭庄迁往城郊。2003年4月,国营博山区饮食服务公司改制为股份制企业,更名为"淄博博山聚乐村食品有限责任公司",并确立了以餐饮、肉食品加工、冷饮制造为主要产业模式的经营方向。聚乐村先后复原提炼了1000余种传统名菜,引进开发了2000余种现代高档新菜,将博山菜做得风生水起,令人刮目相看。特别是聚乐村的"四四席",经过跨世纪的发展传承,积淀起独有的文化价值。它不仅是单纯的餐饮文化,还派生出酒文化、孝文化、礼仪文化、婚庆文化、师承文化等内容,使"四四席"成为博山当地标志性的主题饮食文化。故此,2007年,聚乐村的"民间食俗(四四席食俗)"被淄博市确定为市级非物质文化遗产;2013年,又被山东省确定为第三批省

聚乐村

级非物质文化遗产，企业无形资产不断发扬光大。

在从事餐饮及食品加工的同时，聚乐村还率先同行进军文化创意产业。2012年，企业投资设立聚乐村饮食文化博物馆，搭建起山东省第一家弘扬和传播饮食文化的公共平台。该馆以场景再现、文物展示、人物介绍、图片展览为表现手段，集中展示中国饮食文化、鲁菜的发展历程和聚乐村百年发展历史三大文化主题，进一步提升了企业的知名度和影响力，受到社会各界的一致好评。

2013年，聚乐村载誉一身，殊荣满满。其被山东省旅游局评定为鲁菜四大发源地之一，被山东省烹饪协会评定为淄博市唯一一家"中华鲁菜馆"，被中国饭店协会评定为"中国餐饮名店"和"国家级绿色餐饮企业"。目前，公司占地面积1.2万平方米，生产厂房面积4000余平方米，总资产5000余万元，员工360多人，已成为淄博市规模较大的专业食品生产企业。

十六、河南省

236. 四知堂

四知堂是河南省汝州市的医药企业，迄今已有近400年的历史。2011年3月被商务部认定为第二批"中华老字号"（名单序号：河南18），注册商标"四知堂"。

四知堂最早的产品是药酒，相传公元219年前后，东汉名臣杨震曾孙杨彪从神医华佗手中拿到药酒秘方。明天启七年（1627年），杨氏后人杨其贤公开推出"四知堂药酒"，揭开杨氏涉足中医药领域的大幕。清乾隆四十五年（1780年），药酒第四代传承人杨天一时从药都亳州（今安徽亳州）移居汝州，开店经营，前店后坊，自产自销。

四知堂药酒是药不是酒，四味药草乌、当归、丁香、良姜分别为君、臣、佐、使。《本草纲目》称草乌为百药之王，大毒，草乌大毒世人皆知，一般人不敢用。相传三国时曹仁用草乌汁泡毒箭射中关羽，才有华佗刮骨疗毒的故事。以毒攻毒是中药理论的一枝奇葩，运用之妙，存乎于心。但如四知堂药酒这样的例子尚不多见。四知堂药酒配方虽只四味，但君臣佐使配伍精当，作用各异，相辅相成，加上高度高粱原酒及焦糖反复浸润化合分解，药酒合一，药借酒势，酒助药威，疗效大增。

1956年3月实行公私合营，四知堂药酒第七代传承人杨德新响应国家号召，献出四知堂药酒秘方并以银元入股成立"公私合营临汝国新医药有限公司"。1966年，国新医药有限公司更名为"临汝药酒厂"（临汝为汝州之前身），成为国有企业。"文革"期间，"四知堂药酒"更名为"临汝药酒"，海内外十几麻袋求医信件、锦旗、牌匾，以及杨氏家史毁之一炬。1971年，100多位汝州百姓跪到河南省卫生厅门前请愿，该厅革委会才决定让恢复生产，但企业元气大伤，质量、声誉严重受损，仍未走出困境。

改革开放后，四知堂走上康庄大道。1995年，根据汝州市政府决定，由"汝州市现代企业发展总公司"接手濒临倒闭的汝州市药酒厂，企业更名为"汝州市四知堂制药厂"。同年注册"四知堂"商标，尔后多次注册，涉足生产、销售、医疗、化妆品、白酒饮料等多种行业。1998年，四知堂药酒获得部颁标准，安全性得到充分加强。2004年12月，企业顺利通过GMP（生产质量管理规范）认证，四知堂药酒按国家中药命名原则更名"痹通药酒"（痹即风湿），药酒质量更加提高。2007年12月，四知堂制药厂改制成功，更名为"汝州市四知堂药业有限公司"，开始实行现代企业制度。2011年10月，企业更名为"河南省四知堂制药有限公司"，成为四知堂发展史上一座新的里程碑。

目前，四知堂制药有限公司的核心产品为纯中药制剂——四知堂痹通药酒，未来将涉足化妆品、保健品、原生药材、商业流通等领域。2012年6月，位于汝州市城东高新技术园区的河南省四知堂制药有限公司100万箱中成药项目动工兴建。一期建筑面积3.5万平方米，主要建设中药前处理、中药提取、主厂房、检验研发中心、原材料及成品仓库，以及为生产生活配套服务的设施等，从生产到检验、从仓储到办公、从生活到物流全部采用目前先进的材料、工艺、设备和仪器。工程竣工后，企业将在品牌、规模、利税、职工分配、劳动保护、环境保护、社会责任等方面参与全方位的社会竞争，必将快速跨入全国制药行业先进行列。

237. 大有丰

大有丰酱园是河南省商丘市的百年老店，迄今已有近370年的历史。2006年11月被商务部认定为第一批"中华老字号"（名单序号：河南3），注册商标"归德大有丰"。

该酱园的创始人姓李，名大有，字丰年，故取名"大有丰酱园"。明末清初，李大有五世祖为避战祸，从南京句容（今江苏句容县）逃至安徽亳州，既做染布生意又兼营酱菜。清顺治年间，传至李大有一代，酱菜生意格外兴隆，他便于清顺治八年（1651年）创建了大有丰酱园，以后酱园逐渐增加到四处分号，即"春阳斋"、"紫阳斋"、"大有丰"和"大有厚"，市场占有率极大提高。

清嘉庆十五年（1810年），李大有之孙将"大有丰"迁至北方的归德府（今商丘古城）。因其生产经营的酱腌菜工艺独特、配方科学，故色味俱佳，南北风味兼宜，深受各界欢迎，乃至世人赞之："南有紫阳斋，北有玉堂斋，中有大有丰，三家好酱菜。""南有紫阳，北有玉堂，归德大有丰，酱菜美名扬。"

20世纪50年代，大有丰苦乐交织，继续前行。1951年，大有丰被认定为官僚资本而收归国有，更名为"公记大有丰"，当时生产的五香大头菜曾出口朝鲜。1953年，公记大有丰更名为"商丘县（今商丘市睢阳区）酱醋酿造厂"，经营范围有所扩大。1956年，该厂生产的辣椒砖曾出口英国，在海外获得一致好评。1958年，该厂接收"天益斋""天成泰""味和"等几家酱园，更名为"商丘县酿造厂"，企业规模空前扩大。

随着改革开放的深入进行，大有丰迎来新的鼎盛时期。1991年6月，商丘县酿造厂恢复老字号，更名为"商丘大有丰酱园"。1992年5月，商业部商办工业司和中国微生物学会酿造学会联合在商丘大有丰酱园召开了"全国酱曲醅菜技术交流会"，到会专家教授、厂长（经理）们对酱曲醅菜工艺给予高度评价，并一致认为这是中国最古老的传统工艺技术，是中国调味品酿造行业继承和发展的宝贵财富。1993年，商丘大有丰酱园注册了"大有丰""归德大有丰"商标。事实证明，这两个品牌的酱腌菜具有营养丰富、工艺独特等优点，其中白糖豆腐乳、油辣豆酱、酱瓜、归德陈醋、芝麻辣丝五个产品获得部优称号。

如"大有丰"油辣豆酱，以当地优质黄豆为原料、精粉为辅料生产而成；具有色泽棕红，油光掠影，黏稠适度，酱醅香浓郁、味道鲜美纯正、咸甜适口、稍有辣感等风味特点，有开胃增食欲、助消化的功能；1984年被评为商业部、河南省优质产品，在1998年商业部组织的复评中又被评为优质产品；1986年，中国语言大师侯宝林先生吃过油辣豆酱后赞其"长江以北独此一家"。再如"归德大有丰"芝麻辣丝，以大荠为原料，在传统工艺的基础上，采用科学配方，精工细作，经盐渍成咸坯后，再加入各种辅料腌渍而成；产品色泽棕褐、有光泽、咸甜适口、质地脆嫩、味道鲜美，具有本产品特有之香气，1990年被评为商业部、河南省优质产品。

1997年2月，"归德大有丰"被河南省工商局认定为"河南省著名商标"，企业知识产权得到有力保护。2011年12月，"大有丰酱菜腌制技艺"被河南省认定为第三批省级非物质文化遗产，百年老店熠熠生辉。目前，河南商丘大有丰酱园主要产品有酱油、食醋、酱腌菜、豆腐乳、酱类等五大系列70多个品种，具有年综合产量万吨的生产能力。

十六、河南省

238. 马豫兴

马豫兴是河南省开封市的食品企业，迄今已有160多年的历史。2011年3月被商务部认定为第二批"中华老字号"（名单序号：河南13），注册商标"马豫兴"。

马豫兴的创始人是马永岑，为祖籍云南的回民。清顺治年间，马家迁至金陵（今南京），开设商号"春辉堂"。清咸丰三年（1853年），由于太平天国运动兴起，马家便在马永岑的带领下来到开封躲避战火，并设商号"豫盛永"，主营南北食货。马永岑针对中原盛产鸡的情况，结合金陵鸭制品的加工方法，苦心钻研，以母鸡为原料，采用不开膛不破肚的独家技艺，使鸡成为桶状，做出了新的品种"桶子鸡"。清同治三年（1864年），马永岑在开封鼓楼东南侧又开设新店，取名"金陵教门——马豫兴"，教门为伊斯兰教的别称。

久而久之，桶子鸡成为开封特产名菜。它选用当地的优质筲母鸡，采用百年老汤煨制而成，色泽金黄，肥而不腻，鲜嫩脆香。其成品形体圆美，油润光亮，不裂口不破皮。桶子鸡整只趁热撕吃，不走油不跑味。如果切食，刀口则十分讲究。先用刀从鸡身中间左右切为两半，然后再分为前脯、后腿，皆切成细条，腿膀剁成小块，提箸而食，为开封酒会宴席上必备名菜。

1954年10月，随着河南省会由开封迁至郑州，马豫兴第五代传承人马福林在郑州德化街开设"马豫兴鸡鸭店"，从此马豫兴也落户郑州。随着业务日益发展，为扩大经营场所，1956年该店迁址碧沙岗市场。后该店隶属于郑州市饮食有限责任公司，与开封马豫兴无关。

1987年3月，"开封马豫兴肉禽公司"设立，率先恢复老字号经营。同年经国家工商行政管理局商标局核准，该公司获得"马豫兴"注册商标。1999年11月，公司更名为"开封马豫兴食品有限公司"。

20世纪80年代，伴随着改革开放的推进，马豫兴进入快速发展时期。政府向马豫兴发放55万元贴息贷款，兴建了桶子鸡、烧鸡加工生产车间，上马3000只生产能力的白条鸡流水线，以及班产2.5吨的三个蒸汽煮锅，使马豫兴桶子鸡的销售额雄踞开封市场。马豫兴桶子鸡于1981年、1987年、1991年三次获得河南省优质产品称号。1982年、1984年、1987年三次获得商业部颁发的优质产品证书。1994年被中国食品工业协会推荐为优秀产品，并以质量好，产品适销对路，获得国内外顾客好评。1995年12月，真空保鲜桶子鸡、烧鸡试验成功形成软包装生产线，产品受到广大消费者的欢迎和肯定。

然而，愈演愈烈的商标侵权纠纷使马豫兴深受其害。开封市场上先后出现了一大批近似"马豫兴"的字号，以个体工商户之躯困扰国有企业马豫兴。2001年1月，马豫兴公司向开封顺河区法院提起诉讼，将侵权领头羊"马义兴"告上法庭。但该法院审理认为不构成商标侵权，驳回了马豫兴的诉讼请求。马豫兴不服一审判决，向开封市中级人民法院提起上诉，开封中院作出终审判决维持原判。马豫兴公司不服，向法院申请再审。再审中研究这起案件时，法院认定被告的行为确已构成侵权，应当停止侵害，赔偿原告经济损失。但是，考虑到此案涉及开封名牌产品的保护和众多个体经营者切身利益，从维护社会稳定和促进经济发展的大局出发，法院提出了一个整合力量、壮大实力、共创开封名牌的新思路。经过反复做双方当事人的思想工作，被告自愿放弃使用"马义兴"标识，并愿意加盟到马豫兴公司，成为其连锁机构。

239. 世魁

世魁是河南省卫辉市的食品企业，迄今已有160多年的历史。2011年3月被商务部认定为第二批"中华老字号"（名单序号：河南6），注册商标"世魁"。

世魁的前身是"卫辉杜记牛肉"，清咸丰六年（1856年）由新乡封丘县人牛肉蒸煮技师杜彬在辉县创立。杜彬在历代传统牛肉烧制工艺的基础上，潜心研究，创新制作，加工经营熟牛肉产品，推车挑担沿街叫卖，深受大众欢迎。该牛肉以豫北地区一至三岁的黄牛为原料，用几十种名贵中草药为作料，科学配方，精细加工，经消毒、腌制、蒸煮等多道工序制作而成。产品形色鲜美，表里如一，肉嫩味香，味透骨髓，既保有传统牛肉烧制的风味，又具备了独特而纯真的口味。

1948年，卫辉杜记牛肉第五代传承人杜世魁从辉县迁至卫辉，秉承祖业，辛勤努力，继续加工熟牛肉制品，仍然采取推独轮车沿街叫卖销售的经营模式。1955年实行公私合营，杜世魁与同行合作成立汲县（卫辉市前称）屠宰商店，杜记牛肉由私营转为集体化经营。由于技术精湛，经验丰富，杜世魁先后担任该商店经理20余年。

改革开放以来,世魁高歌猛进,屡创佳绩。20世纪80年代,杜世魁和老伴丁秀珍携四子杜家臣、杜家有、杜家福、杜家才一起,恢复杜记牛肉老字号招牌,创建"杜记清真肉食厂",使这一地方名吃重新焕发出光彩。1998年经国家商标局批准,"世魁"成为注册商标,企业知识产权获得法律保护。2001年5月,在河南省首届豫菜名师大赛中,杜世魁被授予省内唯一的牛肉蒸煮"河南名师"荣誉称号,世魁牛肉传承人的地位更加巩固。

2002年10月,成立"卫辉市世魁清真肉制品有限责任公司",企业实行现代经营管理制度。2003年,"世魁"注册商标牌被新乡市工商局认定为"新乡市知名商标",企业知识产权保护达到一个新阶段。2010年,"世魁"注册商标被河南省工商局重新认定为"河南省著名商标",成为在豫北地区享有更高声誉的名优清真食品品牌,知名度和影响力大幅提升。工艺配方实现了"汇传统工艺之精华,聚科技创新为一体"的特色。产品在新乡市周边地区供不应求,并已辐射省内大部分市县。

目前,作为新乡市唯一一家全国清真食品定点生产企业,卫辉市世魁清真肉制品有限责任公司经过多年的创新经营,已具有规模发展的基础,也具备快速发展的条件。企业正在以科学的工艺和配方实施企业优质发展,实现"世魁"牌牛肉面向全国市场的战略。由于"世魁"杜记牛肉历史传承悠久,企业文化独特,同时又是具有民族特色的清真食品,故经卫辉市人民政府批准,将公司原生产所在地命名为"世魁巷",并将"世魁"牛肉记载于卫辉市志和年鉴。

240. 真不同

真不同是河南省洛阳市餐饮企业,迄今已有120多年的历史。2006年11月被商务部认定为第一批"中华老字号"(名单序号:河南2),注册商标"真不同"。

真不同的前身是清代末期的"于氏饮食摊点"。该摊点始创于清光绪二十一年(1895年),坐落于洛阳老城西华街。民国初期因手头宽裕,于氏便携二子于庭选、三子于保和来到洛阳北大街开了一家"于记饭铺"。1924年,该饭铺迁至西华街路南,专卖大碗面和丸子汤、豆腐汤、面汤,称为"三汤一面"。尽管薄利多销，却远近闻名。1938年为扩大经营，于记饭铺改称"新盛长饭铺"，同时在西华街路北又开设一处炒菜馆。不久生意兴隆，财富增加，新盛长便于1943年迁至西华街路北，与炒菜馆合二为一。兄弟二人联手并聘请名厨，主营洛阳水席、风味小吃并卖一般的大众饭菜。顾客进店吃啥有啥，故被赞誉为"与众不同"。1947年10月，于家兄弟又将新盛长迁至北大街路东，营业面积增至450平方米，可摆28张桌子（原14张），一次可容纳200多人就餐，同时借用百姓赞誉，将饭铺定名为"真不同饭店"。

1956年2月，真不同饭店成为洛阳饮食业第一家实行公私合营的餐馆，同年10月，又有几家酱肉、甜食店并入，经营规模扩大，名师荟萃店中，一路高歌猛进。

1973年10月14日，周恩来总理陪同加拿大总理特鲁多到洛阳访问，下榻当时的友谊宾馆。据《友谊宾馆志》说，中午周总理宴请加拿大客人，上了几道洛阳水席菜，其中就有流传千年的"洛阳燕菜"。当周总理看到"洛阳燕菜"和菜品上大厨精心雕刻的牡丹花时，风趣地说："洛阳牡丹怎么飞到桌子上来了？"在听完服务员介绍"洛阳燕菜"后，周总理笑着说："洛阳牡丹甲天下，菜中也能生出牡丹花，应该叫'牡丹燕菜'。"语出满座鼓掌，主客一片欢腾。自此，洛阳水席的菜谱名称发生了微妙变化，牡丹燕菜替代了洛阳燕菜，周总理改菜名之举，让洛阳水席名声更响。

中国现代史上，真不同洛阳水席与龙门石窟、洛阳牡丹并称为"洛阳三绝"。当地早有民谚称"不进真不同，未到洛阳城"，可见其名气之大。然而，真不同在1997年12月却因经营管理不善被并入"洛阳酒家有限责任公司"，成为其子公司。次年，当时的洛阳酒家负责人、后为真不同洛阳水席第五代掌门人、国家级非物质文化遗产传承人姚炎立，响亮地提出"围绕唐朝做文章，紧紧拉住武则天的手"的战略思路和"文化是根、菜味是魂、质量是金、诚信是命"的制餐准则，提出要始终做到"餐饮文化、历史文化、标准化、趣味化"四化合一，不断挖掘、恢复、提炼、提升，将过去单一的洛阳水席打造为洛阳水席、宫廷水席、武皇水席、盛唐国宴、九鼎八簋天子宴五大板块，使其恢复到盛唐时期的风貌。2001年下半年，在洛阳传统水席的基础上，真不同成功开发出宫廷水席及武皇水席等两款中高档席面，并于2002年应市，获得出奇的好效果。2004年9月，真不同饭店更名为"洛阳市真不同饭店有限责任公司"，开始实行现代企业制度。

2008年6月，"真不同洛阳水席制作技艺"被国务院确定为第二批国家级非物质文化遗产，标志着真不同迈上了一个新台阶。2009年10月，在第十届中国美食节暨第八届国际美食博览会上,洛阳真不同饭店荣获"中华第一宴"称号;同时,洛阳真不同大唐盛宴荣获"中国美食十大盛宴"称号。2010年7月9日,国家主席胡锦涛视察洛阳,一天之内两次品尝水席,称赞水席:烹饪技艺高超,燕菜是萝卜做的,没吃出来。水席汤好,符合现代营养需求,无愧国家非遗。2012年,真不同被国家工商行政管理总局商标局认定为"中国驰名商标",以精准的品质、深厚的内涵打造了河南省首件餐饮类驰名商标。

十七、湖北省

241. 健民

健民是湖北省武汉市的医药企业，迄今已有380多年的历史。2011年3月被商务部认定为第二批"中华老字号"（名单序号：湖北14），注册商标"健民"。

健民原名"叶开泰"，问世于明崇祯十年（1637年），是安徽徽州（今分属黄山等市）人叶文机随父在汉口行医时开设的一家民间药室，位于大夹街鲍家巷。清咸丰八年（1858年），自叶开泰第八代传承人叶笙林开始，叶氏家族便实行早期的职业经理人制度，即只当东家而从社会上聘任有中医药管理经验者担任经理。至1911年，在长达半个多世纪的期间，叶开泰一帆风顺，财富积累，多种经营。在北京、汉阳、广州有房屋和会馆；在汉口、武昌亦有房产地皮；仅汉阳七里庙、浠水下巴河就有农田约1000亩；还有书画、古玩等价值白银达30余万两之巨。

1911年辛亥革命，叶开泰毁于战乱，大伤元气。1912年，叶开泰第九代传承人叶凤池在大夹街陶家巷住宅基地重建店屋，并对叶开泰实行股份制改革，创立了近现代较先进的企业经营体制和分配制度，叶开泰中兴向好。1929年，国内废除中医药的言论甚嚣尘上。叶开泰坚决反对，挺身而出，提出"提倡中医以防文化侵略，提倡中药以防经济侵略"的主张，与全国同仁一道打响轰轰烈烈的中医药保卫战。直到1930年5月7日，国民党中央委员会举行第226次政治会议，终于正式确立中医药的合法地位，叶开泰功勋显著，生意日益兴隆。抗日战争时期，叶开泰爱国正义。1938年10月武汉沦陷，叶开泰在汉口租界的分号冒死打出"祖传灵药济世活人三百年，今日高风献药抗战八千里"的口号，救治伤员，声援抗战。

1952年，政府对私营药店实行限制，禁止生产成药，故武汉市各中药店集资筹建中联药厂。叶开泰与陈太乙、陈天保两家同行大户联合，于1953年6月申报成立武汉健民制药厂。1956年实行公私合营，叶开泰无论工商财产全部申请交公，全体在职人员，概由国家统一安排。

改革开放以来，武汉健民如鱼得水，快速发展。1986年，健民确立以"龙牡壮骨颗粒"为主导产品，在同行中率先通过新闻媒体展开宣传。1988年，恢复"叶开泰"老字号，成立"武汉市叶开泰制药厂"，被国家确立为全国中成药小儿用药基地。1993年，"武汉健民药业集团股份有限公司"成立，开始实行现代企业制度。1995年，公司被评为"全国中药行业优秀企业"，"龙牡壮骨颗粒"获"中国医药名牌产品"证书。1999年，"健民"注册商标被国家工商总局认定为"中国驰名商标"，企业知名度和影响力大幅提升。2004年，武汉健民股票在上海证券交易所上市，一举进入资本市场。2014年，公司名称由"武汉健民药业集团股份有限公司"变更为"健民药业集团股份有限公司"；以母公司为核心企业组建的"武汉健民药业集团"变更为"健民药业集团"，集团简称为：健民集团。

目前，健民集团着力创新营销模式，确立了以医院学术营销为核心的"蓝鹰战略"、以推动龙牡等大产品持续增长的"飞龙战略"、以互联网营销为依托的"云龙战略"、以连锁药店精品合营为模式的"菁合战略"、以第三终端结盟为特色的"精盟战略"，以及以打造高端养生精品为目标的"精粹战略"，六大特色子战略共同组成的营销战略，并与研发、制造、商业与大健康、质量、人力资源以及文化战略共同构建成集团发展规划（2015—2025）。

242. 枝江

枝江是湖北省枝江市的酿酒企业，迄今已有200多年的历史。2011年3月被商务部认定为第二批"中华老字号"（名单序号：湖北4），注册商标"枝江"。

枝江酒业的前身是一家酿酒槽坊，清嘉庆二十二年（1817年）由毗邻的松滋县秀才张元楠在枝江县（今枝江市）江口镇创立，取名"谦泰吉"，专门酿造高粱白酒，又称"堆花烧酒"。据清光绪十年（1884年）《楚州府志》载："今荆郡枝江县烧春甚佳。"另据史料载，清光绪十八年（1892年），翰林学士雷以栋回乡省亲，品尝江口"烧春"后赞不绝口："此酒比贡酒还胜一筹，真乃况世佳酿。"遂当即题写"谦泰吉"三字牌匾。

1949年7月江口解放。同年10月，谦泰吉更名为"维生公"槽坊。1952年

8月，该槽房与"郑东记""陈永兴""周林记""田顺兴"等四家糟槽坊先后被国家赎买而合并组建为"地方国营枝江酒厂"。1954年，枝江酒厂引进四川小曲酒的生产技术，对枝江小曲酒的工艺进行了改进，该酒因秉承烧春酒的配方，加上引进的新工艺，故使枝江小曲的名气越来越大。1955年3月，该酒厂新增第三车间，进一步扩大生产，并第一次生产瓶装酒。1961年7月，自然灾害无粮酿酒，酒厂暂时停产。直到1962年9月才重新恢复生产。1965年，枝江酒厂用红粮酿出的50度白酒，其出酒率达62.1%以上，被湖北省酿酒专家视为一个奇迹，枝江酒厂被评为一类酒厂，枝江小曲被定为一类产品。

改革开放以来，枝江如沐春风，高速发展。1981年，"枝江"获准成为注册商标，企业知识产权得到法律保护。

在市场经营方面，1982年2月，枝江征地86亩扩建江口酒厂，次年8月正式投产，企业规模扩大。1984年，"枝江大曲""枝江小曲"首次以湖北名酒的身份，进入北京中南海。1997年7月，成立"湖北枝江酒业集团"，开始实行现代企业制度。2003年1月，枝江酒业新开发的高端产品"谦泰吉"投入生产，该酒窖香浓郁、入口绵甜、香味协调、尾净悠长，是百年枝江的经典之作。同年4月，第一批"裕鹿"滋补酒问世，该酒采用枸杞、山药、熟地、人参、鹿茸、茯苓等多种药材配制，入口清爽，芳香宜人，有清肝明目、补肾壮阳、健脾益胃、益气焙元之效。

在文化和荣誉方面，2005年5月17日，湖北省宜昌市中级人民法院依法认定两件"枝江"注册商标为"中国驰名商标"。2008年3月，"枝江"注册商标又被国家工商总局认定为"中国驰名商标"，成为湖北白酒行业中唯一获得行政和司法双重认定的中国驰名商标。2009年，枝江酒业与维维股份成功实现战略重组，企业实力大增。2015年，枝江市被授予"中国白酒名城"称号，枝江酒业功不可没。2016年7月，"蒸馏酒传统酿造技艺（枝江酒酿造技艺）"被湖北省确定为第五批省级非物质文化遗产代表性项目名录扩展项目，企业殊荣锦上添花。

目前，枝江已发展为以白酒酿造为主，以包装彩印、保健酒制造、资源回收、饮料加工为辅的多行业配套发展的大型产业集群。集团核心企业湖北枝江酒业股份有限公司厂区占地面积1000多亩，建筑面积200多万平方米，配套企业42家，产品畅销全国20多个省区市的400多个城市。

十七、湖北省

243. 曹祥泰

曹祥泰是湖北省武汉市的食品企业,迄今已有130多年的历史。2006年11月被商务部认定为第一批"中华老字号"(名单序号:湖北3),注册商标"曹祥泰"。

曹祥泰的创始人是曹南山,自清同治二年(1863年)开始现身武昌街头,以提篮叫卖蚕豆、摆水果摊起家。清光绪十年(1884年),他在武昌司门口后长街的新街口(今解放路)开设了一家杂货店,定名"曹祥泰",主要经营干货、水果、大米、五金等。然而天有不测风云,一场大火使曹祥泰杂货店焚毁殆尽,恢复后于1907年迁址到长街(今解放路)。

不久,第二代传承人、曹南山长子曹云阶接班。他规定,凡曹家任何人拿钱必须通过账面,店里开支与家庭开支严格区分开;另年终结算时,二八分红,即曹家得80%,员工得20%,相当于员工集体持有股份;此举成为曹祥泰中兴的决胜法宝之一。

由于经营有方,管理到位,曹祥泰的规模逐渐扩大。1910年,除"曹祥泰福记杂货店"外,曹云阶又分别开设了"曹祥泰禄记米店""曹祥泰寿记钱庄""曹祥泰喜记槽坊"等店,号称"福、禄、寿、喜"四大字号,生意如日中天。1915年,曹祥泰在武昌都府堤创办祥泰肥皂厂,其生产的"祥泰警钟肥皂"是中国肥皂的第一代产品。1917年,曹祥泰西号开业,后更名为祥泰新百货号,开始进军百货业。1921年至1928年,曹祥泰先后设立祥泰禄记机米厂、铭新纽扣厂、经新针织厂等,多元化发展蓬勃兴旺。

在大力开拓杂货等经营的同时,曹云阶还尝试进行糕点制作,逐渐向食品生产商转变。1932年,"曹祥泰"增设糕饼坊,生产各种中式糕点。因其自制的中式糕点,品种多、质量好,特别是各式月饼、绿豆糕和腌制盐蛋很快形成自己的特色和优势,故时有民谚称"曹祥泰,不愁卖"。1938年,曹祥泰进入鼎盛时期,旗下的"福、禄、寿、喜"四大字号的经营业绩十分可观。据载,20世纪40年代,武昌司门口最大的两间铺面就是曹祥泰杂货店和复兴绸缎店。

1946年,曹云阶之子曹美成主持曹祥泰,成为其第三代传承人。1956年,曹祥泰杂货店实行公私合营;1979年更名为"武汉工农兵副食品商店";几十年来企业发展跌宕起伏,直到1982年曹祥泰才恢复老字号,更名为"武汉曹祥泰副食品商场"。

长期以来，曹祥泰主推三大产品，即京果、绿豆糕和芝麻酥糖。其中绿豆糕是曹祥泰点心系列最具特色的产品。例如，市面上很多绿豆糕都是用蚕豆、豌豆做原料，但曹祥泰却始终坚持以赤豆为芯、绿豆为表的传统配方；绿豆则采用口味俱佳的河南或陕西产品；制作配方、工艺、方法更是秉承历史传承，从而既保证质量又体现文化。故此，每当春节、端午、中秋三大节日，曹祥泰点心都供不应求，门前总会排起长队，尤其以抢购曹祥泰的绿豆糕为最。尽管现在武汉做绿豆糕的店很多，但是均比不上曹祥泰的绿豆糕在老武汉人心中的地位。

为了巩固老字号产品的正宗文化基因和社会固定形象，目前曹祥泰仍然只有一家门店，并且是前店后厂，有些生产工序也还靠人工操作。如绿豆糕的制作，若采用机械压制的话，要么按压的力度不够，要么过于结实而会影响口感，故曹祥泰一直努力维系传统制作技艺不变。

1993年11月，武汉曹祥泰副食品商场更名为"武汉市武昌区曹祥泰食品厂"，企业发展进入新阶段。2001年5月，曹祥泰实行股份制改造，更名为"武汉市曹祥泰食品有限责任公司"，开始按现代公司体制运作。

244. 马应龙

马应龙作为著名药店，约问世于清光绪元年（1875年），迄今已有140多年的历史。2006年11月被商务部认定为第一批"中华老字号"（名单序号：湖北1），注册商标"马应龙"。

然而，马应龙作为著名品牌诞生的时间，却可以追溯至明万历十年（1582年）。相传那一年，马氏家族先人马景标基于宫廷秘方，在今河北省定州完成了马氏眼药创制，因该药由牛黄、麝香、珍珠、梅片、琥珀等八味中药组方构成，故称为"八宝眼药"。

以后近200年，马氏眼药经过数代传承，经马氏后人特别是马金堂等前辈努力实践、刻苦钻研、不断完善，终于成为当时治疗眼疾的知名系列产品，从而奠定了马应龙眼药未来进一步发展的坚实基础。另外，马应龙发源地虽为河北定州，但成名却先为北京后为武汉。

历史发展到清代后期，马万兴使用其父马应龙的姓名作为眼药铺的商业字号,定名为"马应龙眼药铺",并于清光绪元年(1875年)从河北定州迁址到北京前门西河沿开设了"北京马应龙眼药铺",马应龙品牌在京城一朝扎根,知名度和影响力逐渐提高。

1923年,马万兴第三子马丽亭继承父业,成为北京马应龙眼药铺的掌门人。他眼界开阔、勇于创新,自1930年开始,先后通过设立分店和邮寄的方式,将马应龙眼药销售到包括天津、南京、上海、安徽、河南、湖北、湖南、江苏等省份,实现了马应龙眼药以北京总店为中心向全国大规模推广的突破,并率先开创了中医眼药出口海外的先河。1956年,北京马应龙实行公私合营,更名为"公私合营马应龙眼药店"。

值得关注的是,北京马应龙眼药铺还高瞻远瞩,很早就抓紧实施了涉足南方布局的发展战略。1919年3月,马万兴的堂孙马岐山在汉口汉正街设立"汉口马应龙生记眼药店",并在店铺门楣上书"北京马应龙定州眼药店分店"。据了解,汉口马应龙生记生产的眼药品种主要为马应龙生记眼药复明散、马应龙生记眼药膏。1951年后又增加了很多新的品种,如马应龙眼药膏、八宝眼药粉、清凉油等。1956年公私合营之前,该店更名为"马应龙生记制药厂";1966年该厂更名为"武汉第三制药厂"。

20世纪80年代,武汉第三制药厂得知有患者用眼膏涂抹痔疮并治愈后非常重视,很快通过优化配方,成功研制出治痔药,且一跃成为全国最大的痔疮外用中药生产企业,而眼膏反被人们有所淡忘。

1994年5月,武汉第三制药厂改制为"武汉马应龙药业集团股份有限公司",开始实行现代企业制度。1995年通过国有股权转让,该公司由中国宝安集团股份有限公司控股经营。2004年5月,马应龙股份在上海证券交易所成功上市,实现了与资本对接的目标,标志着马应龙进入新的历史发展阶段。2006年,"马应龙"商标被国家工商总局认定为"中国驰名商标",成为中国治痔领域唯一的中国驰名商标。2008年5月,公司名称变更为"马应龙药业集团股份有限公司",表现出在更大范围内迅速发展的趋势。2011年5月,以八宝古方为核心的"马应龙眼药制作技艺"被国务院确定为第三批国家级非物质文化遗产,企业无形资产得到最为有效的保护。

2014年,马应龙药业决定开建全国一流智能化中药软膏生产线,至2015年投产后,产能提高了一倍,中药原粉生产线产能提高2.5倍,经过两年生产,系统性能指标参数稳定,实现了生产工艺参数实时监控、设备故障自动预警,百年老店在改革创新发展的过程中硕果累累。

245. 长生堂

长生堂是湖北省武汉市的美发美容企业，迄今已有100多年的历史。2006年11月被商务部认定为第一批"中华老字号"（名单序号：湖北4），注册商标"长生堂"。

长生堂创建于清宣统三年（1911年），是江苏省扬州府（今扬州市）剃头匠张聚年开设的一家理发店，字号"长生堂"。该店有木制理发靠背椅12把，当时已属很大规模，再加上长生堂的响亮招牌，吸引顾客盈门。如富贵人家的小姐、公子剃满月头、生日头，必定要到长生堂，以求长生不老、一生吉祥；而那些结婚、做寿的人则更是如此，故生意颇为红火。更受人欢迎的是，长生堂别出心裁地推出所谓"文武"理发模式，即将理发与推拿按摩融为一体，除了为顾客剃头修发外，还同时为顾客从头到脚做浑身推拿。

1937年抗战全面爆发，长生堂举步维艰，于是低价卖给代恒贵。代氏接手经营，从上海请来8位名师，加上本店师傅共计4人、徒弟16人，形成较强阵容。同时由于设备先进、装修高档、豪华，故逐渐吸引更多的达官贵人、军政要员、太太、小姐，使理发生意重新红火起来。民国总统蒋介石每次来汉口，都要长生堂师傅上门为其剃头。

1952年7月，由于社会制度的变革，长生堂上交国家，更名为"武汉江岸区合作社理发厅"，理发椅子由原来16把增加到20多把，生意日益兴隆。1959年，理发厅恢复"长生堂"店名，消费者更加青睐。"文革"期间，长生堂受到冲击，更名为"二七理发厅"，后又改为"江岸理发厅"，许多传统服务项目被取消。

改革开放后，长生堂获得新生，一路高歌猛进。1978年，恢复"长生堂"老字号。后该店分别于1984年、1990年、1993年、1996年、1999年进行过五次装修，规模逐渐扩大。其中第二次装修后，企业更名为"长生堂美发美容厅"，在武汉全市率先增加了生活调理美容共74个项目，并新增设了发型设计室分档经营，满足了不同层次的顾客需求。另外第五次装修后，营业面积由原来300平方米扩大为500平方米，引进法国巴黎欧莱雅公司的全套产品技术和最新工艺流程，采取先进科学的管理，使服务环境更优雅、更具情调。2004年12月，成立"武汉市长生堂美发美容有限责任公司"，企业开始实行现代经营管理制度。

长生堂的发型历来以海派为主。其特点在于：线条流畅、发丝清晰、色泽柔顺、清丽、典雅，极富民族特色。特别是近几年来，企业在发扬传统风格基础上，大胆设计、大胆创新，在整体设计上狠下功夫，吸取西欧等国发型艺术的精华，突出个性，强调自然，体现整体艺术效果，并将其有机结合。每年根据季节不同，推出新潮发型20余种，市场占有率名列前茅。长生堂始终坚持的经营原则是，无论市场产品价格如何，必须坚守诚信，坚持使用世界著名产品，认真做好自己的事情，力争做到最好。2012年，"长生堂美发技艺"被武汉市确定为第四批市级非物质文化遗产，百年老店再创辉煌。

246. 久康

久康是湖北省十堰市的食品企业，迄今已有100多年的历史。2011年3月被商务部认定为第二批"中华老字号"（名单序号：湖北6），注册商标"久康"。

久康原为一家杂货糕饼店，1913年创建于武汉汉正街，取名"汉口久康食品制造业有限公司"，为民国初期的大众生活带来一片暖意。1956年实行公私合营，武汉市人民政府把汉正街上以生产糕饼为主的"久康杂货店"与其他生产糕饼、糖果、酱制品、炒货、米粉等16家小厂合并，组建"武汉市公私合营久康食品厂"，主要生产传统糕点和糖果。不久，该厂更名为"武汉市久康食品厂"，改制为国有企业。"文革"期间，久康更名为"十堰市东方食品厂"，并于1971年随着"二汽"三线建设迁至十堰市，从此扎根十堰，成为十堰的著名品牌。

改革开放后，久康发展强劲，春色满园。1996年至2010年，"久康"注册商标持续15年被湖北省工商局认定为"湖北省著名商标"，企业知识产权保护达到一个新阶段。2004年4月，成立"湖北久康食品有限公司"，企业实行现代经营管理制度。2007年9月，在由中国焙烤食品糖制品工业协会与商业技能鉴定与饮食服务发展中心共同主办的2007年（第十三届）中国月饼节上，久康月饼被评为"中国名牌月饼"，为湖北省月饼生产企业获得的最高荣誉。

为了适应市场发展的需要，久康在传承传统工艺的基础上，不断进行产品创新。在如今烘焙业兴起时，久康大力发展西点、茶点、生日蛋糕等产品线，让老字号焕发新活力。久康人以"做食品就是做良心企业"为经营原则，对于食品选材始终坚守自己的理念——用好料制好饼，献给消费者最真实的快乐，让消费者在生活的点点滴滴中发现乐趣。

2015年6月，在湖北省十堰市五城联创办、共青团十堰市委联合举办"弘扬传统文化，品味久康福粽"的端午节包粽子比赛中，现场由湖北久康食品有限公司的资深师傅手把手地教参赛者如何选择食材，包出既好看又好吃的福粽。来自十堰市城区的100多名市民参加了传统手工包粽子比赛，共同迎接传统节日端午节的到来。

近年来，久康食品有限公司大力缩减企业内部机构，积极推行企业工作流程和生产工艺流程标准化，努力开展与外埠的技术合作，成功开发20多款新产品，并切实确立人才培养制度，使企业的两名技师获得"中国烘焙大师"称号，从而极大地提高了企业的核心竞争力。

目前，久康食品主要销售土鸡蛋卷、黑麻片、黑芝麻麻果、麻蛋元、蛋杏元。土鸡蛋卷的特色是线下手工制作，蛋香浓郁，酥脆可口。黑麻片也叫黑芝麻糖，酥脆香甜，香脆可口，集五谷（小麦、小米、大米、黍子、芝麻）之精华，经过多重发酵手工制作的传统休闲食品。黑芝麻麻果则是百年传承工艺制作，含有独特益生元因子，不含蔗糖，更有益人体健康。麻蛋元具有原汁原味蛋香味，甄选使用无公害绿色鲜鸡蛋和优质面粉。蛋杏元呈现浓郁蛋香，色泽金黄，香酥可口，营养健康。

247. 黄山头

黄山头是湖北省公安县的酿酒企业，迄今已有100多年的历史。2011年3月被商务部认定为第二批"中华老字号"（名单序号：湖北10），注册商标"黄头山"。

黄山头酒问世于1913年，产地为湖北石首县（今属公安县）藕池镇。黄山头酒酿造用水取于藕池湖水，藕池湖水对于黄山头的酒质甘洌、芳香馥郁有着不可替代的作用，藕池湖水清澈纯净，大旱不涸，且冬暖夏凉，饮之甘甜可口。当时镇上酿造白酒的大小槽坊共计35家，均制售黄山头酒。其中有六大槽坊最为有名，分别是曾永康槽坊、李昌银槽坊、江习超槽坊、杨同义槽坊、李连方槽坊和袁丹林槽坊，而曾永康排名第一，因其酿酒技艺独占鳌头，实力最为雄厚。

1951年10月，由石首县税务局牵头，在多家作坊中抽调八位有酿酒经验的师傅，以曾永康槽坊为基础合并35家槽坊，组建"石首县人民制酒厂"，形成规模化生产。1956年，该制酒厂更名为"石首县酿酒总厂"，以藕池酒厂为总厂，下设绣林、调关、新厂、团山等四个分厂。1960年5月，藕池酒厂更名为"石首县藕池酿酒厂"。1965年9月，该酒厂随藕池镇一同划归公安县管辖。1972年修建新厂房，1973年全部搬迁，企业更名为"湖北藕池曲酒厂"。

改革开放后，黄山头品牌更加绽放光芒。1980年至1981年，为了适应新的发展，彻底改变生产硬件和环境的落后面貌，酒厂开始建设新厂房。1984年，企业实行搬家性的扩建改造，逐步实现了"厂内公园化、厂房正规化、生产机械化"的构想。同年，企业着手开发新产品，试制生产了"三江曲酒""低度黄山头大曲""龙阳补酒""益寿大补酒"等十几个新品种。1989年，经国家科委和轻工部审定，38度黄山头大曲酒作为我国唯一的低度白酒参加了在莫斯科举办的中国科技成果展，声名鹊起，享誉海外。

20世纪90年代，黄山头酒业发展进入鼎盛时期。1991年6月，国务院副总理邹家华来酒厂视察，亲笔题写"湖北藕池曲酒厂"厂名。自1991年以来，"黄山头"注册商标先后四次被湖北省工商局认定为"湖北省著名商标"，企业知识产权保护体现出最大价值。1994年，湖北藕池曲酒厂实现股份制改造，更名为"湖北黄山头酒业股份有限公司"，开始实行现代企业制度。1997年，黄山头老窖王酒在众多的白酒中脱颖而出，被北京国际质量大会组委会指定为大会唯一专用白酒，受到了来自世界各国1700多名与会代表的广泛好评。同年，公司为进一步扩张，联合公安县方圆包装材料厂、江阴市月城装潢彩印厂、江阴市中亚装潢彩印厂等多家企业，组建"湖北黄山头集团"，形成以白酒生产为主，集彩印、瓶盖、纸箱等相关产业于一体的多元化经营格局。2008年2月，湖北凯乐科技股份有限公司全资收购黄山头酒业有限公司，企业从此插上腾飞的翅膀。

长期以来，黄山头酒业始终坚持"以质为本，诚信经营，以人品酿产品"的经营理念，以科技为先导，人才为后盾，继承传统的混蒸续糟、泥窖固态发酵工艺，不断引进新技术、新工艺，产品的风味日臻完美，形成了"窖香浓郁、绵甜甘爽、香味协调、尾净余长"的独特风格，受到社会各界的广泛赞誉。

248. 汉明喜来登

汉明喜来登是湖北省武汉市的老字号眼镜公司,迄今已有100多年的历史。2011年3月被商务部认定为第二批"中华老字号"(名单序号:湖北2),注册商标"汉明喜来登"。

汉明喜来登原名"汉明眼镜公司",1917年由商人陈汉明创立于汉口中山大道,比1919年问世其旁边的民众乐园还早。作为本土企业和民族品牌,汉明培养了一批"手艺打败洋人"的眼镜制作工匠,是老武汉人眼中上档次的品牌。

20世纪30年代,陈汉明将该公司转让给汉口钱庄老板程毅卿。陈氏励精图治,经营有方,使汉明品牌更加大放光彩。1938年10月武汉沦陷,民众乐园被日军占领,汉明眼镜公司被迫迁至当时较为安全的法租界(今复兴街45号)经营。抗战胜利以后,程毅卿将民众乐园的原址盘回,但复兴街店仍保留,两店联合组成"汉明眼镜无限公司",民众乐园店称汉明西店,复兴街店称汉明东店。

20世纪60年代初,武汉市江岸区政府出于对眼镜行业的重视以及对"老字号"的扶持,将中山大道兰陵路一处较大的门面划拨汉明眼镜公司经营。因该处有三层楼,整体面积较大,汉明眼镜公司便在此设立办公地点,并更名为汉明总店,民众乐园店则称为汉明分店。"文革"期间,汉明与精益眼镜店合并,更名为"明光眼镜店",后又将该店划归到武汉市商业局属下的武汉百货公司管理。

改革开放后,汉明发展迅速,屡创佳绩。1991年,汉明眼镜公司与香港一家企业合资,更名为"汉明喜来登"。合资使汉明的发展出现历史性飞跃。一方面带来了雄厚的资金和先进的验光、生产加工设备,另一方面引进了全新的经营理念和先进的管理办法。当时汉明喜来登从中国香港、韩国等地引进过一批价值300多万元的眼镜架,以弥补自身技术的不足,市场占有率大幅度提升。合资第二年,汉明喜来登眼镜店就开遍武汉三镇,在汉阳、武昌等区域设立多家加盟店和直营店,一度达50余家。汉明眼镜几乎就是时尚的代名词,成为武汉时尚人士的首选。

2001年底,10年合资期满后港资退出,公司变更为内资企业。2002年4月,公司更名为"湖北汉明喜来登眼镜有限公司",并且全方位进行了商标注册,很快迈进一个新的发展阶段。有资料显示,截至2013年底,湖北全省共有2000多家眼镜店,仅武汉市场就有700多家。尽管企业众多,但缺乏强有力的市场领导者,经营过于分散,没有形成品牌和规模效应。对此,2014年6月,武汉精益眼镜有限公司与鑫楚汉眼镜、天地光学三家企业共同组建"鑫汉明喜来登眼镜管理有限公司",精益眼镜以中华老字号"汉明喜来登"的品牌入股,使湖北汉明喜来登眼镜有限公司成为"武汉精益眼镜有限公司"的全资子公司。

　　汉明喜来登非常重视员工培训,依靠企业员工的积极努力不断壮大企业。如要求门店员工介绍商品时,尽可能了解顾客的需求,自然而又有重点地介绍商品。尤其要注意侧重强调"汉明喜来登"品牌的文化底蕴,将自己的热忱和诚恳推销给顾客,努力与其建立相互信任的关系,并且通过交谈正确把握顾客的真实需求,从而据此迅速制定适当的应对策略。

十八、湖南省

249. 玉和醋

长沙玉和酿造公司的前身是清代始创的"玉和酱园",迄今已有370年的历史。2006年11月被商务部认定为第一批"中华老字号"(名单序号:湖南8),注册商标"玉和"。

清顺治六年(1649年),江苏苏州酿造技师董玉和在长沙古城潭州小西门正街(今长沙天心区坡子街西玉和园巷)开设酱园,并以自己的名字作为商号,即"董玉和酱园",主营醋酱酒。当时来湘的苏帮酿造很多,但董家的酱园经营的最好,并延续了200多年,故民间曾广泛流传"陈年老醋出坛香,玉字封泥走四方"的说法。

不过世事无常,董玉和酱园于清光绪二年(1876年)转由蔡春林经营,更名为"蔡玉和酱园"。1889年,又由绸布商沈万山续办,改称"沈玉和酱园"。1911年沈家败落,同为绸布业出身的徐铭笙联络另外三人入股承兑,酱园再更名为"老玉和酱园",此时已有六个作坊、一个铺面,每日提壶打醋者络绎不绝。虽几易其主,但"玉和"二字却一直保存不变,且香飘天下。据《长沙市志》记载:"玉和酱园以玉醋驰名,自清代至民国初期,玉醋是与山西醋、镇江醋齐名的全国三大名醋之一。"

老玉和酱园在徐铭笙主持下,于民国中期进入鼎盛时期。其经营模式是前店后场,自产自销,批零兼营,以大宗批发业务为主;其经营范围是除了酿醋业务外,还兼营苏酒(黄酒)、碓坊(大米加工厂)、粮栈(米号)等,相当于现在的集团公司。至1945年杨步云接手,老玉和酱园更名为"玉和酱园",进入新的发展阶段。

中华人民共和国成立以后,玉和酱园历经坎坷,几起几落。1958年由私人经营改为公私合营,发生了所有制变化。1967年玉和酱园更名为"立新酱园",玉醋也改称"漆醋",企业发展陷入低谷。1972年厂房扩建,采用"液态回流法"

制作香醋,商品颇受好评。

改革开放后,这家老字号一举插上腾飞的翅膀,迎来了企业的重大转折。1983年恢复玉和商号,更名为"长沙玉和醋厂",不久大力改善玉和醋的生产设施和完善生产工艺,使玉和醋的产量和质量迅速提高,市场份额不断扩大,品牌价值不断提升。1997年,长沙市调料食品公司与包括玉和醋厂在内的下属七家企业联合改制,组建股份合作制企业"长沙双凤实业有限公司",长沙玉和醋厂成为双凤实业的子公司,并从坡子街迁址雨花区圭塘。2002年12月,为适应企业发展的需要,长沙玉和醋厂改制组建"长沙玉和酿造有限公司",并迁址长沙县榔梨镇。2005年,国家工商总局商标局核准玉和公司为"玉和"商标持有人,企业的知识产权保护具备了法律基础。2007年,"玉和"被湖南省工商局认定为"湖南省著名商标",知识产权保护渐成体系。2009年12月,"长沙玉和醋传统酿醋技艺"被列入长沙市第二批非物质文化遗产名录,企业获得更大荣誉。2012年5月,该"技艺"又被列入湖南省第三批省级非物质文化遗产名录,企业成就迈上一个新台阶。

也正是在2009年,长沙玉和酿造有限公司与味可美(广州)食品有限责任公司签订了一份供货合同,从而与世界著名快餐企业麦当劳结下了不解之缘。根据合同,长沙玉和要向麦当劳番茄酱的中国大陆供应商——味可美(广州)公司提供制作番茄酱的食用醋,年产量约1300吨。玉和成为麦当劳在中国的唯一一家供醋商,企业经济效益迅速增加,玉和醋知名度和美誉度也大为提升,因为人们去吃麦当劳,必然就会吃到玉和醋。

随着酿醋产业的蓬勃发展,长沙玉和酿造有限公司还积极推进公司的文化创意产业,于2009年兴建了玉和醋文化博物馆,搭建了一个传播和弘扬中国醋文化、特别是玉和醋文化的有效平台。

250. 九芝堂

九芝堂是湖南省长沙市的医药企业,迄今已有360多年的历史。2006年11月被商务部认定为第一批"中华老字号"(名单序号:湖南3),注册商标"九芝堂"。

九芝堂原为一家民间药铺，清顺治七年（1650年）由江苏吴县人劳孝元在长沙坡子街创立。劳氏前辈劳孝元、劳宁国等人先后在药铺坐诊，开方、抓药及针灸等业务陆续开展起来，为长沙当地官员与百姓解除病痛，特别是医好身患重病的长沙县令一事，使劳氏药铺名声大振，药铺生意日渐红火，从而为劳氏药铺日后在长沙的长远发展打下了良好的基础。

劳氏宗族中不乏精通医术的人才，劳孝元之子劳澄便是其中颇为出名的一个。此人医术精湛，书画功底也颇为深厚，在艺术上取得了很深的造诣。劳氏药铺在他治下声名鹊起，经营迈入新阶段。至清乾隆年间，药铺在时任掌柜劳禄久的主持下已具备很大规模，同时针对贫困百姓，劳氏特别减免医药费，使他们能够享受到良好的医疗，此种举措令劳氏药铺进一步提升美誉度，口碑渐隆，民众基础雄厚。清乾隆四十七年（1782年），相传劳禄九取其曾祖父所绘《天香书屋图》之意，给药铺取字号"劳九芝堂"。

1918年，药铺经营遇到瓶颈，族众推举劳昆僧出任经理。他自垫银洋300元，充实流动资金，竭力整顿店务，使药铺重现生机，出现了一个中兴局面。1930年，药铺年营业额达到18万银元。抗日战争前夕，劳九芝堂累计资金40万银元（包括不动产）。但1938年11月，长沙一场大火让店房被烧毁，药铺资金损失在半数以上。1944年，日军侵占长沙，药铺迁址兰田镇（今涟源县）从事小规模经营，直至抗日战争胜利，方回到长沙复业。

1953年，劳九芝堂更名为私营性质的"新中制药厂"。1956年实行公私合营，以劳九芝堂药铺为主，合并多家药店后成立了"九芝堂加工厂"，并设计启用了"芝"牌商标。1967年，该厂更名为"长沙中药厂"。1971年，该厂又更名为"长沙中药一厂"。1978年，该厂再更名为"长沙市中药一厂"。

改革开放后，九芝堂迎来全新的发展机遇。1992年6月，"长沙九芝堂制药厂"恢复名号，百年老店高歌猛进。1993年6月，"九芝堂药铺"也在长沙市黄兴路隆重复业，引来市场很大反响。1994年，该厂进行改制，更名为"长沙九芝堂药业集团公司"，发展为现代化的制药企业。1999年5月，以九芝堂有限公司为主发起人，联合省内外5家发起人，成立"湖南九芝堂股份有限公司"，2000年8月，该公司在深交所挂牌上市，一举进入资本市场，"九芝堂"开启了一个崭新的发展时期。他们继承传统工艺，注重采用现代高新技术；固守传统中药，更积极开拓高新生物医药领域，连锁药店开遍省内，辐射全国。在国家中药行业50家重点企业中，"九芝堂"榜上有名。综合经济效益在湖南省医药行业夺冠，并跻身全国中药工业生产企业十强之列，连续多年被评为"全国医药工业企业经济效益百强",产品覆盖全国各省市,并远销日本、东南亚及美国。

2004年2月,"九芝堂"注册商标被国家工商总局认定为"中国驰名商标",企业知识产权得到法律的充分保护。2008年6月,"传统中医药文化(九芝堂传统中药文化)"被国务院确定为第二批国家级非物质文化遗产,企业知名度和影响力更加提升。

251. 三吉斋

三吉斋是湖南省长沙市的食品企业,迄今已有190多年的历史。2011年3月被商务部认定为第二批"中华老字号"(名单序号:湖南8),注册商标"三吉斋"。

三吉斋原名"浙绍徐元吉斋",清道光七年(1827年)由浙江绍兴人徐元吉在长沙青石桥(今解放西路)创建,主营点心、酱菜,同时销售各种南货,包括绍饼、绍酒、绍糕、大面薄脆和元宵等。清光绪五年(1879年),徐氏转让该店,长沙人李康臣招股集资接手营业,更名为"浙绍元吉斋"。后因连续发生三次火灾,老板便再次更名为"浙绍三吉斋",以求大利吉祥。

民国时期,三吉斋生意红火,尤其在农历传统新年到来时,三吉斋总是门庭若市。据1937年2月8日的长沙《力报》记载:"长沙的食品店,以九如斋、东方食品店、三吉斋、玉茂兴等推此中巨擘。小孩子们、女人们、少爷们吃零食,大人先生们朋友家吃山珍海味,上面几家食品店便握有全市食品的总咽喉。"然而1938年的"文夕大火",使处于青石桥的三吉斋毁于一旦。不久,长沙县霞凝乡人李文蔚在伯陵路(今蔡锷路)购置地皮,重建三吉斋。该店分前后两栋,占地面积1200平方米。前栋为两层老式木结构,后栋为简易平房,产权归自己所有,为当时长沙南货业中屈指可数的大户之一。

三吉斋属于多元化经营,常见项目有南货、海味、酱园、作坊、炒坊和磨坊。其中酱园自行生产酱油和制作风味各异之酱菜,制作用胚缸有200多口,占地面积较大。磨坊主要是为糕点作坊制作点心加工提供各种原辅料,直到后来上海、汉口以及长沙面粉公司制作的机制面粉进入市场后,磨坊才被淘汰。相比之下,酱园的经济效益较好,利润高、销售广,其销售额占到整个三吉斋的2/3。

特别是在1929年至1930年三吉斋的全盛时期，酱园每日营业额就达200多元光洋。仅由四川购进的榨菜一项，每天销量就达20坛，当时为了省事快捷，满足民众需求，店员都是将坛打破供应。

另一方面，三吉斋十分注重人才的留用与培养，采取分红"双轨制"。即每年年底分红时，对外公布的分红金额是人人平等，每人50元光洋。然而实际上，凡有一技之长者，老板暗地里再额外加50元光洋。此外，还赋予这些人一定的职责，让其担任一定的职务，发挥他们的才干，促其为提高企业信誉和效益做出更多贡献，真正做到能者上、庸者下。

1956年实行公私合营，三吉斋与柯哈食品店合并，公方成立工人管理委员会负责该店一切事务。三吉斋下设酱园则于20世纪50年代归属于浏城桥酱园。1960年，三吉斋作坊被撤销，其技术力量全部归口到九如斋作坊。"文革"期间，三吉斋受到冲击，被迫更名为"卫国食品店"。

改革开放后，三吉斋久旱逢甘霖，发展迅速。1993年，"长沙市副食品经营公司"恢复"三吉斋"老字号，出资在蔡锷北路兴汉门路口成立"三吉斋饼屋"，经营品种达200个，深受消费者喜爱，生意十分火爆。2002年7月，副食品经营公司实行股份制改造，更名为"长沙市沃华经贸有限公司"。

2012年9月，沃华经贸有限公司决定投资500万元打造三吉斋百年品牌，开设10家三吉斋连锁店，进一步推动长沙中式糕点企业改革创新发展。

252. 德茂隆

德茂隆是湖南省长沙市的食品企业，迄今已有140多年的历史。2011年3月被商务部认定为第二批"中华老字号"（名单序号：湖南3），注册商标"德茂隆"。

德茂隆原名"魏德茂"，清光绪元年（1875年）由长沙东乡大贤镇富商魏鹤林在长沙南门口码头创办。清光绪十三年（1887年），张子林接手后独资经营，更名为"德茂隆"。民国初期，张子林得到在湘军将领贺耀祖部下任军需处长的宗族张炳生的资助，实力雄厚，迅速扩张，德茂隆先后开设48个支店。1921年张子林病逝后，德茂隆由原其中一家支店经理谢菊生集资接手，主营德茂隆酱园，兼营酒、香干、麻油、豆豉等其他六个手工作坊，市场规模越来越大。

1945年以后，学徒出身但经验丰富的谢菊生精心策划，以特产优质"德"字香干为竞争手段，挤垮同处本街的"德馨长酱园"。德茂隆的香干制作，从选料、浸泡、淘洗、磨豆、摆浆、煮浆、凝固、成片、造色、瓮色直到配卤等各道工序，层层把关，一丝不苟。当年"恒泰南""协昌裕"等酱园也曾试图与之抗衡，然而均难以匹敌。从此，德茂隆独占鳌头，信誉日增，声名鹊起。

改革开放后，德茂隆喜忧参半，继续发展。1978年，长沙市湘中食品有限公司相继收购浏城桥酱园、荷花池酱园、砚瓦池酱园、西长街酱园、恒泰豆制品厂等企业。为扶植集体企业，德茂隆上级机构"长沙市调料食品有限公司"将其持有的、德茂隆使用多年的"德"字商标权转让给长沙湘中，失去了该项知识产权。20世纪80年代中期，因酱业衰败，其店面先后转让给南门口百货大楼和五一文化用品商场。长沙调料食品公司曾拟恢复"德茂隆"往日辉煌，但终因时下人们的饮食习惯发生改变未能如愿。从1999年起，由于企业体制不能适应市场经济发展，德茂隆酱园的效益急剧下降，陷入数年停顿休眠状态。

2006年11月，为了振兴德茂隆百年老字号品牌，长沙市调料食品批发公司及所属的调料食品综合商行、德茂隆酱园、通泰综合商场等四家特困商业企业，联合改制组建成立"长沙市德茂隆食品工贸有限公司"。2007年初，公司首先恢复了传承强项豆制品的生产。但因为"德"字香干的商标不在手中掌握，故德茂隆从恢复生产开始就再未生产当年叱咤风云、百战百胜的"德"字香干，而是另外申请注册"德茂隆"文字和图案商标，全力生产"德茂隆"豆制品、酱腌菜。

目前，德茂隆作为湖南豆制品行业的"中华老字号"，在传承百年制作工艺的基础上，与最新的生产技术相结合。其望城豆制品基地占地1.8万多平方米，引进八条豆制品自动化生产线，日产能将达10万斤，年产值将达到5000万元以上，为长沙市豆制品的供应及食品安全提供了有力保障。

除了豆制品，德茂隆还抓住发展机遇，推出了米粉、面条、饺子皮、年糕、休闲熟食等米面制品。在做好产品的同时，德茂隆更是向豆制品产业链延伸，在长沙各农贸市场建设品牌加盟店，统一装修、统一形象、统一服装、统一标识标牌、统一冷链配送，配备冷藏陈列柜、空调等配置，最大程度保证新鲜，确保食品安全。

253. 甘长顺

甘长顺是湖南省长沙市的食品企业，迄今已有130多年的历史。2011年3月被商务部认定为第二批"中华老字号"（名单序号：湖南4），注册商标"甘长顺"。

甘长顺的前身为一家面馆，清光绪九年（1883年）由湖南汨罗人甘长林在长沙药王街创建，取字号"甘长顺"。开张伊始，甘长顺生意兴隆，但不久就因资金短缺陷入困境。正当步履维艰之时，适逢街坊"童广兴槟榔店"老板童老先生举办寿宴，来甘长顺订寿面1000碗。对此，甘长林欣喜若狂，选取上好面粉加入鸡蛋，并精心制作面码，终于时来运转摆脱危机并大获其利。1893年，甘长顺建店10周年，又恰逢光绪皇帝御寿，甘长顺便打出祝寿面条旗号，在长沙免费供应寿面一天。广大民众欢天喜地，扶老携幼来吃寿面，甘长顺因此口碑上佳。

1918年，甘长林之子甘寿鹏接手，成为甘长顺第二代传承人。他大力整顿团队和管理秩序，注重质量，讲究用料，坚持薄利，服务热情，遂使甘长顺品牌更加响亮。脍炙人口的蟹黄面、寒菌面就由该店起始，后逐渐风行全市，甘长顺也成为长沙市内第一流的面馆。

甘长顺面条的传统特色在于，制作坚持"水清、汤开、油码热"的原则，用料讲究，色味俱佳，柔软可口，油码选料更精。而且面汤可是用土鸡熬出来的，味道鲜美。面码和面分开上桌，由顾客自己将码盖到面上，故别有一番韵味。除此之外，甘长顺独创的招牌面码"鸡丝火"更受青睐。其做法是将极嫩的鸡脯肉与湖南宁乡猪肉制作的火腿肉切细丝拌炒，再加入香菇、玉兰和韭菜等配料。1930年，曾任国民政府主席的谭延闿病中迎来寿宴，随从特意差人带来家乡甘长顺的鸡蛋面。席间，他进入厨房体恤下属，得知锅中是甘长顺的面，热泪盈眶，遂写下"四水三湘眼底藏，千丝万缕锅中沸"的经典佳句。

抗战时期，长沙被炮火损毁，但战火中甘长顺的招牌屹立不倒。1942年初，美国记者哈里森·福尔曼拍摄的甘长顺面馆和其右侧的童广兴槟榔店照片，通过《纽约先驱论坛报》刊登后传遍全世界。1956年实行公私合营，甘长顺由国家赎买。"文革"期间，甘长顺面馆更名为"东方面馆"。直到1986年才恢复老字号，迎来新生。

改革开放以来，甘长顺颇为发展，令人刮目相看。2003年，因修建黄兴南路步行街，甘长顺从黄兴南路走马楼搬迁。甘长顺面馆历来以精取胜，现仍保持传统特色。经常挂牌经营的高、中、低档品种有30多种，如酱汁面、三鲜面、炖鸡面、寒菌面、膳片面、虾仁面、冬笋肉片面、肉丝面、鸡丝面等，其中尤以酱汁面、鸡丝面最负盛名。另外还经营扬州锅面和炒面、凉面。为适应消费者对汤面的分量、干湿、相料等不同需要，恢复了历史形成的"落锅起""带迅干""溶排""轻挑""重挑轻盖""双油"等牌目，深受广大消费者欢迎。2018年3月，成立"湖南甘长顺餐饮连锁管理有限公司"，为企业未来更大规模的发展打下良好基础。

254. 杨裕兴

杨裕兴是湖南省长沙市的餐饮企业，迄今已有110多年的历史。2006年11月被商务部认定为第一批"中华老字号"（名单序号：湖南4），注册商标"杨裕兴"。

杨裕兴的前身是一家面馆，清光绪二十年（1894年）由杨心田在长沙三兴街创立，主营传统风味小吃，取名"裕兴"寓意店铺富裕兴盛。

作为创建人，杨心田擅长制作米粉之类的小吃，故开店伊始，他利用自己娴熟的制作技巧，打造出一碗碗精致可口的米粉，迅速获得食客的好评。杨裕兴十分注重食材的品质，选料新鲜，制作精细，每个环节均一丝不苟，使出品的食物达到极高的水准，超出诸多竞争对手。创业初期获得的成功使杨心田信心十足，他决定投入更多资金把杨裕兴的生意规模扩大。1922年，店铺重新装修，经营面积增大，在食物品种上也进行了丰富和拓展。杨裕兴的经营状况越来越好，知名度日渐提高，成为长沙餐饮界颇具影响的一股力量。

1934年，杨裕兴迎来新任掌门人，杨心田之子杨菊村接手经营。此人颇具智慧与才干，自幼得到父亲指点，深谙制作及经营之道。1937年还在青石桥（今解放西路）开设支店。

杨菊村执掌店铺后，力主开发新产品，增加面条及其他小吃。面条这一中国传统食品早已成为千家万户日常餐桌必备之物，杨裕兴很好地抓住这一契机，全力打造属于自己的特色面条。在杨菊村领导下，手工鸡蛋面这一招牌产品正式推出。制作手法与工序看似简单，将面粉、鸡蛋和碱加水搅拌均匀，揉制成砣状，使用竹杠压平，折叠，再反复进行多次压叠这一工序，压制完成后，用刀切出细长的面条。而杨裕兴将做面的功夫下到看不见的地方，其采用的都是优质面粉，使用超出竞争对手和面比例的新鲜鸡蛋，这样做的结果便是煮出的面条柔软嫩滑，口感极佳。杨裕兴在面条加工与汤料的制作上投入大量的精力，深知好面离不开好汤的道理，在熬汤的工序上颇为用心，并采用精选出的猪腿骨或鸡骨与各类汤底料，使用适宜人体健康的制作材料与手法，这样做出的面条不仅味道与口感俱佳，也具有很高的健康食用价值。

杨裕兴在经历火灾与战乱后，于抗战胜利后恢复往日生机，1946年店铺扩建成三层楼房，占地70多平方米，经营状况迅速好转，成为长沙最负盛名的面馆。

1956年，这家老店采取公私合营方式改造，店铺名称取消。1988年，杨裕兴顺应改革开放大潮实行经营承包责任制，此后店铺进行几次装修改造，并且采取更现代化的原料加工及制作手段，生产效率得到很大的提升。2001年，"长沙杨裕兴有限公司"正式成立，标志着杨裕兴这家百年老店从单一的餐馆发展成为现代化大型连锁型餐饮企业。

近些年来，杨裕兴不断拓展业务，在湖南及全国各地开设直营或加盟店，借助老字号身份加大品牌建设力度，推广品牌影响力。企业先后获得"全国绿色餐饮企业""湖南省著名商标""湖南餐饮名店"等称号和荣誉。将经典融入现代，以传统结合创新，打造符合现代社会发展需要的百年老店，杨裕兴正在这条光明大道阔步前行，不懈努力。

255. 玉楼东

玉楼东是湖南省长沙市的餐饮企业，迄今已有110多年的历史。2006年11月被商务部认定为第一批"中华老字号"（名单序号：湖南2），注册商标"玉楼东"。

玉楼东原名为"玉楼春"，清光绪三十年（1904年）由长沙人饶石顽在当地创建。饶石顽出身于商贾之家，后在清廷任职负责留学生管理事务，游历欧洲多国，见识了发达国家商业特别是现代化餐厅的运作模式，其中许多餐厅经营百年、有着极高的人气和口碑让他印象深刻。因此，对政治心灰意冷的饶石顽归国后决定经商，遂于长沙开设玉楼春，店址选在青石桥东茅巷口，因当时的长沙西餐厅逐渐增多并受到食客追捧，为加以区别并体现自身特色，不久玉楼春更名为"玉楼东"。

创立之初的玉楼东面临着与诸多西餐厅的竞争。当时中国开埠通商，人们被西餐厅的新鲜独特口味所吸引，相当一部分中餐馆举步维艰。对此，玉楼东并不气馁，决心重振中餐。它吸纳西餐厅先进的管理模式，着力打造餐馆的中式文化特色，突出源远流长的潇湘风味。其就餐环境优雅卫生，服务周到热情，使人们体验到浓郁地方特色与丰富文化内涵。

1920年，湘菜第一名厨谭奚庭成为玉楼东主厨，他曾任著名美食家谭延闿所创祖庵菜的家庭私厨，深得这一高端私房菜的绝学。谭奚庭将所擅长的淮扬菜与湘菜相结合，对食材的选择更为讲究，使用上等、新鲜的原料；刀工精致，对不同菜品采用不同的切割工艺，细如人发的发丝百叶、片同薄纸的溜牛里脊均体现了这种特点；口味偏重于清淡，突出食材本身的味道，利用上等原料与精心调制的辅料相结合，采取极为多样的烹饪手法，出品的美食具有完美味道，常令竞争对手可望不可即。玉楼东的美食吸引了大批名人到访，曾国藩长孙曾广均在品尝店中名菜"麻辣仔鸡"和"汤泡肚尖"后，有感赋诗：麻辣仔鸡汤泡肚，令人常忆玉楼东。1932年，时任湖南省主席的何健请玉楼东名厨曹荩臣主厨，宴请国联贵宾。民国时期的玉楼东在长沙餐饮界独领风骚，被人们视为湘菜的代表。但1938年因长沙大火餐厅被烧为废墟，生意中断。1942年，由佘文炳等集资重建于东茅巷，得以复业。

1949年以后，玉楼东迁址五一广场，在公私合营改造、"文革"期间先后更名为奇珍阁、广场饭店、实验餐厅等。1985年，随着改革开放的深入，玉楼东迎来新兴时代，老字号得到恢复。1989年，中国烹饪大师、中国湘菜大师许菊云被玉楼东聘为餐饮部经理，他于第二届全国烹饪技术比赛中荣获金牌的"开屏柴把桂鱼"成为玉楼东的创新菜品。这道菜由传统菜式经过创新烹制，象形拼盘等手法制作完成。许菊云的潜心钻研与工匠精神对湘菜以及玉楼东的发展做出了重要的贡献，培养了许多后起之秀。

2002年，玉楼东改制，成立"长沙玉楼东有限公司"，全面实行现代餐饮企业管理体制，着力建设企业品牌文化。2008年，"玉楼东"注册商标被湖南省工商局认定为"湖南省著名商标"，企业知识产权大幅度提升。目前，玉楼东利用百年老店特有的历史人文资源，结合现代管理创新手段，打造具有过硬产品质量、富有营养价值与优秀消费体验的餐饮产业，借力日益增强的品牌效应，开始实施新的百年战略。

256. 億昌

億昌是湖南省沅江的食品企业，迄今已有100多年的历史。2006年11月被商务部认定为第一批"中华老字号"（名单序号：湖南11），注册商标"億昌"。

億昌的前身为一家民间糕点作坊，清宣统三年（1911年）由沅江籍人士金涤珊创建，字号"億昌"。该作坊采取前店后坊的经营模式，自产自销。它聘请沅江籍糕点师钱敏斋、王云寿为主制作麻香糕，并对麻香糕配方、生产工艺、包装进行全面创新，规定糕片长、宽、厚，同时加一道乌梅眉状印记于糕片中心，作为億昌麻香糕的典型标志。新型麻香糕选用当时最好的"绵白糖"，以当地优质的糯米、芝麻为主要原料，并经数道工序的技术处理，改传统的木盒成型为金属盒成型，片厚由原5毫米改成3毫米后又改为1.6毫米，包装加印"億昌麻香糕"字样。重新创制的億昌麻香糕产品色泽微黄、粉质细腻、疏松香甜、燥脆爽口、落口消融，更兼成形规整、包装精致、图案醒目，一时在洞庭湖周边地区声名鹊起，销量大增，走俏全省。

抗战时期，沅江因水上交通发达，凡路过者，皆指名购买億昌麻香糕，产品口碑颇好，市场逐渐火爆。后许多抗战军民、政界、商贾移居海外，但在20世纪80年代中期专门写信回来或回大陆观光、省亲纷纷提及億昌麻香糕，使该产品成为增进海外华人友谊的桥梁与纽带作用。

1959年，億昌麻香糕作为湖南省著名特产，由商业部直接调运300担（1担50公斤）进京，作为国庆十周年献礼，该产品的知名度和影响力大为提高。1959年和1960年，湖南省外贸局还两次调集億昌麻香糕参加广州市商品交易会，为该产品扬名海外、走向世界打下了良好基础。

改革开放以来，億昌苦乐交织，起伏不定。20世纪80年代末，"沅江县国营糕点厂"因不适应市场经济变革停产倒闭，億昌麻香糕从此销声匿迹近10年。后又因传承方式并无文字记载，老一辈传承者相继去世，从而面临制作技艺失传的严重危机。

1998年3月，为发展壮大沅江麻香糕产业，老億昌关门弟子、曾任沅江县糕点厂厂长的周国栋先生举全部家资，成立"沅江億昌食品有限公司"，恢复"億昌"老字号。公司厂房占地面积7800平方米，开发了国内最先进的麻香糕半自动化专业生产线，单线年产量200吨以上。公司利用洞庭湖区特产优质糯米、芝麻、蔗糖等精心制作，再次焕发中华名糕之青春。同时开发了牛皮糖、麻糖卷、砂仁糕等系列多种传统糕点食品。产销模式为以销定产，产品畅销湖南省内各市及上海、宁波、广州等地区。

2004年4月，亿昌被湖南省沅江市旅游局评为"旅游产品定点生产单位"。2005年，亿昌被评为湖南省益阳市农业产业化龙头企业。2009年2月，"麻香糕传统手工技艺"被湖南省政府认定为第二批省级非物质文化遗产，企业无形资产得到发扬光大。同年，为弘扬老字号亿昌文化，益阳市高中政治经济湘土教材《益阳经济文化常识》大幅刊载亿昌历史，以教育后代。

257. 九如斋

九如斋是湖南省长沙市的食品企业，迄今已有100多年的历史。2006年11月被商务部认定为第一批"中华老字号"（名单序号：湖南9），注册商标"九如斋"。

1915年，出身绸缎庄的饶菊生在湖南长沙创建"九如斋"食品店。民国初期的长沙商业已颇为繁荣，尤其在八角亭一带店铺林立，百货公司、绸缎庄、珠宝钟表行各领风骚，吸引着长沙中产以上人群前来光顾，商人们也无不为这块做生意的宝地而竞相争斗。

凭借多年做生意的敏锐嗅觉，饶菊生发现在八角亭众多业态中唯独缺少食品店，于是，他联合了几个股东共同投资选址八角亭经营这家南货店。开业之初，九如斋规模不大，雇员也是寥寥一二十人，却以质优价廉，服务周到获得了相当多顾客的青睐。1917年，店铺因一场火灾遇到经营困难，饶菊生联络了相熟的股东为九如斋选取了新的店址，并且高薪聘请了具备糕点制作经验的师傅执掌店铺，打理日常生意，使九如斋由最初的单纯售卖转向制作销售一体化的经营模式，市场竞争力逐步提高。

随着九如斋的业务量增多，店铺利润与知名度也大幅提升，饶菊生决定进一步扩大经营规模。他加大资金投入，扩建店铺，广纳经营与技术人才，同时在产品上采取数量及质量齐抓共管的策略，不断研制开发新品种，注重食品安全与营养。当时的九如斋拥有长沙南货店最齐全的产品线，中西式糕点、蜜饯、糖果、卤味、海味、酱菜及罐头等琳琅满目，其中比较有代表性的要数光酥饼和菌油，这两种食品在味道、口感、营养价值上均属顶尖水平，而在食材选择及制作工艺上难度颇高，体现了九如斋很高的食品制作与加工水准。发展至1931年，九如斋已成为长沙最负盛名的食品店。饶菊生抓住时机成立股份有限公司，下设三家分公司、制作工坊与代销网点，雇员达到数百人，经营品种超过2000个，营业额至1935年连年屡创新高。然而，1938年的长沙大火焚毁店铺，使高速发展的九如斋停止了前进的脚步，从此进入萧条期。

1950年，长沙的工商业重新焕发生机。长沙拥有数量众多的南货食品店，这与九如斋的带动有着密不可分的关系。1951年，九如斋被"湖南省百货公司"接管，进行公私合营改造。1955年食品店归属"长沙市糖业糕点公司"。"文革"期间，该公司改名为"东方红食品店"。

直到改革开放初期的1979年，店铺才恢复九如斋名号，经营状况逐步改善。1996年，为支持长沙市五一广场商业特区建设，拆除了九如斋二店和食品厂。2002年，为支持黄兴南路步行商业街建设，九如斋被全部拆除八角亭的门店和药王街的作坊，迁至狮子山南湖路2号。九如斋离开经营近百年的八角亭，于同年组建"长沙市九如斋食品开发有限公司"，由单一食品店转制为现代食品企业。后由于南湖路的扩建，九如斋又于2004年6月搬迁至中山路357号。经过多年不懈奋斗，九如斋公司取得了不俗的成绩，曾被湖南省工商局认定为"湖南省著名商标"。

当前，面临严峻的市场竞争形势，九如斋肩负着传承历史、弘扬传统文化、打造全新老字号企业形象及内涵的艰巨重任。作为一家百年老店，其不畏艰难险阻，坚持梦想，饱含激情，正采取更先进的企业经营策略与品牌建设方针，一步一个脚印地把百年老店做大做强。

十九、广东省

258. 陈李济

广州陈李济药厂的前身是始创于明代末年的民间药铺"陈李济",迄今已有410多年的历史。2011年3月被商务部认定为第二批"中华老字号"(名单序号:广东16),注册商标"陈李济"。

明万历二十八年(1600年),广东南海县(今佛山市南海区)人陈体全、李升佐二人在广州双门底(今越秀区北京路194号)设立制药作坊,商号"陈李济",寓意"陈李同心,和衷济世"。该作坊以"古方正药"为旗号,秉承"工艺虽繁不减其工,品位虽多必不减其物"的诚信原则,精选上等药材,严格配方制作,依靠丹丸疗效甚佳而颇受欢迎。

清代初期,陈李济发展迅速,成就斐然。清顺治七年(1650年),陈李济研制成功乌鸡丸,该产品后来衍生出御用名药"乌鸡白凤丸"。清康熙二十二年(1683年)以后,陈李济初步形成规模,能生产膏、丹、丸、散、油、锭、酒、茶八个剂型的中成药。其中最令人拍案叫绝的是蜡壳药丸制作工艺,由陈李济首创发明,堪称对中药包装、储存的一大杰出贡献。

清代中后期,陈李济声名远播,日益走红。1826年,陈李济在广州十三行72号(今广州市荔湾区十三行路)增设批发所,成为经营产品输出、洋药原料输入的进出口贸易机构。另相传清同治帝曾偶感风寒腹泻,服用陈李济的"追风苏合丸"后药到病除,于是同治帝赐陈李济以"杏和堂"封号,并指定其秘制陈皮为广东贡品。

民国时期,陈李济大举进军海外,从事连锁经营。1922年在香港皇后大道中206号开设香港支店,为发展对外贸易迈出了关键的一步。1935年在上海四川路开设上海支店,后因抗日战争爆发将该支店移至新加坡大马路。1942年香港沦陷后香港支店转往澳门新马路,开始在这个前葡属殖民地扎根。1943年陈李济二进上海,选址新昌路119弄6号开设分行,主营陈李济品牌的"丸散膏丹"

等四种剂型的中成药品。所有这些支店和分行，形成了一个跨省、跨国的中药经营网。

不过，陈李济在此阶段最大的收获当属知识产权领域，即1923年5月民国政府施行《商标法》之后，陈李济不失时机地将"杏和堂"绘成盾形图案，作为商标注册登记成功且沿用至今。

中华人民共和国成立后，陈李济历经坎坷，动荡起伏。1954年实行公私合营，以陈李济为主厂，先后并入神农、万春园、伟氏、冯致昌、何弘仁、燮和堂、橘香斋等七家药厂及甘泉药社、大生合记蜡店，组成"公私合营陈李济联合制药厂"，促进了企业的发展。然而"文革"期间，陈李济改称"广州中药二厂"，"杏和堂"商标停用。

直到改革开放，陈李济才东山再起，重振雄风。1980年，中药二厂更名为"广州陈李济药厂"并重新启用"杏和堂"商标，随后该厂被中国药材公司确定为国家重点中药厂。1998年，陈李济实施历史上的首次搬迁，由创业398年的越秀区北京路迁至广州大道南新址，老企业的面貌发生了巨大变化，为陈李济实现新的腾飞打下了坚实基础。

进入21世纪，陈李济迎来了自身发展史上的黄金时代，经营有方，管理到位，异彩纷呈。2007年5月，"陈李济中药文化"入选广东省第二批省级非物质文化遗产名录，传统中药文化受到认可和保护。2008年6月，"陈李济传统中药文化"被国务院确定为第二批国家级非物质文化遗产，陈李济登上更高的人类遗产殿堂。2010年9月，广州陈李济药厂更名为"广州陈李济药厂有限公司"，企业实行股份制改革。同年9月28日，陈李济被英国伦敦吉尼斯世界纪录总部认证为世界公认的"最古老的正在运营的制药厂"（"oldest operating pharmaceutical factory"）。2011年"陈李济"商标被国家工商总局认定为"中国驰名商标"，企业知识产权保护再创佳绩。2012年陈李济加冠"白云山"商标，企业更名为"广州白云山陈李济药厂有限公司"，成为广药集团下属上市公司——广州药业股份有限公司（2013年7月更名为"广州白云山医药集团股份有限公司"）的全资子公司。

随着企业的高速发展，广州陈李济药厂很早就开始布局文化创意产业，于2004年建成陈李济中药博物馆，旨在发扬以"诚信为本，同心济世"为核心的文化传统，努力传播和弘扬陈李济中药文化。

十九、广东省

259. 致美斋

致美斋是广东省广州市的食品企业,迄今已有410多年的历史。2006年11月被商务部认定为第一批"中华老字号"(名单序号:广东5),注册商标"致美斋"。

明万历三十六年(1608年),致美斋在广州城隍庙附近的商业繁华地带诞生,成为本地第一家酱园。相传,酱园创建人看中了城隍庙周边浓厚的商业氛围,认为巨大的客流能带来更多的商机。

经过一段时间的发展,致美斋已在广州小有名气。至清乾隆中期,在旗人刘守庵的带领下,致美斋的生意更加兴隆。刘守庵不仅在城隍庙附近选地,采取前店后厂的经营模式,还在其他地点开设分店及分厂。致美斋没有像其他酱园一样引入外部资本,下放经营权,而是坚持家族自主经营及直营模式。它对原料、工艺的要求极为严格,保证所有店面销售的酱料产品在质量、包装等方面具备统一的高标准。这一独特的经营理念也助力致美斋大步前进,至清嘉庆十七年(1812年),致美斋在广州酱料市场占据重要的份额,成为不可或缺的中坚力量。

1915年,致美斋第九代传承人刘养年掌管致美斋。他慧眼独具,集中人力、物力和财力,不断拓展酱园生意。例如,开始着手改扩建店面与工厂,同时广纳人才,加大宣传力度等。这一系列的做法使得致美斋成为广州最大的酱园,所售产品取得利润在行业内独占鳌头,其他酱园所进的产品在致美斋一律标出更高的价格售出,品牌价值可见一斑。

1956年实行公私合营,调味品的管理体制进行调整,广州按区设立酱料加工厂,故将致美斋的作坊分别并入东、北区加工厂,其在广州文德路的商店也变为食品杂货公司的一个门市部。1958年,由广州市政府牵头,将包括致美斋在内的数十家酱料厂合并,组建成立"广州越秀区酱料加工厂"。日后,该厂更名为"广州调味食品四厂"。"文革"期间,致美斋招牌被摘下,更名为"永为民"商店,直到1972年才恢复"致美斋"老字号。

同年美国总统尼克松访华,临别时拟准备在北京举行盛大答谢宴会宴请我国领导人。然而宴会的菜单中有一道菜需要用白酱油(无色透明)作为作料,而当时这种白酱油在我国却未有生产。于是国家商业部急电广州商业系统,要求48小时内研制生产出100公斤白酱油急送北京。致美斋接到该项紧急任务后,马不停蹄,全力以赴,充分利用当时的技术力量和生产设备,终于按时按质完成了任务，在宴会中一时传为佳话。

改革开放后，老字号企业迎来曙光。1983年，在原"广州第四调味食品厂"的基础上组建"广州市致美斋调味食品厂"，百年老店获得新生。新食品厂占地四万余平方米，用半机械化和机械化生产取代了笨重的手工操作，巨型的金属发酵罐、不锈铜储罐代替了旧式的土缸瓦罐。致美斋产品除传统名牌的酱油、小磨麻油、甜醋外，还大量生产各种调味酱、调味粉和南北酱菜，并经营具有各地风味特色的酱菜和调味品。此外，致美斋还重新设计符合时代要求的新式包装，改变长期以来包装简陋陈旧的状态，使商品美观大方。目前，致美斋的经销商遍布全国，并在海外多地设立销售网点，规模、产值与效益均位于国内同行业领先水平。致美斋产品不仅在国内畅销，而且还出口东南亚和北美地区。

260. 冯了性

冯了性是广东省新会市的医疗企业，迄今已有360年的历史。2006年11月被商务部认定为第一批"中华老字号"（名单序号：广东2），注册商标"冯了性"。

冯了性由明代中医世家冯氏家族一手打造。相传明万历年间，冯炳阳在家乡广东新会经营民间药铺，利用一定的中医知识为周边百姓开方抓药，日积月累地行医使其掌握了更多的理论与实操能力，医术大为精进。他努力研制出一种药酒，专治风湿跌打等疾病，受到民众的广泛欢迎，药铺生意也因此兴隆起来。明万历四十三年（1615年），冯氏药铺迁往广东佛山以寻求更好的发展。正是在这里，其子冯了性日后成为带领冯氏药铺塑造辉煌的人。

与父辈相比，自幼学习医药知识与经营之道的冯了性，有着更大的抱负与志向。他对家族药酒颇为看重，决定调整配方、改进工艺以获得更好的疗效。为此，他精选了20多种中药材，根据药性特点及治疗取向配伍，将祛风胜湿，消肿止痛的丁公藤作为主药，辅以桂枝、麻黄、羌活、蚕沙、白芷发散风寒，祛风湿，舒筋络；香附、木香、厚朴、枳壳、陈皮、苍术、苦杏仁、猪牙皂行气燥湿化痰；茴香、当归、川芎、乳香、没药、五灵脂、牡丹皮温经活血祛瘀；白术、山药、补骨脂、黄精、菟丝子、泽泻补肝肾，强腰膝。改良后的药酒，内服配合外用，药效大幅提高，对于风湿肿痛，跌打损伤，全身肌肉及经络等各种不适均有显著疗效。

清顺治十六年（1659年），改良后的药酒正式更名为"冯了性风湿跌打药酒"，药铺也在冯了性主持下使用"冯了性"字号开展经营。进入康熙年间，佛山工商业活动日渐增多，百姓对身体保健的意识也日渐增强，冯了性药酒有了更为广阔的市场，药铺生意也更加火爆，在冯了性带领下，药铺采取先进的管理手段与人性化的治疗方式，为当地百姓带来福音。

冯了性去世后，药铺仍然运转良好，在道光年间药酒销路遍布全国，分店数量也与日俱增，一时间冯了性药酒红遍大江南北，被人冠以"药王"称号。近代中国战事与动乱不断，勤苦劳作与躲避战乱的人们对药酒的需求旺盛，使得受战争影响的冯了性经营情况总体保持良好。至1949年，冯了性的产品销往包括美洲及东南亚在内的十几个国家和地区，在华人圈更是树立了良好的口碑。

1957年实行公私合营，传承数百年的冯了性药铺与其他数十家药铺组成"佛山联合制药厂"。1971年，该厂更名为"佛山市制药一厂"。数十年间，药厂得到国家大力扶持，引入先进生产设备，结合传统配方，制作出创新、优质的药酒产品。

2000年，企业进行重组，恢复冯了性老字号，设立"佛山冯了性药业有限公司"，并注册"冯了性"商标，百年老店重获生机。目前，该公司融合佛山多家传统药铺的优秀制药经验与名优药品，以招牌药酒为主，集合酒剂、丸剂、片剂、散剂、酊剂、颗粒剂、软膏剂等七大剂型100多种产品，令人刮目相看。冯了性虽历经数百年发展，但依然能站在国内中医药行业的最前沿，坚持不懈地改革创新发展，特别是大力弘扬、推广与振兴岭南中医药文化，坚持不懈推动企业的科技与文化相融合，打造出具有新时代竞争力的现代制药企业。

261. 敬修堂

敬修堂是广东省广州市的医药企业，迄今已有近230年的历史。2006年11月被商务部认定为第一批"中华老字号"（名单序号：广东3），注册商标"敬修堂"。

敬修堂的创建者为浙江慈溪商人兼儒医钱树田。相传早年他用"回春丹"药治好一巨商之子，巨商感恩于他便出资助其开办药铺，清乾隆五十五年（1790年）在广州城南门设立，字号"敬修堂"。该药铺自制丸散膏丹，特别是精心炮制回春丹、宝婴丹、如意膏等，一举开启了悬壶济世的光辉历程。至清道光年间，其生产工艺和经营管理日渐改进，故成为当地声誉卓著的小型中成药厂，取名"敬修堂钱树田中药厂"。

在管理方面，敬修堂严格规定：家族成员不得直接参与药厂经营，只能从药厂的分红中获得收益，类似现在的股份制。药厂聘请职业经理和司库，但人选不能是钱家三代以内的直属亲戚。凡进厂满50年的工人，离厂时可领取一笔津贴，类似现在的退休金。

在经营方面，敬修堂采取谨慎扩张策略。直到清光绪十年（1884年），敬修堂才在广东佛山设立第一家分店。清宣统三年（1911年），因南洋侨胞要求，敬修堂又在香港大马路（今德辅道西）设立第二家分店。

1956年实行公私合营，以敬修堂钱树田中药厂为核心，合并万灵堂中药厂、张安昌中药厂、邓可安佐寿堂药店、黄贞庵药局等8家私营企业和邓俊庭、岐芝堂等14家个体药户，组成"广州公私合营敬修堂联合制药厂"，统一使用"园田牌"注册商标。后又改造成为"国营广州敬修堂药厂"。1958年，联合制药厂首次使用锅炉操作，将蒸汽作为热源，应用于中药的炮制过程中，从而取代了原始的大小炉灶，提高了劳动生产率。"文革"期间，敬修堂并入"广州中药总厂"，更名为"广州中药六厂"，敬修堂自用的"园田"牌商标也被取消。

改革开放以来，敬修堂一路春风，发展迅速。1986年，企业采取自行负债改造的办法，在广州市郊建成现代化生产车间，经营规模扩大。1992年12月，改制为股份有限公司，成为广州市首家转制的国有工业企业，生产品种有114个，八大剂型，著名产品有追风透骨丸、中风回春丸、清热消炎宁、化痔栓等。2012年5月，按照广药集团一体化发展战略要求，企业名称由"广州敬修堂（药业）股份有限公司"更名为"广州白云山敬修堂药业股份有限公司"。2014年4月，"敬修堂"注册商标被认定为"广东省著名商标"，企业知识产权保护达到一个新阶段。

几个世纪以来，敬修堂"敬业修明，广施妙药，普济众生"的制药宗旨从未改变。敬修堂人始终坚持专心致志地从事制药事业，为解除民众疾苦而多制妙药。如各种治疗风湿跌打药为敬修堂的特色，其中以丹膏丸散为主，代表性产品是"跌打万花油"。另外，曾经一则家喻户晓"痛则不通，通则不痛"的"追风透骨丸"产品广告语,更使海内外的风湿骨痛患者认知中华老字号敬修堂。

目前,公司拥有各类中成药、化学药、保健滋补品合计140多个品种,其中包括多个名牌产品,如"园田牌中风回春丸"是中国名牌产品、"园田牌追风透骨丸"是广东省和广州市名牌产品、"园田牌清热消炎宁胶囊"是广州市名牌产品。清热消炎宁胶囊、追风透骨丸、化痔栓、跌打万花油、麝香跌打风湿膏、养血生发胶囊、中风回春丸等产品全部是公司自主研发的市场主导产品,并且均为具有自主知识产权的专利产品。

262. 大有

大有酱园是广东省江门市的食品企业,迄今已有220年的历史。2011年3月被商务部认定为第二批"中华老字号"(名单序号:广东2),注册商标"大有"。

大有酱园创始人为新会县(今江门市新会区)一姓邓的驼背人,人称邓亚佗。清嘉庆四年(1799年),他在新会县开办了一个制作凉果蜜饯的家庭手工作坊,首创用柠檬汁、陈皮、糖等制成姜糕,即"亚佗霉姜"。该产品嚼食柔软甜滑、甘香松化,且有祛风寒、健脾胃、化痰止咳之功效,很快走俏珠江三角洲并声名鹊起。

清光绪二十年(1894年),谭梓等人将大有小作坊进一步规范经营,正式定名"大有酱园"。清光绪二十六年,大有掌柜谭梓去世。因其子不善经营,便由从檀香山归国的旅美华侨许鸿章、许沃章兄弟,联合新会排名第二的"调盛酱园"创办人曾氏家族各出资本一半共计白银900两,收购了大有的招牌连同工场、铺面等资产,更名为"大有合记"。

1912年,大有改良亚佗霉姜的配制方法,采用粒状造型和陶罐包装,贴上"佗子"商标,其后更采用锡罐包装,使亚佗霉姜一时成为高档的送礼佳品,并远销东南亚、美国、加拿大等世界华人聚居的地方,成为新会的地方风味特产。与此同时,大有十分注重人才、依靠技术。如当年大有得悉调盛酱园师傅邓文襟技术出众,便不惜重金礼聘,并分以10%股份将其招聘。抗日战争期间,钱币贬值、物价暴涨,为留下生产经营骨干,大有实行工资与粮价挂钩,解除了员工的后顾之忧。

至 1949 年，大有酱园已是当地规模最大、最具名气的酱园作坊。1956 年，以大有为核心与合生、厚记、合利、同信隆、天益、昌源隆、和栈、祥和、刘敏记、逢益、养记、冯意记、何启记等新会各酱园作坊联合组建成公私合营企业"新会县大有凉果酱料厂"。1960 年，该厂改制为国有企业，更名为"新会县国营大有凉果酱料厂"。

改革开放后，大有日益红火。1983 年至 1984 年，企业的水糖姜出口量创历史最高峰，为国家赢得了发展急需的、宝贵的、巨额的外汇，荣获国家轻工业部颁发的"出口创汇先进企业"嘉奖。2001 年，大有凉果酱料厂兼并新会酱油厂，成立"江门市新会大有食品有限公司"，企业规模扩大。2003 年 4 月，该公司加盟广东彩艳股份有限公司，成立"江门市新会大有酱园食品有限公司"。2008 年 2 月，"大有"注册商标被广东省工商局认定为"广东省著名商标"，企业知识产权保护达到全新高度。2009 年 10 月，"新会陈皮制作技艺"被广东省确定为第三批省级非物质文化遗产，其中就有百年老店大有的重要贡献。2010 年 4 月，公司荣获全国餐饮烘焙业"十大手信文化品牌"奖、公司的"名果礼盒"荣获全国餐饮烘焙业"经典手信"奖。2018 年 2 月，江门市新会大有酱园食品有限公司更名为"广东大有食品股份有限公司"，企业发展迈上一个新台阶。

从当年的一个制作凉果的家庭作坊，大有目前已经发展成为大型现代化食品生产企业。企业占地面积 60 多亩，厂房建筑面积达 4.2 万平方米。大有产品市场营销更是令人瞩目，国内以珠江三角洲为龙头，辐射全国大中型城市；出口主要销往美国、加拿大、澳大利亚、东南亚、英国和荷兰等 30 多个国家和地区；主要产品有蜜饯（凉果）、果仁、酱油三大系列，近 200 多个花色品种，包括广受欢迎的发财应子系列、陈皮梅系列、新会陈皮系列、咸干花生系列和酱油系列等招牌食品。

263. 王老吉

广州王老吉公司的历史渊源可追溯至清代问世的"王老吉凉茶铺"，迄今已跨越三世纪、190 多年。2006 年 11 月被商务部认定为第一批"中华老字号"（名单序号：广东 1），注册商标"王老吉"。

十九、广东省

王老吉凉茶铺始创于清道光八年（1828年），老板是广东省肇庆府（今江门市）鹤山县人王泽邦（乳名阿吉），其被公认为"凉茶始祖"，有"凉茶王"之称。起初，王泽邦在乡下用该凉茶为人治疗暑温等症，后他来到广州靖远街开设凉茶铺，经营碗装王老吉凉茶，不久声名鹊起，颇受欢迎。

清道光二十年（1840年）前后，王泽邦安排其三个儿子分别开设"王老吉成记"（王贵成）、"王老吉祥记"（王贵祥）、"王老吉远恒济"（王贵发）3家分店，其中以远恒济发展最好。当时不但广州的大街小巷有百余家王老吉网点进货热卖，而且广东、广西、湖南、湖北、上海等地乃至海外有华侨的地方都有王老吉凉茶销售。对此，中国近代思想家、政治家梁启超于清光绪三十年（1904年）所著《新大陆游记》中曾有描述："西人有喜用华医者，故业此常足以致富。有所谓王老吉凉茶，在广东每贴铜钱二文，售诸西人或五元十元美金不等云，他可类推。"相传第一次鸦片战争期间，即1841年1月，英国海陆军发动虎门战役，奉令驰援湘军抵粤，但因水土不服，多人身染疫疾相继病倒。王老吉闻讯，深感"国家有难，匹夫有责"，便随即组织人力连夜把凉茶配料尽数送到前线，并指挥乡民用几十只大铜锅煎煮凉茶劳军，为将士缓解危机。

清光绪九年（1883年），王泽邦去世，其三子王贵发创立的远恒济最终继承了祖铺和凉茶秘方，并传给他的三个儿子王恒裕、王恒瑞和王恒辉。王泽邦的长孙王恒裕于清光绪二十三年（1897年）迁往香港定居，开店发展，至今王家的这支后人还在香港经营王老吉品牌。而王恒瑞和王恒辉则留在广州发展，其经营的"王老吉远恒济"成为大陆王老吉的前身。

民国时期，王老吉生意日益红火，每日凉茶供不应求，于是便采用初期的工业化生产方式加工成凉茶包应市，即用纸袋包装凉茶料出售。1925年，王老吉凉茶包曾代表中国民族品牌在英国伦敦温庇展览会上展出，成为最早走向世界的民族品牌之一，引起很大反响。

1956年公私合营，王老吉与嘉宝栈、常炯堂等八家私营中药厂合并组建"王老吉联合制药厂"，企业股权结构实行二元化。1965年9月该厂改成国营，更名为"广州中药九厂"，王老吉凉茶则改称"广东凉茶"。

随着改革开放大潮的迅速涌动，王老吉发生了一系列重大变化。

其一，1992年11月，广州中药九厂更名为"广州羊城药业股份有限公司"，同年开创性地推出盒装王老吉和罐装王老吉凉茶，使产品形式走上现代化道路，也正是这一年，"王老吉"商标被广东省工商局认定为广东省著名商标。

其二，2004年3月，广州羊城药业股份有限公司更名为"广州王老吉药业股份有限公司",多年弃用的王老吉商号终于复出,从此公司名称与其产品名称宣告合二为一,为王老吉的插翅腾飞打下了新的基础。

其三,2005年2月,广州王老吉药业股份有限公司吸收香港同兴药业股份,由国有企业转制为中外合资企业,公司名称不变,它标志着王老吉从此步入快车道,将以前所未有的速度走出国门、奔向世界。2006年5月,王老吉"凉茶秘方及术语"被国务院列入第一批国家级非物质文化遗产名录,企业殊荣不同凡响。2009年,"王老吉"商标被国家工商行政管理总局认定为"中国驰名商标",企业知识产权保护迈上新台阶。

在大举进军文化创意产业方面,广州王老吉药业股份有限公司的母公司广药集团高度重视,于2012年4月授权当年2月成立的"广州王老吉大健康产业公司"筹建王老吉凉茶博物馆,旨在记录历史、展示未来、传承文化,打造中国乃至世界凉茶文化发展史上的里程碑。

264. 生茂泰

生茂泰是广东省广州市的茶行业百年老店,迄今已有150多年的历史。2011年3月被商务部认定为第二批"中华老字号"(名单序号:广东25),注册商标"生茂泰"。

生茂泰原名"生茂泰药茶行",于清同治八年(1862年)在广州浆栏路106号创立。该行早年依靠开发问世的"生茂泰甘和茶"和"生茂泰午时茶"一炮打响,逐渐站稳脚跟。由于这两种药茶对感冒发热、骨痛头晕、水土不服、肠胃不适等症很有疗效,并且夏天可代茶饮,饮之生津止渴。因此,不少顾客特别是一些老年顾客经常慕名而来,予以选购,一些港澳人士、东南亚华侨对其也青睐有加。

1931年,生茂泰老板因其外地分号陆续倒闭,便决定出让生茂泰,被当时店内一位老员工孔宪勋出资买下。孔宪勋是生茂泰学徒出身,靠个人奋斗升至业务主管,故深谙经营管理和市场营销之道。上任之后,他除了坚持生茂泰货真价实的店规祖训外,还不断加强创新广告宣传措施,据传每年端午节前后,生茂泰门前都插满五色彩旗、现场搅拌制作甘和茶、午时茶应节,极大地提高了生茂泰的知名度和影响力。

1956年实行公私合营，生茂泰药茶行更名为"生茂泰茶庄"，孔宪勋之子孔庆超任生茂泰茶庄负责人，茶庄归属"广州市土产公司"管辖。1963年10月22日，生茂泰甘和茶和午时茶这两张药方载入广东省药品标准册，得到政府相关部门的高度认可。

改革开放以来，生茂泰如沐春风，发展迅速。1978年5月，为扩大生产占领市场，成立了"广州市生茂泰茶厂"，厂房面积增至9000多平方米，主要从事其他农产品仓储、农产品初加工服务、仓储代理服务和精制茶加工。生茂泰从过去的前店后厂的作坊式生产、原始的木模叩击（压茶装盒）印茶，改进为机械压模（装盒）印茶；半机械化代替了手工操作，从原来日产一至几箱供门市销售，发展至年产3500多箱（每箱100盒）。

自1986年起，生茂泰又先后投资90多万元，从阿根廷引进了六台先进的泡茶包装机，生产各款红茶、绿茶、花茶、乌龙茶、普洱茶、菊普茶、甘和茶、午时茶、八珍茶等袋泡茶，使企业生产效率大为提高。同时，购置专门检测仪检测茶叶的农药和重金属的残留，以确保药茶和饮用茶的质量。1987年，该厂更名为"广州市土产茶叶公司茶厂"，企业经营范围进行调整。

1999年，经过资产重组等一系列改革，组建"广州市宝生园有限公司"，生茂泰成为其旗下企业，百年老店如虎添翼。该公司重视老字号的魅力和口碑，大力推进生茂泰品牌战略，有效实施生茂泰连锁经营，很快就取得了明显的经济效益和社会效益。据市场调查，"生茂泰"茶叶品牌在广州市场占有率为三成左右，为广东全省第二大茶叶品牌。

与此同时，生茂泰还不遗余力地开展多元化发展。2012年4月，生茂泰首家专卖店在广州一线商圈农林路开业。该店是集产品展示、销售以及推广休闲生活方式于一体的专卖店式会所，除了主营传统产品茶叶外，还销售各种酒类，以及各式精致茶具。消费者不仅可以品鉴50年以上的红酒、普洱等，还有专业酒窖为顾客提供藏酒、储酒服务。

265. 莲香楼

莲香楼是广东省广州市的著名老茶楼，迄今已有130年的历史。2006年11月被商务部认定为第一批"中华老字号"（名单序号：广东13），注册商标"莲香楼"。

莲香楼的前身是一家由广东肇庆人创建的糕饼店，当时位于广州西关。清光绪十五年（1889年），糕饼店更名为"连香楼"。连香楼主营广东早茶，其特色食品是莲蓉饼。为了保证饼食质量，该店严格选用当年产的湖南湘莲，其排名中国著名的三大莲子之首，历来作为进贡朝廷的珍品，故又称"贡莲"。

清宣统二年（1910年），连香楼被广州知名"茶楼王"谭新义收购并重新集资，拓展经营。茶楼当时的股东多达122名，入股数在八股以下，其中多为二至三股。招股人共有九名，均为茶楼老板。股东每年年末凭入股凭证分红，认证不认人。莲香楼在建筑设计、装修布局方面，同当时各大茶楼一样，十分注重通风，尽量使营业场所空气充足。全店均以砖木结构为主，楼高三层。莲香楼的营业厅设在二楼和三楼，楼下数百平方铺面除作经营饼食外，其余部分为制饼工场和货仓。

亦在同年，清光绪朝进士、曾任翰林院编修的陈如岳品尝了新开业的连香楼食品后，大赞其莲蓉饼做得出色，于是提议给连香楼的"连"字加上草字头，并题写"莲香楼"三字牌匾，从此莲香楼商业字号沿用至今。另一方面，因莲香楼制作的莲蓉食品质量上乘、口碑日隆，故被广大消费者誉为"莲蓉第一家"。

有资料显示，莲香楼于20世纪20年代在香港陆续开设了3家分店，现仅存一家营业，位于香港中环威灵顿街（该店创立于1918年）。但广州莲香楼1949年在进行公有制改造后，不久便与香港的莲香楼分店切断了联系。

莲香楼成名之后，莲蓉食品结构主要包括莲蓉包、老婆饼、鸡仔饼、龙凤饼、嫁女饼、豉油鸡、泰味酿鸭掌等。如莲蓉包只在早市、午市供应，其莲子的香味扑鼻、莲蓉入口柔滑，湘莲馅呈绯红色，每每成为顾客欣赏的艺术品。

与此同时，莲香楼还大力发展名牌月饼的生产，莲香月饼已成为广式月饼中的一个驰名品牌。目前，莲香楼的月饼有40多个品种，其中以莲蓉为主料的月饼品种便达20多个。每年中秋佳节，莲香月饼都销往港澳地区以及东南亚各国，海外影响十分广泛。

莲香楼现址位于广州市荔湾区上下九步行街，是广东独特的饮茶文化的典型代表。1998年,莲香楼被国家国内贸易局认定为"国家特级酒家",企业锦上添花。2005年6月,莲香楼被广州市认定为"广州市文物保护单位",百年老店得到进一步传承。同年7月,成立"广州市莲香楼有限公司",企业进入现代化发展阶段。2006年,该公司实行国有企业改制,同年8月,西关世家成功竞得广州市莲香楼有限公司99%股权,转让价为5120万元。转让条件包括受让方承诺必须使用"莲香楼"商标,并向商标所有权人缴纳商标使用费;承诺莲香楼在原有基础上进行更大发展,并充分发挥和保持老字号优势。

266. 潘高寿

潘高寿是广东省广州市的医药企业,迄今已有120多年的历史。2006年11月被商务部认定为第一批"中华老字号"(名单序号:广东6),注册商标"潘高寿"。

潘高寿的前身是"长春洞药铺",清光绪十六年(1890年)由广东开平人潘百世、潘应世兄弟在广州南关高第街开设。该药铺前店后厂、手工制作,主营卫生丸、理中丸、保肾丸、白凤丸、宁神丸、镇惊丸等各种蜡丸,为宣传其产品有"药到回春""延年益寿"的功效,潘氏兄弟在店铺门前挂起"长春洞潘高寿蜡丸"的招牌,寓意"长春洞里攀高寿",一时间声名鹊起。

20世纪20年代初,潘氏兄弟先后去世,药铺便由潘百世之子潘逸流、潘应世之子潘楚持共同经营。但不久二潘转营他业,于是药铺改由潘百世的四子潘郁生出任司理,成为第三代传承人。然而他刚接手经营,就爆发了广州起义。因长春洞药铺毁于战火,他只得迁址广州西关十三行路豆栏上街重新营业。潘郁生苦心钻研、博采众长,将具有润肺镇咳作用的川贝母和有祛痰作用的桔梗与枇杷叶一起熬炼,并吸取西药制剂方法,在药液中加上香料和糖浆,创制出中国首个中成药治咳糖浆剂,定名为"潘高寿川贝枇杷露"。

1929年,潘郁生另设"潘高寿药行",专营枇杷露,长春洞则仍以经营蜡丸为主。1938年10月,日军侵占广州,长春洞被迫歇业。抗战胜利后,因长春洞药铺被洗劫一空,族人无力集资复业,于是由潘郁生独资经营,以潘高寿药行取代长春洞,并以枇杷露取代祖业经营的蜡丸,又在杉木栏路开设新店以扩大生产。1948年至1949年间,潘高寿药行发展到鼎盛时期,潘郁生之子潘钮生成为第四代传承人,他除在香港设厂外,还在台湾、澳门设立网点。

1956年实行公私合营,潘高寿药行与"大同成药社"和"中华成药社"合并,组建"公私合营潘高寿联合制药厂"。该厂将川贝枇杷露作为主体产品,保持了"潘高寿"的原有传统特色。1964年,潘高寿药厂划归广州市化工局属下的"中药总厂",产、供、销由中药总厂统一计划安排。"文革"期间,潘高寿药厂更名为"广州中药七厂",直到1980年才恢复广州潘高寿药厂名称。

改革开放后,潘高寿如同插上腾飞的翅膀,发展日新月异。该厂以重点开发治咳药物系列为主,同时多品种、多剂型地发展其他治疗药物,先后推出了全国首创的祛风镇咳、除痰散结的蛇胆川贝液和润肺止咳、祛痰定喘的蛇胆川贝枇杷膏。同时又研制出鼻咽清毒剂、升血调元汤、炎热清等新产品,仅用几年时间,便开发了20多个品种,不但发扬了精制治咳药的传统,而且发展到生产治疗胆囊炎、肝炎和肾炎等多种疾病的药品,使产品结构向着多元化发展。潘高寿已名列中国中药工业企业50强,其产品结构为糖浆、煎膏、胶囊、颗粒、合剂等五大剂型、100多个品种。

1992年春,著名书法家启功先生偶患咳嗽,久治不愈,后服潘高寿蛇胆川贝枇杷膏迅速康复。于是他高兴地为潘高寿挥毫题诗一首:"积功累德潘高寿,妙药灵丹济世人;保得艺林书画手,三冬写遍岭南春。"同年12月,以潘高寿药厂为股东之一,成立"广州潘高寿药业股份有限公司",企业发展再攀高峰。

2006年5月,"潘高寿凉茶(72号秘方及其专用术语)"被国务院确定为国家级非物质文化遗产;2008年6月,"潘高寿传统中药文化"被国务院确定为第二批国家级非物质文化遗产;潘高寿成为全国唯一一家坐拥"双国遗"称号的中药企业,百年老店殊荣满满。

267. 老山合

老山合是广东省汕头市的食品老店,迄今已有120多年的历史。2011年3月被商务部认定为第二批"中华老字号"(名单序号:广东2),注册商标"老山合"。

十九、广东省

老山合的创始人为广东省澄海县（今汕头市澄海区）人黄钦山。清代后期，他在当地开了一家腊味小店，取名"山合"，专门经营猪头粽（又名首花）等腊味。不久，黄钦山的长子黄允坤成为第二代传承人。为提高腊味产品质量，他于清光绪十三年（1887年）赴省城广州学习制作技艺，两年后学成归来，使原有制作技术得到改革创新，该店销售的猪头粽、肉脯等各类腊味质量颇为提高，一时声名鹊起，生意日渐兴隆。清光绪十六年（1890年），黄允坤把店名改为"老山合"，开启了百年老店大发展的序幕。

古往今来，广东潮汕风味独特的小吃很多，但最为出名的莫过于澄海的猪头粽。猪头粽是老山合的传家宝和明星产品，历史悠久，驰誉中外，人们提到老山合必然想起猪头粽。猪头粽制法十分考究，先取鲜润猪头皮和上乘瘦肉，精工剁碎后，按比例佐以八角、丁香、肉桂等20多种名贵中药材，再添上上等鱼露、酱油、白酒，然后下锅烤制，烤熟后放入模具压制成形，色呈棕褐，令人赏心悦目、垂涎欲滴。长期以来，很多远在他乡、身处海外的汕头人，回乡探亲访友，总不忘捎回一袋地地道道、香喷喷的猪头粽；不少澄海人离开家乡，也不忘带上一袋猪头粽馈赠亲友，让亲友共同品尝家乡的独特风味。

1930年，黄允坤长子黄锡谦子承父业，在汕头市升平路开设了一家新的腊味店，但不久就英年早逝。黄允坤只得同时经营汕头市及澄海县的两家腊味店，并在年迈之时，将制作技艺亲传给胞侄黄锡林，由其继承经营老山合，成为老山合第四代传承人。然而，20世纪50年代公私合营期间，黄锡林及其他黄家后人都改行从事其他职业。

直到改革开放，老山合才东山再起。1984年10月，黄允坤直系裔孙黄德然、黄德生兄弟重操祖传旧业，创建了"老山合腊味厂"，成为老山合第五代传承人。他们牢记店规祖训，并用祖传秘方进行腊味特别是猪头粽的加工制作，产品颇受欢迎，市场迅速扩大。1988年10月，该厂注册登记"老山合"商标，企业知识产权受到国家法律保护。

2010年11月，老山合腊味厂更名为"汕头市澄海区老山合腊味厂"，企业进入现代化经营管理阶段。目前该厂坐落于汕头市澄海区凤翔南门北旱工业区，主要产品有香味独特的猪头粽、清香似锦的猪肉松、制工考究的腊肉、色香俱佳的腊肠、软罐包装的烤鸭、烧鸡、鸭脚和五香牛肉等，产品畅销广东、香港、澳门及东南亚、欧美等地。尤其现有许多国人及潮汕华侨，喜欢买些腊味带往国内外馈赠亲朋好友，他们认可和青睐的都是"老山合"这个腊味老品牌。

268. 广德泰

广德泰是广东省汕头市的酒行业百年老店，迄今已有120多年的历史。2006年11月被商务部认定为第一批"中华老字号"（名单序号：广东19），注册商标"广德泰牌"。

广德泰原为一家中药铺，创始人是广东潮阳和平（今汕头市潮阳区和平镇）人范友龙，他于清光绪十六年（1890年）设立"广德泰药行"，不久开始经营药酒，即"长春药酒"。相传清光绪三十年，进士范家驹曾带"广德泰长春药酒"进京朝贡，慈禧太后饮后大加赞赏，并特赐"饮之太和，岁岁平安"的匾额，从此广德泰以药酒为主营业务，并更名为"广德泰酒行"，生意逐渐火爆，一时声名鹊起。因该药具有辅助治疗筋骨酸痛、风湿骨痛、经络痹塞、腰肌劳损等功能，故曾有顾客赞道："长春有何功，常饮老还童。名酒何处出，潮阳和平中。"

1935年8月，广德泰第二代传承人范伯谦将"广德泰长春药酒"在民国政府商标局注册"龙麟"牌商标，知识产权保护意识十分强烈。继而，广德泰酒行更名为"广德泰酒厂"，并将"广德泰药酒"在泰国注册了三件商标，即广德泰长春药酒、紫金龙酒和史国公酒的商标，从而获得泰国的独家专卖权，海外销路大开。

然而好景不长，1941年3月，日军侵占潮阳；致使船运中断，产品无法销往东南亚，加上酒行被日机轰炸，于是在范伯谦等带领下，将广德泰酒厂迁往澳门。一同前往澳门经营的还有第三代传承人范上文（卓坚）、范上武等人。1948年，广德泰又从澳门迁回家乡潮阳继续生产和经营。1956年实行公私合营，第三代传承人范卓坚等选择自行停业。

改革开放后，广德泰终于迎来再创辉煌的黄金时代。1983年，广德泰第四代传承人范进乐兄弟等重操祖业。随后，其他传承人也相继进入该领域，开始了家庭作坊式的"广德泰药酒"生产。1987年7月，为弘扬传统文化、做大做强广德泰，所有经营广德泰药酒的传承人，采用股份制形式，联合创办"汕头市广德泰酒厂实业有限公司"。公司共有五个股东，分别是第三代传承人范上全和范上德，第四代传承人范进善、范进乐、范进军。

2001年，广德泰酒厂的"酒包装盒"及"酒瓶"的外观设计分别获得国家专利，企业知识产权保护迈上一个新台阶。2005年，广德泰药酒获广东省颁发的酒类生产许可证，百年老店的传统药酒依法合规经营。2012年2月，"广德泰药酒酿造技艺"被广东省确定为第四批省级非物质文化遗产,企业发展攀上一个新高峰。

目前,广德泰药酒是汕头市广德泰酒厂实业有限公司生产的长春酒、大补酒、三蛇酒等10多个品种的总称。这些酒的特点是味醇甘美,色如琥珀,入口醇和,既有大曲酒的浓郁芳香,又有淡雅的药香,其技艺是配制型酒的典范。其产品曾先后出口新加坡、泰国、印度尼西亚等东南亚国家,被华侨称为"思乡酒"。

二十、广西壮族自治区

269. 铁鸟

铁鸟是广西壮族自治区南宁市的调味品企业,迄今至少已有150多年的历史。2011年3月被商务部认定为第二批"中华老字号"(名单序号:广西2),注册商标"铁鸟"。

铁鸟调味的前身是"天盛酱园",相传清咸丰年间(1851—1861年)由广东南海人李亿万、梁迪臣两人合资于南宁沙街(今解放路)设立,为南宁最早的酱园铺,后更名为"大盛祥酱园"。清同治元年(1861年),大盛祥酱园员工邓廷光、邓炬光两兄弟出园单干,在沙街开设了"万利酱园"。当时,南宁还有义利、民生、陆裕德等酱园,但其中大盛祥酱园实力最强,且生产的酱料选料上乘、制作讲究、味道纯正,很受百姓喜爱,尤以酱油最为有名。

1900年以后,大盛祥经营逐步扩展,生产不断创新,增加不少花色品种,市场十分火爆。前店后厂的经营方式已经不能够满足销售需要,于是大盛祥便在沙街附近的南伦街购地建起新加工厂,即现在的南宁市酱料厂所在地。原来只有一个门市部也已满足不了顾客,因而又增设六家网点,分布在解放路、民生路、民权中山路口、中山南环路口、水街、渡船口(今民生广场)等南宁各主要街道。大盛祥员工最多时有90多人,酱油年产量69万至80万斤、酱料10万至15万斤。故产品除了在南宁本地销售以外,还销往东南亚地区,生意颇为兴旺。同时,还经营凉果、海味、南北杂货、广西土特产等,堪称鼎盛一时。

1956年1月实行公私合营,酱料业归属南宁市蔬菜食品杂货公司。不久,大盛祥、泗兴隆、民生、万康、恒昌、致和、广兴、上海、大胜利、新诚利等10家制酱工场合并,组成公私合营大盛祥、泗兴隆、民生三个加工厂。1958年,食杂公司再将大盛祥、泗兴隆加工场合并,同时撤销民生酱料加工场,更名为"南宁市公私合营酱料厂"。1962年2月,公私合营酱料厂改制为全民所有制企业,更名为"国营南宁市酱料厂",厂址一直沿袭在南伦街原"大盛祥"加工厂至今,并申请获得"铁鸟"注册商标。

改革开放后,南宁市酱料厂如沐春风,迎来企业发展史上的黄金时代。1982年,商业部投资80万元对国营酱料厂进行全面改造,建成自治区最大的、机械化程度较高的、年产6000吨的酱油车间,从而改变了过去完全靠手工操作的繁重体力劳动,逐步过渡到半机械化和机械化生产,为酱油酿造业的大发展打下良好基础,产量逐渐上升。2002年"铁鸟"牌酱油、食醋被国家质量监督检验检疫总局首批授予"国家免检产品"称号。"铁鸟"商标连续14年被认定为"广西著名商标";铁鸟调味品连续15年荣获自治区"消费者信得过商品"荣誉;企业连续15年荣获"重合同守信用企业"。

2003年,南宁市酱料厂的主管单位南宁市商业食品工业总公司改制为广西南宁三香食品有限公司,由于旧城改造,位于市中心的南宁市酱料厂需搬迁。2005年铁鸟酱油和食醋两个产品再次获得"国家免检产品"殊荣,并多次通过南宁市、自治区、国家监督部门的监督抽查。2006年,广西南宁三香食品有限公司与广西鼎华商业股份有限公司合并,并投资6000万元在国家级南宁市经济技术开发区设立占地45亩的"广西铁鸟调味食品有限公司",2011年新厂落成并投入生产。同时将南宁市酱料厂各类资产、商誉并入广西铁鸟调味食品有限公司,使历史悠久的"大盛祥"商号及"铁鸟"商标得到更大程度的延续和发展。2012年5月,"南宁铁鸟酱料制作技艺"被广西壮族自治区确定为自治区级第四批非物质文化遗产,企业无形资产空前增加。

二十一、重庆市

270. 桐君阁

桐君阁是山城重庆著名的中医药企业,迄今已有110多年的历史。其传承人是重庆桐君阁股份有限公司,2011年3月被商务部认定为第二批"中华老字号"(名单序号:重庆10),注册商标"桐君阁"。

清光绪三十四年(1908年),四川巴县(今重庆市巴南区)药商许建安因仰慕中医药鼻祖、中国药学家桐君悬壶济世的功德,创办了"桐君阁熟药房",其店铺字号取自李时珍《本草纲目》中"桐君,黄帝时臣也,著有《桐君采药录》"一句中的"桐君"二字。

早年的桐君阁虽采用前店后厂经营方式,却制定了一套严格的质量管理规章制度,十分注重商业道德和诚信经营。如各类配方中的人参,用高丽参而不用东北参;鹿茸则必是西藏货;又如制作安宫牛黄丸、大活络丹、苏合香丸等所需的重要原料龙脑香、苏合香、印度牛黄、暹罗犀角等,也专门在广州、香港、南洋各地区采购。有资料显示,清末民初时期,桐君阁经营的丸、散、膏、丹等各类中成药共计240多种、饮片400多种,成为西南地区家喻户晓的中药房之一。

1954年12月,桐君阁与光华、胜利、同新、亚西等四家药房合并,成立"桐君阁药厂",走上公私合营之路。1958年11月,该药厂与"地方国营庆余堂合并",组建"国营桐君阁药厂"。

改革开放后,桐君阁浴火重生,一路高歌猛进。1987年1月,由桐君阁药厂、重庆中药材站等14家中药企业联合组建成为全国第一家中药股份制企业——"重庆中药股份有限公司",开始实行现代企业制度。1996年2月8日,"重庆中药"在深圳证券交易所上市,一举迈进资本市场,成为中国西部地区唯一的医药类上市公司。1998年4月,该公司与重庆太极实业(集团)股份有限公司资产重组,更名为"重庆桐君阁股份有限公司",成为太极集团的子公司。

在技艺传承方面,桐君阁培养了一大批技艺精湛的认药大师、抓药大师、药材养护大师、中药炮制大师、中药调剂师等。他们有的精通药品储藏之道,有的拥有临方炮制的绝招,有的则专门研究中药古法炮制技巧。百余年来,这些独特绝技代代相传,不断精研创新,使得桐君阁的精品药学服务得到最有力的保障。

在责任担当方面,桐君阁每年开展中药养生文化节,为百姓普及中医药养生知识,开展名老中医义诊活动,提供一个集药材真伪辨别、体验式服务、个性化问诊为一体的专业平台。同时,桐君阁还推出鲜人参、鲜天麻、鲜石斛等鲜中药,引领新鲜中药滋补新风尚。

2011年5月,"桐君阁传统丸剂制作技艺"被国务院认定为第三批国家级非物质文化遗产,百年老店又绽放一朵灿烂的新花。次年,桐君阁药厂被重庆市列为非物质文化遗产"生产性保护示范基地",企业攀上一个更高的台阶。

截至2013年,公司总资产达32亿元,总销售额139亿元,桐君阁下属分、子公司,遍及川渝、华东、华北地区。公司始终坚持"中药为本、零售生存、批发立足、药材谋利、并购扩张"20字经营方针,构筑立足西部、面向全国、展望世界的"大健康、大医药、大流通、集约化、网络化"医药商业航母;同年被商务部认定为"2013商务诚信建设试点工作先进企业"。2014年,公司下属的重庆桐君阁大药房在中国药店销售额排名全国第二。2016年,重庆桐君阁大药房荣膺中国连锁药店综合实力百强榜前10强,并以8968家的最多门店数量,连续10年以药店数量排名全国第一,为公司成功实施的"万家药房"战略增砖添瓦。

二十二、四川省

271. 泸州老窖

泸州老窖是四川省泸州市的酿酒企业,迄今已有440多年的历史。2006年11月被商务部认定为第一批"中华老字号"(名单序号:四川12),注册商标"泸州老窖"。

泸州老窖的前身可溯及明代酒坊。泸州酒业源远流长,始于秦汉,兴于唐宋,盛于明清,民间酒坊此伏彼起,所在多有。其中,明万历元年(1573年)由泸州武举人舒承宗创建的"舒聚源糟坊"最负盛名。该酒坊选址泸州南城营沟头(今国窖广场所在地)一处泥质适合做酒窖的地方,利用附近的龙泉井水酿造曲酒,即余韵至今的浓香型白酒,从此声名鹊起。然而,享誉西南的舒聚源虽苦心经营,但历经舒氏祖孙八代传承之后仍画上了休止符。

清同治八年(1869年),酿酒世家温氏第九代传承人温宣豫收购舒聚源及其十余口陈年酒窖,更名为"温永盛"。以后又陆续收购"禄厚祥""富生荣""顺昌祥"等多家酒坊及其酒窖,对外合称"豫记永盛烧坊",开始酿制"三百年老窖大曲"。1911年,温氏第十一代传承人温筱泉继承祖业,将豫记永盛烧坊更名为"筱记永盛烧坊",并不断扩大规模,改进工艺,使酒质渐臻化境,更上一层楼。其所酿"三百年老窖大曲酒"沿长江流域销往全国,甚至远销东南亚。1915年2月,筱记永盛烧坊提供的"三百年老窖大曲酒"参加在美国旧金山举行的巴拿马太平洋万国博览会,以"醇香浓郁、清冽甘爽、饮后尤香、回味悠长"一举获得博览会金奖,成为我国浓香型白酒最早荣获国际金奖的产品。从此永盛烧坊走出国门,香飘四海,成为世界级白酒品牌。

中华人民共和国成立后,泸州酒业进入新的发展时期。1950年初,"春和荣"酒坊牵头组建了"泸州曲酒联营工业酿造社",迈出了恢复和发展泸酒生产的第一步。不久"义中曲酒酿造社""温永盛曲酒联营社"等多家酒坊联营社也相继成立。1952年3月,以原私营"泸县金川酒精厂"为主体成立"四川省专卖公司

二十二、四川省

国营第一酿酒厂",与私营酿酒联营社齐头并进,共存共荣。1953年12月,位于泸州小市、南城、罗汉、南田、胡市、福集等地的六个酒厂组成"国营泸州酒厂",并于1954年5月与国营第一酿酒厂合并,更名为"地方国营泸州曲酒厂"。1955年,该厂与包括泸州36家酒坊在内的联营机构组建为公私合营的"泸州市曲酒厂"。1964年,泸州市曲酒厂更名为"四川省泸州曲酒厂",企业经营范围得到扩大。

改革开放以来,四川省泸州曲酒厂如沐春风,企业发展十分迅速。1980年,该厂被国家商业部确定为率先进行扩张试点的企业,获得大展宏图的优越条件。1984年,省、市确定该厂为首批在企业中全面推行厂长负责制的单位,企业迎来黄金时代。1985年至1988年,该厂对罗汉生产基地进行扩建改造,率先在全国酒类行业中建起了配套设施先进、年产万吨的大型酿酒基地,为进一步腾飞打下了坚实的基础。

乘此大好形势,1990年8月,泸州曲酒厂更名为"泸州老窖酒厂",从而使企业名称、品牌名称和驰名中外的百年老窖池群合而为一。1993年6月,由泸州老窖酒厂独家发起组建四川省酿酒行业中第一家旨在上市的股份制企业,并于1994年3月成立"泸州老窖股份有限公司",同年5月,其"泸州老窖"股票在深圳证券交易所挂牌上市,公司一举进入资本市场。

2000年12月,"泸州老窖集团有限责任公司"成立,泸州老窖股份有限公司成为其子公司。至此,泸州老窖已成为以酿酒业为主,集生物科技、米业、房地产、宾馆等为一体,跨行业、跨地区、跨所有制、跨国经营的大型现代化企业集团公司。截至目前,泸州老窖股份有限公司的产品主要有:国窖1573系列酒、泸州老窖精品特曲系列酒、百年老窖系列酒等。2006年5月,"泸州老窖酒酿制技艺"被国务院列入第一批国家级非物质文化遗产名录。2010年在《福布斯》和Interbrand集团共同发布的"中国品牌价值排行榜"上,泸州老窖跃居第16位,成为中国白酒行业最具价值品牌之一。2013年12月,"泸州老窖"商标被国家工商总局商标局认定为"中国驰名商标",企业知识产权保护借梯登高,佳绩耀眼。

1996年9月,公司建成泸州老窖博物馆。其中馆藏"国宝"之一是明代1573国宝窖池群,属于物质文化遗产。据史料记载,泸州老窖的窖池群共拥有10086口老窖池,其中百年以上的清代老窖池1615口,而有400年以上历史的明代老窖池仅有4口。对此,1958年轻工部曾组织专家对泸州老窖大曲的酿造工艺和老窖窖龄进行考察后给予确认,专家们一致认为,这些老窖的建成时间在1573年至1619年(明万历年间),历史十分悠久。

272. 保宁

保宁是四川省阆中市的酿造企业,迄今已有400多年的历史。2006年11月被商务部认定为第一批"中华老字号"(名单序号:四川17),注册商标"保宁"。

据史料记载,保宁醋的酿造源于五代晋天福元年(936年),历经千年有余。因阆中自五代唐天成四年(929年)曾置保宁军,自1276年至1912年一直为保宁府治所,故名保宁醋。不过,直到明万历四十六年(1618年)宫廷醋师索亦挺来到阆中开设醋坊后,保宁醋才渐有起色。他创造性地用白蔻、砂仁、杜仲、当归、薄荷、五味子等32味中草药配制醋曲酿成药醋,调味效果颇佳,生意日益兴隆。清康熙年间,索亦挺之孙索绍武在城南门外下栅口上街购买铺面,不断扩大生产和经营规模,并使用"索永顺醋坊"招牌,索氏为代表的保宁醋发展迅速,极负盛名。有民谚称:"合川酱油保宁醋,丰都出的豆腐乳","来到阆中不买醋,等于跑趟冤枉路"。由此可见保宁醋品质之好,声誉之高。

民国初年,保宁醋业更趋发达。阆中全县已有40余家醋坊,其中与索永顺醋坊齐名的有"田福顺醋坊"和"崇新长醋庄"等两家。而由于很多醋坊扎堆于下栅口上街,故该街也更名为"醋房街"至今。1915年2月,为了参加在美国旧金山举行的巴拿马太平洋万国博览会,官府举办的成都劝业会提名田福顺醋坊和崇新长醋庄精选阆中保宁醋联合参展。结果,田福顺醋坊的保宁干醋和崇新长醋庄的瓶装醋一举获得博览会金奖,从此保宁醋香飘四海、享誉五洲、世人皆知。

中华人民共和国成立后,昔日的醋工在政府领导下,于1954年5月成立阆中县"五一"酿醋生产合作小组,生产的第一批保宁醋2000斤运往广元支援修建宝成铁路。1956年5月,酿醋生产组改为阆中县酿醋生产社,年产量达240吨,上销广元,下销重庆,供不应求。1957年5月,酿醋社改为酿醋厂,生产经营均得到扩大。1958年4月,酿醋厂从华光楼迁往观音寺。利用观音寺三座旧殿和35间破房为基础,在一米多深的杂草丛中和乱石堆里搭起25间临时工棚,利用古松花井山泉水的优势,在原有设备的基础上,新添木槽80个,获得保宁醋年产量达360吨的业绩。1958年8月,酿醋厂由集体转为全民所有制,划归阆中商业局管理,更名为"阆中县五一酿醋厂"。

改革开放后,保宁醋具备了大展宏图、再创辉煌的基础和条件。1980年,阆中县酿醋厂更名为"四川省阆中保宁醋厂",企业经营范围得到扩大。1984年,又更名为"四川省阆中保宁醋总厂",厂址设在观音寺内,并在省内联合建立了六个分厂,成为年产万吨醋的大型企业。1994年9月,在该厂基础上又组建"四川保宁醋有限公司",开始实行现代企业制度。1994年以前,由于保宁醋的酿造工艺都是师傅带徒弟、一代传一代,导致保宁醋的酿造工艺没有统一标准;而且不同师傅由于技艺的高低不同,带出的徒弟技术水平也参差不齐,从而所酿之醋的质量明显存在差异。为了彻底改变这种局面,公司自组建以来,以生产技术骨干为核心,开始对每个车间的生产工艺进行全方位的跟踪检测和记录,并且通过对酿造和包装工艺的进一步梳理,形成了一套最优化、规范化和标准化的保宁醋生产工艺流程,迈出了企业管理方面十分重要的一步。

2001年10月,四川保宁醋有限公司被泸州老窖集团公司整体收购。但2002年8月,泸州老窖集团因深化内部产权制度改革,又将四川保宁醋公司剥离为民营企业。同年,保宁醋被国家质检总局评定为国家免检产品。2003年,保宁醋荣获中国名牌产品称号,企业品牌建设向前推进。2005年,"保宁"商标被国家工商总局认定为"中国驰名商标",几十代阆中人民为之奋斗的保宁醋品牌建设和保宁醋知识产权保护工作取得了重大突破,亦是整个南充地区唯一的一件中国驰名商标。2009年7月,"保宁醋传统酿造工艺"被四川省确定为第二批省级非物质文化遗产,公司更显英雄本色。

273. 鹃城

郫县豆瓣是四川省成都市郫都区(旧称郫县)特产,鹃城则是其中的著名品牌,迄今已有330多年的历史。2006年11月被商务部认定为第一批"中华老字号"(名单序号:四川18),注册商标"鹃城"。

郫县豆瓣起源于明末清初,是福建汀州永定县人陈逸仙移民郫县途中的发明,即用鲜辣椒剁碎后腌拌蚕豆。清康熙二十七年(1688年),陈家开设家庭作坊,制作辣子豆瓣等产品沿街叫卖。清嘉庆八年(1803年),陈氏后人陈慧春在郫县城西街开设"顺天号"酱园,开始大规模研制、生产和销售辣子豆瓣。清咸丰三年(1853年),陈氏后人陈守信在郫县南街(今郫县南大街155号)创立"益丰和号"酱园,尝试以蚕豆和面粉混合发酵,并采用与盐渍辣椒混合的生产技艺，使产品更加精良，生产规模逐渐扩大。益丰和酱园的豆瓣广受厨艺界和百姓人家好评，因其产自郫县，故人称"郫县豆瓣"。自此，郫县豆瓣的产品名称被固化和传承下来，益丰和号酱园也被后人奉为正宗郫县豆瓣的发祥之地。

清光绪三十年（1904年），郫县又先后出现"元丰源""道生昌""三义公""德丰园""合浦园"等酱园，有力地促进了当地豆瓣业的发展。民国初年，郫县豆瓣的生产更具规模，远销各地，东经成渝沿江而下至湘鄂，南转宜宾行销云贵，西由雅安销至康藏，北取道广元销往陕甘。

1955年实行公私合营，"益丰和""元丰源""绍丰和"三家酱园合并，共同组建"四川省地方国营郫县酱园"，后更名为"国营郫县豆瓣厂"，产品定名为"鹃城牌"。

改革开放后，随着川菜的迅猛发展，餐饮行业和社会公众对郫县豆瓣的需求日益扩大，这就促使郫县豆瓣生产厂家不得不采取工业化生产，以提高郫县豆瓣的产量。但是传统工艺所生产的郫县豆瓣依然具有优势，那就是色泽红润、味辣香醇、瓣子酥脆、黏稠绒实，口感更胜一筹。1981年，国营郫县豆瓣厂正式注册"益丰和"和"鹃城牌"（郫县又名鹃城）商标并沿用至今，企业知识产权保护历史长、效果好。1999年，郫县豆瓣厂等三家地方国营骨干企业在股份制改造基础上组建"四川省郫县豆瓣股份有限公司"，开始实行现代企业制度。同年，"鹃城牌"注册商标被四川省工商局认定为"四川省著名商标"，企业知识产权保护迈上一个新台阶。2005年12月，郫县豆瓣被国家质检总局认定为地理标志产品，企业知名度和影响力不断扩大，市场占有率迅速提高。2008年6月，"郫县豆瓣传统制作技艺"被国务院确定为第二批国家级非物质文化遗产，企业无形资产得到极大提升。2012年12月，"鹃城牌"注册商标被国家工商总局认定为"中国驰名商标"，企业发展竖起一座新的里程碑。

作为中国顶尖调味料之一，"鹃城牌"郫县豆瓣在选材与工艺上独树一帜，与众不同。香味醇厚却未加一点香料，色泽油润却未加任何油脂，全靠精细的加工技术和原料的优良而达到色、香、味俱佳的标准。郫县豆瓣通过长期翻、晒、露等传统工艺天然精酿发酵而成，具有瓣子酥脆化渣、酱脂香浓郁、红褐油润有光泽、辣而不燥、黏稠适度、回味醇厚悠长的特点，是川味食谱中不可缺少的调味佳品，故有"川菜之魂"的美称。郫县豆瓣历经数百年的磨砺，形成了极为成熟的制作工艺。因为辣椒与蚕豆都富含蛋白质、脂肪和碳水化合物，并饱含着人体所需的维生素C，还具有开胃、祛湿防寒之效，同时豆瓣又是烹饪川菜的经典调料，故"鹃城牌"郫县豆瓣在全中国乃至世界各地都广为流传、深受欢迎。

二十二、四川省

274. 梓橦宫

梓橦宫是四川省内江市的医药企业,迄今已有230多年的历史。2011年3月被商务部认定为第二批"中华老字号"(名单序号:四川18),注册商标"梓橦宫"。

梓橦宫的前身是"刘记梓橦宫老药局",清乾隆四十五年(1780年)创立于内江县(今内江市)大西街文昌宫庙门口,属个人行医开业的中医外科兼生产祖传丸、散、膏、丹的民间药摊。

1980年,适逢全国药厂整顿期间,经内江市政府批准实行联合并厂,定名为"内江市梓橦宫制药厂",次年经四川省整顿药厂领导小组验收合格后予以保留,并经四川省医药管理局批准为制药生产企业。20世纪80年代,梓橦宫一直是隶属内江市中区三工业局和市医药局领导的集体所有制企业,经营规模不大,市场营销乏力。

2003年,已更名为"四川三九梓橦宫药业有限公司"的梓橦宫举步维艰、濒临破产,于是在内江市委市政府的招引下,该厂由一个具有高学历、高专业化和市场经验丰富的海归实力派团队投资收购,并于同年12月更名设立"四川梓橦宫药业有限公司"。

该公司成立后,一方面从事医药研发、生产和经营,另一方面进行更加有效的资本运作。如2004年2月,梓橦宫药业收购"四川省内江华康药业有限责任公司"70%的股权,同年3月在内江市工商局办理变更登记,从此梓橦宫成为内江华康药业的控股股东。2004年4月,内江华康药业更名为"四川梓橦宫医药贸易有限公司",梓橦宫实力大增。

2008年9月,"梓橦宫"注册商标被四川省内江市工商局认定为"内江市知名商标",企业知识产权保护攀上一个新台阶。2013年,公司被内江市工商局认定为"守合同重信用企业",企业影响力和公信力得到进一步提升。2015年1月,四川梓橦宫药业有限公司更名为"四川梓橦宫药业股份有限公司",并于同年6月挂牌新三板上市,成为又一家上市的百年老店,且为名副其实的专家型民营科技企业。其注重新药研发,致力于走创新道路志在做强做大、引领制药行业,为患者提供安全、高效和高性价比的一线专科用药。特别是公司领导层有多位是医药行业从事20年以上研究和领导工作的专业人员,研发总监和主要技术骨干均是具有10年以上医药制药与研究的一线技术人员。而且公司始终积极与国内外高等院校进行合作，充分利用外部资源，引进国际先进技术，提高自身研发团队的科研实力。

抚今追昔，梓橦宫药业已从过去落后亏损的一个小药厂发展到今天的集医药工业（三个药厂）、商业贸易（五亿/年贸易额）、零售连锁（100多家药店）于一体的大型医药集团。公司旗下有药业有限公司、医药贸易有限公司、大药房连锁有限公司，医药贸易有限公司下设物流配送中心、药品批发部和新特药分公司。公司的全资子公司四川梓橦宫医药贸易有限公司和四川梓橦宫大药房连锁有限公司经营范围广，涵盖了化学药制剂、中成药、抗生素等十多个种类，拥有药品批发、代理和零售业务，与全国260多个厂家建立了长期稳定的合作关系，开户医院1000多家，常年经营品种近一万个。此外，公司销售网络健全，渠道畅通，在全国拥有26个营销办事处；零售终端客户有1500多家。

275. 汤长发

汤长发是四川省崇州市的食品企业，迄今已有230多年的历史。2011年3月被商务部认定为第二批"中华老字号"（名单序号：四川13），注册商标"汤长发"。

汤长发的创始人是崇庆州（今崇州市）街子镇南场口乡民汤仕元，清乾隆五十一年（1786年），他设立了"长发祥号"手工作坊，制作出一种素食点心，人称街子汤麻饼。早期用于供香客去佛教寺庙朝拜和食用。汤麻饼采用上等面粉、白糖、冰糖、菜油、芝麻等为原料，经制皮、制心、制油、制酥等特殊工艺程序后，制作成圆形，然后粘上芝麻，烘烤而成。因火工精当，故黄而不焦，皮酥心脆，香甜化渣。相传某佛教古寺一和尚曾将汤麻饼失存一年，发现后仍色、香、形不变，食之与鲜品无二，可见其手工操作工艺之绝。

对于如此绝技，汤家也制定了一个"只传儿媳，不传儿子和女儿"的传承祖训。其理由是：女儿出嫁，就是别人家的人；儿子虽为自家人，却易酒后泄密；而只有娶进门的媳妇，最能保守秘密。故汤家对于传承人往往经过长期考察，最终挑选出一名人品优秀、贤惠、勤劳、聪明的媳妇作为配方的掌握者，尊其成为当家人。

20世纪40年代,在第六代传承人程氏的努力奋斗下,汤长发麻饼与天主堂鸡肉、致华堂白雪糕、石观音板鸭被列为当时崇庆四大名小吃,受到广大消费者的高度青睐和追捧。1956年,程氏携各类工具等加入供销社,专门从事汤长发麻饼制作。然而不久,汤长发却遭遇挫折,被迫停业。

改革开放后,汤长发发展步伐加快,业绩日益突出。1986年,时任崇庆县县委书记敖锡清三次登门做工作,希望程氏能重出江湖,贡献社会。经过一番纠结,最终这位汤长发麻饼的第六代传承人程氏才突破祖训,把汤长发麻饼的制作秘方传给儿子汤克勤(汤仕元的第七世孙)和儿媳皮仁远,并与他们共同恢复了汤长发麻饼的生产和经营,同时沿袭祖上留存至今的牌匾"长发祥号",该匾已成为汤长发横跨四个世纪的镇店之宝,1987年,汤长发麻饼被评为"成都市名小吃",获得一致好评。

2009年7月,"汤长发麻饼制作技艺"被四川省确定为第二批省级非物质文化遗产,企业发展获得可喜进步,令人刮目相看。

随着汤长发麻饼文化的普及和弘扬,第七代传承人皮仁远突破祖训,将秘方传给其女儿汤柳霞。她和在美国工作的弟弟达成共识,姐弟俩以股份形式联合组建公司,由弟弟委托姐姐代为管理。姐姐在国内负责新产品的开发和生产;弟弟利用多年在国外留学、做市场的经验,注册国际域名,将汤麻饼介绍到国外;姐弟俩联手将汤长发麻饼做大做强,并将麻饼市场推向全世界。目前,汤长发麻饼拥有黑芝麻、五仁、花仁、火腿等品种以及芝麻酥、小黑酥、白米酥等系列糕点,并在成都市锦里、琴台路等地设立了10个专卖店,还在成都红旗连锁、家乐福等超市上柜销售,且远销甘肃、山东、宁夏、重庆、新疆、广东等10多个省区市。

276. 全兴

全兴是四川省成都市的酿酒企业,迄今已有近200年的历史。2006年11月被商务部认定为第一批"中华老字号"(名单序号:四川14),注册商标"全兴"。

清乾隆五十一年(1786年),三代酿酒世家王氏在成都东门外水井街创立

"福升全烧坊"，用薛涛井水酿制"薛涛酒"，著称于世。

清道光七年（1824年），因扩大经营的需要，福升全酒坊在城内暑袜街开辟烧坊分号，取名"全兴成"，并对薛涛酒进行改良加工，推出了创新酿制白酒"全兴大曲"。全兴成烧坊选址颇为策略，透着商人的精明。其位于市中心繁华的暑袜街，西行300米是盐市口，东行300米是春熙路，短短的几百米内商店作坊林立，与周边钟水饺、叶矮子等名店共处一个休闲饮食文化"商圈"，顾客络绎不绝，整日车水马龙。

20世纪40年代，全兴成命运不佳，历经坎坷。1941年，全兴成及其母店福升全均被以"私屯粮食"为名查封，到重新发还开业时，已损失惨重。1948年10月，成都市烧房同业公会呈请当局"因物价波动，百物高涨，请予调整酒价用顾血本而维经营以商艰"。但文件如石沉大海，成都14家烧坊只好相继歇业停产，永兴敬、广玉和、邓兴泰等八家商号的窖池相继填平，酒师、工匠们被遣散。福升全虽摆脱倒闭厄运，然而一蹶不振。

1952年，当时的川西专卖局赎买福升全、全兴成等烧坊，又与邻近的花果酒厂合并组建"国营成都全兴酒厂"，沿用全兴成传统技术酿酒，故仍称"全兴大曲"。1959年，全兴大曲被认定为四川省名酒，企业发展一路前行。1963年11月，在全国第二届评酒会上，全兴大曲荣获国家名酒称号及金质奖，茅台酒、董酒、泸州老窖特曲、全兴大曲酒、五粮液、西凤酒、汾酒、古井贡酒并称全国八大名酒，企业知名度和影响力大幅提升。

全兴大曲以高粱为原料，用以小麦制的高温大曲为糖化发酵剂。该酒对用料严格挑选，其独特的传统工艺为：用陈年老窖发酵，发酿期60天，面醅部分所蒸馏之酒，因质差另做处理，用作填充料的谷壳，也要充分进行清蒸。蒸酒要掐头去尾，中流酒也要经鉴定、验质、贮存、勾兑后，才包装出厂。成品酒无色透明，入口清香醇柔，爽净回甜。其酒香醇和，味净尤为突出，既有浓香型的风味，又有独自的风格，酒精度为59度至60度。

改革开放以来，全兴更加发展，成就斐然。1984年，在全国第四届评酒会上，全兴大曲再度入围，成为中国十三大名酒之一。1989年，在全国第五届评酒会上，全兴大曲第三次入围，成为中国十七大名酒之一。同年，成都酒厂抓住时机，以知名产品全兴大曲的特有名称中的"全兴"为核心，将成都酒厂更名为"四川成都全兴酒厂"。1997年9月，该厂更名为"四川成都全兴集团有限公司"。同月，全兴集团以"四川全兴股份有限公司"的名义成功上市，股票简称"全兴股份"，一举跨进资本市场。

二十二、四川省

值得关注的是，1998年4月，全兴公司在对外水井街19号生产厂房进行翻修改建时，发现了一座大型古代酒坊遗址。经过全面考古发掘，证实该遗址是延续600余年生产使用至今的古老酿酒作坊。遗址内发现了属于不同时代的晾堂、酒窖和蒸馏器基座等。据专家考证，酒窖最早年代下限是元明之际，印证了李时珍《本草纲目》中记载的"烧酒非古法也，自元时始创"的说法。其中乾隆年间的几口老窖仍然在发酵，作坊内充盈着浓郁的窖香。

277. 清香园

清香园是四川省江油市的调味品企业，迄今已有近200年的历史。2011年3月被商务部认定为第二批"中华老字号"（名单序号：四川7），注册商标"清香园"。

相传清香园的前身是创立于清代江油县（今江油市）中坝北门的"清香园酱园"，创始人为当地擅长道家食物养生、熟知各种食材、调料知识的冯道人。清道光八年（1828年），清香园后人韩铣中举，他便携带清香园酿制的已经升级换代的口蘑酱油进京谢恩，道光皇帝品尝用其烹饪的御膳后大为称赞，并钦定"清香园中坝酱油"为贡品。从此，中坝酱油驰名川内外，逐渐成为"川菜调料八珍"之首，"清香园"的影响力也大幅度提高，有史可考的1828年，亦成为清香园酱园的创立年份。

所谓口蘑酱油，就是在制酱过程中，加入产自长城以北、张家口以外的蘑菇（俗称口蘑）作为重要配料，从而制造出鲜香独具的口蘑酱油。口蘑是生长在蒙古草原上的一种白色伞菌属野生蘑菇，味道异常鲜美，但由于产量不高，故时至今日仍为市场上最昂贵的菌菇之一。

1931年，清香园酱园更名为"精诚酱园"。次年该酱园为了开拓市场，在重庆三牌坊水井巷设点，委托中坝木船业由涪江直达重庆销售，并由长江顺江而下销往武汉、南京、上海等地，营销有方，生意颇好。

1935年，民国政府四川省公路局在中坝设站开办汽车客运，每天在成都与江油之间对开，这使中坝口蘑酱油作为旅客馈赠佳品逐渐受到成都人的喜爱。为了满足消费者的需要，1945年，精诚酱园在成都设立分店，开展中坝酱油的批零兼售业务，一时供不应求。

1956年实行公私合营，精诚酱园更名为"江油国营酿造厂"，因其始终坚持纯粮酿造、天然晒露的传统酿造工艺，市场不断扩大，销售扶摇直上。1962年，中坝（清香园）酱油被四川省商业厅评为"四川省传统名特调味品"，由四川省蔬菜公司统购，销往国内各大城市。

改革开放后，清香园突飞猛进，发展迅速。1979年，中坝（清香园）酱油被四川省商业厅评为"四川省优质酱油"。1994年，企业列入江油市首批国有企业改制试点企业，更名为"四川天府酿造实业有限公司"。1999年，四川东辰集团投资控股，天府酿造更名为"四川东辰中坝生物科技股份有限公司"。2001年，"清香园"老字号恢复，该公司更名为"四川清香园调味品股份有限公司"，百年老店再创辉煌。

近年来，作为中国川菜酱油领导品牌，清香园以川渝云贵陕为核心和重点市场，产品畅销全国各地，出口东南亚、加拿大及美国等国家和地区，企业规模和销售业绩迅速提升。2015年3月，公司投资建设了占地500亩的生产基地——"清香园20万吨绿色食品产业园"，同时还按照清香园酱园百年前的风貌，在产业园内重建了清香园·中国酱文化观光园，从原料处理、器具和工艺操作等方面，再现了清香园中坝酱油的古坊传统制作工艺，大规模进军文化创意产业，以文化带动品牌，取得了良好效果。

278. 陈麻婆

陈麻婆是四川省成都市的餐饮企业，迄今已有150多年的历史。2006年11月被商务部认定为第一批"中华老字号"（名单序号：四川2），注册商标"陈麻婆"。

陈麻婆的前身是"陈兴盛饭铺"，清同治元年（1862年）设立于成都北门万福桥旁，主厨为店主之妻陈刘氏。起初，该店只经营小菜、便饭和茶水，为挑油担子的脚夫等下力人光顾的小饭馆。后来，有些食客经常买些豆腐请老板娘代为加工，烧豆腐逐渐成为这家小饭馆的当家菜品。

相传陈刘氏所烹豆腐色泽红亮，牛肉粒酥香，麻、辣、香、嫩、烫、形俱全，川味特色颇为浓郁，故很快声名鹊起，求食者趋之若鹜，文人骚客也常汇集此店。其间有好事者发现陈刘氏脸上有几颗麻子，便戏之为"陈麻婆豆腐"，该饭铺也因此更名为"陈麻婆豆腐店"。

陈麻婆第二代传承人是其女鲁陈氏；鲁陈氏逝后其儿媳陈氏继之，成为陈麻婆第三代传承人；陈氏无子，其女鲁俊卿承接其业，成为陈麻婆第四代传承人；百年间陈麻婆历经四代，当家经营者均为女性。

1956年实行公私合营，陈麻婆隶属四川省成都市饮食公司。20世纪60年代，陈麻婆品牌意识增强，于是企业请四川著名书法家余中英先生题写"陈麻婆豆腐"牌匾，生漆做底，上缀金字，十分气派。

改革开放后，陈麻婆更加发展，再续辉煌。1988年，陈麻婆豆腐店厨师赴日本参加国际食品博览会，在日本掀起一股"豆腐旋风"，海外一片叫好声。1992年，"陈麻婆"注册商标被四川省工商局认定为"四川省著名商标"，企业知识产权保护达到一个新高度。1993年，中国烹饪代表团到日本表演，陈麻婆豆腐店烹制的系列豆腐菜品在东京、京都、大阪等城市引起轰动，知名度和影响力迅速提升。随着川菜走出国门，川菜厨师还把陈麻婆豆腐带到了东南亚、欧洲和北美。如今在海外的中餐馆菜单上，几乎都有麻婆豆腐，其已成为家喻户晓的国际名菜。

从国内来看，目前浣花溪公园外的陈麻婆川菜馆，是成都人气最旺的餐馆之一，特别是每到旅游旺季就会迎来很多日本客人。该店的主厨是陈麻婆传承人张盛跃，作为日本FBD株式会社的总厨，他在日本待了五年多，2006年还代表陈麻婆日本店回成都参加烹饪大赛，以"富士三文鱼"和"口袋豆腐"两道菜获得热菜金奖。

据了解，陈麻婆的制作秘诀集中表现为：材料、比例、时间和火候。这对于烧制出一道色香味俱佳的陈麻婆豆腐必不可少。张盛跃说，优质大豆、郫县豆瓣、东山二荆条手工辣椒、永川豆豉、温江等地的大蒜、牛胸子半肥瘦肉……这些是黄金陈麻婆豆腐的标配，然后就是掌握好用料的比例、时间和火候，牛肉要炒出酥香，调味后浇上三道水淀粉，几分钟后，一道上佳的陈麻婆豆腐便出锅入盘了。

经过多年的发展，陈麻婆现已开发出了多种系列豆腐菜肴，如熊掌豆腐、三鲜豆腐、菱角豆腐、锅贴豆腐、口袋豆腐等，还推出了豆腐全席、药膳豆腐等，深受广大消费者青睐。为了让百年美食进入寻常百姓家，该店还历经数年、上百次试验，终于研制成功"陈麻婆豆腐"调料产品，取得了老字号改革创新发展的丰硕成果。

279. 德昌源

德昌源是四川省乐山市的调味品老店,迄今已有150多年的历史。2011年3月被商务部认定为第二批"中华老字号"(名单序号:四川8),注册商标"桥"。

德昌源的前身是"江东园"手工作坊,清同治元年(1862年)由嘉定府乐山县人杨东生创建,主要生产豆腐乳、豆瓣酱、酱腌菜等产品。因产品口感纯正、风味独特,又依托乐山五通桥得天独厚的岷江交通条件,故畅销长江两岸,声名鹊起。相传慈禧太后在病床上闻其味食欲大增,精神爽朗,即下诏让嘉州府每月上贡十坛。同治皇帝还欣然提笔书"德昌源"三字,释曰"德为道,昌自然"。从此,"江东园"享有专为宫中制作"腐乳"的资质,"德昌源"也成为一块金字招牌。不久该作坊迁址竹根滩浙生街,更名为"德昌源"。

1938年春,由民族工业家范旭东先生创办的黄海化学工业研究社任社长、美国哈佛大学博士孙颖川教授,率方心芳、肖永澜等一批生物化学高级专家,对德昌源豆腐乳毛霉进行了专题研究,命名为"中国五通桥毛霉",并通过该社刊物《黄海》杂志向全世界推广。德昌源逐渐成为四川腐乳行业中的佼佼者,其腐乳系列以其乳黄色霉衣和醇厚古朴的风味,成为蜀中颇具特色的名产,包含红味、白味、盐鲜等系列。

1956年实行公私合营,德昌源与"江通源""洪泰""鼎和源""协兴祥"共五家私营作坊合并,设立地方公私合营"德昌源酱园厂"。1962年,该厂更名为"国营五通桥德昌源酱园厂",走上国有独资的道路,同时申请获得"桥"注册商标。

在改革开放的大潮中,德昌源于1997年改制为股份合作制企业"四川省五通桥德昌源酱园厂",从此更加高歌猛进。2004年,德昌源被评为四川省著名商标,企业知识产权得到充分保护。2006年12月,德昌源被四川省商务厅认定为四川唯一一个专业生产腐乳的"四川老字号",企业知名度和影响力进一步提升。2009年7月,"桥"豆腐乳被评为"四川名牌"产品,且独特的德昌源"桥"牌豆腐乳制作工艺被四川省确定为第二批省级非物质文化遗产,企业殊荣满满。

近年来,德昌源依托自身人才资源优势和技术优势,努力降低生产成本,保证产品质量,让百年老字号走出了一条特色发展之路。德昌源针对广大消费者不同的口味需求,不断开发新产品,通过技术攻关解决了生产过程中遇到的难题,陆续开发出辣味、红油、椒麻等不同口味的豆腐乳。2012年3月,总投资5000

多万元的德昌源园林式新厂在五通桥区西坝镇建成投产。在豆腐乳生产线上,从黄豆的浸泡到磨浆、点浆,从豆腐的发酵到成品包装,先进的豆腐乳生产线展现了民间传统工艺和现代生产技术的完美结合。其中延续手工制作既是传承经典文化,又是确保产品品质的关键,因为腐乳制作有些关键环节离开手工制作就缺少了独特味道。

经过长期努力,德昌源的产品在四川、重庆的市场覆盖率已经达到90%以上,在川内的各大型超市里,只要有豆腐乳卖的地方都能看到德昌源"桥"牌产品的身影。目前,"桥"牌产品在深圳、武汉等城市销售态势良好,正在逐步开拓云南、江西、北京、上海等地的市场。

280. 全泰堂

全泰堂是四川省遂宁市的医药企业,迄今已有130年的历史。2011年3月被商务部认定为第二批"中华老字号"(名单序号:四川21),注册商标"全泰堂"。

全泰堂的前身是一家民间药铺,清光绪十五年(1889年)由浙江乐氏两兄弟在遂宁大北街创建,取名"全泰堂咀片铺",主营中药材加工炮制、中药饮片调剂配方等。

1956年3月实行公私合营,乐氏第四代传承人乐守恒将全泰堂咀片铺移交遂宁县中药材总店管理,统一加工炮制中药材兼制中成药三仙丹冲剂、安宫牛黄丸、跌打酒等40余种。但在此后长达30多年的时间里,全泰堂便处于中断经营状态,几乎不复存在。

改革开放后,全泰堂东山再起,发展迅速。1985年9月,因遂宁撤县并市,原遂宁县中药材公司升级为"四川省遂宁市中药材公司"。1992年9月,成立"四川省遂宁市中药材采购供应站",与遂宁市中药材公司实行站司合一,同时决定恢复"全泰堂"老字号,将全泰堂单独设立为企业法人机构,企业名称为"遂宁市全泰堂药品公司",主营中药、西药零售业务,下设8家分店。1997年7月,"全泰堂"商标获准注册,企业知识产权得到法律保护。1998年12月,遂宁市医药总公司实行国有体制改革,其所属企业员工与国资委共同持股,于次年11月成立"四川遂宁市全泰堂药业有限公司"。2002年10月,该公司实施国有股整体转让、实行民营股份制的企业制度。2008年,全泰堂注册商标被遂宁市工商局再次认定为"遂宁市知名商标",企业荣誉加身。2010年,"全泰堂"注册商标被四川省工商局认定为"四川省著名商标",企业知名度和影响力进一步提升。

目前,全泰堂已发展成为一家集医药现代物流、医疗器械专营、药品连锁经营、中医诊疗、中药饮片加工、中药材种植、原药材供应、天然药物提取、药食同源产品产销、新药开发、电子商务、股权投资、企业管理服务、商务宾馆管理、出口贸易为一体的现代综合性集团企业。在医药经营方面,全泰堂集批发、零售连锁、中药饮片加工为一体,主要经营中药材、中药饮片、中成药、化学原料药及其制剂、抗生素、生物制品、生化药品、诊断药品、医疗器械、化学试剂、保健食品及用品、药用曲类制造等。在物流业务方面,全泰堂物流配送中心占地面积15亩,是川中地区最大的药品物流配送中心。该中心库房总面积5762平方米,其中阴凉空调冷藏库2500平方米,并根据商品保管条件不同的要求,分类设置了专库。该中心设置了验收养护室、化验室,配备了齐全的药品检验设施和设备,装备了符合药品特性要求的配送车辆,取得了全省跨地区经营配送资格。总之,全泰堂药业以"营销管理"为发展主题,以"规范发展网点建设,壮大规模"为经营主线,长期以来领先同行业,令人刮目相看。

281. 赖汤圆

赖汤圆是四川省成都市的餐饮企业,迄今已有120多年的历史。2006年11月被商务部认定为第一批"中华老字号"(名单序号:四川3),注册商标"赖"。

汤圆又称元宵,赖汤圆指以姓氏命名的一种汤圆。赖汤圆的创始人是四川资阳东峰镇人赖元鑫。早年他在成都一家饮食店当学徒,后因得罪老板被辞退。1894年,为维持生计,赖元鑫便找堂兄借了几块大洋,开始挑起担子沿街煮卖汤圆。当时成都卖汤圆的遍地都是,要想站住脚,非有过人之处不行。因此,赖元鑫给自己订下三条规矩:一是利看薄点;二是质量高点;三是服务好点。几年下来,他卖完早堂赶夜宵,苦心经营,奋力打拼,终于崭露头角。他制作的汤圆煮时不烂皮、不露馅、不浑汤,吃时不粘筷、不粘牙、不腻口,滋润香甜,爽滑软糯，逐渐成为成都最负盛名的小吃。

20世纪30年代，赖元鑫实力大增，事业拓展。他在成都最繁华的春熙路北街口（今锦江区总府路27号）买了一间铺面，从此坐店经营，并取商业字号为"赖汤圆"。他的汤圆选料精、做工细、质优价廉、细腻柔和、皮薄馅丰、软糯香甜，而且品种不断扩大，从开始的黑芝麻、洗沙心，逐渐增加了玫瑰、冰桔、枣泥、桂花、樱桃等十多个品种。各种馅心的汤圆又形状不同，有圆的、椭圆的、锥形的、枕头形的。上桌时，一碗四个，四种馅心，四种形状，小巧玲珑，人称鸡油四味汤圆。吃时配以白糖、芝麻酱蘸食，更是风味别具。一时顾客慕名而来，赖汤圆积少成多，财富看涨。1939年，资阳家乡要筹建一所中学，邀请赖元鑫回乡观光，他深知不识字的苦处，为了报效桑梓，便一次捐赠了150担（合7500公斤）谷子，作为资阳东峰镇私立储彦中学（今三元寺中学）的办学经费。直到1950年，赖元鑫还对这所学校有所捐助。赖汤圆捐资办学一事，在四川资阳一带曾传为佳话。

1956年实行公私合营，赖汤圆隶属四川省成都市饮食公司，但赖汤圆始终着力继承传统的制作工艺，因而生意更旺，蜚声海内外。

改革开放以来，赖汤圆的发展更上一层楼。为了满足更多的消费者品尝赖汤圆的愿望，企业成立了汤圆心子加工坊，专门生产"赖"字牌汤圆馅和汤圆粉，供应国内市场，年销售量达300万公斤。甚至卖到海外，受到异国他乡的青睐。1990年12月，赖汤圆再次被成都市人民政府命名为"成都名小吃"。1998年，赖汤圆心子参加国内贸易部优质产品评选，获国内贸易部颁发的"金鼎奖"，并荣获天府食品博览会金奖。"赖"字牌商标被四川省工商局认定为"著名商标"，企业被成都市人民政府授予了"市级先进企业"称号。

随着赖汤圆品牌的不断发展，企业在四川绵竹市齐天镇组建了依托剑南万亩优质糯稻的汤圆粉生产基地，探索出一条"工商加农户""生态原料与现代工业相结合"的发展新路，生产的"赖"字牌汤圆粉具有"质地细致、感观白嫩"的特色。赖汤圆还在成都市新都区占地近百亩，修建了一座现代化厂区，即生产"赖"字牌系列速冻食品的生产基地，形成了汤圆心、粉、速冻食品多品类的生产和经营，使"赖汤圆"这一饮誉百余年的传统名食焕发出勃勃生机。

282. 郎酒

郎酒是四川省古蔺县的酿酒企业，迄今已有120多年的历史。2006年11月被商务部认定为第一批"中华老字号"（名单序号：四川15），注册商标"郎牌"。

清光绪二十四年（1898年），四川荣昌县（今重庆市荣昌区）商人邓惠川夫妇在古蔺县二郎镇开办"絮志糟房"，烤制曲酒、高粱酒，同时配置玫瑰、杨梅等六种花酒出售。这些酒质地纯和、清香爽口，回味带甜，颇受欢迎。

清光绪三十三年（1907年），邓惠川将絮志酒厂更名为"惠川糟房"，从贵州茅台镇"荣笔酒坊"聘请酿酒师，在前人"凤曲法酒"的基础上，对当地古老的"回沙工艺"进行改进提高，摸索出在制曲中添加多种中草药的方法，改善了曲种质量，从而研制出"回沙郎酒"，即开坛香气扑鼻，入口酱香浓郁的酱香型美酒，一时间畅销川渝贵一带，大获成功，声名鹊起。1933年，惠川糟房把回沙郎酒更名为"郎酒"。由于经营有方、管理到位，至1936年，郎酒已远销东南亚各国和香港等地，市场占有率迅速提高。

1952年，郎酒被迫停产。对此，1956年周恩来总理在成都金牛坝会议上说："四川还有一个郎酒嘛，解放前就很有名，要加快发展！"不久，"国营四川省古蔺郎酒厂"成立，并于1957年恢复郎酒生产，但发展不快，产量不高。

直到改革开放后，郎酒才迈上快车道。1984年，在全国第四届评酒会上，郎酒被评为国家名酒获金质奖章，成为中国十三大名酒之一，企业知名度和影响力大幅提升。1989年，在全国第四届评酒会上，53度郎酒蝉联"中国名酒"称号；39度郎酒被确认为"中国名酒"并获国家金质奖；成为中国十七大名酒之一，企业殊荣满满。1997年，"郎"牌注册商标被国家工商总局认定为"中国驰名商标"，享受世界范围的特别保护。

2006年，公司推出明星产品小郎酒，浓头酱尾、兼香和谐是该产品的卖点。100ml小郎酒的个性化设计与自由的消费方式相结合，合理的产品定位加上高执行力的"狼性"营销团队，引领了中国小酒消费新风尚。小郎酒精确的产品定位，一流的酒体设计，时尚而不失典雅韵味，兼香型口感的包容性，更是充分体现了"小郎酒，大品牌"的特点。首先，小郎酒基酒采用酱、浓分型发酵生产和特殊储存的方式，实现了基酒工艺创新。其次，小郎酒采用传统酱香生产工艺生产、多年储存的酱香陈酒、香气优美的多粮浓香、口味绵甜的单粮浓香等进行酒体设计，实现了酒体设计创新。第三，小郎酒酒体上对各种酸、酯、醇、醛、酮等香味物质进行完美搭配，以达到最佳的口感平衡状态，形成一个和谐复合香气体系，使产品幽雅舒适、绵甜净爽，实现了香味物质成分的搭配创新。

据了解，郎酒香型素有"一树三花之称"，其产品涵盖浓香型、酱香型、兼香型三种。兼具酱香型代表红花郎和青花郎，浓香型代表郎牌特曲，兼香代表小郎酒，并且在价格带上也覆盖广泛，从主打酱香市场定价千元的青花郎，到定价30元的小郎酒，其产品线在高端、次高端、中高端、低端价格带上实现全面覆盖。

2008年6月，"古蔺郎酒传统酿造技艺"被国务院确定为第二批国家级非物质文化遗产，企业发展竖立起一座新的里程碑。2012年，郎酒开始打造中国最大的酱香酒生产基地，"红花郎"注册商标也被国家工商总局认定为"中国驰名商标"。

283. 五粮液

五粮液是四川省宜宾市的酿酒企业，迄今已有110多年的历史。2006年11月被商务部认定为第一批"中华老字号"（名单序号：四川11），注册商标"五粮液"。

五粮液是中国"浓香型"白酒的代表酒。宜宾酿酒史长达千年，至明代形成规模，当时名气较大的民间酒坊有"温德丰""德盛福"和"长发升"等。相传，五粮液的前身"杂粮酒"之最有名的"陈氏秘方"就是由温德丰的第一代老板陈氏所创。进入清代以后，宜宾酒坊有了更大发展，从而奠定了现代宜宾酿酒业的基础。

清光绪三十四年（1908年），叙州府南溪县（今宜宾市南溪区）仙临镇人邓子均与人合办"吉昌"土酒作坊。1911年，他又与人合伙买下"温德丰"酒坊，并于次年更名为"利川永"。为提高曲酒质量，邓子均拜当时宜宾各酒坊总烤酒师赵铭盛为师，后得到赵铭盛的配方和指导，并经过近20年的酿造实践，终于研制成用小麦、稻谷、糯米、高粱、玉米五种粮食作为原料混合酿造而成的一种大曲酒——杂粮酒。1929年，该酒经晚清举人杨惠泉定名为"五粮液"，从此声名鹊起，颇受欢迎。

随着生意兴隆、市场火爆局面的到来，邓子均决定设计商标并申请注册。1932年，"五粮液"商标注册成功，"五粮液"酒正式问世。该酒一律采用日本进口的茶色瓶装，并委托上海"利川东"商号销往美国旧金山等地，获得海外人士赞誉，逐渐香飘四海。

20世纪50年代，五粮液的发展踏上了新征程。1951年，利川永与长发升联合组建"大曲联营社"，生产规模扩大。1952年，在大曲联营社的基础上接纳了其他几家酒坊，成立了"川南行署区专卖事业公司宜宾专卖事业处国营二十四酒厂"，私营企业国有化。1953年，二十四酒厂又扩建为"中国专卖公司四川省公司宜宾酒厂"。然而，在着手恢复五粮液生产的过程中，终因工人对酿制过程不能完全掌握而受挫。直到1954年，经中共宜宾地委、市委统战部领导三番五次登门拜访邓子均，邓子均才终于献出了五粮液的酿造配方，并应聘出任宜宾专卖公司技术指导。他提出"先存母糟已坏，必须重新培育，方可保证酒质恢复原状"的建议，被酒厂立即采纳实施。于是五粮液迅速恢复生产，不但产量越来越高，而且色、香、味更胜一筹，尤以余香四溢、回味悠长为人称道。邓子均创制的五粮液，终于盛名天下，成为国宝。乘此之际，1957年宜宾酒厂更名为"地方国营宜宾五粮液酒厂"，首次将"五粮液"作为企业商号，并同企业商标统一。

改革开放以来，五粮液的发展更是突飞猛进，业绩骄人，祥云一片。1991年9月，"五粮液"商标被国家工商局认定为"中国驰名商标"，企业知识产权保护金榜题名。1994年4月，地方国营宜宾五粮液酒厂更名为"四川省宜宾五粮液酒厂有限公司"。1997年5月，该厂决定独家发起、采取募集方式设立"宜宾五粮液股份有限公司"，并于1998年4月在深圳证券交易所上市，成为活跃在中国资本市场的白酒企业。同年8月，四川省宜宾五粮液酒厂有限公司改制成为"四川省宜宾五粮液集团有限公司"，是宜宾五粮液股份有限公司的母公司。2008年6月，"蒸馏酒传统酿造技艺·五粮液酒传统酿造技艺"被国务院确定为第二批国家级非物质文化遗产，使这家白酒上市公司再获殊荣。

二十三、贵州省

284. 廖元和堂

廖元和堂是贵州省遵义市的中医药企业，迄今已有370多年的历史。2011年3月被商务部认定为第二批"中华老字号"（名单序号：贵州7），注册商标"廖元和堂"。

廖元和堂的前身为明末军医廖品五在黔北大娄山地区开设的一家民间药铺。清顺治元年（1644年），其孙廖耀寅迁至今贵州遵义县板桥镇，承袭父业，行医济世。他针对黔北川南民间多发的瘴气、偏瘫、中风、癫痫、小儿高热惊风等症，研制出一种丸药颇有疗效。该药丸色微黄，用本地毛边纸包裹。清康熙四十九年（1710年），廖氏后人廖炯依托当地丰富的药材资源和特殊的地理环境，将药丸由蚕豆大小改为豌豆大小，且以盒装取代散装，同时附版印说明书，更名为"化风丹"，并使用"廖元和堂"名号，从而更加走俏市场。

1935年，中国工农红军转战遵义，军中医官曾购买大量化风丹，导致廖家库存所剩无几，一时洛阳纸贵，时有"存金子不如存化风丹"之说。1936年，廖家搬到遵义县进行生产和销售。抗日战争时期，化风丹远销东南亚各国，深受欢迎。中国远征军在滇缅抗日作战时，为避高山瘴气和增强士兵体能，也大量采购廖家化风丹服用。

有资料显示，由于化风丹一直是清代数百年皇帝治病的专用药，有"皇药"和"神药"之称，故中华人民共和国成立初期，中央人民政府政务院曾下达文件，要求各级政府对中国四大古方名药廖氏化风丹、云南白药、广东虎标万金油和福建片仔癀进行挖掘和保护。1951年，政府拨款80万元组织技术人员奋力发掘，廖氏家族深明大义，把家族祖传的化风丹制作秘方和药厂无偿贡献给国家。1956年实行公私合营，企业更名为"公私合营廖元和堂化风丹制造厂"。

改革开放以来，廖元和堂高歌猛进，发展迅速。1986年5月，成立"遵义雪峰制药厂"。2003年，该厂成功改制后更名为"遵义廖元和堂药业有限公司"，恢复廖元和堂老字号；同年在遵义市高新技术产业园征地30亩，投资2000余万元，建成符合国家GMP标准的全新厂房和丸剂、片剂、散剂、颗粒剂、胶囊剂等五条现代化生产线。2004年12月，鉴于廖氏化风丹在治疗中风偏瘫、癫痫、震颤麻痹（帕金森病）、口眼歪斜等脑部疾病的疗效，国家知识产权局授予廖氏化风丹国家发明专利，并颁发国家发明专利证书，百年化风丹一举成为国家发明专利产品，企业自主知识产权得到政府极大的支持和保护。2008年6月，"廖氏化风丹制作技艺"被国务院确定为第一批国家级非物质文化遗产扩展项目，企业知名度和影响力大幅提升。2013年9月，廖元和堂在遵义市红花岗区大健康医药产业园划地122亩，投资2.5亿元，建立现代新型标准药品生产厂房，更新现代化设备和技术，扩大生产规模；同时加大科技研发，提高产品质量，建立了覆盖全国的销售网络，瞄准国际市场。

实践表明，化风丹用药20余味，大胆借鉴白酒发酵工艺，对核心药物做特殊发酵处理制成药母，提高了药性，降低了毒性。其独特的炮制方法、精到的组方配伍使化风丹疗效独特，历经十余代传承，数百年而不衰，故廖元和堂已经成为诚信黔药的重要载体。

285. 茅 台

茅台酒厂是中国享誉海内外的白酒企业，位于贵州省遵义仁怀市茅台镇，迄今已有近160年的历史。2006年11月被商务部认定为第一批"中华老字号"（名单序号：贵州1），注册商标"茅台"。

茅台酒是中国"酱香型"白酒的代表酒，茅台酒厂的前身是清代建立的"成义烧房"。清同治二年（1863年），遵义人华联辉创建"成裕烧房"，1872年更名为"成义烧房"，酿制"回沙茅台"酒，与同期的"荣和烧房"成为当时生产茅台酒的主要酒坊。1915年2月，"成义烧房"与"荣和烧房"各自精选好酒，以"中国贵州茅台酒"的名义联合参加在美国旧金山举行的巴拿马太平洋万国博览会，获得金奖，从此茅台酒更加香飘四海、声名远播。

1951年，贵州酒类专卖局赎买成义酒厂，并合并荣和等两家酒厂，组建"地方国营茅台酒厂"。1952年，贵州茅台酒在全国第一次评酒会上被评为"国家名酒"，与山西汾酒、陕西西凤酒、四川泸州老窖特曲并称全国四大名酒。其后该厂多次更名，1955年更名为"贵州省茅台酒厂"。

1963年，茅台酒在全国第二届评酒会上再获"国家名酒"称号，与五粮液、古井贡酒、泸州老窖特曲、全兴大曲酒、西凤酒、汾酒、董酒并称"全国八大名酒"。1964年，轻工部主持成立了茅台酒试点委员会。次年，经贵州茅台酒试点工作委员会的科学试验和总结，确立了贵州茅台酒三种典型体即酱香、醇甜、窖底的统一划分。

改革开放以来，茅台酒插上了腾飞的翅膀。1979年，茅台酒第三次获"国家名酒"称号，且第一次获国家质量金质奖，令人颇为赞叹。1983年，轻工部保密委员会下文：茅台酒生产酿造工艺正式列为轻工系统第一批科学技术保密项目，对外开放程度为可参观，不准拍照，这是国家权威监管部门给茅台酒的特殊待遇。1985年，茅台酒荣获"国际商品金桂叶奖"，这是中华人民共和国成立后茅台酒首次获得国际金奖。1986年，该厂更名为"中国贵州茅台酒厂"，企业经营范围进一步扩大。

20世纪90年代末是茅台酒厂的跨时代转型阶段。1991年9月，"茅台"注册商标被国家工商局认定为"中国驰名商标"，名列全国十大驰名商标榜首，企业知识产权保护喜获殊荣。1996年，贵州省人民政府批准贵州茅台酒厂改制为国有独资公司，更名为"中国贵州茅台酒厂（集团）有限责任公司"，开始实行现代企业制度。1999年11月，"贵州茅台酒股份有限公司"成立，为进入资本市场打下牢固基础。2001年8月，贵州茅台股票在上海证券交易所成功发行，募集资金20亿元，企业一举成为万众瞩目的上市公司。同年，茅台集团公司举行建厂50周年活动，集会庆祝茅台酒获国际金奖80周年暨国酒茅台辉煌历程50年。当年茅台集团年度销售收入突破150亿元，超额完成茅台酒产能扩容任务35%以上，贵州茅台酒股份有限公司总市值达1735亿元，高居中国白酒上市公司第一位。2006年5月，"茅台酒酿制技艺"被国务院确定为第一批国家级非物质文化遗产，茅台品牌的历史传承得到中央政府的高度认可。

286. 同济堂

同济堂是贵州省贵阳市的中医药企业，迄今已有130多年的历史。2011年3月被商务部认定为第二批"中华老字号"（名单序号：贵州8），注册商标"同济堂"。

清光绪十四年（1888年），清朝云南官员唐炯和于德楷在贵阳大十字附近的正新街，合资开办了同济堂药店，并专程从湖北汉口聘请于德楷的老友黄紫卿担任经理。黄是江西人，精通医药且有经营才干。上任后，他针对当时做生意相机作价、忽高忽低的情况，请人书写了"一言堂"三字牌匾挂在店堂，下面还分别左右配上"货真价实""童叟无欺"两块竖牌，即向顾客保证"药材好、价钱公道、不得二价"，从而力求达到药价稳定、营业额逐步增加的目的。

长期以来，同济堂始终坚持"同心协力，济世活人"的价值观和营商原则，特别注意中药的加工炮制与成药制作，并在实践中培养了一批又一批中药加工人才，一方面弘扬祖国传统中医药文化，另一方面吸收当地民间民族医药的精华，形成了同济堂自有的一套独特的炮制操作方法，尤以熟地黄、虎骨胶、龟胶、白芍、桔梗、黄精等加工炮制品最为出类拔萃。

与此同时，同济堂提供的特色服务也令人感到温馨：顾客上门，有问必答，尽量按顾客的要求办，不论整剂或零药都卖；店内备有一把大壶茶，摆上几张大长凳作为顾客休息等候取药之用；对一些有困难的病家则实行半价收费，还长期免费送一些中成药给人救急，如烫伤药、刀伤药等；并办理晚班营业，即使深夜或冷热天气顾客都能随到随买。

1956年实行公私合营，同济堂隶属"贵阳药业总公司"辖下的"贵阳市同济堂公司"，屈指算来至今已是第五代传承人。

进入21世纪，同济堂时来运转，春风得意。2000年至2003年，根据发展需要，同济堂先后兼并"贵阳同济堂药业公司""贵阳制药二厂"等企业，成立了"贵州同济堂药品配送有限公司""贵州同济堂文化传播公司""贵州同济堂药房连锁有限公司""贵州同济堂中药饮片有限公司""贵州同济堂制药股份有限公司制药二厂"等五个全资子（分）公司。

目前公司的主要产品包括仙灵骨葆胶囊（片）、润燥止痒胶囊、枣仁安神胶囊、滇白珠糖浆、金刺参九正合剂、黑骨藤胶囊、虫草清肺胶囊、风湿骨痛胶囊、颈舒颗粒等。其中旗舰产品仙灵骨葆胶囊（片），填补了中成药治疗骨质疏松的空白,是中国领先的治疗骨质疏松的中药,市场销量一直名列前茅。该产品于1997年获得国家专利,被贵州省评为贵州省优秀产品一等奖;同年在马来西亚吉隆坡荣获世界骨伤科联合会颁发的科技进步一等奖;1998年在北京获中国骨伤科协会特别贡献奖,受到广大消费者的衷心欢迎。2007年7月,该产品还通过有关部门批准,成为国家秘密技术级产品,在国内中医药界放出令人羡慕的卫星。

2007年3月16日,同济堂在纽约证券交易所正式挂牌,成为中国第一家在全球最大的股票交易市场上市的中药制药企业。2008年6月,"同济堂传统中药文化"被国务院确定为第二批国家级非物质文化遗产,企业发展再创辉煌。2009年11月,企业成功收购"贵阳酒厂",强力进入酿酒这一消费行业,使公司的快速发展锦上添花。

二十四、云南省

287. 老拨云堂

老拨云堂是云南省昆明市的医药企业,迄今已有近300年的历史。2006年11月被商务部认定为第一批"中华老字号"(名单序号:云南6),注册商标"老拨云堂牌"。

清雍正六年(1728年),清代中医、云南通海县人沈育柏在家乡创制拨云锭眼药,不久开设药铺,并由当时的通海县令为沈家药店题名"拨云堂"(后更名为老拨云堂)。

拨云锭以化障清毒疗法为基础,中药为根、彝药为引,制成眼膏涂抹于眼睑或患处,见效快速、解毒散结,能治72种眼科疾病,还有解毒治脚气等诸多功效。为此,相传沈育柏离世之前曾叮嘱子孙:勿以善小而不为,眼疾者拨云见日为沈家之大德,此方务必流传于世。

据《云南通志》载,清光绪元年(1875年),云南开化(今文山县)总兵夏豹伯因长年征战,患有严重的眼疾,经拨云堂第八代传承人沈元能以拨云锭施治,很快痊愈。不久,夏豹伯以拨云锭为贡品敬呈皇室,多次受嘉奖,回赠楹联"拨翳抽丝眼光若电,云开雾散医道通神"。另一方面,拨云锭经"官道驿站"流通各省,且经"茶马古道"远销全国各地和东南亚,深受广大患者欢迎。

1900年,老拨云堂从通海迁址昆明武成路(今人民中路)继续经营,从此火爆云南省城。1962年7月,老拨云堂传承人沈斯陶、沈斯湛与沈永曦联合组成"拨云堂成药生产组",并于1963年8月进行了商标注册。然而"文革"时期,老拨云堂惨遭厄运,陷入困境。一代名药"拨云锭"被迫停止生产,时局变化几乎让拨云锭失传。

直到改革开放,老拨云堂才如沐春风,一路前行。1985年,老拨云堂第十代传承人沈永钢先生献出拨云锭祖传秘方,带领几名职工、自筹资金创建了集体所有制企业"云南省通海老拨云堂制药厂",主推拨云锭眼药、五香卤粉等。至

二十四、云南省

1998年，该厂员工100多人，销售收入840万元，并改制成为股份合作制企业，开始实行现代企业制度。2000年9月，老拨云堂由股份合作制企业改为民营企业，国退民进效果显著。2002年12月，老拨云堂与昆明烟草兴云投资股份有限公司、云南同仁实业公司进行重组，成立"昆明老拨云堂药业有限公司"，多元化资本实现战略引进。2003年10月，云南省经国家邮政局批准对外发行一枚邮票，左侧为"如意"图案，右侧印有老拨云堂第十代传承人沈永钢头像，这是国内首枚私营企业个性化邮票，对提高老拨云堂的知名度和影响力大有裨益。

截至2004年7月，老拨云堂药业已经形成管理营销总部在昆明、药品生产基地在楚雄、食品生产基地在通海、营销网络遍布全国的基本构架。2011年11月，"老拨云堂"商标被国家工商总局认定为"中国驰名商标"，企业知识产权保护达到全新高度。2014年11月，"彝医药拨云锭制作技艺"被国务院确定为第四批国家级非物质文化遗产，老拨云堂中医药文化的历史传承大放光彩。

作为云南屈指可数的百年老店，老拨云堂有丰富的文化积淀和巨大的品牌价值，长期以来十分注重运用自己独特的文化去塑造品牌、宣传品牌，将老字号拥有的独特的文化内涵作为企业的核心竞争力，取得了良好的经济效益和社会效益。

288. 福林堂

福林堂是云南省昆明市的医药企业，迄今已有160多年的历史。2006年11月被商务部认定为第一批"中华老字号"（名单序号：云南5），注册商标"福林堂"。

福林堂的创始人是李玉卿，祖籍湖北黄冈，早年随父来到云南。其父李德在昆明东郊大板桥安家，以上山采挖草药、走村串寨行医为生。清咸丰七年（1857年）李玉卿子承父业，在昆明辕门口（今光华街西段）设立了一家无名药铺。因经营面积太小，堂前看病，厅后制药，故被人贬称"簸箕堂"。

尽管生意不大，但李玉卿效法三国时期名医董奉，为穷苦百姓治病不收诊费，只要求重病愈者在后堂植杏树三棵，轻者一棵，日积月累逐渐连成杏林，不久药铺便取名"福林堂"，意在"杏树成林，福泽后代"。另一方面，福林堂的店规祖训则充分体现了几代医者的商业诚信精神，如福林堂牌匾之下两侧的一副对联——"遵法炮制生熟饮片，精工修合丸散膏丹"。店堂中柱上还有一幅直匾为："本堂药料选办最精，参茸燕桂必择其尤，饮片丸散精益求精，药真价实包换来回。"

民国初年，李玉卿次子李复初接办福林堂。因其精通医术、服务真诚，特别是福林堂药材地道、品种齐全、疗效显著，并有名医当堂坐诊、现时开方、就店抓药，故饱受赞誉、口碑极佳，很快就在同行中出类拔萃，名列昆明药材行业前茅。有资料显示，福林堂制作的中成药有几十种，其中名药为回生再造丸、益肾烧腰散、济世仙丹、黑锡丹等，远销四川、广东、贵州、西藏等地，甚至东南亚一些国家也来购药。而且该堂每年按季节变化、按多发病的出现有针对性地配售药物，如春季出售银翘散、平胃散；夏季卖理中丸；秋冬则偏重出售温补药物。与此同时，还专门为孕妇培植产前药、产后药等。相传云南首领龙云、卢汉两家及一些官员也常到福林堂购买药品。

1956年实行公私合营，福林堂与昆明200多家中小药店合并，共同组建"昆明市药材公司"。1982年，昆明市药材公司划归省医药管理局管理，发展成为集工商、批零一体的大型中药企业，开始进入改革开放时代。2000年1月，云南医药集团与香港世界中国实业项目有限公司合作，成立"昆明福林堂药业有限公司"。

目前，福林堂制售的丸散膏丹有80多种，处方配伍精当，制作工艺认真，有的重要原料，福林堂不惜派人亲赴川、藏、广、黔乃至东南亚选购，务必购到真货，以保证成药质量。

值得关注的是，福林堂自1857年创始起，一直坐落于昆明市光华街。其于1920年建盖新楼房，占地约306平方米，建筑面积约700平方米，为中式三层土木结构楼房，至今仍然保留清代的建筑特色和风格。屋面为扇形单檐悬山，青瓦铺就；外立面为四开间，北向和西向各两间，中间转角处开门；檐下额枋雕刻精美，抱头梁带灯笼垂柱；式样典雅秀气、雕梁画栋，有精心雕塑的牡丹朝阳、二龙戏凤、鲤鱼翻身的封檐，一派古色古香。据了解，1990年福林堂被昆明市盘龙区政府列为"重点文物保护单位"；2003年5月，福林堂被批准成为昆明市"第四批文物保护单位"；2013年3月，福林堂又被国务院核定公布为"第七批全国重点文物保护单位"。百年老店殊荣满满，令人钦佩不已。

二十四、云南省

289. 建新园

建新园是云南省昆明市的餐饮企业，迄今已有110多年的历史。2006年11月被商务部认定为第一批"中华老字号"（名单序号：云南11），注册商标"建新园"。

建新园原名"三合春"，始建于清光绪三十二年（1906年），坐落在今福顺居原址。开业之初的店主已不可考，后由吕开能、李光亮等人接手经营。他们颇具创新意识，对黔味性质的肠旺面条的传统技艺加以改进，用筒子骨、老鸡、老鸭、老鹅、鲜猪肉熬制成"三禽骨肉汤"，加上血旺、卤豆腐、卤肠子做码，在昆明首家推出"肠旺米线"，生意一炮打响，市场日渐兴旺。不久又增加了"焖肉米线"，同样口碑很好。据统计，1910年当昆明城内外饮食铺有295家、小食品铺255家、面店138家，三合春已是其中颇有名气的一家。三合春主营米线、饺、面等大众性煮品，着眼于与百姓消费水平相匹配的本地小吃，不求赚大钱，只求毛利合理、味道合口、经营合顺的"三合"，即为满足。

1952年，三合春更名为"建新园"，意为建设新家园。1956年实行公私合营，建新园与德鑫园合并，成为昆明市饮食公司门店，隶属"昆明市二商局"管理。此时的建新园，米线制作技艺已经炉火纯青，成为昆明百姓排队吃饭的好去处。在建新园，严格规定依照传统，每天一次性熬好原汁原味的"米线汤"，且有多少汤卖多少米线，中途不得往汤里加水，汤舀完米线卖完即打烊。建新园过桥米线的特点在于汤多碗大，几乎可以用"海碗"来形容。其吃法讲究，需要依次把配料、米线加入高汤中，搅拌均匀方可食用。其汤用当地老鸡、筒骨、龙骨、老鸭、秘制料包用文火熬制7—8小时，整碗高汤清、浓、爽、鲜，汤味的鲜美超过了鸡本身的鲜美。

改革开放后，建新园发展迅速。1997年，建新园的明星产品，即选料认真、工艺精细的"四喜凉食"被中国烹饪协会评为"中华名小吃"。2000年，建新园的脆旺米线和汤鸡米线，因色香味俱佳，被国内贸易部评为"中国名点"。2001年12月，建新园被中国烹饪协会评定为"中华餐饮名店"，企业知名度和影响力大幅提升。2005年，建新园上级公司昆明市饮食公司成功改制，更名为"昆明饮食服务有限公司"。2003年11月，"建新园"注册商标被云南省工商局认定为"云南省著名商标"，企业知识产权保护迈上一个新台阶。

2011年，在昆明成功打拼多年的浙江温商娄建光等人，以温州商人特有的敏锐眼光看市场、以自身强大的经济实力为后盾,一举收购昆明饮食服务有限公司,决心让云南过桥米线再创辉煌。他们通过提升标准化管理、创新服务理念、从事诚信经营,不断为云南过桥米线之百年品牌"建新园"注入活力,并努力引导其走出云南、走向世界,成为中国"过桥米线王"。2018年5月,建新园食品加工有限公司富民加工基地落成,一根根米线从全自动生产线上鱼贯而出。该基地具备每天生产米线、面条、卷粉、饵块等产品200吨左右的优质产能,其中光米线就有80吨,能为建新园近200个门店供货,令人刮目相看。

二十五、陕西省

290. 藻露堂

藻露堂是陕西省西安市的医药企业，迄今已有近400年的历史。2011年3月被商务部认定为第二批"中华老字号"（名单序号：陕西19），注册商标"藻露堂"。

藻露堂原名"德润堂"，明天启二年（1622年）由湖北荆州药农宋林元在长安（今西安）药市街（今五味什字）创立。宋林元每日挑摆药担经营，主医跌打损伤，兼治"大头瘟（水肿）、稀粪痨（直肠癌）"，即明清年间西安当地为害一方的两种"时疫"。

清康熙六年（1667年），宋氏第二代传承人宋应全自建房屋，取字号"藻露堂"，成为五味什字地理位置最高、声名鹊起的药铺。藻露堂坚持"遵古炮制，童叟无欺"的经营理念，在妇科疾病、不孕不育症、男性病、疑难杂症及慢性病方面颇有建树，不但医术精湛，而且医德高尚，故深受各届好评。其中最值得夸赞的是，宋应全在继承先辈医术的基础上，对传统工艺进行精心改良，创造性地把家传秘方（汤汁）经过长期的摸索实践，制成便于携带的蜜丸——培坤丸。至清同治年间，"培坤丸祖制"堪称代表了藻露堂制药的最高成就，其从原料采集到成药，全部过程被总结细化成切制、炮制、和药、制丸、打光等共计10道工序，并规定必须用手工完成。此举使藻露堂产品逐渐走出西安，开始扬名天下。

1952年，藻露堂第九代传承人宋树德辞去经理职务，入学深造。他把藻露堂交由其舅父周生彦代管。1956年实行公私合营，藻露堂与达仁堂、普太和、万全堂等30多家老药店，合并组建"西安市药材公司"。

改革开放后，藻露堂历经坎坷，在动荡中发展。1989年7月，成立"西安藻露堂药业集团有限责任公司"，恢复"藻露堂"老字号。不久，西安市药材公司更名为"西安中药集团"，企业规模扩大。1998年，西安中药集团西城公司在国家商标局注册药品零售类"藻露堂"商标,企业知识产权得到法律保护。2001年,西安中药集团将其核心层的 56 个零售店统一更名为"藻露堂中药连锁店",以经营中药为主。同时准备在西安九区四县设立连锁店 264 家,立足西安,辐射全国,把藻露堂这个古老的品牌做大做强。藻露堂在传承和挖掘祖国传统中医文化的基础上,结合长期的行医经验,逐渐建立和完善了以传统中医为主线,以阴阳、四象、五行和八卦为外延的藻露堂"宋氏中医诊疗理论体系"传承至今。尤其在不孕不育、乳腺增生、卵巢囊肿、肌瘤及更年期综合征等妇科疑难杂症的临床治愈远高于同行业。

然而 2002 年,因西安市要打通朱雀大街,位于五味什字与大保吉巷十字路口的藻露堂遭遇拆迁。对此,西安中药集团在《关于"藻露堂"拆迁安置问题的紧急报告》中呼吁有关部门,考虑文物不可再生的属性,理应整体保留藻露堂,确因其地理位置所限拆迁难免,也应按照在发展中保护、在保护中发展的原则,像拆迁老字号"同盛祥""德发长"那样就近安置,重建复原。但最终藻露堂并没有逃脱被拆除的命运。

291. 万盛园

万盛园是陕西省渭南市的调味品企业,迄今已有近 200 年的历史。2011 年 3 月被商务部认定为第二批"中华老字号"(名单序号:陕西 4),注册商标"潼冠"。

相传清康熙年间,山西省临晋县(今临猗县)陶唐村姚三才的曾祖父发明了潼关酱菜。姚氏原以卖油为生并兼卖菜,在潼关县老县城南北街设铺房一间,自有资金白银 300 余两,取名"万新合"。因发现鲜笋等日用蔬菜久存不易,他便开始用盆、罐腌制莴笋,且边试边改,如改盆、罐为缸,改纯盐为面酱腌制,于是诞生了最初的潼关酱菜,"万新合"也成为潼关当地首家酱菜作坊。从此,酱菜姚专营酱菜业。因其产品色泽红黄鲜润,味道酥、脆、香,且咸中带甜,芳香可口,故一时颇受欢迎,声名鹊起。后来万新合酱菜作坊不断优化工艺,提高产量,物美价廉,代代相传。

清嘉庆八年(1803 年),万新合财力陡增,白银达万余两;同时规模扩大,

二十五、陕西省

在南北街，东、西街另设万顺合、万盛合、万新东三家分号，酱缸共计3000多口。清道光十年（1830年），酱菜姚又在东街新设"万盛源"分号，有三间门面，白银约5000两。由于经营有方，技艺超群，至清同治九年（1830年），万盛源已发展到五间门面，酱缸2000多口，产能空前提高，经营规模超过万新合，从而后来居上，一跃成为潼关酱园之魁首。此时潼关酱菜的花色品种也由酱笋发展到杏仁、核桃、银条、豆角、黄瓜、辣椒等八宝小菜什锦包装，并兼营糕点和各种杂货；包装酱笋内装则为特制油纸，经久不腐，香味扑鼻。

清光绪二十六年（1900年），慈禧太后和光绪皇帝因避祸逃往西安，在潼关品尝酱菜后十分赞赏，从此潼关酱菜年年作为贡品，运往京城。当时潼关建制为厅，故称"厅笋"。据清代《内文献》记载："陕西潼关久著历史，而城内外潼河沿岸水土优美，所产之酱笋酱菜为全省之冠。清时列为贡品。万盛源自清道光年间，专制新品，历百余年，精益求精。"

1915年2月，潼关酱菜在美国旧金山举行的巴拿马太平洋万国博览会上获得奖章和证书，与同获殊荣的贵州茅台酒比肩，一举成名，享誉四海。1956年实行公私合营，万盛源、万新合、万丰合、万顺合、万顺栈、万丰昌、大华、万寿丰、万丰魁、万新安等10家酱园，共同组建为"潼关副食品加工厂"。1958年4月，该厂转为全民所有制企业。

改革开放以来，潼关酱菜适逢盛世，迅速发展。1980年对酱菜品牌"潼关牌"进行了重新注册。1982年6月，政府另成立以糕点糖果为主的副食品加工厂，而将原副食品加工厂正式更名为"潼关县酱菜食品厂"。1990年政府为了把潼关酱菜做强做大，由该酱菜厂合并副食品加工厂。1998年，潼关县酱菜食品厂改制为股份合作制企业，更名为"潼关县万盛园酱菜调味品有限责任公司"，恢复"万盛园"老字号，并于2000年在国家商标局重新进行了"潼冠"牌的全新商标注册，加大对企业知识产权法律保护力度。2009年6月，"潼关万盛园酱菜制作技艺"被陕西省确定为第二批省级非物质文化遗产，公司发展再上一层楼。

与此同时，万盛园还大举进军文化创意产业，于2014年7月建成潼关酱菜博物馆，搭建起传播和弘扬酱菜文化的平台。馆内显示，潼关酱菜是潼关的亮丽名片，酱菜文化是潼关的特色文化，百年品牌万盛园酱菜是潼关酱菜的杰出代表。

292. 大咸德

大咸德是陕西省洋县的调味品企业，迄今已有160多年的历史。2011年3月被商务部认定为第二批"中华老字号"（名单序号：陕西3），注册商标"朱鹮"。

清咸丰六年（1856年），"大咸德酱园"在汉中府（今陕西省汉中市）洋县问世，相传"大咸德"牌匾还是时任洋县知府李春培所题写。

由于洋县为公认的世界珍禽朱鹮栖息地和珍稀黑米原产地，故大咸德自清代后期以来，凭借不可多得的资源优势和独特的技艺传承，在调味品发展领域内颇有建树。随着改革开放的深入进行，大咸德不但很早就登记注册了"朱鹮"商标，而且主推以有机黑米作为原料的调味品美食，取得了引人关注的经济效益和社会效益，极大地提升了企业的知名度和影响力。

有资料显示，洋县自古盛产名贵的"米中三珍"：即黑米、香米、寸米。尤其是被誉为"世界稻米之王"的黑米，原产地就在洋县，当地种植黑稻米至今已有2000多年的历史。洋县黑米色泽乌黑，内质色白，煮成粥为深棕色，味道浓香，营养价值甚高，而且是酿制调味品特别是醋的上佳原料。

俗话说：做酸容易做香难，但大咸德酿造醋时却颇有绝技。据了解，大咸德都是精选上等黑米麦粟为原料，采用微生物固态多边发酵，经过制曲、制醅、糖化、发酵、陈酿等40多道工序。如大咸德古法手工黑米醋，选用黑米原产地黑米，采用百年传承工艺，经100天陈酿、露晒而成，醋味醇香，故每临开窖，醋香馥郁缭绕，有"一朝飘香远，百年余味长"之美誉。黑米特有的营养与醋的保健功效相结合，即是调味品珍品，更是馈赠亲友之尚品。

2006年，大咸德被汉中市人民政府认定为农业产业化重点龙头企业；同年6月，组建"洋县大咸德调味品有限公司"。2009年7月，公司拳头产品之一酿造食醋被陕西省人民政府认定为"陕西省名牌产品"，大咸德醋产品的西北王地位从此更加巩固。2012年6月，大咸德牌注册商标被汉中市工商局认定为"汉中市著名商标"；同年，"朱鹮"牌注册商标被陕西省工商局认定为"陕西省著名商标"；百年老店的企业知识产权得到有效保护。2014年10月，陕西省会西安市在小东门里建成永兴坊美食街区，大咸德进驻永兴坊并设立了一家热米皮体验店，让食客们能品尝到用大咸德调味品所制作的热米皮。2016年9月，"大咸德老陈醋制作技艺"被洋县人民政府认定为第四批县级非物质文化遗产，企业发展一路高歌猛进。

二十五、陕西省

目前，大咸德开发有"朱鹮牌"黑米醋、口服醋、馋嘴酱、酱油、料酒、豆腐乳、鲜姜汁、麻辣油八大系列70多个品种，经营网络遍及省内外各地。

293. 德懋恭

德懋恭是陕西省西安市的食品企业，问世至今已有140多年的历史。2006年11月被商务部认定为第一批"中华老字号"（名单序号：陕西6），注册商标"德懋恭"。

相传德懋恭的创建者姓李，系清光绪九年咸阳籍进士李岳瑞的族侄。李店主早年曾在酱醋店当过学徒，具备相关技艺和经商知识，后来在李岳瑞夫人的支持下自主创业，于清同治十一年（1872年）在西安西大街南广济街口，开设了一家酱货店并兼营糕点。

由于痴迷糕点制作，李店主的酱货店很快就演变成为糕点铺。他多方收集钻研糕点配方，不断改进提高烘烤技术，不久便制作出陕西名点"水晶饼"，且一经上市便备受各界欢迎。为此，李进士高兴之余，依据《尚书·大禹谟》中"予懋乃德"之句，将店铺的商业字号定为"德懋恭"。

清光绪二十六年（1900年），慈禧太后和光绪皇帝因避祸西逃，10月到达西安后曾品尝"德懋恭"水晶饼，不但大加赞赏，而且钦点为"贡品"，使"德懋恭"水晶饼身价倍增，日益走俏。民国时期，爱国将领杨虎城主政陕西时，亦对德懋恭水晶饼厚爱有加，常以其馈赠贵宾或犒赏部下。

1953年12月，因资金不足、收入微薄，德懋恭进入歇业状态。1956年初，在人民政府的关心和帮助下，德懋恭又重新开业，并实行公私合营。"文革"期间，德懋恭噩运连连，先后更名为"东方红"连队、"秦风食品商店"等，企业濒临绝境。

改革开放后，德懋恭迎来快速发展时期。1982年春节，时任西安市市长到德懋恭检查节日供应工作，了解到逢年过节为购买德懋恭水晶饼，群众从半夜就开始排队，但由于限量供应许多人不能如愿的情况后，为进一步满足已经增长的消费需求，他便特批给德懋恭20名招工指标，并指示扩大生产，提高产量，从此德懋恭如鱼得水，更加突飞猛进。1989年11月，组建"西安市德懋恭食品商店",奠定了现代企业制度的基础。

据了解,德懋恭水晶饼作为名特优小吃,堪称西安的名片食品之一。它采用上等精白面粉、上等冰糖、精板油为主要原料,配以动物油、玫瑰、橘饼、核桃仁、青红丝等10多种材料做辅料,经制皮、制酥、制馅、成型、烘烤等12道工序,用手工精心制作而成。其成品小巧玲珑、皮酥馅足、滋润适口、层次分明、营养丰富,油多不腻,入口渗甜,且以浓郁的玫瑰和橘饼的清香使人回味无穷。

近年,德懋恭根据市场变化和消费者偏好,还先后开发出珍珠水晶饼、四色水晶饼、老公饼、老婆饼、纸酥、绿豆糕、吃素点、秦式月饼、桃酥等十几个系列的新产品,尤其注重突出"秦文化"传统特色,充分满足了广大消费者的需要,让百年老字号继续创新发展,成就斐然。

1994年,德懋恭为配合西安旧城改造,从西大街迁址大庆路15号西安木材厂院内。1998年5月,德懋恭又搬迁到现址小白杨南路18号。

1999年10月,"德懋恭"牌水晶饼注册商标被西安市工商局首批认定为"西安市著名商标",品牌建设开启一个新篇章。2007年5月,"中华老字号德懋恭水晶饼制作技艺"被陕西省认定为第一批省级非物质文化遗产,是当时陕西食品糕点行业唯一入选的老字号企业,企业经营发展达到一个新阶段。2014年12月,"德懋恭"商标被国家工商行政管理总局认定为"中国驰名商标",企业知识产权保护攀上一个新高峰。

294. 老孙家

老孙家是陕西省西安市的著名饭庄,迄今已有120多年的历史。2011年3月被商务部认定为第二批"中华老字号"(名单序号:陕西12),注册商标"老孙家"。

老孙家问世于清光绪二十四年(1898年),由回民孙广贤、孙万年叔侄创办,位于西安东大街端履门十字东南角,是主营羊肉泡馍的小餐馆,取名"老孙家"。1936年"西安事变"期间,张学良与杨虎城二位将军曾用老孙家泡馍招待过民国总统蒋介石,而身为浙江籍的蒋介石当时食之成瘾,赞不绝口,一时被传为佳话。

二十五、陕西省

1956年实行公私合营，老孙家仅是两层小楼的饭馆，但羊肉泡馍的质量和声望仍领先于同行。1974年，老孙家因房屋老化，白蚁蛀蚀，年久失修而被迫歇业。

改革开放后，老孙家重新发展，一路前行。1987年，在西安市端履门老孙家起源店原址投资兴建老孙家饭庄。1990年9月，扩建装修一新有三层店面的"老孙家饭庄"开业，营业面积近4000平方米，成为当时西北地区规模最大的清真餐饮企业。1998年，老孙家被评为"中华名小吃"；2002年被评为"国际名小吃"；企业知名度和影响力大幅提升。中央领导人到西安视察或有重要外事活动时，老孙家羊肉泡馍一直都是首选食品。2003年，老孙家因政府道路改造拓宽，搬迁至西五路革命公园对面继续经营。直到2008年底，老孙家才在原址附近端履门十字西北角重新开设新店，面积近3000平方米，百年老店荣耀复出。

老孙家饭庄一直致力于弘扬中国西部清真美食文化，坚持在挖掘、继承传统菜品的基础上，不断推陈出新，形成了自己独特的、具有很强吸引力的清真菜品系列。其经营的西部传统特色菜肴包括：香辣扒秦牛、滑炒鱼丝、红油花肚、珍珠鱼丸等一批名优菜点荣获全国金奖，还有红烧牛尾、芝麻里脊、烧烤牛方、温香羊排、吉庆驼掌、上汤时蔬、风味烤羊腿等一大批西部清真菜系的代表性菜肴。其明星产品当属牛羊肉泡馍：料重汤醇，肉烂味鲜，馍筋光滑，色泽光亮，香气四溢，与老孙家白云章清真饺子、清真大菜、风味小吃、腊牛羊肉、清真月饼、清真涮锅、芝麻烧饼并称"老孙家饮食八绝"。

2007年，老孙家饭庄开始全面进军文化产业创业，在东关总店四楼设立了"西部清真饮食文化博物馆"。该馆共分为面塑砖雕展区、泥塑展区、卧榻休闲区、图片展示区、碗展区、礼拜殿、多媒体展示区、泡馍场景雕塑、陈列区、售卖区、水局区，集中展示了百年老字号文化、伊斯兰文化、清真饮食文化和关中风情文化，是全国独一无二的清真饮食文化专业博物馆。

目前，老孙家不仅在西安已拥有直属门店八家、分公司三家和三星级设备的客房部，还采用国际先进特许方式，在北京、乌鲁木齐、临潼、咸阳、宝鸡、延安等地开设了特许连锁店10余家，企业已逐步成为以餐饮为龙头，集旅游、客房服务、食品加工、服装加工、珍禽饲养、花木繁殖、教育培训为一体的综合性民族餐饮企业，成为全国最大的清真餐饮企业之一。

二十六、甘肃省

295. 金徽

金徽是甘肃省陇南市的酿酒企业,迄今已有150多年的历史。2006年11月被商务部认定为第一批"中华老字号"(名单序号:甘肃1),注册商标"金徽"。

金徽酒的源头是徽县晋绅坊、万盛魁、永盛源、康庆坊等多个民间酒坊,主要是"永盛源"。明清时期,山西、陕西移民大量涌入徽县,其中许多人从事酿酒业,他们把"汾酒"和"西凤"的生产工艺带入徽县,大大推动了徽县酿酒业的发展,从而使徽酒远近驰名。

清道光十九年(1839年),山西人在徽县办起"隆盛丰"酒坊,用汾酒工艺酿酒,名曰"徽汾"。清同治元年(1862年)陕西人张胡开办"万盛魁"烧酒坊,用泸州老窖工艺生产浓香型白酒,不久将"万盛魁"转让他人,改字号为"永盛源"。至清光绪元年(1875年),永盛源所产徽县大曲酒已成为省内外尽人皆知的名酒。当时全县有大小酒坊数十家,年产白酒约100吨,其中尤以永盛源、宽裕成、金隆聚、三合公、恭信福等几家烧坊的酒质最佳,影响最大,它们生产的白酒被标以"金徽牌",经马帮、驼队贩运至宁夏、青海、陕西、四川及省内河西等地,深受大众欢迎,一时间徽酒被公认为西北名酒,徽县则被誉为"陇上酒乡"。

中华人民共和国成立前夕,徽县拥有初具规模的烧坊33家,其中最负盛名的是晋绅坊、永盛源、复盛合、仁和生、恭信福等。

1951年9月,政府在徽县旧城石桥原"恭信福"烧坊旧址设立"国营徽县酒厂",企业产权制度发生变化。1954年4月,又在栗川侯家坝原"永盛源"旧址设立"国营侯家坝酒厂",继续推行生产资料公有制。1958年10月,侯家坝酒厂在传统徽酒工艺基础上,进行技术革新,生产出新一代徽酒,正式定名为"金徽酒"。1959年4月,徽县酒厂迁入侯家坝,与侯家坝酒厂合并为徽县酒厂,本地酿酒业得到整合。1960年3月,金徽酒正式登记注册"金徽"商标,人称"老金徽"。同年,凭借悠久的历史、良好的品质和较高的声誉,"金徽"与"茅台""五粮液"等成为全国首批登记注册的8个著名白酒商标品牌,企业知识产权保护十分到位。

然而天有不测风云。1964年7月,徽县酒厂毁于洪水。于是当年12月,甘肃省轻工厅投资25万元在伏家镇蔡家庄新建厂房。1965年1月,徽县酒厂由侯家坝迁入伏家镇,开始了新的创业,并于同年3月更名为"甘肃省徽县酒厂",同年11月投产65度金徽酒。自1967年起,该厂经过10年努力,试制成功具有窖香浓郁、绵甜甘爽、口味和谐,尾净香长特色的浓香型大曲白酒,初名"试验酒",至1977年9月正式定名为"陇南春"酒,不久获得国家注册商标,并于1979年11月投入批量生产。

为了提高产量,进一步拓展市场,徽县政府于1981年和1985年,两次筹资对徽县酒厂进行改造扩建,引进先进的流水作业线3条,形成了初具规模的工业化生产体系。1988年,徽县酒厂更名为"甘肃陇南春酒厂",次年总产达到5014吨,产值和利税比1965年分别增长19.8倍和228倍。

进入21世纪,金徽酒再创辉煌,扎扎实实迈出了五大步。其一,1997年7月,企业整体改制为国有独资的"甘肃陇南春酒业集团有限责任公司",企业实行正规化。其二,2006年底,陇南春集团实现企业改制后更名为"金徽酒业集团",并把金徽系列酒定为该企业的主打产品。其三,2008年12月,"金徽"商标被甘肃省工商局认定为"甘肃著名商标",企业知识产权获得大力保护。其四是2009年12月,金徽酒业集团更名为"金徽酒股份有限公司"。其五是2016年3月,金徽酒在上海证券交易所挂牌上市,成为中国西北名酒的又一上市企业,为金徽酒的升级发展树立了又一座重要的里程碑。

296. 景扬楼

景扬楼是甘肃省兰州市的餐饮老店,至今已有110多年的历史。2006年11月被商务部认定为第一批"中华老字号"(名单序号:甘肃1),注册商标"景扬楼"。

景扬楼的发源地是江苏扬州,当时坐落在扬州闹市区辕门桥西多子街(今甘泉路），清光绪二十八年（1902年）由清宫御厨王钰发继承父业创建，商业字号取意"景以文传、文以景扬"，主推淮扬菜。

1917年，王钰发之子王长山（后改名为王少山）从北京汇文中学毕业后，回到家乡管理家族产业，成为景扬楼的第二代传承人。由于经营有方，餐馆食客云集。相传蒋介石、宋美龄、于右任等都曾光顾景扬楼，文人骚客更是纷至沓来。

1958年，为响应国家"支持大西北建设"的号召，王少山带领一众高厨，将扬州景扬楼整体迁往兰州，在最繁华的中央广场黄家园落户，由江南品牌变为西北品牌。20世纪五六十年代，能在景扬楼用餐是一件十分荣耀的事情，经常还有大批消费者排起长队购买自己心仪的食品。然而"文革"期间，王少山遭到不公正待遇，景扬楼也难逃厄运。20世纪70年代，景扬楼进行较大规模、全方位的翻建和装修，成为具有江南建筑风格、古典高雅的大型酒楼。

1994年，由于多种原因，景扬楼遭遇不景气，生意开始下滑。这时，景扬楼第三代传承人屈照树走马上任，成为总经理。他大刀阔斧进行一系列改革，尤其是利用景扬楼百年老店的品牌效应，不断适应多层次市场需求，以淮扬菜为主，兼顾川粤、京帮和陇菜为辅的多品种菜系，使景扬楼再振雄风，重新成为兰州餐饮业的排头兵。1998年12月，景扬楼更名为"兰州景扬楼餐饮有限责任公司"，开始实行现代企业制度。

2002年，景扬楼参加"首届甘肃美食节"，它精心制作的"白兰孔雀"八卦百合被评为甘肃名菜，"大漠风情宴"被评为甘肃名宴；果蔬雕刻获得最高荣誉"金鹏奖"。2005年11月，因酒泉路拓建工程之需，景扬楼动迁至武都路重新安家，再次大规模翻建和装修。2006年6月，跨入新世纪的景扬楼重张开业。此时，这家百年老店的总营业面积已达3000多平方米，三层营业楼内设豪华包厢近30间，百人多功能厅一间，400人宴会大厅一座。特别是雄伟壮观的飞檐翘角门楼和内部精致而优美的江南风韵令人赞叹不已。

在企业经营方面，为了提高景扬楼的核心竞争力，保证淮扬菜的特殊技艺传承，多年来，景扬楼的大多数原料都是从扬州直接运来，掌勺大厨也多从扬州大学旅游烹饪（食品科学与工程）学院引进。在企业管理方面，景扬楼内都能看到写有"如果菜品不满意，请记住厨师号；如果服务不满意，请记住工牌号"这样的温馨提示牌，而且牌子上写的投诉电话均为总经理和酒店书记两人的号码，凡有消费者投诉，都是他们亲自处理。

事实表明，景扬楼北上兰州近60年来，变的仅仅是地理环境，而老字号的产品、技艺和服务始终没有变，广大消费者一如既往地相信这家百年老店。如每年11月,兰州的年夜饭订餐大战就会早早开启。尤其景扬楼的包厢很快就被预订一空,大厅座位也经常预订过半。为此,景扬楼只能另辟蹊径,推出半成品年夜饭,其中均以其特色菜为主。市民只要在家热一热、炒一炒,就能将饭店的年夜饭"搬"回家,省时省力。

297. 悦宾楼

悦宾楼是甘肃省兰州市的餐饮老店,至今已有100多年的历史。2011年3月被商务部认定为第二批"中华老字号"(名单序号:甘肃7),注册商标"悦宾楼"。

悦宾楼的发源地是北京,清宣统三年(1911年)由北京旗人王志状与烟台名厨于秀廷共同创建,主推正宗的北京菜,以脆、香、鲜、嫩为特色,取料山珍海味居多,擅长炸、溜、爆、炒、扒,口味适中,集北方地区美味佳肴之大成。

1912年,悦宾楼从北京迁往上海湖北路经营,正式定名为"上海悦宾楼京菜馆股份有限公司"。当时的上海,中西菜馆林立、土洋酒楼并存,且名厨云集、顾客挑剔,要想立足创出特色实属不易。但悦宾楼凭借精湛的烹饪技艺与靠谱的诚信服务,硬是博得"上海京帮魁首"之盛誉,极似司马迁在《史记》中所说"名高天下而光烛邻国",其在沪打拼四十四载,可谓天天高朋满座,中外声名鹊起。

1956年10月,为响应国家"支持大西北建设"的号召,悦宾楼从上海整体迁往兰州,拉开了雄冠西北的大幕。该酒楼起初落脚于庆阳路一座年久失修的贸易客栈,尽管条件简陋,但企业善于经营,故很快生根开花,食客如云。然而"文革"期间,悦宾楼被迫更名为"红卫兵菜馆";1976年又更名为"庆阳路菜馆";1978年再与其他餐馆合并为"兰州餐厅";坎坷不断,屡陷困境。

改革开放后,悦宾楼获得新生。1980年,悦宾楼恢复老字号,企业发展快马加鞭,硕果累累。

1982年10月,该酒楼迁至兰州市酒泉路商业繁华中心现址。五层大楼古色古香,经营面积近3000平方米;共有餐厅三个、包厢、豪包20多间,可供600人同时就餐。1986年,悦宾楼第一个引进北京烤鸭,让兰州人可以就近品尝正宗的京味名优食品。为做好这道名菜，悦宾楼始终坚持从产地进货，严格操作规程，坚持质量标准，并派人多次到北京全聚德、便宜坊学习取经，使悦宾楼的烤鸭誉满金城，深受广大消费者的欢迎。

与此同时，在继承和发扬传统京菜名馔佳肴的基础上，悦宾楼推陈出新，努力挖掘宫廷、民间和富有地方特色的烹饪技艺，充分利用地方特产物品百合、籽瓜、驼掌、山珍野菜等原料，制作和创新了多种菜肴，并以选料精、做功细、口味正、造型美、风味独特而见长。该酒楼还积极引进粤菜、川菜、淮扬菜等地方著名菜系，开展多元化特色经营。目前，悦宾楼根据市场变化、季节变化和不同的消费需求及时调整品种，完全能够保证花色品种在300种以上。

1991年，悦宾楼成为甘肃省内商业系统第一个晋升为国家二级企业的饮食企业。1994年，该企业被国家物价局、全国总工会授予"执行特价计量政策法规优秀单位"称号。自1994年起，还连续多年被兰州市政府评为"最佳效益企业"。1997年又被国家国内贸易部批准为首批36个国家特级酒店（饭庄）之一，成为除陕西省外西北4省唯一获准的"国家特级酒家"。乘此良机，1997年底，悦宾楼推进以产权制度改革为中心的股份合作制改造，并于1999年2月组建"兰州悦宾楼餐饮娱乐有限责任公司"。2002年，悦宾楼被中国烹饪协会认定为"中华餐饮名店"，企业发展迈上一个新台阶。2009年，悦宾楼商标被甘肃省工商局认定为甘肃省"著名商标"，企业知识产权得到有力保护和提升。

二十七、宁夏回族自治区

298. 协力厚

协力厚是宁夏回族自治区银川市的老药店，至今已有170多年的历史。2006年11月被商务部认定为第一批"中华老字号"（名单序号：宁夏1），注册商标"协力厚"。

协力厚的前身是"唐洼药栈"，清道光二十三年（1843年）由开封府禹州（今河南省禹州）唐洼村人李保忠在禹州城内开办。1909年秋，因李保忠去世及当地药材生意难做，李家人被迫将药栈迁往西安的大麦市街，更名"同心裕药栈"继续经营。然而，尽管西安人口多、经济条件好，但同行竞争亦十分激烈，故同心裕的生存条件并不乐观。

1911年春，得知宁夏府（今宁夏回族自治区）城银川的"宁夏八大家"晋商生意红火，但医药资源缺乏，李家人便又举家迁往银川尝试发展。1914年，李家药栈第二代传承人李秀芝，在银川羊肉街口（今解放东街）处买地建成药庄及多间房屋，前店后厂，准备开张营业。为营造良好的经商环境及扎根宁夏，李秀芝邀请时任宁夏护军使兼宁夏将军、行伍书法家马福祥为药庄题字。马福祥欣然答应，提笔写下"协力厚药庄"五字牌匾，而药庄门口立着的两块竖牌则是"同心山成玉，协力土变金"。

药庄创办初期，协力厚每年春秋各从河南禹州进货一次，主要是九地、黄连、草梗等110多种药品。其中对外主要批发黄芪、桔梗、陈皮、山楂、半夏、金银花、麦冬、甘草等中草药和牛黄解毒丸、麝香膏药等中成药。对于各地来的购药人，协力厚都热情接待，不但安排食宿还在晚上请看戏，使顾客有一种回到自己家的感觉。第二天，店员将药分包包好送到顾客手中，且一般只记账不收钱，年底才由专人骑着自行车去各处催款。如此经营方式，颇受顾客欢迎，业界口碑极佳。

1939年日军轰炸银川，药庄惨遭破坏。次年药庄重新翻建，盖成二层楼，并更名为"协力厚药店"。为进一步扩大知名度和影响力，从1943年起，该药店开始挂牌设坐堂医生。1944年以后，除安宫牛黄丸外，药店一般的丸药都能自己加工，包括牛黄解毒丸、牛黄清心丸、梅酥丸、山楂丸、六味地黄丸、附子理中丸、银翘解毒丸、麝香膏药等。1949年9月，李秀芝作为工商界代表加入宁夏和平代表团，赶赴黄河仁存渡口，迎接人民解放军解放银川，是宁夏知名的民主人士。中华人民共和国成立初期，他多次参加宁夏政协会议，并作为地方历史名人载入史册，被收入宁夏展览馆和西塔博物馆。1956年公私合营，协力厚并入银川市药材公司，更名为"解放东街药店"。

改革开放后，协力厚才东山再起。1984年，协力厚第四代传承人、李成仁长子李逢春萌发了继承祖业、恢复老字号协力厚的想法，并于1988年11月使协力厚重新开业。1995年至2007年，协力厚被宁夏回族自治区消费者协会、银川市卫生局、工商局评为"优秀药店""诚信单位""文明经营单位"等多项荣誉。

2013年，协力厚借建店170周年良机，举办覆盖宁夏的大型"中华老字号协力厚器物征集感恩行动"，努力征集了一批散失的各种药店、药铺家具摆设、传统制药加工设备工具、民间保存的协力厚名贵药材以及与协力厚传统历史文化有关物品等，准备筹备设立"宁夏协力厚医药文化博物馆"，从而普及中医药知识，传承中医药文化，全面立体地展现协力厚的悠久历史，更好地打造宁夏独一无二的百年老店。

二十八、新疆维吾尔自治区

299. 古城

古城是新疆维吾尔自治区昌吉州的酿酒企业，迄今已有260年的历史。2011年3月被商务部认定为第二批"中华老字号"（名单序号：新疆3），注册商标"古城"。

清乾隆二十四年（1759年），清政府始建奇台堡（今老奇台镇），从此使用"奇台"之名，别称古城。是年，山西人张氏在奇台北斗宫巷设立烧酒作坊，扛起了奇台酒业规模化经营的大旗。因其酿酒技艺源出山西杏花村，酒瓮如林、酒似泉涌，故将酒坊字号定为"杏林泉"。不久，弯弯曲曲的北斗宫就形成以山西人为主体、以酿酒为龙头的工商业集中地，北斗宫巷也被叫作山西巷、酒巷。

清光绪十五年（1889年），奇台酒坊发展到13家，其中山西商人经营八家。至清光绪末年，酿酒作坊已有杏林泉、协合泉、大丰泉、万裕隆、庆合泉、义顺隆、义兴合、万合泉等20余家，一时间生意兴隆，市场火爆，年销售白酒25万公斤，其中数万公斤销往蒙古国和俄国。因"杏林泉"所酿造的白酒是盛宴必备佳品，以其清澈的酒色、沁人心肺的酒香和绵甜的酒味被称为当时的佼佼者，故杏林泉也被尊为奇台"首坊"，奇台则被称为新疆"酒乡"。

1949年9月新疆和平解放，奇台县各酒坊联营生产，其中有13家整合为四大酒坊。1952年8月，这四大酒坊共同组建"国营奇台县白酒厂"，隶属奇台县食品公司，成为中华人民共和国成立以来新疆建厂最早的白酒企业。1956年实行公私合营，国营奇台县白酒厂一分为二。白酒一厂设在满城鼓楼街"永和泉"烧坊院内，私方合营者为"玉合泉""天德泉""隆兴泉""方和泉""大醴泉""恒太源"等酒坊；白酒二厂设在北斗宫巷"杏林泉"旧址，私方合营者为"义顺隆""宝庆泉""万兴泉""义和泉"等酒坊。两个酒厂扬各家之长，充分发挥技术优势和工人积极性，产量稳定，经营良好。1958年6月，一、二两厂合并至二厂处即北斗宫巷杏林泉，仍称国营奇台县白酒厂，后又更名为"奇台县酒厂"。1962年，清香型"古城大曲"获得新疆地方名酒称号，销量同年排名全区第一。

1964年，该厂注册"古城"商标，成为新疆最早拥有注册商标的白酒企业。

在改革开放大潮的有力推动下，古城酒业的发展更加突飞猛进。1979年，"古城"商标被新疆区工商局认定为"新疆著名商标"，企业知识产权保护收到良好成效。同年，清香型"古城大曲"被评为新疆维吾尔自治区优质酒，古城品牌深受欢迎。1984年，清香型古城大曲酒荣获商业部颁发的"银爵奖"称号，成为新疆首家获此殊荣的白酒企业。不久，奇台县酒厂更名为"新疆奇台酒厂"，企业经营范围得到扩大。1989年，新疆奇台酒厂变更为"奇台县古城酒厂"，企业商号与商标统一。1998年9月，奇台县古城酒厂实行股份制改造，更名为"新疆奇台县古城酒业有限公司"，企业体制进行彻底改革。

进入21世纪，古城酒业的发展逐年攀高，硕果累累。2001年10月，凭借悠久的酿造历史和丰富的文化内涵，新疆古城酒业有限公司生产的"古城老窖"酒被新疆酒文化酒市场研究中心授予"新疆第一窖"称号，古城酒业的品牌地位得到进一步公认。2003年，新疆奇台县古城酒业有限公司改制更名为"新疆第一窖古城酒业有限公司"，企业实行现代法人治理结构。2007年6月，"奇台酒窖池遗址"被新疆维吾尔自治区确定为第六批自治区级文物保护单位，企业殊荣再显风采。2009年7月，"奇台古城窖酒酿造技艺"被新疆维吾尔自治区确定为第二批自治区级非物质文化遗产，传统酿造技艺得到高度认可。2011年5月，"古城"商标被国家工商总局认定为"中国驰名商标"，标志着古城酒业出区跨省、香飘世界获得了更加有利的条件。

目前，新疆第一窖古城酒业有限公司已形成一个主营白酒、保健酒兼营纯净水生产销售、工业旅游、绿色农业开发为一体的民营企业，资产总额1.8亿元，占地面积100亩，年生产能力达1万吨以上，生产经营包括清、浓、酱、兼四大香型、五大系列、200多个品种白酒产品，企业知名度和影响力空前提升。

300. 七一酱园

七一酱园是新疆维吾尔自治区乌鲁木齐市的食品企业，迄今已有140多年的历史。2011年3月被商务部认定为第二批"中华老字号"（名单序号：新疆2），注册商标"七一酱园"。

二十八、新疆维吾尔自治区

七一酱园创建于清光绪二年（1876年）。清代将领左宗棠率军西征，准备收复新疆。但进入新疆后发现大量军士水土不服，严重影响战斗力，于是下令选址鉴湖塘建立"吉美丰"酱油作坊和"义兴泰"醋作坊，经营方式为前店后厂，选取新疆优质原材料，自制川湘风味调料以供军中使用。新疆收复后，两家作坊留在当地，成为新疆现在仅存的调味品百年老店的前身之一。

1952年4月实行公私合营，包括吉美丰和义兴泰在内的49家酱醋小作坊合并，组建"七一酱园"，园址设在乌鲁木齐黄河路，王震将军亲笔题写牌匾。

改革开放以来，七一酱园脱胎换骨，更加兴旺。1998年，七一酱园作为当时乌鲁木齐市政府菜篮子重点工程，进行了新建搬迁。2000年，该酱园进行企业体制改革，成立"新疆七一酱园酿造有限公司"。在此基础上，该公司开始着手产品的开发与研制。先是酱油系列的蘑菇酱油、海鲜酱油、黄豆酱油、鲜味酱油很快问世；接着是番茄醋、大蒜醋、老陈醋、特制醋、家宴白醋、苦荞醋、红花醋打入市场并衍生到了酱菜、腐乳等系列产品。重新注册、改换包装的高中档酱油、食醋，一投放市场便大受消费者青睐。公司实现了零库存，产品销售回款率达到了95%。

以公司生产的高粱陈香醋系列产品为例，其延续了七一酱园民国初年老法酿造"香妃醋"的传统工艺，经前期40天的保温发酵后，采用陶瓷器皿低温密存，并加盖密封后发酵180天，所淋成品食醋再经一年的晒露，由此所制得高粱陈香醋系列产品。其特点是：体态清亮，色泽棕红，口感酸味无比柔和，醇香绵甜。含有大量的呈香脂类物质和多种有机酸和糖类；是全疆仅存的老法精品食醋。在2007年中国国际调味品及食品配料博览会上获得"金奖"。同时，公司研制开发的葡萄酒醋不仅工艺独特而且还填补了自治区调味品行业中的空白。不仅如此，公司研制开发的杞香醋采用新疆地区优质枸杞为原料，利用独特的传统工艺方法，经多道发酵工序酿造而成，是天然的绿色的及具有保健功能的特色食醋，不仅口感酸甜柔和，还是调味品中真正的绿色饮品。

目前，企业产品的种类发展到六大系列100多个品种，多次获得各种荣誉，除在新疆市场的占有率达60%外，还远销内地、中亚地区。2007年，集团公司投资8000多万元在乌市经济开发区工业园二期新建了七一酱园酿造公司的调味品工业园，全面投产运营后发展如日中天。2008年6月"七一酱园"注册商标被新疆维吾尔自治区工商局认定为"新疆著名商标"，企业知识产权大幅提升。在历经十几年的积淀后，七一酱园不断发展壮大，现已成为一个集商业综合体、地产开发、金融投资、调味品生产、商贸流通、酒店、矿业、物业管理等多元化发展的现代化集团企业，令人刮目相看。

参考文献

一、志书类

1. 北京市地方志编纂委员会：《北京市志·副食品商业志》，北京：北京出版社，2003年。
2. 北京市地方志编纂委员会：《北京市志·饮食服务志》，北京：北京出版社，2008年。
3. 天津市地方志编修委员会：《天津通志·一商志资料长编》，天津：天津社会科学院出版社，2007年。
4. 天津市地方志编修委员会：《天津通志·二商志》，天津：天津社会科学院出版社，2005年。
5. 内蒙古自治区商业志编纂委员会：《内蒙古自治区志·商业志》，呼和浩特：内蒙古人民出版社，1998年。
6. 河北省地方志编纂委员会：《河北省志·商业志》，石家庄：河北人民出版社，1999年。
7. 山西省史志研究院：《山西通志商业志·商业贸易篇》，北京：中华书局，1999年。
8. 辽宁省地方志编纂委员会：《辽宁省志·商业志》，沈阳：辽宁民族出版社，2001年。
9. 吉林省地方志编纂委员会：《吉林省志·国内商业志·商业》，长春：吉林人民出版社，1996年。
10. 黑龙江省地方志编纂委员会：《黑龙江省志·商业志》，哈尔滨：黑龙江人民出版社，1994年。
11. 上海副食品商业志编纂委员会：《上海副食品商业志》，上海：上海社会科学院出版社，1998年。
12. 上海饮食服务业志编纂委员会：《上海饮食服务业志》，上海：上海社会科学院出版社，2006年。
13. 江苏省地方志编纂委员会：《江苏省志·商业志》，南京：江苏人民出版社，1999年。
14. 浙江省商业厅：《浙江省商业管理志》，杭州：浙江人民出版社，1990年。
15. 安徽省地方志编纂委员会：《安徽省志·商业志》，合肥：安徽人民出版社，1995年。
16. 福建省地方志编纂委员会：《福建省志·商业志》，北京：中国社会科学出版社，1999年。
17. 江西省地方志编纂委员会：《江西省志·江西省商业志》，北京：方志出版社，1998年。
18. 山东省地方志编纂委员会：《山东省志·商业志》，济南：山东人民出版社，1997年。
19. 河南省地方志编纂委员会：《河南省志·商业志》，郑州：河南人民出版社，1993年。

20. 湖北省商业厅:《湖北省商业简志》,内部资料,1987年。
21. 湖南省商业厅:《湖南省商业专志》,长沙:湖南出版社,1985年。
22. 广东省商业厅:《广东商业志》,内部资料,1992年12月。
23. 广西壮族自治区地方志编纂委员会:《广西通志·商业志》,南宁:广西人民出版社,2000年。
24. 四川省地方志编纂委员会:《四川省志·商业志》,成都:四川科学技术出版社,1996年。
25. 贵州省地方志编纂委员会:《贵州省志·商业志》,贵阳:贵州人民出版社,1990年。
26. 云南省地方志编纂委员会:《云南省志·商业志》,昆明:云南人民出版社,1993年。
27. 陕西省地方志编纂委员会:《陕西省志·商业志》,西安:陕西人民出版社,1999年。
28. 甘肃省地方志编纂委员会:《甘肃省志·商业志》,兰州:甘肃人民出版社,1993年。
29. 宁夏商业志编纂委员会:《宁夏商业志》,银川:宁夏人民出版社,1993年。
30. 新疆维吾尔自治区地方志编纂委员会:《新疆通志·商业志》,乌鲁木齐:新疆人民出版社,1998年。

二、专著类

1. 《中国名酒》编写组:《中国名酒》,北京:中国展望出版社,1986年。
2. 贺富明:《京华老字号》,北京:中国旅游出版社,1987年。
3. 新华日报社会生活处:《江苏老字号》,南京:南京出版社,1992年。
4. 安冠英等:《中华百年老药铺》,北京:中国文史出版社,1993年。
5. 林则普:《中国餐饮名店大典》,青岛:青岛出版社,1997年。
6. 朱国栋等:《上海商业史》,上海:上海财经大学出版社,1999年。
7. 朱世英等:《中华茶文化大辞典》,上海:格致出版社,2002年。
8. 徐城北:《花雨纷披老字号》,北京:中国社会科学出版社,2003年。
9. 中国调味品协会:《中国调味品企事业名录》,北京:中国商业出版社,2003年。
10. 李正中等:《近代天津知名工商业》,天津:天津人民出版社,2004年。
11. 张建伟:《老字号的经营秘诀》,北京:现代出版社,2005年。
12. 李井慧:《中华饮食老字号》,长春:吉林出版社集团,2010年。
13. 戎彦:《浙江老字号》,杭州:浙江大学出版社,2011年。

三、网络类

1. 商务部:中华老字号信息管理系统(http://zhlzh.mofcom.gov.cn),2014年10月上线。

附 录

附录 1

商务部关于实施"振兴老字号工程"的通知

商改发〔2006〕171号

各省、自治区、直辖市、计划单列市及新疆生产建设兵团商务主管部门:

为贯彻落实党的十六大和十六届五中全会精神,按照全国商务工作会议和商务部服务业工作会议的要求,引导具有自主知识产权、优秀民族文化和独特技艺的老字号加快创新发展,发挥老字号在经济和社会发展中的重要作用,商务部决定从2006年起在全国实施"振兴老字号工程"。现就有关事项通知如下:

一、高度重视,做好组织保障

新形势下大力开展"振兴老字号工程",不仅是实施品牌战略、促进民族企业发展、扩大消费需求的重要举措,也是弘扬民族商业文化、开展诚信兴商、推动特色经济发展的一项战略任务,具有重要的现实意义,是商务工作义不容辞的责任。各地商务主管部门要充分认识此项工作的重要意义,高度重视,加强领导,积极争取当地政府的支持。要建立健全工作机制,明确相应机构和人员负责,保证责任到人、工作到位、取得实效。

二、科学规划,加强统筹协调

各地商务主管部门要根据本地区老字号发展的特点,按照《"振兴老字号工程"工作方案》(附件1)的要求,研究制定"振兴老字号工程"实施规划,包括本地区老字号发展现状、存在的主要问题和实施"振兴老字号工程"的思路、目标、重点、步骤等。要加强与当地有关部门的沟通协调,注意发挥有关协会等中介组织的作用,形成合力,共同推进。

三、积极研究制定有关政策措施

各地商务主管部门要积极会同当地有关部门研究制定保护和促进老字号发展的政

策措施，将老字号发展纳入城市建设发展规划和商业网点规划，指导老字号的改革和创新。重点支持老字号企业开展知识产权和网点保护、融资信贷、创新产品和服务、恢复和发掘历史性产品和工艺等，支持有条件的老字号企业建立品牌发展战略，做精做强。

四、大力宣传，营造社会氛围

长期以来，老字号积淀的文化和品牌，已经形成了一定的群众基础。各地商务主管部门要积极做好宣传工作，密切配合商务部开展的系列宣传活动，与当地电视台、报纸、网站等媒体合作，深入挖掘老字号传统文化和精髓，扩大老字号的社会认知度和影响力，在全社会营造保护老字号、发展老字号的良好氛围。

五、切实做好近期主要工作

（一）健全组织。各地商务主管部门要尽快组成相应的工作班子，明确负责人和联系人，并将《老字号工作联系表》（附件3）于4月20日前传真至商务部（商业改革发展司，下同）。

（二）开展普查。各地商务主管部门要根据《老字号发展情况调查表》（附件4），在重点城市组织普查，全面了解老字号发展状况，将调查表和有关材料于5月30日前报商务部。

（三）推荐申报。各地商务主管部门要向当地老字号企业广泛宣传，充分调动企业的积极性。要按照公开、公正、透明原则，根据《"中华老字号"认定规范（试行）》（附件2）的条件，积极推荐符合条件的老字号申报"中华老字号"，指导有关单位据实填写申报材料（附件5），并做好资料审查和把关，于6月30日前将有关材料报商务部。所有被推荐单位应提前进行公示，不符合认定规范或有争议的一律不得申报。原经有关部门认定的"中华老字号"要重新参加认定。

有关表格可从商务部商业改革发展司网站下载，并请同时以电子邮件和纸质文件两种方式报送。工作中的有关问题请与商务部商业改革发展司联系。

商 务 部
二〇〇六年四月十日

> 附录 2

关于促进老字号改革创新发展的指导意见

商流通发〔2017〕13号

各省、自治区、直辖市、计划单列市及新疆生产建设兵团商务、发展改革、教育、人力资源社会保障、住房城乡建设、文化部门,国资委、国家税务局、地方税务局、工商局(市场监督管理部门)、质量技术监督局、知识产权局、旅游局、银监局、证监局、文物局、中医药局:

老字号拥有世代传承的独特产品、精湛技艺和服务理念,承载着中华民族工匠精神和优秀传统文化,具有广泛的群众基础和巨大的品牌价值、经济价值和文化价值。2006年商务部启动"振兴老字号工程"以来,我国老字号品牌影响力不断提升,一批老字号企业发展势头良好,但也有部分老字号企业市场竞争力不强,难以适应经济社会的快速发展。当前,老字号发展还存在着传承创新动力不足、企业机制僵化、支持和保护力度不够等问题。为促进老字号顺应消费需求新变化和"互联网+"新趋势,加快改革创新发展,进一步弘扬优秀文化,拓展品牌价值,充分发挥其在稳增长、促消费、惠民生中的积极作用,现提出以下意见。

一、总体要求

(一)指导思想。全面贯彻党的十八大和十八届三中、四中、五中、六中全会精神,坚持创新、协调、绿色、开放、共享的发展理念,深入推进供给侧结构性改革,以促进老字号改革创新发展为核心,以保护传承老字号为根本,进一步优化老字号发展环境,充分发挥老字号的榜样示范和引领带动作用,大力弘扬精益求精的工匠精神,促进老字号创造更多社会、经济和文化价值。

(二)基本原则。坚持传承与创新相结合。既要深入挖掘老字号传统技艺和品牌内涵,弘扬老字号工匠精神,又要积极运用现代管理和生产技术持续提高质量标准水平,不断开发特色产品和服务,提高老字号核心竞争力。

坚持经济与文化相结合。既要坚守商品和服务等传统经营业务,又要充分挖掘老字号文化资源,开发具有地域特色的老字号产品,让更多传统文化融入现代生活,提升老字号品牌影响力。

坚持市场竞争与政府引导相结合。既要以市场为导向,充分发挥老字号企业在转型创新发展中的主体作用,又要通过制定实施法规标准,加强政策支持和信息引导,营造政府、协会、企业共同促进老字号改革创新发展的良好环境。

（三）目标任务。通过促进老字号改革创新发展，使老字号保护、促进体系进一步健全，管理体制更加完善，形成中华老字号、地方老字号多层次共同繁荣发展的局面，从中培育出一批文化特色浓、产品和服务质量优、品牌信誉高、市场竞争力强的老字号。

二、重点任务

（四）推动老字号传承与创新，提高市场竞争力。

1. 支持老字号传承和创新传统技艺。支持老字号企业与职业院校合作共建"工匠创新工作室"和"工匠教学基地"，鼓励老字号技艺传承人到学校兼职任教、授徒传艺，培育和弘扬精益求精的工匠精神，实现传统技艺薪火相传。鼓励老字号通过建立博物馆等方式实现活态保护与传承。鼓励老字号在保护和传承优秀传统技艺的基础上，导入先进的质量管理方法和模式，运用先进适用技术创新传统工艺，提高产品质量和工艺技术水平，并根据市场需求研发新产品，吸引新顾客，开拓新市场。鼓励老字号与文化创意相结合，举办体现传统文化、符合现代生活方式和消费需求的文化、购物活动。

2. 支持老字号线上线下融合发展。落实国务院办公厅关于"互联网+流通"行动计划的部署，实施"老字号+互联网"工程，引导老字号适应电子商务发展需要，开发网络适销商品和款式，发展网络销售。引导老字号与电商平台对接，支持电商平台设立老字号专区，集中宣传，联合推广。鼓励老字号发展在线预订、网订店取（送）和上门服务等业务，通过线上渠道与消费者实时互动，为消费者提供个性化、定制化产品和服务。

3. 支持老字号创新经营管理模式。引导老字号建立现代企业制度，鼓励各类专业机构为老字号发展提供智力支持。鼓励老字号建立健全科学的激励、决策和用人机制，探索建立职业经理人制度，支持高校和中等职业学校毕业生到老字号就业。鼓励和支持老字号将传统经营方式与现代服务手段相结合，积极推进标准化改造，大力发展连锁经营、特许经营，拓展品牌影响力。鼓励老字号应用微博、微信等新媒体，传播老字号品牌历史和商业文化。加大老字号纪念品、礼品的开发力度，积极推广老字号旅游产品，不断推进老字号和旅游企业在景点建设、线路开发、宣传推广方面的合作。

（五）加强老字号经营网点保护，优化发展环境。

4. 加强老字号原址风貌保护。将符合条件的老字号确定为文物保护单位、历史建筑并进行原址保护，对老字号比较集中的地区，划定为历史文化街区，编制保护规划，确定保护原则，划定保护范围，明确保护措施。在旧城拆迁改造中，尽量在老字号原址或附近安置老字号，保留原有商业环境，有条件的地方可以适当提高老字号征收补偿标准。

5. 促进老字号集聚发展。鼓励有条件的城市打造老字号特色商业街，汇聚各类老字号店铺，引导特色产品和服务集聚，带动老字号抱团发展。合理放宽对临街老字号店铺装潢装修的限制，按照传统或原有建筑风格对店铺外观进行修缮，体现历史文化特色。合理放宽对老字号户外营销活动的限制，支持老字号积极开展店内外传统技艺展示活动，促进特色消费增长和区域经济繁荣。鼓励老字号企业较为集中、条件较为成熟的地区开展"全国知名品牌创建示范区"建设。

（六）推进老字号产权改革，增强企业自主发展能力。

6. 深化老字号企业产权改革。推动国有老字号体制改革和机制创新，积极引进各类社会资本，提升老字号管理水平和发展活力。支持经营业务相近或具有产业关联关系的老字号整合重组，打造老字号企业集团，培育行业龙头企业。鼓励大中型企业依法合规控股、收购、兼并老字号，以老字号为龙头整合内部资产，充分挖掘和开发老字号品牌价值。

7. 注重发挥老字号品牌价值。建立和完善老字号品牌价值评估体系，量化老字号无形资产价值并依法确认所有权。开展品牌价值评价、发布、推广、技术服务等活动，实施商标品牌战略，不断提升老字号品牌价值，推动打造国际知名的老字号品牌。鼓励以品牌作价入股方式，解决部分老字号注册商标专用权所有权和使用权分离问题，为老字号持续健康发展提供保障。在老字号改制重组过程中，要注重对老字号品牌的保护和开发，注重对主营业务的传承和延续，对老字号品牌的投入应"只增不减"。修改完善老字号标识使用规定，指导老字号企业规范使用老字号标识。

8. 推动老字号积极对接资本市场。鼓励创业投资基金管理机构、股权投资基金管理机构以及其他符合条件的金融机构发起设立老字号投资基金，对品牌价值高、发展潜力大的老字号加大资金、管理和技术投入。鼓励银行业金融机构在风险可控、商业可持续前提下，结合老字号企业融资特点，进一步加大金融创新力度，不断提升对老字号企业的金融服务质效。推进老字号核心优质资产证券化，支持符合条件的老字号上市首发股票或到全国中小企业股份转让系统挂牌，利用多层次资本市场做大做强。

三、保障措施

（七）实施动态管理。统筹推进包括中华老字号和地方老字号在内的全国老字号工作，鼓励有条件的地区开展地方老字号认定，规范地方老字号认定工作。深入开展老字号普查，全面掌握老字号发展历史和现状，跟踪监测老字号发展情况，运用信息化手段记录老字号传统手工技艺、发展史料，建立健全老字号档案。对中华老字号实施动态管理，完善中华老字号名录，实施诚信黑名单制度。将中华老字号有关信用信息纳入全国信用信息共享平台，实现部门信息共享，实施联合惩戒。

（八）开展广泛宣传。鼓励制作老字号电视专题片、纪录片和微电影，出版老字号刊物、书籍和画册，发行老字号消费指南、手册和地图，营造良好的消费环境和社会氛围。组织老字号进社区、进学校、进企业，展示特色产品，宣传品牌形象。支持举办老字号博览会等各种展览展销活动，鼓励具备条件的展会设立老字号专区，在政府部门组织的宣传交流活动中尽可能安排老字号相关内容。在出入境口岸设置老字号展销厅，在购物中心、大型百货商场、大型超市设立更多老字号品牌专区。将老字号作为"一带一路"宣传推广工作的重要组成部分，借助"欢乐春节"等活动，不断提升老字号的国际知名度和影响力。大力推动中医药、中华传统餐饮、工艺美术等领域老字号企业"走出去"，探索在部分重点国家和地区举办非商业性展会，组织老字号宣传优秀中华文化，在外事接待、纪念品采购中优先选择老字号产品。

（九）加强知识产权保护。鼓励和支持老字号进行商标、域名的注册和专利申请工作，严厉打击侵犯老字号知识产权和制售假冒伪劣老字号产品的不法行为。推动设立老字号知识产权重大侵权案件快速维权通道，集中查处一批侵权严重、社会影响大的案件。建立老字号知识产权纠纷互助合作及多元化解决机制，调动社会各界积极性，充分发挥各类社团及相关机构调解老字号知识产权纠纷的重要作用，共同开展境内外知识产权纠纷的预警、起诉和维权工作。

（十）加大政策支持力度。积极利用各级财政资金对老字号改革创新发展给予支持，鼓励各类金融机构加大对老字号改制重组、技艺改造、连锁经营的支持力度。继续鼓励符合条件的老字号纳入各级非物质文化遗产代表性项目名录。将餐饮、医药和食品行业老字号原材料生产基地纳入冷链物流体系，为实现"原汁、原味、原生态"提供支撑。在小微企业创业创新基地城市示范中充分发挥老字号的示范引领作用。构建老字号企业公共服务平台和服务体系，为老字号提供经营管理咨询、培训及营销渠道和信息技术等方面的支持。鼓励中医药类老字号开办中医医疗机构，将符合条件的按规定纳入医疗保险定点医疗机构范围。鼓励老字号参与服务贸易活动，重点开展中医药健康旅游等项目，形成示范效应，在推动经济转型升级中发挥作用。

（十一）形成多方协调的有效工作机制。由商务部门牵头，联合发展改革、教育、人力资源社会保障、住房城乡建设、文化、国有资产监督管理、税务、工商、质检、知识产权、旅游、银监、证监、文物、中医药等部门，建立扎实有效的工作机制，明确任务，各有侧重，形成合力。广泛吸纳有关学术研究机构、大专院校等方面的参与，充分发挥专家学者作用。推动老字号协会建设，加强企业交流和行业自律，充分调动企业改革创新发展的积极性,共同做好新时期保护和促进老字号发展的各项工作。

商务部 发展改革委 教育部 人力资源社会保障部
住房城乡建设部 文化部 国资委 税务总局
工商总局 质检总局 知识产权局 旅游局
银监会 证监会 文物局 中医药局
2017 年 1 月 13 日

附录 3

关于组织开展中华老字号集中宣传活动的通知

各省、自治区、直辖市、计划单列市及新疆生产建设兵团商务主管部门:

根据中央宣传部有关部署,商务部计划联合中央宣传部在全国范围内开展中华老字号集中宣传活动,重点聚焦端午、中秋、重阳、春节等传统节日,调动中央媒体、新媒体,地方宣传部门等力量,弘扬中华老字号精益求精的工匠精神和诚信为本的商业道德及其蕴含的中华优秀传统文化。

请各地结合今年老字号工作安排,认真做好相关组织工作,并于 3 月 15 日前将已推荐参加集中宣传的中华老字号企业、宣传内容、报道形式等素材线索(附后)报送商务部(流通发展司)。

商务部流通发展司
2019 年 3 月 5 日

本书创作团队简介

一、本书编委会简介

白美清,《老字号文化丛书》书名题写人

1950年参加工作。1959年中国人民大学新闻系本科毕业。历任四川人民出版社编辑组组长、编辑室主任、编委委员,中共四川省委理论小组研究员、省委组织部副处长、省革委办事组副组长、省委副秘书长。1980年后历任国务院秘书长助理,中央财经领导小组副秘书长,国务院副秘书长,商业部、国内贸易部副部长兼国家粮食储备局局长。第八届全国人大代表、人大法律委员会委员。曾任中国饲料工业协会会长、中国粮食行业协会会长、中国粮食经济学会会长。

房爱卿,本书总顾问

1982年起在商业部劳动工资司、社会商业管理司、国内贸易部行业管理司工作。1995年起任国内贸易部行业管理司、行业管理一司副司长。1998年起任国家国内贸易局消费品流通司司长。2000年起任国家经贸委贸易市场局副局长、商务部市场运行调节司副司长。2003年起任商务部市场运行调节司司长兼国家茧丝绸协调办公室副主任。2008年3月起任商务部部长助理、党组成员。2013年6月至2017年6月任商务部副部长。2018年3月起任全国政协第十三届经济委员会副主任。

张健(女),本书总策划及序言撰写人

2016年9月,作为特邀人员,张健参加了全国政协第十二届就"中华老字号品牌质量提升情况"赴湖南、浙江的视察活动。2017年1月12日,作为老字号专家,张健在由全国政协主席俞正声主持的全国政协双周协商座谈会上做题为《老字号振兴发展正当其时》的主旨发言,为提升中华老字号品牌质量建言献策。现任中国商业联合会中华老字号工作委员会秘书长,主持中华老字号工作委员会日常工作。

张健

苏志民,本书序言撰写人

2007年至2014年任北京一轻控股有限责任公司党委副书记、总经理。2014年至今任北京一轻控股有限责任公司党委书记、董事长。该公司旗下有北京义利、北京龙徽、北京红星、北京星海等著名中华老字号企业。目前，苏志民还兼任中国轻工业联合会特邀副会长、北京国际酒类交易所有限公司董事长。

丁红（女），本书副主编

复旦大学经济学硕士，高级经济师，高级国际财务管理师。1979年进入金融业，先后在中国人民银行舟山市分行、无锡市分行从事管理工作。1994年6月至1997年5月，任无锡市开信证券总经理；1997年5月至1999年8月，为无锡市信托投资公司开信证券总经理；1999年8月至今，任无锡市五爱典当有限责任公司董事长。目前还担任江苏五爱拍卖有限公司董事长、无锡典当行业协会会长、江苏省拍卖行业协会副会长。

丁红

唐炜（女），本书副主编

唐炜

1988年至1993年，先后任职国家民政部社团管理司、商业部社会商业管理司。1993年至1998年，任国内贸易部行业管理司副处长，其间于1995年至1998年担任中国拍卖行业协会副秘书长。2000年3月至今，担任中国粮食行业协会处长、总经济师及大米分会秘书长。

张玉开，本书副主编

"80后"酒类专题收藏家，从事酒类收藏近20年。为进一步弘扬酒文化，他于2017年积极创办"酱酒院"，更深入系统地为酱香酒搭建起一个重要平台。现任贵州省收藏家协会副会长、贵州省酒文化研究会副会长、贵州酱香酒收藏文化研究院院长、香港收藏文化中心执行委员。

张玉开

原启康，本书副主编

原启康

大学文化，高级农艺师。1982年至1985年，任山西省晋中市农业局科技干部；1985年至2004年8月，在晋中市祁县基层政府相关单位工作，历任行政领导干部；2004年9月至今，在山西省恒宏拍卖行、山西泉晟誉拍卖有限公司工作。现任山西泉晟誉董事、总经理。

劳启肇

劳启肇，本书副主编

1962年出生。1982年从广西物资学校毕业，分配到原广西钦州地区物资局，从事财务工作。1998年5月到广西钦州市拍卖行任总经理。2002年于中国人民大学MBA研究生班结业。现为钦州市第五届人大代表，钦州市拍卖行有限公司董事长，连续四届任广西拍卖行业协会副会长。

余鼎（女），本书编委

澳大利亚留学生。2012年至2015年，攻读墨尔本大学会计本科与金融本科双本科专业。2016年至2018年，攻读皇家墨尔本理工大学传媒与沟通专业硕士，主修方向为数字传媒。2017年获得中级国际财务管理师（IFM）资格证书。2014年至2015年，短期任职普华永道（中天）会计师事务所北京分所、上海证券交易所，从事相关会计、金融工作。在研期间开始涉足澳大利亚老字号探索与研究，曾参与《中华老字号博物馆》一书的编写。

余鼎

二、本书指导单位简介

中国商业联合会中华老字号工作委员会

中华老字号工作委员会为目前全国层级最高的国家级老字号社团组织，隶属中国商业联合会，2005年6月在北京成立。其现有会员700余家，包括来自全国各地商业、工业、出版业、酒店服务业、餐饮食品业、服务业、生产加工、文化等各行业的老字号企业。

其工作宗旨是：传承和弘扬老字号企业优秀文化，集聚和团结老字号企业共谋发展，真诚为全国老字号企业服务，努力维护老字号企业的合法权益，促进全国老字号企业的交流和合作，推动全国老字号企业快速健康发展。

具体工作内容如下。

整合社会资源为老字号企业服务，维护老字号企业合法权益，保护老字号企业知识产权。

挖掘老字号品牌文化价值，推动老字号企业品牌建设。

倡导自律，引导老字号企业规范经营行为，自觉维护市场秩序。

开办相关网站，收集整理老字号企业发展信息资料，编辑出版专业刊物，搭建信息交流平台,促进会员间的交流、沟通与合作。

开展咨询、培训,为老字号企业培养人才,促进老字号企业提升整体素质和核心竞争力。

开展调查研究,提出扶持老字号发展的政策建议,为政府部门提供决策依据。

三、本书策划单位简介

北京华夏老字号文化发展中心

北京华夏老字号文化发展中心由相关机构和专家学者组成,于2017年1月在北京成立,现任主任李沙。

中心的基本宗旨是,促进老字号顺应消费需求新变化和"互联网+"新趋势,加快改革创新发展,进一步弘扬优秀文化,拓展品牌价值,充分发挥其在稳增长、促消费、惠民生中的积极作用。

中心的工作任务如下。

整合各行业老字号资源。对商务部2006年、2011年分两批在全国范围内认定的1128家国家级"中华老字号"中的不同行业老字号进行梳理清点,同时对各省、市两级政府相继认定的地方级老字号进行调查统计。

推进老字号振兴工程落地。自2006年商务部启动"振兴老字号工程"以来,有些老字号参与和受益均不够,拟通过走访调查、企业诊断、论坛研讨等方式,找出原因、克服瓶颈,使老字号能够创新经营管理模式,进行标准化改造。

帮扶老字号高举"一带一路"旗帜发展。"一带一路"是国家倡议,老字号责无旁贷,尤其中医药、中华传统餐饮更是机会多多,拟通过相关途径使有实力的老字号实现对接。

开展相关培训。对老字号企业高管和从业人员进行培训,包括经营管理、职业技能等内容,提高其经营管理能力和文化营销能力。

出版相关书籍。整理出版老字号相关史料、管理经验、工匠精神及非物质文化遗产,发挥老字号文化传播作用。

四、本书支持单位简介

无锡典当行业协会

无锡典当行业协会于2004年2月正式成立,第一、二、三届均由丁红担任会长。第一届秘书长为史红宇,第二、三届秘书长为郭正明。

其主要工作包括以下方面。

开展业务培训。根据典当行业的需求，组织好各类培训班。通过培训，不断提高全行业人员的业务素质和专业知识。

组织考察交流。有计划地组织有关人员到国外、境外和国内各省、市同行业学习考察交流，在考察交流中寻找商机，发展无锡典当行业。

搞好调研活动。广泛倾听会员单位的诉求，切实发挥好桥梁纽带作用，协调好各种关系，切实维护本行业的利益和声誉，扎扎实实为典当行业多做实事。

办好协会刊物。《无锡典当》每季出刊一期，通过宣传，提高无锡典当行业的知名度。

做好年审工作。每年将根据商务部门和公安部门的工作安排及要求，认真协助做好各典当公司的年审工作。

目前无锡全市共有典当公司58家，其中本省外市开设在无锡的分公司有5家。这58家典当公司均为协会的会员单位，单位入会率达100%，典当注册资金超过19亿元，典当从业人员490多人。

无锡市五爱典当有限责任公司

五爱典当行选址在清代"棚下保仁"典当旧址附近，现有注册资本为5000万元，经营宗旨是"客户至上、服务第一"。该公司自成立之初的以小额民品质押贷款为主要业态，发展到目前经济、生活全面覆盖的业务工作层面，并在无锡、常州、苏州、上海、南京等地有8家分支机构。

五爱典当历史悠久。1951年1月，无锡典当业归口中国人民银行苏南分行金融管理科管理。1956年1月，实行公私合营，苏南分行组建"无锡市公私合营小额质押贷款处"。1992年12月，中国人民银行无锡分行恢复设立小额贷款处，定名为"无锡市小额抵押贷款处"。1997年12月，无锡市小额贷款处正式更名为"无锡市五爱典当行"。

长期以来，五爱典当秉承"在稳健中求发展，在安全中求效益，在规范中求创新"的经营理念，走"现代化、专业化、规范化、规模化"的发展道路，大力铸造"五爱典当"民需、民品、民用的金字品牌，提升企业新形象。2008年、2009年、2010年度分别荣获无锡市政府颁发的"和谐金融贡献奖"称号。2012年、2015年、2016年、2017年五爱典当被无锡市人民政府再次授予"金融环境奖"单位。2016年被无锡商业联合会、无锡典当行业协会、无锡东吴企业信用征信评估有限公司联合评为"商务诚信AAA"等级单位。

阳江十八子集团有限公司

阳江十八子集团有限公司创建于1983年，是从手工生产碳钢菜刀发展到现代化、机械化、规模化生产规格上千种的刀具产品，集科研炼钢、产、销、旅游为一体的综合大型品牌企业。公司主导产品"十八子作"被认定为"中国出口名牌""广东省著名商标""广东省名牌产品"。

集团公司在发展过程中,经历了五大技术变革。

其一是在1993年,首次将传统焊接刀具改进为连体直出刀具。

其二是在1995年,参考当时日本、西德刀具的特点,开发创新外观品种多样化的符合中国实际的日式多功能家用厨刀,引领刀具市场由单一产品拓展为多类型综合刀具市场。

其三是套装刀具的开发推广,借鉴国外经验,设计推出了倾注"人性化"理念、富有中国特色的通透式套装刀具系列产品。

其四是将军工材料七铬十七钼(7Cr17Mo)及高级国际流行材料不锈钢复合钢转换为民用制造刀具。

其五是建设特种合金钢厂,瞄准国际高级刀具市场,炼钢、制刀、技术一体化。

集团公司通过工贸合作、经济互补的经营方式,受到有关部门的肯定和社会的认可。先后被国家科委、日用五金技术开发中心批准为"中国菜刀中心"、被国家旅游局评为"全国工业旅游示范点"等多项荣誉称号和奖项。

王源吉冶坊第四代传人王青青

无锡王源吉冶坊有限公司

王源吉是江苏省无锡市的老字号冶坊,中国著名的铁锅品牌,迄今已有350多年的历史,代表性注册商标"王源吉"。

1661年,王源吉的前身由明末清初的晋商查氏在无锡南门羊腰湾所创办。1837年,无锡北门大街的"王源聚锅号"出资入股,更名为"王源吉冶坊"。1898年,王源吉收购常州"陈元叙冶坊"后,企业达到鼎盛时期,逐渐成为一代"锅王"。

与此同时,王源吉还大力输出技术,培养人才。清末,上海新源来、南通资生等江苏近十家冶坊创办时,铸锅工匠大都来自王源吉,从而形成品质独特的苏帮铁锅,简称"苏锅"。作为苏锅的发源地,王源吉铁锅每一道工序都是古法工艺和现代技艺的完美结合,用稻壳堆垛自燃成白灰和烧成的黑灰,拌上有黏性的生泥,打成泥浆做模具。模具烘干后上脱模剂,该脱模剂是采挖深山里百年以上自然死亡的松树根放在山洞里烧成的松烟。这种材质纯天然、无毒无害,从清代一直延续至今,目的就是保证铁锅的品质。然后用1550℃左右的铁水注入模具浇铸成锅。如此高温的铁水使铁锅材质中没有杂质,做出的铁锅十分光亮,经久耐用。

目前,王源吉以"百年铸铁锅,千年王源吉"为企业宗旨,秉承精湛的传统手工技艺和独特安全的材质配置，在不爆不裂、不锈不粘的品质基础上，注重产品风格的转型，使其成为现代厨艺的标配铁锅，形成王源吉品牌系列，深受广大消费者欢迎，百年老店再创辉煌。

后 记

　　创业艰难，奋斗不易，百年老店，百年辉煌。

　　承蒙国务院原副秘书长白美清先生为"老字号文化丛书"题写书名，商务部原副部长、全国政协第十三届经济委员会副主任房爱卿先生担任本书总顾问，中国商业联合会中华老字号工作委员会秘书长张健女士，北京一轻控股有限责任公司党委书记、董事长苏志民先生分别为本书撰写序言，在此一并表示最衷心的感谢！

　　本书在编写过程中，还要特别感谢中国商业联合会中华老字号工作委员会的精心指导，苏州市老字号协会、无锡典当行业协会、北京内联升鞋业有限公司、山西省平遥牛肉集团有限公司、阳江十八子集团有限公司、无锡市五爱典当有限责任公司、无锡王源吉冶坊有限公司和北京华融天成典当咨询中心等单位，丰富的内容和翔实的材料离不开他们的大力支持。

　　同时特别感谢学苑出版社社长陈辉先生、资深编辑主任张翔先生、本书编辑张佳乐先生为本书顺利出版所做的一切努力。

　　书稿体量庞杂，难免有疏漏之处，恳请各位读者批评指正。

编者

2019 年 8 月